金陵全書

丙編·檔案類

南京城墻檔案

城墻的修繕與堵塞（下）

南京市檔案館 編

南京出版傳媒集團
南京出版社

圖書在版編目（CIP）數據

南京城墻檔案. 城墻的修繕與堵塞. 下 / 南京市檔案館編
. -- 南京 : 南京出版社, 2021.1
（金陵全書）
ISBN 978-7-5533-3096-9
Ⅰ. ①南… Ⅱ. ①南… Ⅲ. ①城墻－修繕加固－史料
－南京 Ⅳ. ①K928.77
中國版本圖書館CIP數據核字(2020)第250194號

書　　名　**【金陵全書】（丙編・檔案類）**
南京城墻檔案・城墻的修繕與堵塞（下）
編　　者　南京市檔案館
出版發行　南京出版傳媒集團
南 京 出 版 社
社址：南京市太平門街53號　　郵編：210016
網址：http://www.njcbs.cn　　電子信箱：njcbs1988@163.com
聯系電話：025-83283893、83283864（營銷）　025-83112257（編務）

出 版 人　項曉寧
出 品 人　盧海鳴
策　　劃　盧海鳴　朱天樂
責任編輯　徐　智
裝幀設計　王　俊
責任印製　楊福彬

製　　版　上海雅昌藝術印刷有限公司
印　　刷　上海雅昌藝術印刷有限公司
開　　本　889毫米 × 1194毫米　1/16
印　　張　41.5
版　　次　2021年1月第1版
印　　次　2021年1月第1次印刷
書　　號　ISBN 978-7-5533-3096-9
定　　價　1000.00 元

南京出版社
圖書專營店

目録

貳　一九三八年至一九四五年（續）

修理臺城墻角工程

修補場門口城墻涵洞

叁　一九四六年至一九四九年

修理中山門城墻缺口工程

修理西華門城墻工程

修補漢中門内城墻

修理中華門城墻工程

封閉玄武門至臺城城墻

修補臺城石頭城殘缺各處

修理太平門及富貴山城墻

整修破損城墻

修復九華山城墻

南京城墻檔案

城墻的修繕與堵塞（下）

貳

一九三八年至一九四五年

（續）

伪首都警备司令部为堵修汉西门鬼脸城附近城洞与伪市政府的往来公函（一九四三年一月二十日至二月二十二日）

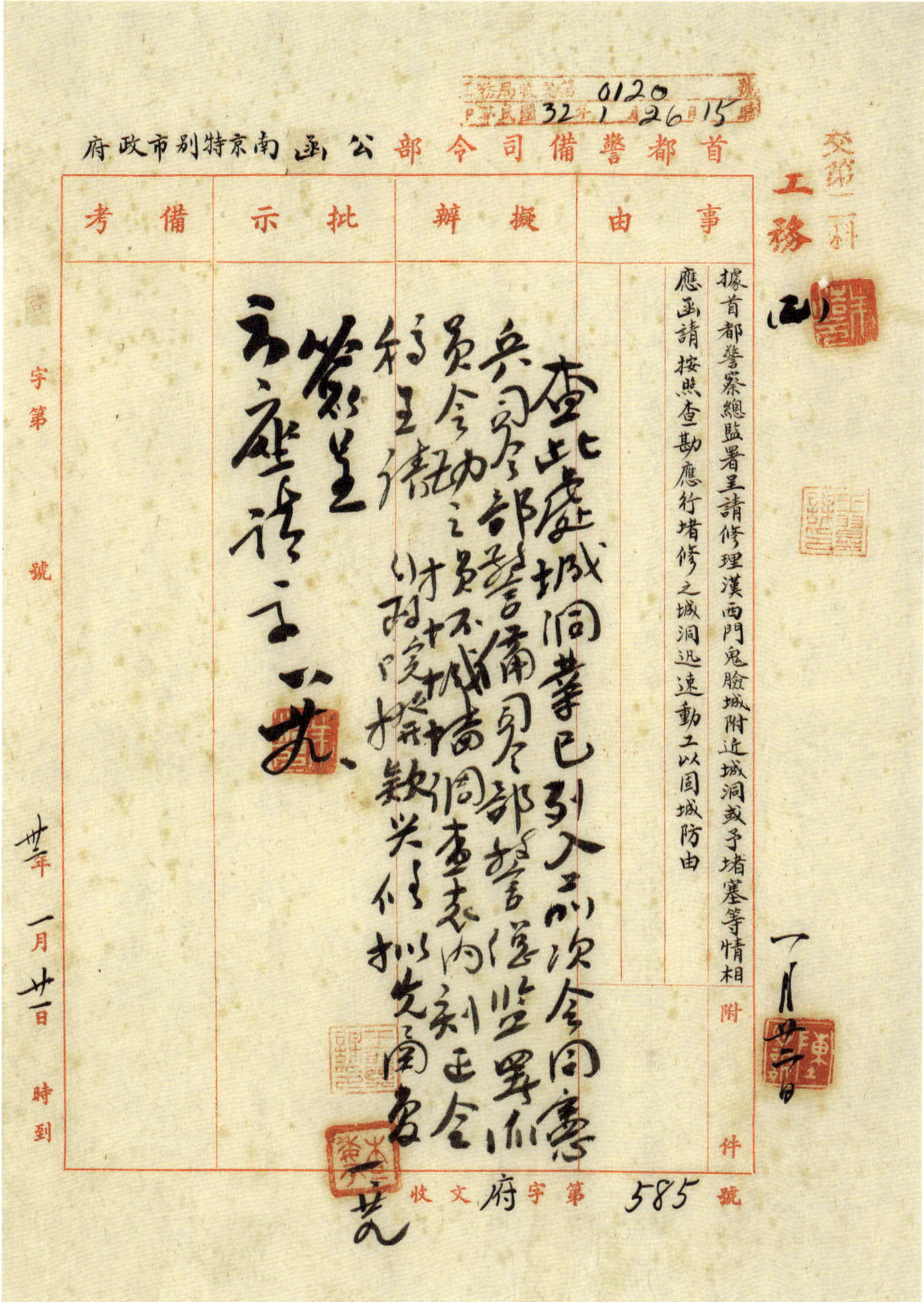

首都警備司令部 公函 南京特別市政府

事由	擬辦	批示	備考
據首都警察總監署呈請修理漢西門鬼臉城附近城洞或予堵塞等情相應函請按照查勘應行堵修之城洞迅速動工以固城防由			

附件

卅二年 一月 廿一日 時到

收文府字第585號

首都警備司令部公函

參備字第 90 號

案據首都警察總監署本年一月十六日呈稱：「竊於本月六日准友邦憲兵城內隊電知派警往提人犯，當經派警前往提來人犯韋殷氏、朱登貴、陸殿章、華仁才等四名口到署，經飭科訊據韋殷氏等四名口供稱：我等各在下關買米二斗，由城洞鑽進，被牆上一位日本軍人帶一中國用人看見，將我等帶到城下一家小屋內，略問數語，即將居住証留下，叫我等明天到他的房子去拿來，叫我們帶回家。第二天去拿居住證，該日人沒有在家，我等返回家中，即被憲兵隊傳案解送來署。該日人以後又上城牆，我等是看見的，至如何跌下城去，實不知道」等語。查該犯等均係貧民，私運少數食米以備

自用姑免罰办推由城洞進入其行跡究属不检当依違警罰法第四十三条第
一款之規定各處拘留十日示儆期滿交保開釋並飭具結存案兹查至該城洞
可容人進出實与防務有関經飭本署督察處派員查勘在何地点具報
以便呈請填塞去後旋據报称奉經遴派督察員高道儒帶同該犯朱
登貴前往清涼山後面清涼门西邊查有一水溝原係防範大水之用高
約四尺許寬約三尺半係用磚砌一小城洞式樣並有鉄柵欄阻因年久鉄柵損
壞内中無水時人可由此出城此洞小而矮伊等運米时須先將米袋滾入人須
扒進裏邊範圍甚大故可將米搬運出洞外地点係在漢西门外西邊蘆柴
浜地方鬼臉城附近人跡稀少之處报請鑒核前來查該城洞既可偷運米
糧其他違禁危险物品難免不由此私運関係至鉅拟請予以修理或將

甚堵塞以固城防是否有當理合具文呈請仰祈鑒核示遵」

等情。據此。除指令外。相應函請

貴府按照前本部派員會同查勘所有之城洞水閘塌口等應行培修之處

迅飭工務局趕速動工以免宵小溷跡而固城防希即

查照辦理見復為荷。。

此致

南京特別市政府

司令 李[illegible]一

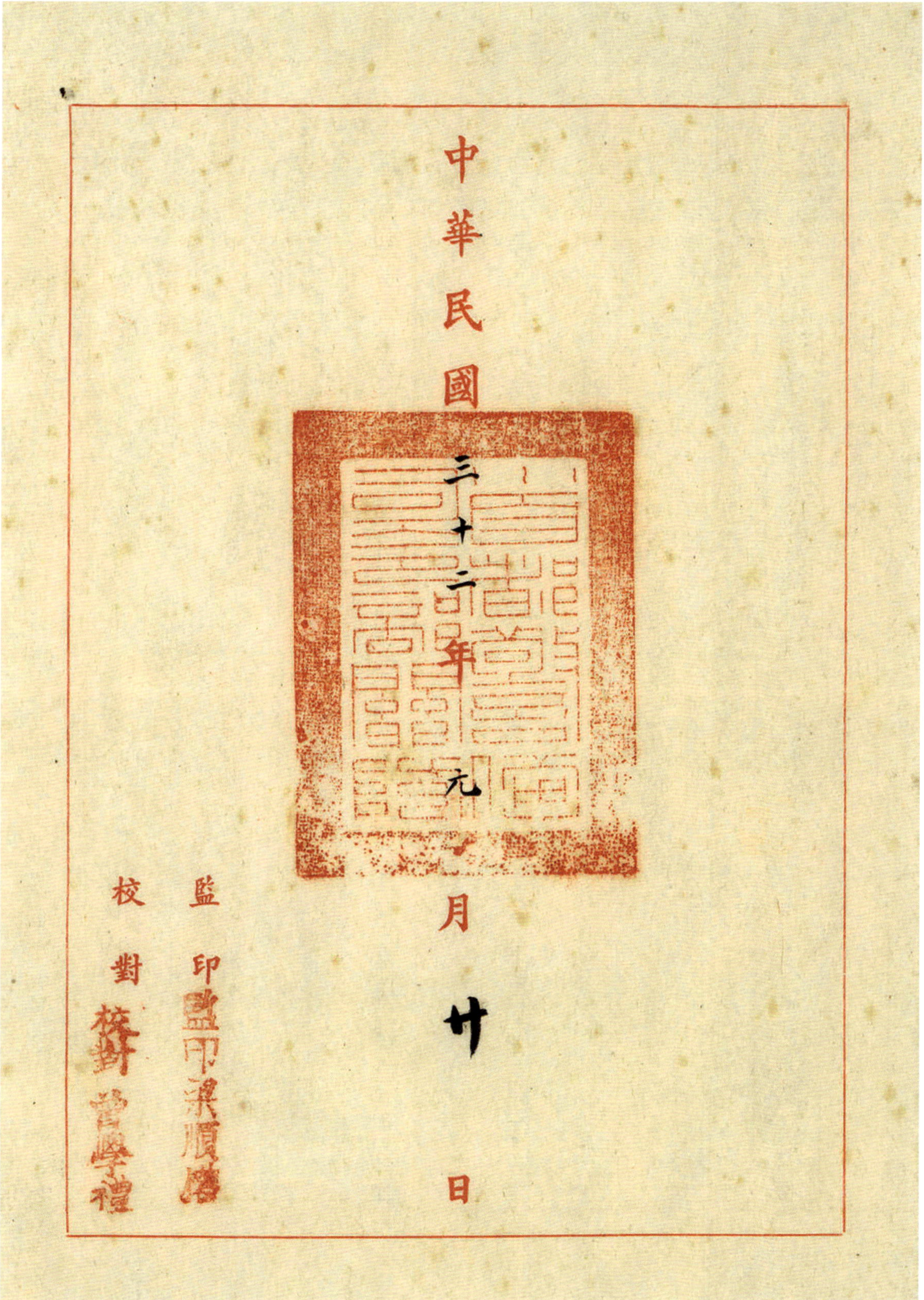

中華民國三十二年九月廿日

監印 監印梁順麐

校對 校對曾學禮

工務

秘書處收文第206號 32年2月3日 17

191

簽呈

呈復首都警備司令部函請堵修漢西門鬼臉城附近城洞如何辦理
簽請 示遵由 二月三日

案奉

鈞長交下首都警備司令部參備字第九零號公函一件轉據首都警
察總署呈請修理漢西門鬼臉城附近城洞或予堵塞等情函請
按照查勘應行堵修之城洞迅速動工以固城防各節奉此竊查該處
城洞業已列入前次會同憲兵司令部警備司令部警察總監署派
員會勘之損壞城墻調查表內刻正與會同調查各機關會稿呈請
行政院撥款興修所有漢西門鬼臉城附近城洞修理工事擬俟院令核准
後儘先修堵並函復警備司令部在未施工前派警嚴密防範以期妥
慎而重城防是否有當理合簽請

交二科办理

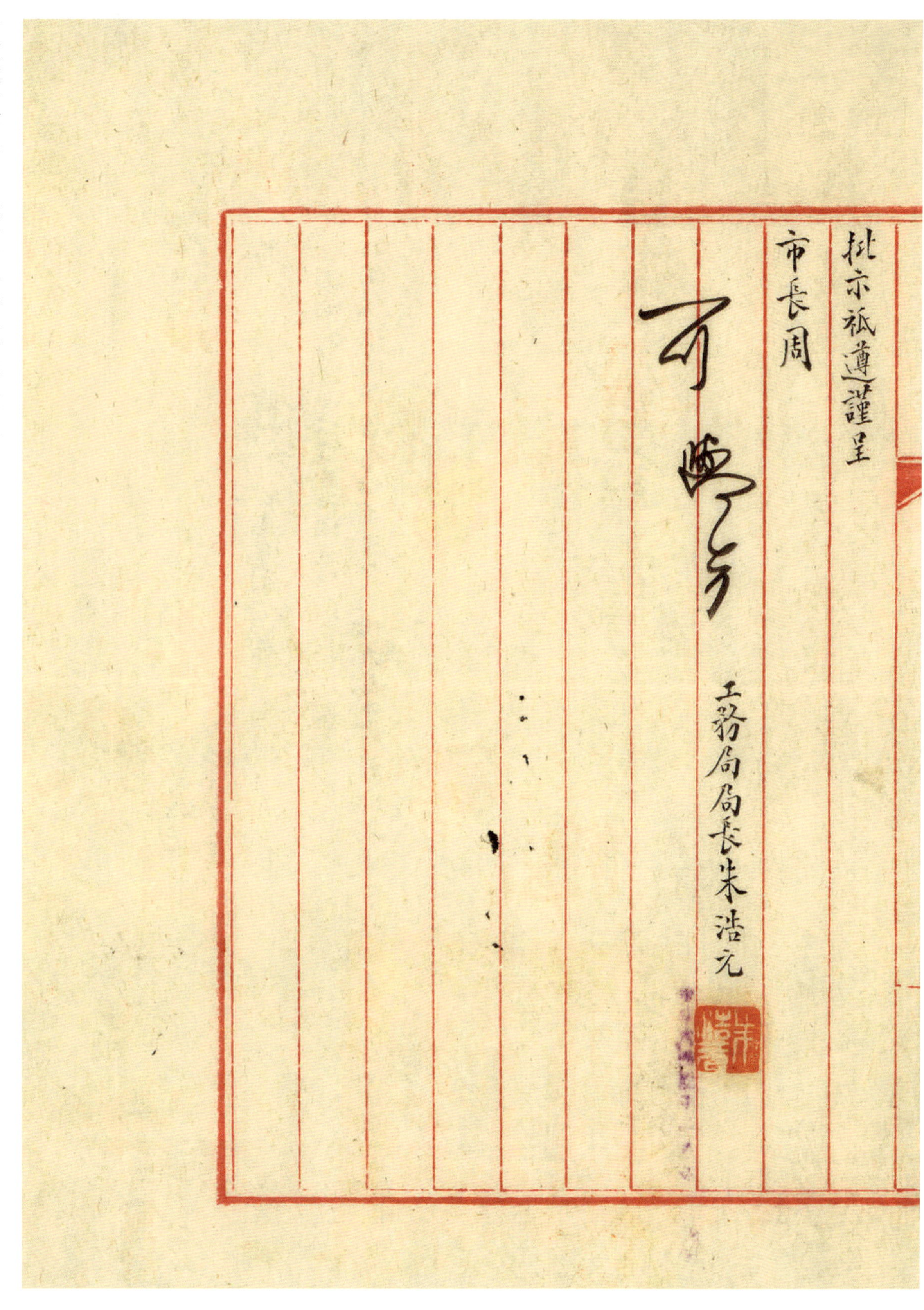

批示祇遵謹呈

市長周

可 學昌

工務局局長朱浩元

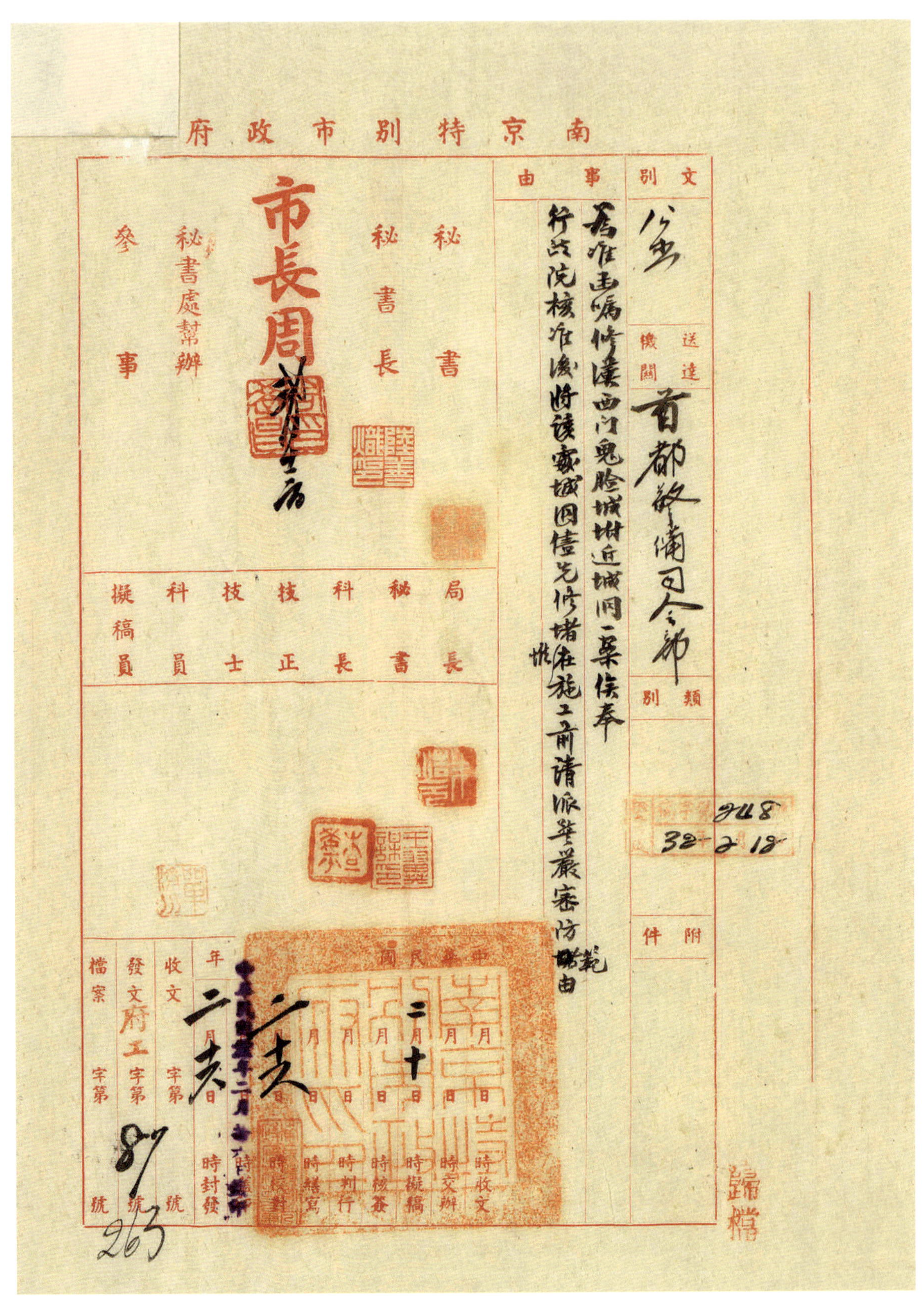

南京特別市政府

文別	公函
送達機關	首都警備司令部
類別	
附件	

事由：為准函囑修漢西門鬼臉城附近城洞一案俟奉行政院核准後將該處城洞儘先修堵在施工前請派警嚴密防範由

市長周

秘書長

秘書

秘書處幫辦

參事

局長	秘書	科長	技正	技士	科員	擬稿員

218
32-2-18

年	收文	發文	檔案
二月二十六日	字第　號	府工字第87號	字第　號

收文　月　日　時
交辦　月　日　時
擬稿　二月二十日　時
核簽　月　日　時
判行　月　日　時
繕寫　月　日　時
校對　月　日　時
封發　月　日　時

中華民國卅二年二月廿六日發

263

歸檔

本府公函　第　　號

案准

貴司令部參備字第九十號公函略以傳據首都警察總監

署呈請修理漢西門鬼臉城附近城洞或予堵塞等情函囑核出

查勘應行堵修之城洞迅速動工以固城防等由准此查該城洞業

已列入前次會同

貴司令部憲兵司令部警察總監署派員會勘損壞城墻調查

表內並由會同調查機關會稿呈請

行政院撥款興修所有漢西門鬼臉城附近城洞修理工事俟奉

院令核准後儘速興工修堵惟在未施工前應請

貴司令部派警嚴密防範以期妥慎而重城防准函前由相應函復即希

查照辦理為荷

此致

首都警備司令部

市長周○○

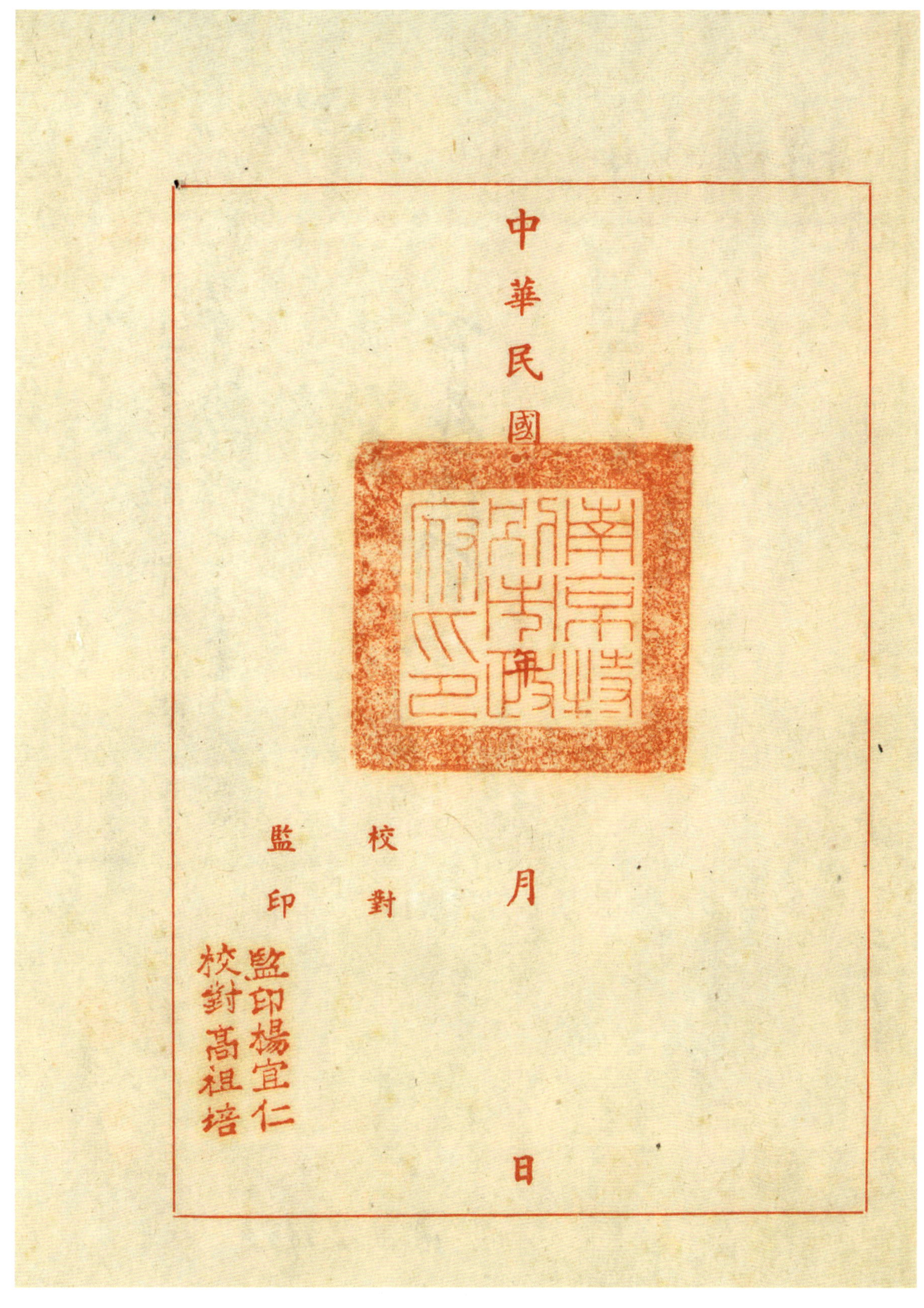

中華民國　　月　　日

校對

監印

監印楊宜仁
校對高祖培

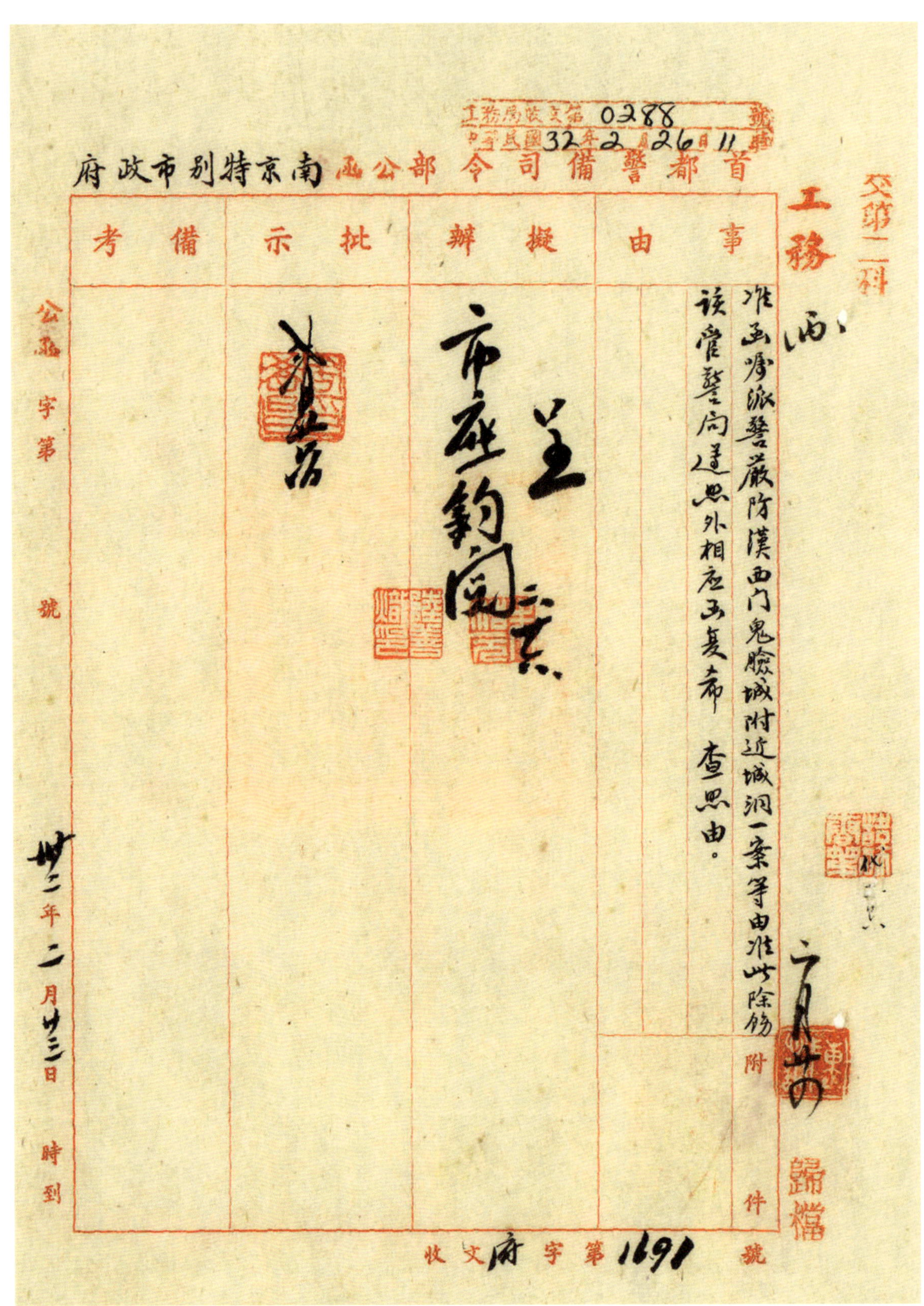

工務局收文第0288號
中華民國32年2月26日11時

首都警備司令部公函 南京特別市政府

工務

交第二科

事由	擬辦	批示	備考
准函爲派警嚴防漢西門鬼臉城附近城洞一案等由准此除飭該管警局遵照外相應函復，查照由。	市座鈞閱		
附件			

公函 字第 號

卅二年二月廿三日 時到

歸檔

收文府字第1191號

首都警備司令部公函 參備字第96號

逕啓者案准

貴府三十二年二月十六日府工字第八七號公函略以爲本京漢西門鬼臉城附近城洞應即修堵惟在未施工前囑派警嚴密防範等由准此自應照辦除飭首都警察總監署特飭該管警局派警防範外相應函復希即

查照爲荷。。

此致

南京特別市政府

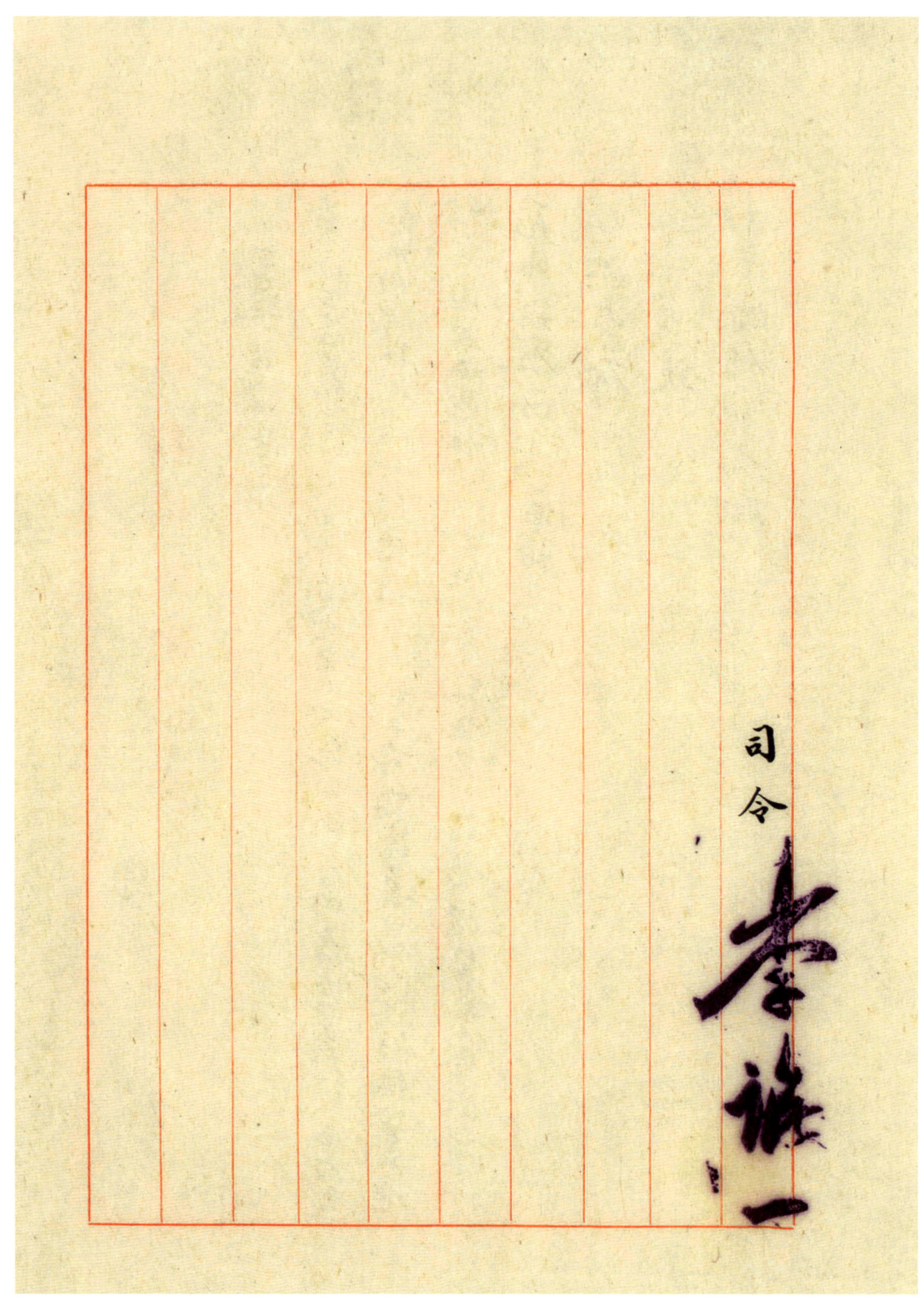

司令

李謙一

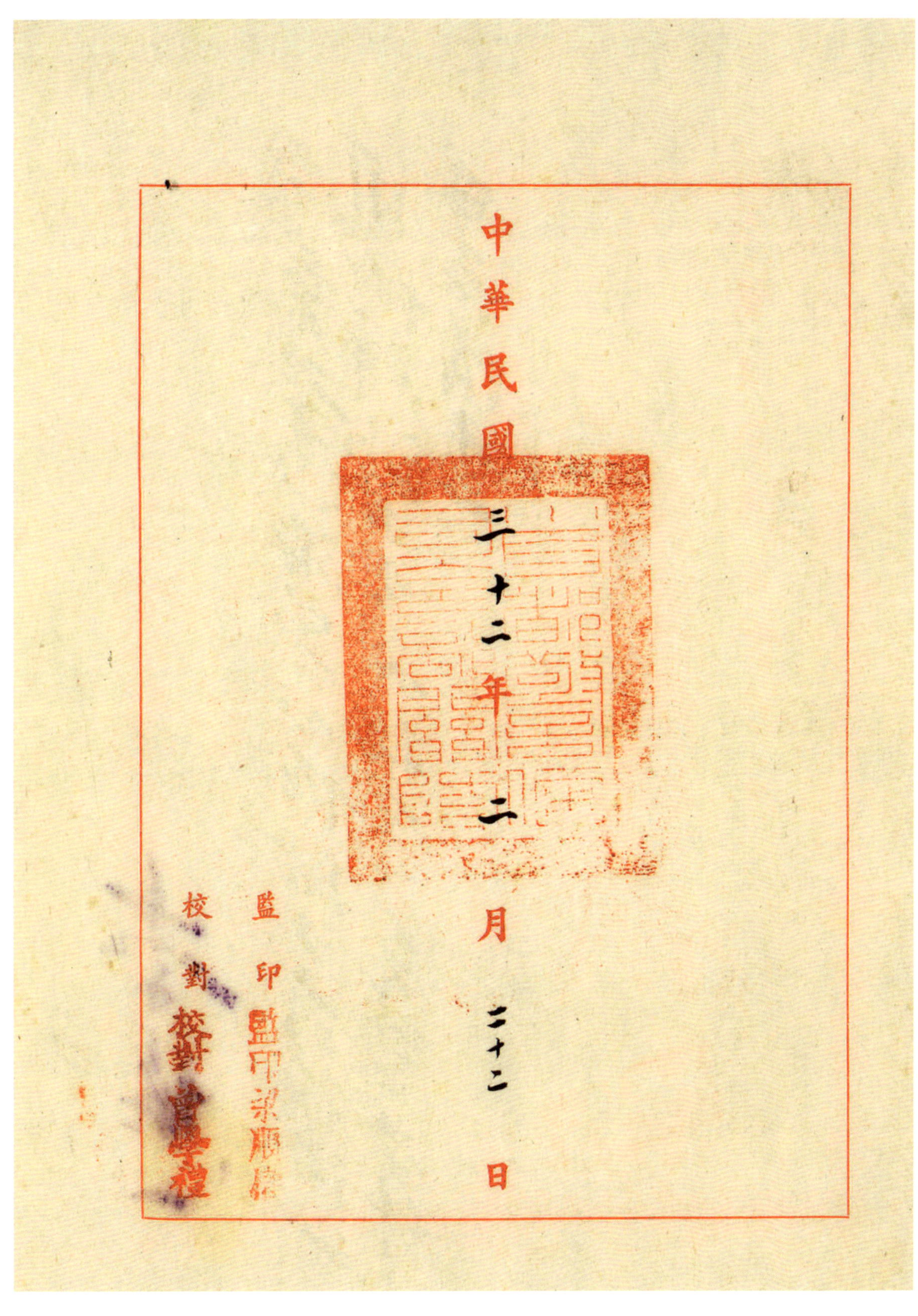

中華民國三十二年二月二十二日

監印 監印梁順

校對 校對曾學禮

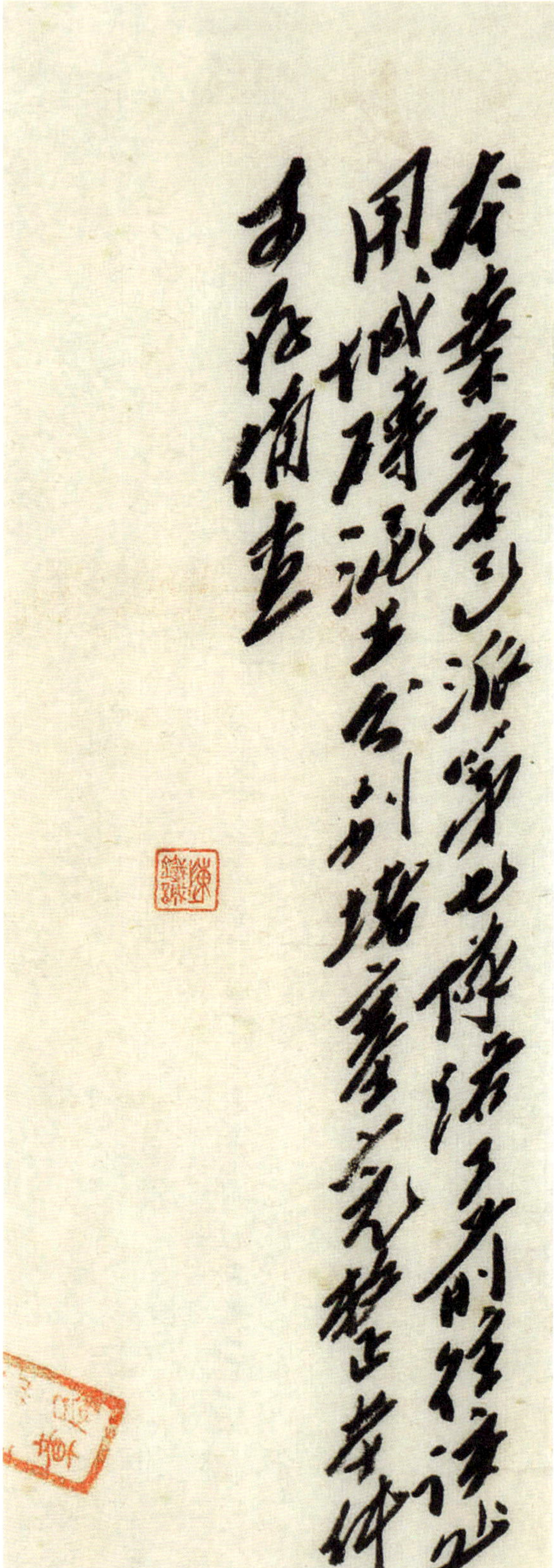

修復各處損壞城墻

（一）僞首都警備司令部爲請派員會同勘估本市損壞城墻致僞市政府的公函（一九四二年十二月十六日）

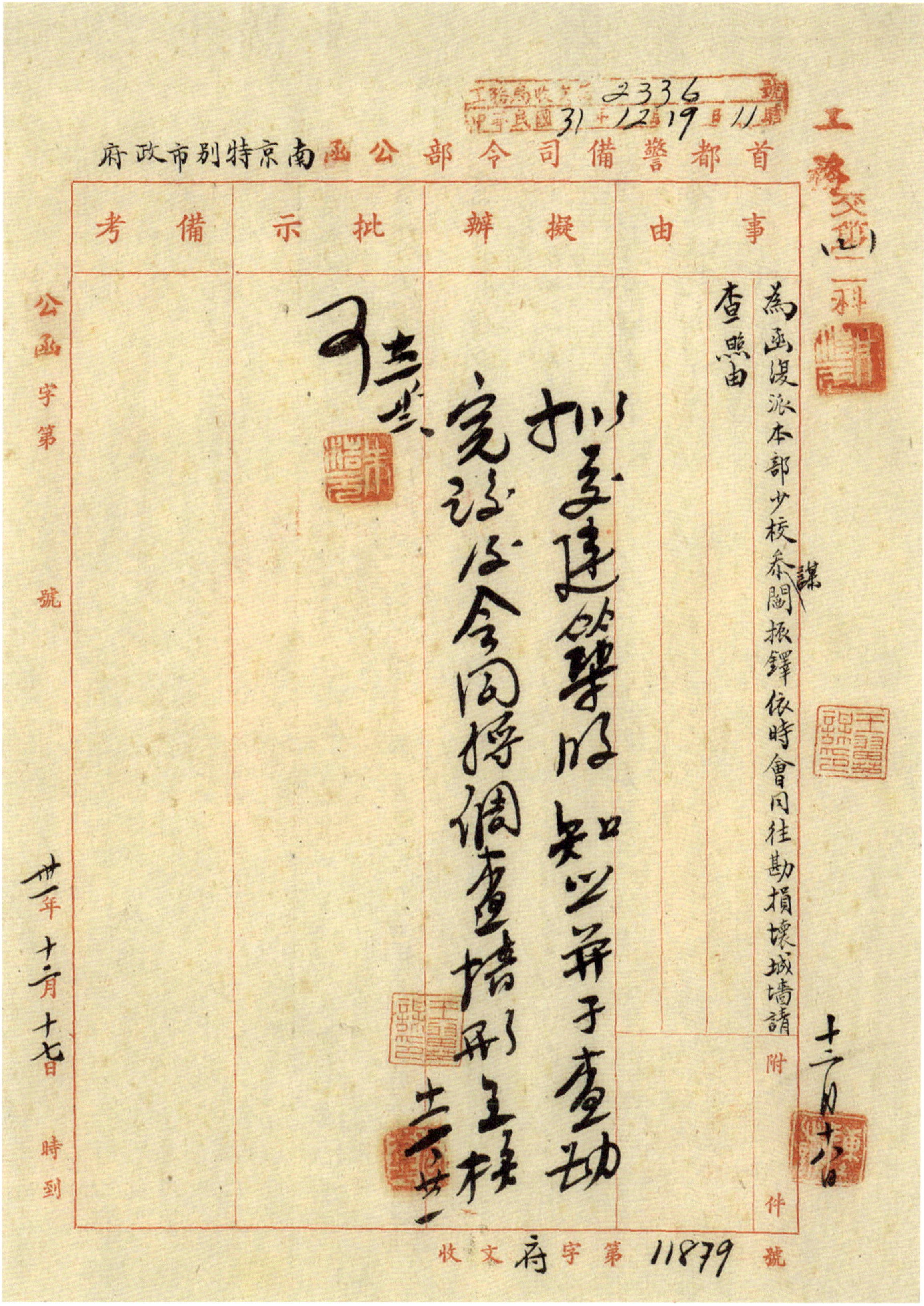
首都警備司令部公函　南京特別市政府

事由	擬辦	批示	備考
為函復派本部步校參謀閻振鐸依時會同往勘損壞城墻請查照由 附件 十二月十六日			

公函　字第　號

卅一年十二月十七日　時到

收文府字第 11879 號

首都警備司令部公函

參備字第八一號

案准

貴府十二月十二日府工字第八七號公函略以定淮门城門上及各處城墻屢有孔洞發現爲固城防起見擬請首都軍憲警各机関派員会同將京市損壞城墻一次勘估以便通盤計劃呈請撥欵修理函囑派員於十二月十二日上午十时前來工務局以便會同往勘等由除已派本部少校參謀闞根鐸依时会同往勘外相應函復希即

查照爲荷

此致

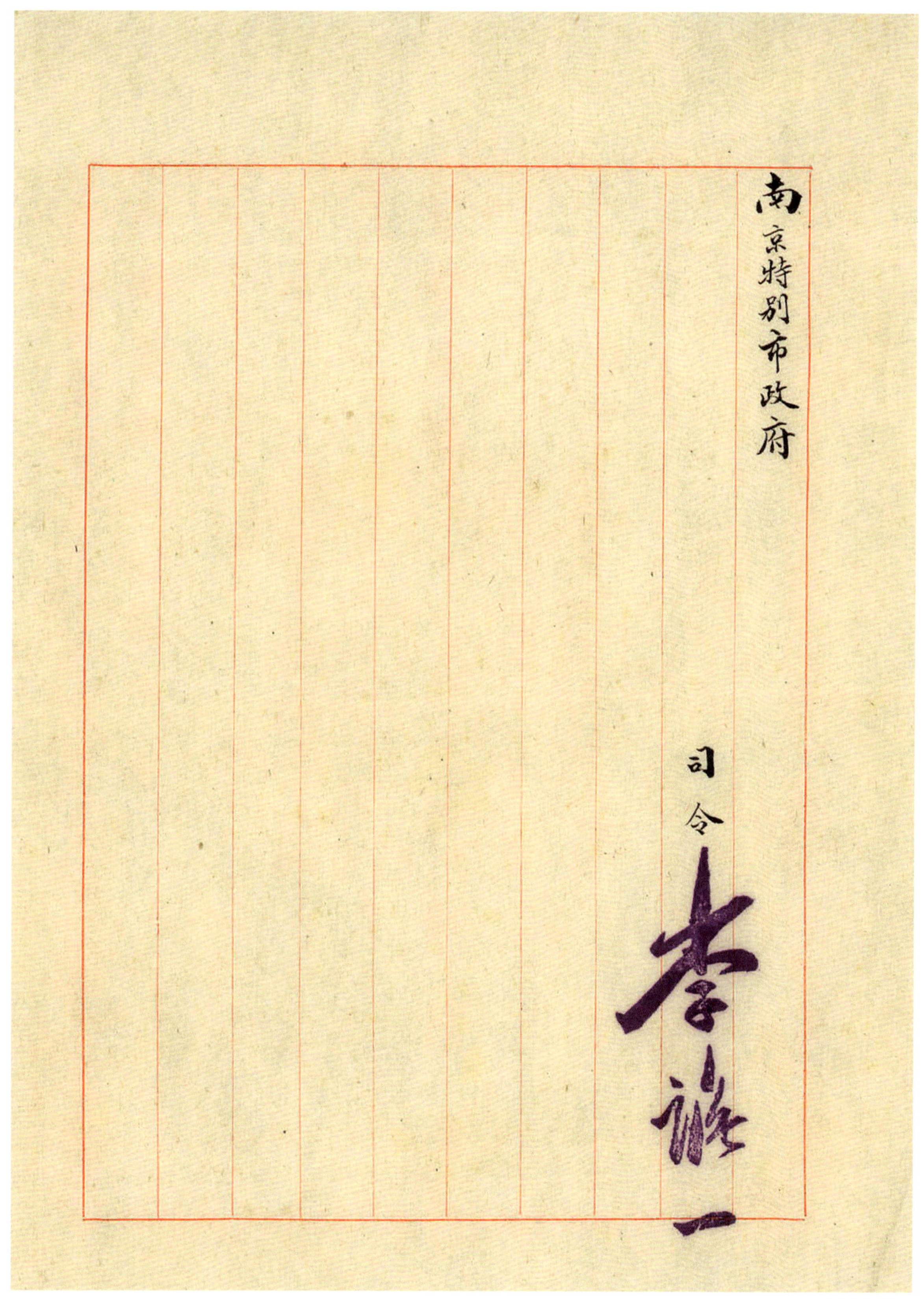

南京特别市政府

司令

李　謙一

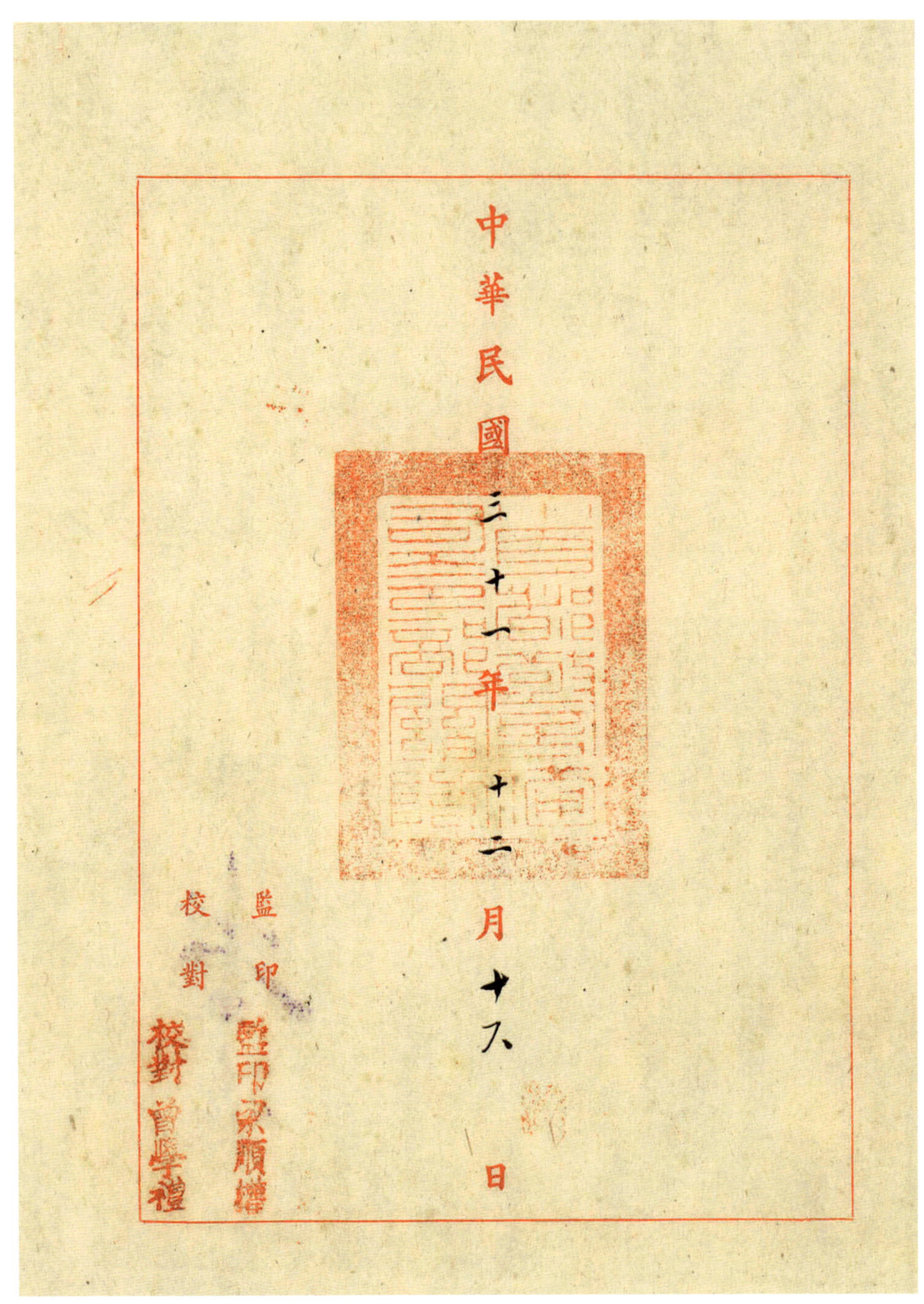

中華民國三十一年十二月十八日

監印

校對

監印宋順樸

校對曾學禮

（二一）僞市政府爲會呈僞行政院撥款修復損壞城墻與僞首都警察總監署的往來公函（一九四三年一月二十九日至二月十八日）

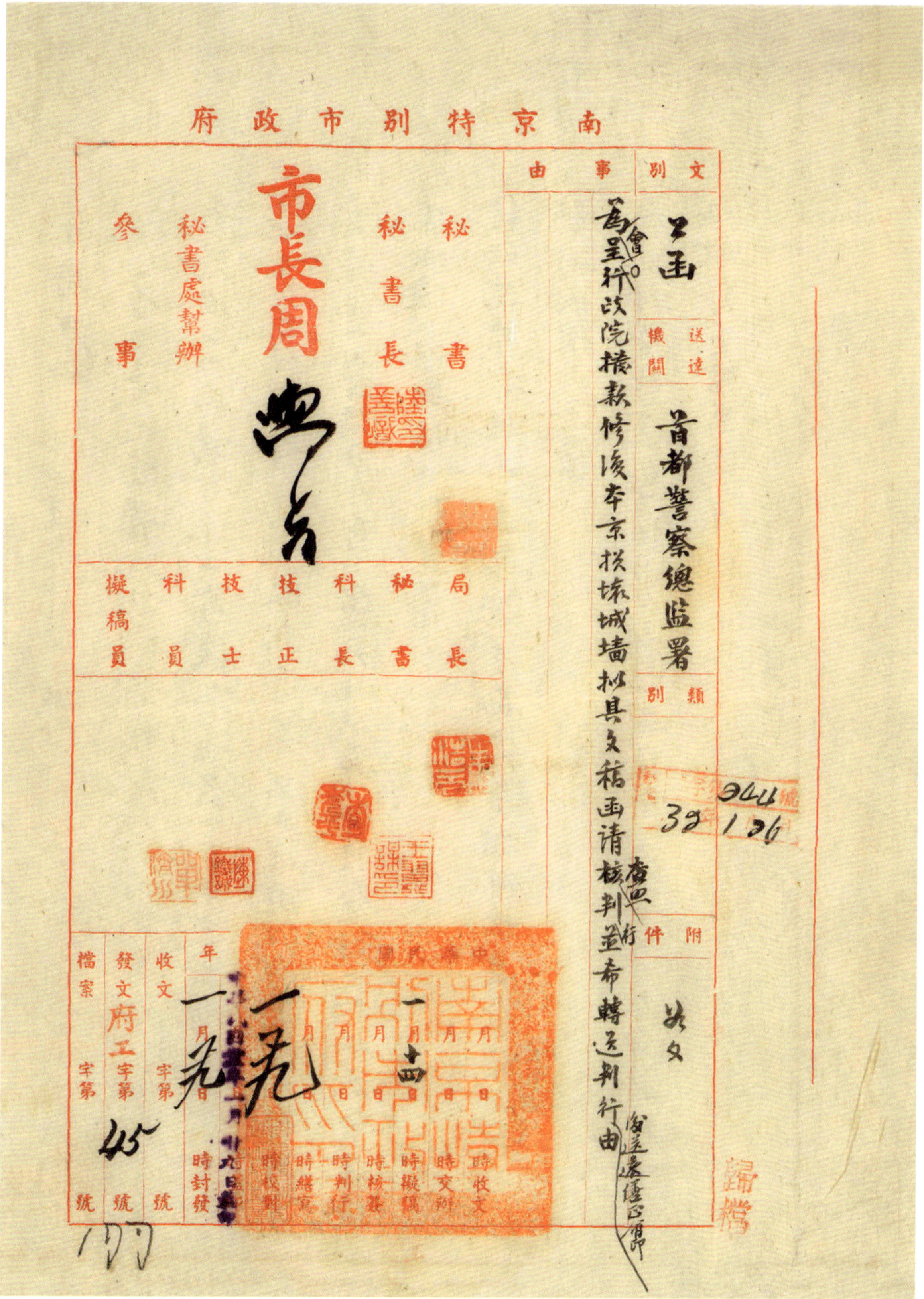
南京特別市政府

文別：公函

送達機關：首都警察總監署

事由：爲會呈行政院撥款修復本京損壞城墻抄具文稿函請核判並希轉送判行由

市長周

秘書長

秘書

秘書處幫辦

參事

局長　秘書　科長　技正　技士　科員　擬稿員

類別

附件：文

年　收文　發文府工字第45號　檔案

收文　文辦　擬稿　核稿　判行　繕寫　校對　封發

本府公函　第　號

查本京城墻崩圮孔洞前准　憲兵司令部暨　警備司令部先後來函囑即派工修復等由茲查本京城墻損壞處甚多若非通盤計劃澈底修葺不足以固城防前經分別函請貴署暨　警備司令部　憲兵司令部派員會同工務局派員將損壞城墻逐次勘估以便呈請行政院撥款興修在案茲已查勘完畢相應擬具會呈文稿並繪製圖表備函送請查照核判行轉送　警備司令部核判後再送　憲兵司令部核判行送還以便繕正會印為荷

此致

首都警察總监署

附會呈行政院文稿乙件（計四份） 附件全

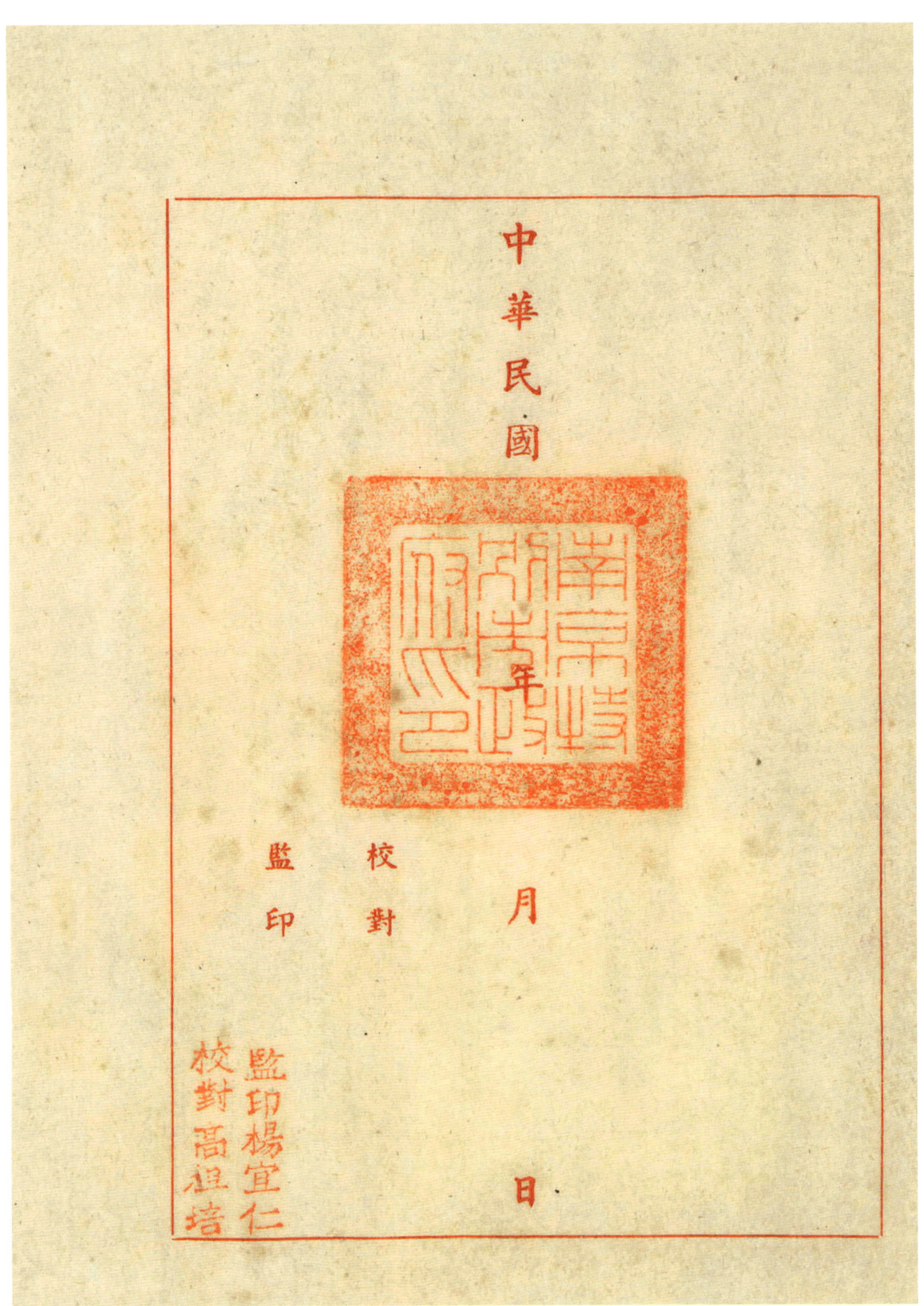

中華民國　　年　　　月　　　日

校對

監印

監印楊宜仁
校對高但培

0204
32年2月11日15時

工務 交務乙科

函

擬交第科負責辦理

中華民國卅二年二月九日到

事由	擬辦	決定辦法
准函會呈行政院撥款修復本京損壞城墻擬具文稿囑查照判行一案檢還原件請查照由		
附件：如文		

首都警察總監署

文別：公函

中華民國三十二年二月九日 政一字第四三五號

案准

貴府府工字第四五號公函，以本京城墻損壞之處甚多，現通盤計劃徹底修葺，擬具會呈行政院撥款修復文稿，並製繪圖表等件，囑查照判行，等由。准經書行會章，並轉送警備及憲兵兩司令部核判送還，相應檢同原會稿及附件一併備函奉還，

1268

即希

查照繕正會印為荷。

此致

南京特別市政府

附還呈行政院文稿一件計四份附件一份

總監鄭祖禹

監印陳其彪

校對井承慶

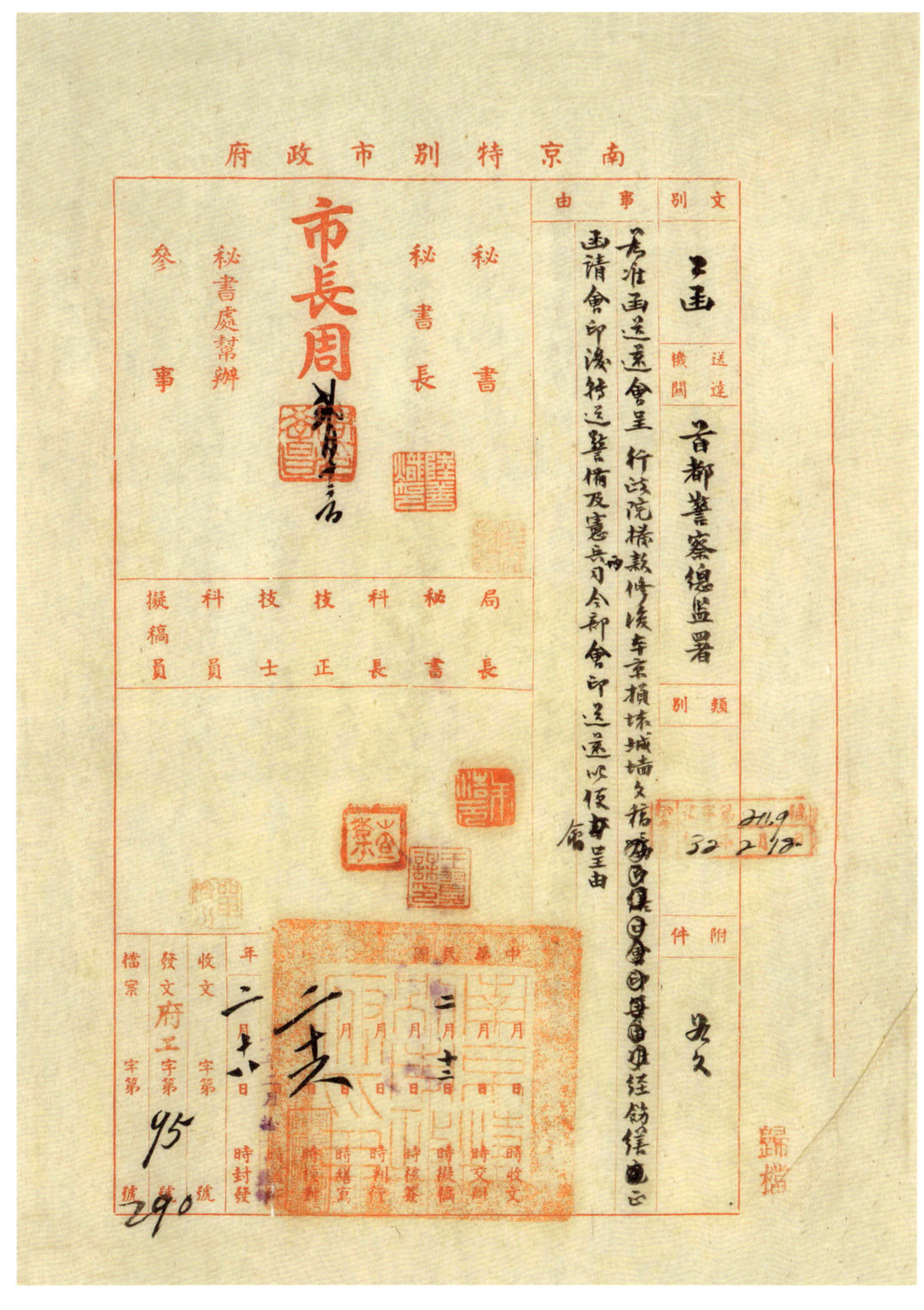

南京特別市政府

文別	公函
送達機關	首都警察總監署
類別	
附件	另文

事由：為准函送會呈行政院撥款修浚本京損壞城墻文稿……經飭繕正函請會印後特送警備及憲兵兩司令部會印送還以便會呈由

市長周

秘書長

秘書

秘書處幫辦

參事

局長	秘書	科長	技正	技士	科員	擬稿員

中華民國 二十六 年 二 月 十三 日

收文 月 日 時

文辦 月 日 時

擬稿 月 日 時

核簽 月 日 時

判行 月 日 時

繕寫 月 日 時

校對 月 日 時

封發 月 日 時

收文 字第 號

發文 府工字第 95 號

檔案 字第 號 290

歸檔

本府公函　第　號

案准

貴署改一字第四三五號公函略以准函爲本京城墻損壞之處甚多玖

通盤計劃徹底修葺擬具會呈　行政院核款修復之稿並繪製圖表等件

函請查照核判行等由准經書行會章並轉送警備及憲兵兩司令部核判送還

檢同原會稿及附件一併送還嘱即繕正會印等由准此查經飭繕竣正相應

隨函送請

貴署會印後轉送警備及憲兵兩司令部會印送還以便會呈爲荷

此致

首都警察總監署

附繕正呈文一件稿文四份

（三）僞首都憲兵司令部、首都警備司令部、首都警察總監署、市政府爲撥款修復損壞城墻致僞行政院的會呈（附件：工程預算書、修理城墻斷面圖、城墻損壞位置圖）（一九四三年一月）

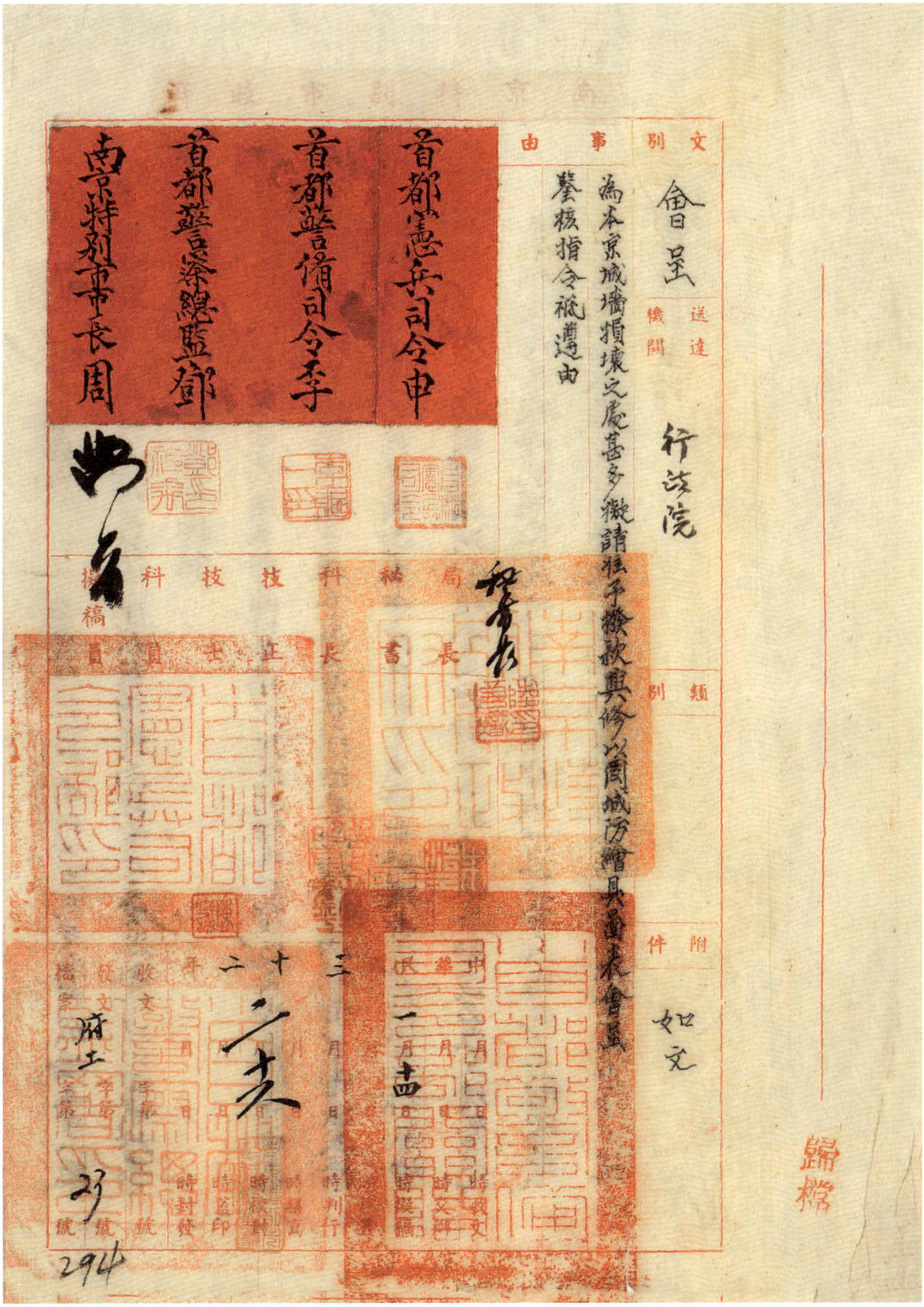
文別　會呈
送達機關　行政院
事由　爲本京城墻損壞之處甚多，擬請撥款興修，以固城防，繪具圖表，會呈鑒核指令祇遵由
附件　如文
首都憲兵司令申
首都警備司令李
首都警察總監鄧
南京特別市市長周
三十二年一月

竊查本憲兵司令部前據密報距挹江門南約四里之定淮門城墻上有一鉅
大孔洞內外可通難免奸宄暗中運私報請轉函該管官署派工修理以固城防等
情又查本警備司令部接准
軍事委員會衛戍團團本部函以草場門附近城墻有一孔洞迄未堵塞城廂居民
藉此作販私途徑恐為敵方探悉影響整個治安函請轉函該管官署派工修
復以策安全等由均經轉函本市政府飭交工務局辦理去後旋據報稱草場
門與定淮門城根機關槍洞前經會同防衛司令部前往察勘並已派工堵塞完
畢惟查近來城墻孔洞之處迭有發現事關城防為一勞永逸起見擬請轉
函憲兵司令部警備司令部警察總監署派員會同將京市損壞城牆一次勘估以便
通盤計劃呈請

行政院撥款興修以固城防等情當經本市政府分別函請派員會同工務局派員前往水

西門漢中門草場門清涼門漢西門中華門光華門及賽虹橋等處察勘城牆損壞

之處甚多若不急謀修葺不足以固城防所需修理費用經詳核估計需款弍拾萬

玖千玖百弍拾九元零五分擬請

鈞院令飭財政部迅行撥款以便興修而保治安所請是否可行理合繪具全城總平面圖

修理城牆斷面圖及修理各處城牆預算書會同具文呈請

鑒核仰祈

指令祇遵謹呈

行政院院長 汪

附呈全城總平面圖修理城牆斷面圖修理各處城牆預算書各乙份

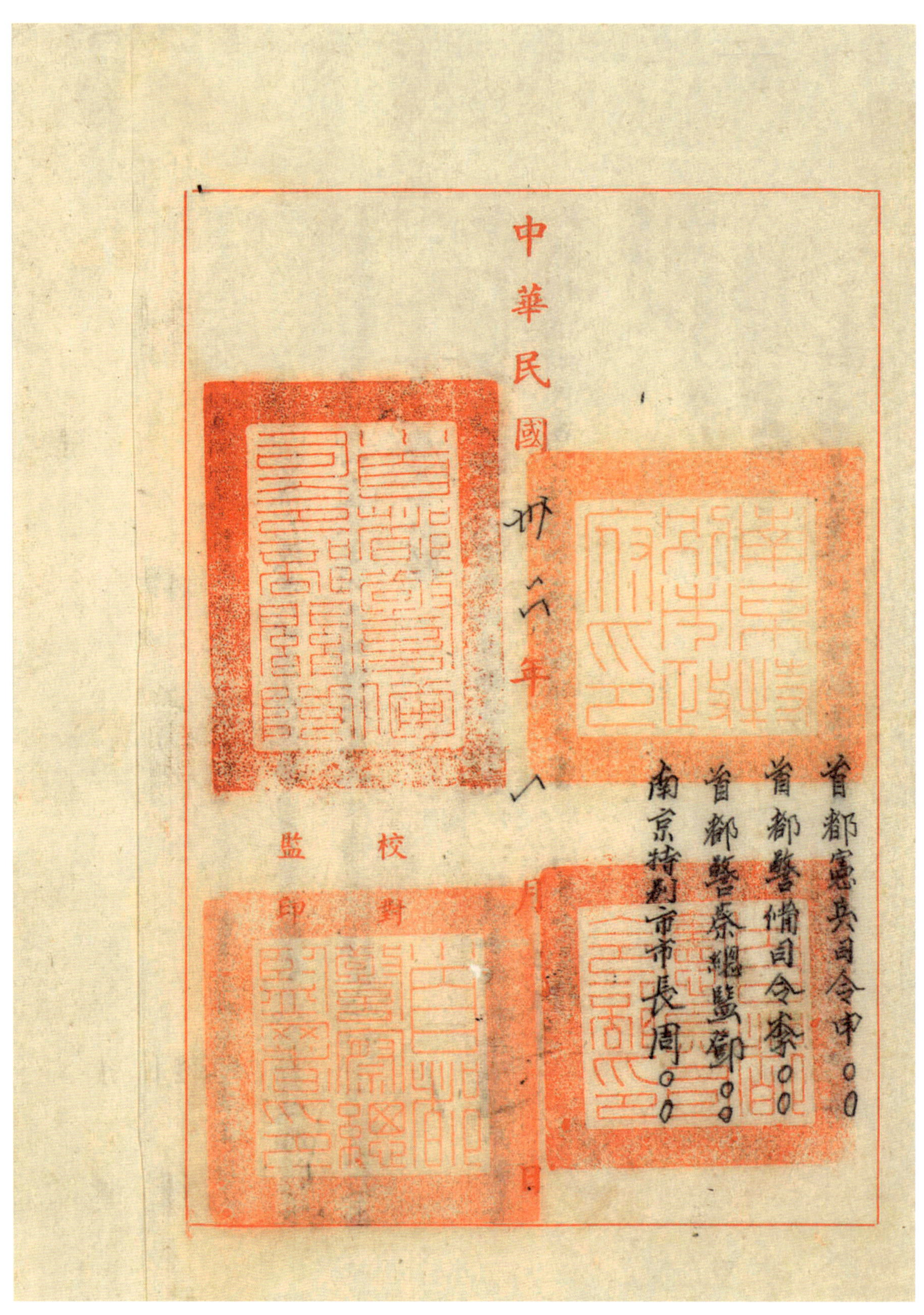

首都憲兵司令申○○

首都警備司令李○○

首都警察總監鄧○○

南京特别市市長周○○

中華民國卅六年八月　日

校對

監印

南京市政府工務局預概算書

字第　號
第 1 頁

工料種類	說明	單位	數量	單價（元）	複價（元）	備註
修理本京各處損壞城牆估標書						
(一)加高水西門西水關水城門木柵：						
該水城門係糞船出入之孔道原有柵門因河水低落高度不够致有醜小偷便出入或傳送私物今擬加高4呎並添釘刺鉛絲						
邊檔木	2-3"×4"×12'	板尺	24.00			
横檔木	1-3"×4"×20'	〃	20.00	12.00	816.00	
栅條木	8-3"×3"×4'	〃	24.00			
刺鉛絲		丈	18.00	8.00	144.00	
人工		工	16.00	14.00	224.00	包括運費雜費
合計					1184.00	
(二)鐵窗欞涵洞，						
該涵洞位於水西門附近為該門附近下水之總出口今因河水低落溝水涸竭致有莠民以此為出入城牆之便道故本局據報後即派工用舊磚堵塞惟係臨时對付性質現擬改築多管混凝土涵洞一座既利下水排洩又可防止莠民出入。						
12寸瓦筒		節	12.00	26.00	312.00	
青磚	8×120	塊	960.00	0.30	288.00	
膠合用1:3灰漿	960/480×1/4	立公	0.50			
粉面用1:3灰漿	8×0.02	〃	0.16			
水泥	0.66×10.54	袋	6.96	70.00	487.20	
黄沙	0.66×1	立公	0.66	140.00	92.40	
人工		工	20.00	14.00	280.00	包括運費雜費
合計					1459.60	
(二)清涼門附近涵洞，						
總計	該涵洞係清涼山附近山水之總出口原有鉄条數条作為					

鑒定　　審核　　校對　　計算

中華民國31年12月31日

南京市政府工務局預概算書

字第　號
第 八 頁

工料種類	說明	單位	數量	單價（元）	複價（元）	備註
涵洞之栅門今為莠民偷去一根而利用此處為偷運私米之要道現擬添配1.5"□鋼筋一条並用1:3:6混凝土將洞門高度改低						
鋼条	1.5"□×5.6'	磅	42.84	7.20	308.40	
1:3:6混凝土	2×0.2×0.3×2	立公	0.24			
水泥	0.24×4.83	袋	1.16	70.00	81.20	
黄沙	0.24×0.46	立公	0.11	140.00	15.40	
石子	0.24×0.93	〃	0.22	120.00	26.40	
殼子板					180.00	
人工		工	16.00	14.00	224.00	
合計					835.40	
(四)清涼門大窪涵洞：						
該處亦為清涼山水之出口因冬季水涸致可出入現亦擬改建多管涵洞						
12吋瓦管		節	7.00	26.00	182.00	
青磚	3×120	块	360.00	0.30	108.00	
膠合用1:3灰漿	360/480 × 1/4	立公	0.19			
粉面用1:3灰漿	3×0.02	〃	0.06			
水泥	0.25×10.54	袋	2.64	70.00	184.80	
黄沙	0.25×1	立公	0.25	140.00	35.00	
人工		工	12.00	14.00	168.00	
合計					677.80	
(五)草場門一帶：						
該處城牆外面多已破損坍壞約有三十餘處總計面積約30×4×1.5＝180平公現擬用1:2石灰沙漿砌補						
城磚	180/0.1×0.4	块	4500.00	3.00	13500.00	
總計						

鑒定　　審核　　校對　　計算

中華民國 31 年 12 月 31 日

南京市政府工務局預概算書

字第　號
第 3 頁

工料種類	說明	單位	數量	單價（元）	複價（元）	備註
1:2石灰沙漿膠合	4500×0.0075	立公	33.75			
石灰	33.75×2.65	担	89.44	45.00	4024.80	
黄沙	33.75×0.9	立公	30.38	140.00	4253.20	
人工	180×2	工	360.00	14.00	5040.00	
填土	180×1	立公	180.00	16.00	2880.00	
脚手					5000.00	
運費及雜費					2000.00	
合計					36698.00	
（六）漢西門蘆柴廠附近						
該處城墙有損壞成洞者一處計4.5㎥擬修補之						
城磚	4.5/0.1×0.4	块	113.00	3.00	339.00	
1:2石灰沙漿膠合	113×0.0075	立公	0.85			
石灰	0.85×2.65	担	2.25	45.00	101.25	
黄沙	0.85×0.9	立公	0.77	140.00	107.80	
人工	4.5×2	工	9.00	14.00	126.00	
脚手運費及雜費					1000.00	
合計					1674.25	
（七）清涼門						
該處城門早经堵塞惟今有損壞成洞者一處約1㎥						
城磚	1/0.1×0.4	块	25.00	3.00	75.00	
1:2石灰沙漿膠合	25×0.0075	立公	0.19			
石灰	0.19×2.65	担	0.50	45.00	22.50	
黄沙	0.19×0.9	立公	0.17	140.00	23.80	
人工		工	5.00	14.00	70.00	
脚手及雜運費					500.00	
總計						

鑒定　　審核　　校對　　計算

中華民國31年2月31日

南京市政府工務局預概算書

工料種類	說明	單位	數量	單價（元）	複價（元）	備註
合計					691.30	
(八)中華門外循相里：						
該處城牆坍壞殘决之處約250m³擬修補之						
城磚	250/0.1×0.4	块	6250.00	3.00	18750.00	
1:2石灰漿膠合	6250×0.0075	立公	46.88			
石灰	46.88×2.65	担	124.23	45.00	5590.35	
黃沙	46.88×0.9	立公	42.19	140.00	5906.60	
人工	250×2	工	500.00	14.00	7000.00	
脚手					5000.00	
填土	250×1	立公	250.00	16.00	4000.00	
運費及雜費					2000.00	
合計					48246.95	
(九)賽虹橋東部：						
該處城牆坍壞成决口約16×8+5×12=188m³						
城磚	188/0.1×0.4	块	4700.00	3.00	14100.00	
1:2石灰漿膠合	4700×0.0075	立公	35.25			
石灰	35.25×2.65	担	93.41	45.00	4203.45	
黃沙	35.25×0.9	立公	31.73	140.00	4442.20	
人工	188×2	工	376.00	14.00	5264.00	
脚手					5000.00	
填土	188×1.5	立公	282.00	16.00	4512.00	
運費及雜費					2000.00	
合計					39521.65	
(十)賽虹橋西部						
該處城牆坍壞成决口者有二處總計面積約9×6+1.5×4+						
總計						

鑒定　　審核　　校對　　計算

中華民國 31 年 8 月 31 日

南京市政府工務局預概算書

字第　　號
第 5 頁

工料種類	說明	單位	數量	單價（元）	複價（元）	備註
	3×1.5＝64.5㎡擬修補之					
城磚	64.5/0.1×0.4	塊	1613.00	3.00	4839.00	
1:3石灰漿膠合	1613×0.0075	立公	12.10			
石灰	12.1×2.65	担	32.07	45.00	1443.15	
黃沙	12.1×0.9	立公	10.89	140.00	1524.60	
人工	64.5×2	工	129.00	14.00	1806.00	
脚手					5000.00	
填土	64.5×1	立公	64.50	16.00	1032.00	
運費及雜費					2000.00	
合計					17644.75	
（十一）光華門附近						
	該處城垣坍壞甚夥估計面積約50×6＝300㎡					
城磚	300/0.1×0.4	塊	7500.00	3.00	22500.00	
1:3石灰漿膠合	7500×0.0075	立公	56.25			
石灰	56.26×2.65	担	149.06	45.00	6707.70	
黃沙	56.26×0.9	立公	50.63	140.00	7088.20	
人工	300×2	工	600.00	14.00	8400.00	
脚手					5000.00	
填土	300×2	立公	600.00	16.00	9600.00	
運費及雜費					2000.00	
合計					61295.90	
總計					209929.40	

鑒定　　審核　　校對　　計算

中華民國31年12月31日

南京市政府工務局計算紙　　字第　　號

附圖1. 水西門附近西水關木柵吊門

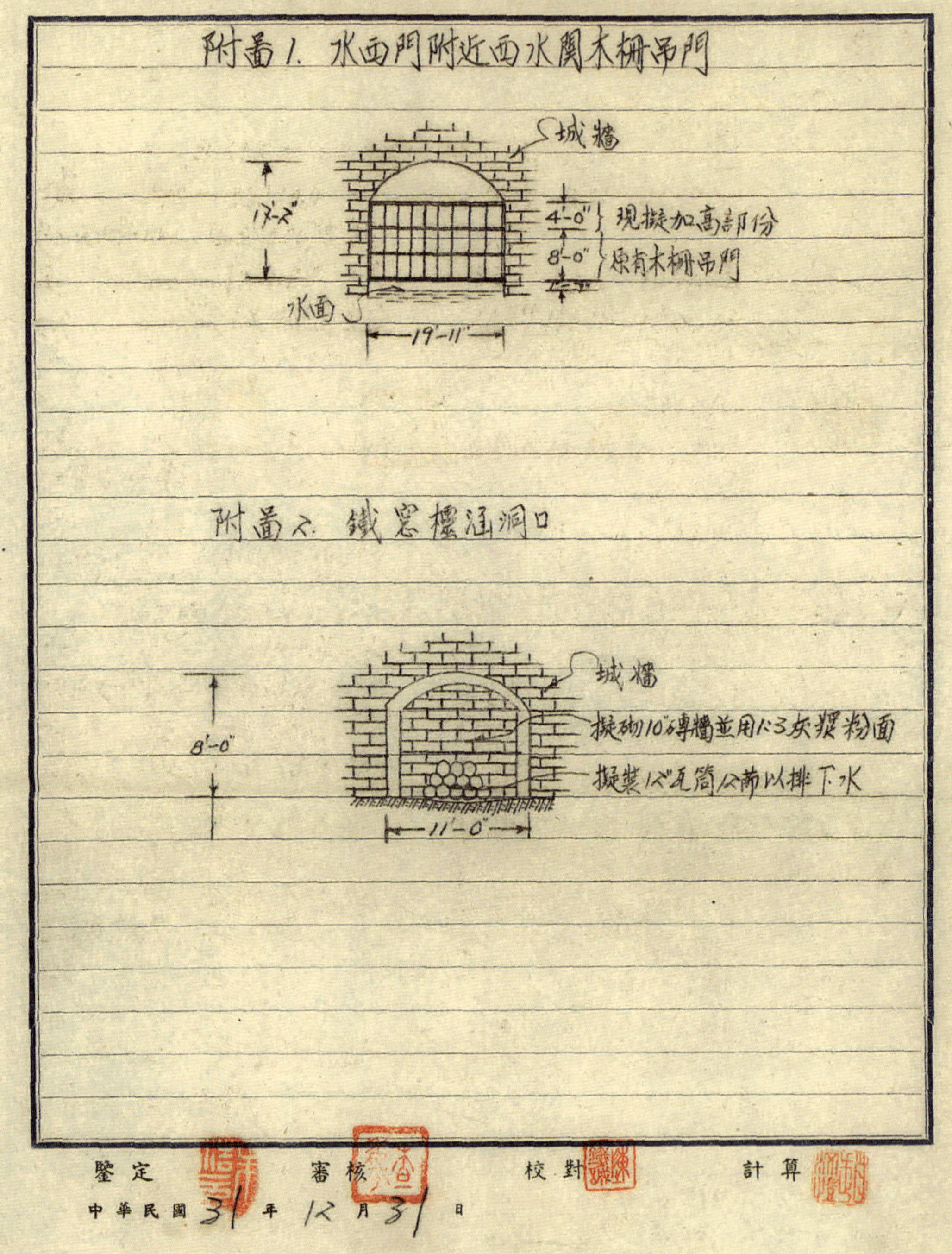

附圖2. 鐵窗櫺涵洞口

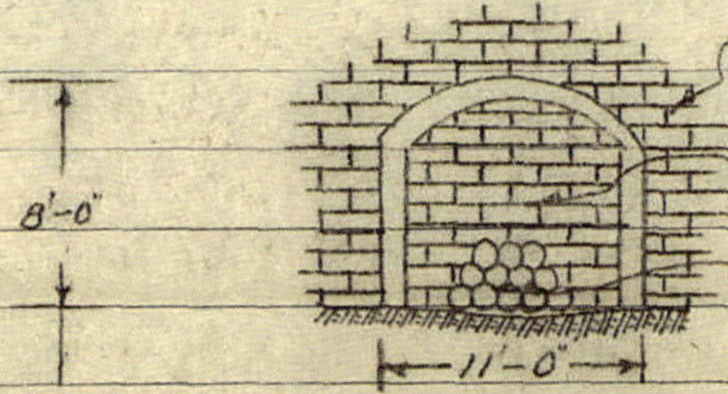

鑒定　　審核　　校對　　計算

中華民國 31 年 12 月 31 日

南京市政府工務局計算紙　　字第　　號

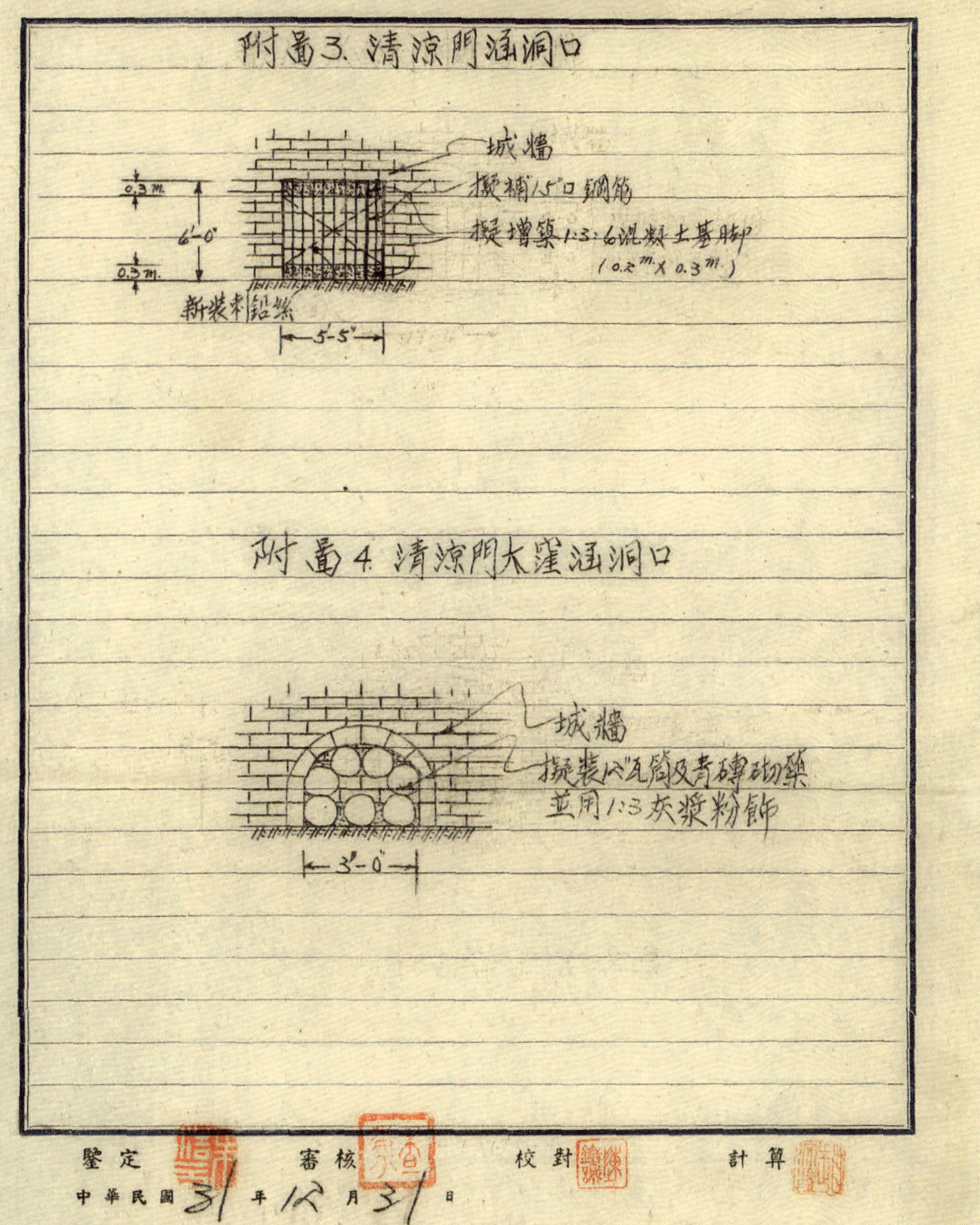

附圖3. 清涼門涵洞口

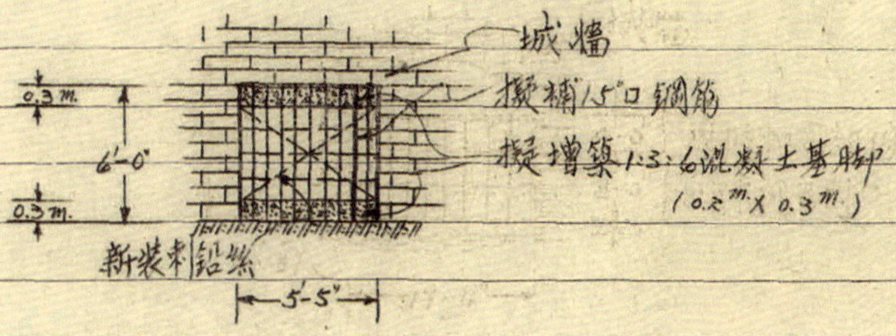

附圖4 清涼門大窪涵洞口

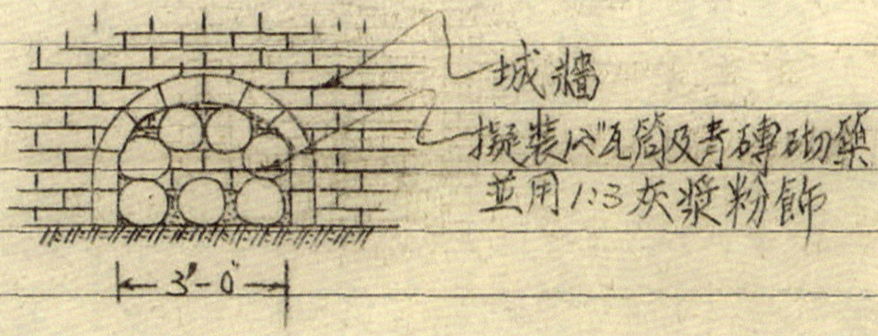

鑒定　　審核　　校對　　計算

中華民國31年10月31日

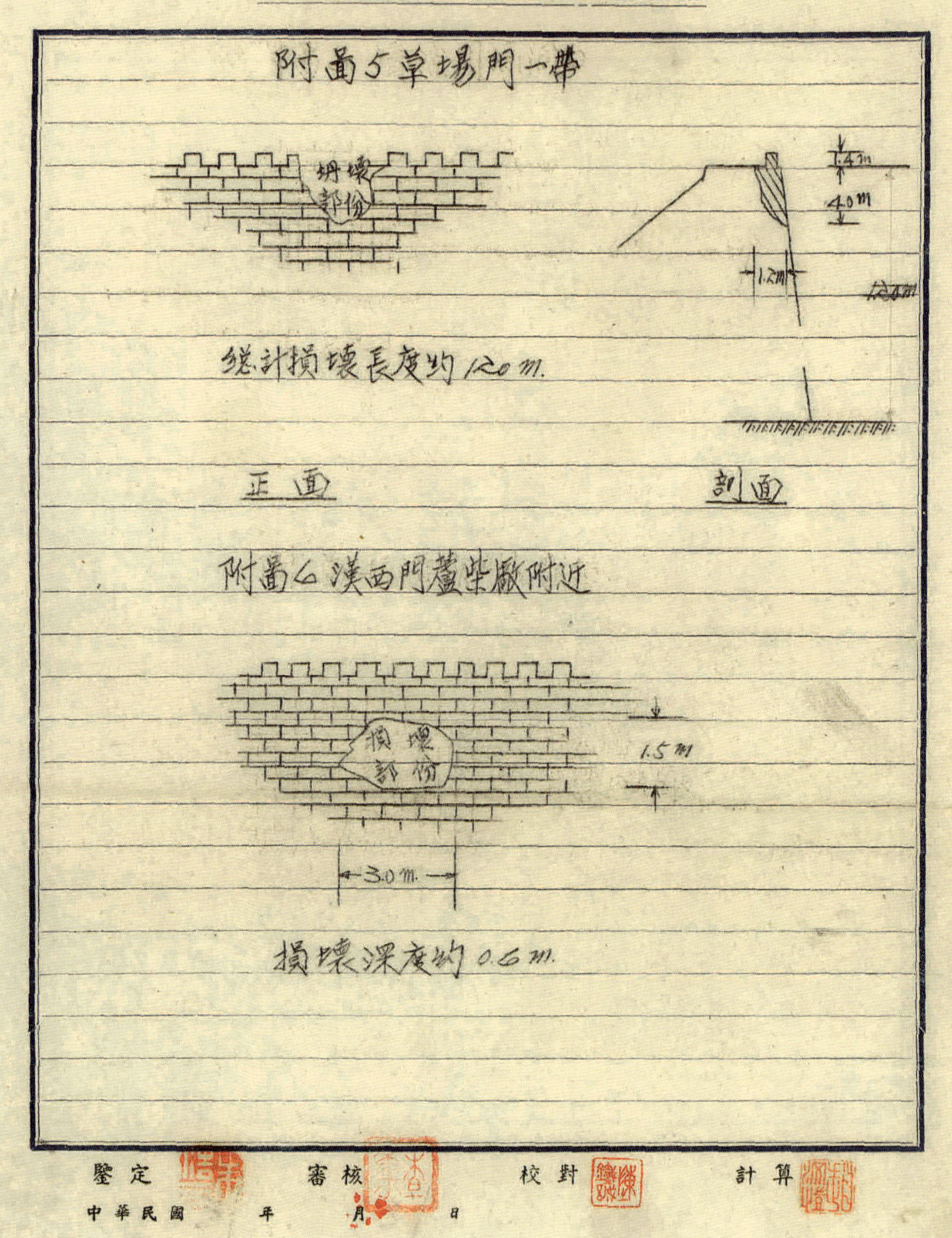

南京市政府工務局計算紙　　字第　　號

附圖5 草場門一帶

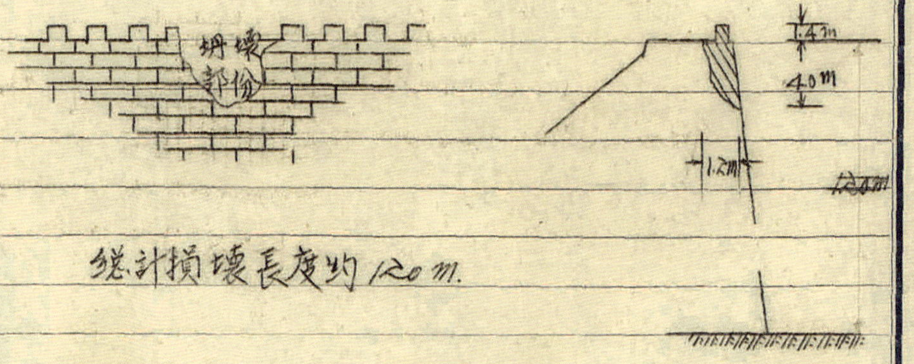

總計損壞長度約12.0m.

正面　　　　剖面

附圖6 漢西門蘆柴廠附近

損壞深度約0.6m.

鑒定　　審核　　校對　　計算

中華民國　　年　　月　　日

南京市政府工務局計算紙　　字第　　號

附圖7　清涼門

清涼門早經堵塞
現損壞成洞如圖
約長1m.寬1m.深1m.

附圖9　賽工橋東部損壞城牆

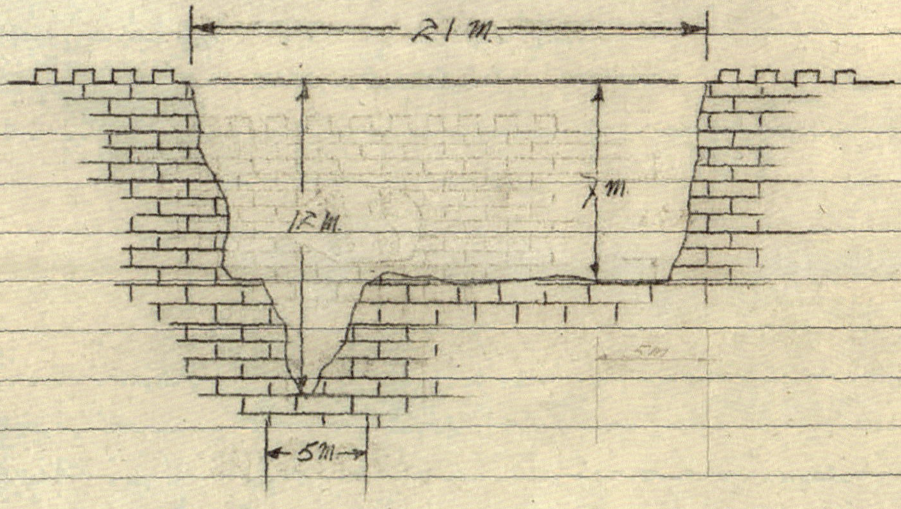

損壞深度約0.6m.

鑒定　　審核　　校對　　計算

中華民國31年12月31日

南京市政府工務局計算紙

字第　　號

附圖8 中華門外循相里附近

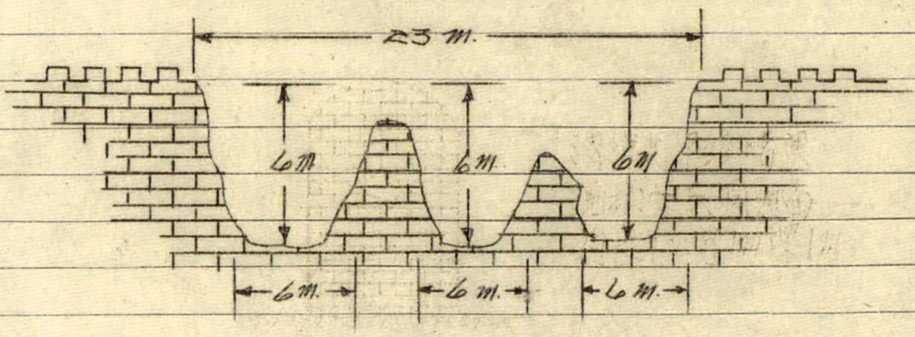

損壞深度約1M.

附圖10 賽公橋西部損壞城牆

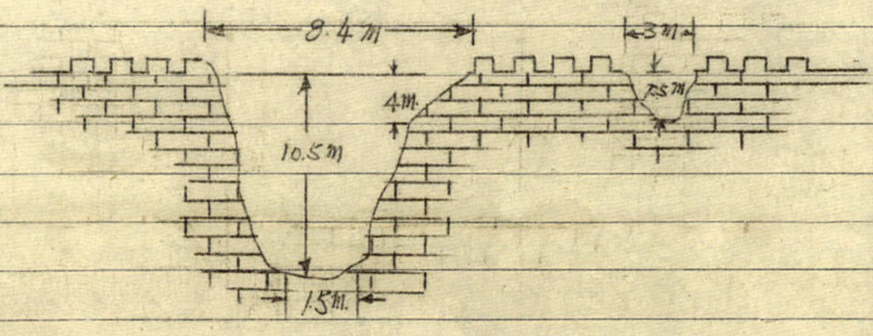

損壞深度約0.6M.

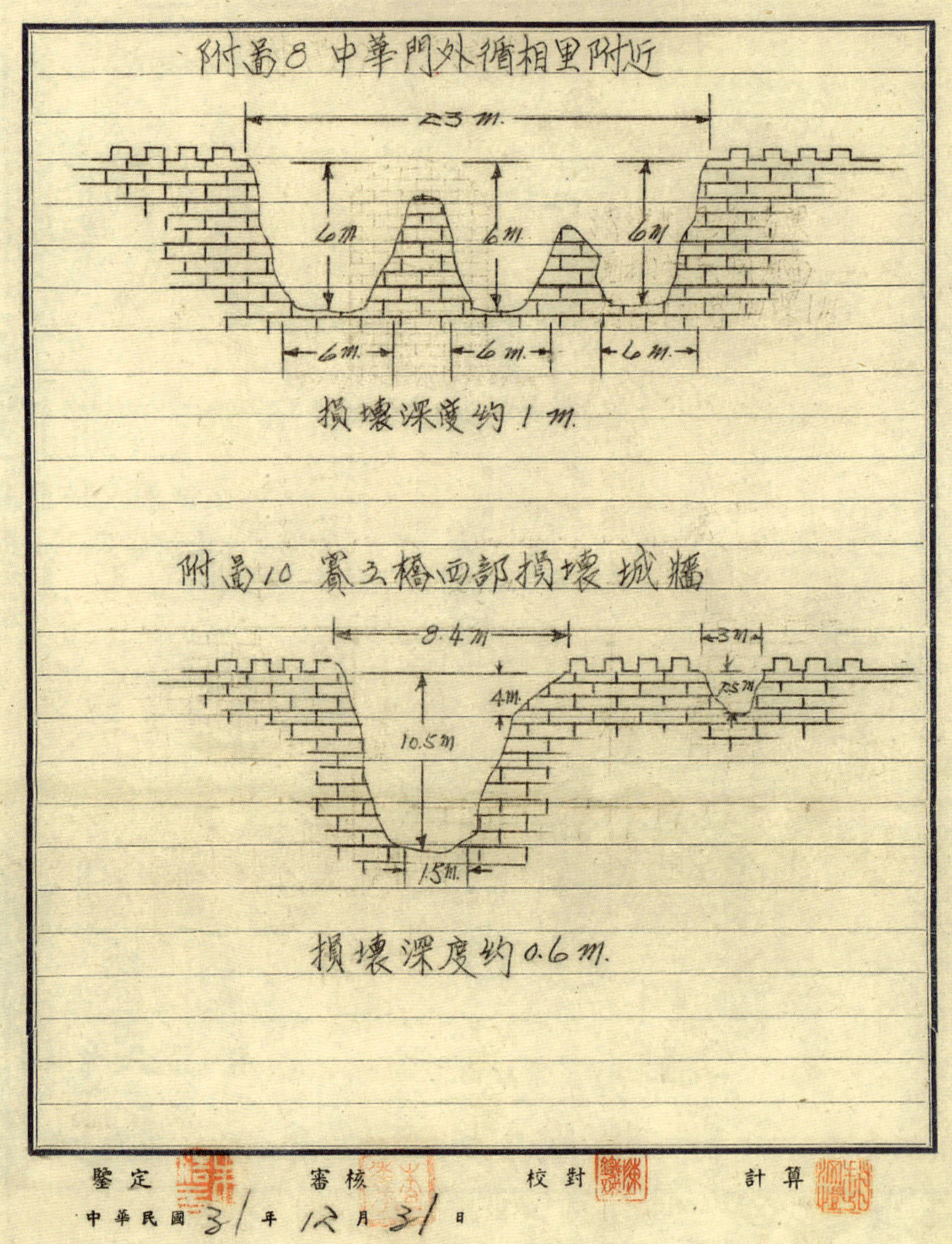

鑒定　　審核　　校對　　計算

中華民國 31 年 12 月 31 日

南京市政府工務局計算紙　　字第　　號

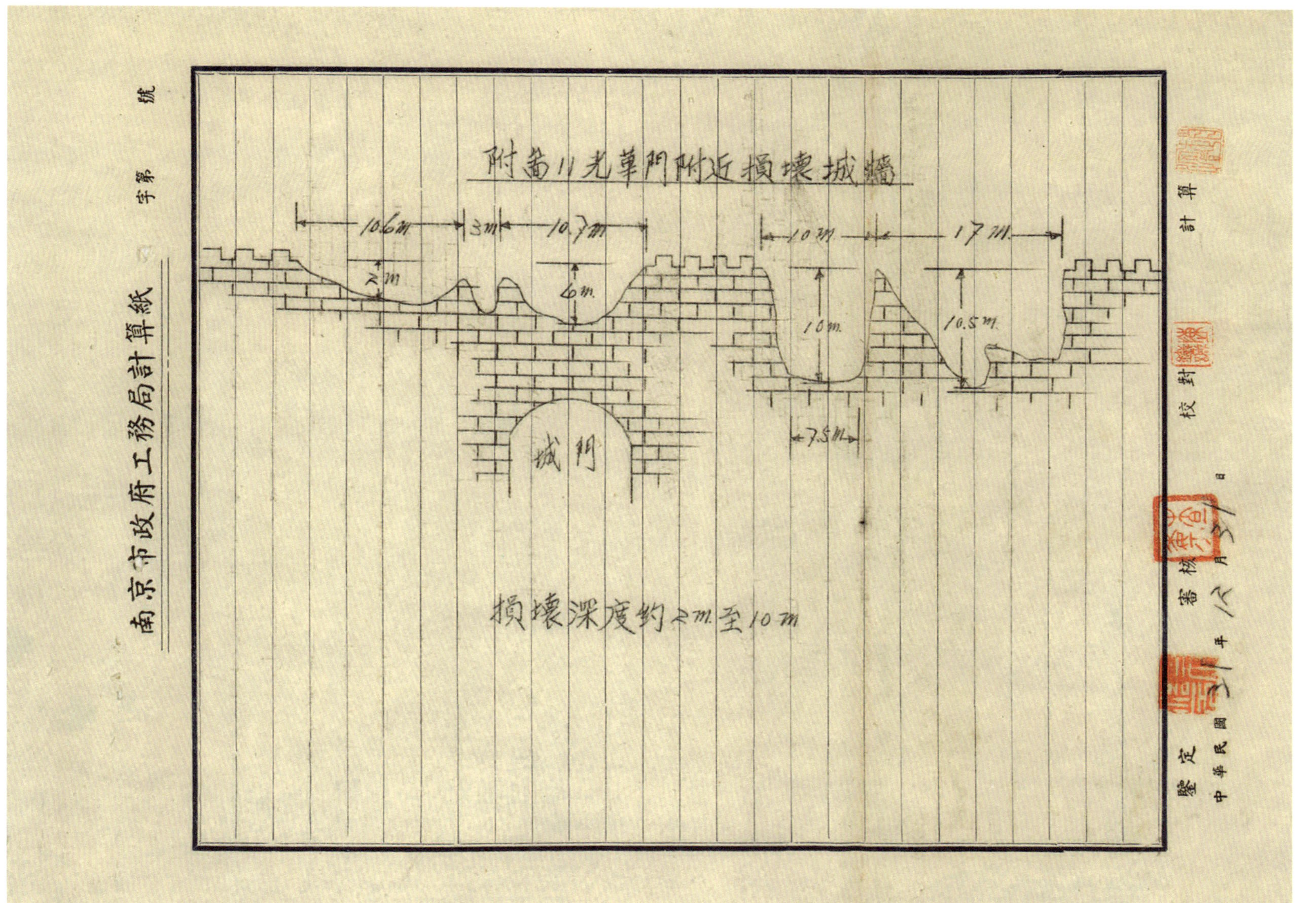

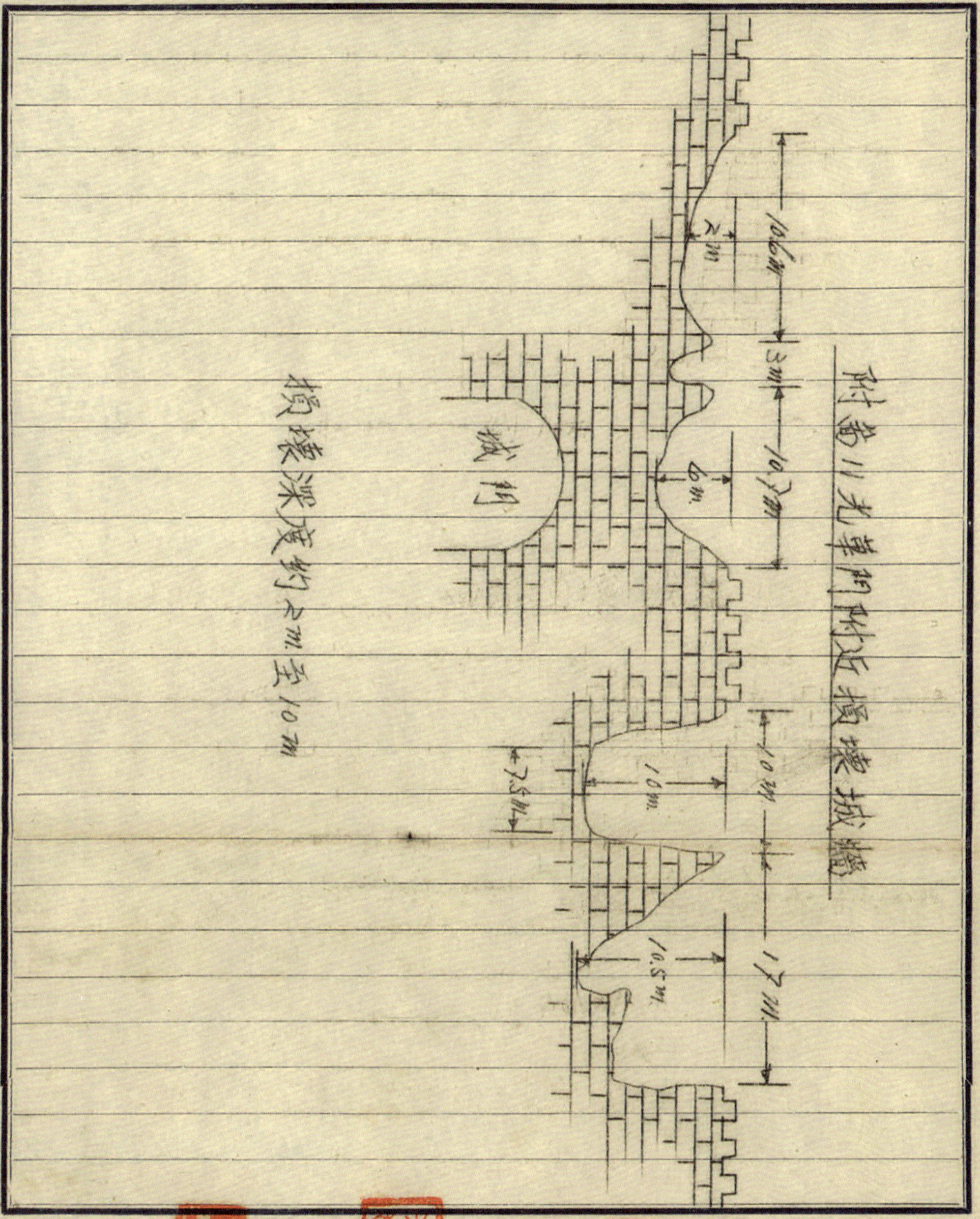

鑒定　　審核　　校對　　計算

中華民國 31 年 12 月 31 日

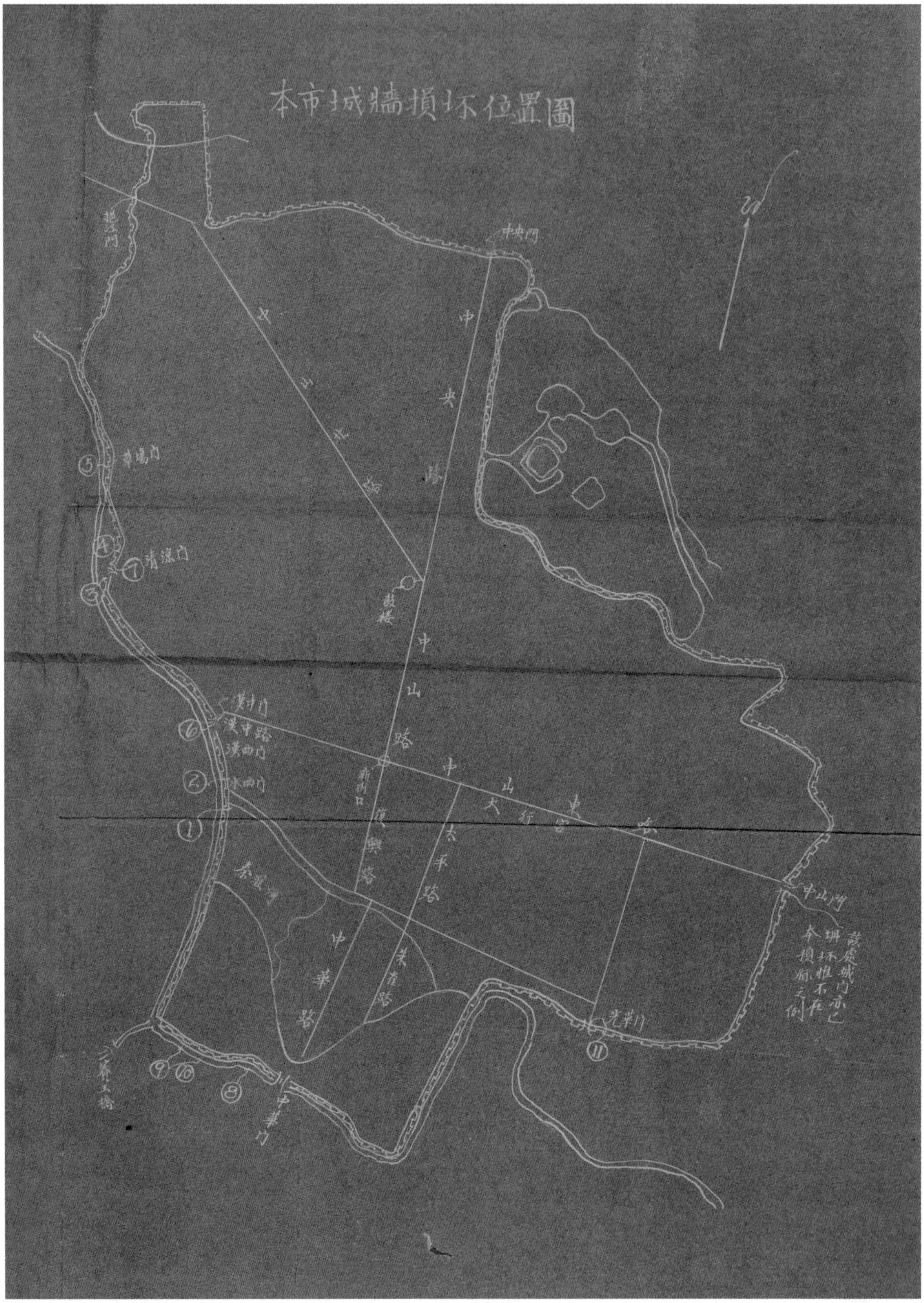
本市城牆損坏位置圖
挹江門
中央門
中山北路
中央路
鼓樓
中山路
草場门
清涼门
漢中门
漢中路
漢西门
水西门
新街口
復興路
太平路
中華路
中華门
光華门
中山门
該處城门亦已坍坏惟不在本損痕之例

（四）僞行政院秘書處爲召集會商興修城墻一案致僞市政府的公函及僞市工務局爲出席會議情形的簽呈

（一九四三年三月三日至三月十日）

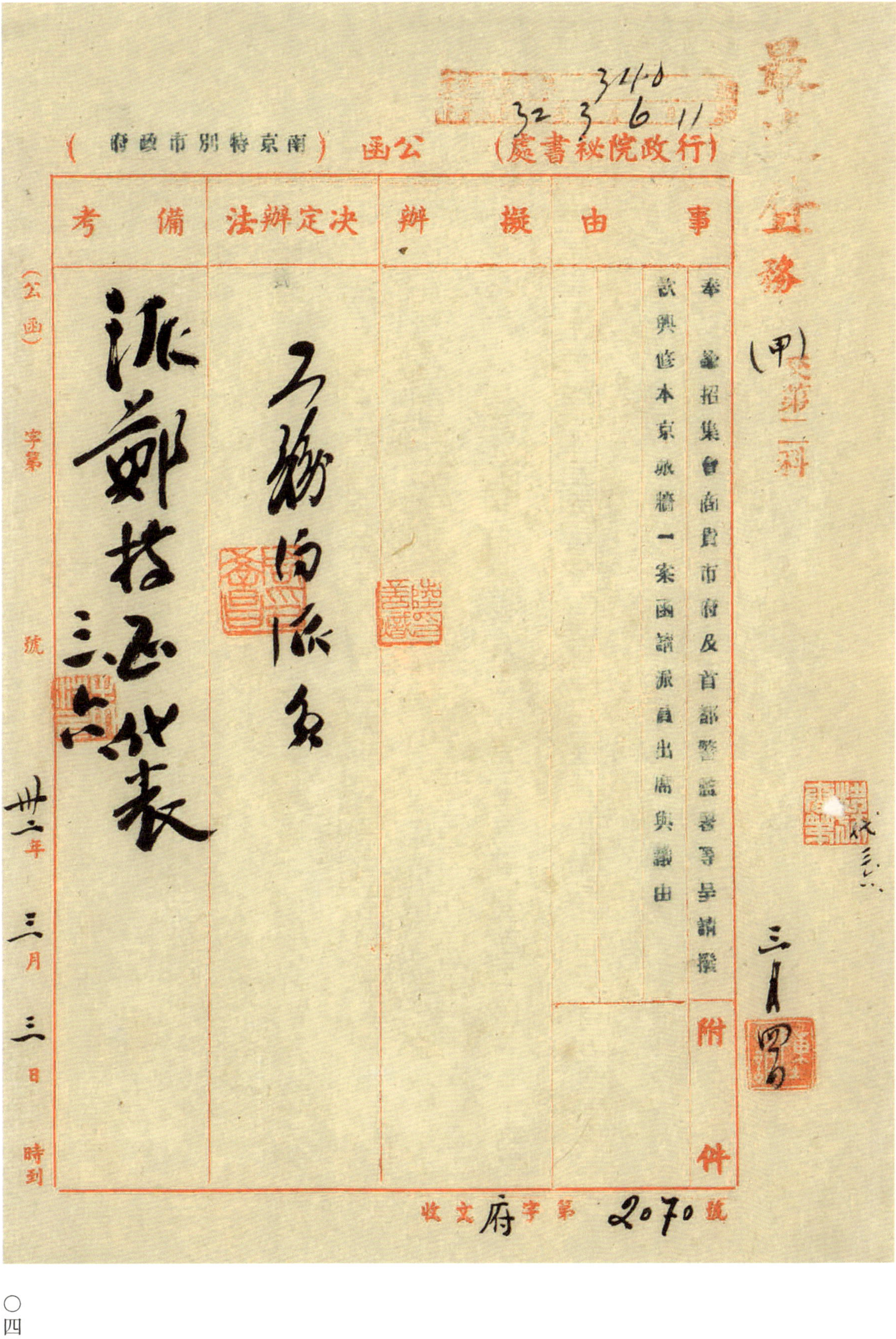

工務 (甲) 第二科

3410
32 3 6 11

行政院秘書處公函（南京特別市政府）

事由	擬辦	決定辦法	備考
奉 諭招集會商貴市府及首都警察署等呈請撥款興修本京城墻一案函請派員出席與議由		工務局派員	派鄭技正代表 三.六
附件			

(公函) 字第 號 卅二年三月三日時到

三月四日

收文府字第2070號

行政院秘書處公函

處字第444號

現奉

院長發下貴市政府暨首都警監署警備司令部憲兵司令部會呈乙件為本京城牆損壞之處甚多請撥款興修以固城防繪具圖表祈鑒核令遵等情一案同時奉

諭「由本院秘書處招集財政部南京特別市政府首都警察總監署首都警備司令部首都憲兵司令部等會商妥復再行核辦」等因茲定於三月六日（星期六）下午四時在本院會同商議除抄檢原呈及附件函請財政部查照暨分函外相應函請

查照屆時派員出席會商爲荷

此致

南京特別市政府

秘書長陳春圃

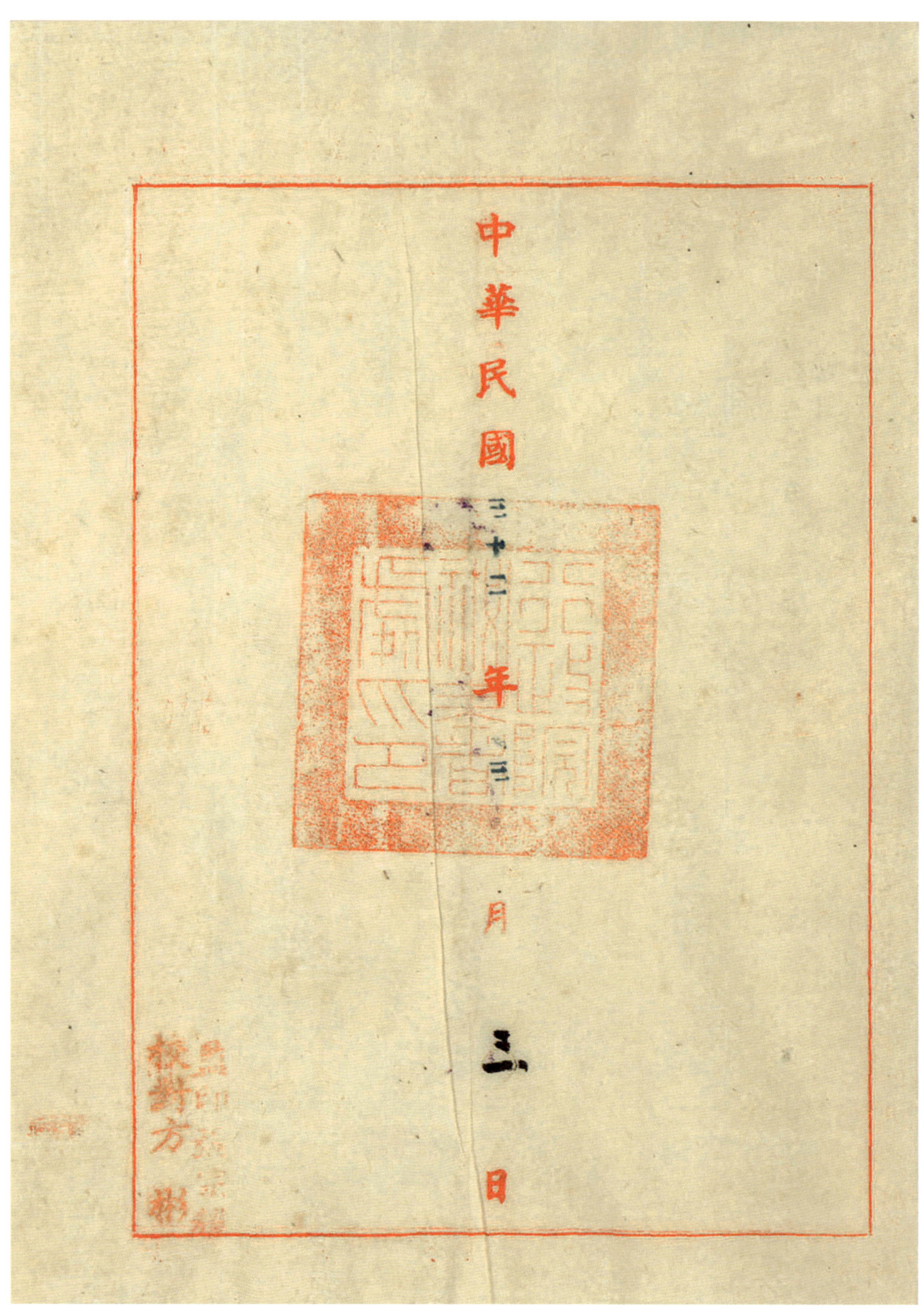

中華民國三十二年三月三日

校對方彬

簽呈

為派員出席會商興脩本京城墻一案謹將會議情形簽請　鑒核示遵由　三月十日

案奉

鈞府交下　行政院秘書處公函為奉

院長發下本府暨首都警監署警備司令部憲兵司令部會呈一件為本京城墻損

壞之處甚多請撥款興脩以固城防繪具圖表祈鑒核令遵等情一案同時奉

諭由本院秘書處招集財政部南京特別市政府首都警察總監署首都警備司

令部首都憲兵司令部等會商簽復再行核辦等因茲定於三月六日（星期六）下午四時在

本院會同商議除抄檢原呈及附件函請財政部查照暨分函外相應函請查照屆時派

員出席會商等因奉此遵經飭派本局技正鄭源深准時出席會商去後茲據報稱奉

派出席會商興脩本京城墻一案經各代表議決脩理費核減為拾陸萬玖千玖百貳拾

玖元肆角伍分由中央及南京特別市政府各半擔任各代表面各機關請示同意後即照

此辦理如意見不能一致時再行招集審查會重行審查等情理合備文簽請

鑒核示遵謹呈

市長周

工務局局長朱浩元

（一）本府無此項經費
（二）本案前首都城垣均由中央修築

[illegible]

（五）僞首都警備司令部爲請修堵小桃園左側及定淮門晏公廟一帶坍塌城牆致僞市政府的通報（一九四三年三月十三日）

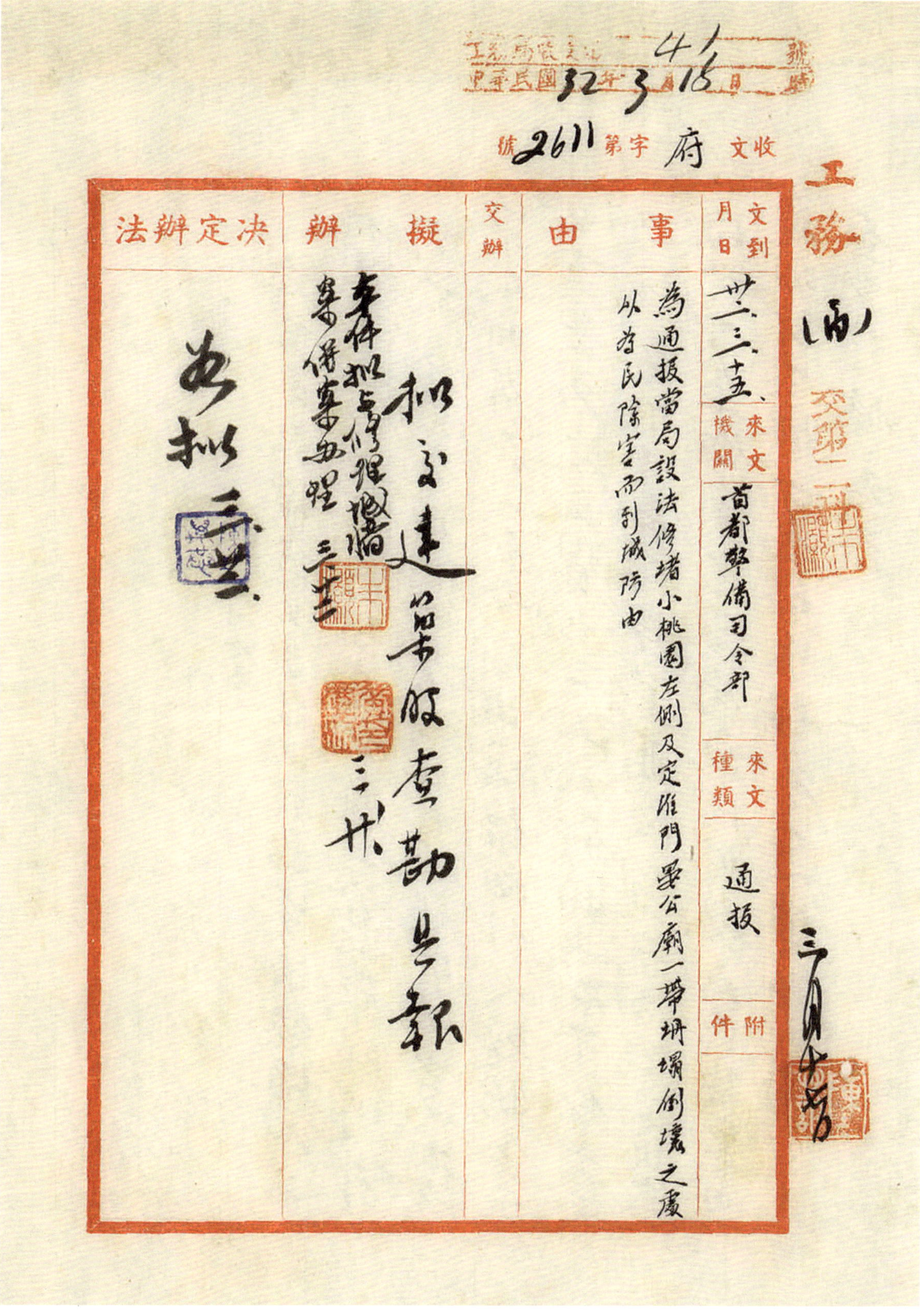
工務局收文 號
中華民國32年3月16日
收文 府 字第2611號
工務 函 交第一科

文到月日	來文機關	來文種類	附件	事由	交辦	擬辦	決定辦法
卅二、三、十五	首都警備司令部	通报		為通报當局設法修堵小桃園左側及定淮門晏公廟一帶坍塌倒壞之處以為民除害而利城防由		擬交建築股查勘具報 三、廿 奉件擬交修理城牆案併案辦理 三、廿三	如擬 三、廿三

三月十六

警稽報字第3號

通報　三月十三日
于警備司令部

兹據本部稽查員于福五報稱本京城墻在小
桃園左側及定淮門項晏公廟上首一帶坍塌倒
坏者多處有成洞形有成口形一般宵小以及不法
軍人時有在上列各處出没搶劫行人財物食米
之事甚至走私貨者三五成群扒上扒下任意妄
為該處附近居民受害匪淺痛苦不堪言狀然
均無可奈何希望當局設法修墻為民除害而
利城防等情前來據此相應通報即希
查照提修為荷

右通報

南京市政府

首都警備司令部　啓

（六）僞市政府爲請撥款修理本市城垣致僞行政院的呈文及僞行政院致僞市政府的訓令（一九四三年三月二十五日至四月二日）

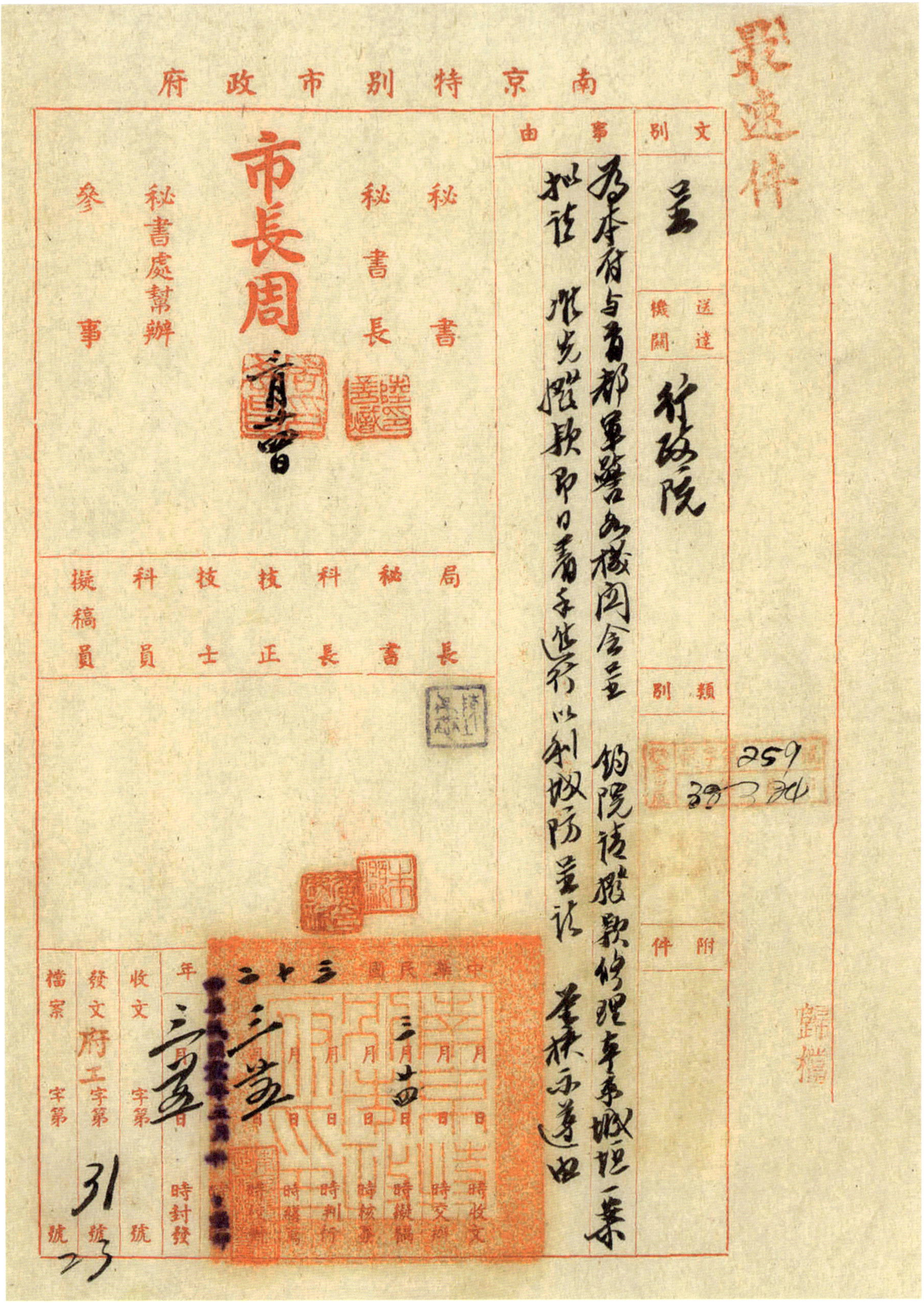
南京特別市政府

文別	呈
送達機關	行政院
事由	爲本府與首都軍警各機關會呈鈞院請撥款修理本市城垣一案擬請准先撥款即日着手進行以利城防呈請鑒核示遵由

市長周

秘書長

秘書

秘書處幫辦

參事

局長　秘書　科長　技正　技士　科員　擬稿員

中華民國三十二年三月廿四日

收文　字第　號

發文　府工字第 31 號

案查本府與首都軍警各機關會呈

鈞院請撥款修理本京城垣各處損壞工程一案

奉令

鈞院秘書處函告業先召集有關機關會議將原估修理費貳拾叁萬貳千玖百貳拾捌玖元捌角伍分核減為拾陸萬玖千玖百貳拾玖元捌角伍分並議決由中央及本府各半擔負並由查城防佈置首都治安修理經費由中央撥款俾便籌工目前本府經常及臨時事業各費極為向無此項支出經常應需經已因限於經費

務從緩設借每抽籌巨款實屬無從措注
復查前定修理城垣概算內列之修理部
份仍就撥擇其將較大之要端首零星換補
部分亦應修理者尚不在內又以該概算係三
個月前於去年之底所估之工料單價逐月
來工料續漲自應俟將來回武共工時核實
開支除批說
鈞院准先撥發裕除業經千玖百貳拾玖元捌
角係分以便就原概算之限款內支填支條
即日著手進行以利城隍外至因上述原因

而前項超出時擬再行呈請
飭據辦理所有擬請指撥款項即日興工修理本
京城垣一節先後有案理合具文呈請
鈞署核示祗遵謹呈
行政院院長汪

南京特別市政府市長周〇〇

監印楊宜仁
校對高祖塏

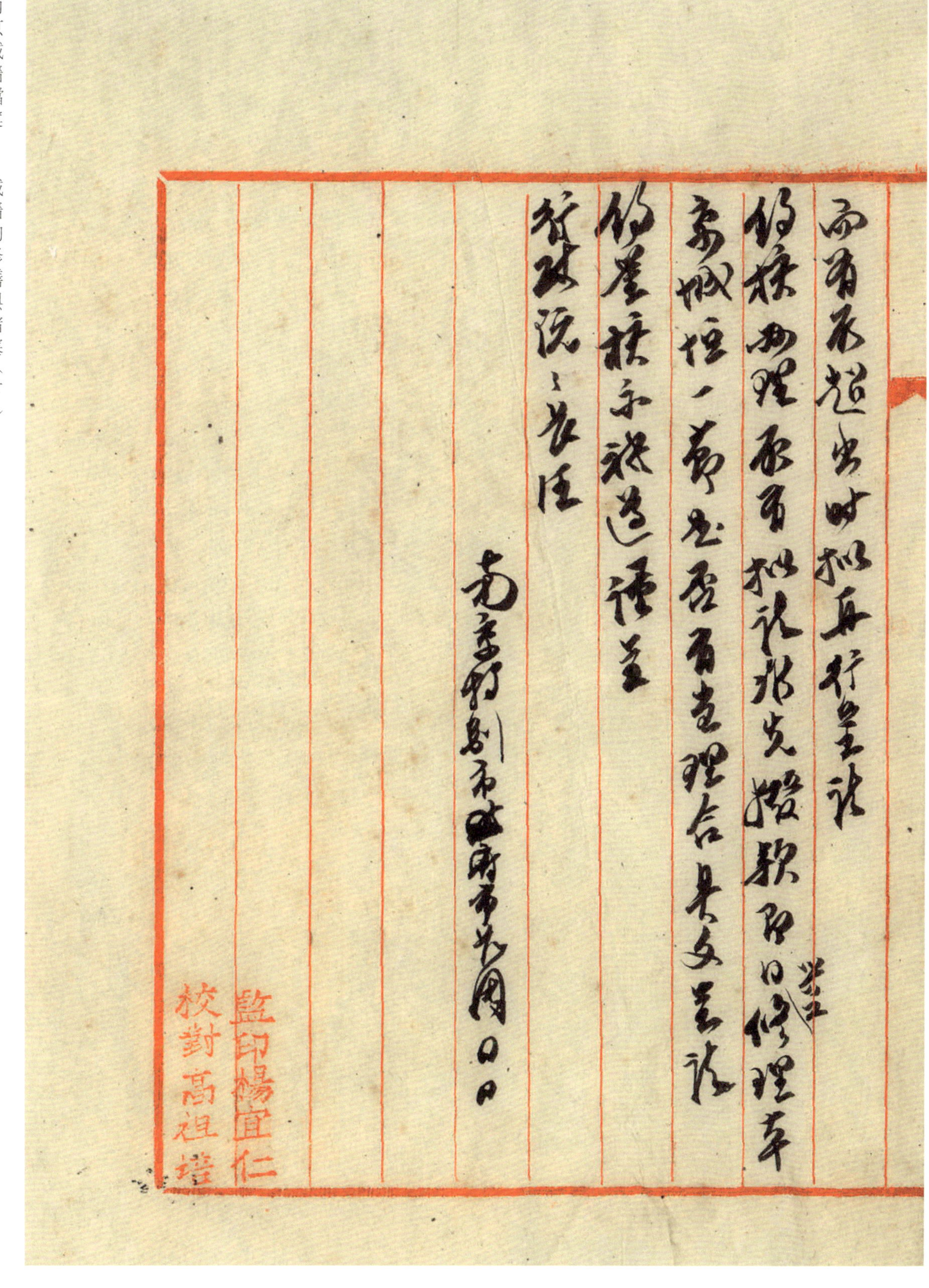

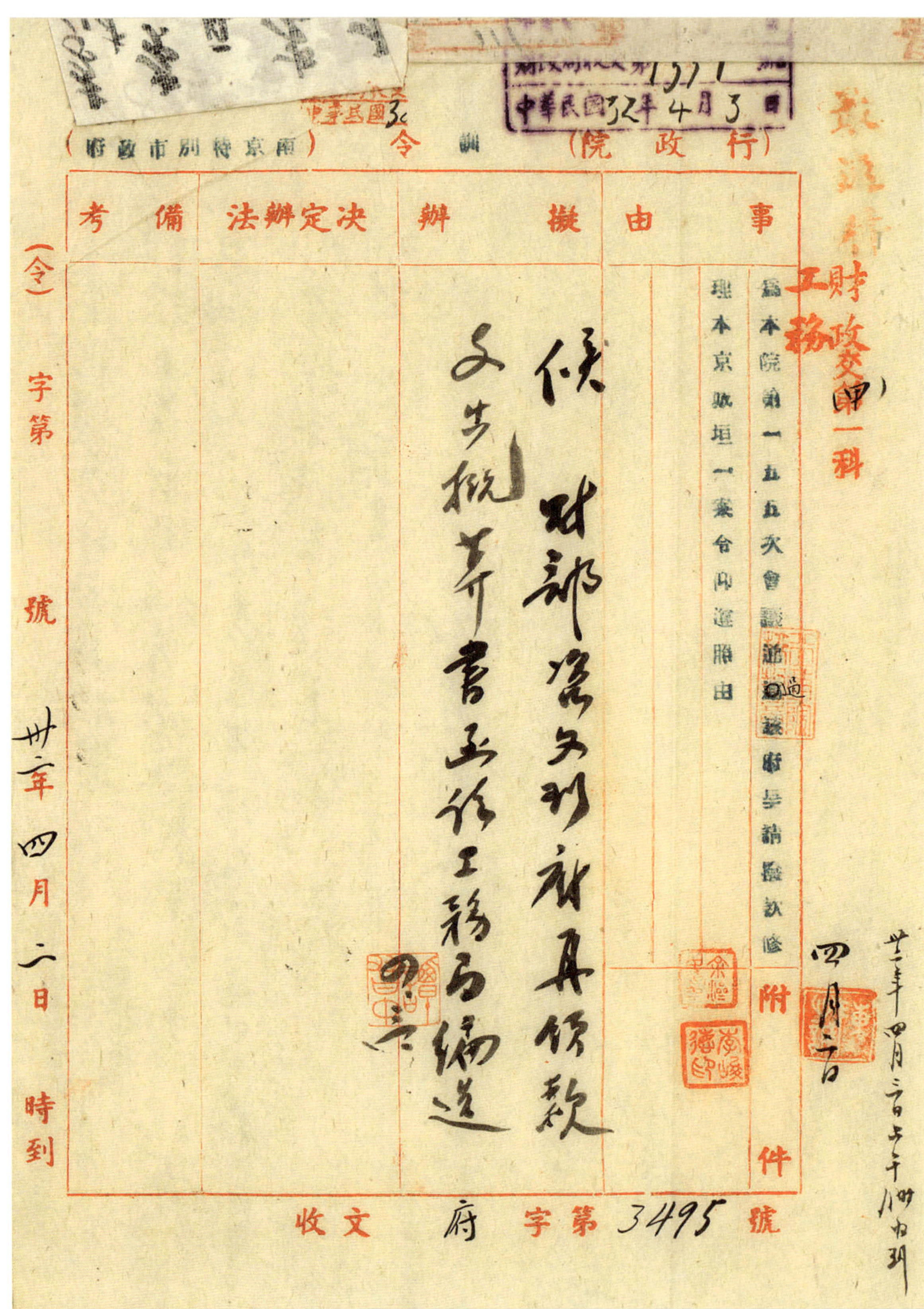

（行政院）訓令（南京特別市政府）

中華民國32年4月3

事由	擬辦	決定辦法	備考
為本院第一五五次會議通過該府呈請撥款修理本京城垣一案令仰遵照由	候財部咨文到再領款 又先擬算書函發工務局編造		

附件

財政 工務 交（甲）一科

四月二日

卅二年四月二日十千八時收到

收文 府 字第3495號

（令）字第 號 卅二年四月二日 時到

行政院訓令　院字第223號

令南京特別市政府

案查本院第一五五次會議討論事項第九案

「院長交議據南京特別市政府周市長呈爲本府聯與首都軍警各機關呈請撥款修理本京城垣一案擬請准予先飭撥款俾便赶日興工以利城防請鑒核等情請公決案決議通過經費在總預備費項下撥付飭即編造支出概算書呈核並呈報　中央政治委員會備案」

等由紀錄在卷除呈報備案暨令飭財政部遵照外合行錄案令仰該府

遵照

此令

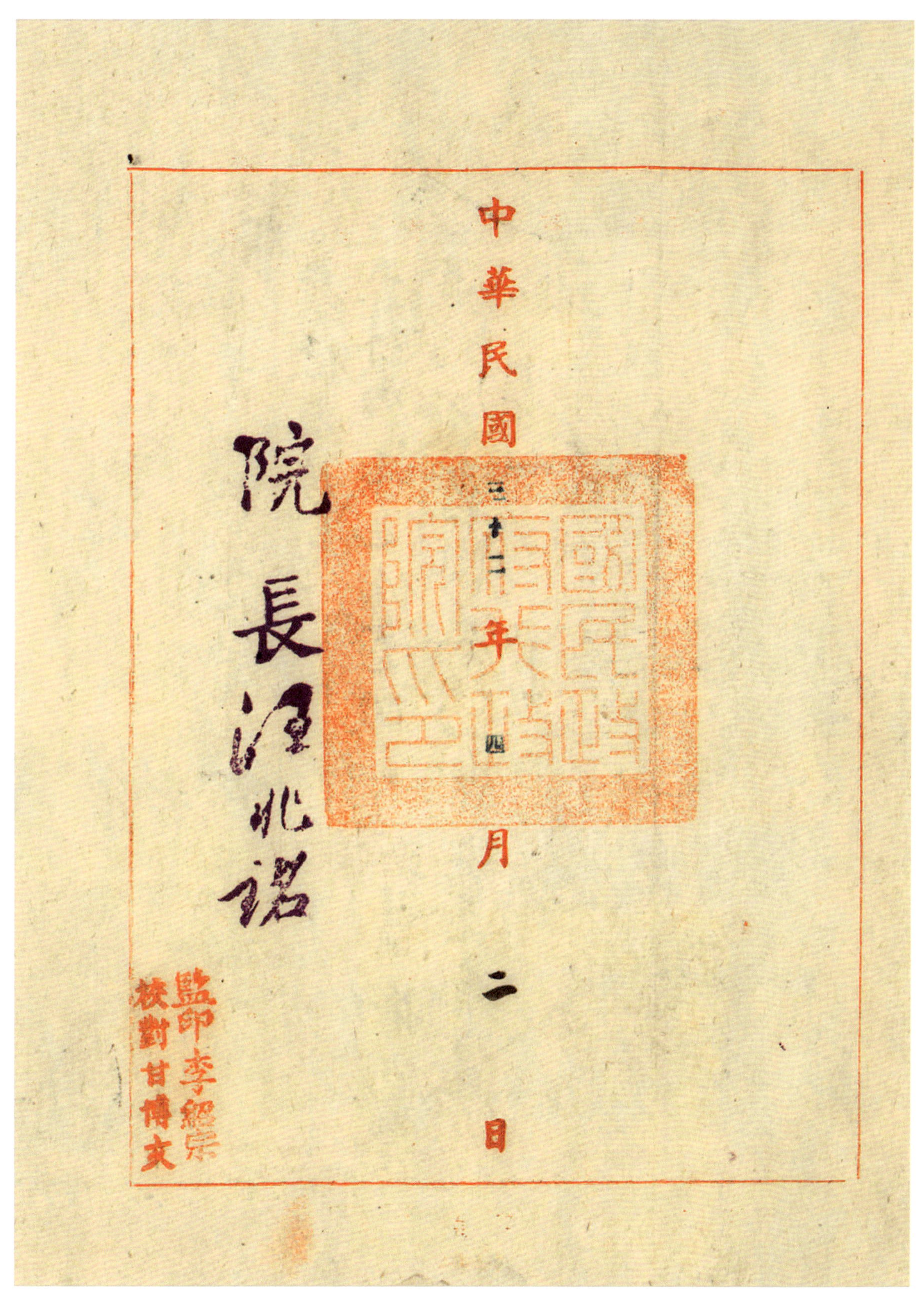

中華民國三十二年四月二日

院長汪兆銘

監印李紹宗
校對甘博文

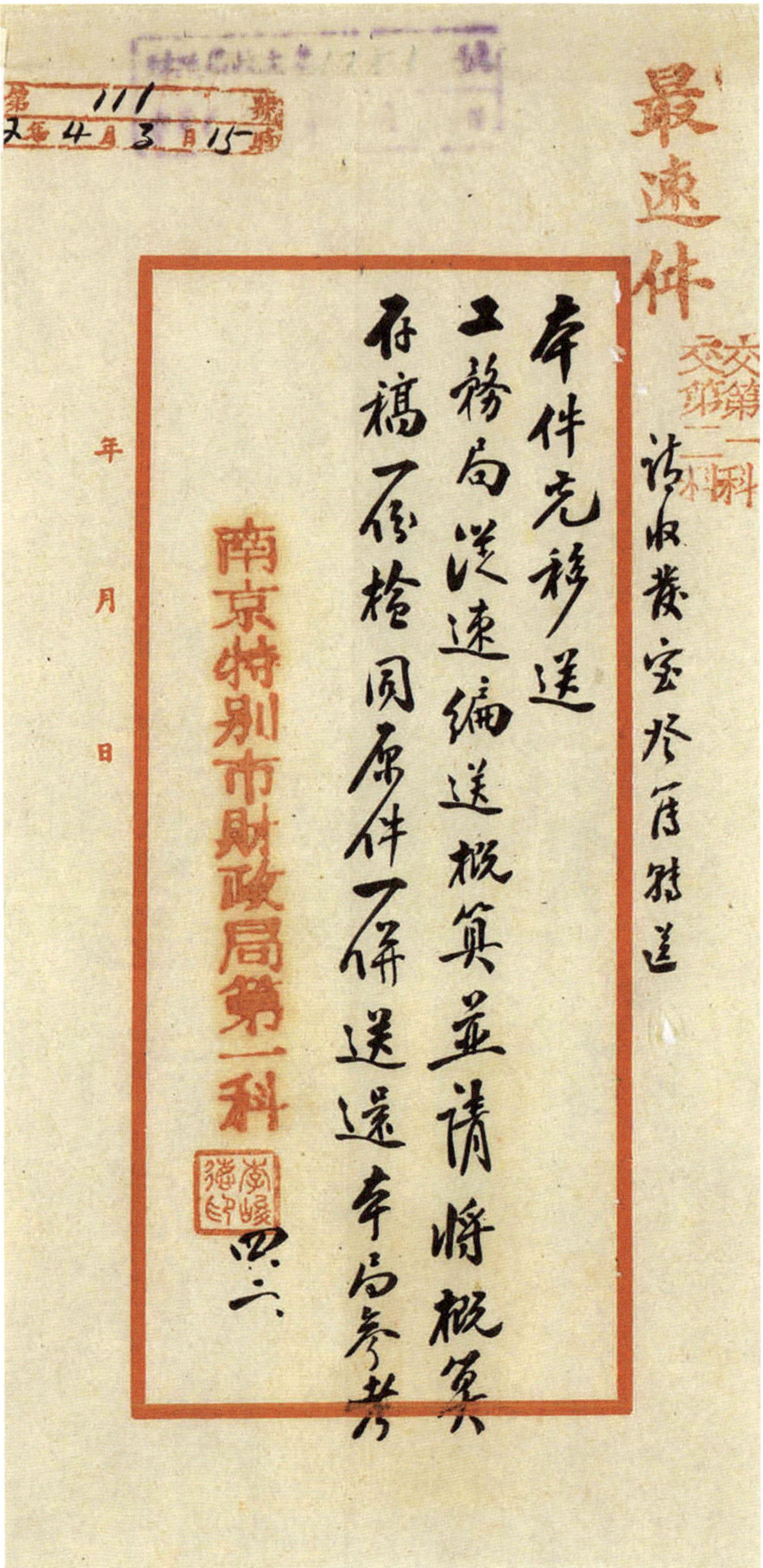

最速件

交第一科

請收發室於原轉送

本件先移送

工務局從速編送概算並請將概算

存稿應檢同原件一併送還本局參考

南京特別市財政局第一科

李峻德印

四、六

年　月　日

第 111 號

2 年 4 月 3 日 15 時

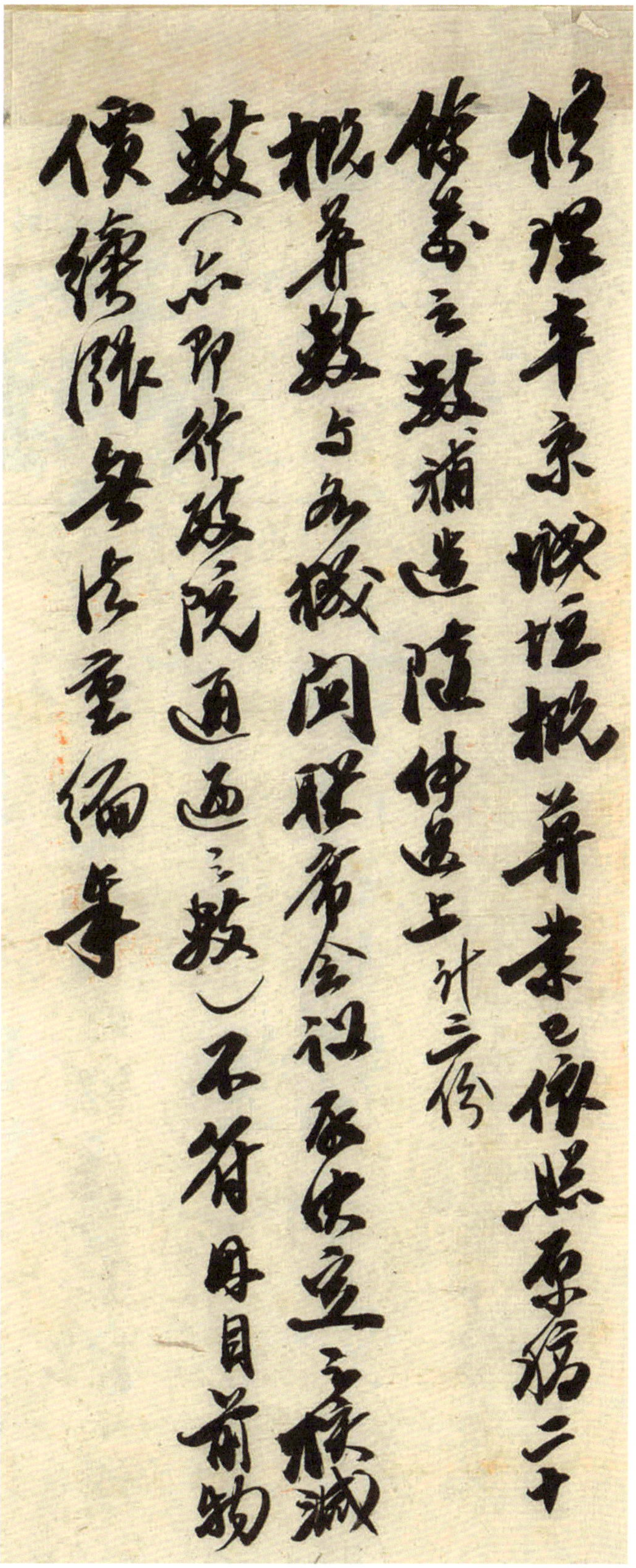

修理本京城垣概算，業已依照原擬二十
修善之數，補造陸續呈上，計二份
概算數與各機關聯席會議原決定之核減
數（亦即行政院通過之數）不符，而目前物
價續漲，無法重編等

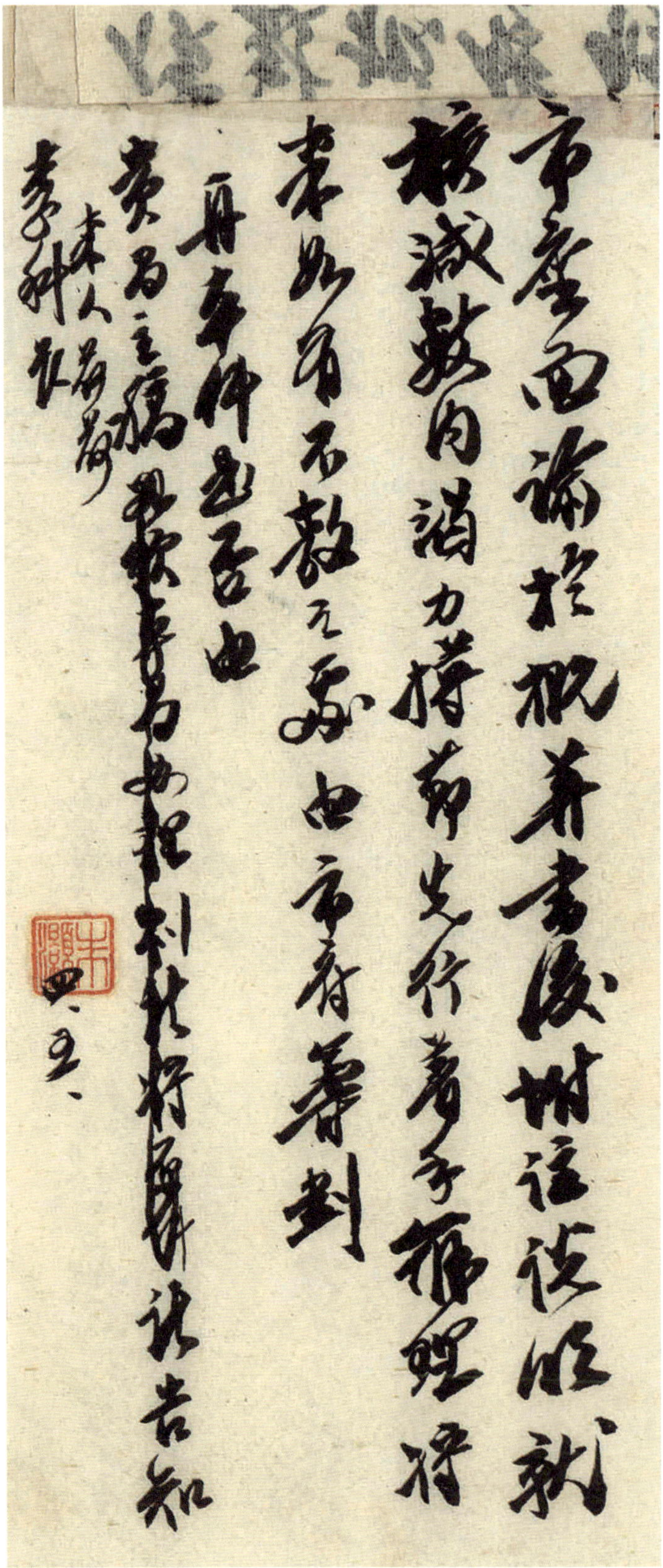

（七）僞市工務局爲請撥發汽油以便搬運城磚修理中山門及城墻致日軍南京防衛司令部的公函（一九四三年四月三日）

為運城磚修理城墻及中山門
安文向防衛司令部要汽油
100加侖
朱秘書

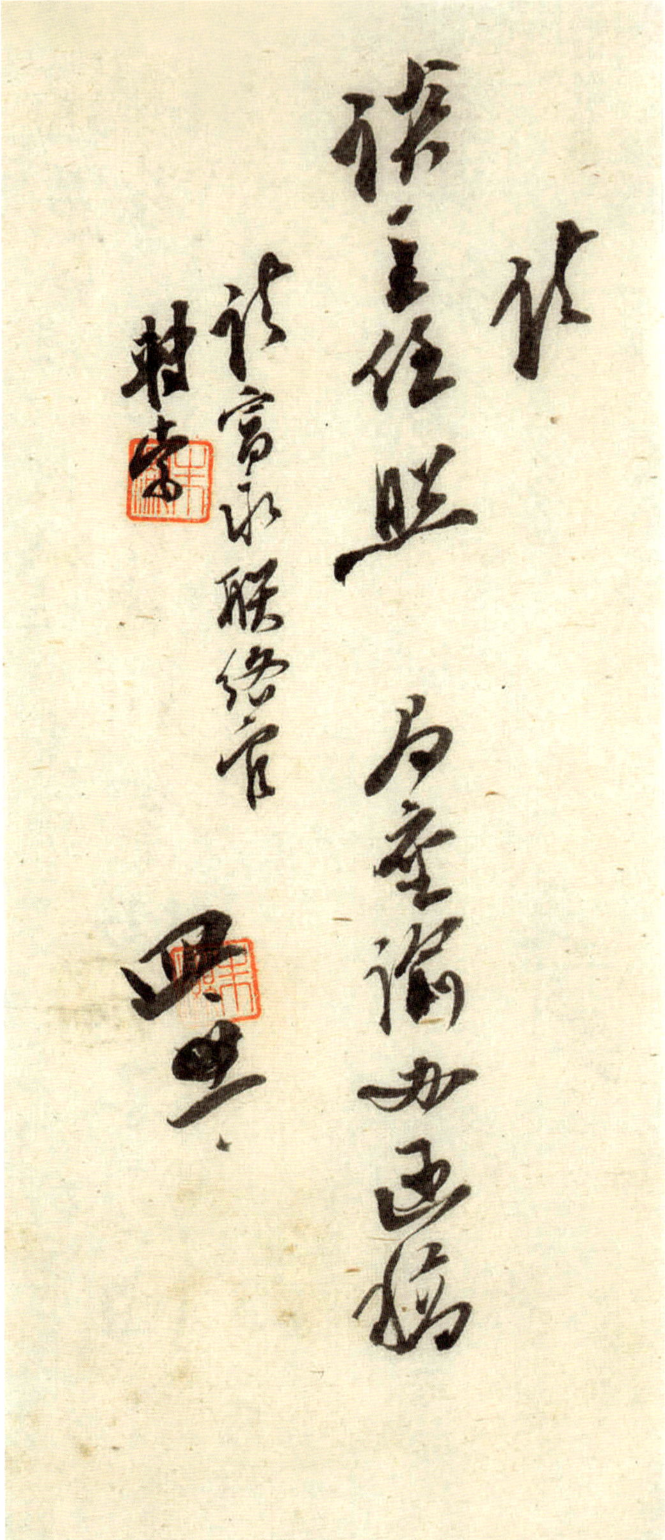

南京特別市工務局稿

事由：為商請首都防衛司令部撥發汽油一百加侖以便搬運城磚修理中山門及城墻損壞部份由

局長 繕發 の二

秘書	科長	技正	技士	主任	科員	擬稿員
					談岩 顧印	

中華民國卅年の月一日

擬稿	判行	繕寫	校對	蓋印	封發
の月二日時	月日時	月日時	月日時	月日時	の月三十六日時

南京特別市工務局公函　字第67號

案查本局奉令修理京市中山門及各處城墻損壞部份必須擇要搬運城磚為求省時間經濟起見擬使用卡車裝運惟本局卡車並未改有（裝用）木炭裝置亟

收文　字第　號

發文　字第　號

檔案　字第　號

繕發の二

需大量汽油始克着手為此函請
查照協助即予發交南京防衛司令部撥發汽油一万
加侖庶資應用此致
首席聯絡官富永 殿
局長陳○○

（八）僞市工務局爲拆卸漢西門内套城城磚致日軍南京防衛司令部的公函及僞市政府致僞首都憲兵司令部、首都警備司令部、首都警察總監署的公函（一九四三年四月三日至四月二十一日）

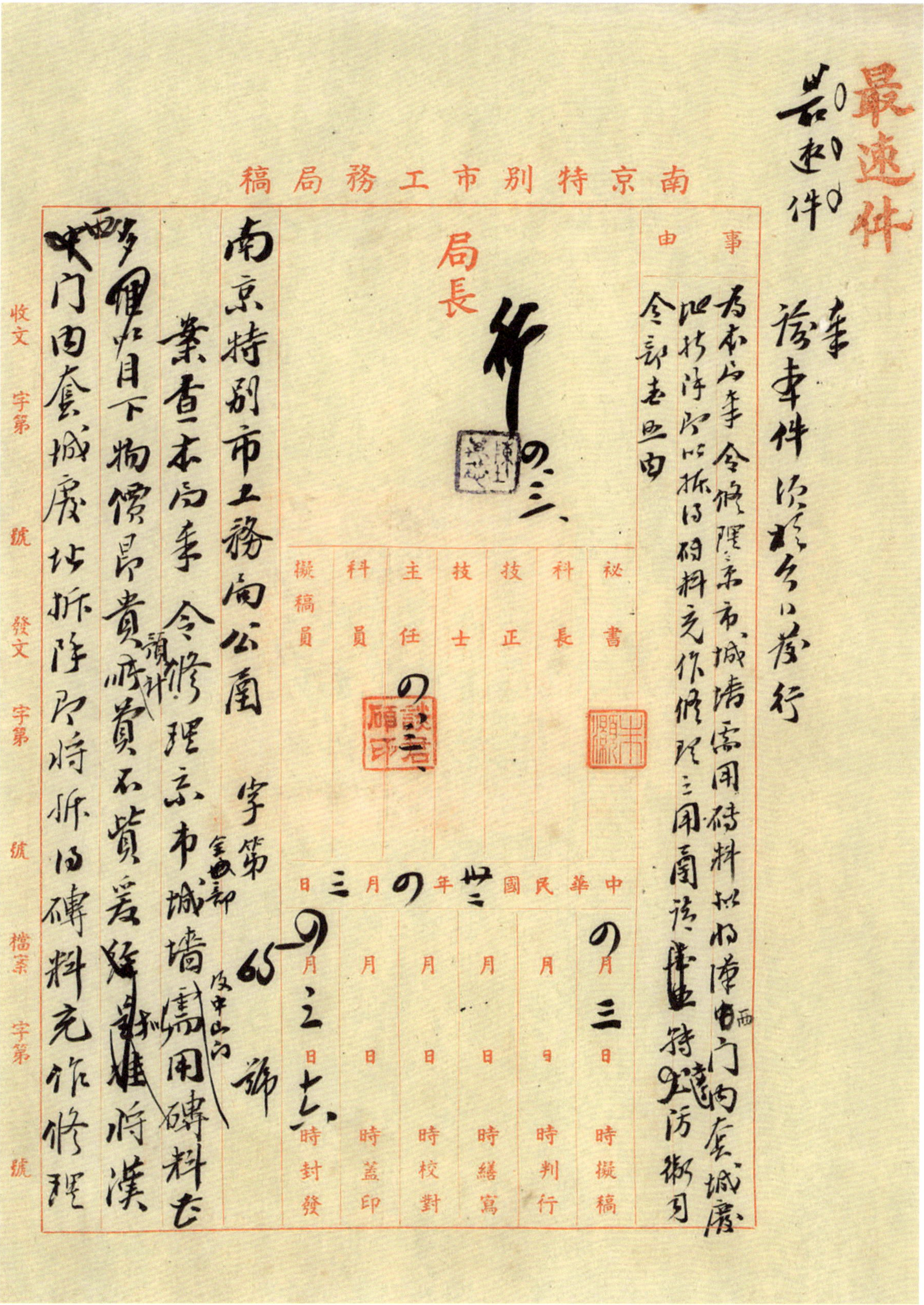
最速件

最速件

奉件須於今日發行

南京特別市工務局稿

事由：為本局奉令修理京市城墻需用磚料擬將[illegible]門內套城廢地拆除所得以拆得舊磚料充作修理之用函請查照特准[illegible]防衛司令部由

局長 [illegible] 四、三

秘書　科長　技正　技士　主任　科員　擬稿員

中華民國卅二年四月三日

四月三日時擬稿　月日時判行　月日時繕寫　月日時校對　月日時蓋印　四月三、六日時封發

南京特別市工務局公函　字第65號

業查本局奉令修理京市城墻需用磚料甚多，但目下物價昂貴，所須資費不貲，爰擬將漢西門內套城廢地拆除，即將拆舊磚料充作修理

收文　字第　號
發文　字第　號
檔案　字第　號

另廢城磚瓦材料並以開工在即相應函請

查照即行轉飭南京防衛司令部查照是紉公誼

此致

首席聯絡官富永殿

局長陳○○

校對 汪恩澍

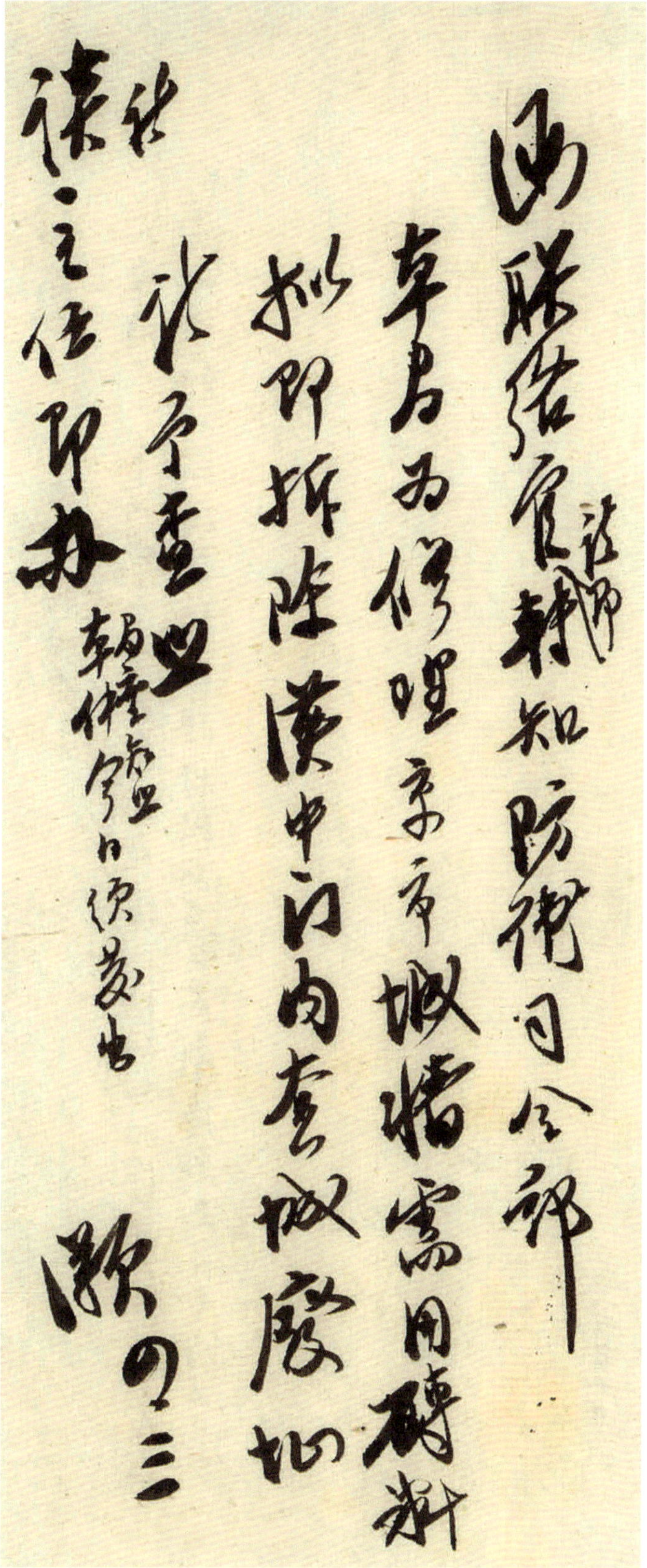

函聯勤總部轉知防衛司令部

本局為修理京市城牆需用磚料

擬即拆除漢中門內舊城廢址

請予查照

[illegible]

[illegible] 四三

[illegible]

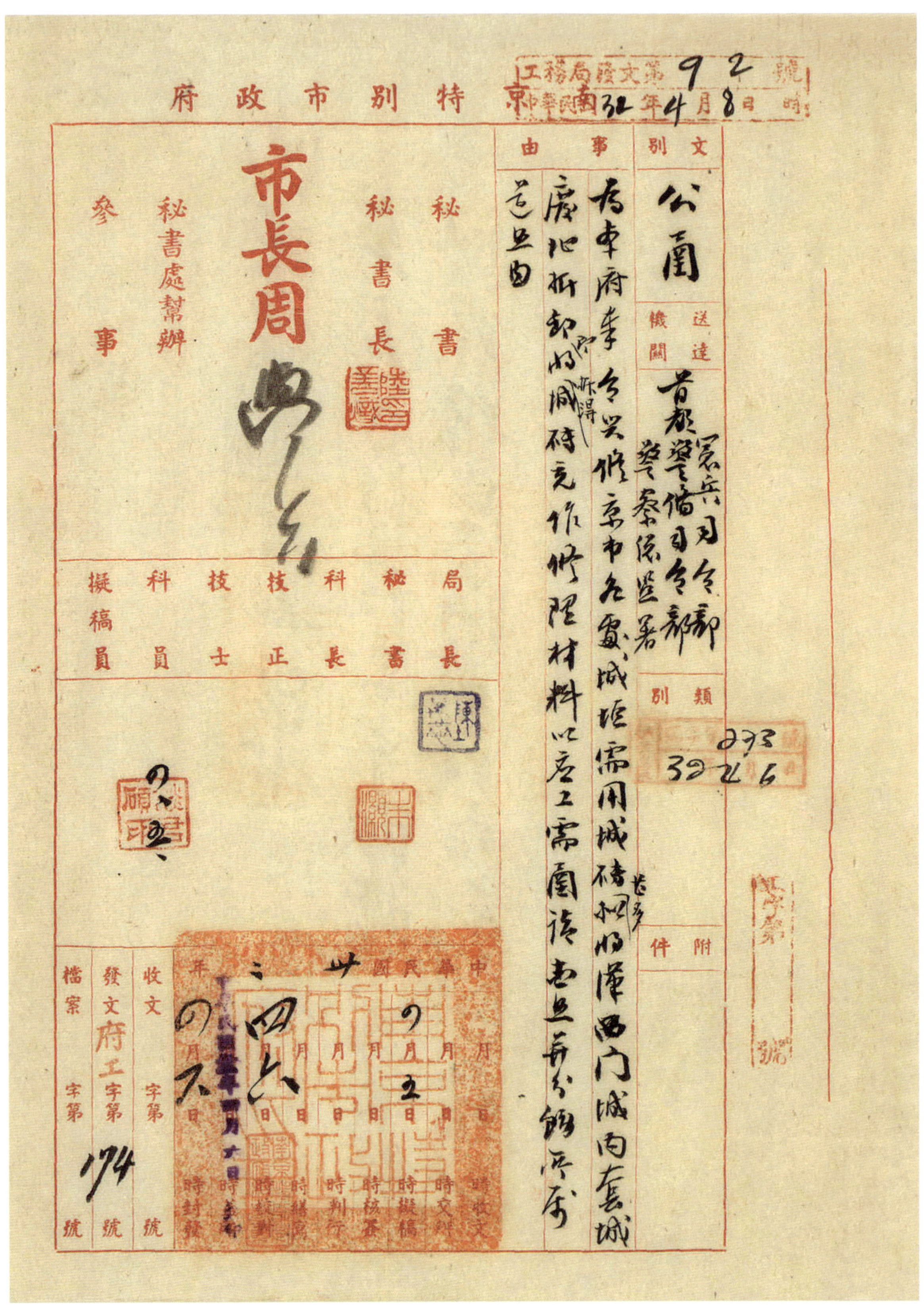

南京特別市政府

工務局發文第 92 號
中華民國 32 年 4 月 8 日

文別	公函
送達機關	首都憲兵司令部、警備司令部、警察總監署
事由	為本府奉令興修京市各處城垣需用城磚，擬將漢西門城內套城廢址拆卸所得城磚充作修理材料以應工需，函請查照並希分飭所屬知照由
別類	332 / 32.2.6
附件	

市長周
秘書長
秘書
秘書處幫辦
參事

局長	秘書	科長	技正	技士	科員	擬稿員

收文 字第 號
發文 府工字第 174 號
檔案 字第 號

中華民國卅二年四月五日

公函　字第　號

案查本府會呈修理京市各處城墻損壞部份一節業奉行政院召集會議決定興修同時又奉飭修理中山門城墻並經飭令工務局派員籌備着手興工惟須計需用城磚甚多不但需費過鉅抑且一時無從購買爰經設法籌計決將漢西門城内舊城廢址拆卸即將拆下城磚充作修理材料以應工需除分函外相應函達即希查照并飭屬遵照為荷此致

首都憲兵司令部
警備司令部
警察總監署

市長周〇〇

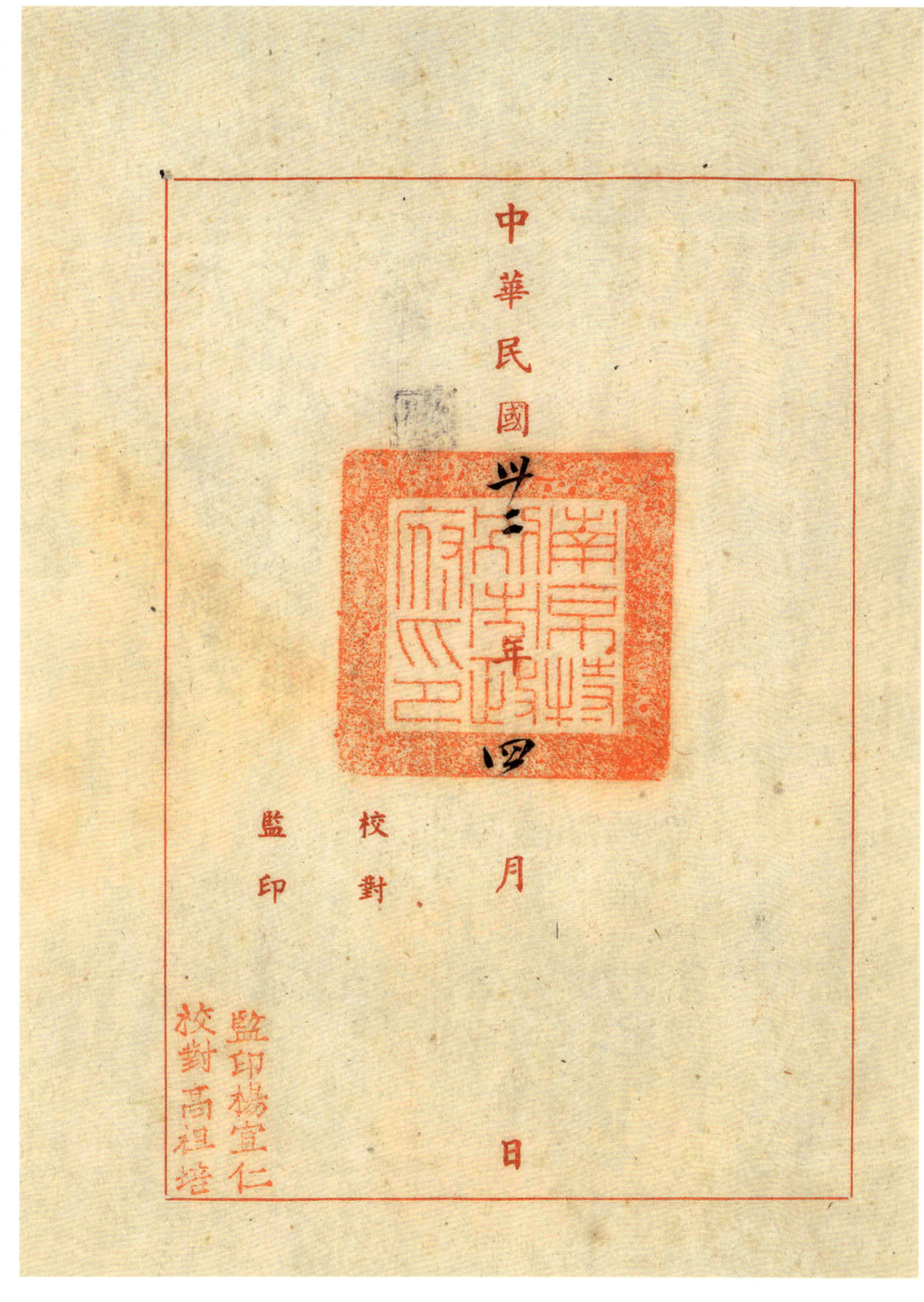

中華民國卅二年四月　日

校對

監印

監印楊宣仁
校對高祖培

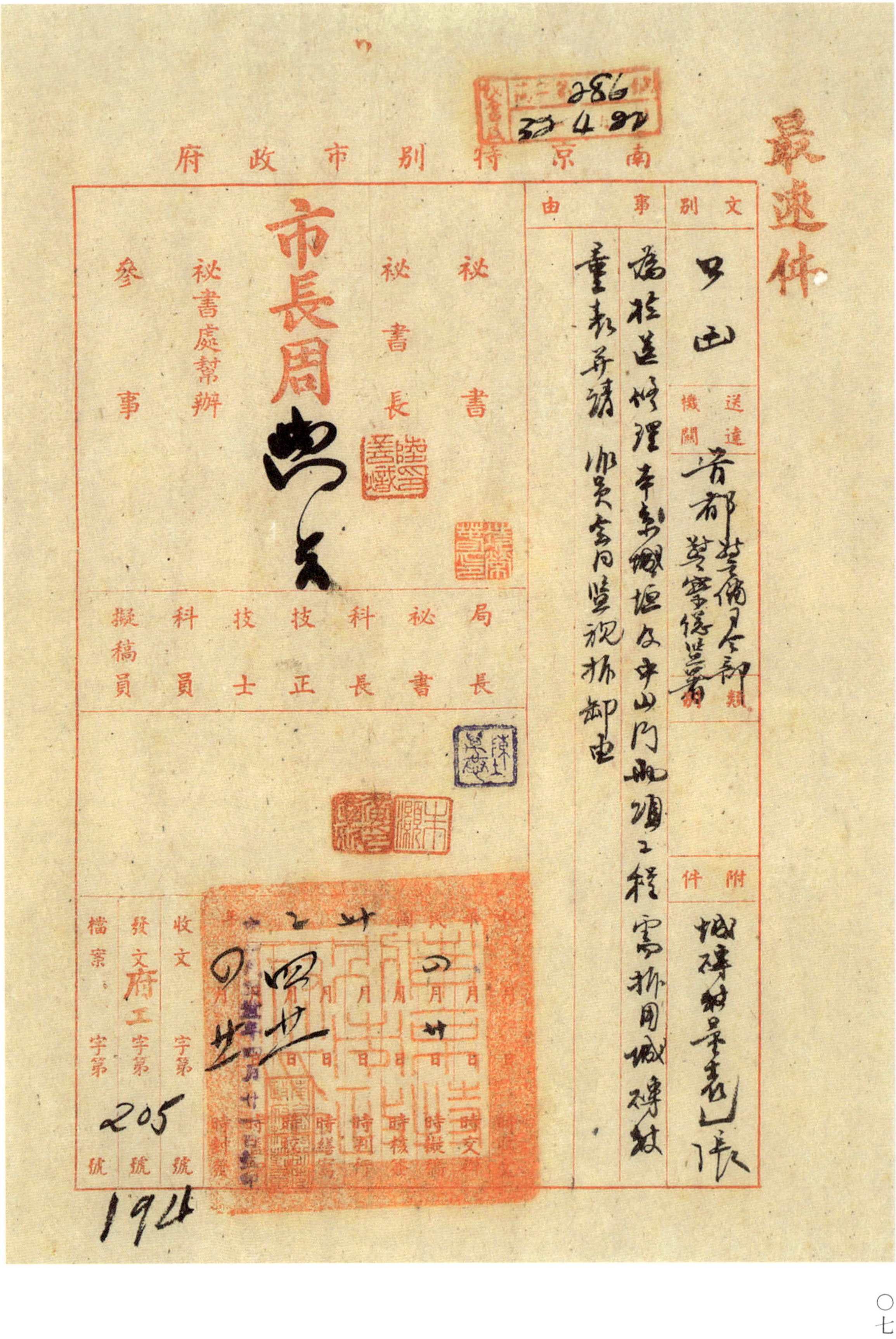

最速件

南京特別市政府

文別	事由
呈	為經派經理本市城垣及中山門兩項工程需拆用城磚材料呈報并請派員會同監視拆卸由
送達機關	
首都警備司令部、警察總監署	
附件	
城磚材料表一張	

市長周

秘書 秘書長 秘書處幫辦 參事

局長 秘書 科長 技正 技士 科員 擬稿員

收文 字第 號

發文 府工 字第 205 號

檔案 字第 號

□□字第　號

案查修理本京城垣暨中山門需用城磚，擬拆卸漢西門、光華門內舊城，應用業經本府呈奉行政院財字第一二四七號令開：「呈悉。所請准予照辦——（至敘指令文）——」仰即照辦等因。奉此，查上開兩項工程，修築前項修理不容再緩，已飭工務局著手施工，除分函首都警備司令部、警察總監署查照外，茲為檢送需用城磚對照表兩張，即希查照，轉飭監視拆卸，以昭慎重為荷。此致

首都警備司令部
警察總監署

附需用地畝數目表壹張

市長周○○

中華民國　年　月　日

校對

監印

監印楊宜仁

校對高祖培

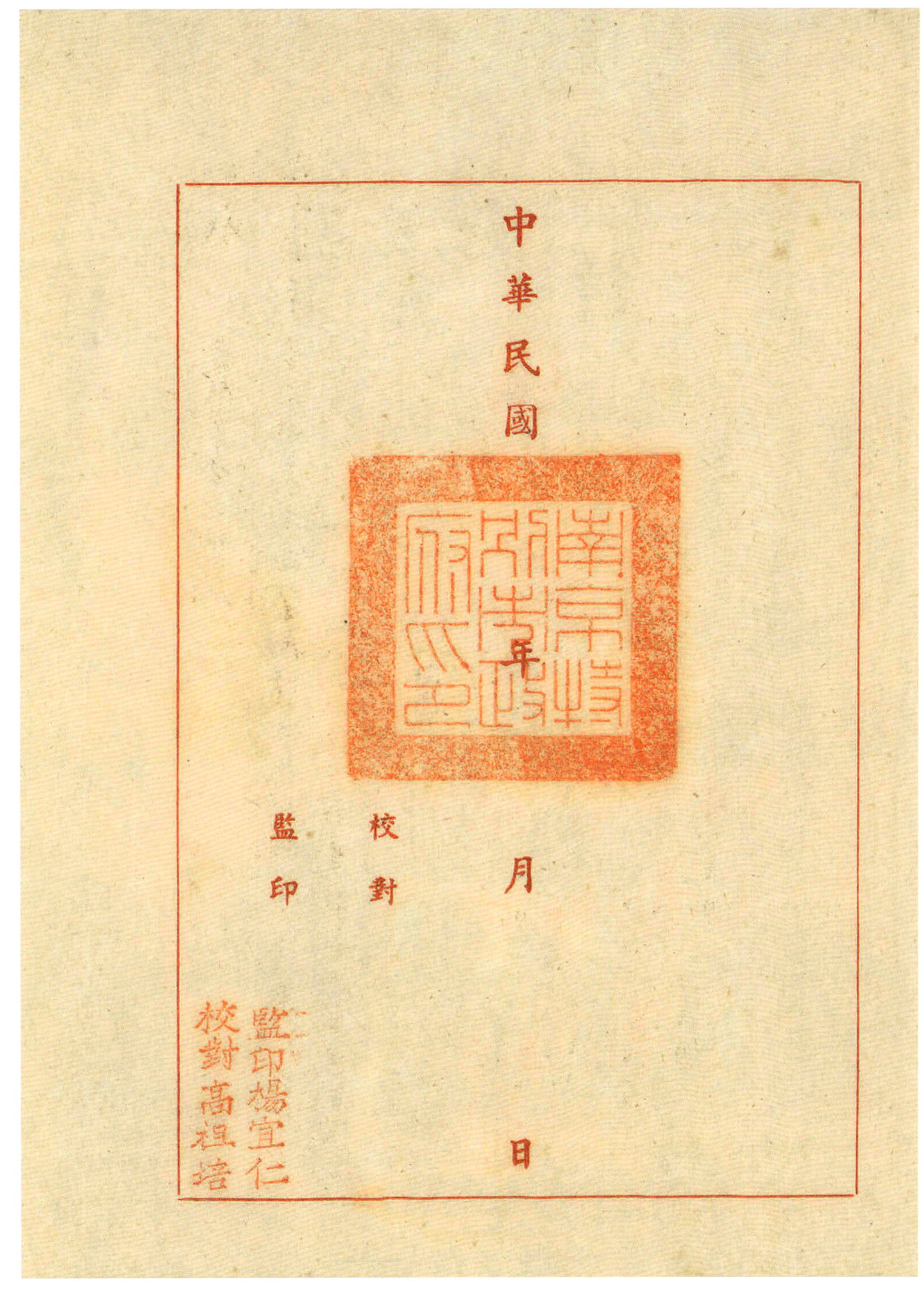

修理本市各處損坏城垣用磚約數

1. 草塲门	4500.00 块	8. 中山门	70000.00 块
2. 漢西门芦柴廠	100.00 "		
3. 清涼门	30.00 "		
4. 中華门	6250.00		
5. 賽〻橋東	4700.00		
6 " 西	1650.00		
7. 光華门	7500.00		

（九）僞市工務局爲商請撥發修理各處城垣經費與僞市政府、市財政局的往來公文（一九四三年四月九日至四月二十三日）

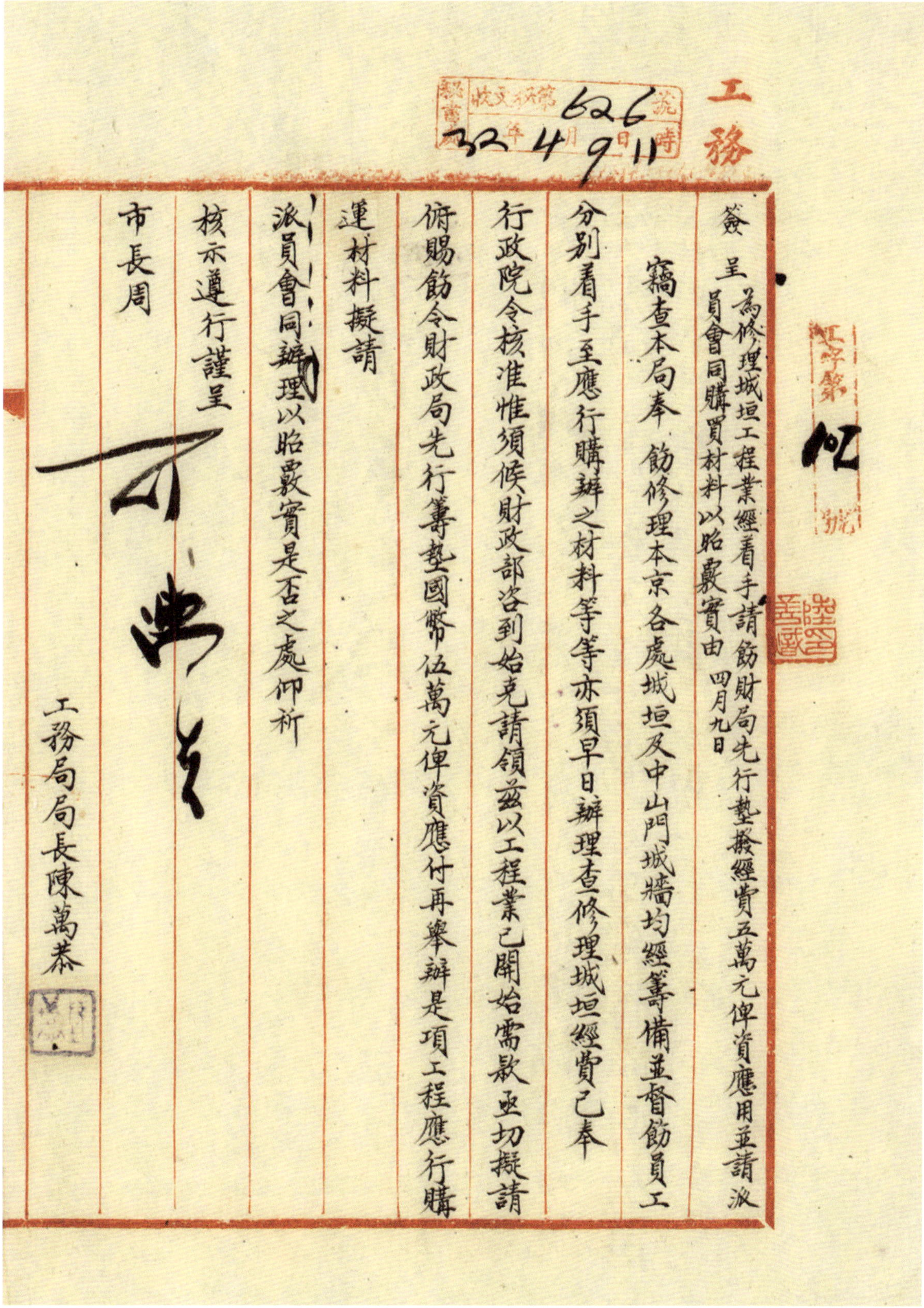

工務

收文第626號 32年4月9日11時

工字第　號

簽呈 爲修理城垣工程業經着手請飭財局先行墊撥經費五萬元俾資應用並請派員會同購買材料以昭覈實由 四月九日

竊查本局奉 飭修理本京各處城垣及中山門城牆均經籌備並督飭員工分別着手至應行購辦之材料等等亦須早日辦理查修理城垣經費已奉
行政院令核准惟須候財政部咨到始克請領茲以工程業已開始需款亟切擬請
俯賜飭令財政局先行籌墊國幣伍萬元俾資應付再舉辦是項工程應行購運材料擬請
派員會同辦理以昭覈實是否之處仰祈
核示遵行謹呈
市長周

工務局局長陳萬恭

可

城塔先生台鉴

兹请派员今日赴办 一七

事由

为修理城垣工程业经着手兹函饬财局先行拨垫经费五万元俾资应用并请派员会同购买材料以昭覈实由

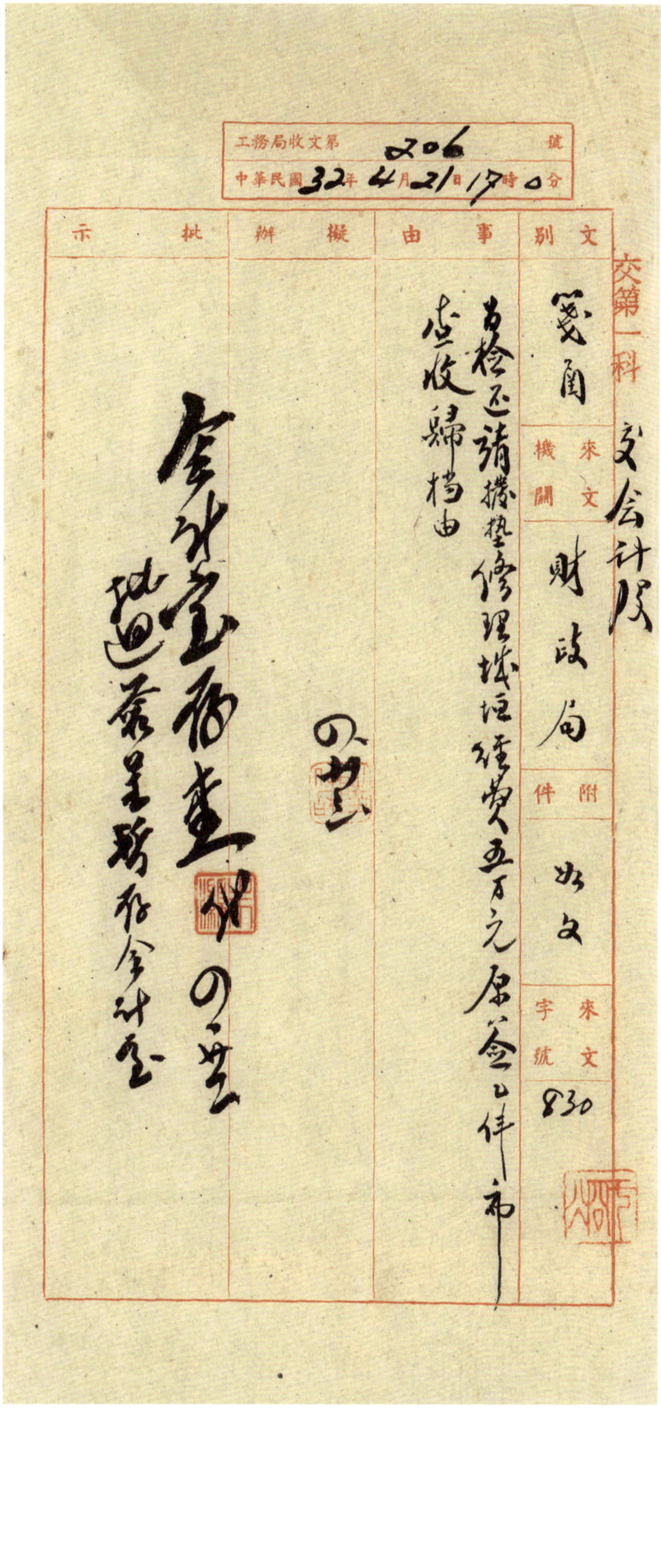
工務局收文第 206 號
中華民國 32 年 4 月 21 日 17 時 0 分

文別	箋函
來文機關	財政局
附件	收文
來文字號	830
事由	為檢还請撥墊修理城垣經費五万元原公函一件希查收歸檔由
擬辦	四廿一
批示	交計室存查 四廿一

交第一科

交会計股

財字第630號

案准

貴局送交借據暨原簽呈各一件為請先行墊撥修理城垣經費五萬元一案查此案除在本府總預備費項下撥借五萬元並簽送暫字第七六五號支付通知外相應檢還原簽呈即希

查收歸檔為荷

此致

工務局

附送還原簽呈一件

南京特別市財政局 啓

四月廿一日

南京特別市政府用箋

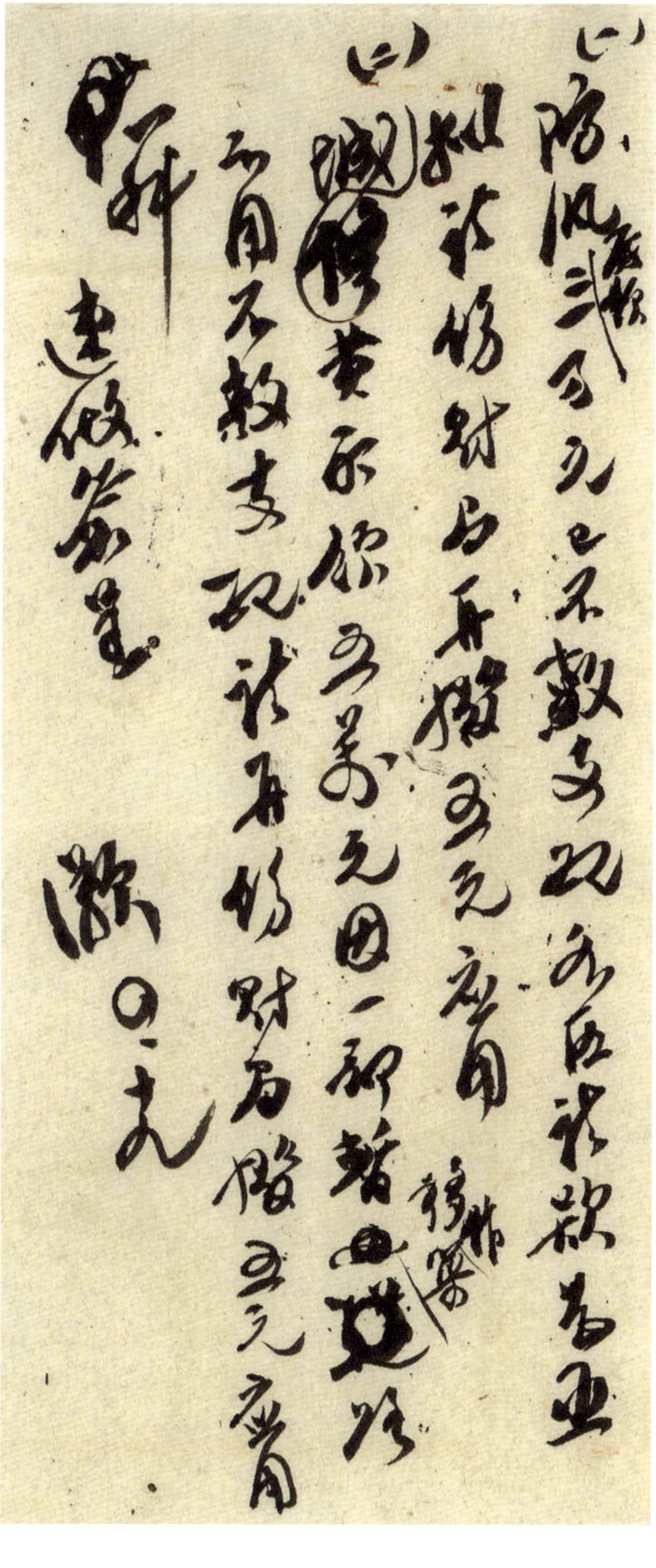

（一）防汛经费三分之九已不敷支配，余仍请款备查，
拟请将材料另再拨五元应用。
（二）修理黄[illegible]所需五万元，因一部暂[illegible]静海寺[illegible]，
所有不敷支配，请再将材料另拨五元应用。
[illegible]拜
速候签呈
[illegible]之上

修理本市各处损坏城垣城门所需工料一览表

P.1.

					$
[I]	石灰		1000.00担	(各城门530担，中山门470担)	@45.00
[II]	沙子	粗沙	280.00方	(〃 180，〃 100)	@120.00
		白沙	50.00〃	(中山门)	@120.00
[III]	水泥		740.00袋	(各城门15袋，中山门725袋)	@85.00
[IV]	瓦管	12"φ	19节		@30.00
[V]	刺铅丝		1800丈		@20.00
[VI]	城砖		95,000块	(内各城门25000块，中山门70000块)	@2.00
[VII]	脚手板	(1.5"或2")	300块		向材料库借用
[VIII]	草绳		2.0担		@70.00

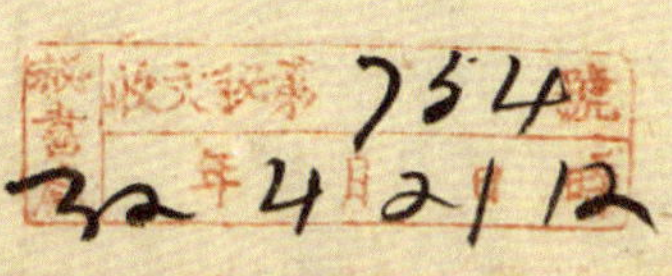

簽呈 為修理本京各處城垣及中山門工程已經開始並採購材料需款孔亟擬請 俯准續撥經費五萬元以資應用由 四月二十一日

案查本局辦理修理本市各處城垣及中山門城牆二案所需工程材料各經費前經呈奉

鈞長批示撥款五萬元並已領到應用各在案茲以近日應付工需已付石灰定洋貳萬元又墊付松下洋行砂石尾款五千餘元購置各項材料約二千餘元須付工資約五千元及墊付改裝木炭卡車定洋伍千元所存祇萬元左右而工程節節進展工料款項日須支付前領之款所存已無多擬請

鑒核俯賜飭令財政局再行續撥國幣五萬元以資應用除購辦材料等已另呈請派員會辦外理合簽請

鈞長核示祇遵謹呈

市長周

工務局局長陳萬恭

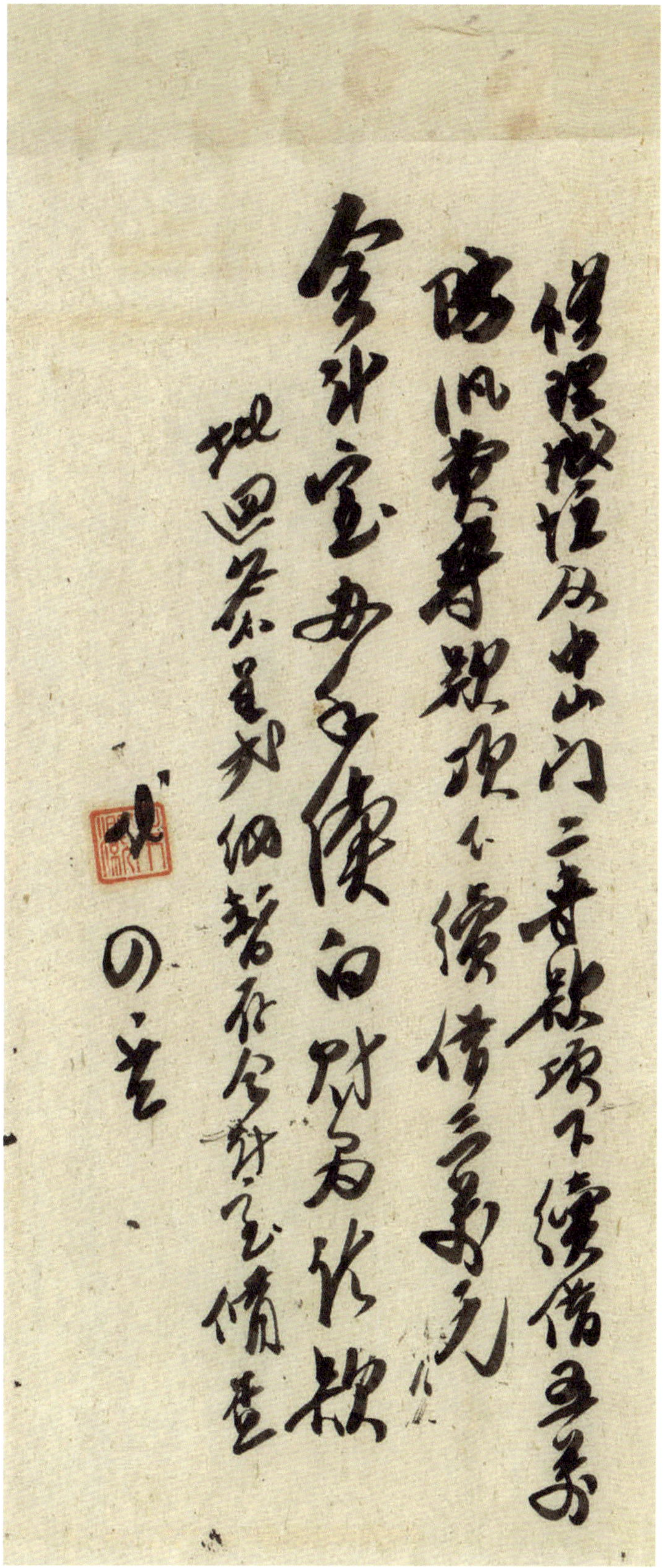
修理城垣及中山門二項款項下續借五萬
防汛費專款項下續借壹萬元
令會計室妥予儘速向財局領款
地迴簽呈附細暫存會計室備查
水
四·五

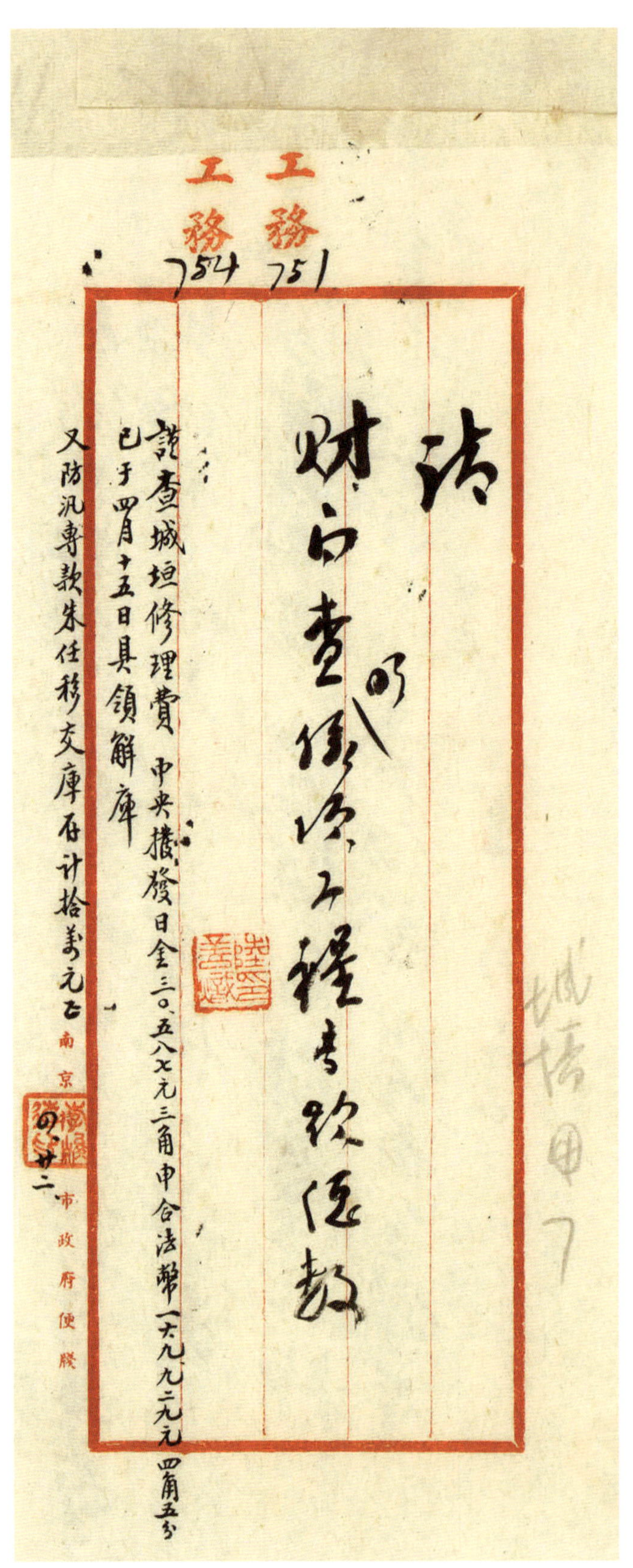

工務 751

工務 754

請

財局查明撥給工程專欵總數

謹查城垣修理費 中央撥發日金三〇、五八七元三角申合法幣一六九、九二九元四角五分

已于四月十五日具領解庫

又防汛專款朱任移交庫存計拾萬元正

四、廿二

南京市政府便牋

城垣 甲7

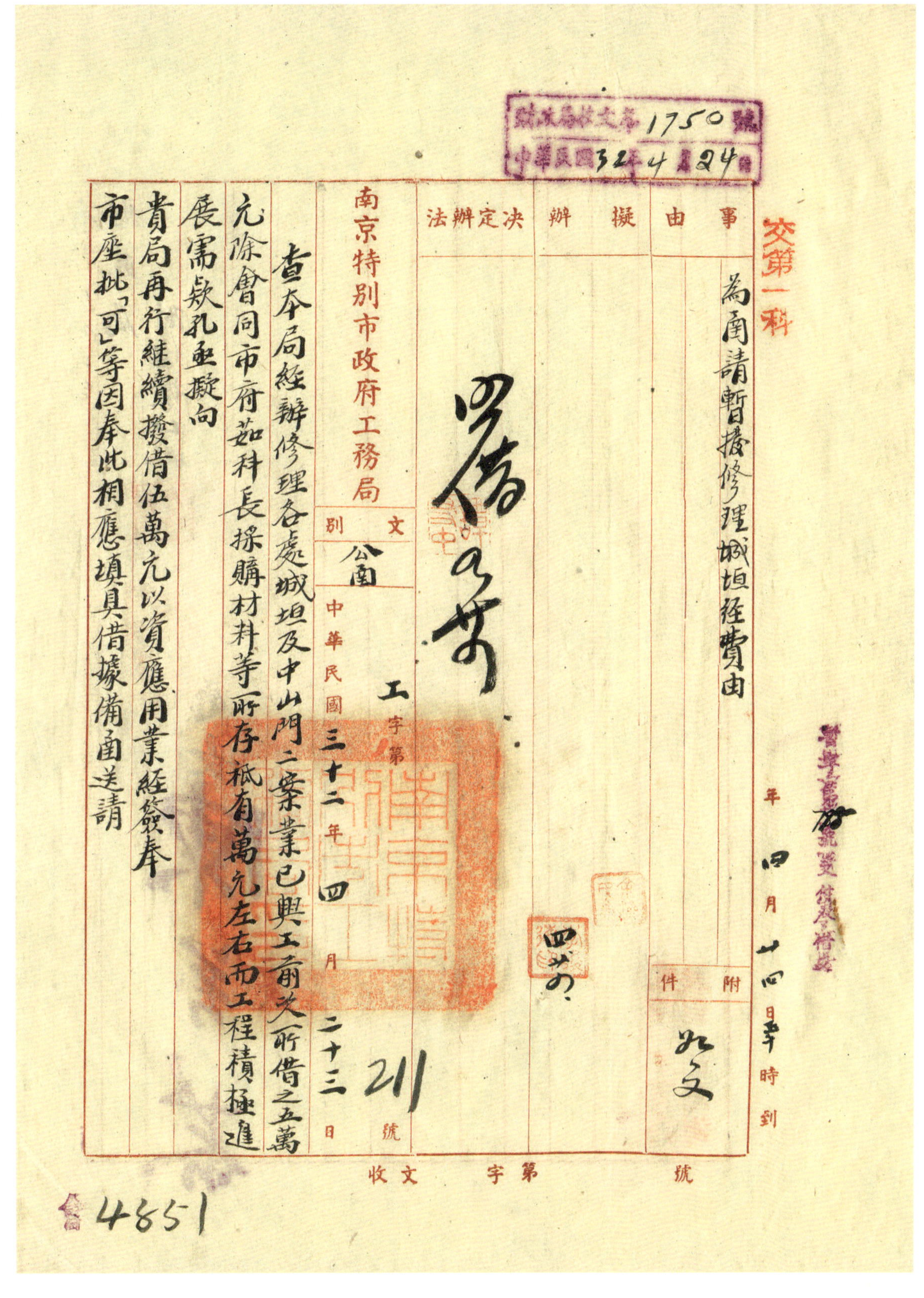

財政局收文第1750號
中華民國32年4月24日

交第一科

事由：為函請暫撥修理城垣經費由

擬辦

決定辦法：照借 a.安

附件：如文

四、廿四

年 四月 廿四日 午時 到

南京特别市政府工務局

文別：公函

中華民國三十二年四月二十三日 工字第211號

查本局經辦修理各處城垣及中山門二案，業已興工，前次所借之五萬元，除會同市府茹科長採購材料等所存，祇有萬元左右，而工程積極進展，需款孔亟，擬向
貴局再行繼續撥借伍萬元，以資應用，業經簽奉
市座批「可」等因，奉此，相應填具借據，備函送請

收文　字第　號

4851

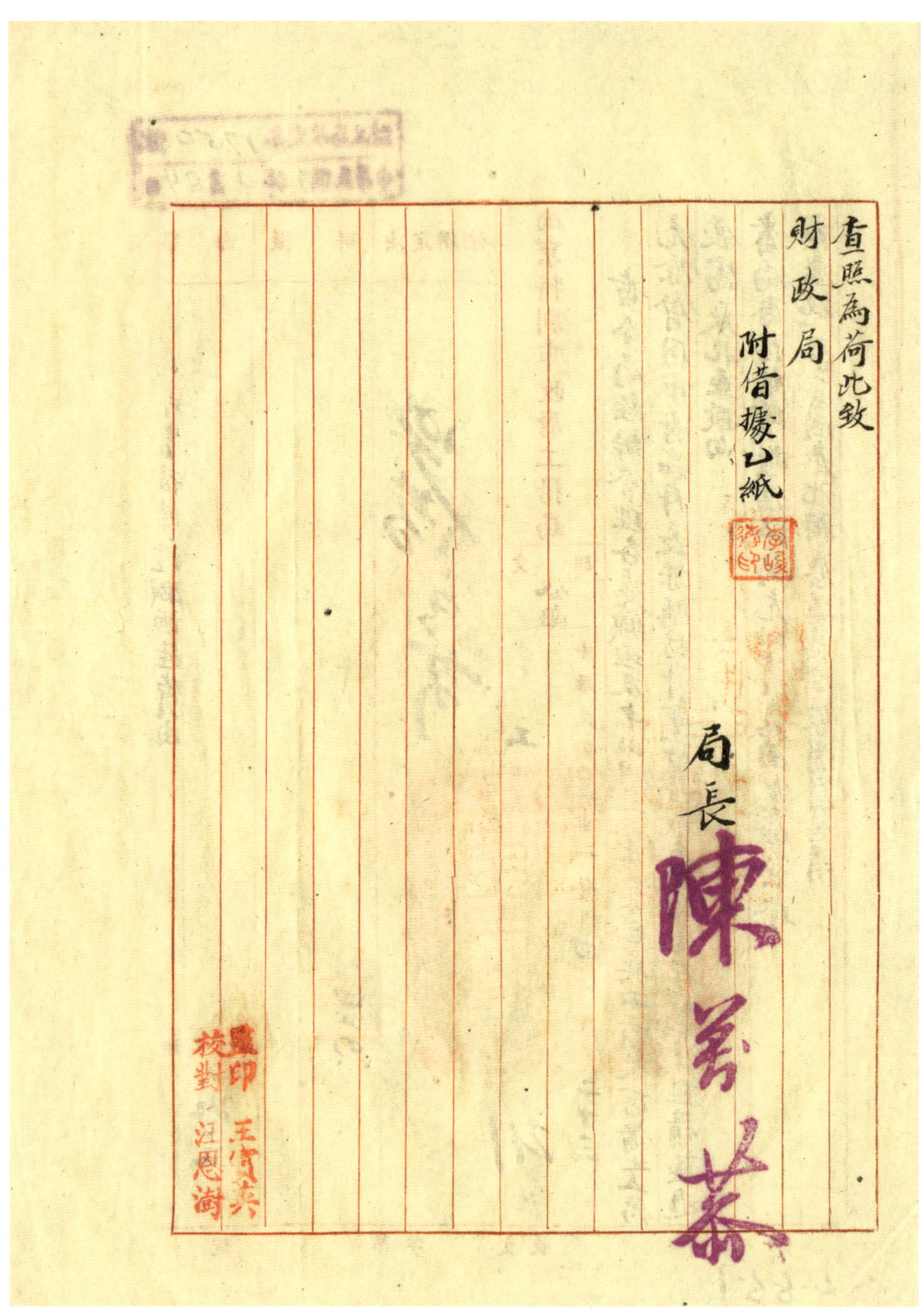

查照為荷此致

財政局

附借據一紙

局長陳萬萘

監印 王寶英
校對 汪恩澍

（十）僞市政府爲修理城墻與中山門需用城磚擬拆卸漢西門、光華門内套城致僞行政院的呈文及僞行政院致僞市政府的指令

（一九四三年四月十二日至四月十四日）

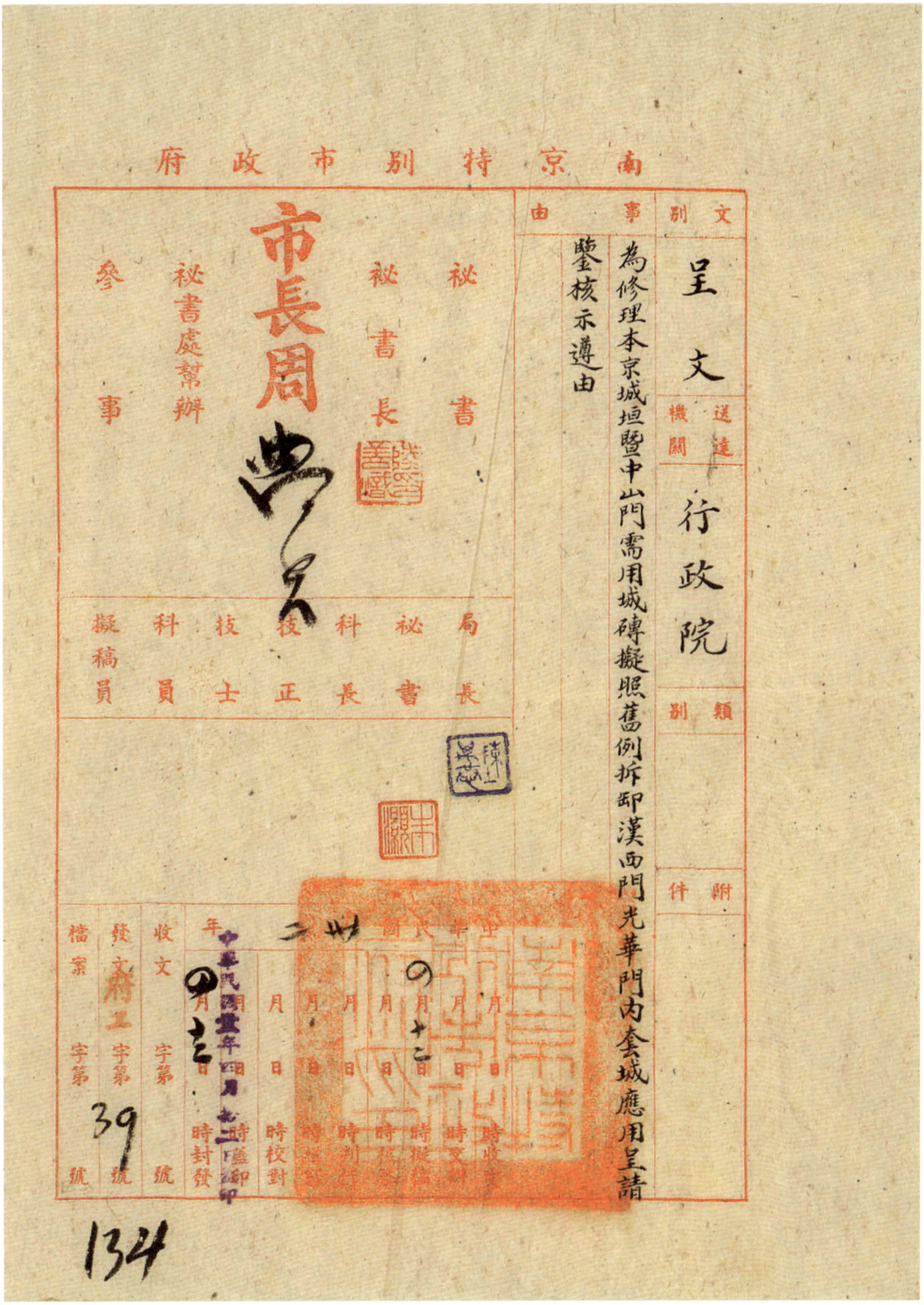

南京特別市政府

文別：呈文

送達機關：行政院

事由：為修理本京城垣暨中山門需用城磚擬照舊例拆卸漢西門光華門内套城應用呈請鑒核示遵由

市長周

秘書　秘書長　秘書處幫辦　參事

局長　秘書　科長　技正　技士　科員　擬稿員

中華民國卅二年四月十二日

府工字第39號

134

竊查本府前呈
准修理本京城垣暨中山門等現以續工程急待
需工需用城磚為數甚鉅為節省經費計擬援照
前建築挹江門中山門漢中門等舊例拆卸本市
漢西門內舊城廢址以資應用查該處舊城坐落
城內與本市防務並無關礙磚再設有不敷則擬
繼以光華門舊城拆用但以事關拆卸舊城未敢
專便擅專理合具文呈請
鑒核是否可行祈
指令祗遵實為公便謹呈

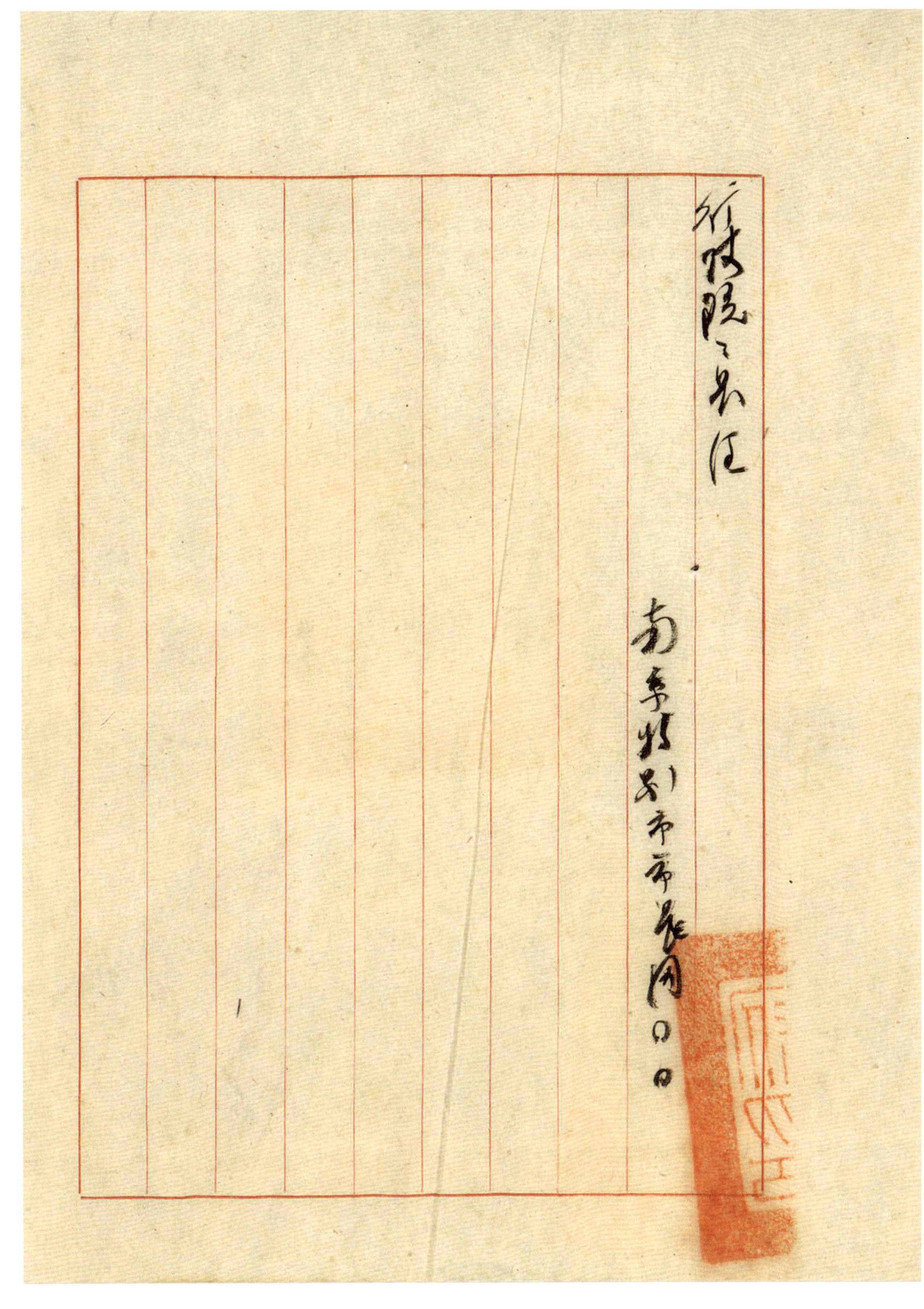

行政院院長汪

南京特別市市長周○○

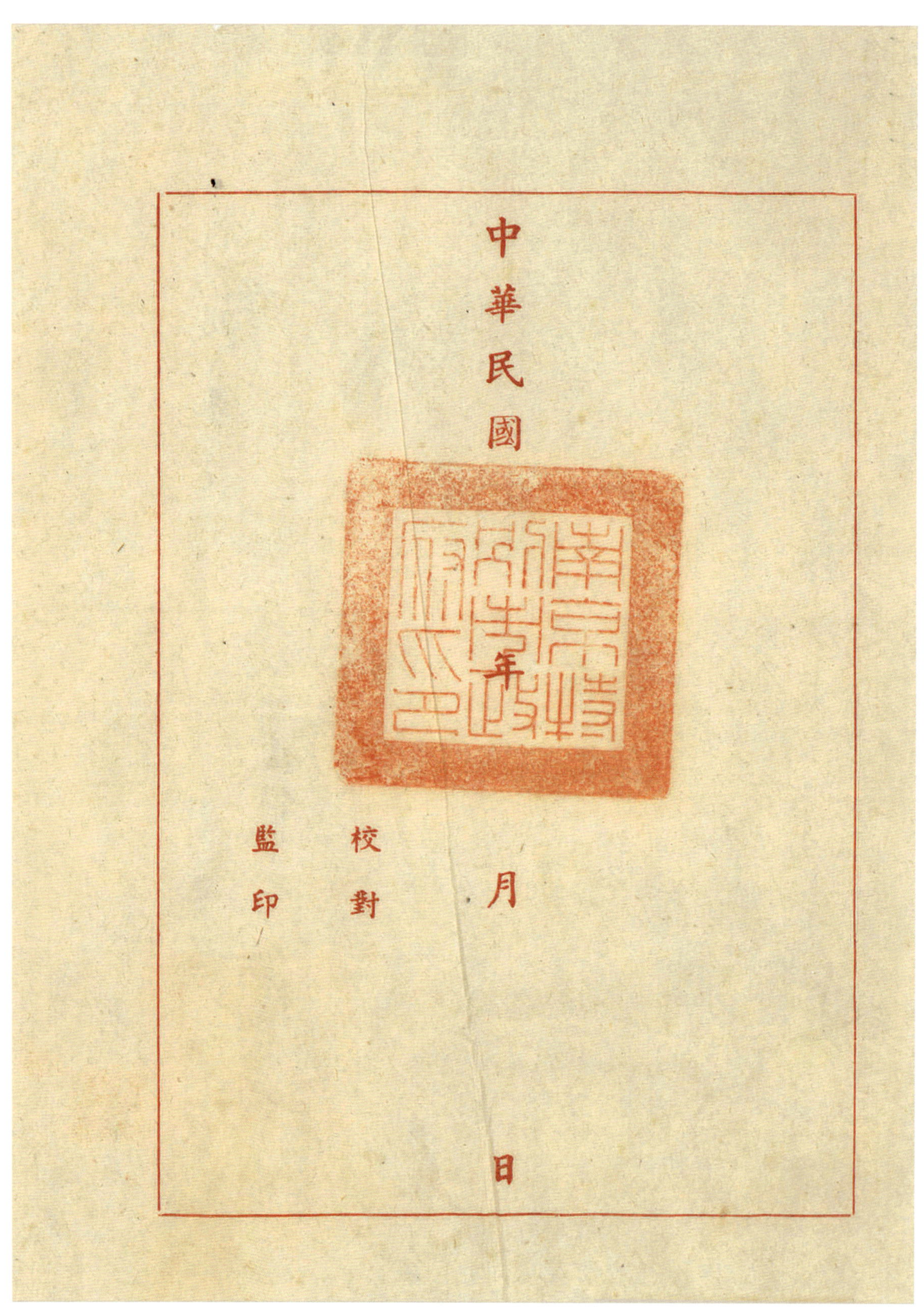

中華民國　年　月　日

校對

監印

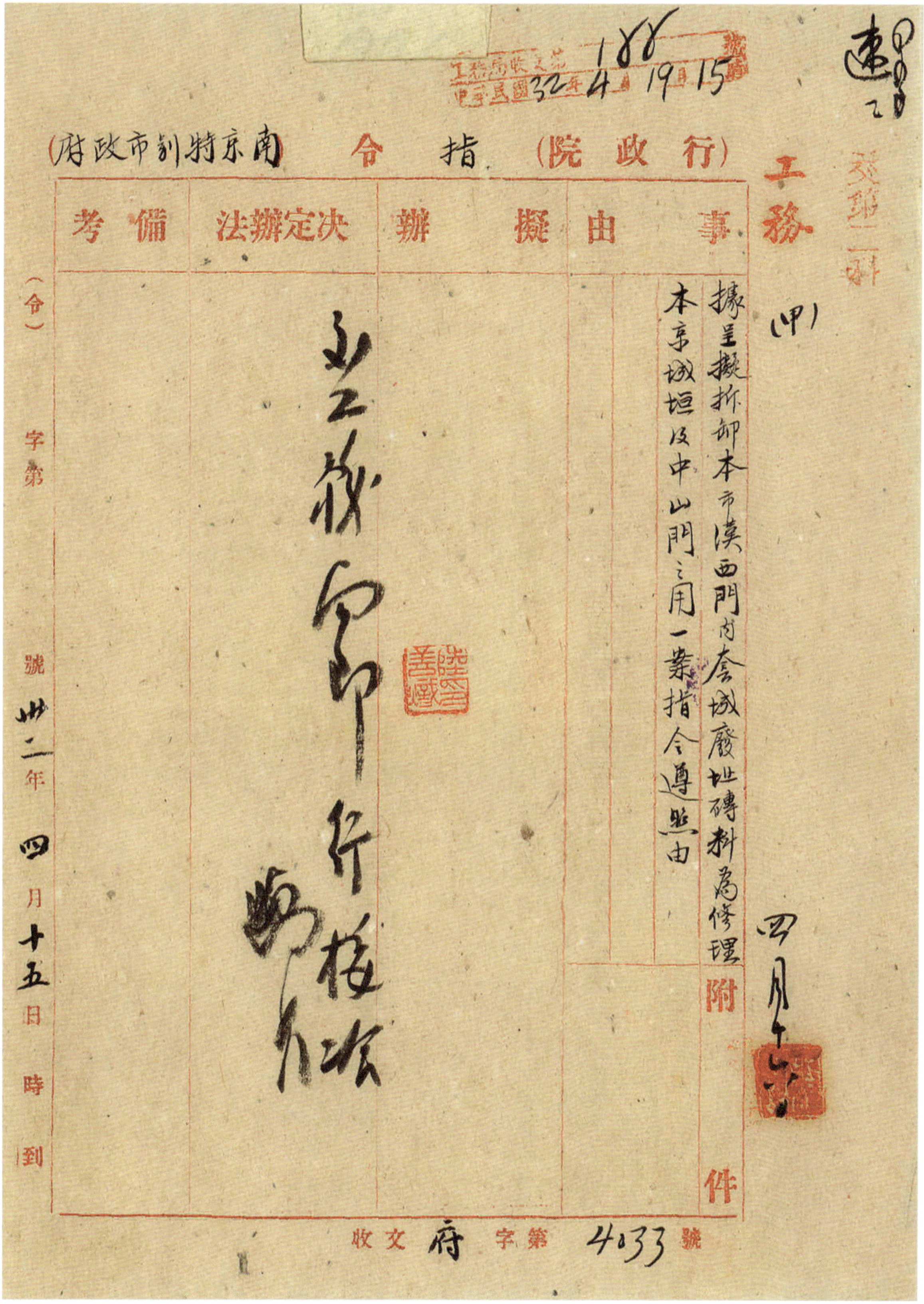

188

工務局收文 民國32年4月19日15

行政院指令（南京特别市政府）

工務

（甲）

事由	擬辦	決定辦法	備考
據呈擬拆卸本市漢西門内舊城廢址磚料為修理本京城垣及中山門之用一案指令遵照由		照錄令行核辦	

附件

（令）字第 號

卅二年四月十五日 時 到

收文府字第4033號

行政院指令　政字第1147號

令南京特別市政府

三十二年四月十二日呈一件為修理本京城垣暨中山門需用城磚擬照舊例拆卸漢西門光華門內套城應用呈請鑒核示遵由

呈悉。所請准予照辦，惟應將需用城磚數目，分別咨行首都警備司令部及首都警察總監署查照，並會同各該部署派員監視拆卸，以昭慎重，除分令外，仰即遵照。此令此令。

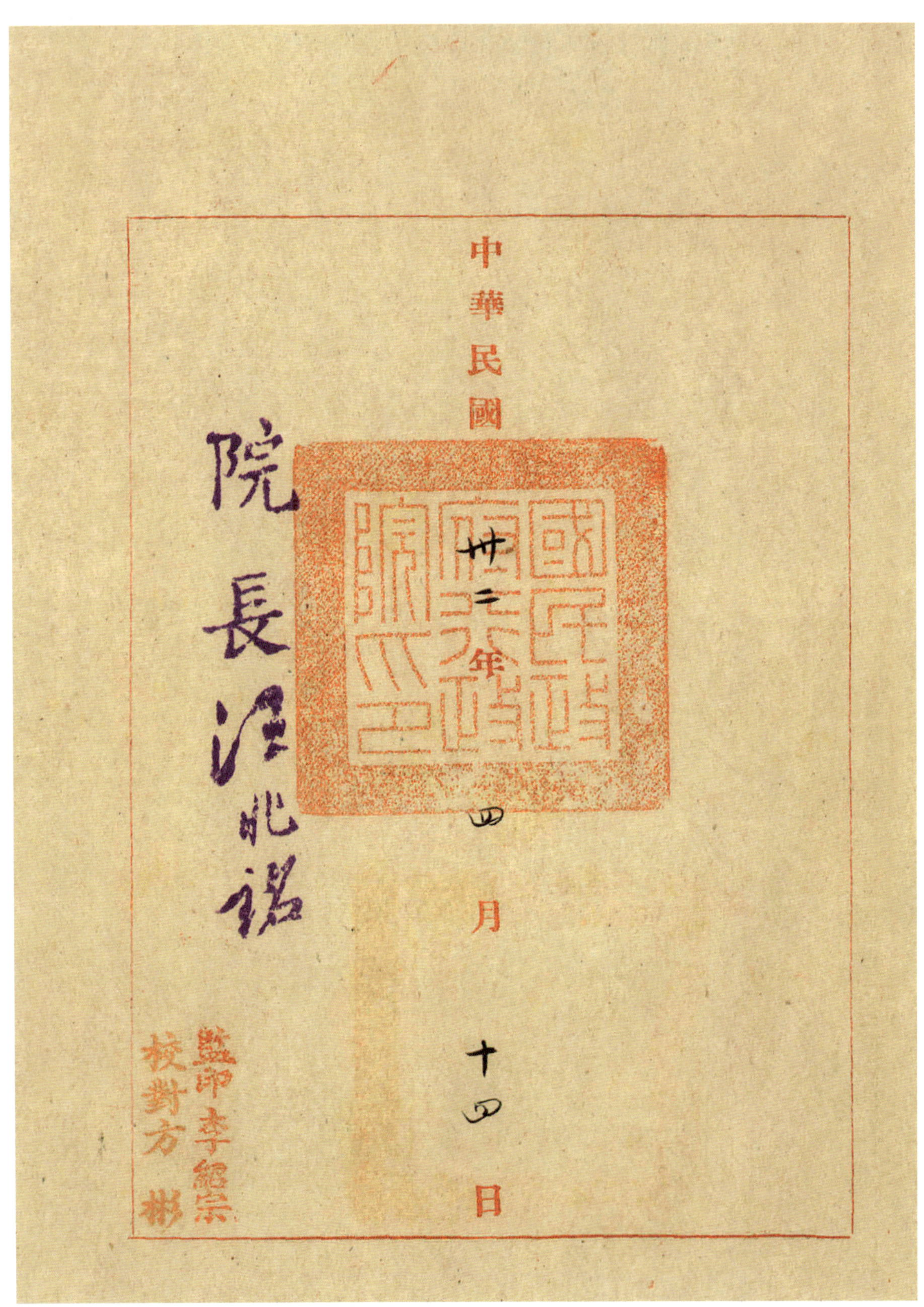

中華民國廿二年四月十四日

院長汪兆銘

監印李紹宗

校對方彬

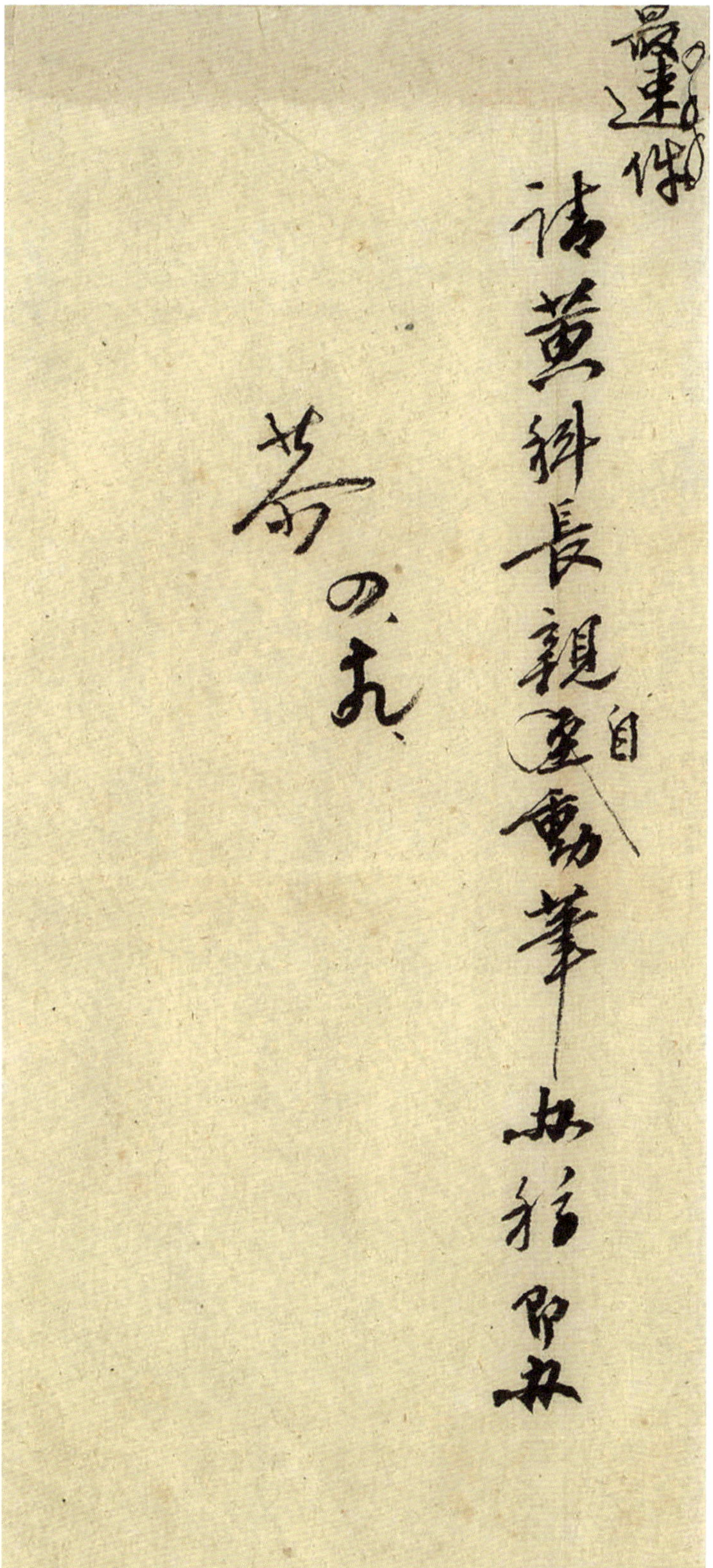

最速件
請黃科長親自動筆 如稿即發
芬 四、五

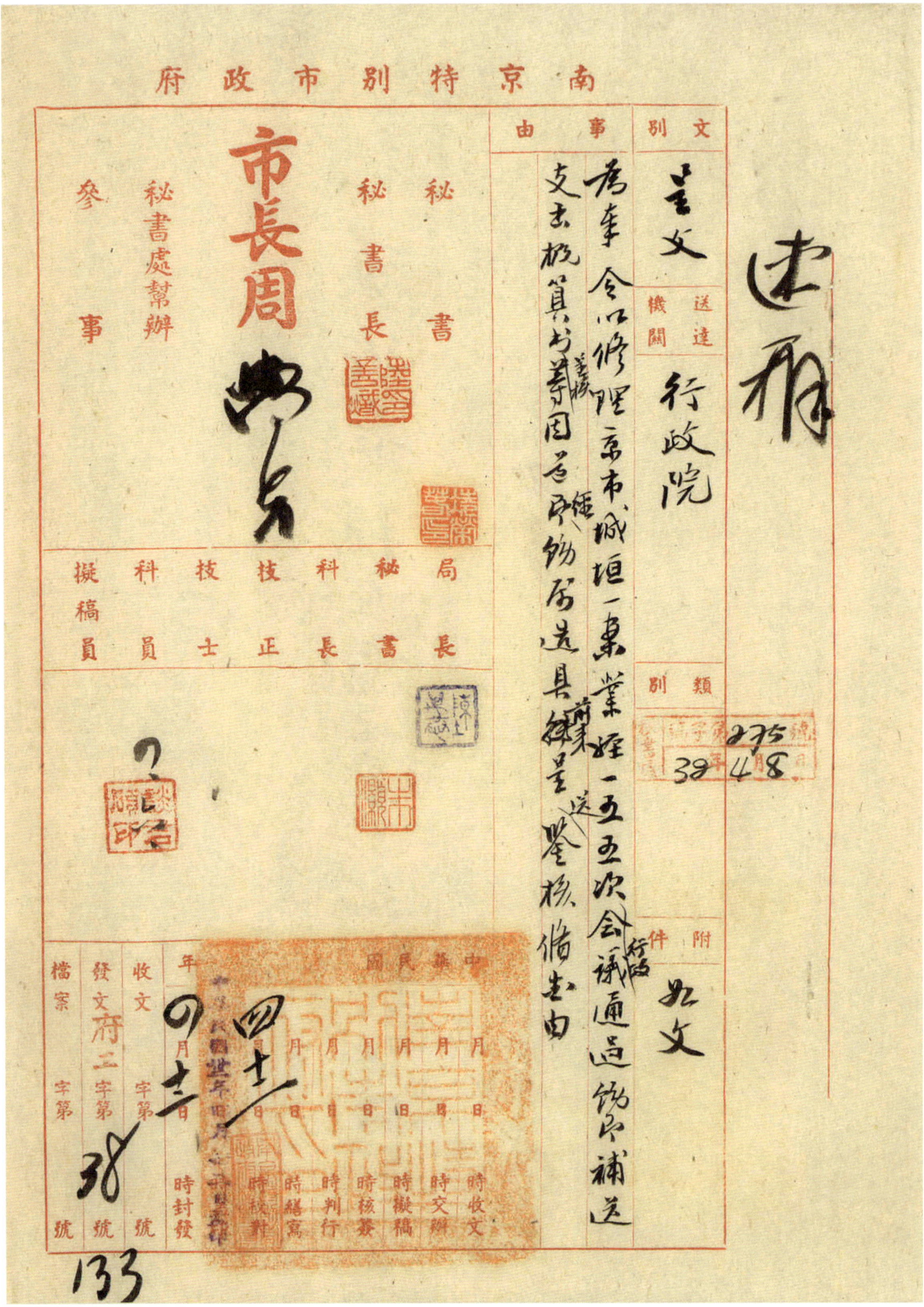
南京特別市政府

文別：呈文

送達機關：行政院

事由：爲奉令以修理京市城垣一案業經一五五次會議通過飭即補送支出概算書等因茲飭屬造具呈送鑒核備查由

附件：如文

市長周

秘書長　秘書　秘書處幫辦　參事

局長　秘書　科長　技正　技士　科員　擬稿員

年　月　日

收文　字第　號

發文　府二字第　號

檔案　字第　號

中華民國　年　月　日　時收文　時交辦　時擬稿　時核簽　時判行　時繕寫　時校對　時封發

（十一）僞市政府爲送修理城墻經費支出概算書致僞行政院的呈文及僞行政院致僞市政府的指令（一九四三年四月十二日至四月二十九日）

主文

案奉

鈞院公字第二二三號訓令內開

案查本院第一五五次會議云云合令

仰該府遵照此

等因奉此遵經飭令工務局遵辦去後茲據復

稱前編修理本京城垣概算因近來工料價格激增未

能適用現按照目前工料單價重行編造其中除城磚

一項改用漢西門甕城舊磚僅須支付運拆費加需

較前概算減低外其餘各項均有增加總計為數

国币贰拾壹万陆千伍百另壹元叁角伍分并造送修理本京城垣经费支出概算书三份请予核转等由来据此查该（附呈核）概算书超出钧院通过之核定数甚巨惟以是项工程（事关首都城防）亟待进行拟饬先就核减数目竭力撙节开始着手办理因此未有不敷之处由本府设法筹划是否有当理合备文呈报仰祈

鉴核指令祗遵实为公便

谨呈

行政院院长汪

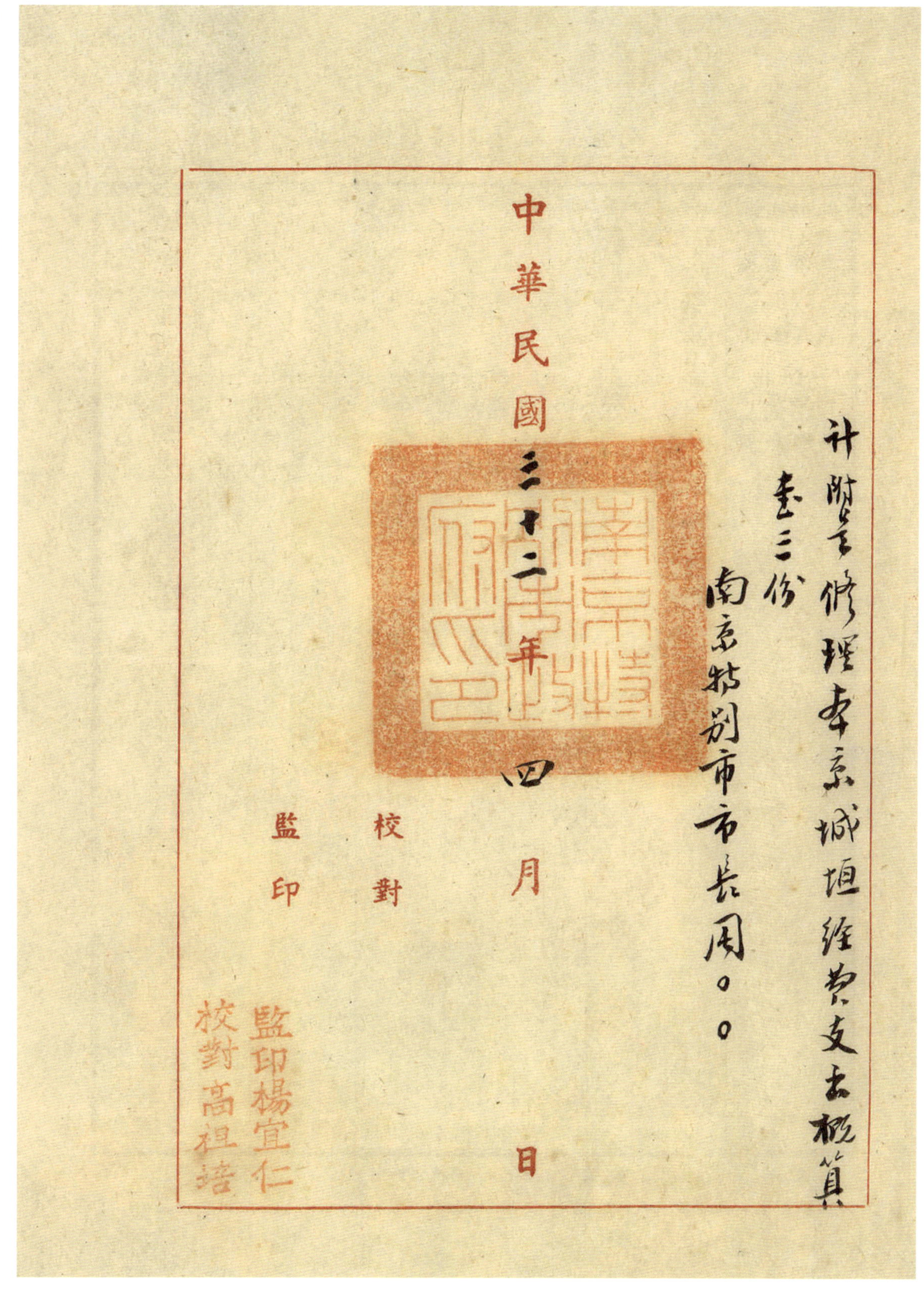

計附呈修理南京城垣經費支出概算

書三份

南京特別市市長周〇〇

中華民國三十二年四月　日

校對

監印

監印楊宜仁

校對高祖培

南京市政府工務局概算書

字第　　號
第 1 頁

工程名稱	修理本市各處損坏城垣工程	施工地點	环市各城门及城墙
起案原委	損坏之处由首都警察總監署咨請修理，以固城防，经本局派員会仝查勘情实蔚切，茲擬就修理辦法如下		
施工範圍	下詳		
工程總價	国幣弍拾壹萬陸仟伍佰零壹元叁角伍分		

工料種類	說明	單位	數量	單價(元)	複價(元)	備註
[I] 加高水西门西水関水城门木柵						
該水城门係糞船出入之孔道，原有柵门因河水低落，高度不够，致有宵小自由出入，今擬加高四呎並添釘刺鉛絲						
边檔木	2-3"×4"×12"	BM	24.00	30.00	720.00	
横〃木	1-3"×4"×20"	〃	20.00	30.00	600.00	
柵條木	8-3"×3"×4"	〃	24.00	30.00	720.00	
刺鉛絲		丈	18.00	20.00	360.00	
人工		工	16.00	18.00	288.00	
雜費					200.00	總數7.5%計
預備費					400.00	〃〃15%〃
合計					3288.00	
[II] 鐵窗根涵洞						
該涵洞位於水西门附近，為該门附近之缺口，今因河水低落，潢水涸竭，亦成自由出入之处，現擬加添鉄孔瓦管涵洞一座						
12"ϕ瓦管		節	12.00	30.00	360.00	1:3水泥汁漿嵌合
城磚		塊	120.00	2.00	240.00	1:2白灰沙漿砌
1:3水泥沙漿		立公	0.66			
1:2白灰計		〃	0.90			

附图一份共二页

鑒定　　審核　　校對　　計算

中華民國 32 年 4 月 8 日

南京市政府工務局概算書

字第　　號
第 2 頁

工程名稱		施工地點				
起案原委						
施工範圍						
工程總價						
工料種類	說明	單位	數量	單價（元）	複價（元）	備註
水泥		袋	684	85 00	581 40	
黄沙		公方	0 66	120 00	79 20	
白灰		担	2 38	45 00	107 10	
黄沙		公方	0 81	120 00	97.20	
人工		工	20 00	18 00	360.00	
雜費		-			140 00	總額之7.5%計
預備費					280 00	〃〃之15%〃除
合計					2245 10	
〔四〕清涼門附近涵洞						
該洞為清涼山附近山水總出口，原有鐵條數根，作為柵門，今已遺失一根，出入至為方便，今擬添配1.5"□鋼筋一條，並用1:3:6混凝土將洞門高度改低						
鋼條	1.5"□×5.6'	#	43 00	10 00	430 00	
1:3:6混凝土	2×0.2×0.3×2	公方	0 24			
水泥	0.24×4.83	袋	1 16	85 00	98 60	
黄沙	0.24×0.46	公方	0 11	120 00	13 20	
石子	0.24×0.93	〃	0 22	120 00	26 40	
合計					360 00	

鑒定　　審核　　校對　　計算

中華民國　　年　　月　　日

南京市政府工務局概算書

字第　　號
第 3 頁

工程名稱		施工地點	
起案原委			
施工範圍			
工程總價			

工料種類	說明	單位	數量	單價(元)	複價(元)	備註
人工		工	14.00	18.00	252.00	
雜費					90.00	
預備費					180.00	
合計					1450.20	
[四] 清涼門大壆涵洞						
該處亦為清涼山水之出口，因冬季水涸，致河水入，現亦擬改建多孔						
〃 瓦管涵洞.						
12″ф 瓦管		節	7.00	30.00	210.00	1:3水泥沙漿膠合
城磚		塊	50.00	2.00	100.00	1:2白灰沙漿砌
1:3水泥沙漿		立公	0.25			
1:2白灰〃〃		〃	0.38			
水泥		袋	2.64	85.00	224.40	
黃沙		立公	0.25	120.00	30.00	
白灰		担	1.01	45.00	45.45	
黃沙		立公	0.34	120.00	40.80	
人工		工	12.00	18.00	216.00	
雜費					65.00	
合計（預備費）					130.00	

鑒定　　審核　　校對　　計算

中華民國　　年　　月　　日

南京市政府工務局概算書

字第　　號
第 4 頁

工程名稱		施工地點				
起案原委						
施工範圍						
工程總價						
工料種類	說明	單位	數量	單價（元）	複價（元）	備註
合計					1061.65	
(三) 草場門一帶 該處城垣損坏者約有30餘处總面積約180平公 今擬用1:2白灰沙漿砌城磚修補之						
城磚	180/0.1×0.4	块	4500.00	2.00	9000.00	
1:2白灰沙漿	4500×0.0075	公方	33.75			
白灰		担	89.44	45.00	4024.80	
黄沙		公方	30.38	120.00	3645.60	
人工	180×2	工	360.00	18.00	6480.00	
填土	180×1	公方	180.00	12.00	2160.00	
脚手					5000.00	
樣費					2300.00	
預備					4600.00	
合計					37210.40	
(四) 漢西門芦柴廠附近 該处損坏成洞者一处 計4.5平公						
城磚	45/0.1×0.4	块	113.00	2.00	226.00	
1:2白灰沙漿	113×0.0075	公方	0.85			
白灰		担	2.25	45.00	101.25	

鑒定　　　審核　　　校對　　　計算

中華民國　　年　　月　　日

南京市政府工務局概算書

字第　　號
第 5 頁

工程名稱		施工地點	
起案原委			
施工範圍			
工程總價			

工料種類	說明	單位	數量	單價(元)	複價(元)	備註
黃沙		立公	0.77	120.00	92.40	
人工		工	9.00	18.00	162.00	
脚手					1000.00	
標費					120.00	
預備費					240.00	
合計					1941.65	
[四]. 清涼门 該处城门早经堵塞惟今有損坏成洞者一处約1m²						
城磚		块	25.00	2.00	50.00	
1:2白灰沙漿		立公	0.19			
石灰		担	0.50	45.00	22.50	
黃沙		立公	0.17	120.00	20.40	
人工		工	5.00	18.00	90.00	
脚手					500.00	
標費					50.00	
預備〃					100.00	
合計					832.[illegible]0	
合計						

鑒定　　　審核　　　校對　　　計算

中華民國　　年　　月　　日

南京市政府工務局概算書

字第　　號
第 6 頁

工程名稱		施工地點							
起案原委									
施工範圍									
工程總價									
工料種類	說明	單位	數量		單價（元）		複價（元）		備註
[四] 中華门外循相里　該处損坯面積约250平公									
城磚		块	6250	00	2	00	12500	00	
1:2白灰沙漿		立公	46	88					
白灰		担	124	23	45	00	5590	35	
黃沙		立公	42	19	120	00	5062	80	
人工	250×2	工	500	00	18	00	9000	00	
腳手							5000	00	
填土	250×1	立公	250	00	12	00	3000	00	
樣費							3000	00	
預備費							6000	00	
合計							49153	15	
[五] 賽公橋東部　該处損坯者约188平公									
城磚		块	4700	00	2	00	9400	00	
1:2白灰沙漿		立公	35	25					
白灰		担	93	41	45	00	4203	45	
黃沙		立公	31	73	120	00	3807	60	
人工		工	376	00	18	00	6768	00	
合腳手計							5000	00	

鑒定　　　審核　　　校對　　　計算

中華民國　　年　　月　　日

南京市政府工務局概算書

字第　　號
第 7 頁

工程名稱			施工地點			
起案原委						
施工範圍						
工程總價						
工料種類	說明	單位	數量	單價（元）	複價（元）	備註
填土	188×1.5	立公	282.00	12.00	3384.00	
雜費					2450.00	
預備〃					4900.00	
合計					39913.05	
[三] 賽工橋西部 該处損坏成缺口者有二 約面積 64.5平公						
城磚		塊	1613.00	2.00	3226.00	
1:2白灰沙漿		立公	12.10			
白灰		担	32.07	45.00	1443.15	
黄沙		立公	10.89	120.00	1306.80	
人工		工	129.00	18.00	2322.00	
脚手					5000.00	
填土	64.5×1	立公	64.50	12.00	774.00	
雜費					1050.00	
預備〃					2100.00	
合計					17221.95	
[四] 光華门附近 該处坍塌之处甚多 估計面積約 300平公						
城磚		塊	7500.00	2.00	15000.00	

鑒定　　　　審核　　　　校對　　　　計算

中華民國　　年　　月　　日

南京市政府工務局概算書

字第　　號
第　　頁

工程名稱						施工地點	
起案原委							
施工範圍							
工程總價							
工料種類	說明	單位	數量	單價（元）	複價（元）	備註	
1:2白灰沙漿	7500×0.0075	立公	56.25				
白灰		担	149.06	45.00	6707.70		
黄沙		立公	50.63	120.00	6075.60		
人工		工	600.00	18.00	10800.00		
脚手					5000.00		
填土	300×2		600.00	12.00	7200.00		
雜費					3800.00		
預備費					7600.00		
合計					62183.30		
總計					216501.35		
附註	1.本概算係按照目前工料單價重新編造，其中除城磚之單價降低外，餘均較其年十二月所編之概算略增，以符實際。						
	2.城磚單價係拆用本市漢西門甕城舊磚所需之運拆費，故較前定之購買單價較低。						
合計	3.本概算超出行政院通過之概算總額為數尚巨，惟以						

鑒定　　審核　　校對　　計算

中華民國　　年　　月　　日

南京市政府工務局概算書

字第　　號
第　　頁

工程名稱		施工地點	
起案原委			
施工範圍			
工程總價			

工料種類	說明	單位	數量	單價（元）	複價（元）	備註
	該項工程，有關治安，可先就該核減數由[illegible]着手進行					
	將來如有不敷之數則由市府籌劃辦理之					
合計						

鑒定　　審核　　校對　　計算

中華民國　　年　　月　　日

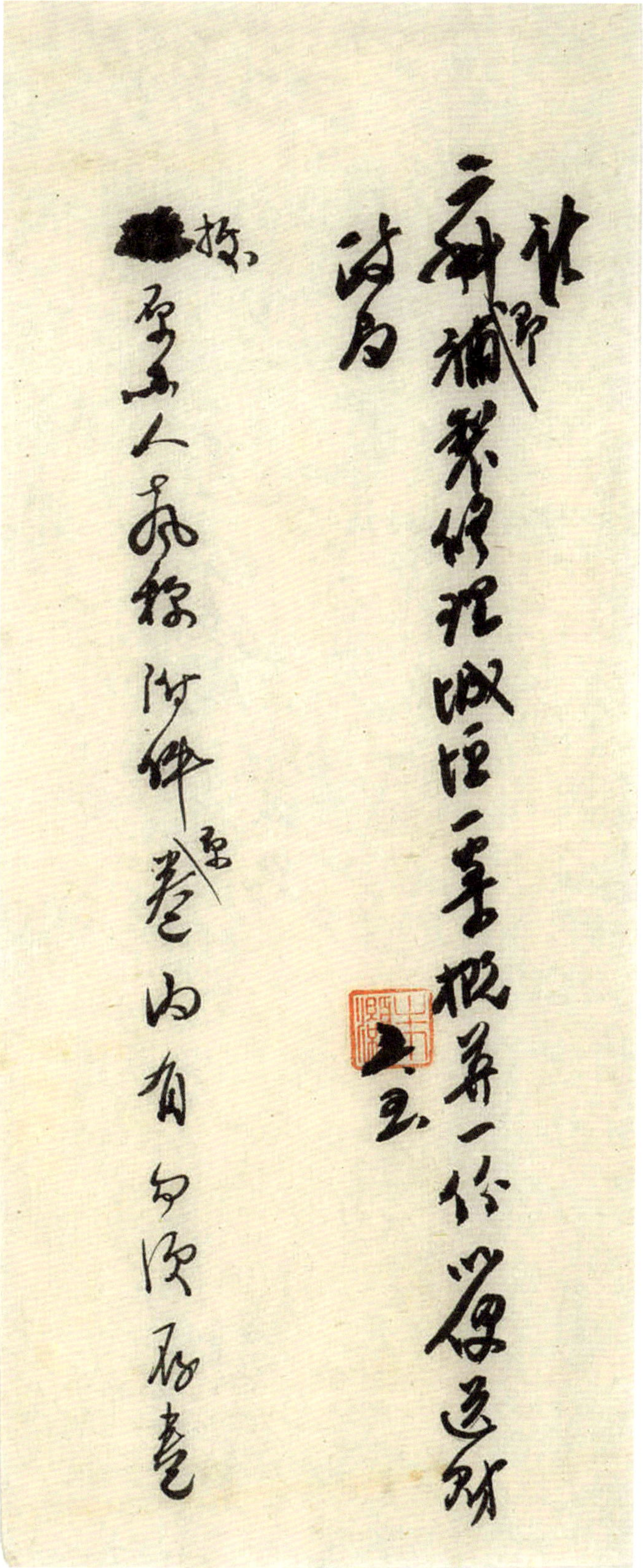
修理城垣一事擬算一份以便送
上呈
人
內有

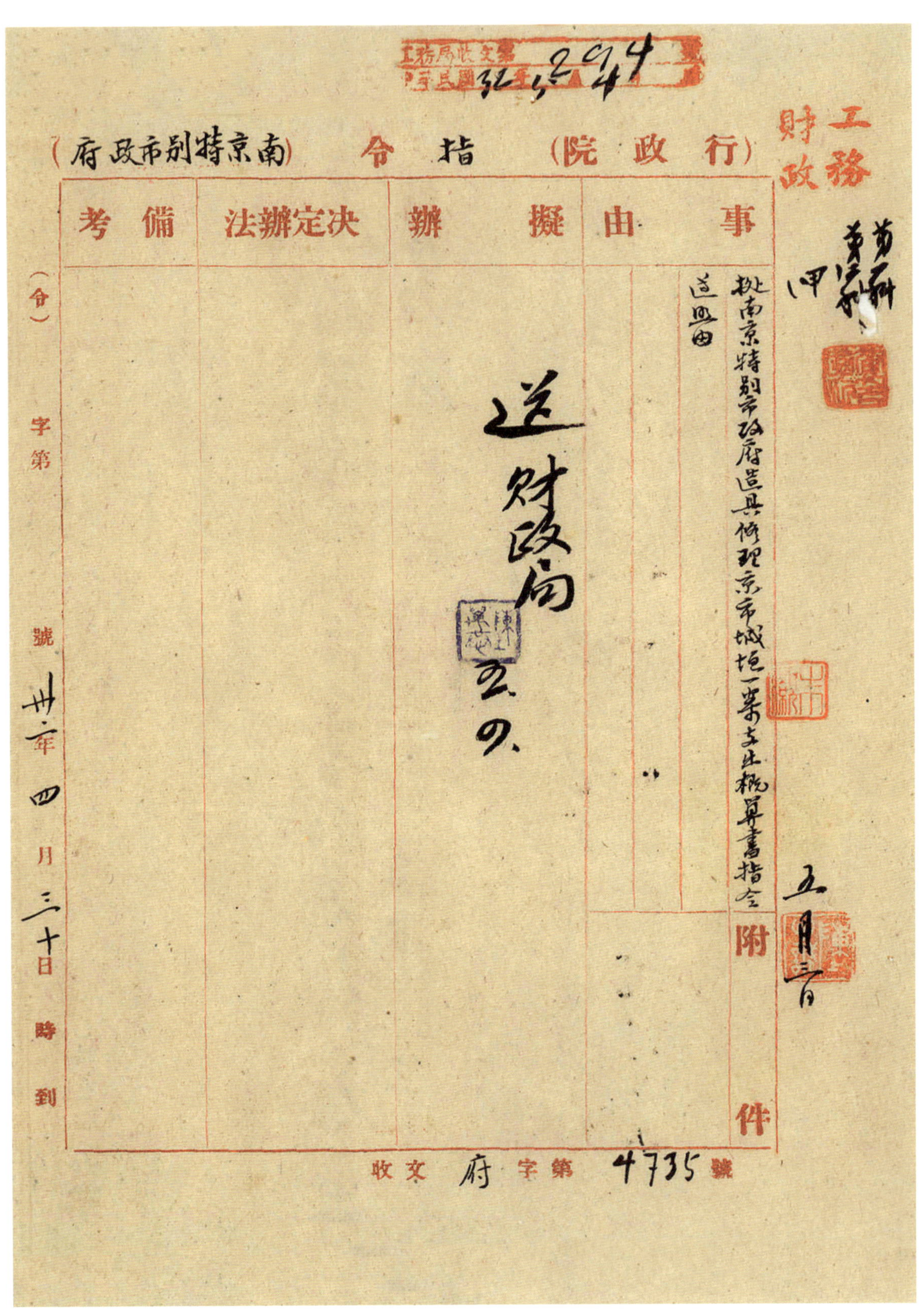

（行政院）指令（南京特別市政府）

工務
財政

（令）字第　　號

事由	擬辦	決定辦法	備考
批南京特別市政府送具修理京市城垣一案支出概算書指令 送四由 附件	送財政局 五.四.		

卅一年四月三十日時到

收文府字第4735號

行政院指令

院字第589號

令南京特別市政府

四月十二日府工字三十八號呈一件　為奉令以修理京市城垣一案業經一五五次行政會議通過飭即補送支出概算書呈核等因遵經飭屬造具前來呈送鑒核備查由

呈暨概算書均悉。修理京市城垣工程費數目應就本院核准原案撙節列支，如有不敷，着由該市府自行籌劃，礙難再向國庫請款，仰即遵照，並候分行財政部知照。

此令　附件存

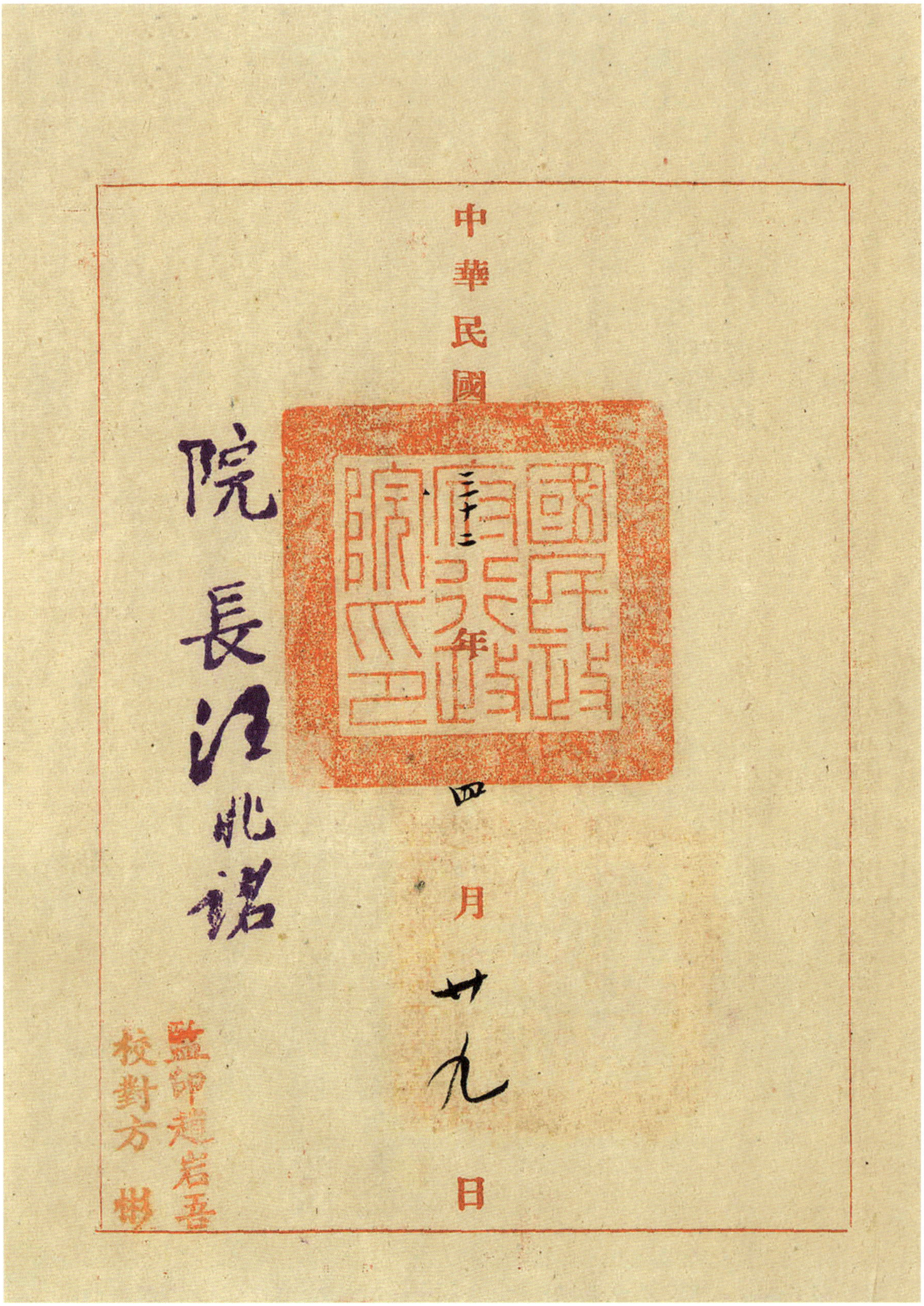
中華民國三十二年四月廿九日

院長汪兆銘

監印趙岩吾

校對方[illegible]

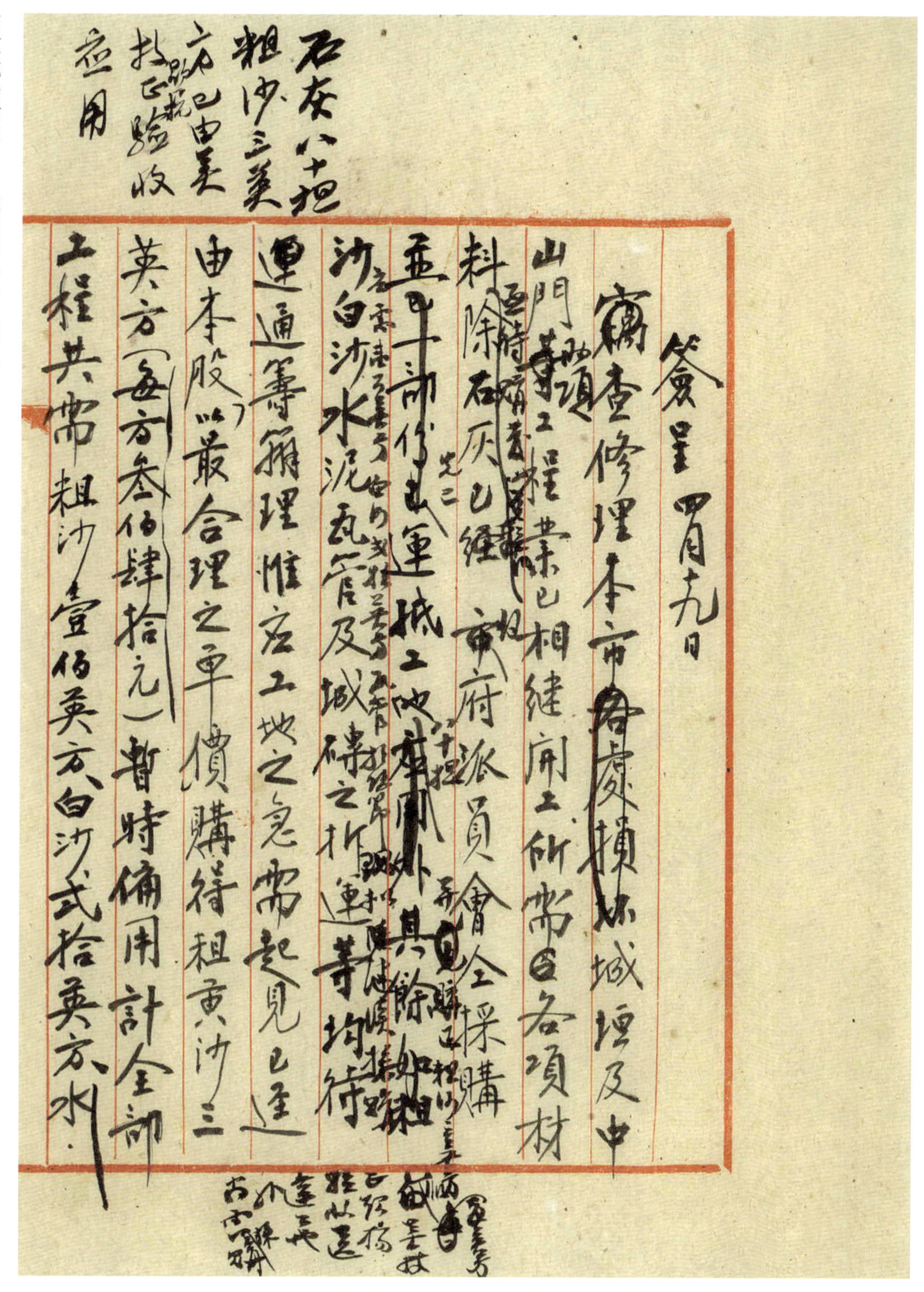

（十二）僞市工務局爲購得黃沙請驗收的簽呈（一九四三年四月十九日）

石灰八十担
粗沙三英方
亦已由吳〔股長〕抽[illegible]驗收
應用

簽呈 四月九日

竊查修理本市各處損壞城垣及中山門等項工程業已相繼開工所需各項材料除石灰已經市府派員會同採購外亟已十部份由運抵工地外其餘如粗沙白沙水泥瓦管及城磚之拆運等均待運通籌辦理惟為工地之急需起見已逕由本股以最合理之單價購得粗黃沙三英方（每方叁佰肆拾元）暫時備用計全部工程共需粗沙壹佰英方、白沙貳拾英方、水

泥漿肆拾袋（12吋6）瓦管拾玖節、城磚九萬餘
塊、（其中除一小部份可就地取材外，餘均擬拆除漢
西門之甕城運往各工地）理合簽請
鈞座簽呈市府即予派大員會同辦理
以利工展並其已購之粗沙亦請派員驗
收以昭慎重此呈
科長黃 轉呈 擬簽呈市府派員會同辦理
局長陳 已囑黃股長請驗收
職 謹呈 二十

（十三）僞市工務局爲請派員會同采購修理城垣與中山門工程材料致僞市政府的簽呈（一九四三年四月二十日）

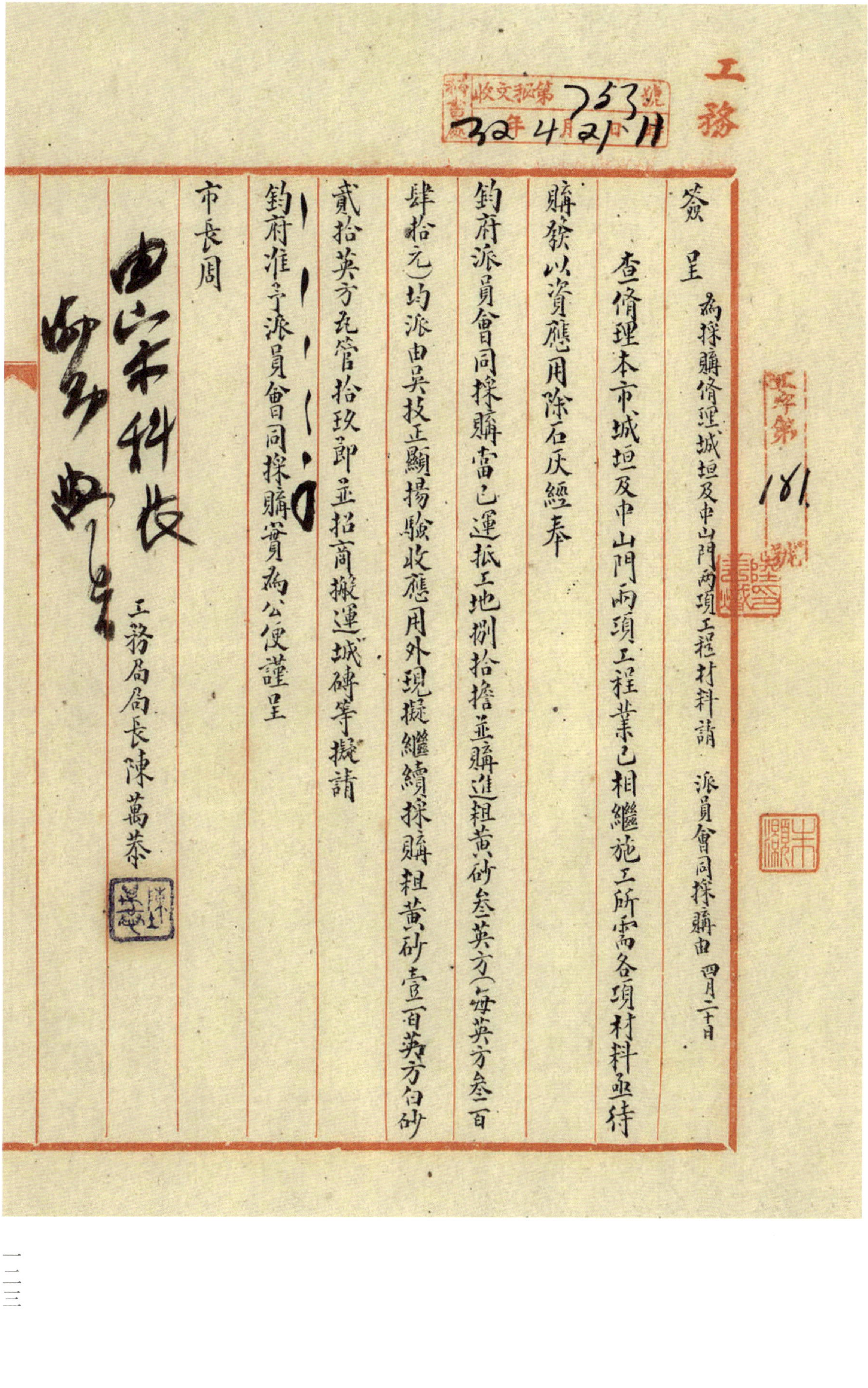

工務

收文第753號 32年4月21日

工字第181號

簽呈 為採購修理城垣及中山門兩項工程材料請 派員會同採購由 四月二十日

查修理本市城垣及中山門兩項工程業已相繼施工所需各項材料亟待購發以資應用除石灰經奉

鈞府派員會同採購當已運抵工地捌拾擔並購進粗黃砂叁英方（每英方叁百肆拾元）均派由吳技正顯揚驗收應用外現擬繼續採購粗黃砂壹百英方白砂貳拾英方花管拾玖節並招商搬運城磚等擬請

鈞府准予派員會同採購實為公便謹呈

市長周

工務局局長陳萬恭

[illegible]

派錢主任劉主任吳技正陳主任會同案科
長辦理

蒂 四、

（十四）僞市工務局爲修理本市城墻請撥發和購買水泥致日軍南京防衛司令部、日本大使館的函
（一九四三年四月二十日至四月二十七日）

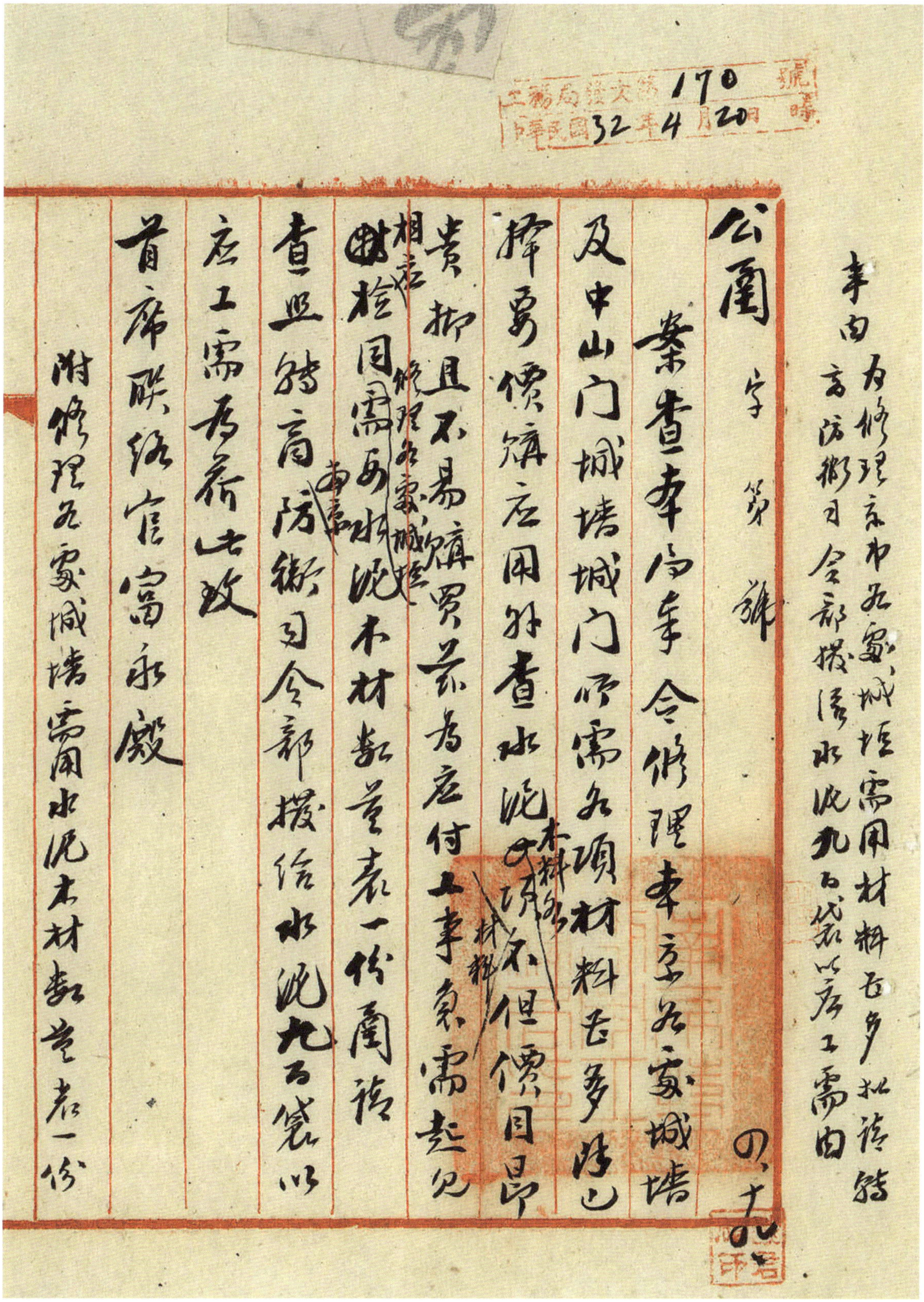
工務局發文第170號
中華民國32年4月20日

事由 為修理京市各處城垣需用材料甚多擬請轉商防衛司令部撥給水泥九百袋以應工需由

公函　字第　號

案查本局奉令修理本市各處城墻及中山門城墻城門所需各項材料甚多除已擇要價購應用外查水泥一項不但價目昂貴抑且不易購買茲為應付工事急需起見相應檢同需要水泥木材數量表一份函請查照轉商防衛司令部撥給水泥九百袋以應工需為荷 此致

首席聯絡官富永 殿

附修理各處城墻需用水泥木材數量表一份

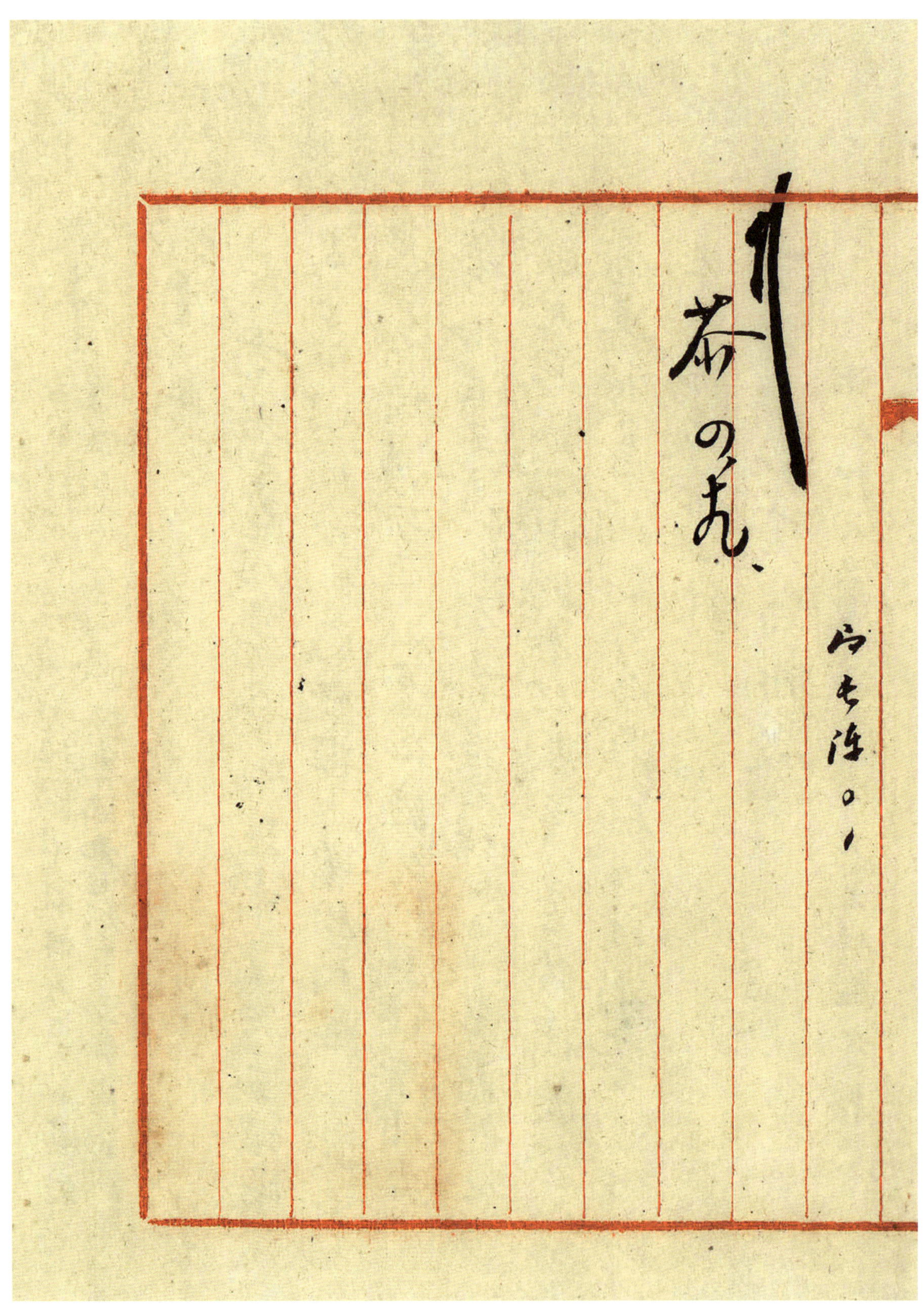

茶の花、

白木洋〇一

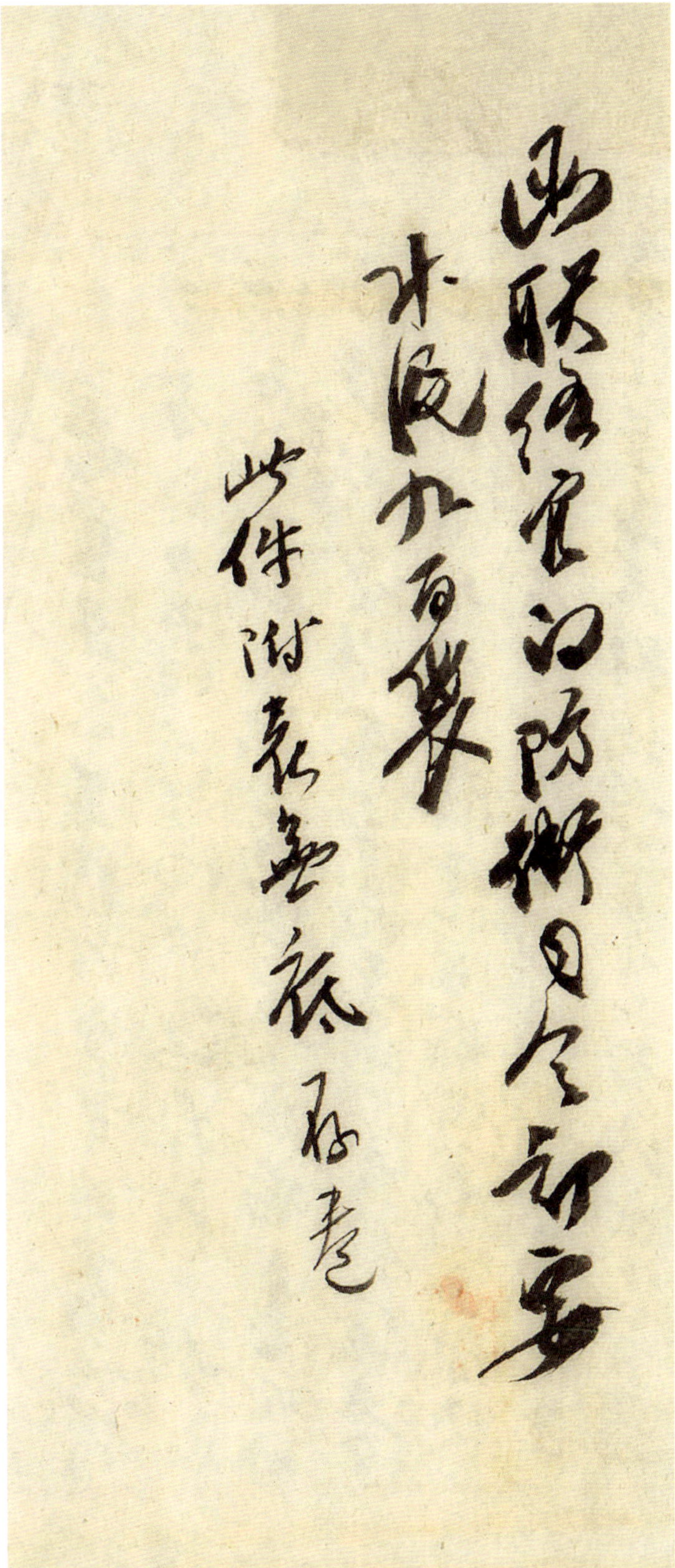
函聯經費向防撫目今所需
小洋九百餘數
此件附表無庸存查

工務局發文第222號
中華民國32年4月27日　時

局稿　　字第　　號

案查本市草場門、中華門、賽虹橋、光華門、中山門、清涼白鷺洲門、中央門、漢西門、水西門、鐵管橋、孝陵衛、城牆、金川門損壞部分，業經本局令飭修築，並查各該工程需用材料甚多，水泥一項一千袋，非以價格既極昂貴，且市上亦無大批現貨出售，為此函請查照轉飭經售水泥商人，按照軍部收買價格八折售水泥一千袋，由本局

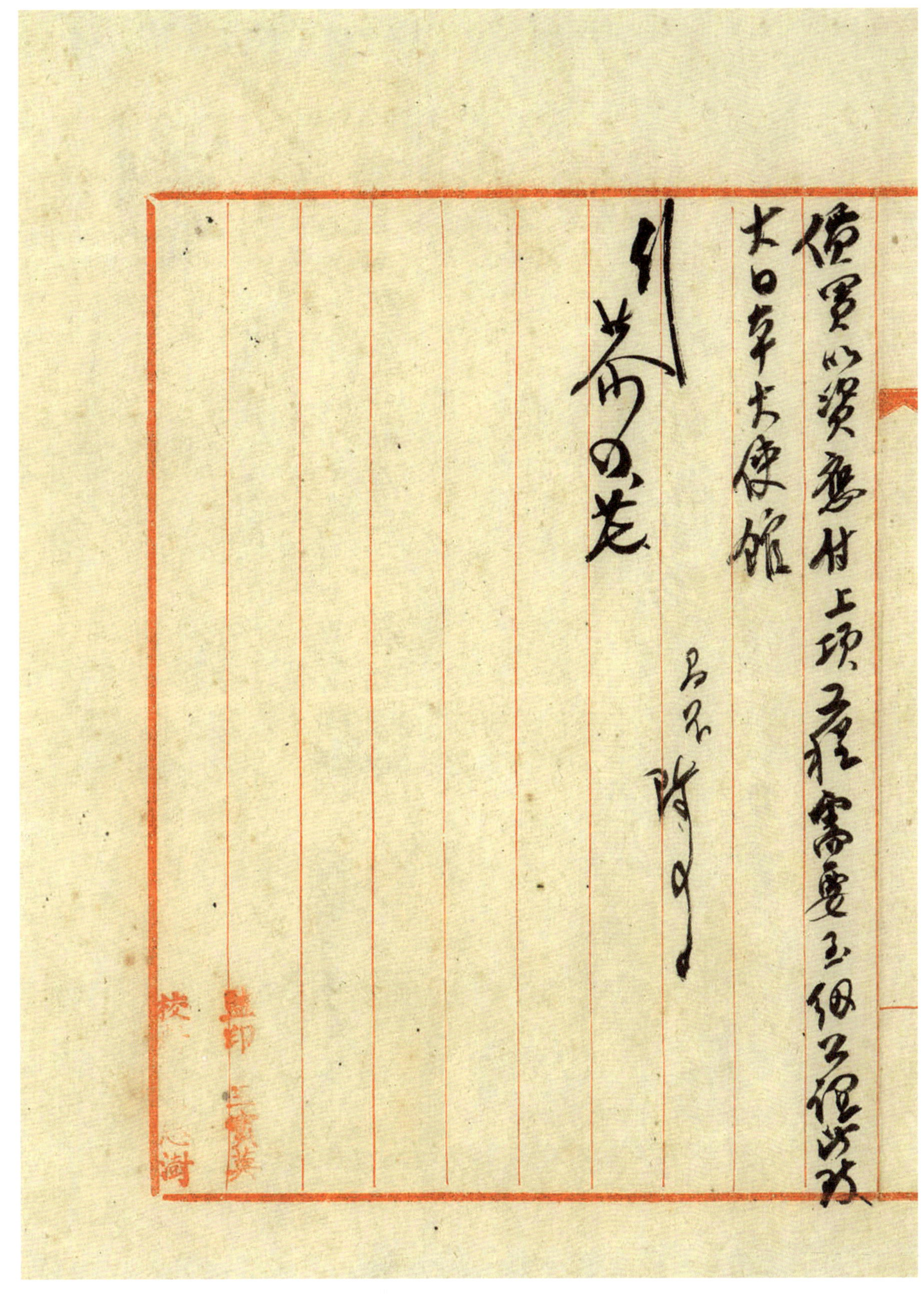

價買以資應付上項工程需要至紉公誼此致

大日本大使館

外交部啟

名另具

監印 王藝英

校 心澍

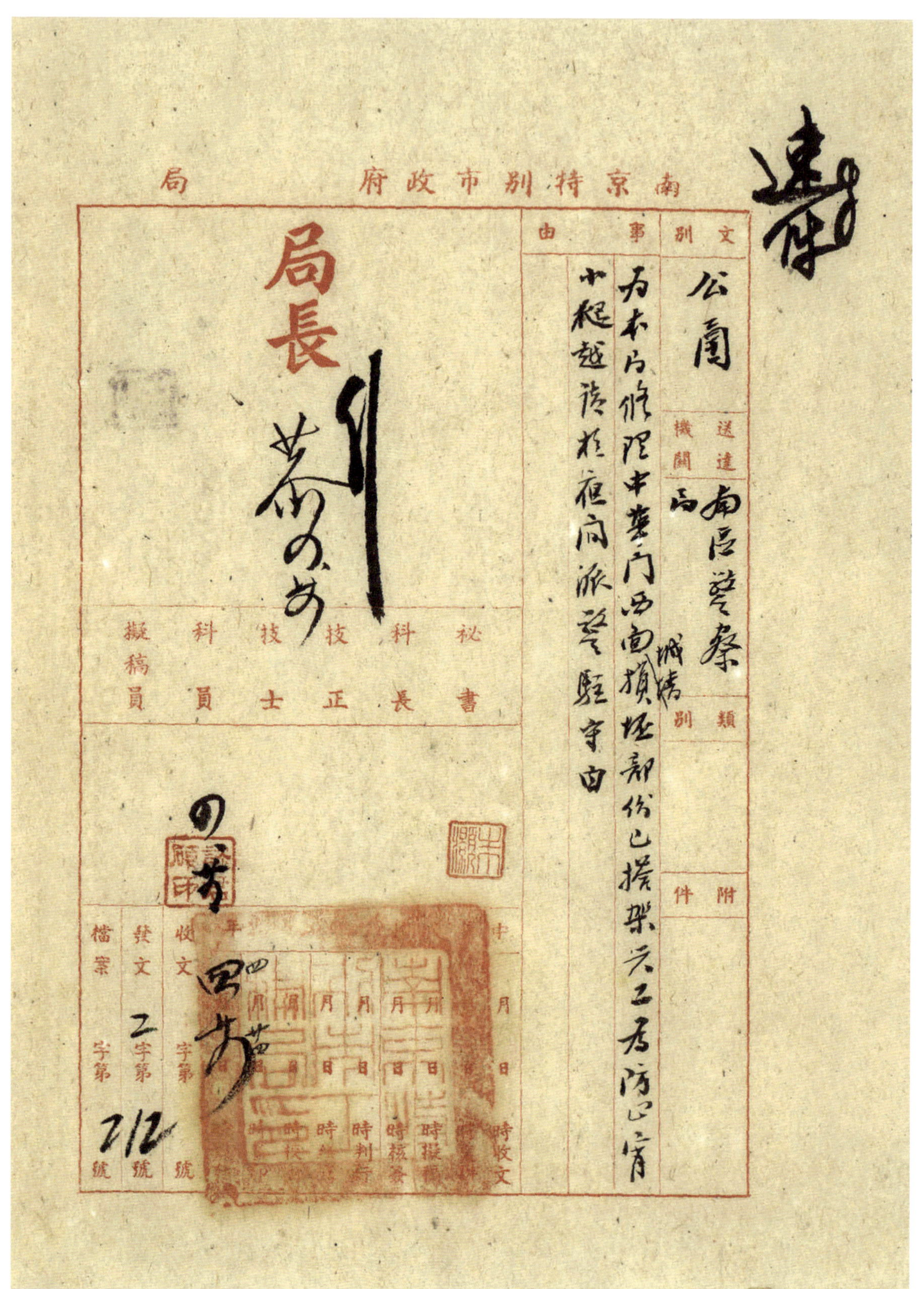

（十五）僞市工務局爲修理中華門西面城墻請派警駐守致僞首都警察總監署南區警察分局的公函（一九四三年四月二十四日）

南京特別市政府工務局

局長

文別：公函

送達機關：南區警察局

事由：為本局修理中華門西面城墻損壞部份已搭架興工為防止宵小攀越請准飭派警駐守由

類別

附件

秘書　科長　技正　技士　科員　擬稿員

公函　字第　號

案查本市奉　令興修本京城垣各處損壞部份業經興工修理在案近查中華門西面城墻倒塌經據工搭架開始修理雖恐有宵小乘隙偷越相應函請查照即希派武裝警士二名每夜輪流駐守以防意外而重防務此致

首都警察總監署南區警察分局

市長陳〇〇

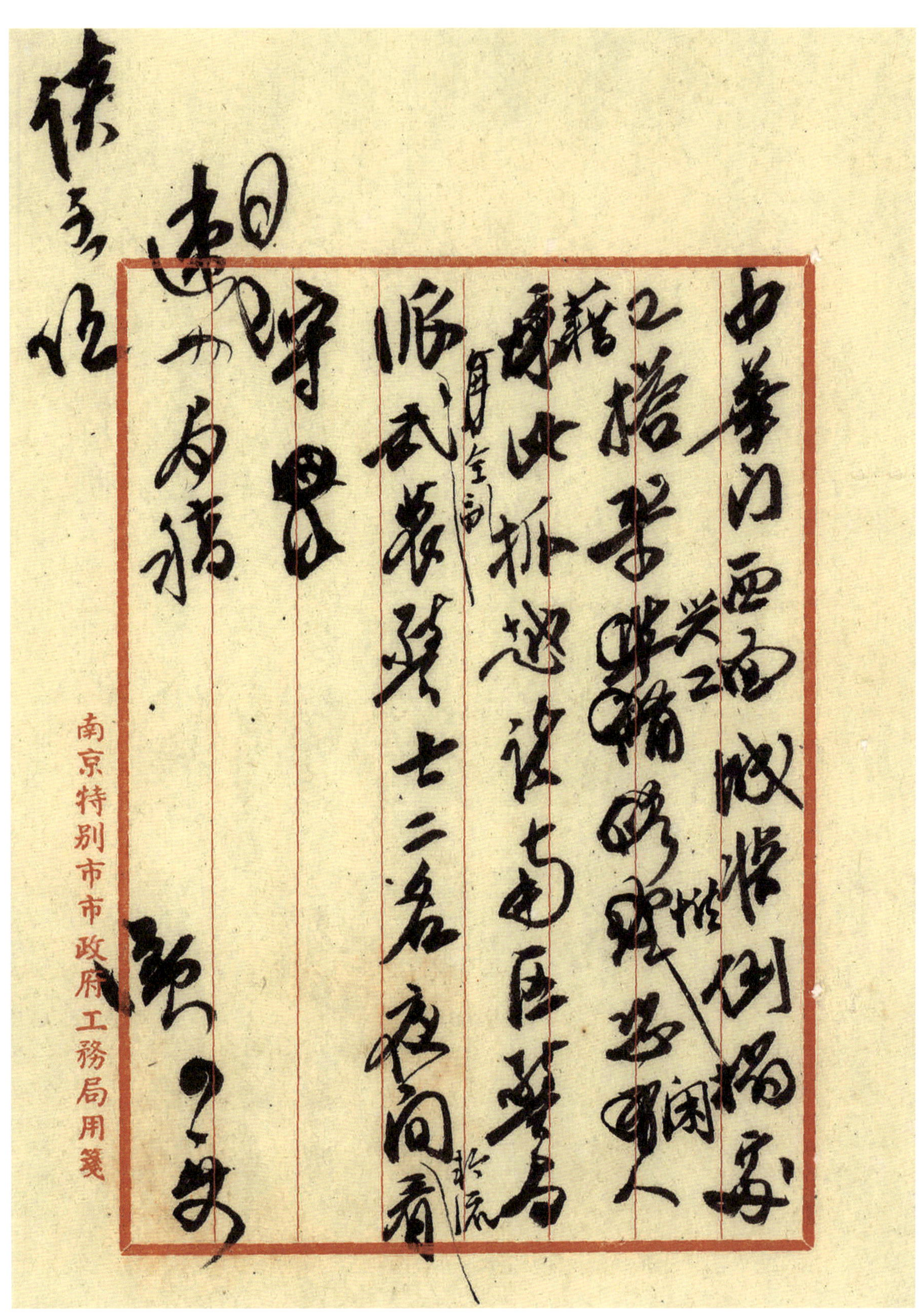

中華門西面城牆倒塌處工程處興工補修時曾有閑人藉故要挾拆毀該七區警局[負全部]派武裝警士二名夜間看[於底]守盼

日速覆為禱

[illegible]首

俟子兄

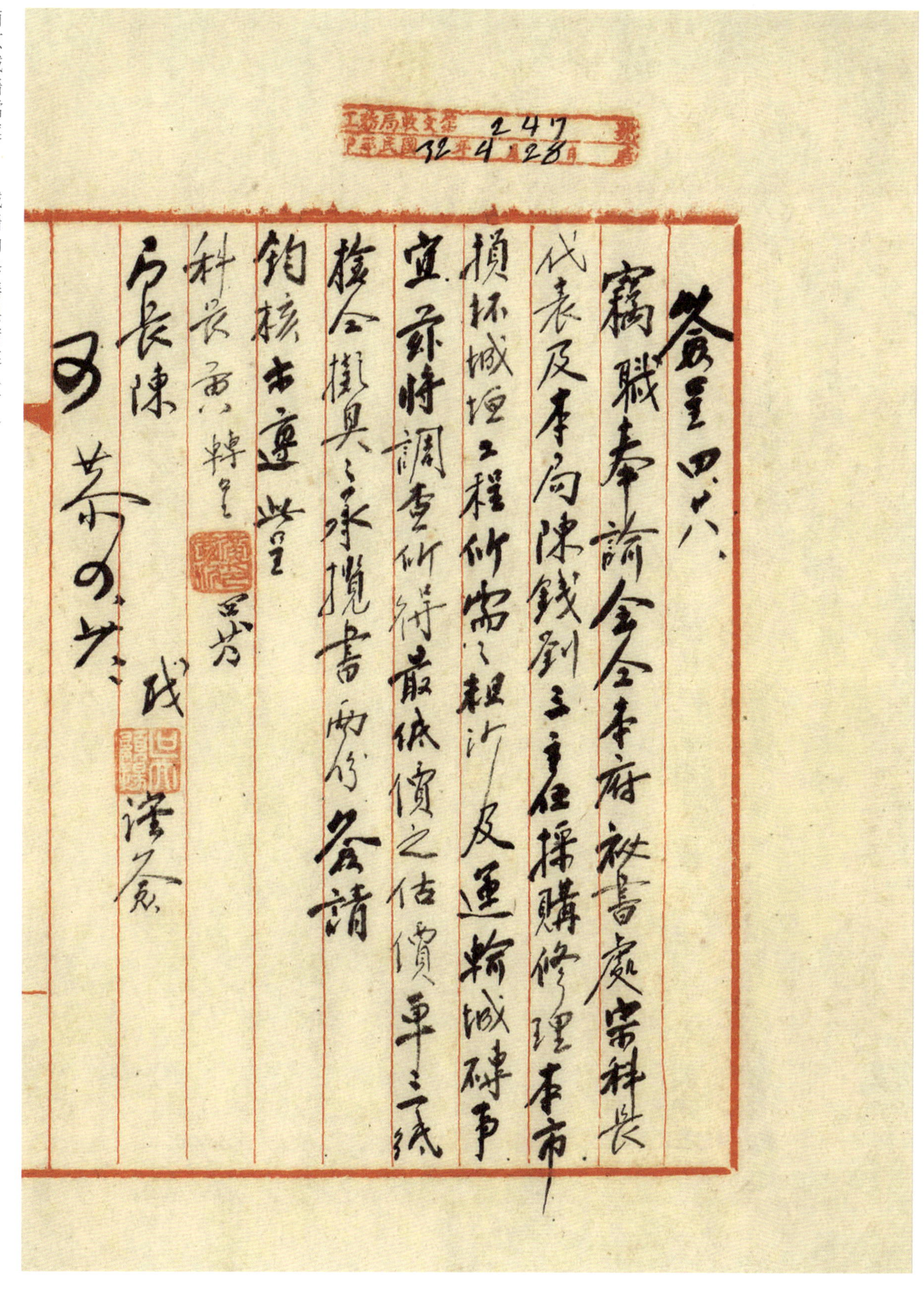

（十六）僞市工務局爲檢送修理城垣工程材料承攬書的簽呈（一九四三年四月二十八日）

工務局收文 247
民國32年4月28日

簽呈 四六八

竊職奉諭令本府秘書處営科長
代表及本局陳錢劉三主任採購修理本市
損壞城垣工程所需之粗沙及運輸城磚事
宜，兹將調查所得最低價之估價單三紙
檢同擬具之承攬書兩份簽請
鈞核示遵。此呈
科長黄 轉呈 四廿六
局長陳
職 謹簽

可 恭 四、廿六

材料承攬書

立承攬人岳德記砂石廠（以下簡稱乙方）今承攬

南京特別市工務局（以下簡稱甲方）修理城垣需用銀沙及璹坻沙

材料計壹百壹拾英方訂明運力在內總價約合國幣伍萬

壹仟捌佰叁拾元正

零捌佰叁拾元願遵照下列各條依限分運工地倘有貽誤或

違背左列各條時承攬人應受罰鍰處分如中途退攬則由

保證人負清算賠償及成本承攬書所訂承攬人之責任

一、本承攬所購黃沙白沙材料由乙方按照甲方表列地址分

別運送工地不得藉詞拖延必要時甲方如需提先或緩運

者由甲方用書面通知乙方照辦

二、材料運到工地在未經甲方派員驗收以前一切責任仍由乙方負責

三、關於材料驗收手續乙方應於材料運到工地後做成整齊形式申請甲方派員會同丈量合方

四、本承攬書訂立時先付全部總價之三分之一（捌仟伍佰元）壹萬整以後每次運到材料經驗收後隨付該次運到數量價款三分之二其餘三分之一作為扣抵訂立承攬時所預支款額之用全部材料運齊驗收後即予付清

五、本承攬書自訂立日起限兩星期由全部運齊逾期一天願罰國幣伍拾元

岳德記磚瓦砂石號
南京豆菜橋二十一號

立承攬人

住址

保證人

住址 荳菜橋四号

材料承攬方價表

地點	方數	單價 元	總價 元	備考
中華門賽虹橋附近	31.00	320.00	9920.00	
中山門（白沙）	55.00	510.00	28050.00	
光華門附近	20.00	440.00	8800.00	
草場門附近	11.00	460.00	5060.00	

合計 110.00 51830.00

对保人 田光

民國三十二年五月 日

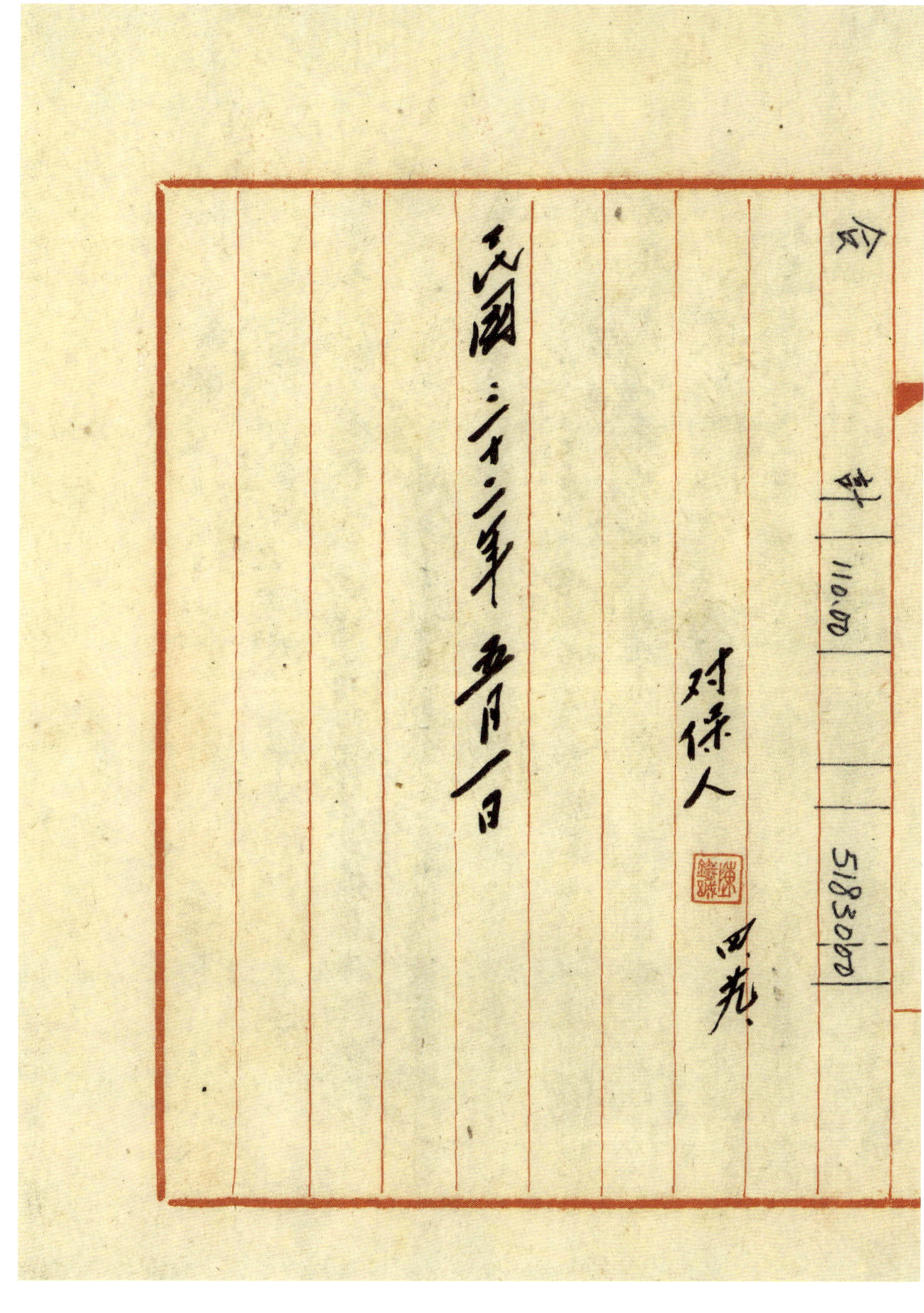

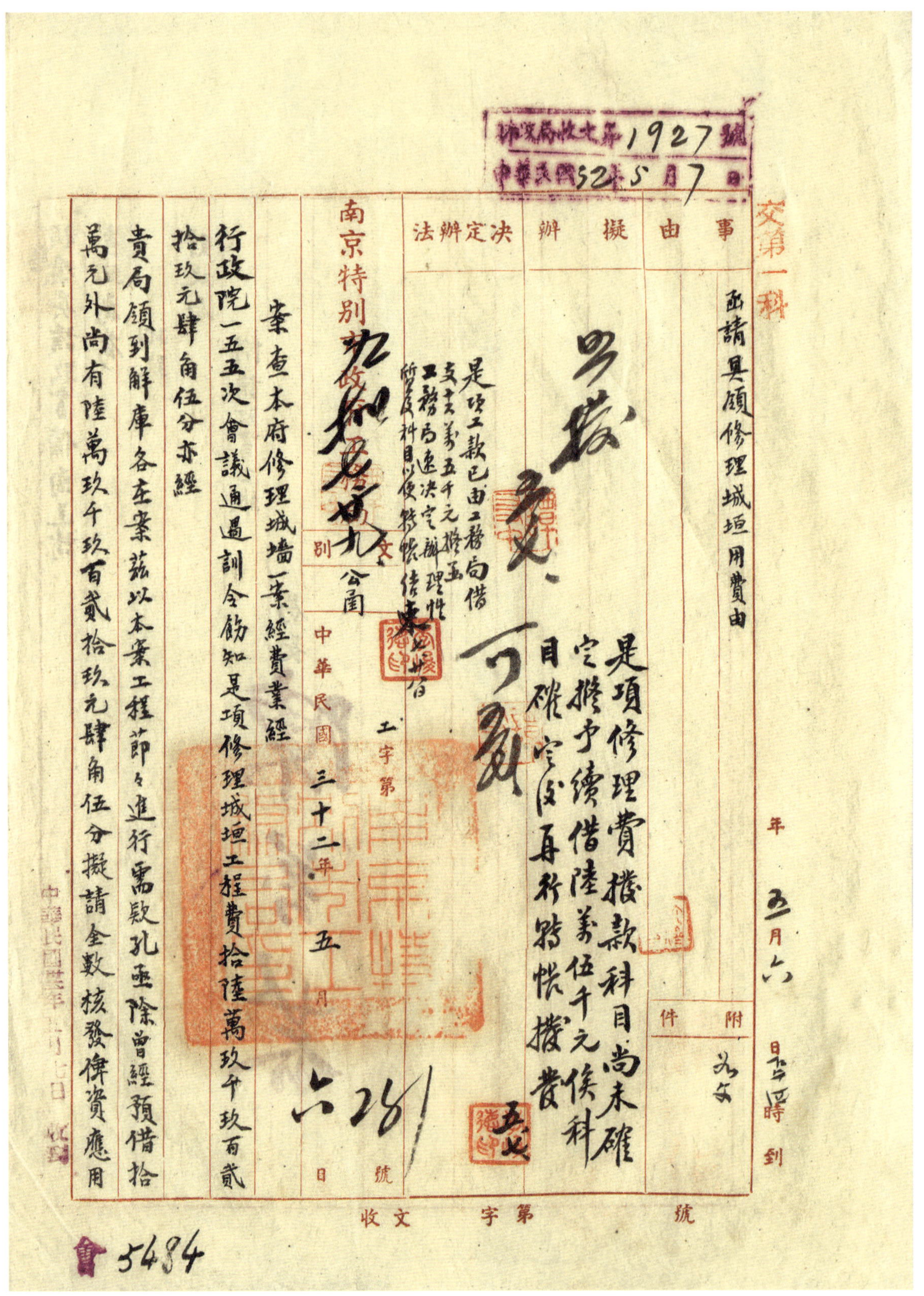

交第一科

事由：函請具領修理城垣用費由

擬辦：是項修理費撥款科目尚未確定，擬予續借陸萬伍千元，俟科目確定後再行轉帳撥發

決定辦法：是項工款已由工務局借支六萬五千元，擬函工務局速決定辦理性質科目以便轉帳

附件

年五月六日午時到

南京特別市工務局公函

工字第　　號

中華民國三十二年五月　日

案查本府修理城墻一案經費業經行政院一五五次會議通過訓令飭知是項修理城垣工程費拾陸萬玖千玖百貳拾玖元肆角伍分亦經貴局領到解庫各在案茲以本案工程節々進行需款孔亟除曾經預借拾萬元外尚有陸萬玖千玖百貳拾玖元肆角伍分擬請全數核發俾資應用

六281

收文　字第　號

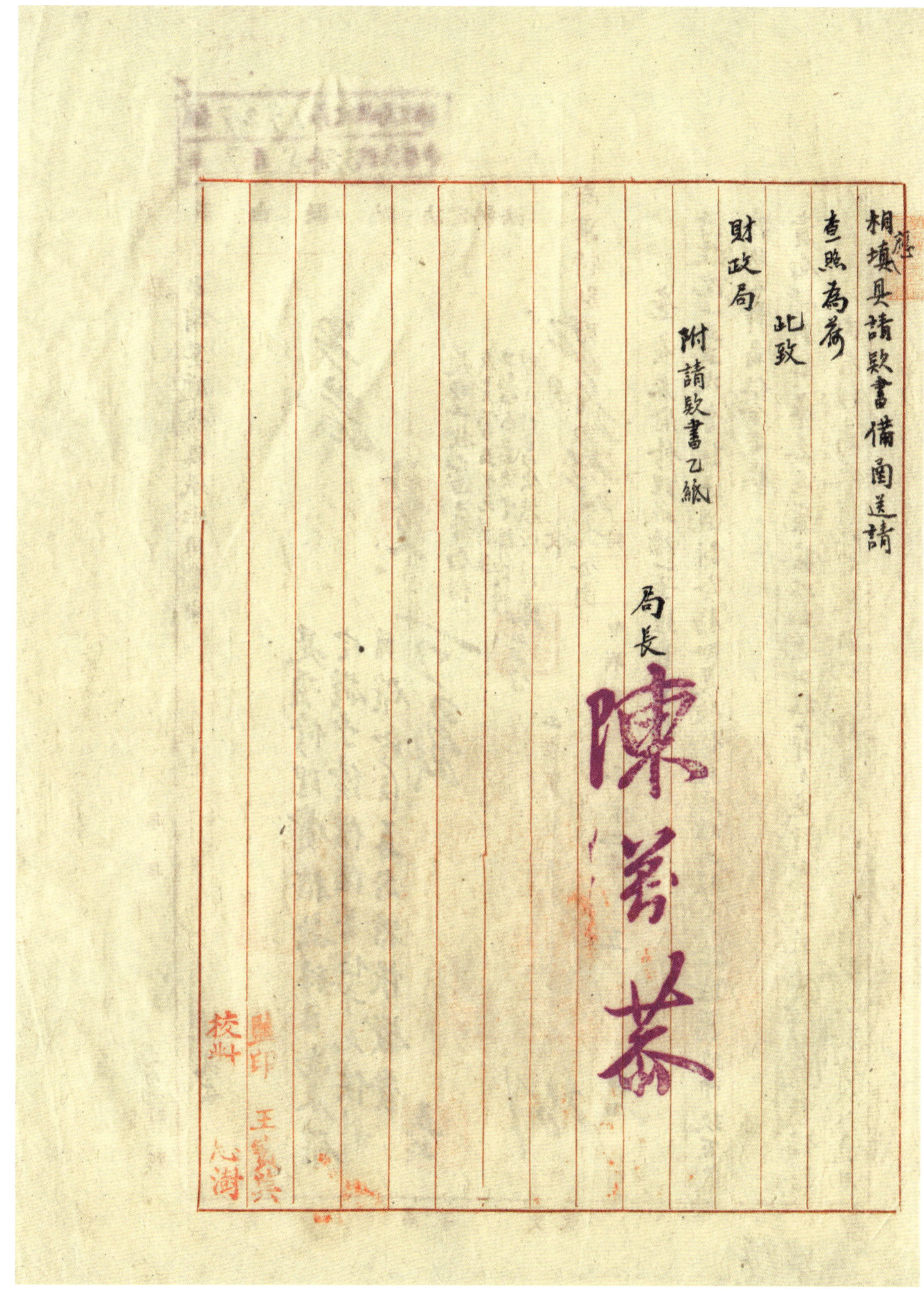

相應填具請款書備函送請

查照為荷

此致

財政局

附請款書乙紙

局長　陳萬芬

監印　王氣興

校對　沁澍

速件

南京特別市財政局稿

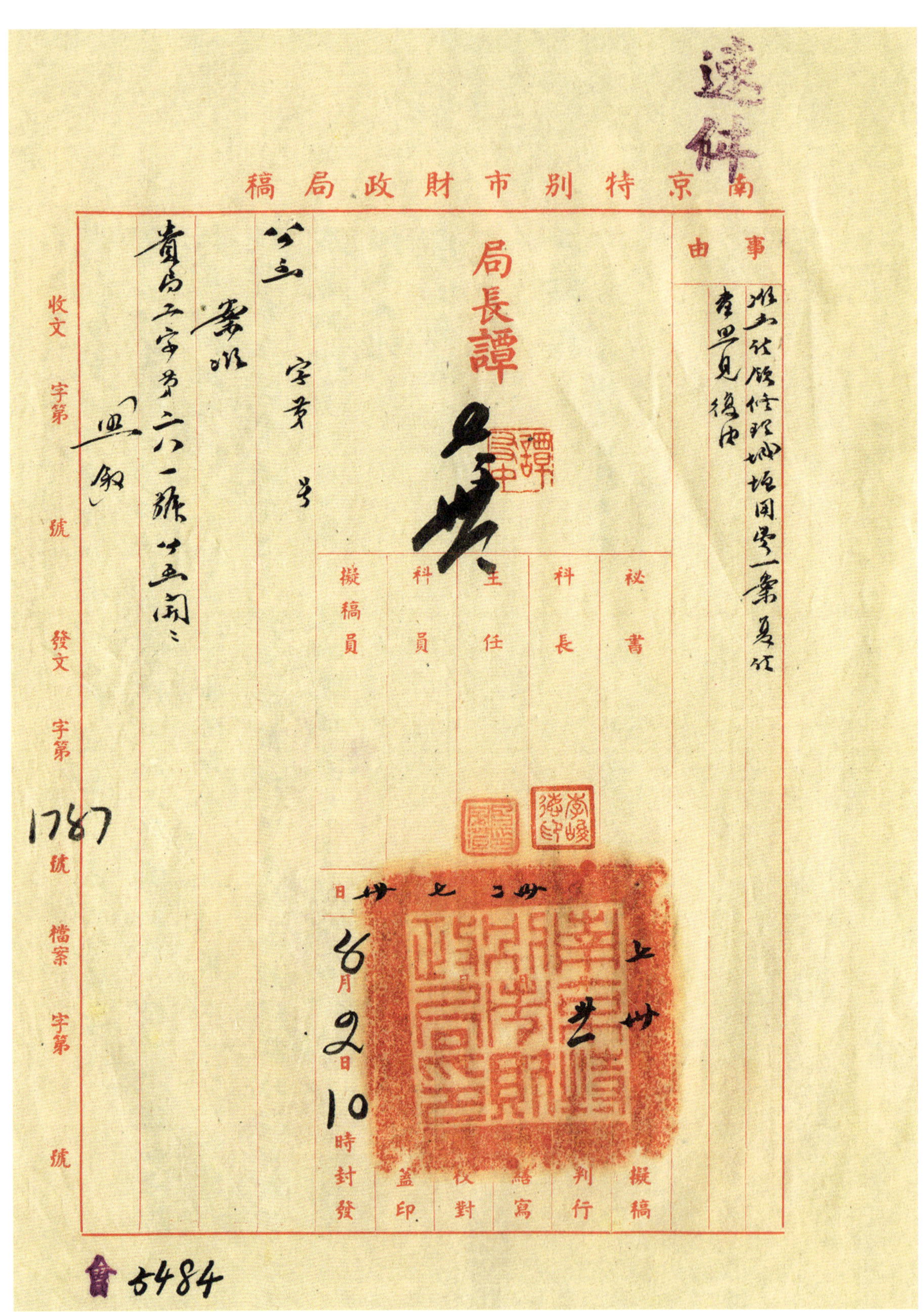

事由：准工務局領修理城垣用費一案復請查照見復由

局長譚 [signature] [seal]

秘書	科長	主任	科員	擬稿員

公函　　字第　號

案准

貴局工字第二八一號公函開：

「照」敘

收文　字第　號

發文　字第 1787 號

檔案　字第　號

擬稿	判行	繕寫	校對	蓋印	封發
廿	廿	二	七	廿	6月2日10時

南京特別市財政局之印

會 5484

等由城修築委員會准此查該工程自動工以來已先後由
貴局備文於陸部伍仟元在案惟是項工程籌備經以　行政院補助費於
陸部攷仟項百貳橋項文期自修費為限即局代辦其餘則工到補助費應
撥歸市庫代庫項下另立科目全數提付費則應將該款項補助費解
庫另編概算列入下半年臨時建設事業費項下再行請核撥如何決定
相應函復
查照見復為荷
此致
工務局
城檢送修築委員會
局長 偉〇〇

監印 張炎楷

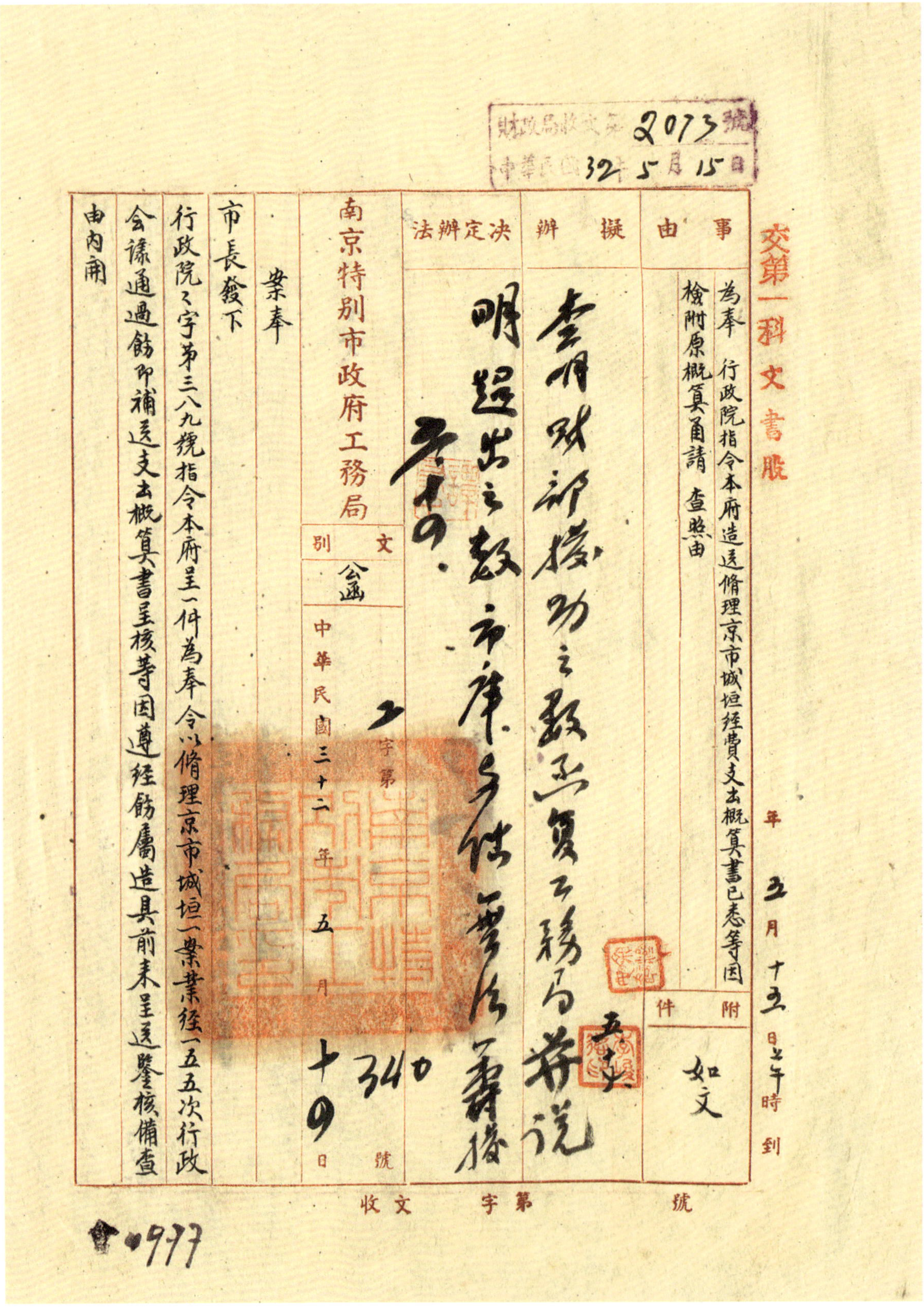

財政局收文 2073 號
中華民國 32 5月 15日

交第一科文書股

事由	為奉 行政院指令本府造送修理京市城垣經費支出概算書已悉等因檢附原概算具函請 查照由
擬辦	查財部撥助之款函復工務局并說明超出之數市庫另行籌撥 五、十六
決定辦法	存查
附件	如文

年五月十五日午時到

南京特別市政府工務局

文別：公函

中華民國三十二年五月十四日 工字第340號

案奉

市長發下

行政院×字第三八九號指令本府呈一件為奉令以修理京市城垣一案業經一五五次行政会議通過飭即補送支出概算具書呈核等因遵經飭屬造具前來呈送鑒核備查

由內甬

收文 字第 號

會0977

「呈暨概算書均悉。修理京市城垣工程費數目應就本院核准原案撙節列支，如有不敷着由該市府自行籌劃，礙難再向國庫請款。仰即遵照，並候分行財政部知照。此令。附件存」

等因。奉此，查此案前奉 院令，即經本局造具是項工程經費支出概算書呈送行政院察核在案。茲奉前因，相應抄附原概算書乙份，備函送請查照備查為荷。

此致

財政局

附概算書乙份

局長 陳揚傑

監印

校對

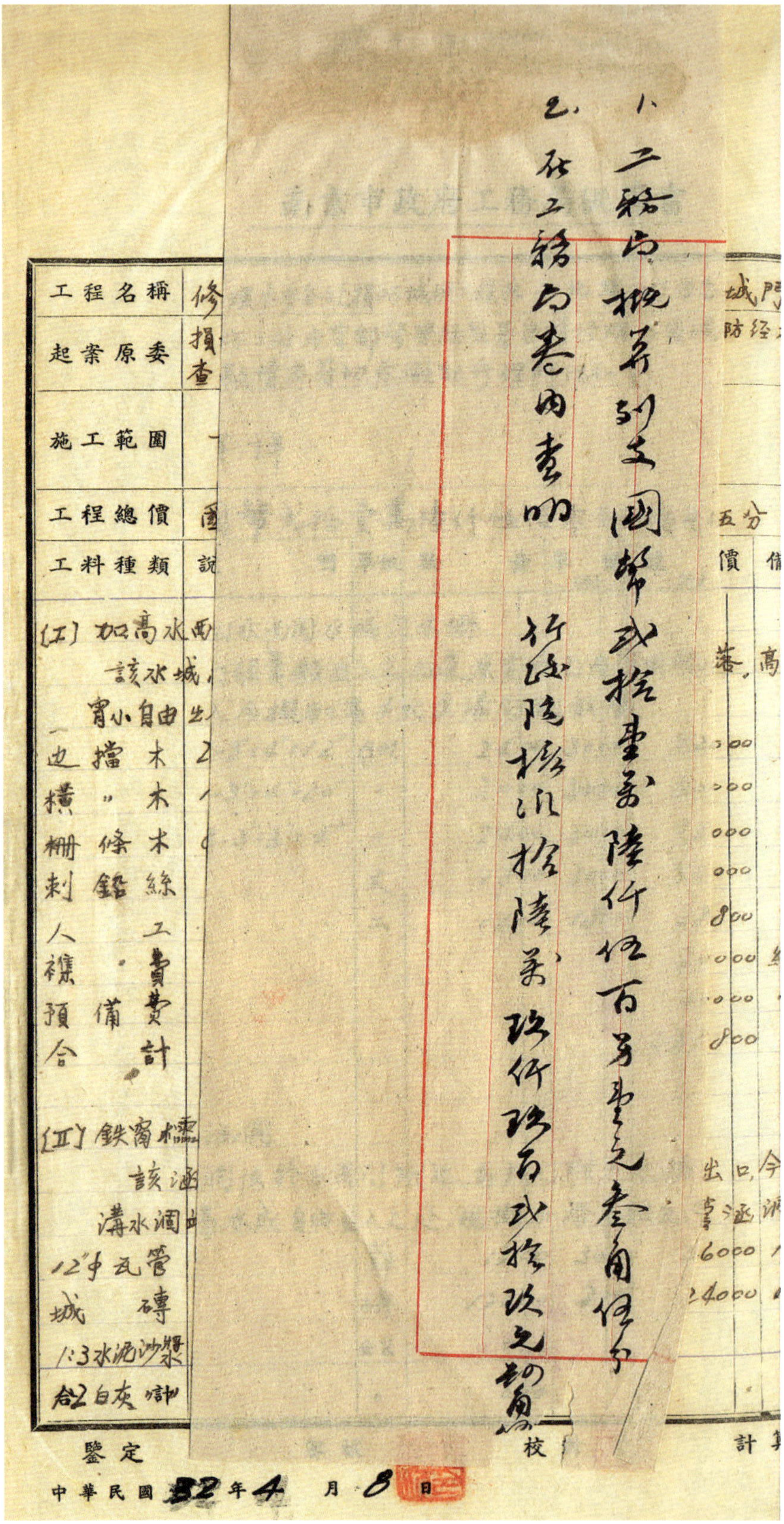

1、二錯內概算列支國幣貳拾壹萬陸仟伍百零壹元叁角伍分

2、在工錯內卷內查明 行政院核准拾陸萬玖仟玖百貳拾玖元捌角整

工程名稱 修……城門……

起案原委 損……查……防经……

施工範圍

工程總價 國……五分

工料種類 說……價 備

〔I〕加高水西……落、高

該水城……

胃小自由出……

一边擋木木……

横""木……

栅條木絲……

刺鉛工費……

人襍費……

預備……

合計

〔II〕鉄窗欄……出口、今

該涵……

溝水涸……

12"中瓦管……

城磚……

1:3水泥沙漿……

合2白灰……

鑒定　校　計算

中華民國 32 年 4 月 8 日

南京市政府工務局概算書

字第　　號
第 1 頁

工程名稱	修理本市各处損坏城垣工程	施工地點	环市各城門及城墙
起案原委	損坏之处由首都警察總監署咨請修理以固城防经本局派員會仝查勘情实符切,並擬就修理辦法如下：		
施工範圍	下詳		
工程總價	國幣弍拾壹萬陸仟伍佰零壹元叁角伍分		

工料種類	說明	單位	數量	單價（元）	複價（元）	備註
〔I〕加高水西门水西關水城门木栅						
該水城门係糞船出入之孔道,原有栅门因河水低落,高度不够,致有宵小自由出入今擬加高4呎並添釘刺鉛絲						
边擋木	2-3"x4"x12"	B.M.	2400	3000	72000	
横〃木	1-3"x4"x20"	〃	2000	3000	60000	
栅條木	8-3"x3"x4"	〃	2400	3000	72000	
刺鉛絲		丈	1800	2000	36000	
人工		工	1600	1800	28800	
雜費					20000	總數7.5%計
預備費					40000	〃 〃15% 〃
合計					328800	
〔II〕鐵窗欞涵洞						
該涵洞位於水西门附近,為該门附近之總出口,今因河水低落溝水涸塌,亦成自由出入之处,現擬加添多孔瓦管涵洞一座						
12"φ瓦管		節	1200	3000	36000	1:3水泥沙漿膠合
城磚		块	12000	200	24000	1:2白灰沙漿砌
1:3水泥沙漿		立公	066			
1:2白灰沙漿		〃	090			

附圖一份共二頁

鑒定　　審核　　校對　　計算

中華民國32年4月8日

南京市政府工務局概算書

字第　　號
第 2 頁

工程名稱		施工地點				
起案原委						
施工範圍						
工程總價						
工料種類	說明	單位	數量	單價（元）	複價（元）	備註
水泥		袋	684	8500	58160	
黃沙		立公	066	12000	7920	
白灰		担	238	4500	10710	
黃沙		立公	081	17000	9720	
人工		工	2000	1800	36000	
雜費					14000	總額之7.5%計
預備費					28000	〃 〃 〃15% 〃
合計					224510	

〔四〕清涼门附近涵洞

該洞為清涼山附近山水總出口，原有鉄條數根，作為栅门，今已遺失一根，出入至為方便，今擬添配15"Ø鋼筋一條並用1:3:6混凝土將洞门高度改低。

工料種類	說明	單位	數量	單價（元）	複價（元）	備註
鋼條	1.5"Ø×5.6'	井	4300	1000	43000	
1:3:6混凝土	2×0.2×0.3×2	立公	024			
水泥	0.24×4.83	袋	116	8500	9860	〃
黃沙	0.24×0.46	立公	011	12000	1320	
石子	0.24×0.93	〃	022	12000	2640	
合殼子板計					3600	

鑒定　　審核　　校對　　計算

中華民國 32 年 4 月 8 日

南京市政府工務局概算書

字第　　號
第 3 頁

工程名稱		施工地點	
起案原委			
施工範圍			
工程總價			

工料種類	說明	單位	數量	單價（元）	複價（元）	備註
人工		工	1400	1800	25200	
襍費					9000	
預備費					18000	
合計					145020	
〔IV〕清涼门大窪涵洞						
該处本為清涼山水之出口雨冬季水涸致可出入，現有擬改建多孔瓦管涵洞						
12"φ瓦管		節	700	3000	21000	1:3水泥沙漿膠合
城磚		塊	5000	200	10000	1:2白灰沙漿砌
1:3水泥沙漿		立公	025			
1:2白灰〃〃		〃	038			
水泥		袋	264	8500	22440	
黄沙		立公	025	12000	3000	
白灰		担	101	4500	4545	
黄沙		立公	034	12000	4080	
人工		工	1200	1800	21600	
襍費					6500	
合預備費計					13000	

鑒定　　審核　　校對　　計算

中華民國　　年　　月　　日

南京市政府工務局概算書

字第　　號
第 4 頁

工程名稱		施工地點	
起案原委			
施工範圍			
工程總價			

工料種類	說明	單位	數量	單價（元）	複價（元）	備註
合計					106165	
〔Ⅴ〕草塲门一帶　該处城墻損坏者約有30餘处 総面積約180平公 今擬用1:2白灰沙漿砌城磚修補之						
城磚	180/0.1×0.4	块	450000	200	900000	
1:2白灰沙漿	4500×0.0075	立公	3375			
白灰		担	8944	4500	402480	
黄沙		立公	3038	12000	364560	
人工	180×2	工	36000	1800	648000	
填土	180×1	立公	18000	1200	216000	
脚手					500000	
襍費					230000	
預備費					460000	
合計					3721040 ~~3727040~~	
〔Ⅵ〕漢西门芦柴廠附近　該处損坏城洞者一处 計4.5平公						
城磚	45/0.1×0.4	块	11300	200	22600	
1:2白灰沙漿	113×0.0075	立公	085			
合白灰計		担	225	4500	10125	

鑒定　　　　審核　　　　校對　　　　計算

中華民國　　年　　月　　日

南京市政府工務局概算書

字第　　號
第 5 頁

工程名稱		施工地點	
起案原委			
施工範圍			
工程總價			

工料種類	說明	單位	數量	單價（元）	複價（元）	備註
黄沙		立公	077	12000	9240	
人工		工	900	1800	16200	
脚手					1.00000	
襍費					12000	
預備費					24000	
合計					~~194065~~ 194165	
〔四〕清涼门	該处城门早经堵塞惟今有損坏城洞者一处约 $1M^2$					
城磚		块	2500	200	5000	
1:2白灰沙漿		立公	019			
白灰		担	050	4500	2250	
黄沙		立公	017	12000	2040	
人工		工	500	1800	9000	
脚手					50000	
襍費					5000	
預備費					10000	
合計					83290	
合計						

鑒定　　　審核　　　校對　　　計算

中華民國　　年　　月　　日

南京市政府工務局概算書

字第　　號
第 6 頁

工程名稱			施工地點			
起案原委						
施工範圍						
工程總價						
工料種類	說明	單位	數量	單價（元）	複價（元）	備註
[四] 中華门外循相里　該处損坏面積约250平公						
城磚		块	625000	200	1250000	
1:2白灰沙漿		立公	4688			
白灰		担	12423	4500	559035	
黄沙		立公	4219	12000	506280	
人工	250×2	工	50000	1800	900000	
脚手					500000	
填土	250×1	立公	25000	1200	300000	
襍費					300000	
預備費					600000	
合計					4915315	
[五] 賽虹橋東部　該处損坏者約188平公						
城磚		块	470000	200	940000	
1:2白灰沙漿		立公	3525			
白灰		担	9341	4500	420345	
黄沙		立公	3173	12000	380760	
人工		工	37600	1800	676800	
合脚手計					500000	

鑒定　　　　審核　　　　校對　　　　計算

中華民國　　年　　月　　日

南京市政府工務局概算書

字第　　號
第 7 頁

工程名稱		施工地點				
起案原委						
施工範圍						
工程總價						
工料種類	說明	單位	數量	單價(元)	複價(元)	備註
填土	188×1.5	立公	28200	1200	338400	
樸費					245000	
預備費					490000	
合計					3991305	
〔三〕賫工橋西部　該處損壞城缺口者有約面積64.5平公						
城磚		塊	161300	200		
1:2白灰沙漿		立公	1210	4500		
白灰		担	3207	4500	144315	
黃沙		立公	1089	12000	130680 130680	
人工		工	12900	1800	232200	
脚手					500000	
填土	64.5×1	立公	6450	1200	77400	
樸費					105000	
預備費					210000	
合計					1722195	
〔四〕光華门附近　該处坍塌之处甚多，估計面積約300平公						
合城磚計		塊	750000	200	1500000	

鑒定　　審核　　校對　　計算

中華民國　　年　　月　　日

南京市政府工務局概算書

字第　　號
第 8 頁

工程名稱		施工地點				
起案原委						
施工範圍						
工程總價						
工料種類	說明	單位	數量	單價(元)	複價(元)	備註
1:3白灰沙漿	7500×0.0075	立方	5625			
白灰		担	14906	4500	670770	
黃沙		立方	5063	12000	607560	
人工		工	60000	1800	1080000	
脚手					500000	
填土	300×2		60000	1200	720000	
雜費					380000	
預備費					760000	
合計					6218330	
總計					21650135	
附註	1. 本概算係按照目前工料單價重行編造，其中除城磚之單價降低外，餘均較去年十一月所編之概算略高，以符實際 2. 城磚單價係折用本市漢西门甕城舊磚所需之運拆費，故較前定之購買單價較低					
合計	3. 本概算超出行政院通过之概算總額為數尚巨，惟以該					

鑒定　　審核　　校對　　計算

中華民國　　年　　月　　日

南京市政府工務局概算書

字第　　號
第 9 頁

工程名稱		施工地點					
起案原委							
施工範圍							
工程總價							
工料種類	說明	單位	數量	單價（元）	複價（元）	備註	
	項工程，有關治安，可先就該核減數內竭力抑儉着手進行將來如有不敷之數則由市府籌劃辦理之						
合計							

鑒定　　審核　　校對　　計算

中華民國　　年　　月　　日

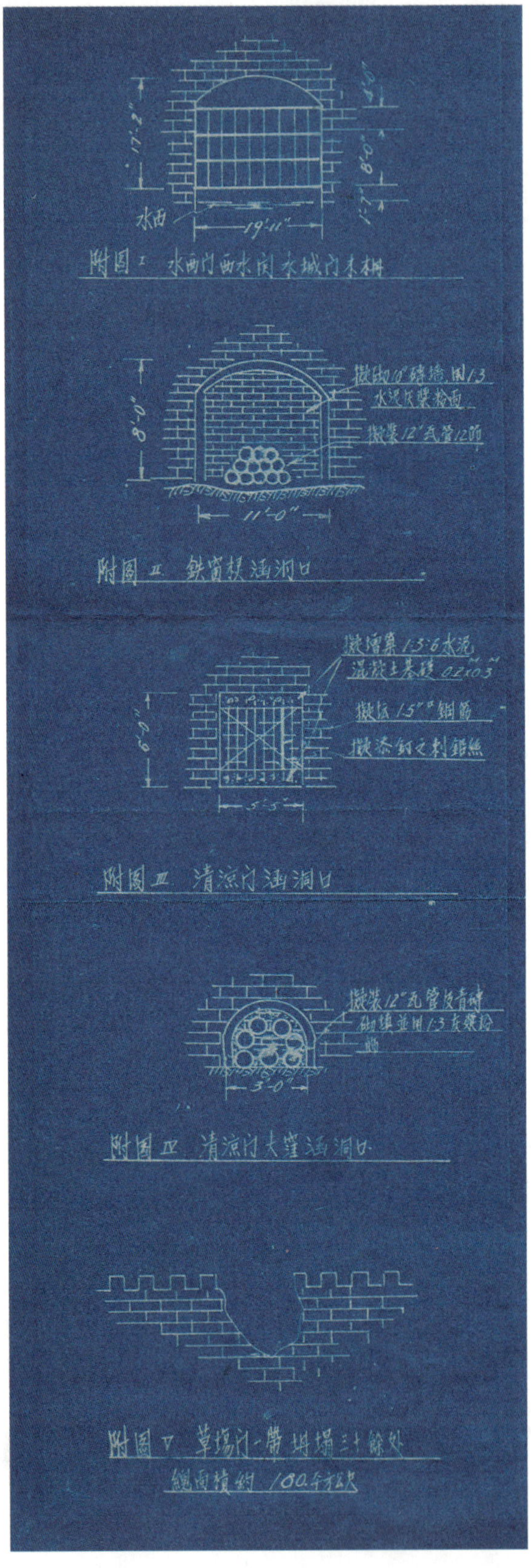
17'-2"
4'-0"
8'-0"
1'-7"
水西
19'-11"
附圖I 水西门西水关水城门木栅
8'-0"
撤砌10"磚墙用1:3
水泥灰漿粉面
撤装12"瓦管12節
11'-0"
附圖II 鐵窗棂涵洞口
撤增築1:3:6水泥
混凝土基礎0.2x0.5
撤拆1.5"ϕ鋼筋
撤添釘之刺鐵絲
6'-0"
5'-5"
附圖III 清涼门涵洞口
撤装12"瓦管及青磚
砌填並用1:3灰漿粉
飾
3'-0"
附圖IV 清涼门大窪涵洞口
附圖V 草場门一帶坍塌三十餘处
總面積約180.0平方公尺

附圖IV 漢西门芦柴厰附近損坏情形

附圖V 草場门一帶損坏三十餘处約估180m²

附圖VI 清涼门早經堵塞現損坏成洞
約長1公尺寬1公尺深1公尺

VIII 中華门外循相里城垣残缺之处
約250平方公尺

IX 賽工橋東部缺口約188平方公尺

X 賽工橋西部缺口約64.5平方公尺

XI 光華门附近坍塌面積約合300平方公尺

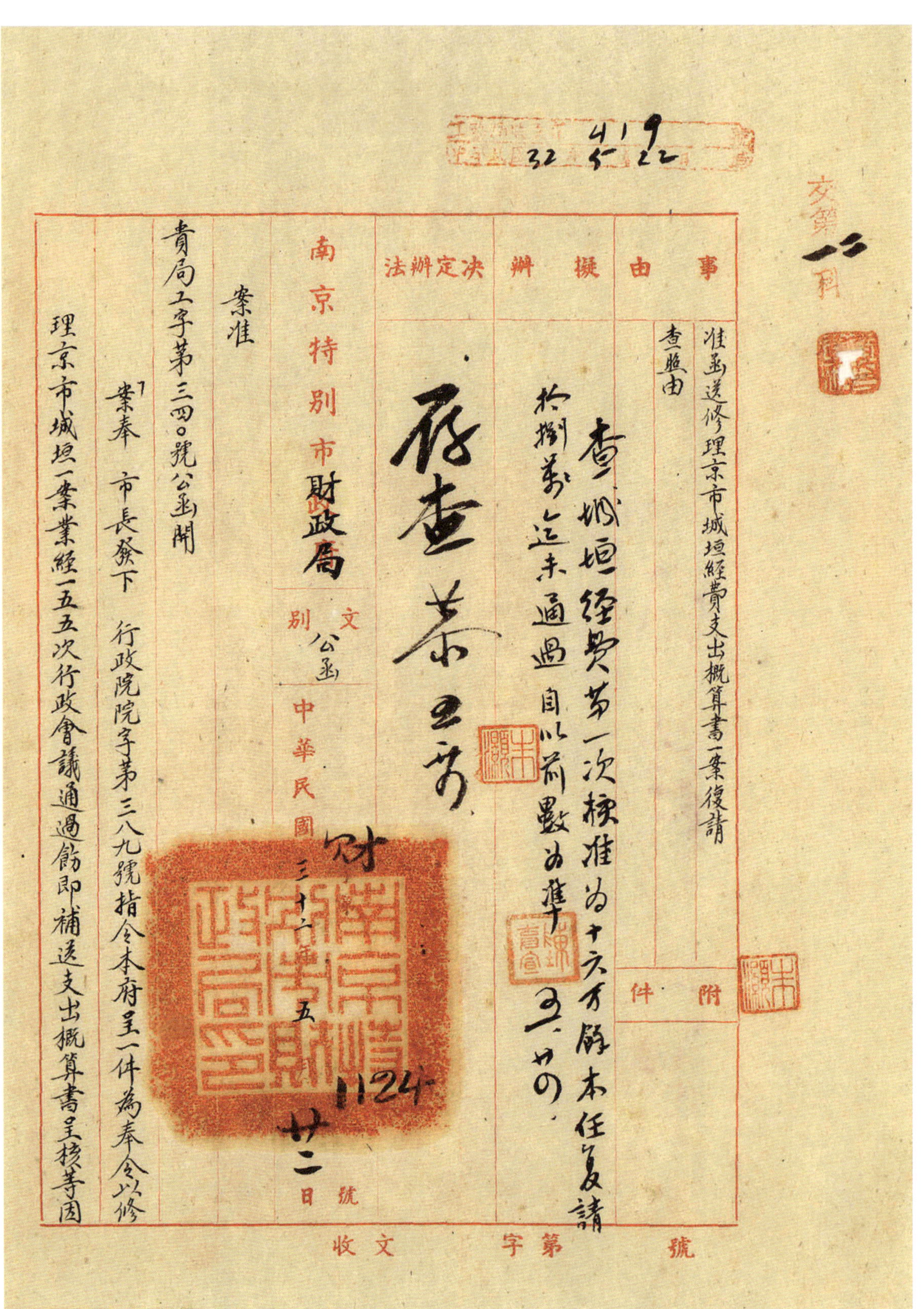

32 4/5 19/22

交第二科

事由	准函送修理京市城垣經費支出概算書一案復請查照由
擬辦	查城垣經費第一次核准為十六万，嗣本任復請於撙節，迄未通過，自以前數為準。五、廿四
決定辦法	存查 恭 五、廿六
附件	

南京特別市財政局

文別：公函

中華民國三十二年五月廿二日 號 1124

貴局工字第三四〇號公函開：

案准

案奉 市長發下 行政院院字第三八九號指令本府呈一件為奉令以修理京市城垣一案業經一五五次行政會議通過飭即補送支出概算書呈核等因

收文 字第 號

遵經飭屬造具前來呈送鑒核備查由內開「呈暨概算書均悉修理京市城垣工
程費數目應就本院核准原案撙節列支如有不敷着由該市府自行籌劃礙
難再向國庫請款仰即遵照並候分行財政部知照此令附件存」等因奉此查此
案前奉院令即經本局造具是項工程經費支出概算書呈送　行政院察核在
案茲奉前因相應抄附原概算書一份備函送請查照備查為荷」
等由附概算書一份准查是項工程經費支出概算計列支國幣弍拾壹萬陸千伍百零
壹元叁角五分超出
行政院通過核撥之數甚鉅值茲市庫異常支絀無法籌撥自應就原核准數撙節
辦理相應函復即希
查照為荷
此致
工務局

局長譚文仲

監印 張炎

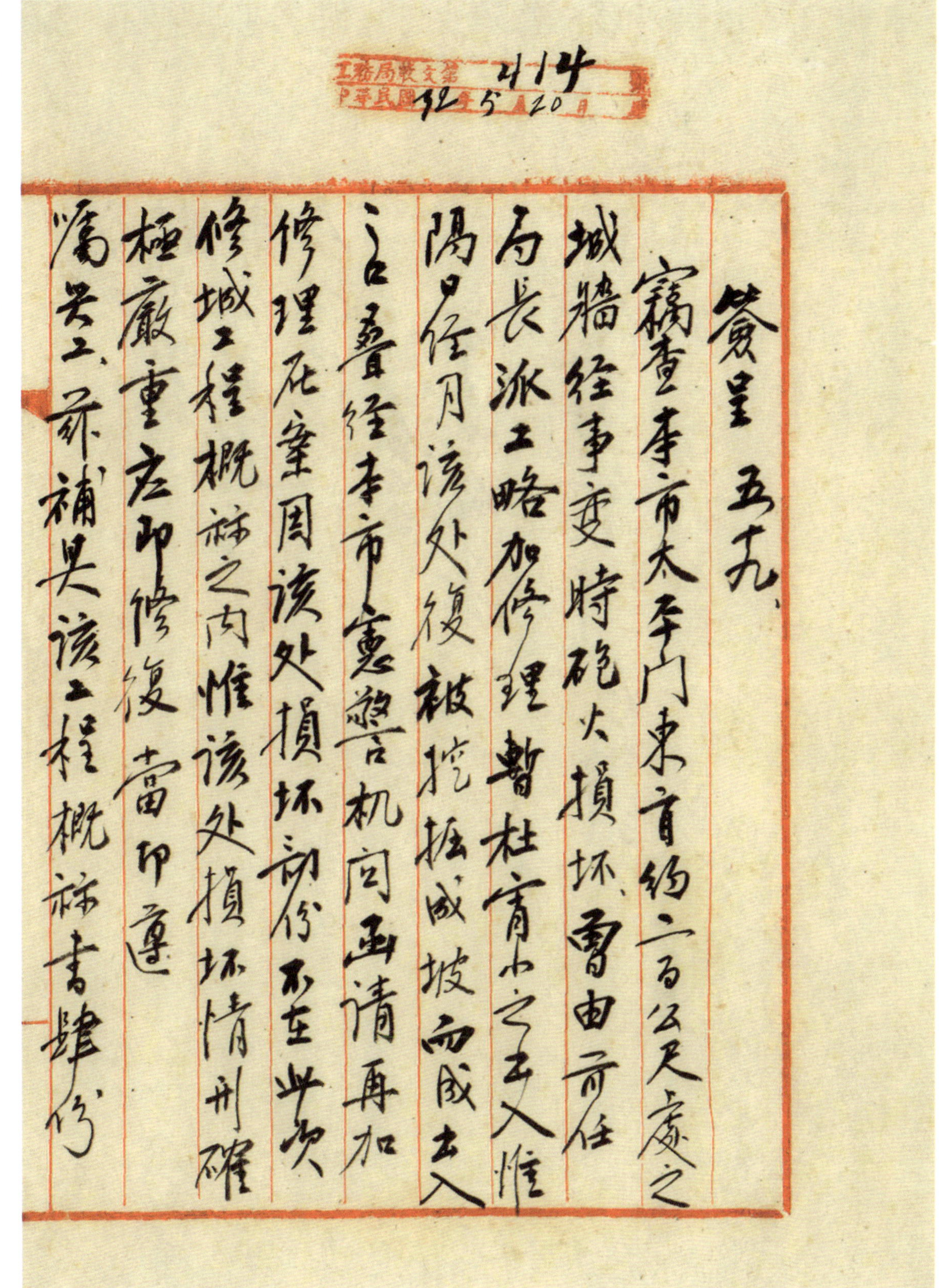

（十九）僞市工務局爲送修復太平門附近城墻等工程概算書的簽呈（一九四三年五月十九日）

工務局收文 2114
中華民國 32 5 20 月

簽呈 五九、

竊查本市太平門東首約二百公尺處之城牆，經事變時砲火損坏，曾由前任局長派工略加修理，暫杜宵小之出入。惟隔日經月，該處復被挖掘成坡，而成出入之道，疊經本市憲警機關函請再加修理在案。因該處損坏部份不在此次修城工程概算之内，惟該處損坏情形確極嚴重，應即修復，當即遵囑另工，并補具該工程概算書，擬仍

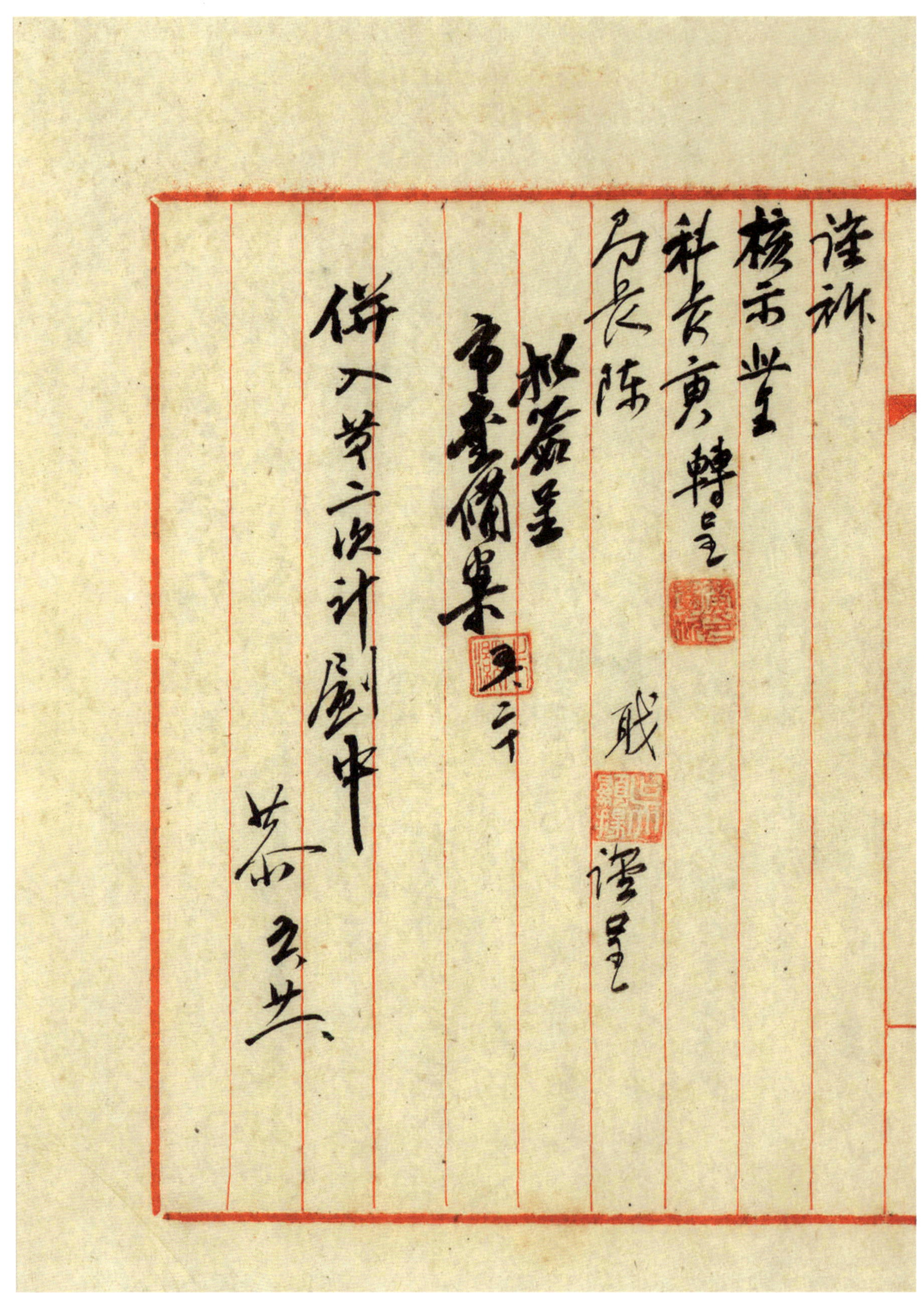

謹祈

核示。掌

科長黄　轉呈

局長陳　戡　謹呈

擬簽呈

市長備案　吳　二十

併入第二次計劃中

芬　五廿

南京市政府工務局概算書

字第　　號
第 1 頁

工程名稱	修理城垣工程	施工地點	太平门東200公尺处
起案原委	該处為事變時炮火損坏，曾经前任工務局略加修理，惟復被宵小挖掘，而成自由出入之处，叠经本市警憲机関申請修復在案		
施工範圍	用1:2白灰沙漿砌城磚補砌		
工程總價	叁萬叁仟玖佰柒拾弍元肆角正		

工料種類	說明	單位	數量	單價（元）	複價（元）	備註
損坏部份		立公	36.60			
城磚	36.6×120	块	4392.00	2.00	8784.00	
1:2白灰沙漿	4392×0.0075	立公	32.94			
白灰	32.94×2.65	担	87.29	60.00	5237.40	
黄沙	32.94×0.9	立公	29.65	140.00	4151.00	
人工		工	360.00	22.00	7920.00	
脚手					3000.00	
填土	2×90	立公	180.00	16.00	2880.00	
襍費					2000.00	
合計					33972.40	

鑒定　　審核　　校對　　計算

中華民國　　年　　月　　日

南京市政府工務局概算書

字第　　號
第　　頁

工程名稱		施工地點	
起案原委			
施工範圍			
工程總價			

工料種類	說明	單位	數量	單價（元）	複價（元）	備註

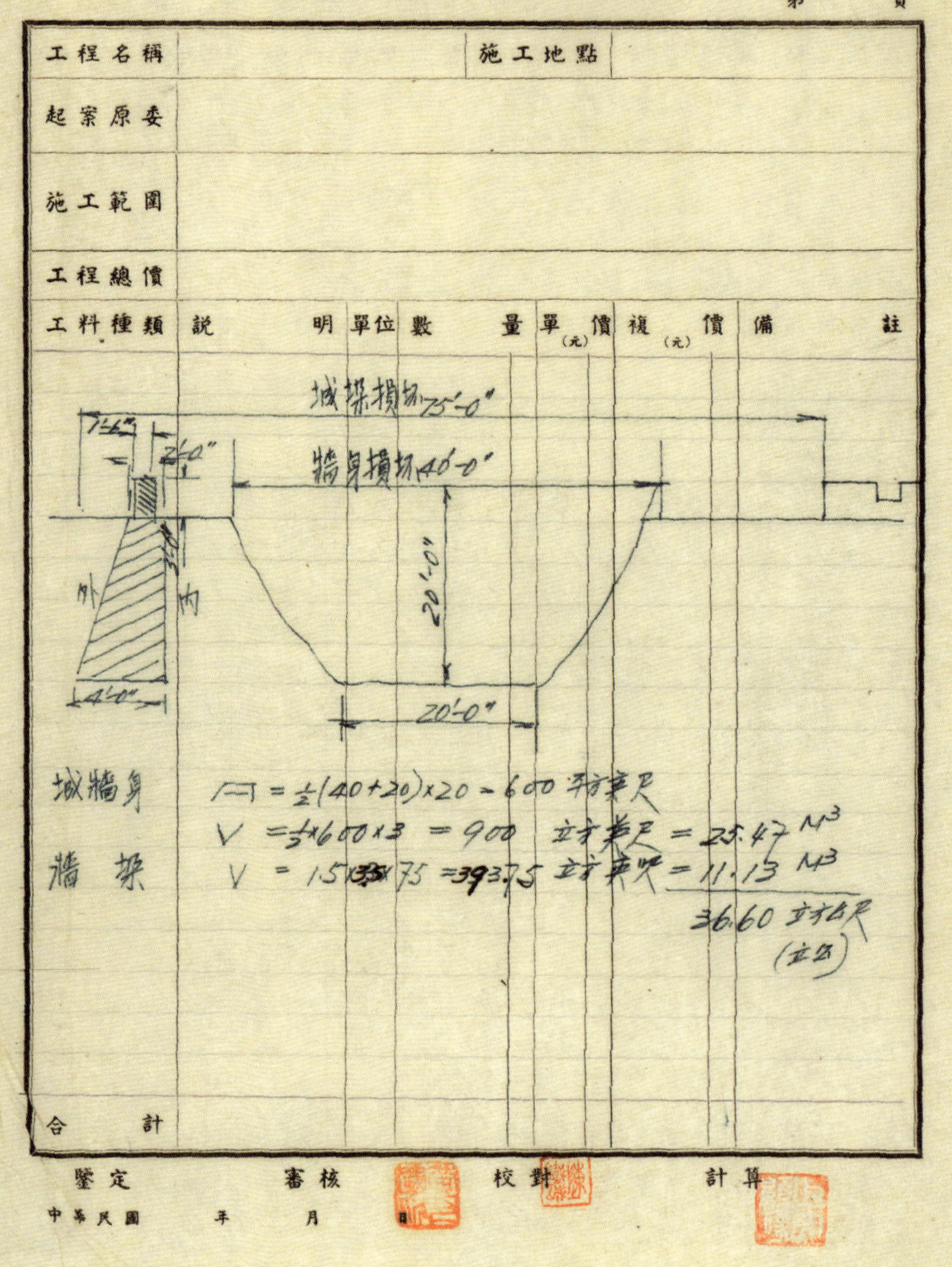

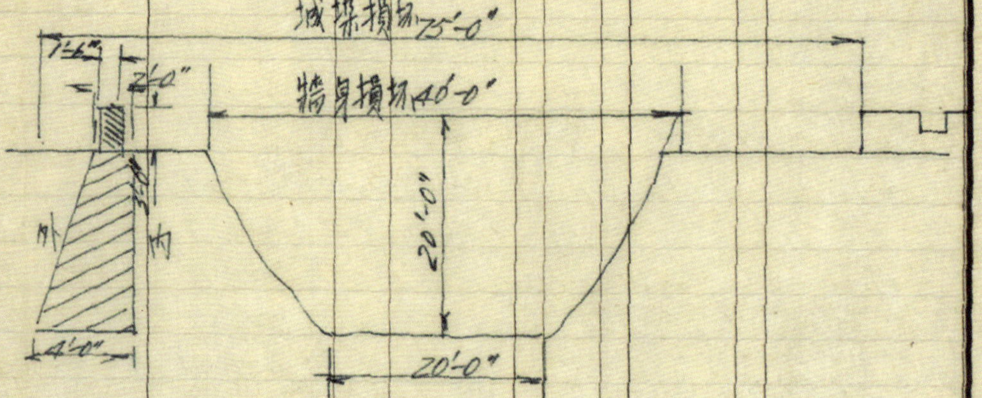

城墻身　$\square = \frac{1}{2}(40+20)\times 20 = 600$ 平方英尺
$V = \frac{1}{2}\times 600\times 3 = 900$ 立方英尺 $= 25.47\ M^3$
墻垛　$V = 1.5\times 3.5\times 75 = 393.75$ 立方英尺 $= 11.13\ M^3$
36.60 立方公尺
（立公）

合計						

鑒定　　　審核　　　校對　　　計算

中華民國　　年　　月　　日

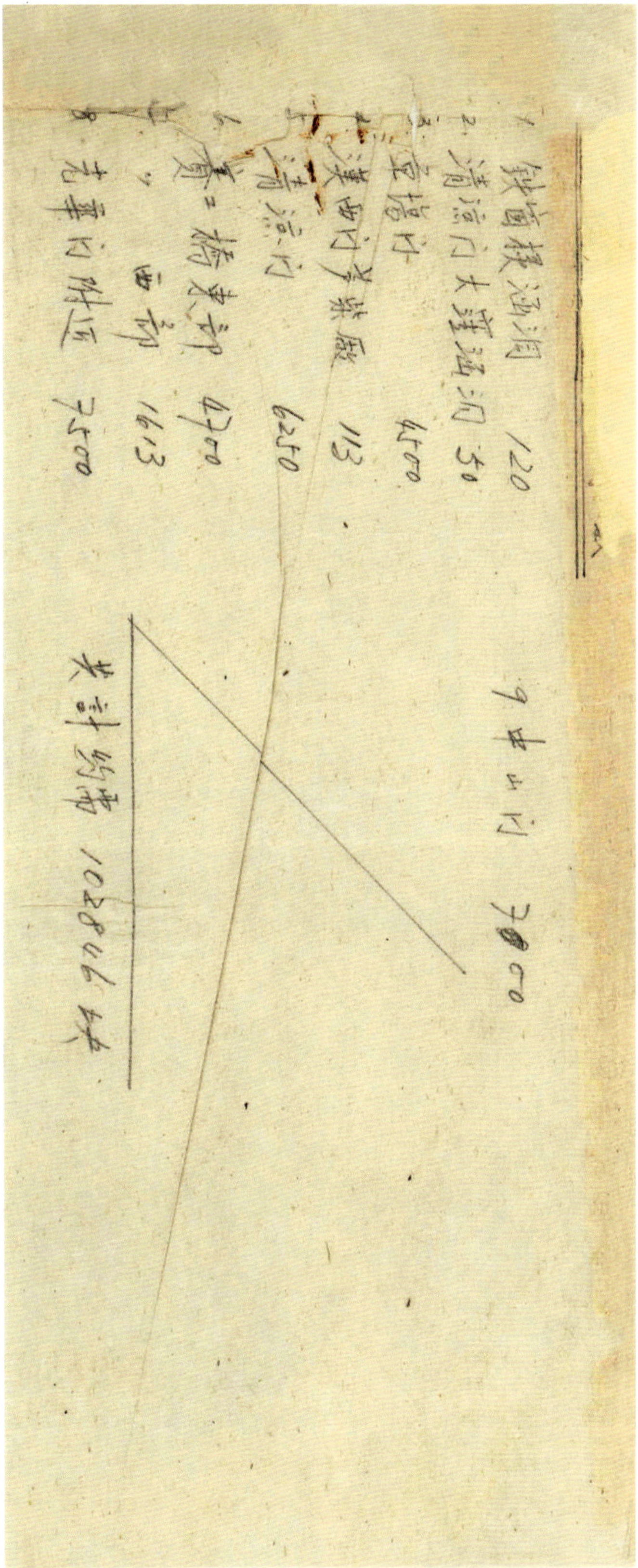

1 铁窗棂涵洞 120
2 清凉门大涟涵洞 50
3 草塲门 4500
4 漢西门芦柴廠 113
5 清凉门 6250
6 賽虹橋東部 4700
7 〃 西部 1613
8 光華门附近 7500
9 中山门 7000

共計約需 102846 塊

P.2.

[IX]	细麻绳	20斤	@ $30.00
[X]	灰桶	40只	@ 45.00
[XI]	水桶	10付（连扁担）	@ 80.00
[XII]	铁板斧	10把（连柄）	@ 60.00

南京市政府工務局概算書

字第　　號
第 1 頁

工程名稱	修理本市各處損壞城垣工程	施工地點	中華門、水西門、清涼門、光華門一帶
起案原委	損壞之處業由首都警察廳呈請修理，以固城防，經本局派員查勘情形屬切，並擬就修理辦法如下		
施工範圍	下詳		
工程總價	國幣弍拾萬零玖仟玖佰弍拾玖元肆角零分		

工料種類	説明	單位	數量	單價（元）	複價（元）	備註
(三) 加高水西門西水關水城門木柵						
該水城門係專船出入之孔道，原有柵欄因河水低落，高度不夠，致有宵小自由出入，今擬加高4呎，並添釘刺鉛絲						
邊檔木	2-3"x4"x12"	B.M	24.00	12.00	816.00	
橫〃〃	1-3"x4"x20"	〃	20.00			
柵條木	8-3"x3"x4"	〃	24.00			
刺鉛絲		丈	18.00	8.00	144.00	
人工		工	16.00	14.00	224.00	包括運輸等費
合計					1184.00	
(四) 鐵窗櫺涵洞						
該涵洞位於水西門附近，為該門附近下水之總出口，今因河水低落，涵洞露出，亦成自由出入之處，現擬改築瓦管混凝土涵洞一座						
12"φ瓦管		節	12.00	26.00	312.00	
青磚	9×120	塊	960.00	0.30	288.00	
1:3水泥灰漿		竝	0.50			
粉面用〃		〃	0.16			
水泥		袋	6.96	70.00	487.20	
黃沙		竝	0.66	140.00	92.40	
合計						

鑒定　　審核　　校對　　計算

中華民國 31 年 12 月　日

南京市政府工務局預概算書

字第　　號
第 2 頁

工料種類	說明	單位	數量	單價(元)	複價(元)	備註
人工		工	20.00	14.00	280.00	包括運祺費
合計					1459.60	
[三] 清涼门附近涵洞						
該涵洞為清涼山附近山水總出口，原有鉄條數根，作為柵门，今已遺缺一根，出入甚為方便，今擬添配15"φ鋼筋一條，並用1:3:6混凝土將洞门高度改低。				7.20		
鋼條	1.5"φ×5.6'	磅	42.84	7.20	308.40	
1:3:6混凝土	2×0.2×0.3×2	立公	0.24			
水泥	0.24×4.83	袋	1.16	70.00	81.20	
黃沙	0.24×0.46	立公	0.11	140.00	15.40	
石子	0.24×0.93	〃	0.22	120.00	26.40	
殼子板					180.00	
人工			16.00	14.00	224.00	
合計					835.40	
[四] 清涼门大窪涵洞						
該処亦為清涼山水之出口，因冬季水涸致可出入，現亦擬改建φ孔瓦管涵洞						
12"φ瓦管		節	7.00	26.00	182.00	
青磚	3×120	塊	360.00	0.30	108.00	
膠合用1:3灰漿		立公	0.19			
粉面用〃		〃	0.06			
水泥		袋	2.64	70.00	184.80	
黃沙		立公	0.25	140.00	35.00	
人工		工	12.00	14.00	160.00	
總合計					677.80	

鑒定　　審核　　校對　　計算

中華民國　　年　　月　　日

南京市政府工務局預概算書

字第　　號
第 3 頁

工料種類	說明	單位	數量	單價（元）	複價（元）	備註
[V]. 草場门一帶						
該处城垣損坏者约有30餘処，總計面積约180立公，現擬用1:2白灰沙漿砌舖						
城磚	180/0.1×0.4	塊	4500.00	3.00	13500.00	
1:2白灰沙漿	4500×0.0075	立公	33.75			
石灰		担	89.44	45.00	4024.80	
黄沙		立公	30.38	140.00	4253.20	
人工	180×2	工	360.00	14.00	5040.00	
填土	180×1	立公	180.00	16.00	2880.00	
脚手					5000.00	
運磚費					2000.00	
合計					36698.00	
[VI]. 漢西门芦柴厰附近						
該处損坏成洞者一处，計4.5平公，擬用同法修理之						
城磚	4.5/0.1×0.4	塊	113.00	3.00	339.00	
1:2白灰沙漿膠合	113×0.0075	立公	0.85			
石灰		担	2.25	45.00	101.25	
黄沙		立公	0.77	140.00	107.80	
人工	4.5×2	工	9.00	14.00	126.00	
脚手運費及磚費					1000.00	
合計					1674.05	
[VII]. 清涼门						
該处城门早经堵塞，惟今有損坏成洞者一处，约1M²						
總計						

鑒定　　審核　　校對　　計算

中華民國　　年　　月　　日

南京市政府工務局預概算書

字第　　號
第 4 頁

工料種類	說明	單位	數量	單價（元）	複價（元）	備註
城磚	1/0.1×0.4	塊	25.00	3.00	75.00	
1:2白灰沙漿	25×0.0075	公方	0.19			
石灰		担	0.50	45.00	22.50	
黄沙		公方	0.17	140.00	23.80	
人工		工	5.00	14.00	70.00	
脚手及椽費運費					500.00	
合計					691.30	
[VIII] 中華門外循相里						
該處損壞面積約250平公方擬修理之						
城磚	250/0.1×0.4	塊	6250.00	3.00	18750.00	
1:2白灰沙漿	6250×0.0075	公方	46.88			
石灰	46.	担	124.23	45.00	5590.35	
黄沙		公方	42.19	140.00	5906.60	
人工	250×2	工	500.00	14.00	7000.00	
脚手					5000.00	
填土	250×1	公方	250.00	16.00	4000.00	
運椽費等					2000.00	
合計					48246.95	
[IX] 賽工橋東部						
該處損壞者約188平公方						
城磚	188/0.1×0.4	塊	4700.00	3.00	14100.00	
1:2白灰沙漿	477×0.0075	公方	35.25			
白灰		担	93.41	45.00	4203.45	
總黄沙計		公方	31.73	140.00	4442.20	

鑒定　　審核　　校對　　計算

中華民國　　年　　月　　日

南京市政府工務局預概算書

字第　　號
第 5 頁

工料種類	說明	單位	數量	單價（元）	複價（元）	備註
人工	188×2	工	376.00	14.00	5264.00	
脚手					5000.00	
填土	188×1.5	公方	282.00	16.00	4512.00	
運杂費					2000.00	
合計					39521.65	
(三) 賽工橋西部						
該处損坏成缺口者有二，缺约面積 645 平公，擬修補之						
城磚	645/0.1×0.4	块	1613.00	3.00	4839.00	
1:2石灰沙漿	1613×0.0075	公方	12.10			
石灰		担	32.07	45.00	1443.15	
黄沙		公方	10.89	140.00	1524.60	
人工		工	129.00	14.00	1806.00	
脚手					5000.00	
填土		公方		16.00	1032.00	
運杂費					2000.00	
合計					17644.75	
(四) 光華门附近						
該处坍塌之处甚多，估計面積约 300 平公						
城磚	300/0.1×0.4	块	7500.00	3.00	22500.00	
1:2石灰沙漿	7500×0.0075	公方	56.25			
石灰		担	149.06	45.00	6707.70	
黄沙		公方	50.63	140.00	7088.20	
人工		工	600.00	14.00	8400.00	
總脚手計					5000.00	

鑒定　　審核　　校對　　計算

中華民國　　年　　月　　日

南京市政府工務局預概算書

字第　　號
第 6 頁

工料種類	說明	單位	數量	單價（元）	複價（元）	備註
填土	300×2	公方	600 00	16 00	9600 00	
運森費					2000 00	
合計					61295 90	
總計					209929 40	

附註：

查本概算係本三十一年十二月之各項單價造成，事隔四月，物價昂漲不少，職是該概算恐难与他日興工時之实際情形吻合，惟以該工程有関城防，急不容緩，仍擬在該概算之範圍内克慎克儉着手進行，將來如有不敷之处由市府籌劃办理

總計

鑒定　　　審核　　　校對　　　計算

中華民國　　年　　月　　日

（二十）僞市工務局爲報修理各處損壞城墻工程進展情況的簽呈（一九四三年五月二十二日）

簽呈 五廿二

竊查修理本市各處損壞城垣工程自
四月十七日興工以來迭在職股各仝人全力督促
之下約已完成百分之六十左右其工程進度
除逐日面陳或書面呈報者外茲將各處
工程狀况及其開工後工日期彙報如右謹
祈
鈞鑒是禱此呈
科長黃轉呈
局長陳

職　謹呈

(一)完工部份

一、中華西门東首缺口及与中華東门间之各損坏城垛已经修補工竣，历時經拾壹日、自四月十七日始至四月廿七日竣

二、鐵窗棂涵洞 新建十二孔瓦管涵洞一座並補砌原涵洞缺口 已完工、自四月廿九日始至五月二日竣、

三、水西门木栅加高工程 自四月廿九日始至五月二日竣

四、太平门東首约二百公尺处缺口、自五月四日始至五月十七日竣

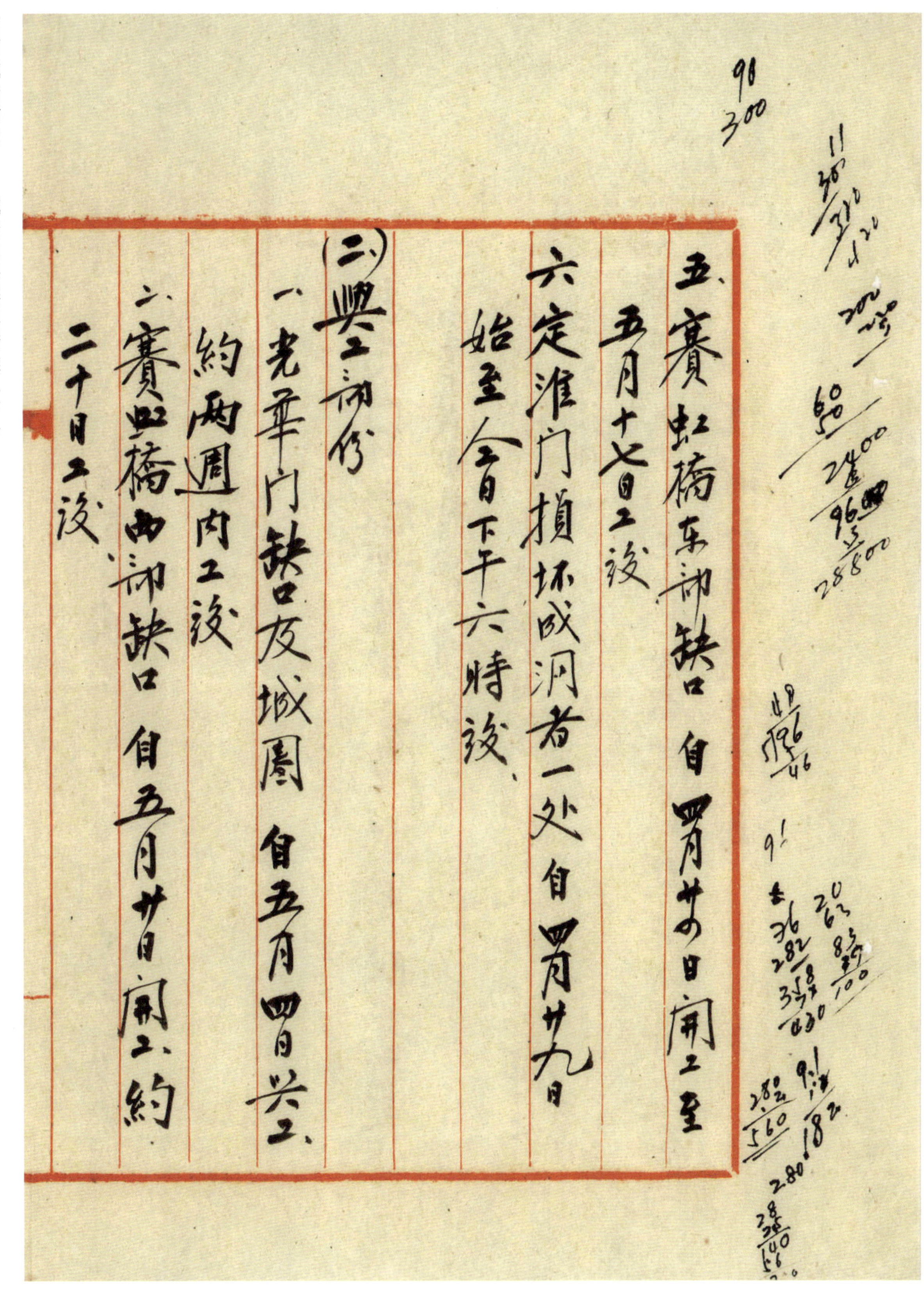

五、賽虹橋东部缺口 自四月廿四日開工至五月十七日工竣

六、定淮门損坏成洞者一处 自四月廿九日始至今日下午六時竣、

（二）興工部份

一、光華门缺口及城圈 自五月四日興工、約兩週内工竣

二、賽虹橋西部缺口 自五月廿日開工、約二十日工竣

三、中山门工程 自五月十八日开工约一个半月完工

(三)拟兴部份

一、新民门 该处系用废土临时阻塞拟去新清后用砖补砌

二、金川门 该处略有残缺拟加补饰以壮观瞻

惟以上二处工程在此次修城概算以外是否举行经概算造成后另签

（二十一）僞財政部爲修理中山門城墻在南京卷烟商獻金項下撥補款項派員領取致僞市政府的咨文（一九四三年七月十二日）

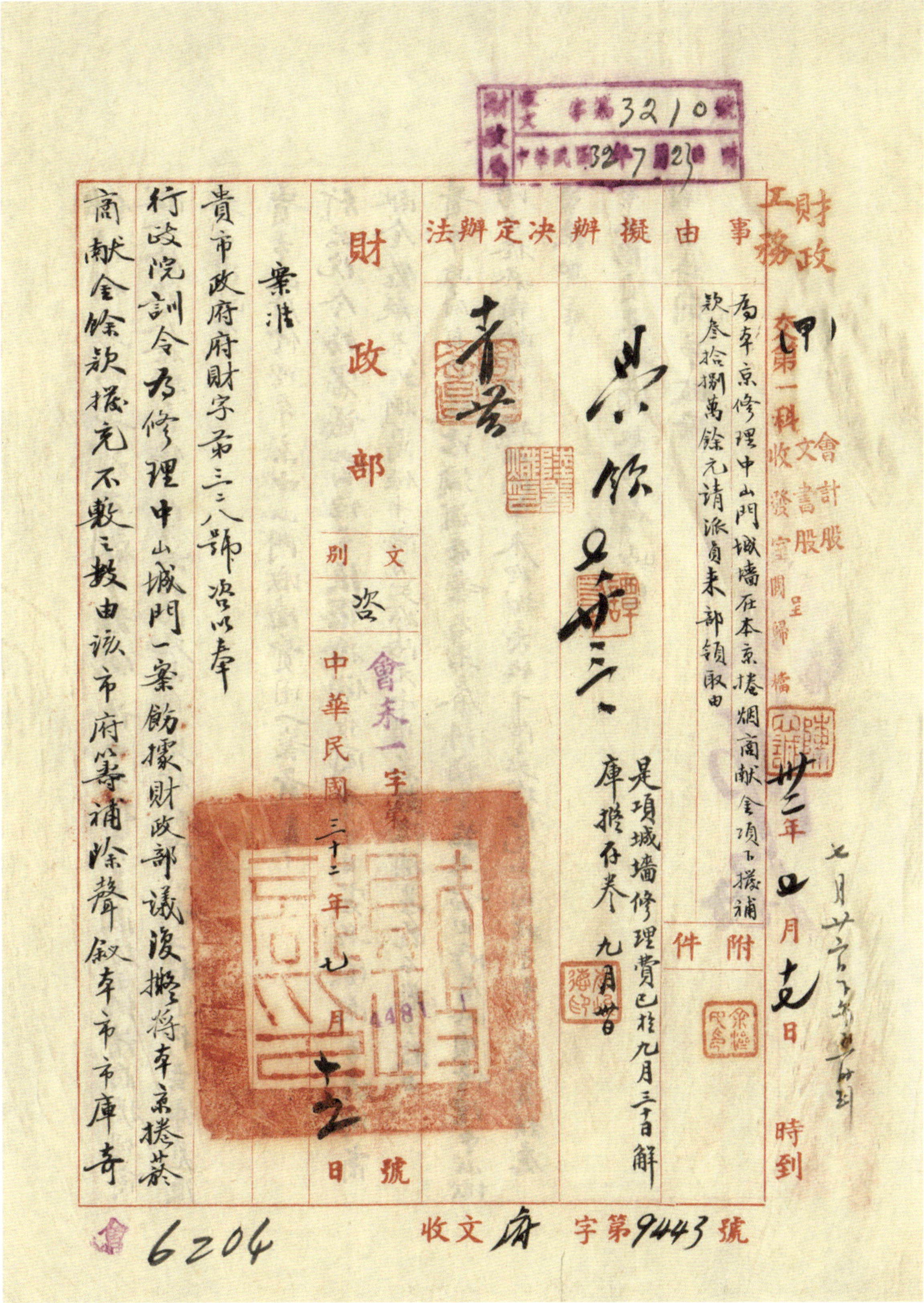
收文　字第3210號
中華民國32　7　23

財政
工務

第一科
會計股
文書股
收發室
呈閲歸檔
卅二年七月廿五日時到
七月廿六下午收到

事由：爲本京修理中山門城墻在本京捲烟商献金項下撥補款叁拾捌萬餘元請派員來部領取由

擬辦：照領 廿六
是項城墻修理費已於九月三十日解庫撥存券 九月卅日

決定辦法

附件

財政部

文別：咨

中華民國三十二年七月十二日
會秣一字第　號

案准
貴市政府府財字第三三八號咨以奉
行政院訓令爲修理中山城門一案飭據財政部議復擬將本京捲菸商献金餘款撥充不敷之數由該市府籌補除聲叙本市市庫奇

收文府字第9443號
6204

絀情形無法籌補不敷之數，仍請中央撥發呈復核示外，請將捐捌商
獻金餘款叁拾捌萬伍千陆百弍拾陆元中儲券先行提撥，以利工程進行，並希見復
等由，准此。查
貴市政府修理本京中山門城墻費用一案，前奉
行政院令飭審議，當經呈復，請將儲存國庫之日寇兵隊南京捐獻商
獻金餘款叁拾捌萬伍千陆百弍拾陆元中儲券悉數撥補，其餘不敷之數由
貴市政府自行設法彌補在案，尚未奉到指令。茲准前由，所有此項修理中山城
墻由捐獻商獻金項下撥補國幣叁拾捌萬伍千陆百弍拾陆元中儲券，姑予先行撥發，相應
咨復，即希
查照派員來部領取為荷。此咨
南京特別市政府

監印萬步通
校對鄒洪書

（二十二）僞財政部爲再次補撥修理中山門城墻不足經費派員領取致僞市政府的咨文（一九四三年九月六日）

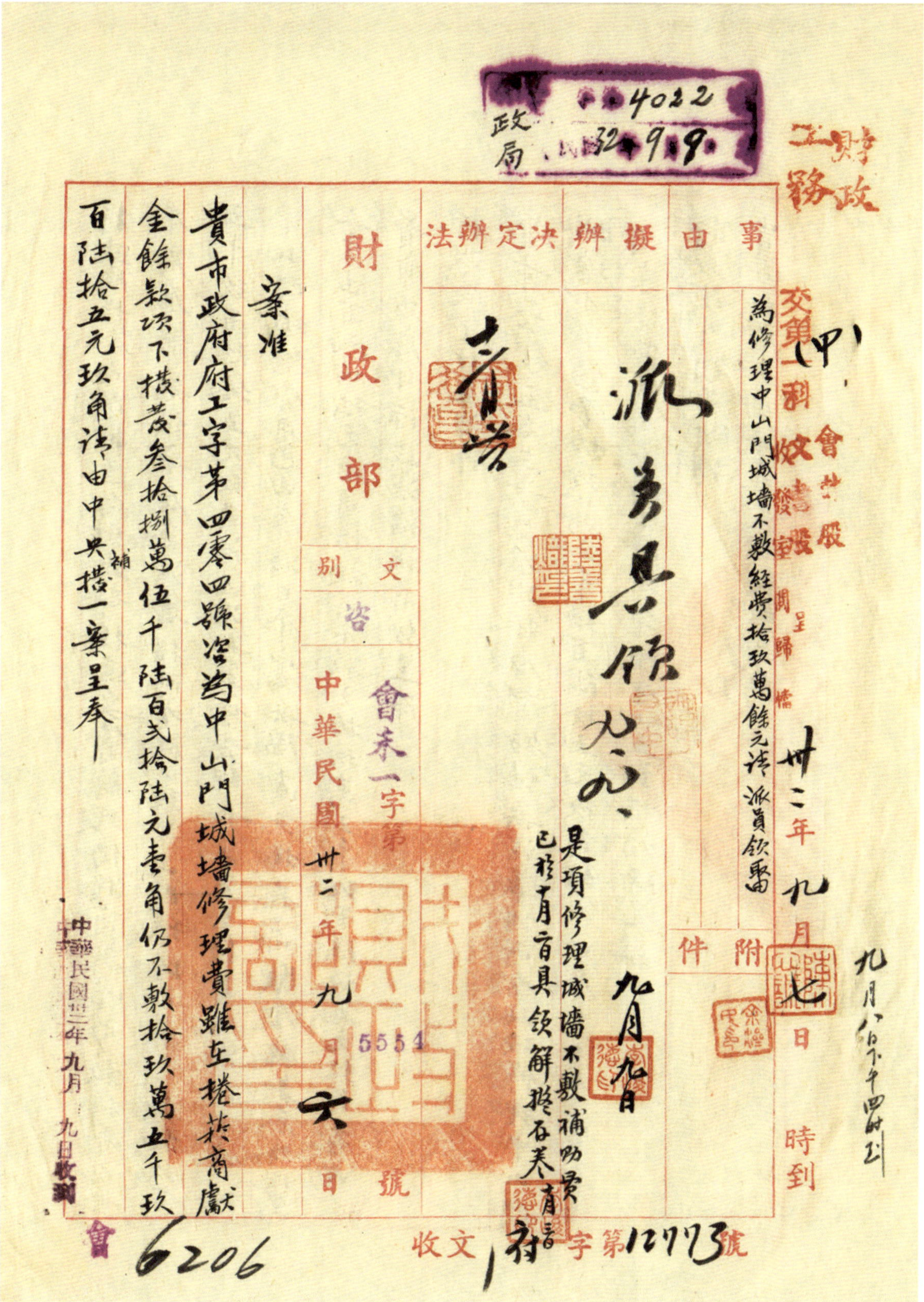
事由：爲修理中山門城墻不敷經費拾玖萬餘元請派員領取由

擬辦：派員具領 九.八

文別：咨

財政部

會秦一字第 號

中華民國卅二年九月六日

案准

貴市政府工字第四零四號咨爲中山門城墻修理費雖在撙節[illegible]商[illegible]全餘款項下撥發叁拾捌萬伍千陸百弍拾陸元壹角仍不敷拾玖萬五千玖百陸拾五元玖角請由中央補撥一案呈奉

是項修理城墻不敷補助費已於本月六日具領解撥在案

收文 字第12773號

行政院指令內開仰逕向財政部從速妥籌辦理仍將商辦情形報核等因查
本府庫帑短絀實屬無法籌措所有修理中山門城墻不敷之款拾玖萬
五千玖百陸拾五元玖角請迅准如數撥發即希查照見復等由准此查修理
中山門城墻費用已由庫將日本憲兵隊南京捲菸商獻金餘款叁拾捌萬
五千陸百弍拾陸元壹角撥補其不敷之拾玖萬五千玖百陸拾五元玖角應由
貴市政府自行設法彌補前經呈請
行政院鑒核並咨請
貴市政府查照各在案茲准咨稱庫帑短絀無法籌措所有此項修理中山門
城墻不敷經費拾玖萬五千玖百陸拾五元玖角姑予由庫在日本憲兵隊
南京捲菸商獻金項下所列準備金內照數撥補除呈報
行政院外相應咨請
貴市政府查照派員來部領取為荷

此咨

南京特別市政府

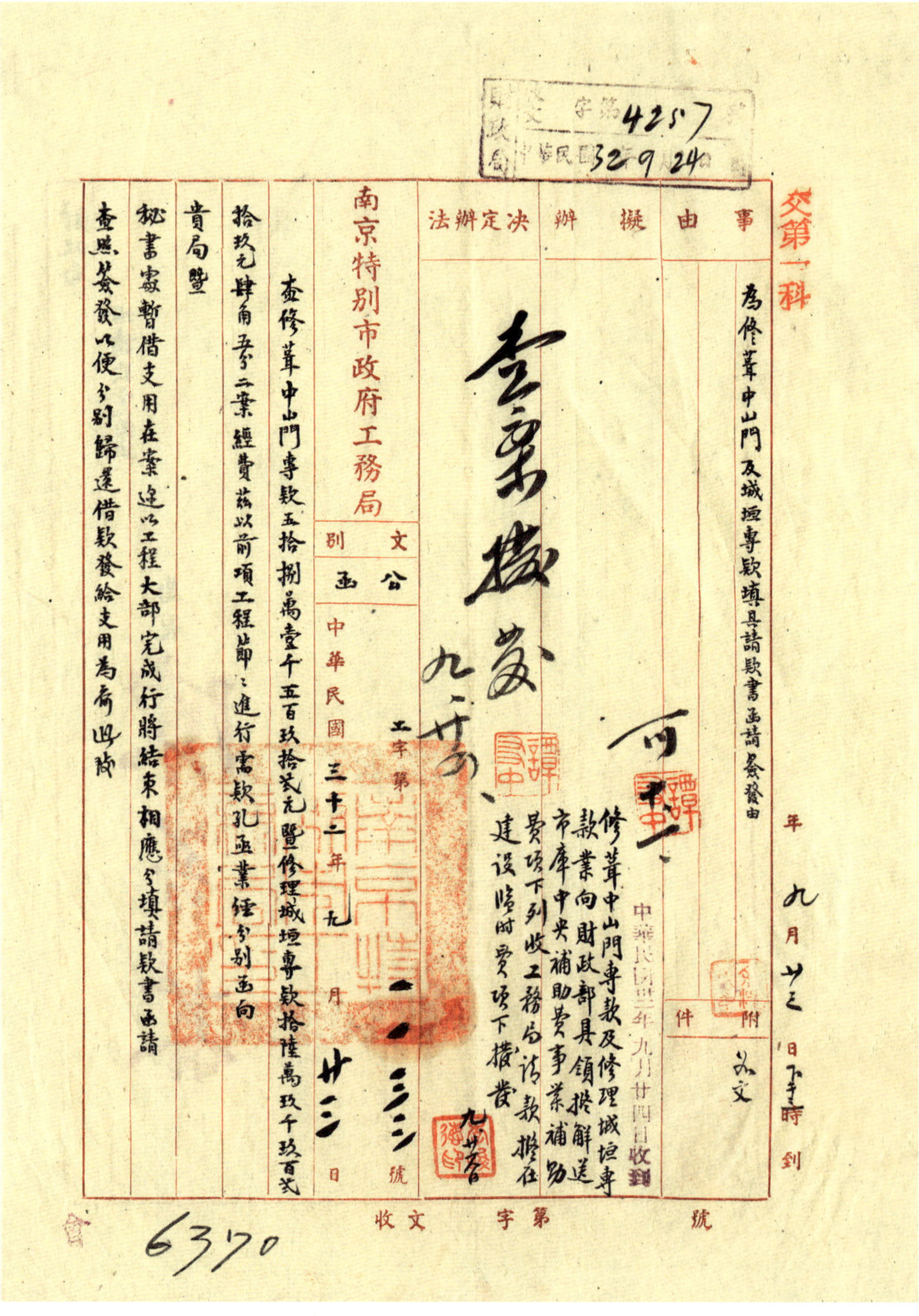
財政局收文 字第4257號
中華民國32 9 24

交第一科

事由：為修葺中山門及城垣專款填具請款書函請簽發由

擬辦

決定辦法：查案撥發 九、廿五

可 廿四

修葺中山門專款及修理城垣專款業向財政部具領撥解送市庫中央補助費事業補助費項下列收工務局請款擬在建設臨時費項下撥發 九廿四

中華民國卅二年九月廿四日收到

附件：公文

九月廿三日下午 時到

南京特別市政府工務局

文別：公函

中華民國三十二年九月廿三日 工字第二一三三號

查修葺中山門專款五拾捌萬壹千五百玖拾叁元暨修理城垣專款拾陸萬玖千玖百弍拾玖元肆角五分二案經費茲以前項工程亟亟進行需款孔亟業經分別函向

貴局暨

秘書處暫借支用在案迄以工程大部完成行將結束相應分填請款書函請

查照簽發以便分別歸還借款發給支用為荷此致

收文 字第 號

6370

（二十三）僞市工務局爲請簽發修理中山門城垣專款與僞市財政局的往來公文（一九四三年九月二十三日至一九四四年三月四日）

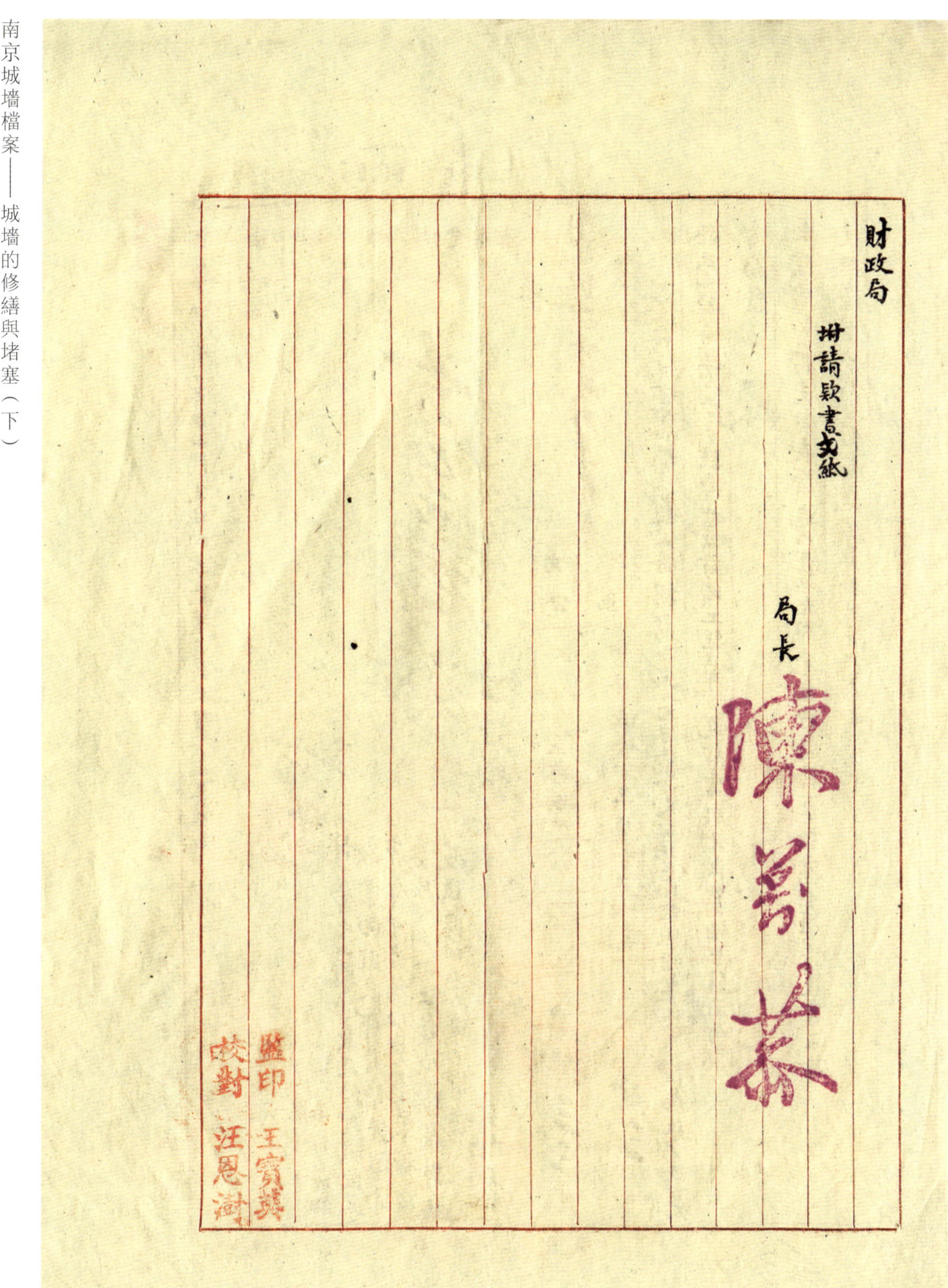

財政局

附請款書乙紙

局長 陳萬恭

監印 王寶蓀
校對 汪恩澍

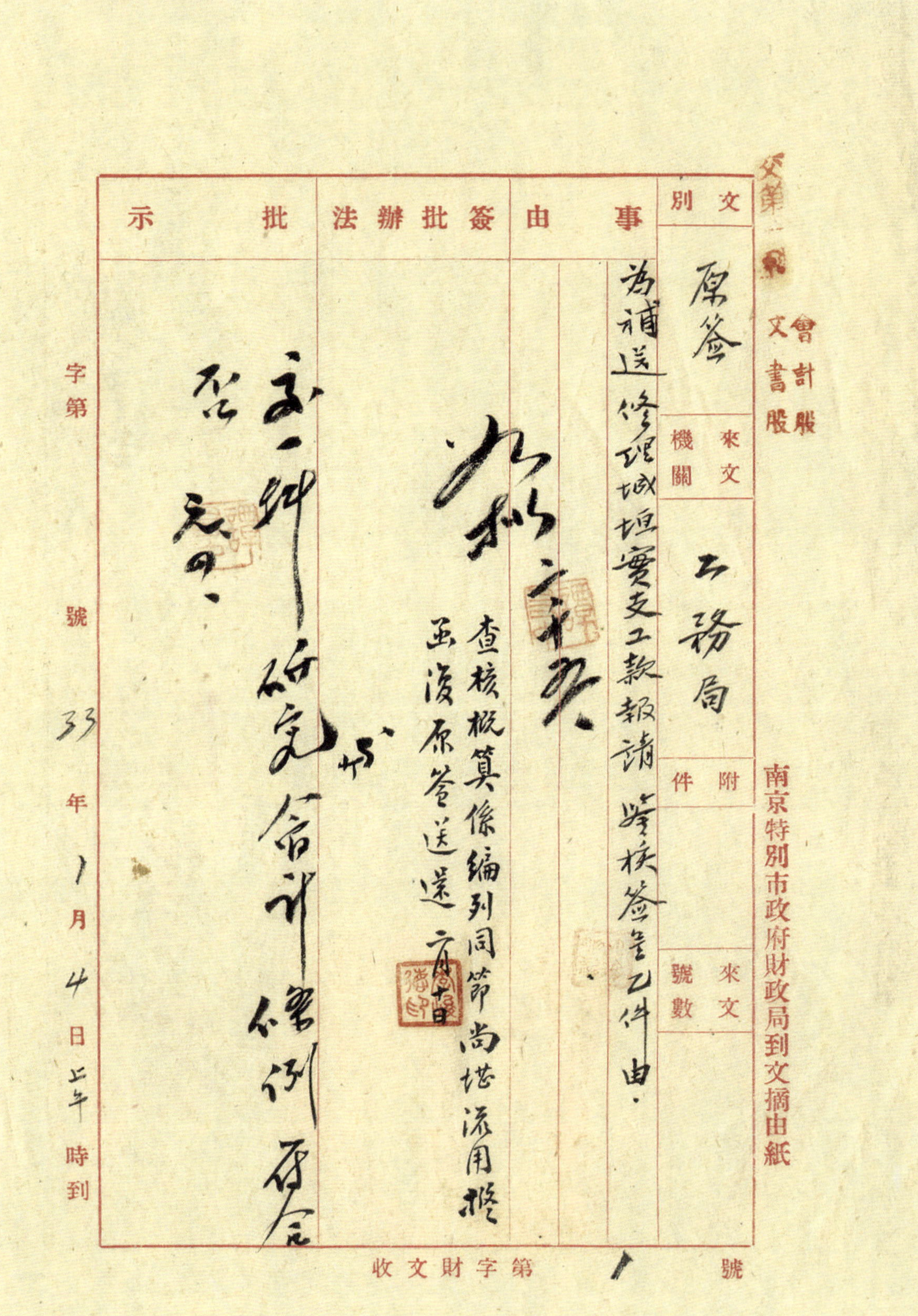

南京特別市政府財政局到文摘由紙

會計股
文書股

文第一號

文別	原簽
來文機關	工務局
附件	
來文號數	

事由：為補送修理城垣實支工款報請鑒核簽呈乙件由。

簽批辦法：擬准。

查核概算係編列同節尚堪流用，擬函復原簽送還。一月十日

批示：交一科研究，會計總例辦理。

字第　號　33年1月4日上午時到

收文財字第1號

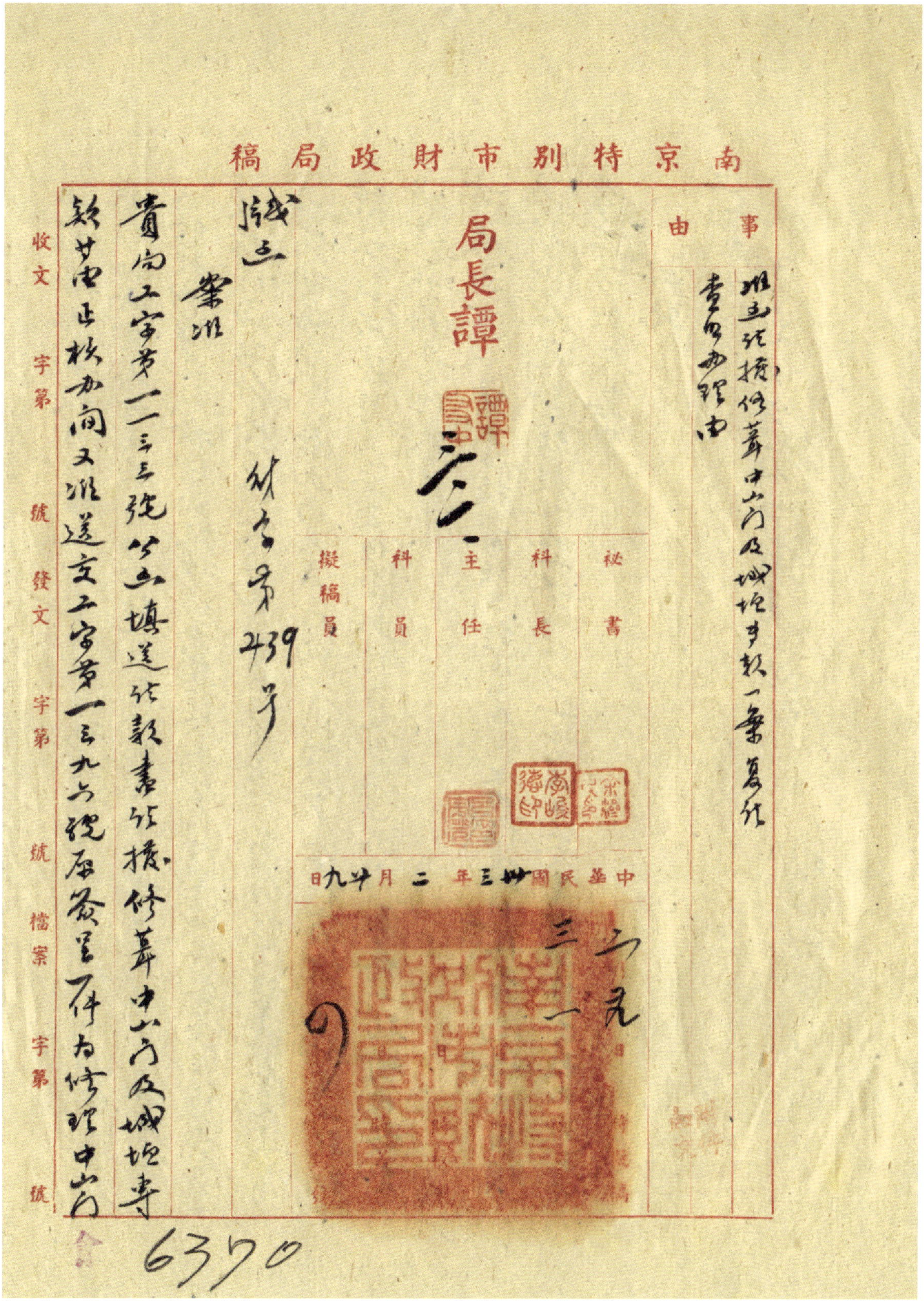
南京特別市財政局稿

事由：准函催撥修葺中山門及城垣等款一案簽復
查照辦理由

局長譚 代

秘書 科長 主任 科員 擬稿員

中華民國卅三年二月廿九日

逕啟
案准
貴局工字第一一三三號公函填送估款書請撥修葺中山門及城垣專
款業由正核辦間又准送交工字第一三九六號原簽呈存為修理中山門

財字第439號

收文 字第 號
發文 字第 號
檔案 字第 號

6370

工程其概算数为伍拾捌万壹仟伍百玖拾贰元玖，经酌情节减实支工款

伍拾捌万零叁拾元柒角伍分，计可节余捌万壹仟伍百陆拾壹元贰角伍分，

又修理城垣专款拾陆万玖仟玖百贰拾玖元捌角伍分，经择要修理，计实支工

款拾陆万玖仟叁百伍拾伍元柒角伍分，亦可节余伍百柒拾叁元柒角，

尚有概算以外之新民门太平门坍塌七段，数处经招商修复，计支工款捌

万零玖百零叁元叁角伍分，拟从在前项中山门节余工款项内动支，

另造报销书经签准

市长批可一案，查核前项工程费用概算内将左列节余了流用相

应检附原签暨结款书（卅二年第一二九六号签呈所列实支数不符）壹份

查照办理为荷

此致

工务局

附送还原签件结款书二份（内）

职　　月　日

修理臺城墻角工程

（一）僞首都警察總監署爲請修理臺城墻角致僞市政府的函及僞市工務局查勘臺城墻角損壞情形的簽呈

（一九四四年三月十七日至三月二十二日）

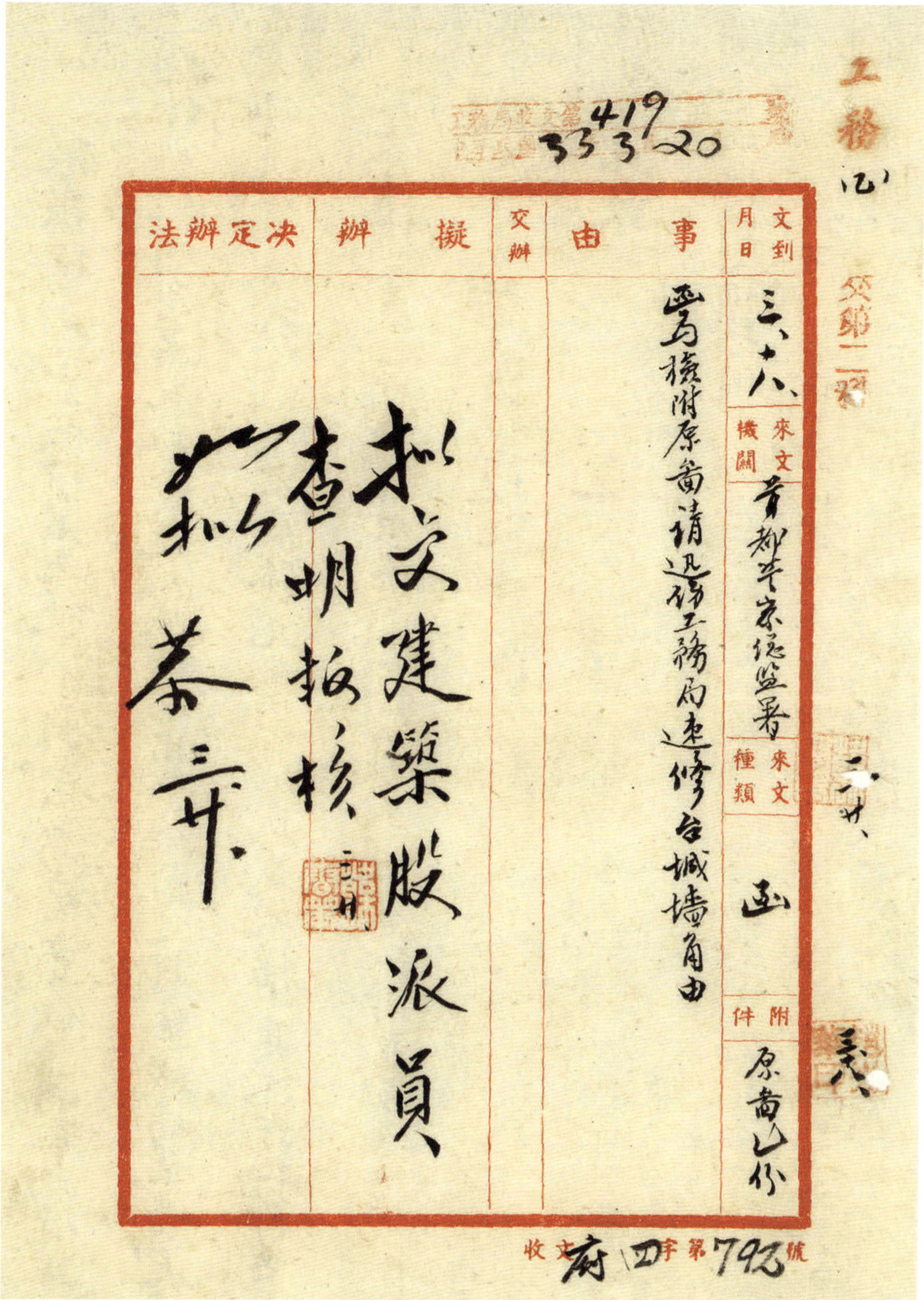

工務（乙）
交第二科
三、廿
三、廿八

419
33.3.20

文到月日	三、十八
來文機關	首都警察總監署
來文種類	函
附件	原函乙件
事由	函爲檢附原函請迅飭工務局速修台城墻角由
交辦	
擬辦	擬交建築股派員查明報核 三、廿
決定辦法	如擬 蔡 三、廿

收文府四字第792號

據報稱「本市一般宵小之徒，常利用雞鳴寺後，國民政府西墻外，台城墻角處，每於黃夜扒越城墻出入，經前往詳察，城墻壁磚足明顯，頗係久經扒越之痕跡，此輩宵小，扒越城墻，其作奸犯科無理合報請鑒核」等情，並附略圖一份前來，相應檢附原圖函請

照，迅予飭工修理為荷，

此致

京特別市政府

附圖壹份

首都警察總監署

首都警察總監

啓

三月二十七日

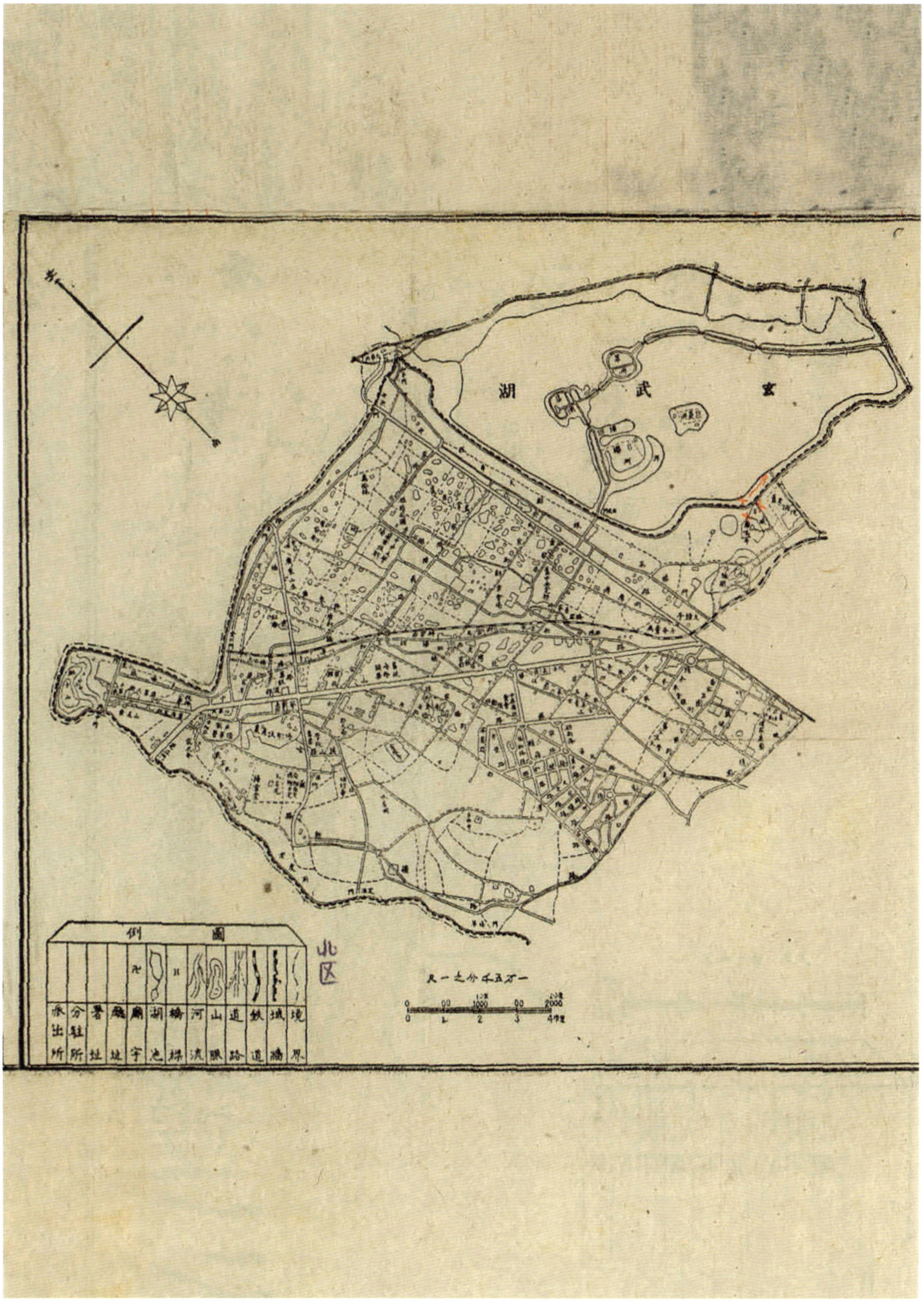
玄武湖
圖例
境界
城墻
鉄道
道路
山脈
河流
橋梁
湖池
廟宇
署址
分駐所
派出所
北区
一万五千分之一尺

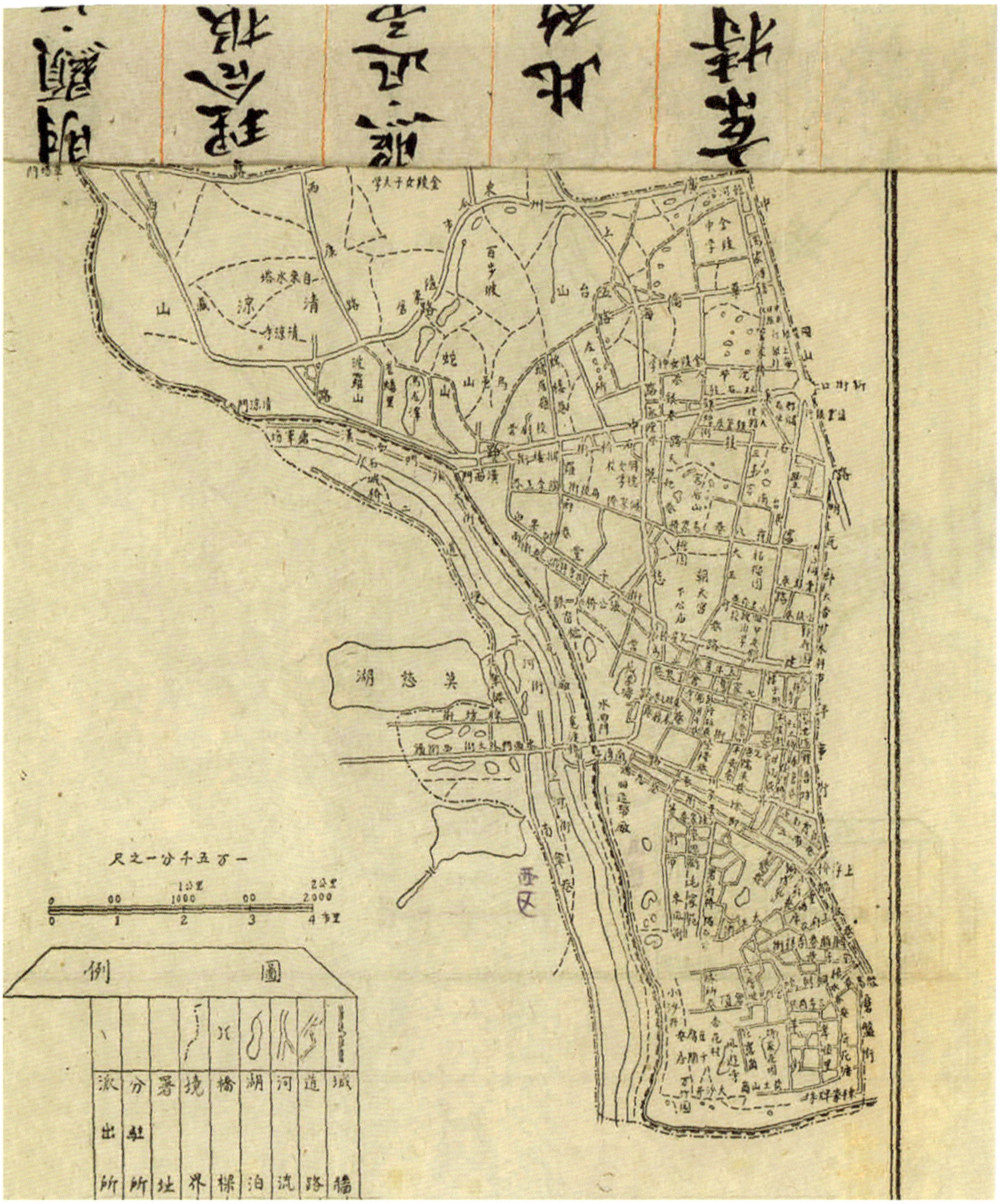
莫愁湖
一万五千分一之尺
0 1 2 3 4
1000 2000
圖例
城牆
道路
河流
湖泊
橋樑
境界
署址
分駐所
派出所

98

簽呈　三月二十二日

爲簽復事查職奉

派查勘鷄鳴寺後台城墻角損壞情形經查該處缺口外部舊係搁設木柱及刺鉛絲現已被毁内部有不尺高磚墙上尚有四尺空檔須加砌磚墙即可阻斷行途並附略圖一份概算一份併請

鑒核　謹呈

主任吳　轉呈

科長韓　轉呈

局長陳

附略圖一份概算一份

技佐　曾如琛　謹呈

經核在本年度經常費項下支出，擬准。

擬准在由庫領招商修理需一〇〇〇〇〇元

市庫准予在中山門工程餘款内支動并函復總署　三、廿二、

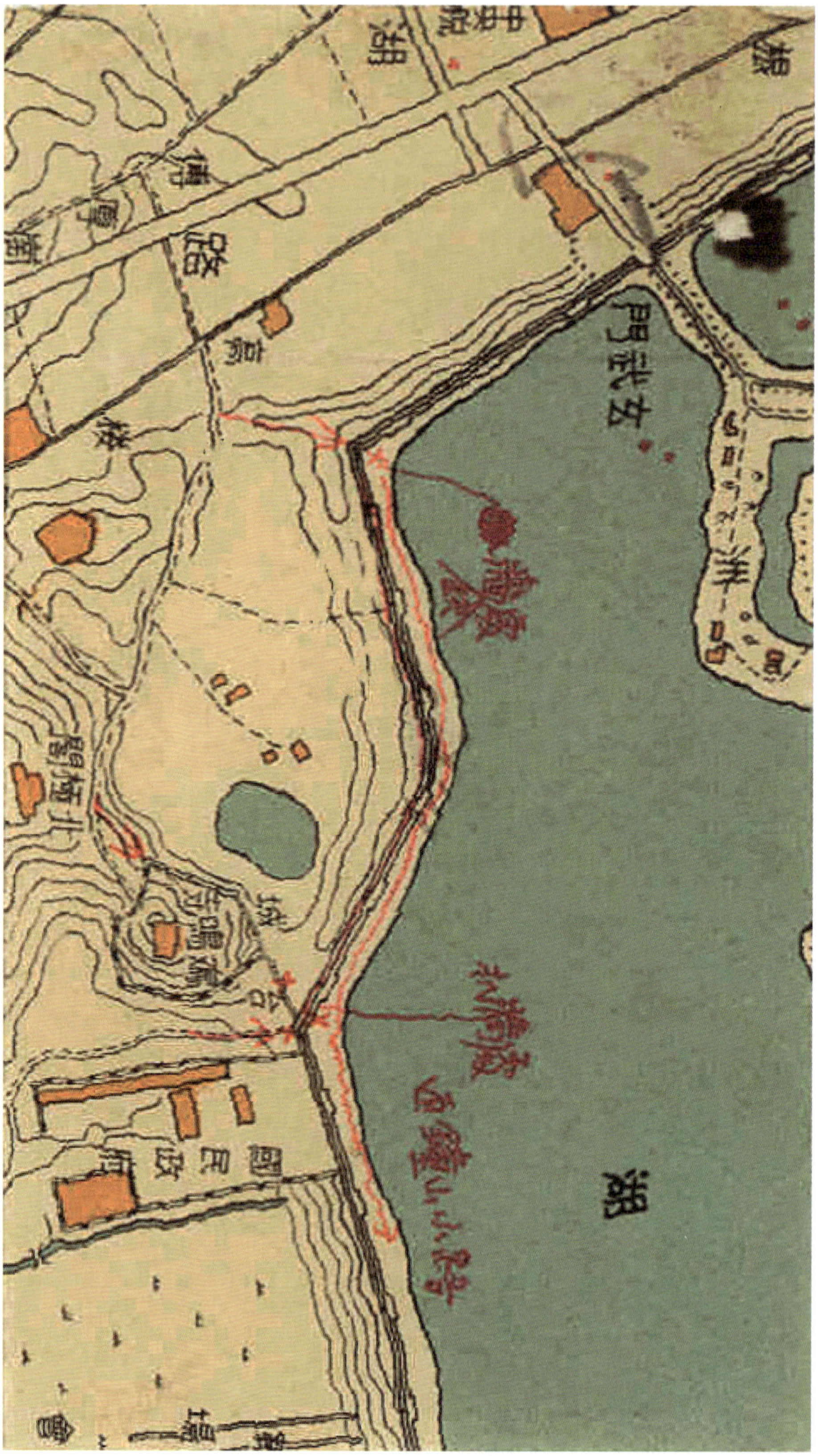
玄武門
湖
國民政府
雞鳴寺
北極閣

南京市政府工務局概算書

字第　號
第　頁

工程名稱	修理城墙	施工地點	鸡鸣寺后
起案原委			
施工範圍	加砌二尺厚十丈长四尺高城墙墙一道		
工程總價			

工料種類	說明	單位	數量	單價（元）	複價（元）	備註
城砖	運费	块	400	~~2.00~~ 1.50	~~800.00~~ 600.00	
石灰		担	3	~~4.00~~	~~12.00~~	库料拿领
砂泥		方	30	~~8.00~~	~~240.00~~	就地取用
泥水工		工	2	1.30	2.60	
小工		〃	4	1.10	4.40	
合計					约~~1060.00~~ 1100.00	

鑒定　　審核　　校對　　計算

中華民國　年　月　日

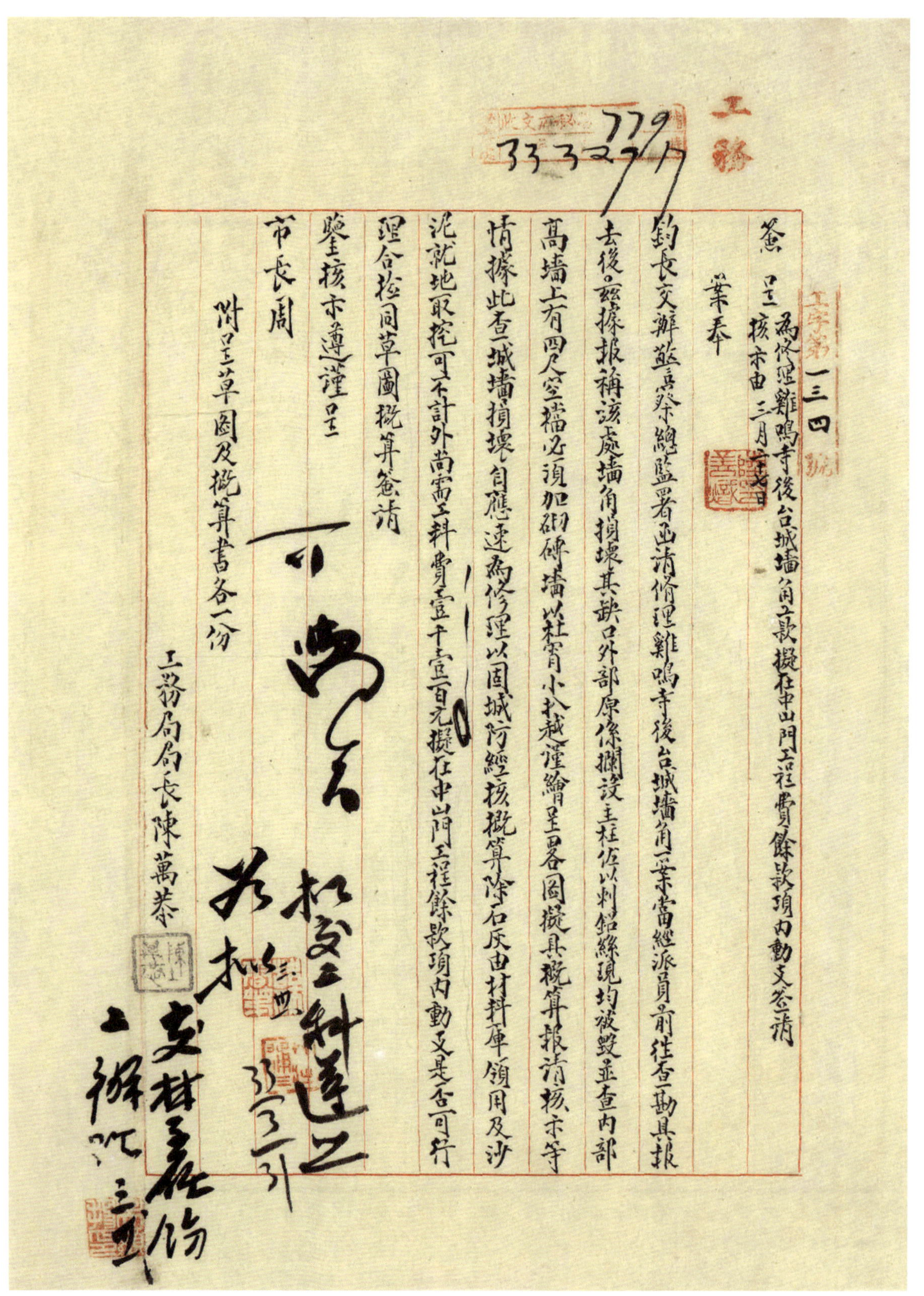

（二一）僞市工務局爲修理臺城墻角工程費擬在中山門工程費内動支致僞市政府的簽呈（一九四四年三月二十七日）

工務

工字第一三四號

簽呈 為修理雞鳴寺後台城墻角工款擬在中山門工程費餘款項內動支簽請

核示由 三月二十七日

案奉

鈞長交辦監察總監署函請修理雞鳴寺後台城墻角一案當經派員前往查勘具報去後。茲據報稱該處墻角損壞其缺口外部原係攔設主柱佐以料鉛絲現均被毀並查內部高墻上有四尺空檔必須加砌磚墻以杜宵小越逞謹繪呈略圖擬具概算報請核示等情據此查城墻損壞自應速為修理以固城防經核概算除石灰由材料庫領用及沙泥就地取挖可不計外尚需工料費壹千壹百元擬在中山門工程餘款項內動支是否可行理合檢同草圖概算簽請

鑒核示遵謹呈

市長周

附呈草圖及概算書各一份

工務局局長陳萬恭

可

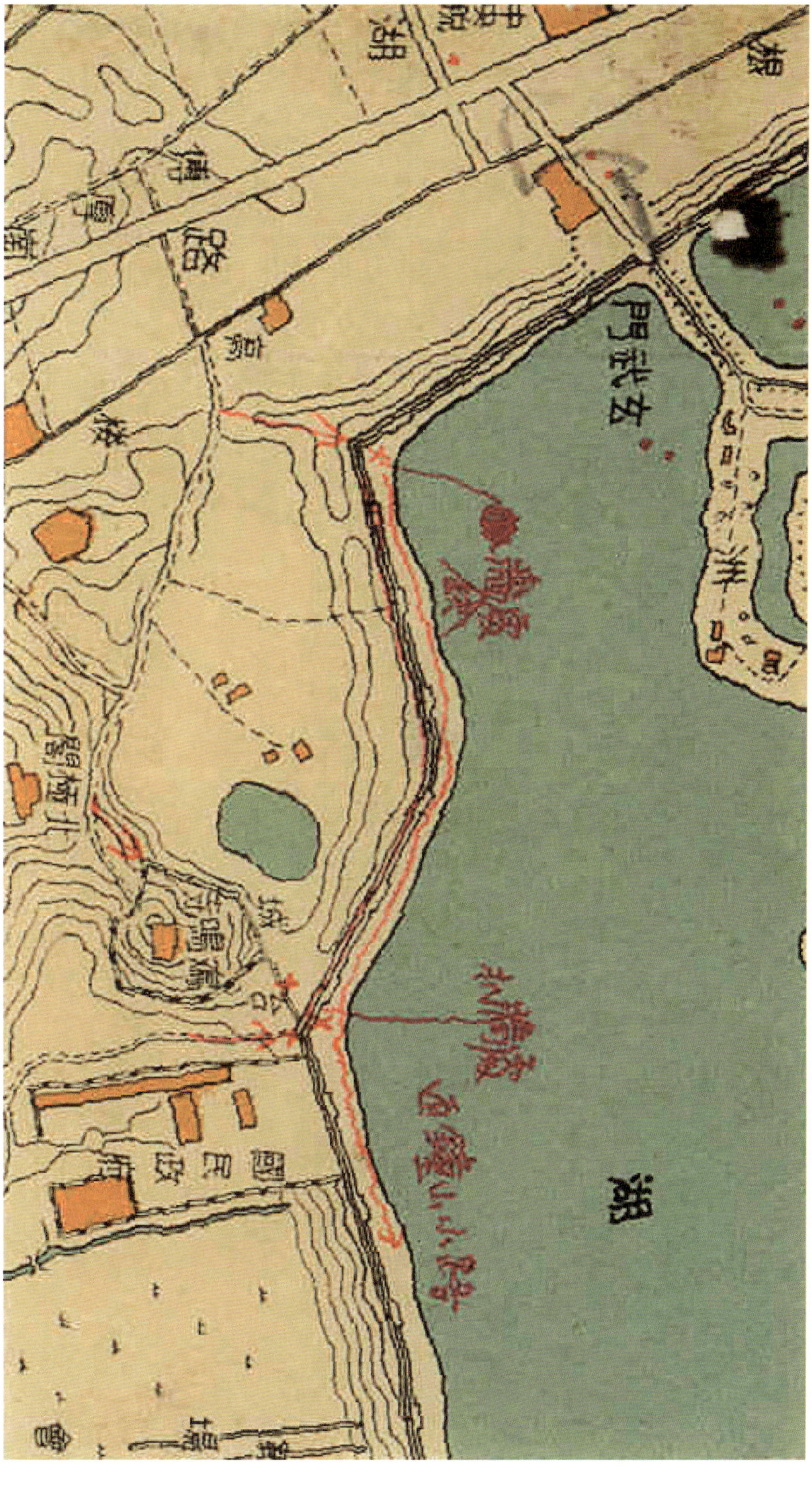
玄武門
湖

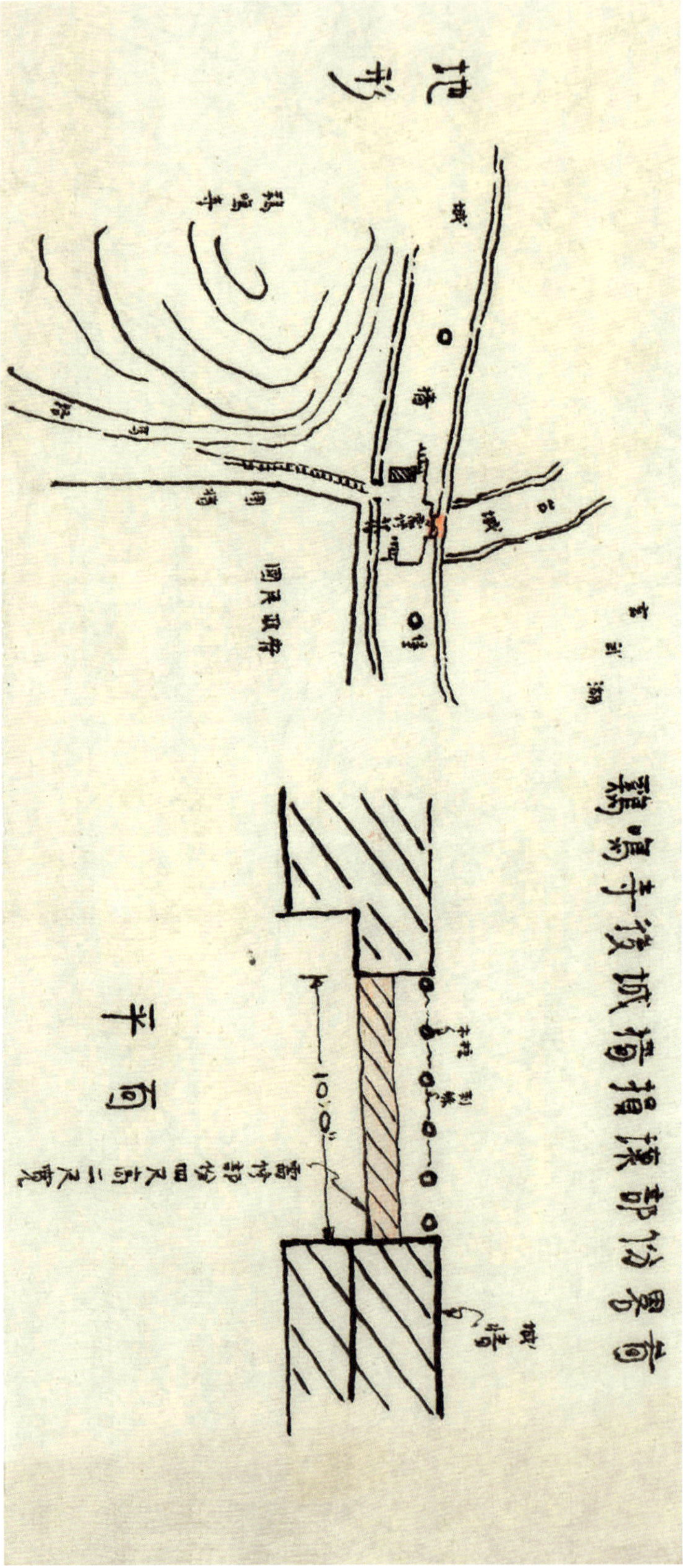
鷄鳴寺後城牆損壞部份略圖
地形
平面
10′0″

南京市政府工务局概算书

字第　　號
第　　頁

工程名稱	修理城墙	施工地點	鸡鸣寺后
起案原委			
施工範圍	加砌二尺宽十尺长四尺高城砖墙一道		
工程總價	国币贰仟玖佰肆拾元正		

工料種類	說明	單位	數量	單價（元）	複價（元）	備註
城砖	旧货	块	4000.00	2.00	600.00	
石灰		担	3.00	400.00	1200.00	由材料库领用
砂泥		方	.30	800.00	240.00	就地取用
泥水工		工	2 -	130.00	260.00	
小工		〃	4 -	110.00	440.00	
					1100.00 1500.00	
合計					2940.00	

審定　　　　審核　　　　校對　　　　計算

中華民國　　年　　月　　日

（三二）僞市工務局爲修理臺城墻角工程竣工派員驗收的簽呈及臺城一帶仍有缺口的報告

（一九四四年四月十七日至四月二十八日）

簽呈 為修理雞鳴寺後台城墻角工程業已竣工請 派員驗收並請核發工料費歸墊以便結束由

四月十七日

案奉

鈞長交辦警察總監署函請修理雞鳴寺後台城墻角一案當即飭工前往興修業於十五日全部修理完竣擬請即

派員驗收又為此項工程除石灰由庫領用洋泥就地取挖外所需工料費壹千壹百元業經

市座批准由中山門工程除款內動支擬請即核發歸墊以便結束謹將工料單據附

呈簽請

鑒核示遵謹呈

科長吳 轉呈

祕書叔

局長韓

附呈單據壹紙原卷乙宗

職林柏年謹呈

擬請派員、工程費擬經驗收

如擬 發只付 4.17

擬派胡碩愷驗報 4.18

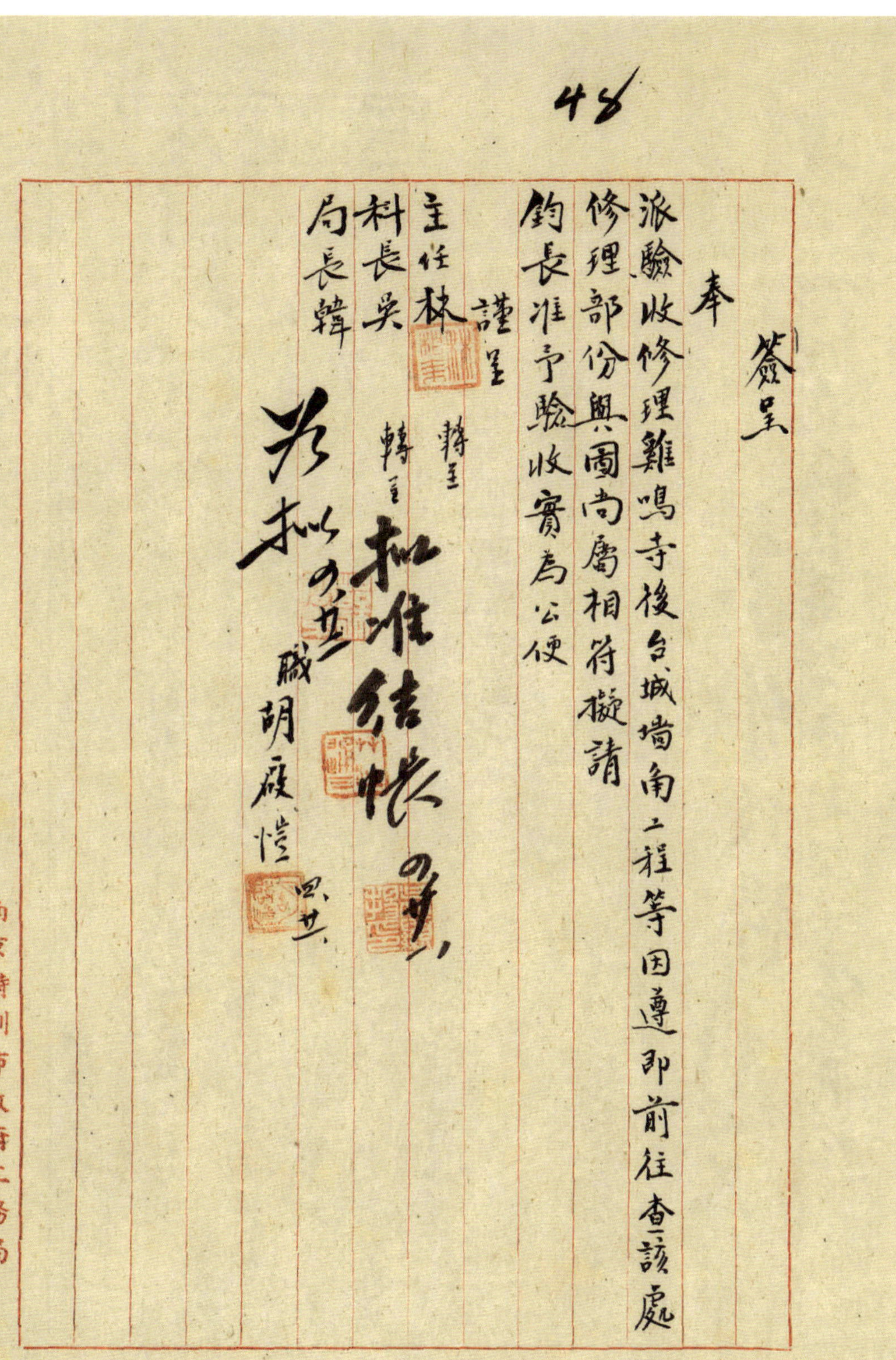

48

簽呈

奉

派驗收修理雞鳴寺後台、城墻角工程等因遵即前往查該處修理部份與圖尚屬相符擬請

鈞長准予驗收實爲公便

謹呈

主任林

科長吴

局長韓

轉呈

轉呈

如擬 四、廿二

擬准結帳 四、廿八

職胡履愷 四、廿

南京特別市政府工務局

閱

呈

字第933號

33年4月29日

報告 四月廿八日

職於病假中每逢佳日則散步園林靜地乃於四月二十七日下午五時半在台城一帶散步中適逢有小學生三名由台城缺處連袂扒出城外（採取城外湖边墻根桑葉）旋又扒回經職訊問姓名及籍等即行逃散、查職上月報告台城缺口處、並未添磚修築只依原缺口處略有新石灰泥補磚縫三數條、致眼見彼等小學生均可扒行出入、其缺處仍可見一斑矣

吳士英十四才住紅廟廿八号（初二丙生）
王德瑞十五才住如意里卅五号（初二生）
汪連生十六才住楊將軍巷九号

均係國立模範中學之生
係由其學生證記錄得

職張一帆

交行政科詳明以大

吳王務局速轉復青年會轉錄李□代理

修補場門口城墻涵洞

（一）僞城區自治實驗區公所爲請修補場門口城墻涵洞致僞市工務局的箋函（一九四四年十月三十一日）

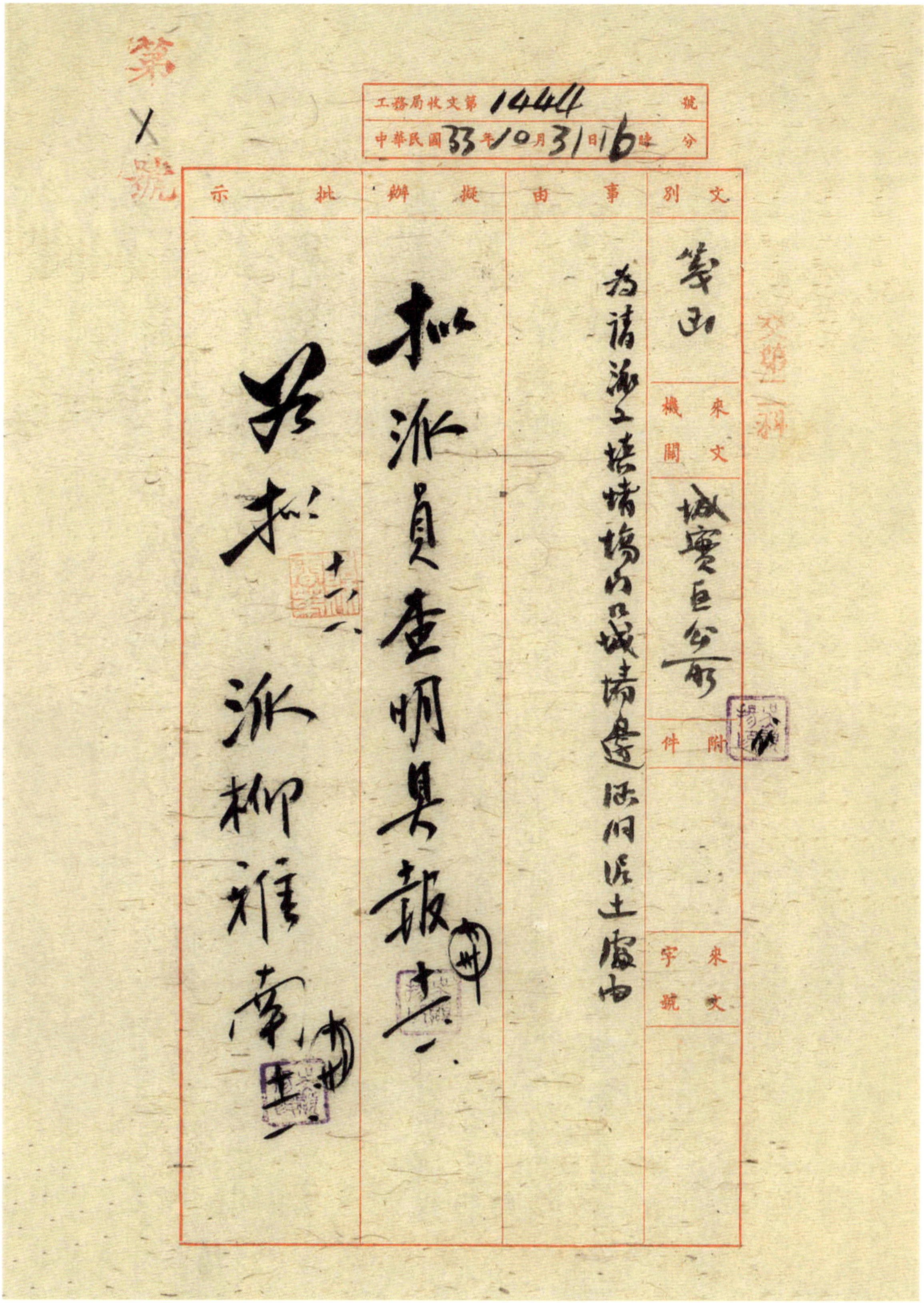
工務局收文第1444號
中華民國33年10月31日16時 分

文別：箋函
來文機關：城實區公所
事由：為請派工堵補場門口城墻邊涵洞泥土瀉由
附件：
來文字號：

擬辦：擬派員查明具報 十一、六
批示：如擬 十一、六
派柳維南 十一、七

速件
工務甲

案據本區漢口坊聯保主任葛雍全呈據該坊第八保報稱略以本月二十四日晚突然發現流民數人在場門口城牆邊開掘涵洞泥土意圖偷取生鐵柱倘若鐵柱一旦被偷自來水總管被城牆隆壓日久勢必破裂影響全市食用其害非淺倘或挖穿城牆自行出入其害尤烈事關本保轄境理應呈報等情據此查上稱各節関係至為重大職責攸関除責成該保保長轉飭該地甲長即時嚴禁外為防患未然計理合備文據實轉呈仰祈鑒核轉函工務局飭派填堵等情前來查所稱允為要務相應函達煩請

查照迅予派員查勘并予填堵見急為荷

南京特別市城實區公所
地址山西路
電話三一九一三

收文府字第四3546號

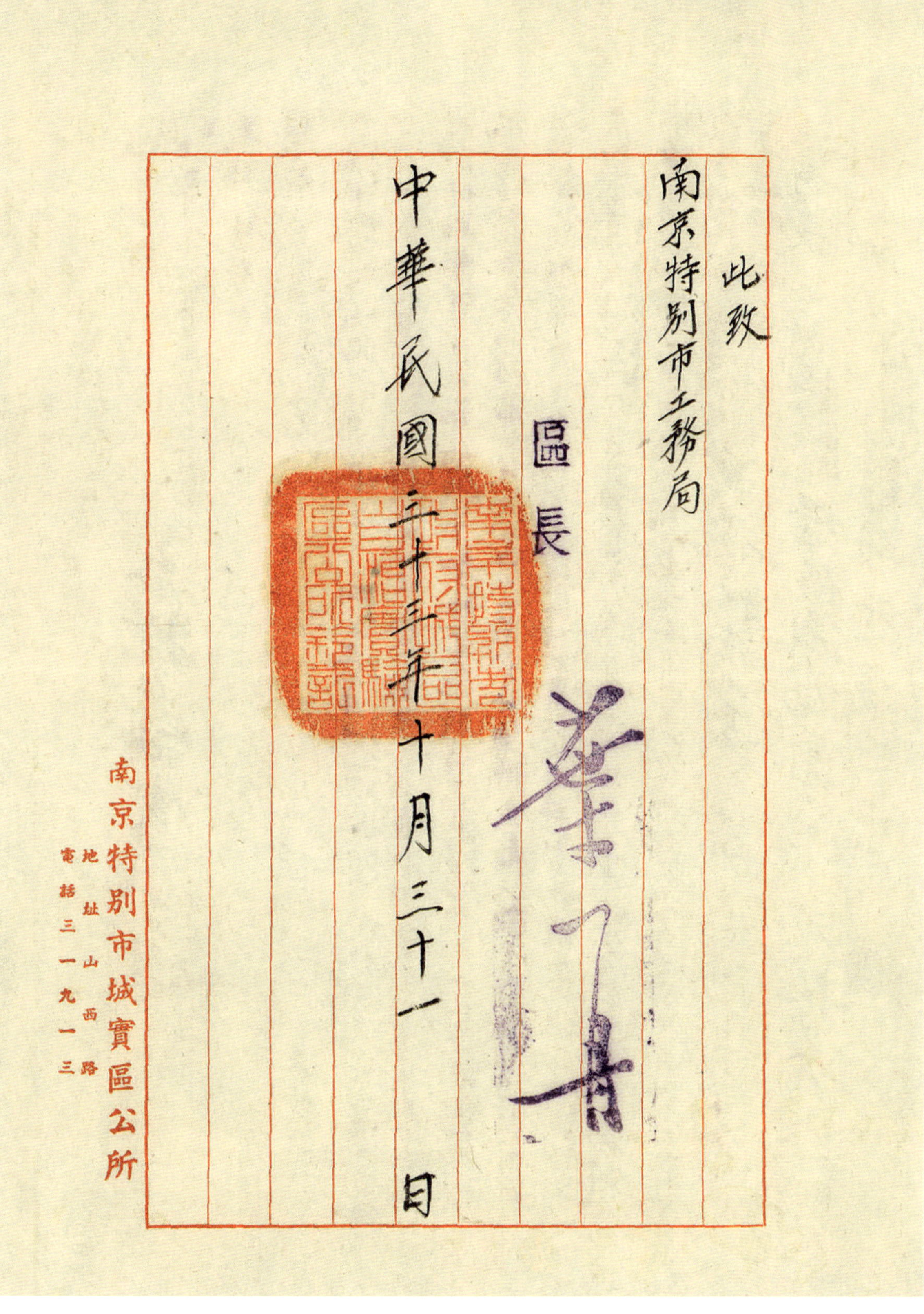

此致

南京特别市工務局

區長

中華民國三十三年十月三十一日

南京特别市城實區公所
地址山西路
電話三一九一三

（二一）偽市工務局調查修復場門口城墻涵洞的簽呈及呈請撥款修理致偽市政府的簽呈（附件：工程略圖和概算書）

（一九四四年十一月四日至十一月八日）

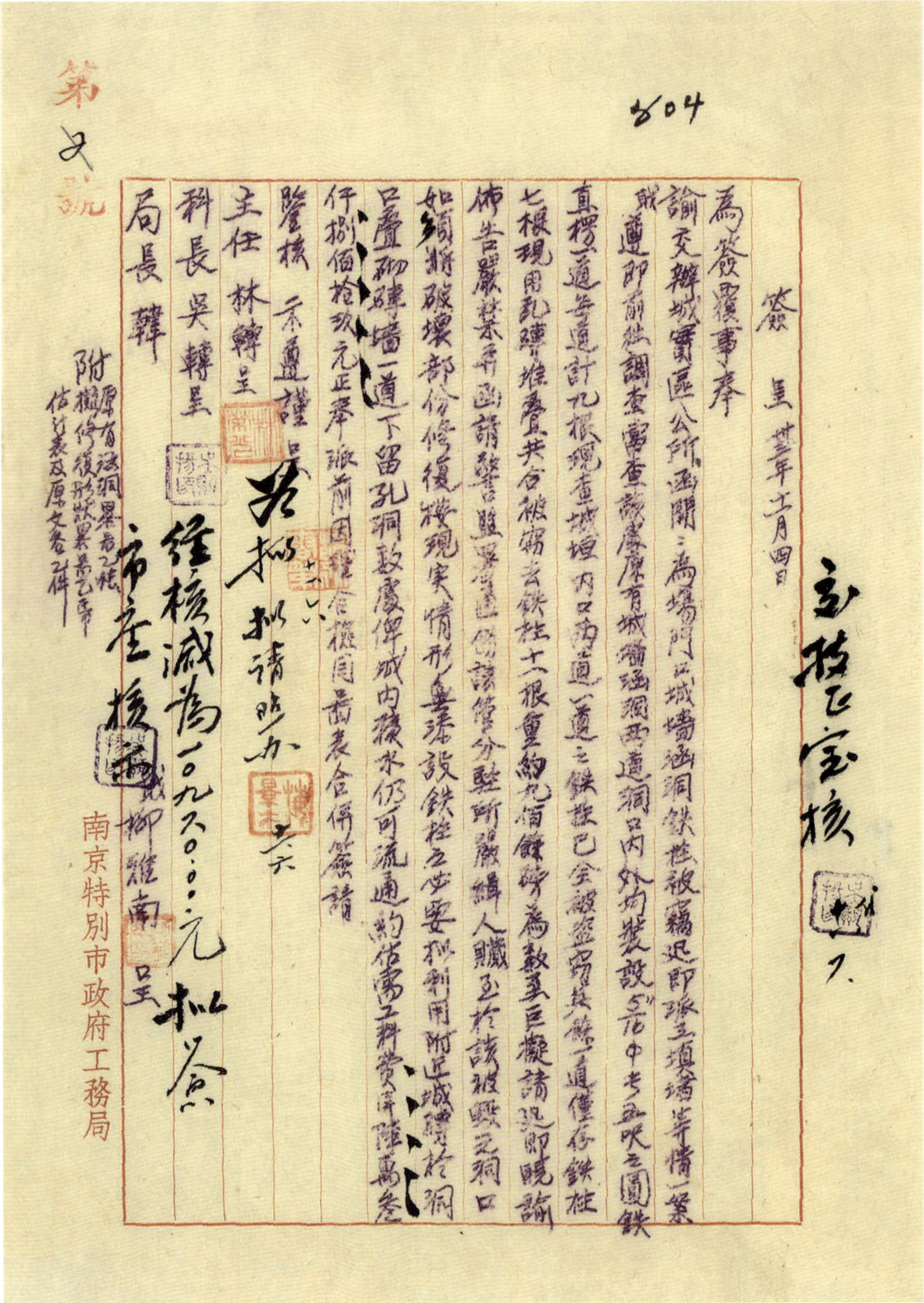

第　文　號

804

簽　呈　卅三年十一月四日

為簽覆事。奉

諭交辦城南區公所函開：為場門口城墻涵洞鐵柱被竊，迅即派工填堵等情一案，職遵即前往調查，當查該處原有城墻涵洞兩道，洞口內外均裝設5"徑中長五呎之圓鐵直櫺一道，每道計九根，現查城垣內口兩道、一道之鐵柱已全被盜竊，其餘一道僅存鐵柱七根，現用亂磚堆疊，共合被竊去鐵柱十一根，重約九佰餘磅，為數甚巨，擬請迅即曉諭佈告嚴禁，并函請警察監察處飭該管分駐所嚴緝人贓。至於該被毀之洞口，如須將破壞部份修復，按現實情形無須再設鐵柱之必要，擬利用附近城磚於洞口處砌磚墻一道，下留孔洞，俾城內積水仍可流通，約估需工料費洋陸萬叁仟捌佰拾玖元正。奉飭前因，理合擬同圖表，合併簽請

鑒核示遵。謹呈

主任　林　轉呈

科長　吳　轉呈

局長　韓

附：原有涵洞略圖乙紙　擬修復形狀略圖乙紙　估計表及原文各乙件

職　柳維南　呈

南京特別市政府工務局

主任核　十一、六

若擬　十一、六

擬請照辦　十一、六

經核減為一〇九八〇〇元　擬簽

市產　核

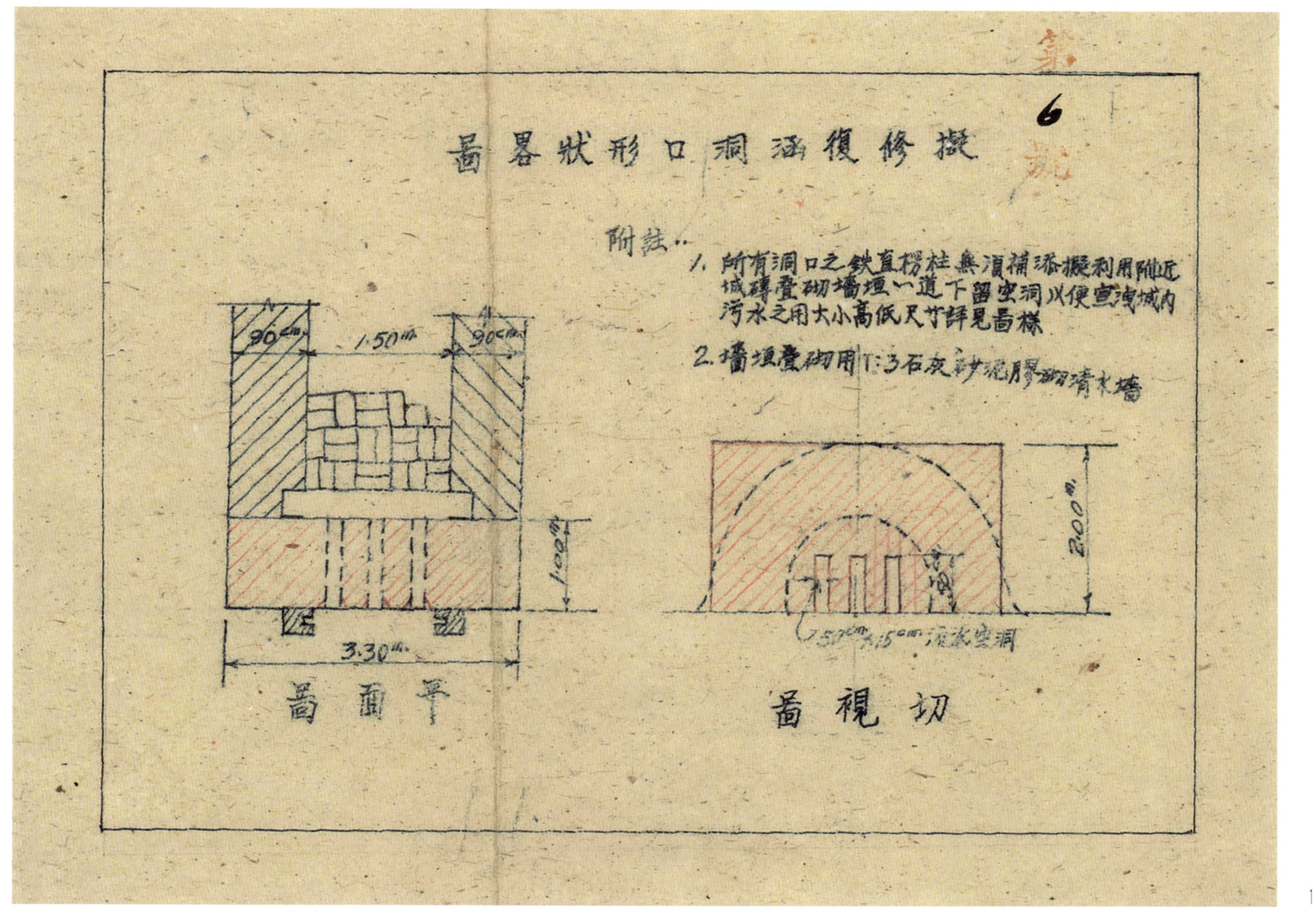

6

擬修復涵洞口形狀略圖

附註：
1. 所有洞口之鉄直楞柱無須補添擬利用附近城磚疊砌墻垣一道下留空洞以便宣洩城內污水之用大小高低尺寸詳見圖樣
2. 墻垣疊砌用1:3石灰砂泥膠砌清水墻

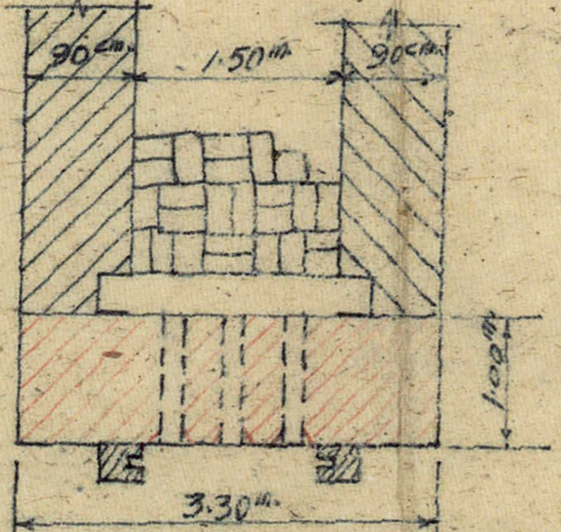

平面圖

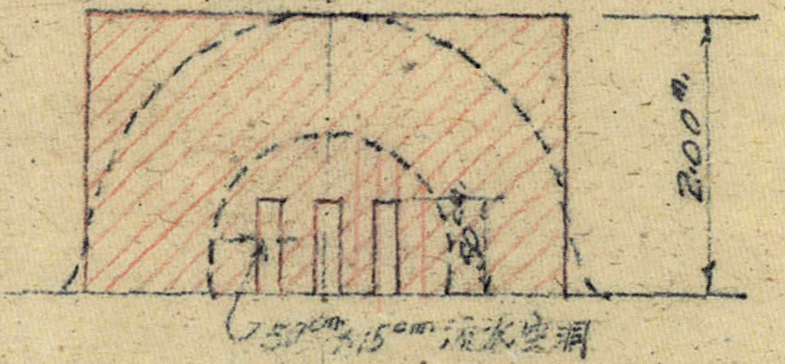

切視圖

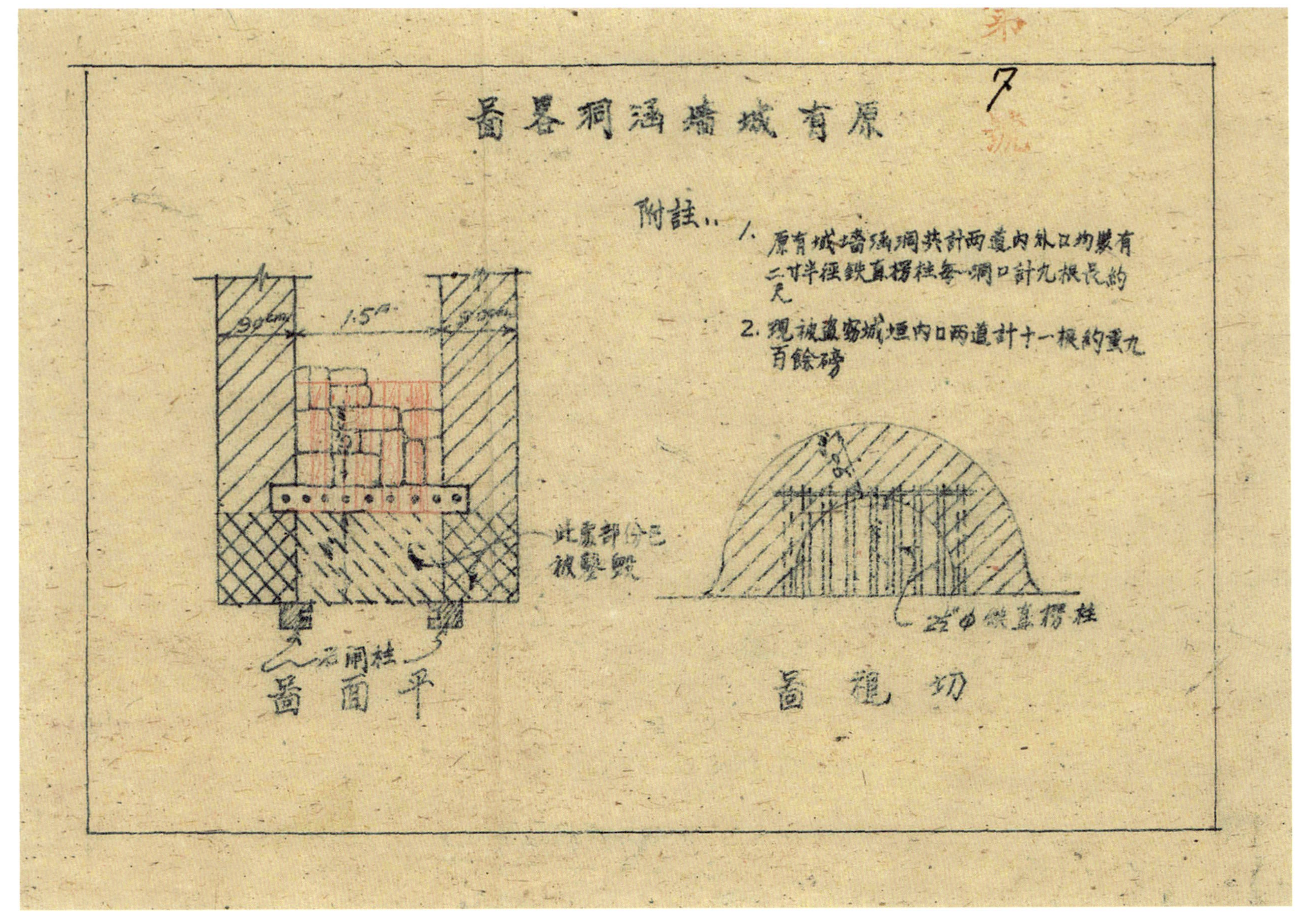

原有城墻涵洞略啚

7

附註：

1. 原有城墻涵洞共計兩道內外口均裝有二寸半徑鐵直楞柱每一洞口計九根長約丈
2. 現被盜竊城垣內口兩道計十一根約重九百餘磅

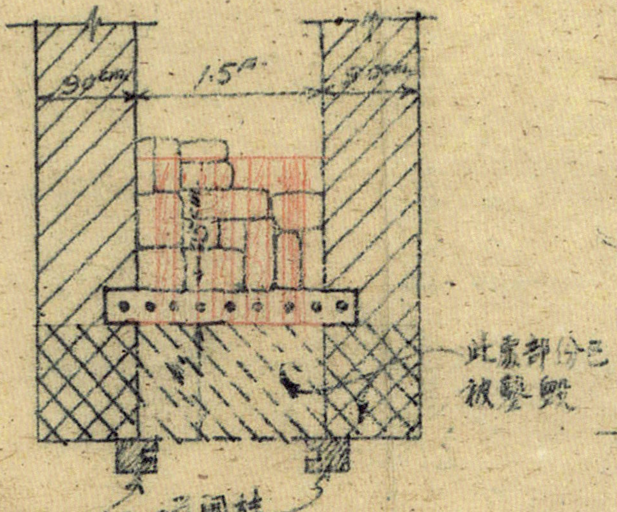

平面啚

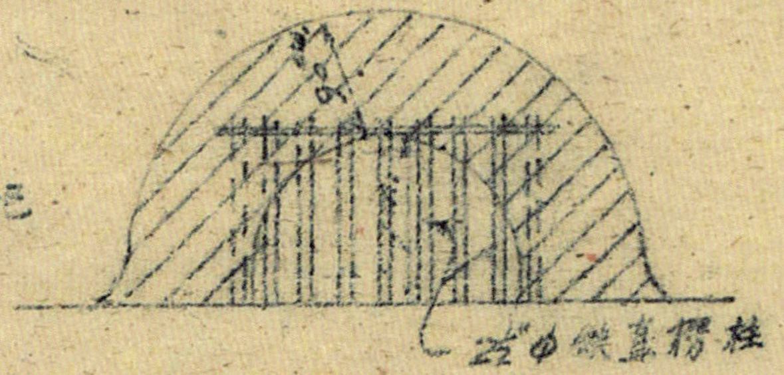

切視啚

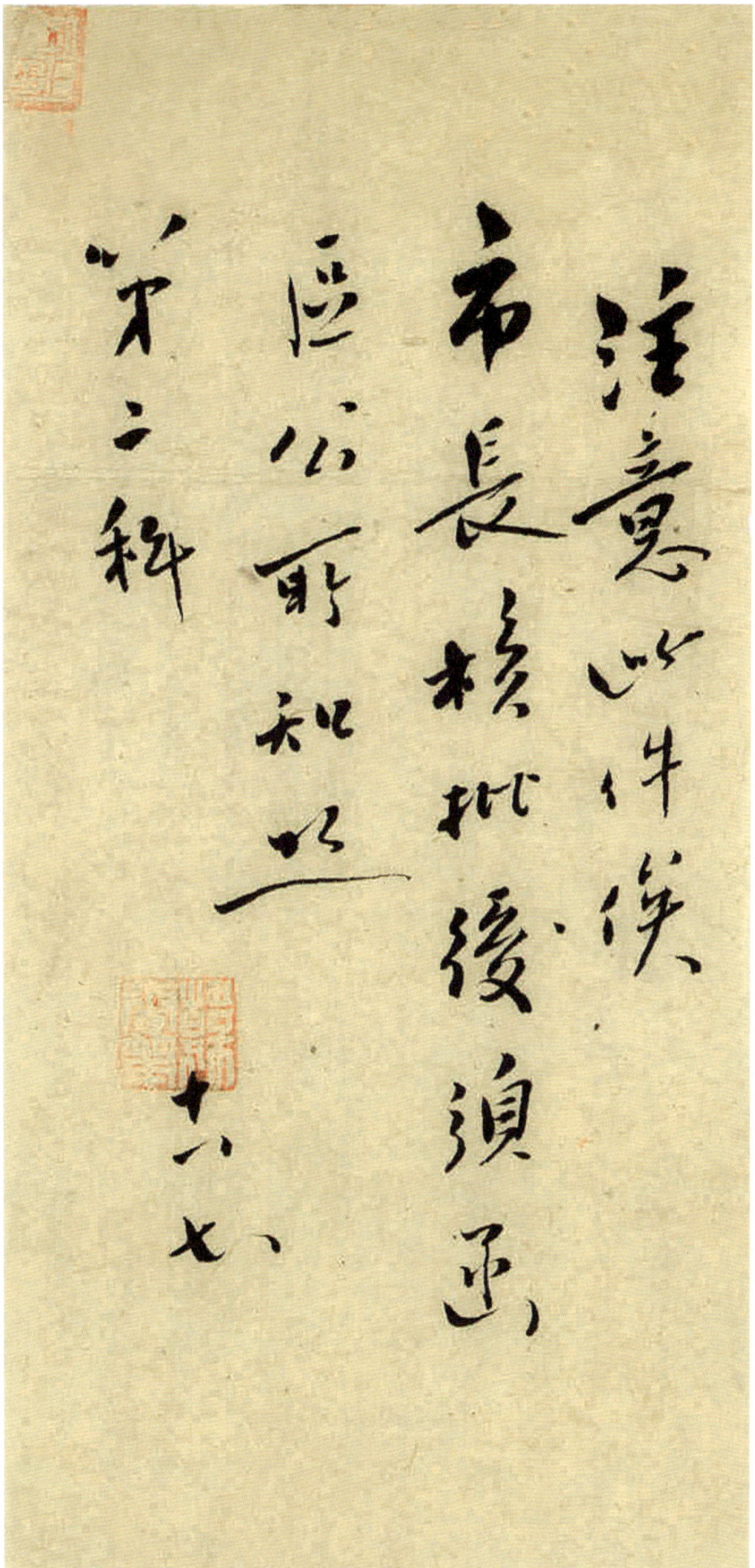
注意此件俟
市長核批後須逕
函公所知照
十一、七、
第二科

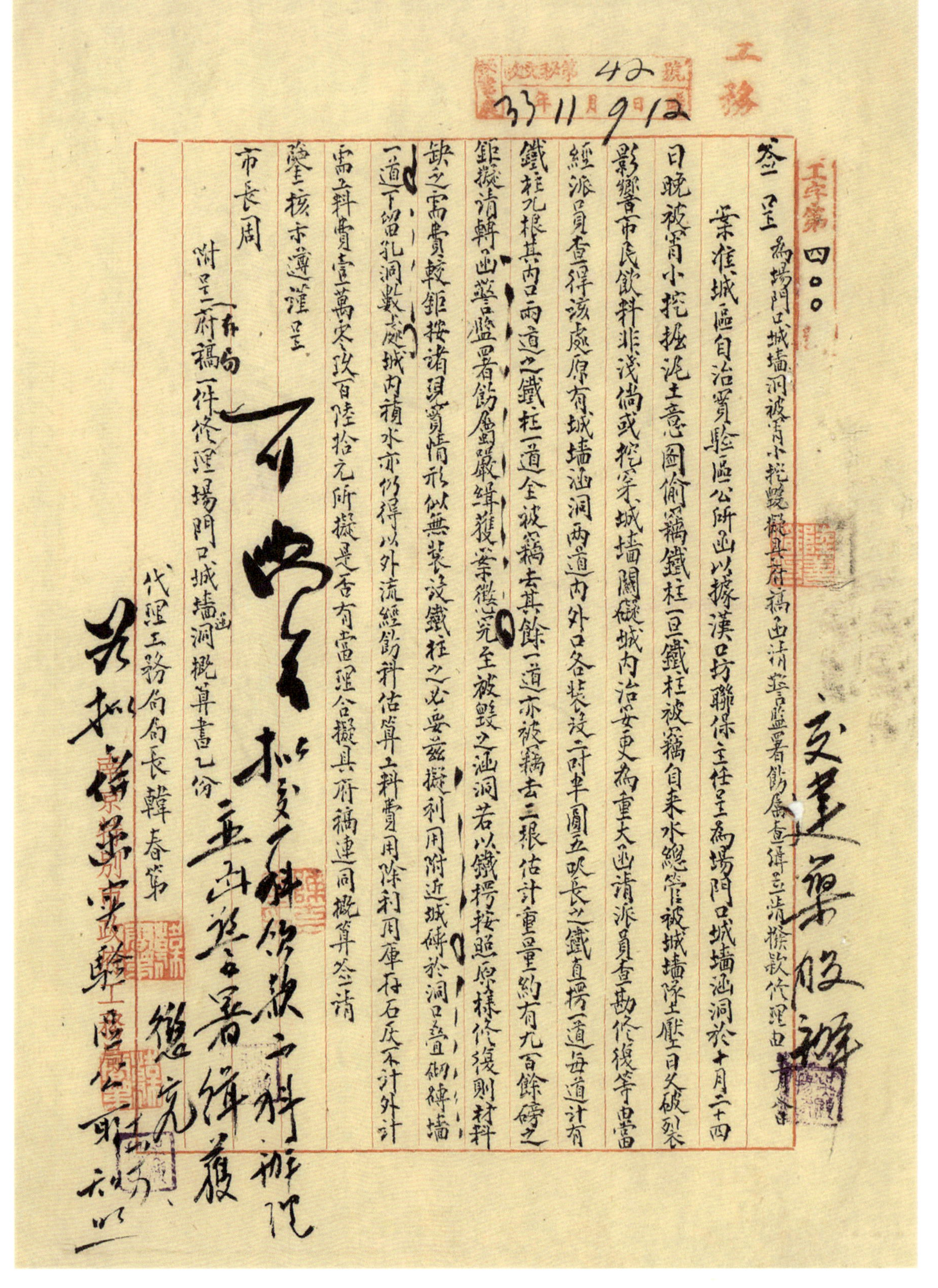

工務

收文第 42 號
33年11月9日12

工字第四〇〇號

交建築股辦

簽呈 為揚門口城墻涵洞被宵小挖毁擬具府稿函請警監署飭屬查緝並請撥款修理由

案准城區自治實驗區公所函以據漢口坊聯保主任呈為揚門口城墻涵洞於十月二十四日晚被宵小挖掘泥土意圖偷竊鐵柱一旦鐵柱被竊自來水總管被城墻除土壓日久破裂影響市民飲料非淺倘或挖穿城墻關礙城內治安更為重大函請派員查勘修復等由當經派員查得該處原有城墻涵洞兩道內外口各裝設二吋半圓五呎長之鐵直楞一道每道計有鐵柱九根其內口兩道之鐵柱一道全被竊去其餘一道亦被竊去三根估計重量約有九百餘磅之鉅擬請轉函警監署飭屬嚴緝獲案懲究至被毀之涵洞若以鐵楞按照原樣修復則材料缺乏需費較鉅按諸現實情形似無裝設鐵柱之必要茲擬利用附近城磚於洞口叠砌磚墻一道下留孔洞數處城內積水亦仍得以外流經飭科估算工料費用除利用庫存石灰不計外計需工料費壹萬叁玖佰陸拾元所擬是否有當理合擬具府稿連同概算簽請

鑒核示遵謹呈

市長周

附呈府稿一件（公函）修理揚門口城墻涵洞概算書乙份

代理工務局局長韓春第

可也

擬交工務科撥款二科辦理 並函警署緝獲懲究

南京市政府工務局概算書

字第　號
第　頁

工程名稱	修復城墻涵洞口被毀部分	施工地點	場門口
起案原委	案准城東區公所函請勘修		
施工範圍	原有城墻涵洞二道洞口鐵直欄柵被盜竊擬於洞口砌墻一道下面留六英寸空洞以便宣洩城内污水做法詳爲估算工料費如下		
工程總價			

工料種類	說明	單位	數量	單價（元）	複價（元）	備註
城磚	3×3m÷1.1m×2m=6.6立方公尺每立方公尺100塊	塊	1320.00	3.00	3960.00	城磚區力合如上數利用庫存故不作價
石灰	約合灰沙漿0.8擔	擔	25.00			
砂泥		英方	0.80			就地取料故不計
人工		工	20.00	300.00	6000.00	
雜項					1000.00	包括監工人員出勤費及損耗費等
合計					10960.00	

鑒定　　審核　　校對　　計算

中華民國33年11月4日

（三）僞市政府爲場門口城墻涵洞鐵柱被竊請嚴緝與僞首都警察總監署的往來公函（一九四四年十一月十五日至十一月二十一日）

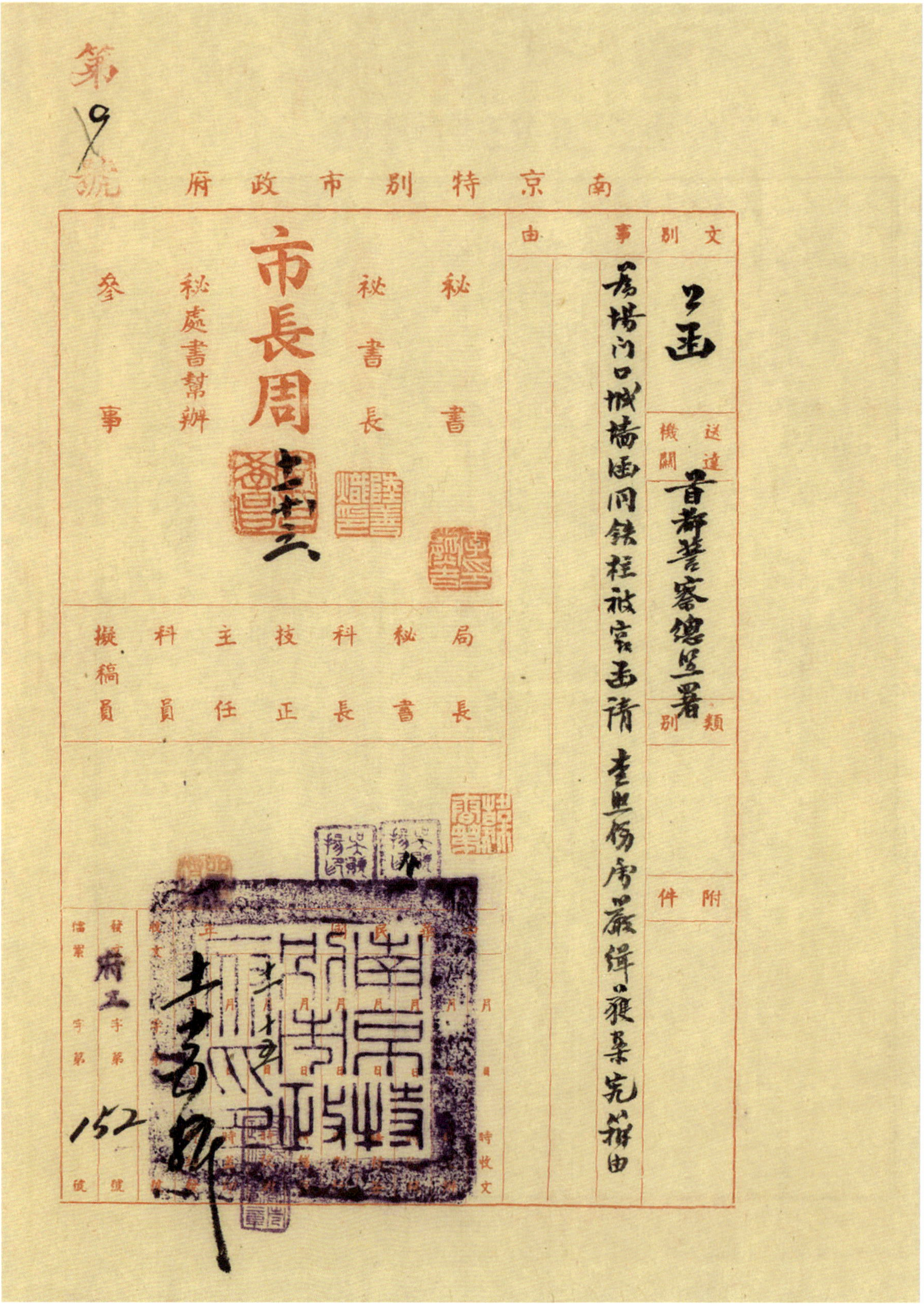
第 號
南京特別市政府

文別	送達機關	類別	附件	事由
公函	首都警察總監署			爲場門口城墻涵洞鐵柱被竊函請查照飭屬嚴緝獲案究辦由

市長周
秘書長
秘書
秘書處幫辦
參事

局長 秘書 科長 技正 主任 科員 擬稿員

府五字第152號

府衔工函

案据城区自治实验区区公所呈称据门口城墙涵洞原有内外口铁楞四道现被宵小挖去泥土意图偷窃铁柱呈请派员勘修等情经饬〔据〕工务局派员查得〔查报〕该处城墙涵洞已被莠民挖毁原有铁楞竟被窃去十一根之多估计重量约有九百余磅之钜拟请转函首都警察总监署饬属严缉获案究办等情查城墙涵洞被毁铁柱被窃不独有损公物且于城内治安影响甚钜自应予以缉办以儆效尤除饬工务局派工赶速修复外相应函达即希查照饬属严缉获案究办以重公务为荷此致

首都警察总监署

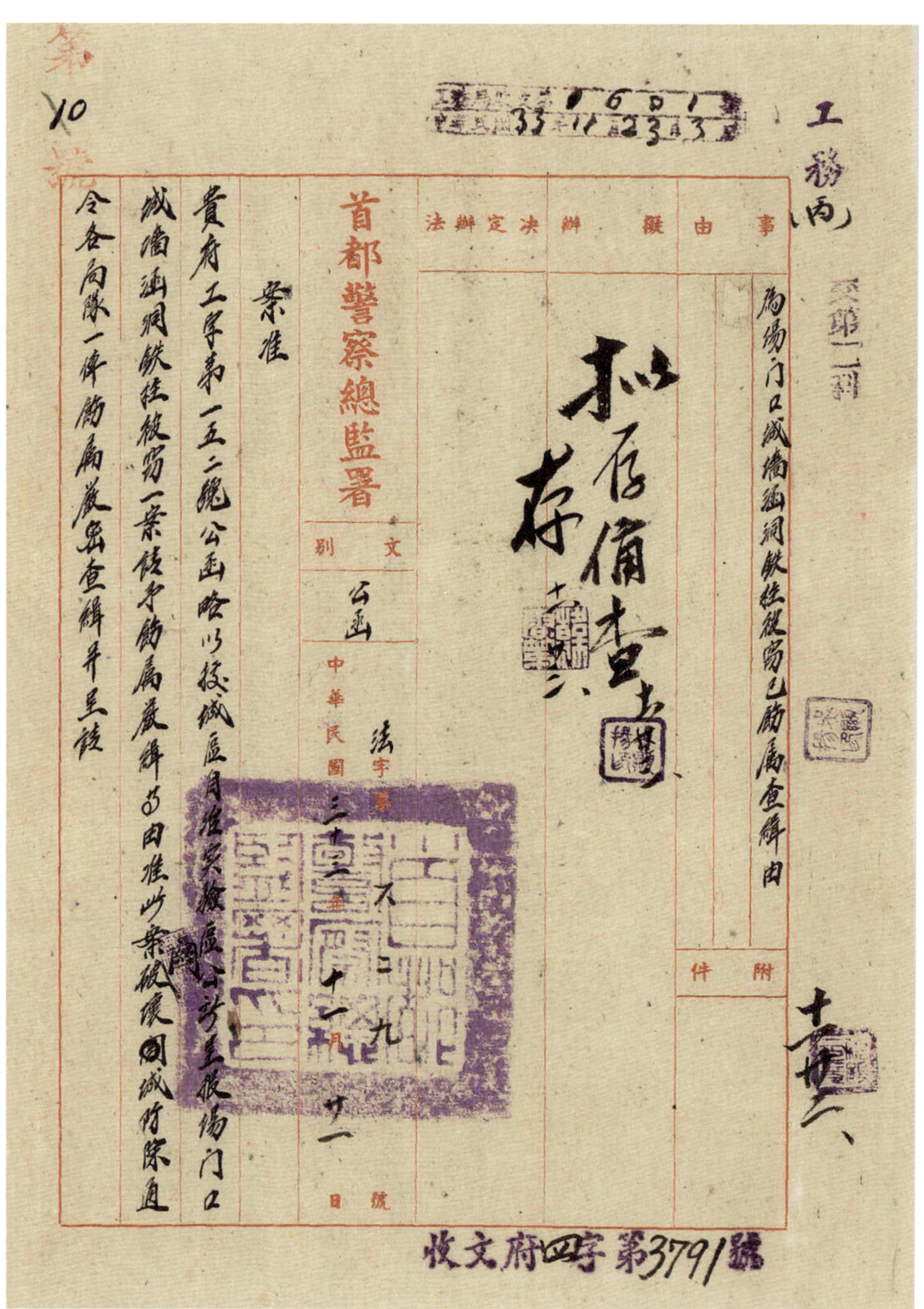

10

1601
33年11月23日

工務（丙）

字第一一科

十一、廿八

首都警察總監署

事由：為陽門口城牆涵洞鐵柱被竊已飭屬查緝由

擬辦：擬存備查 十一、廿八

決定辦法：

附件：

文別：公函

法字第[illegible]二九號

中華民國三十三年十一月廿一日

案准

貴府工字第一一五二號公函略以據城區自治實驗區公所呈報陽門口城牆涵洞鐵柱被竊一案請予飭屬嚴緝等由准此案破壞國城防除通令各局隊一律飭屬嚴密查緝并呈請

收文府四字第3791號

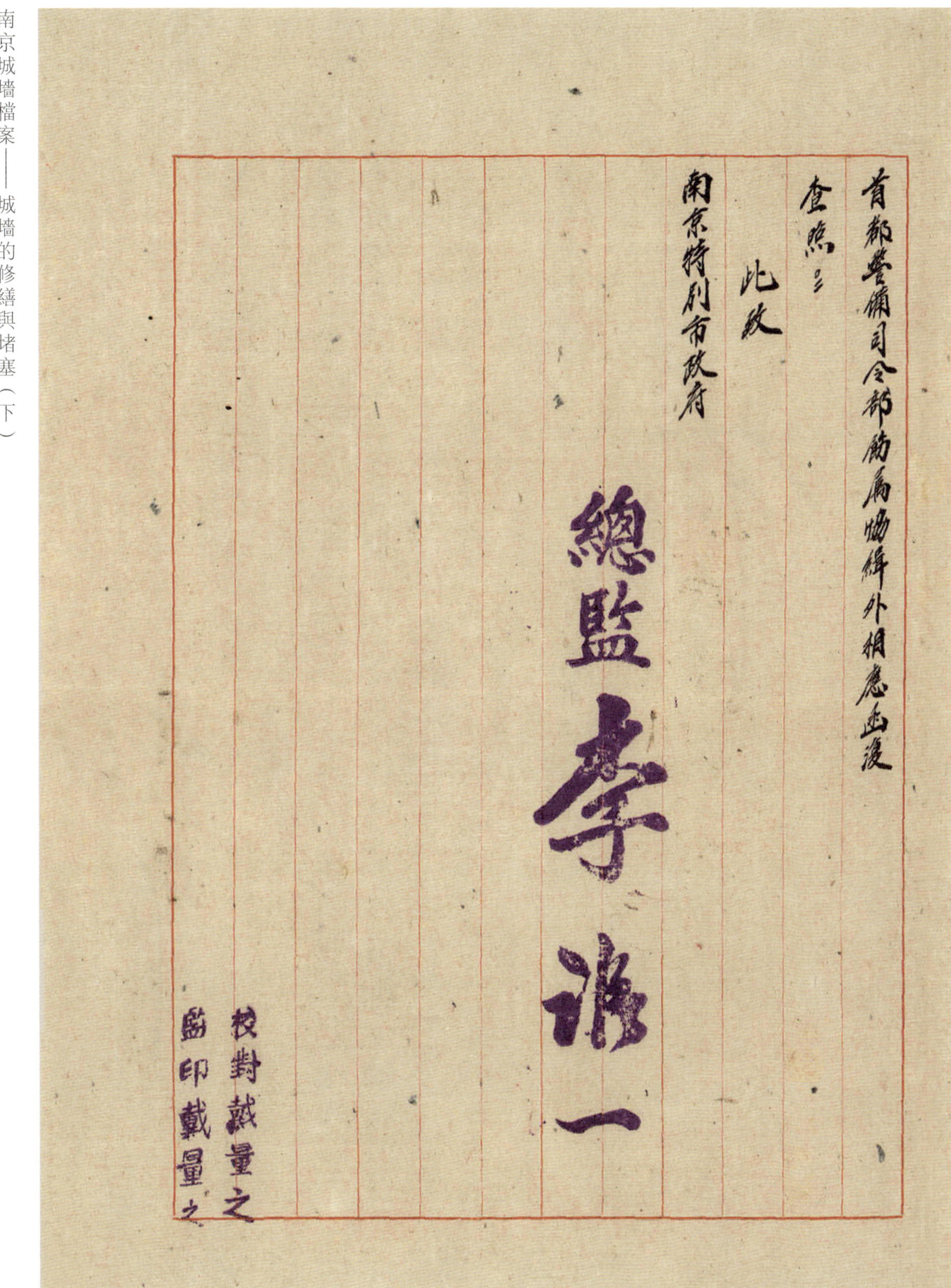

首都警備司令部飭屬協緝外相應函復
查照。
此致
南京特別市政府

總監李濟一

校對戴量之
監印戴量之

第11号

笺函 准函请修揚门口城墙涵洞业已计划就绪即将动工修理由

案准

贵区公所函略以据汉口坊联保主任呈为揚门口城墙涵洞被宵小挖掘泥土意图偷窃铁柱函请派员勘查修復等由准经派员查得该处城墙涵洞内外口装设之圆铁直楞已被窃去铁柱十一根业经本局计划就绪即将动工修理除已呈请转函首都警察总监署饬属严缉人赃究办外相应函复

即希

查照转饬该管保甲长随时注意免再被窃为荷

此致

城区自治实验区公所

十一．十四

南京特别市政府工务局

校对 汪恩溥 监印 王□英

1830

（四）僞市工務局爲場門口城墻涵洞工程請追加工款致僞市政府的簽呈（一九四五年二月十日）

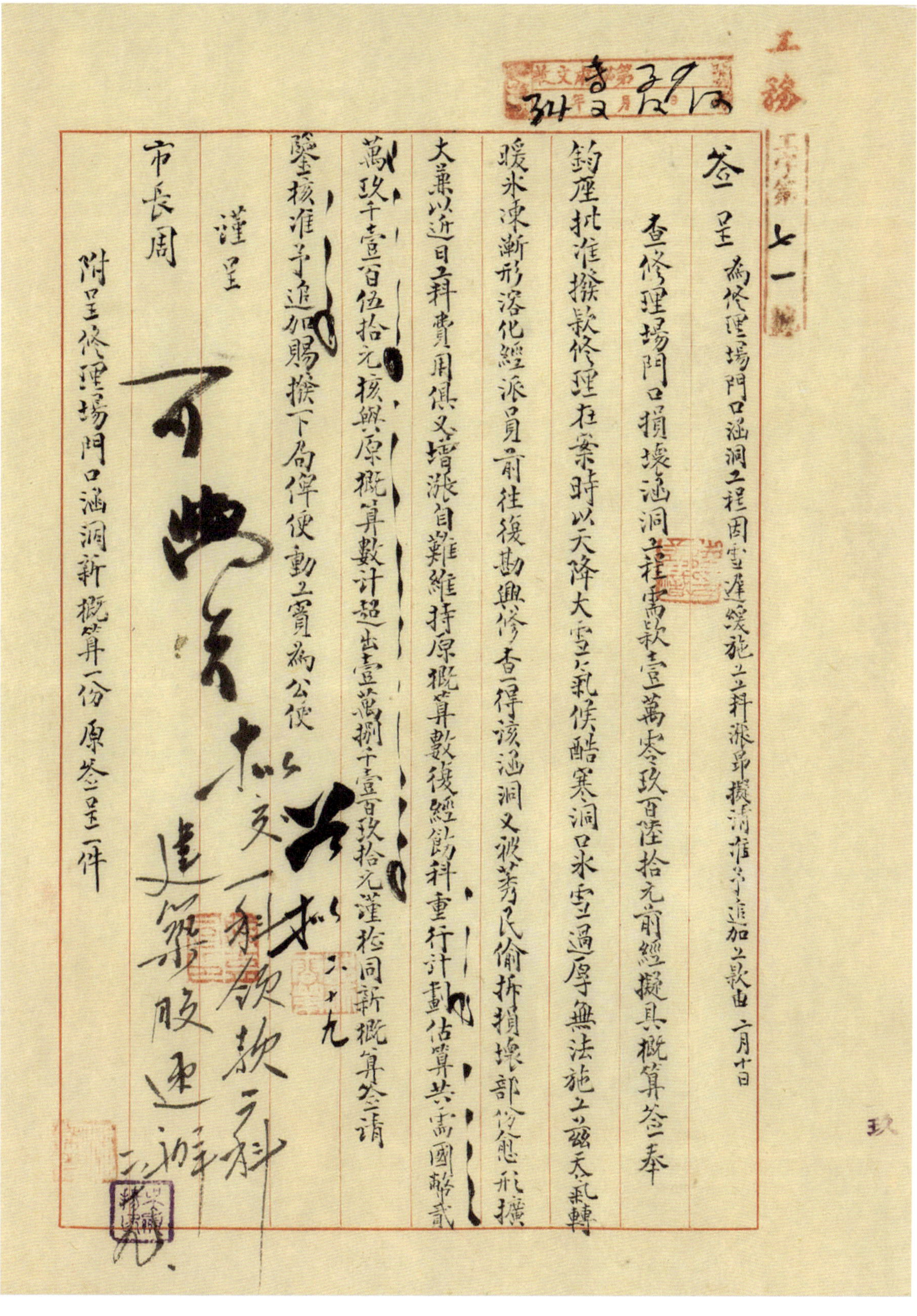
工務 工字第七一號

簽呈 爲修理場門口涵洞工程因雪延緩施工料漲昂擬請准予追加工款由 二月十日

查修理場門口損壞涵洞工程需款壹萬零玖百陸拾元前經擬具概算簽奉

鈞座批准撥款修理在案時以天降大雪氣候酷寒洞口冰雪過厚無法施工茲天氣轉暖冰凍漸形溶化經派員前往復勘興修查得該涵洞又被莠民偷拆損壞部份愈形擴大兼以近日工料費用俱又增漲自難維持原概算數復經飭科重行計劃估算共需國幣貳萬玖千壹百伍拾元核與原概算數計超出壹萬捌千壹百玖拾元謹检同新概算簽請

鑒核准予追加賜撥下局俾便動工實爲公便

謹呈

市長周

附呈修理場門口涵洞新概算一份原簽呈一件

可照所擬

交一科發款

建築股速辦

工務局局長韓春第

南京市政府工務局概算書

建字第38號
第全頁

工程名稱	修復城牆涵洞	施工地點	場門口
起案原委	城實區公所函請勘修		
施工範圍	原有城牆涵洞兩道洞口鉄直楞柱被盜竊拋於洞口内砌墻墩八道（各四道）每道空檔8英吋以便宣洩城内污水做法詳當估算工料費如下：		
工程總價	國幣貳萬玖仟壹佰伍拾圓正		

工料種類	說明	單位	數量	單價（元）	複價（元）	備註
城磚	(8-80)+10	块	650	5 00	3250 00	城砖只計運費
黄沙	1:2(4.9×.75×.09)	英方	0 30	15000	4500 00	
水泥	6×3×.75×4×2.2	袋	12 00			用本局庫存
人工		工	15	1250	18750 00	
雜項		10%			2650 00	包括材料運輸及巡工等費
合計					29150 00	

鑒定　　審核　　校對　　計算

中華民國34年2月8日

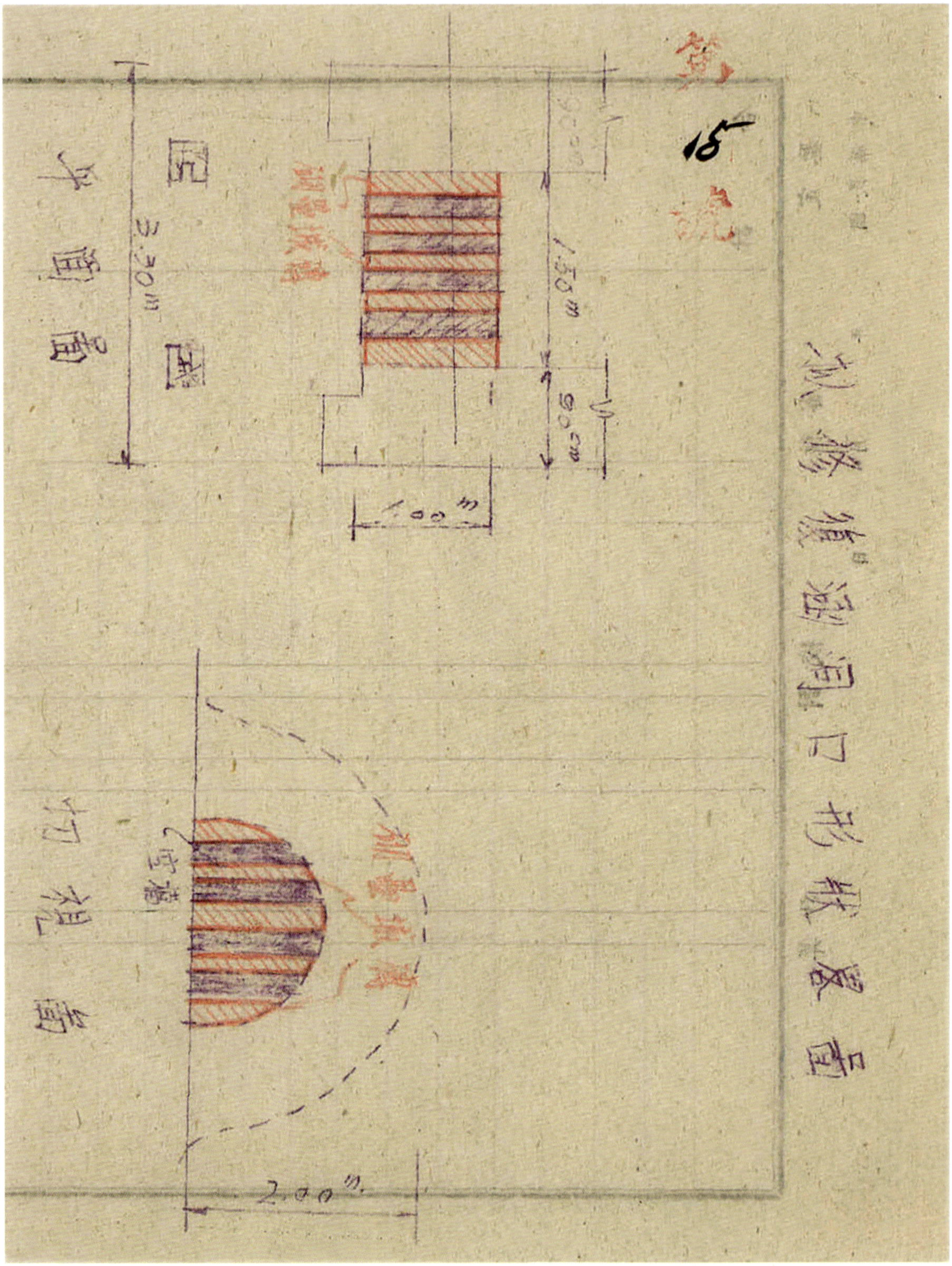
擬修復涵洞口形狀略圖
第15號
90cm
1.50m
90cm
1.00m
砌壘城磚
區
3.30m
平面圖
砌壘城磚
2.00m
切視圖

（五）僞市工務局爲場門口城墻涵洞工程交新福記營造廠承修致僞市政府的簽呈（一九四五年二月二十二日）

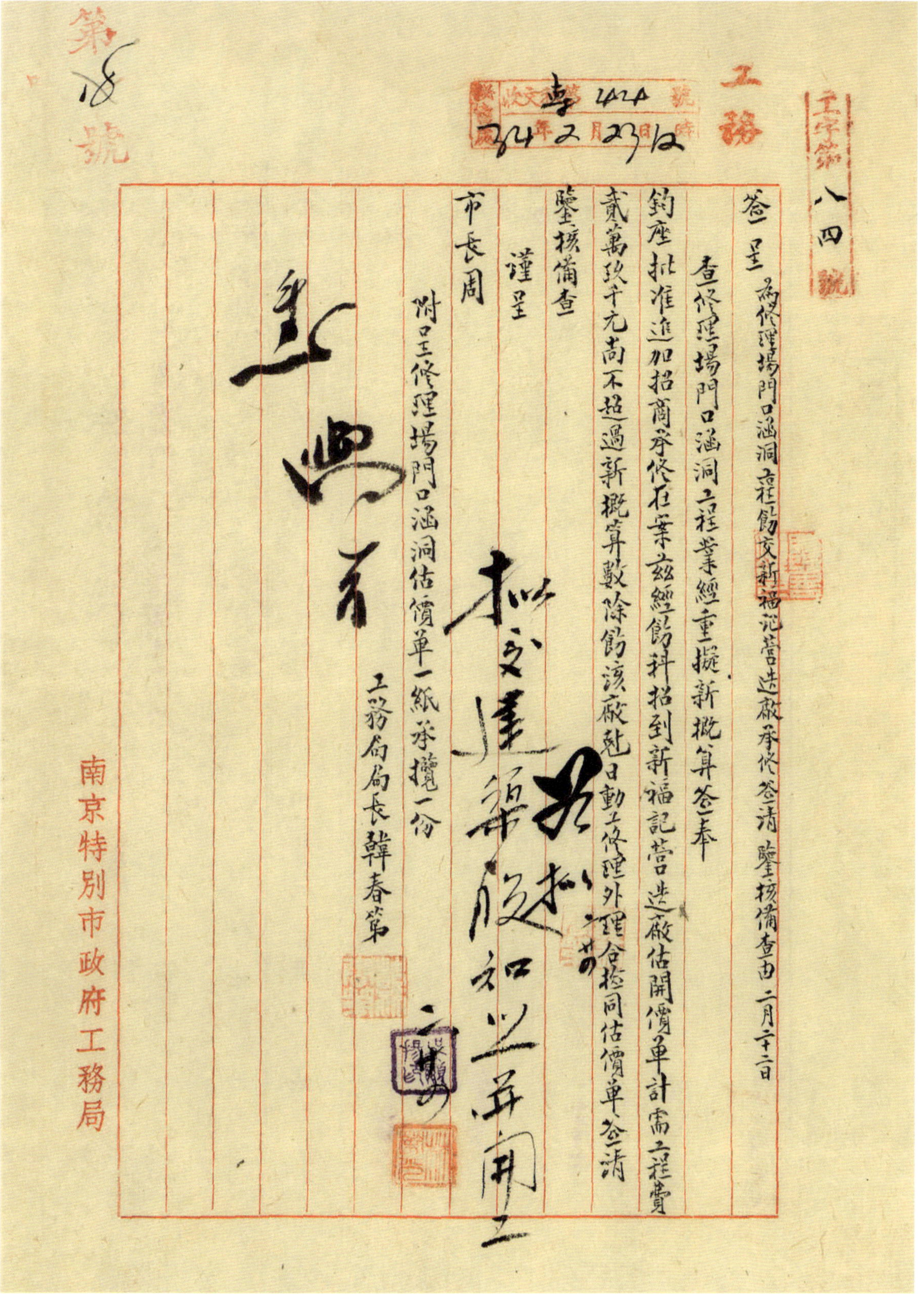
工字第八四號

工務

收文 第424號 日期 34年2月23日12時

第18號

簽呈 爲修理場門口涵洞工程飭交新福記營造廠承修簽請鑒核備查由 二月廿二日

查修理場門口涵洞工程業經重擬新概算簽奉

鈞座批准進加招商承修在案，茲經飭科招到新福記營造廠估開價單，計需工程費

貳萬玖千元，尚不超過新概算數，除飭該廠剋日動工修理外，理合檢同估價單簽請

鑒核備查。謹呈

市長周

附呈修理場門口涵洞估價單一紙承攬一份

工務局局長韓春第

擬交建築股知照

如擬

南京特別市政府工務局

新福記營造廠

小鋼銀巷六十號

南京特別市工務局壩門口

工程 涵筒內新做水泥磚牆估價單　民國34年2月20日

名稱	數量	面積 方	面積 角	單價	共計
城磚	600塊			5.00	3000.00
黃砂	1車			6000.00	6000.00
工飯	15工			1000.00	15000.00
運費				5000.00	5000.00
水泥由局方供給					
					$29000.00

第 9 號　簽名

上海
新福記營造廠
小鋼銀巷六十號

第20號

南京特別市工務局修理場門口城墻涵洞承攬及施工説明書

立承攬人新福記營造廠今攬到

南京特別市工務局修理場門口城墻涵洞工程總包價計貳萬玖仟元正

并願遵照下列各條辦理倘有貽誤或違背左列各條時承攬人應受罰款處分如中途退攬或其他意外事件發生概由保証人負責清算賠償並完成本承攬書所訂承攬人之責任

一、本工程包括修理場門口城墻涵洞二道於洞口內各砌磚墩四道照圖砌壘

一、本工程所用水泥蓋由 鈞局供給惟由承攬人運抵工地中途如有缺少蓋由承攬人負責

一、本工程所用黃砂運抵工地後須經監工員驗收後方准使用

一、本工程限柒個晴天完工逾期一天罰款叁百元

一、付款辦法

1、訂承攬時付壹萬伍千元正

南京特別市政府工務局

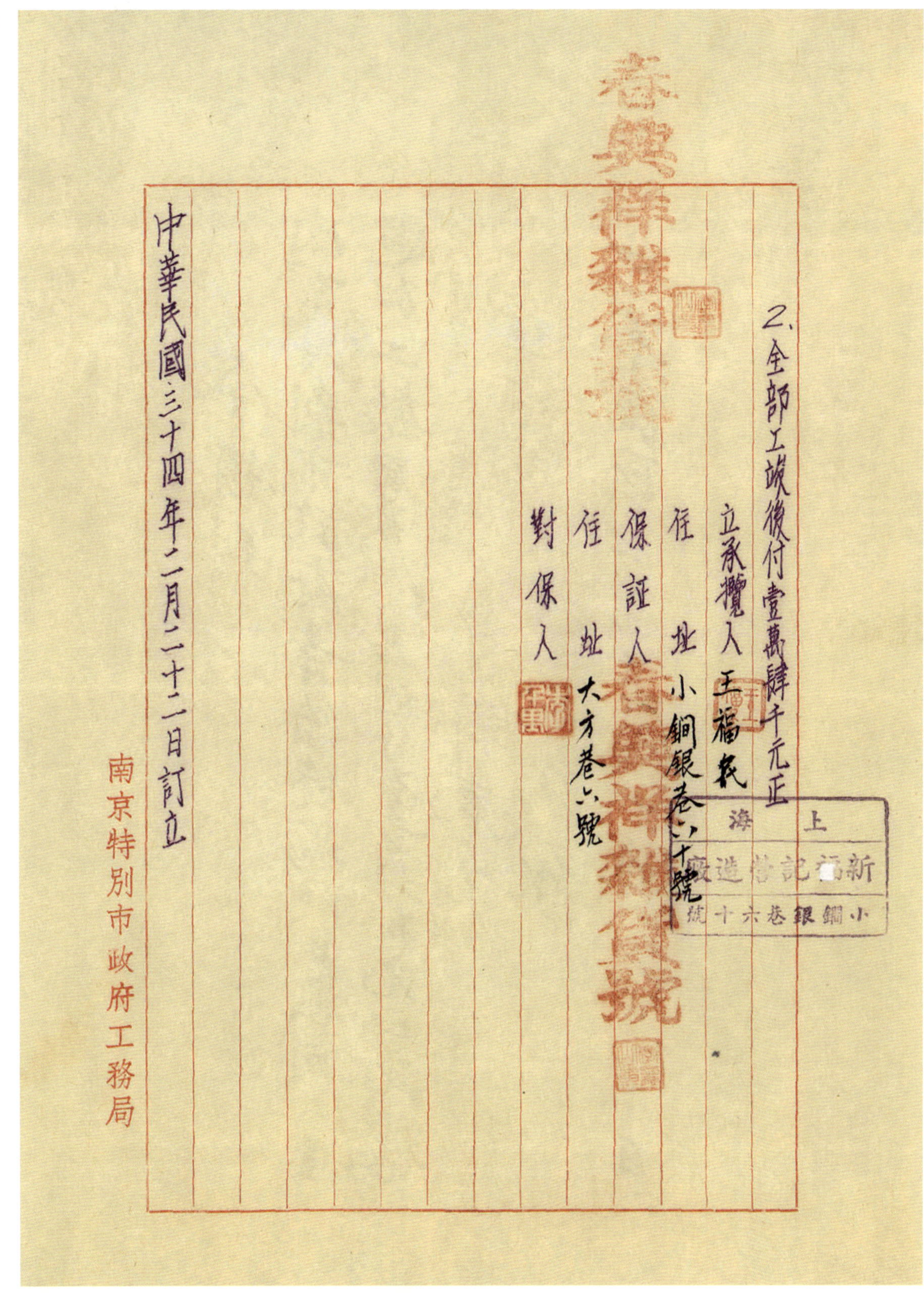

2、全部工竣後付壹萬肆千元正

立承攬人 王福根

住址 小銅銀巷六十號

上海
新福記營造廠
小銅銀巷六十號

保証人 春興祥雜貨號

住址 大方巷六號

對保人

中華民國三十四年二月二十二日訂立

南京特別市政府工務局

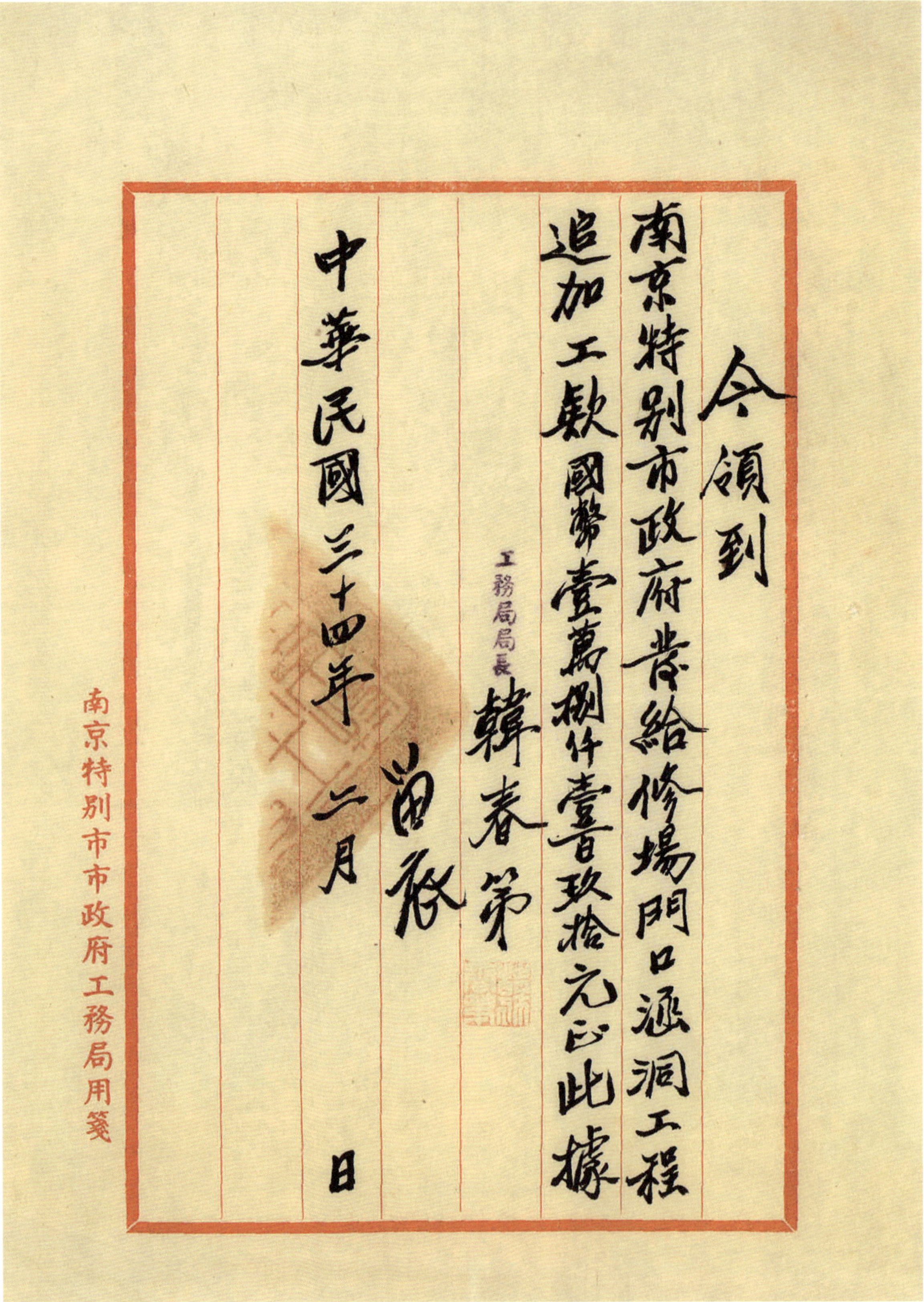

令領到

南京特別市政府發給修理場門口涵洞工程

追加工款國幣壹萬捌仟壹百玖拾元正此據

工務局局長 韓春第

曲啟

中華民國三十四年二月 日

南京特別市市政府工務局用箋

（七）僞市工務局爲修補場門口城墻涵洞工程完工派員驗收致僞市政府的簽呈

（一九四五年三月一日至三月五日）

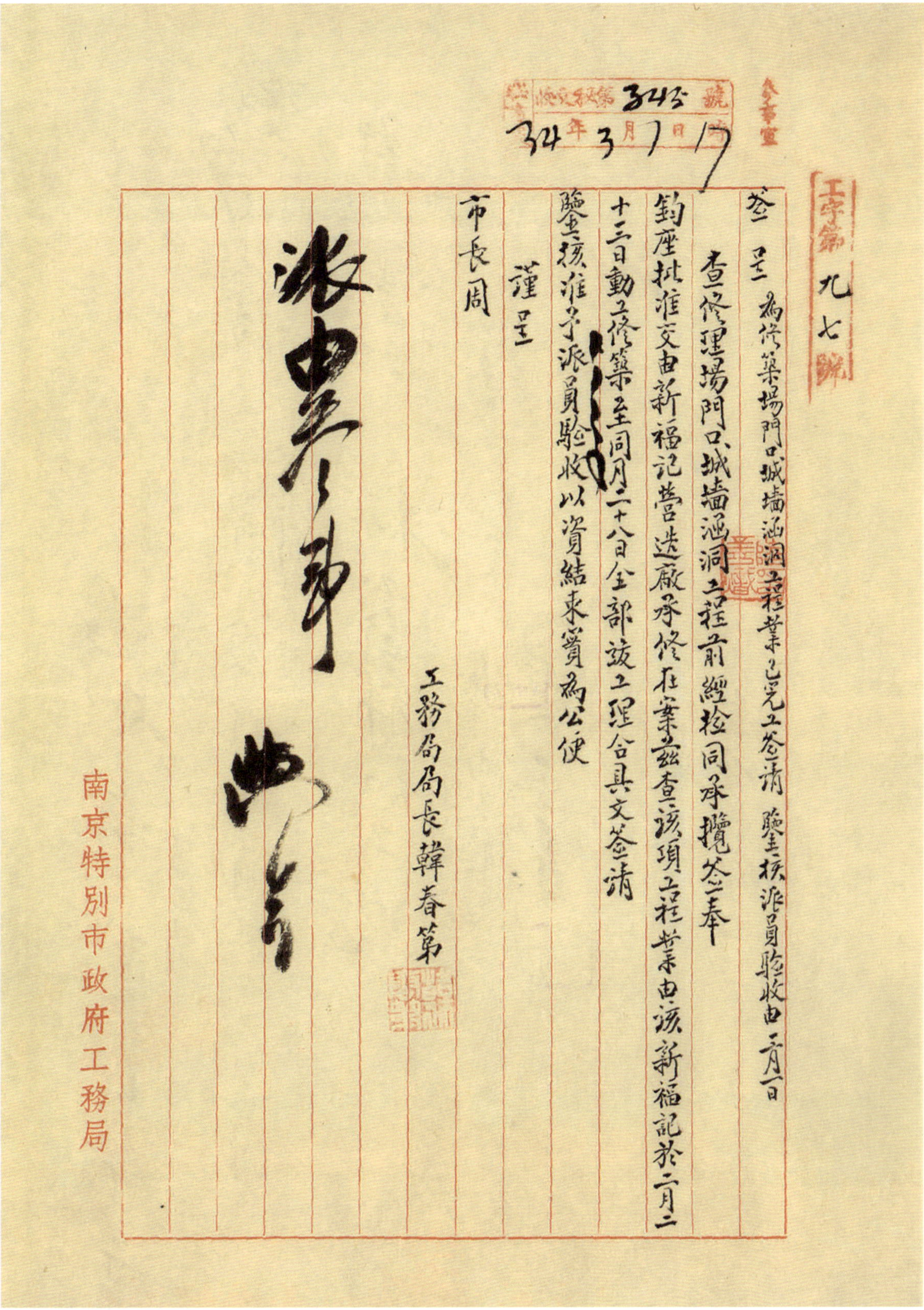

工字第九七號

簽呈 爲修築場門口城墻涵洞工程業已完工簽請 鑒核派員驗收由 三月一日

查修理場門口、城墻涵洞工程前經擬同承攬簽奉

鈞座批准交由新福記營造廠承修在案茲查該項工程業由該新福記於二月二

十三日動工修築至同月二十八日全部竣工理合具文簽請

鑒核准予派員驗收以資結束實爲公便

謹呈

市長周

工務局局長韓春第

南京特別市政府工務局

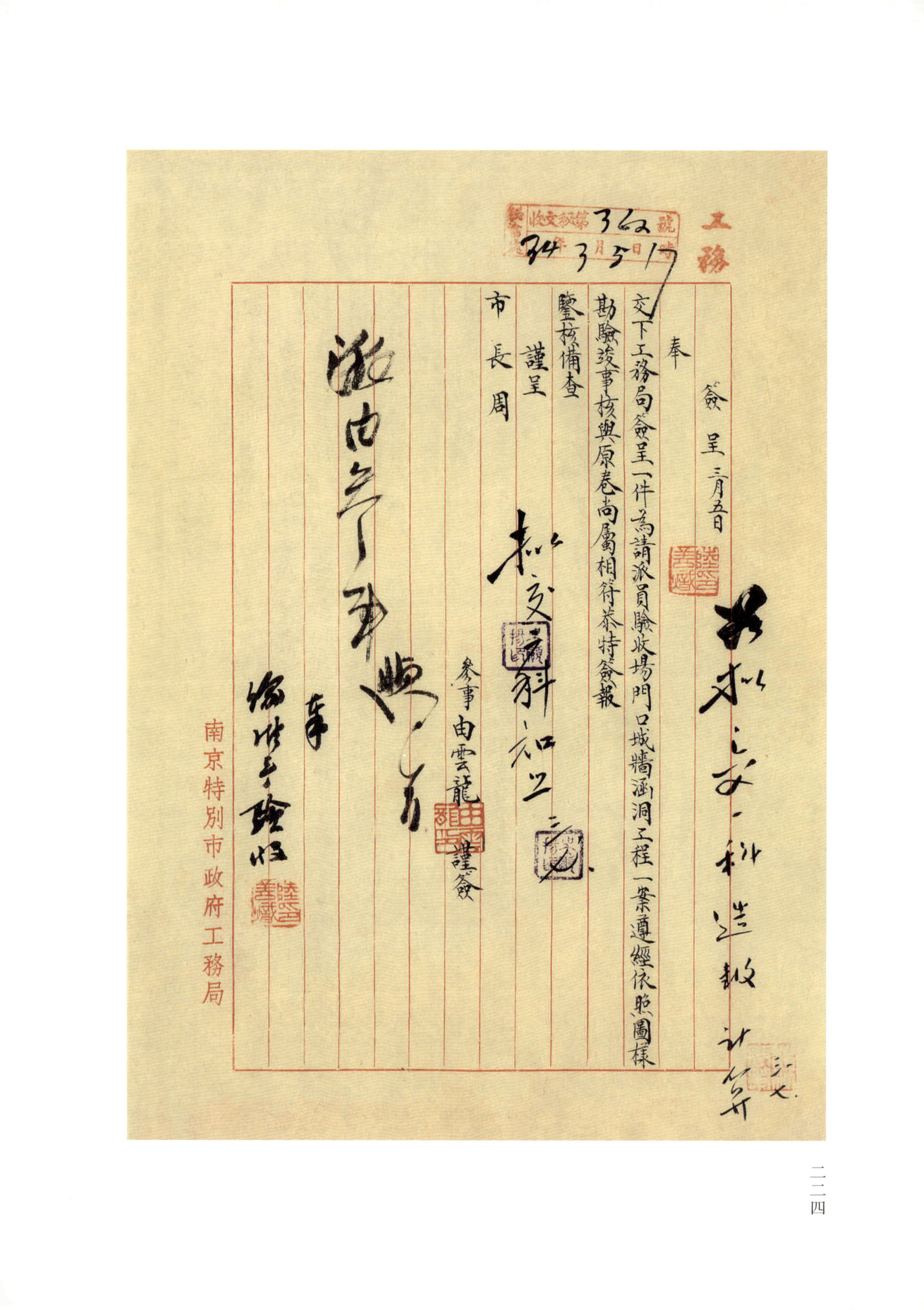

工務

收文第362號
34年3月5日17時

簽呈 三月五日

奉
交下工務局簽呈一件為請派員驗收場門口城牆涵洞工程一案遵經依照圖樣勘驗竣事核與原卷尚屬相符恭特簽報
鑒核備查
謹呈
市長周

參事 由雲龍 謹簽

南京特別市政府工務局

（八）僞市工務局爲送場門口城墻涵洞工程支出計算書致僞市政府的呈文（一九四五年三月九日）

工務局發文第117號
中華民國34年3月13日 時

第23號

呈 為呈送修理場門口涵洞工款支出計算書據仰祈 鑒核存轉由

查修理場門口涵洞工程業已交由新福記營造廠修理該工所有工款支出計算書據既經飭科編造竣事理合隨文呈送仰祈
鑒核分別存轉實為公便
謹呈
市長周

附呈修理場門口涵洞工款支出計算書三份單據粘存簿一本

衔 名

三九

三.九

南京特別市政府工務局

民

南京特別市政府工務局修理場門口涵洞工程費支出計算書

中華民國三十四年

次械

第24號

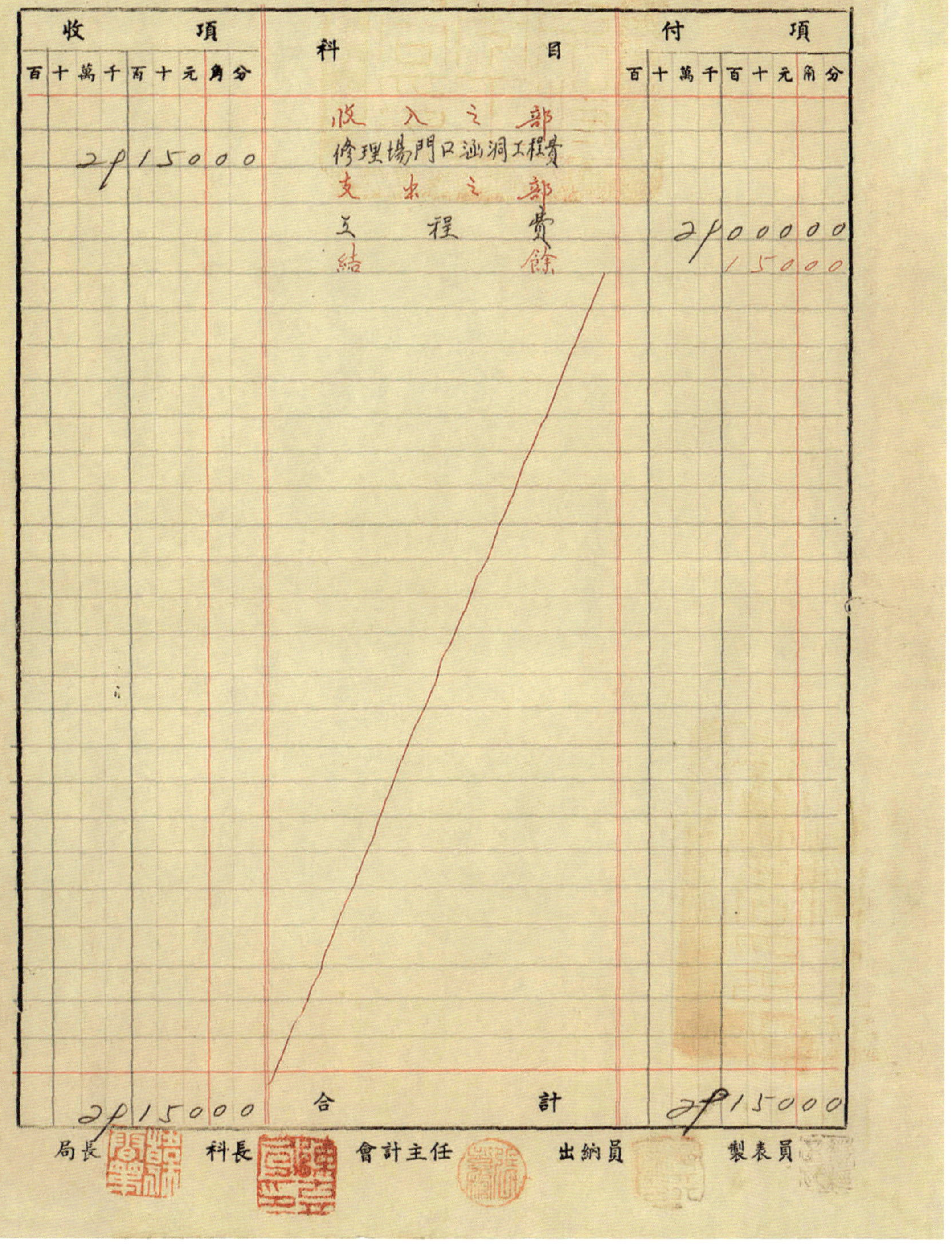

南京特別市工務局

收支對照表

中華民國34年3月份

收項	科目	付項
	收入之部	
2,15000	修理場門口涵洞工程費	
	支出之部	
	工程費	2,00000
	結餘	15000
2,15000	合計	2,15000

局長　科長　會計主任　出納員　製表員

南京特別市工務局修理場門口涵洞工程費3月份支出計算書

中華民國18年3月　日

科目	本月份概算數	本月份計算數	比較：增	比較：減	備考
第一款 修理場門口涵洞工程費	二九、一五〇〇〇	二九、〇〇〇〇〇		一五〇〇〇	
第一項 修理場門口涵洞工程費	二九、一五〇〇〇	二九、〇〇〇〇〇			
第一目 工程費	二九、一五〇〇〇	二九、〇〇〇〇〇			
第一節 第一期工程費	一五、〇〇〇〇〇	一五、〇〇〇〇〇			單據自第1號起止
第二節 第二期工程費	一四、一五〇〇〇	一四、〇〇〇〇〇		一五〇〇〇	單據自第2號起止

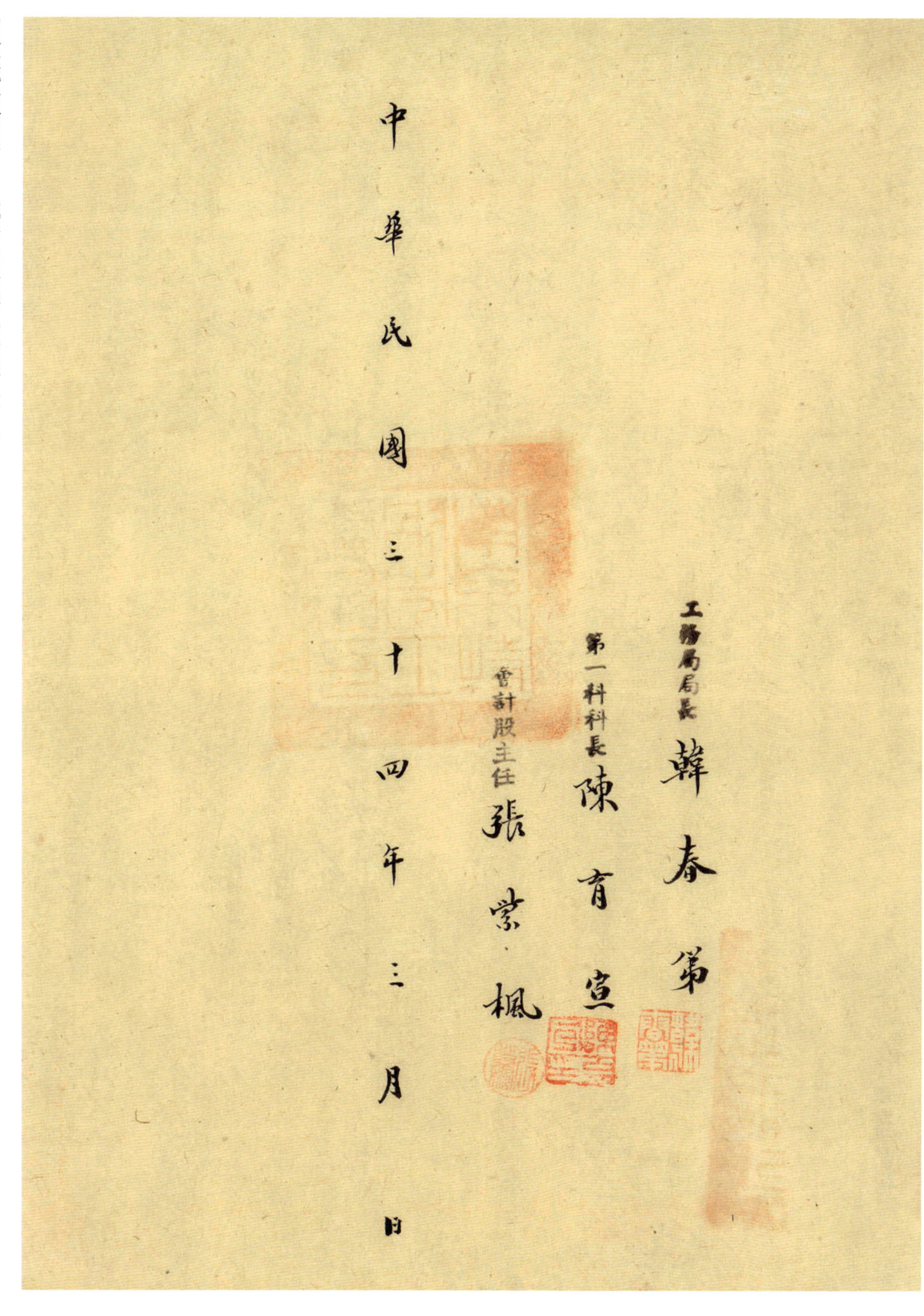

工務局局長 韓春第

第一科科長 陳育宣

會計股主任 張崇楓

中華民國三十四年三月 日

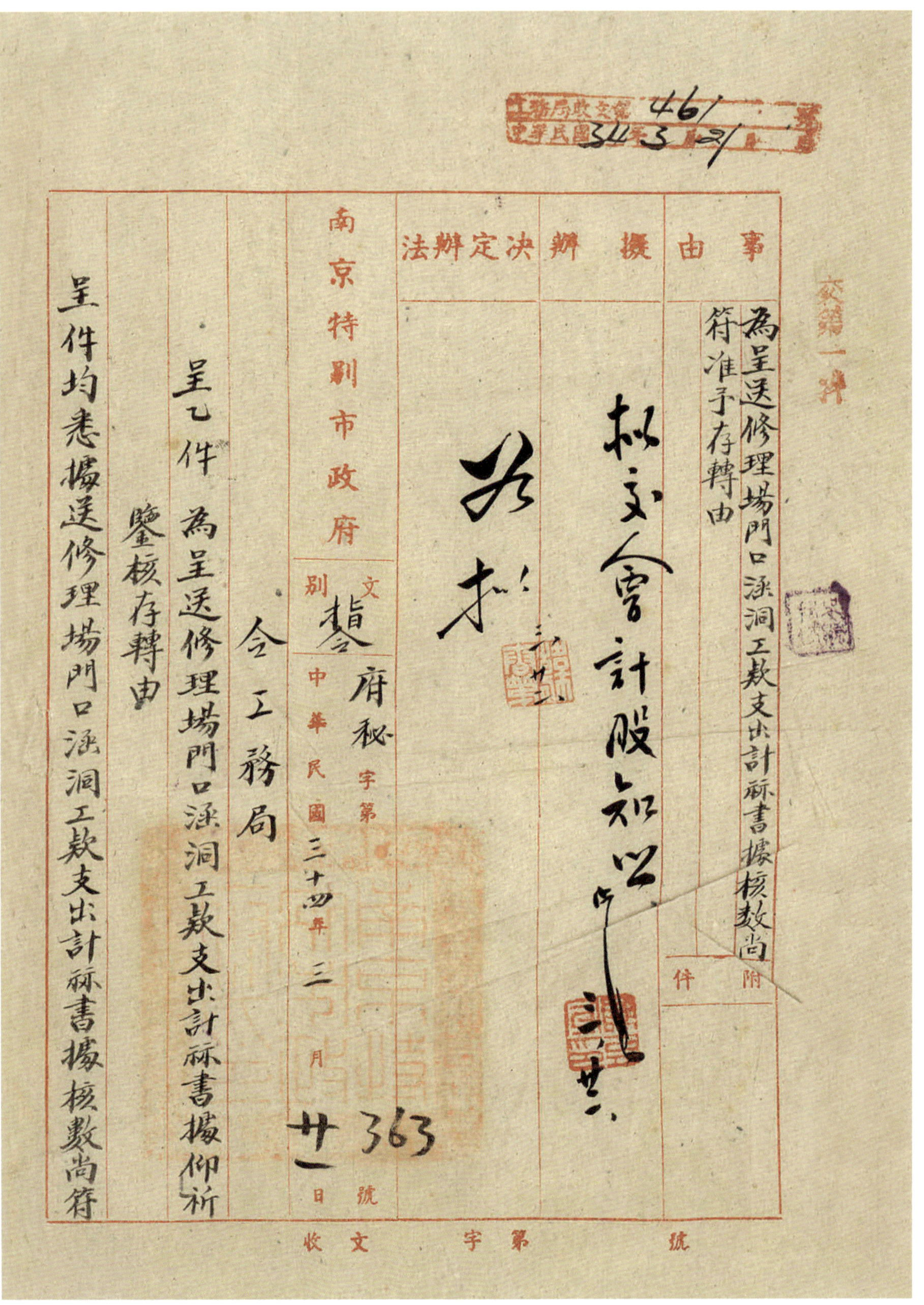

（九）僞市政府爲修理場門口涵洞工款支出計算書準予存轉致僞市工務局的指令（一九四五年三月二十一日）

工務局收文 461
中華民國34年3月21日

事由	為呈送修理場門口涵洞工款支出計算書據核數尚符准予存轉由
擬辦	擬交會計股知照 三、廿三
決定辦法	如擬 三、廿三
附件	

南京特別市政府

文別：指令　府秘字第363號

中華民國三十四年三月廿一日

令工務局

呈乙件　為呈送修理場門口涵洞工款支出計算書據仰祈鑒核存轉由

呈件均悉據送修理場門口涵洞工款支出計算書據核數尚符

收文　字第　號

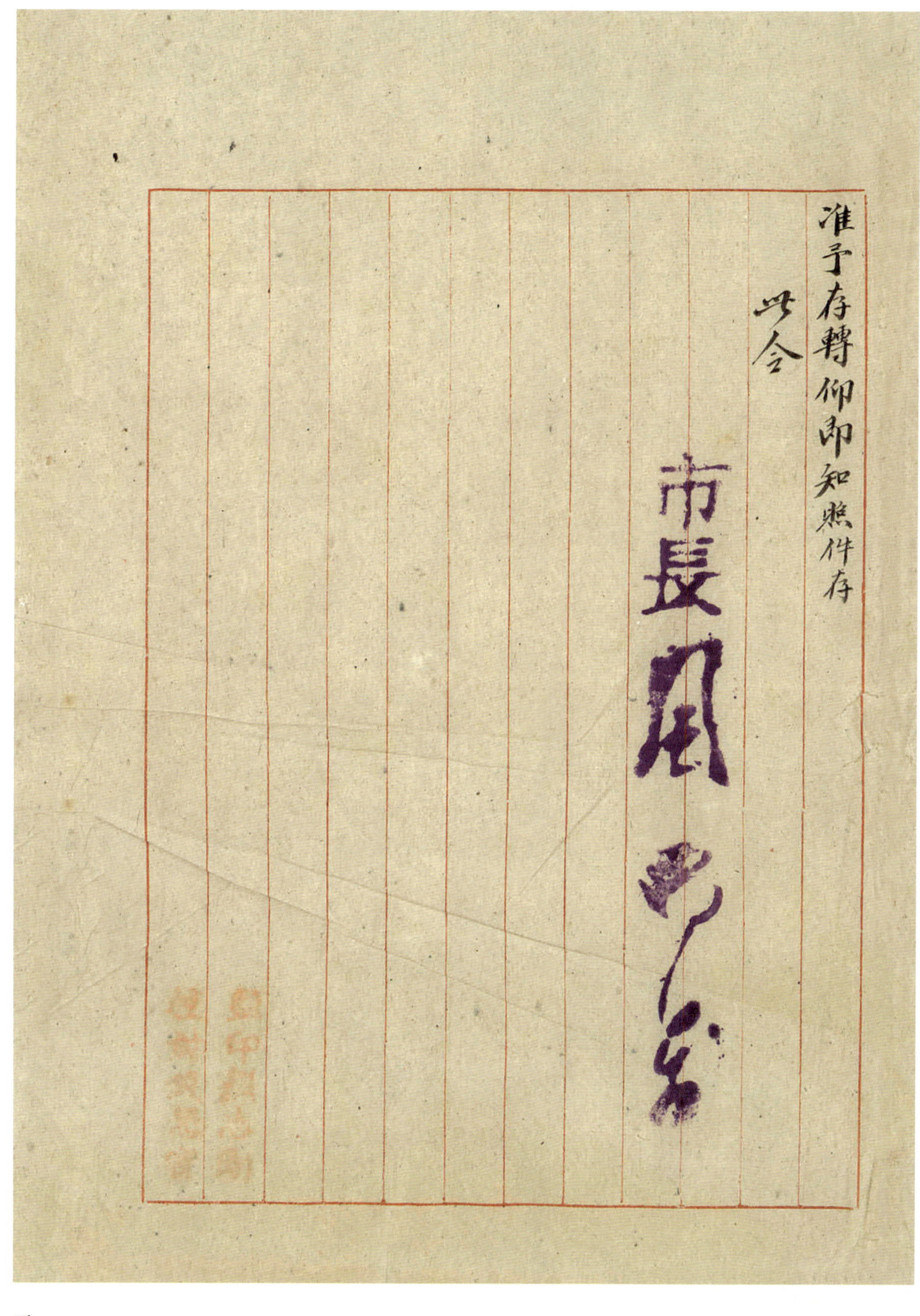

准予存轉仰即知照件存

此令

市長 周學昌

南京城墻檔案

城墻的修繕與堵塞（下）

叁

一九四六年至一九四九年

修理中山門城墻缺口工程

（一）市工務局關于修理中山門城墻缺口的工程預算表、估價單及承攬單等（一九四六年一月五日至一月十六日）

南京市工務局工程預算表

工程地點 中山門左側

工程名稱 修理城墻及塗漆標語　　35年1月5日第1頁

項目	工程種類	説明	單位	數量	單價	複價	備考
	修理城墻	利用舊城磚1:3石灰漿砌	立公方	52.5	7500	393750	調磚運力及搭脚手在内
	塗漆標語	漆相和色	平公尺	400	200	80000	搭脚手在内
總價						473750.00元	

局長　　科長　　校對　　製表

[illegible]

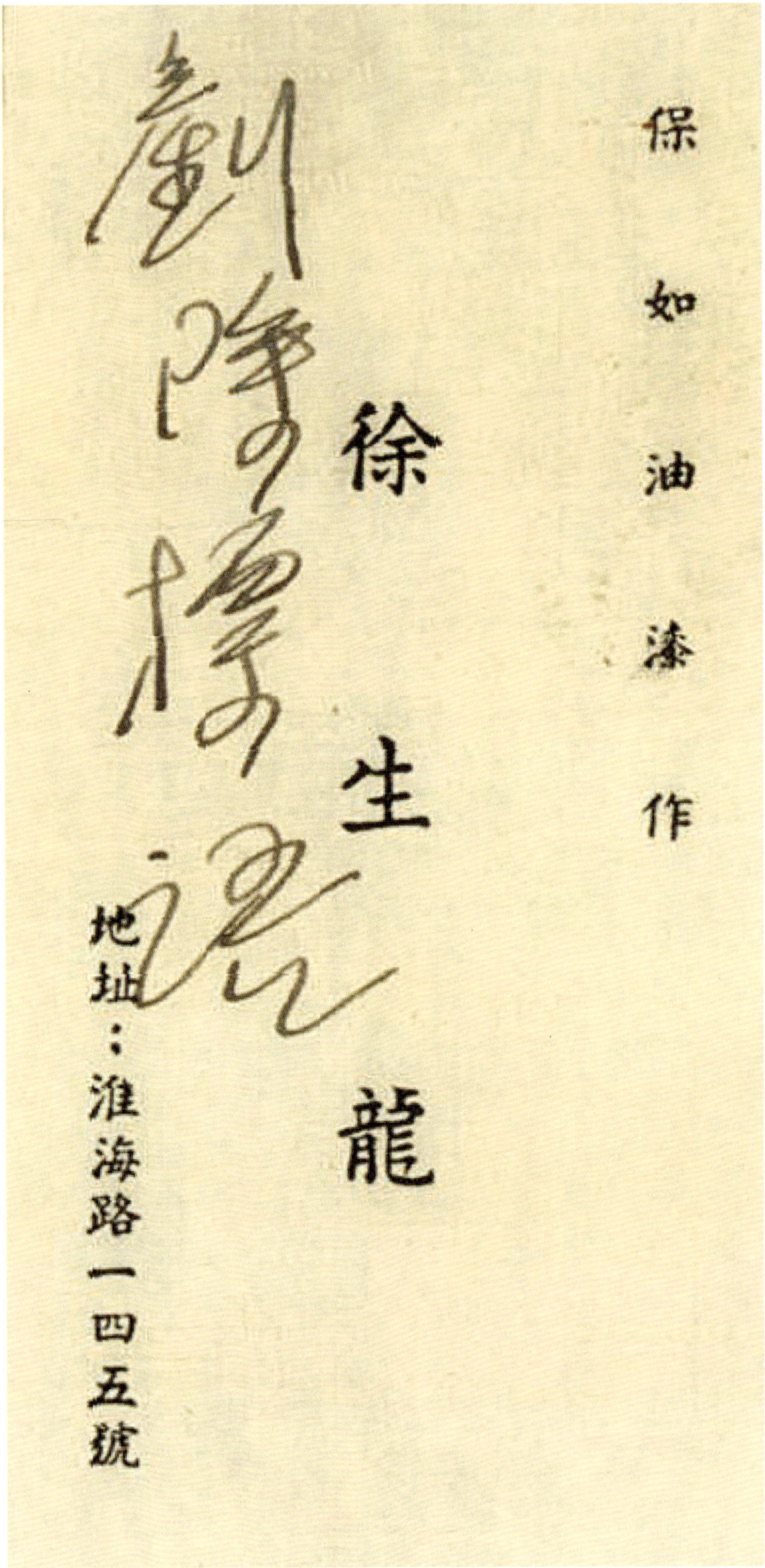
保如油漆作
徐生龍
地址：淮海路一四五號

南京市工務局工程預算表

工程地點 中山門北端

工程名稱 修理城墻缺口　　　　35年1月10日第1頁

項目	工程種類	說明	單位	數量	單價	複價	備考
	修理城墻	1.利用舊城磚	M^3	52.5	6900	362,250	城磚運力及
		2.用1:2石灰漿砌					搭架等在内
	總價			$362,250			

局長　　科長　　校對　　製表　　16830/C14

會計主任

修砌城墙缺口等估價單

南京武定門鴛鴦橋三號

謹估修理中山门北首城墙缺口及剷塗日僞標語估價單

分列於左

一、砌城墙缺口計伍拾貳立公 城磚由局方供給搬運力由承包人自理

每立公灰泥料共柒仟叁百元 計叁拾柒萬玖仟陸百元

一、剷塗日僞標語大字計四百平公 先剷除字跡後塗刷青灰色一度與城墙色相仿連脚手架等

每平公工料捌百元 計叁拾貳萬元正

共計工料法幣陸拾玖萬玖仟陸百元

此上

南京市工務局 查核

經理 尹如祥 具

三十五年元月十二日

南京市工務局

修理中山門北端城墻缺口及剷粉日偽標語等工程估價單

項目	工程種類	説明	单位	數量	单價	複價	備註
1	北端城墻缺口		立公	52.5	6,900.00	362,250.00	石灰沙泥代弄具拾運城磚力及做工在内
2	剷粉日偽標語		平公	400.	230.00	92,000.00	八个大字代青烟底粉刷
3	剷粉標語搭脚手竹標工費		〃	1500.	120.00	180,000.00	

共計工料法幣陸拾叁萬肆仟貳百伍拾元整

此上

南京市工務局

裕康營造廠

經理人 徐逦鈞 具

住址

中華民國三十五年九月十二日

承攬　承字第19號

南京市工務局劃除標語油漆工程

立承攬人徐生龍今攬到

南京市工務局劃除標語油漆工程計國幣壹拾萬元正茲願

按照左列之各條訂定承攬如下

一、工款總額　國幣壹拾萬元正

二、完竣日期　自訂定承攬之日起限拾個晴天完竣

三、逾期罰款　每逾一天按總價百分之二罰款計每天貳仟元正

四、領款辦法　分　期付給

第一期　於訂立承攬時付保證金款伍萬元（百分之五十）

第二期　於完工驗收後付清所欠工款

本承攬自訂定之日起如有貽誤及違背一切規章之處

五、承攬責任　均由保證人負賠償責任

承攬商號　保如油漆作　住址淮海路一〇五號

經理人　徐生龍

保證人　昌華營造廠

經理　湯昌鎬　住址上海路21號

對保人

南京市工務局

中華民國三十五年元月十六日

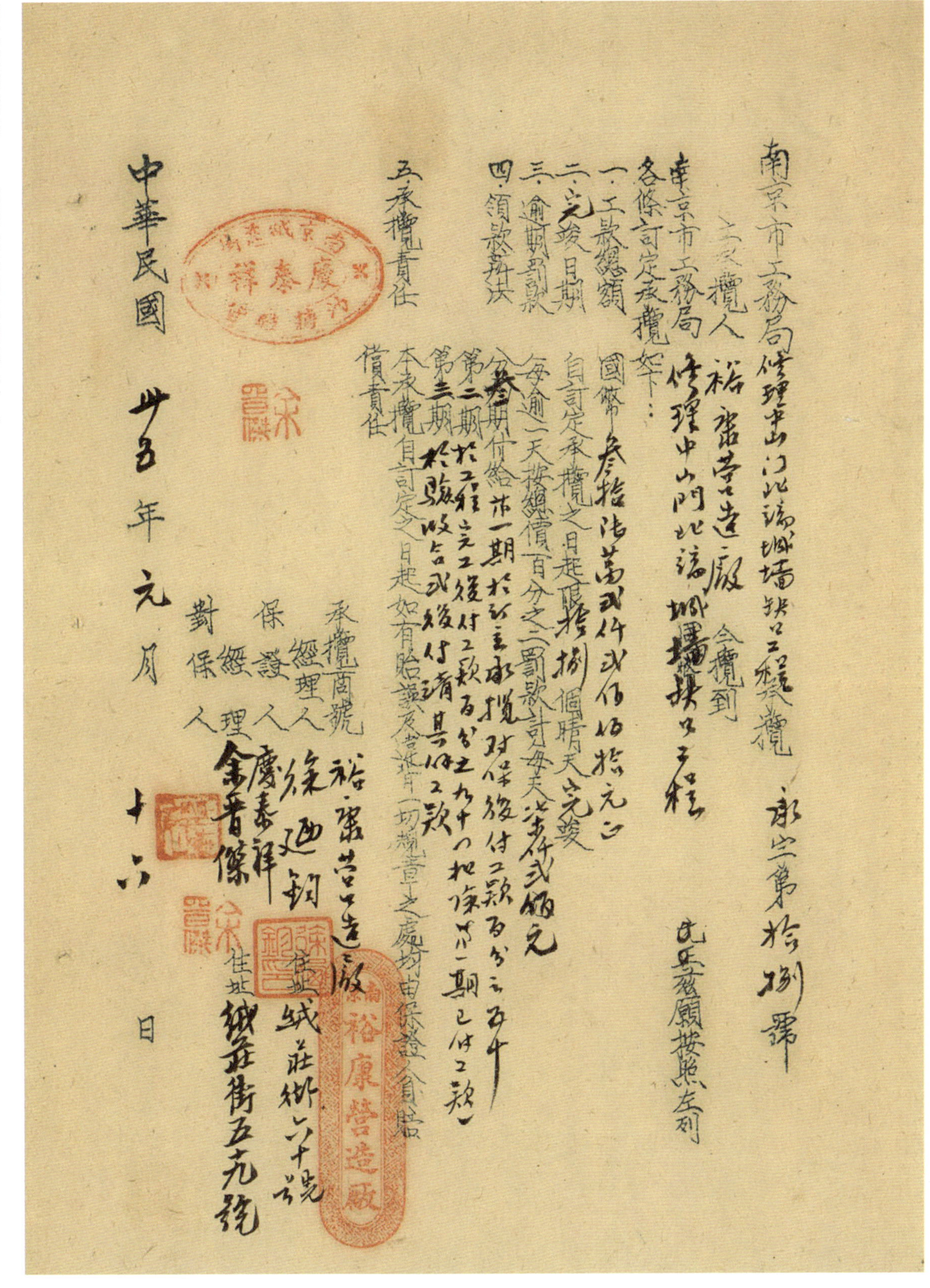

南京市工務局修理中山門北端城墻缺口工程承攬　承字第拾捌號

立承攬人裕康營造廠今攬到

南京市工務局修理中山門北端城墻缺口工程茲願按照左列

各條訂定承攬如下：

一、工款總額　國幣叁拾伍萬貳仟貳佰伍拾元正

二、完竣日期　自訂定承攬之日起限拾捌個晴天完竣

三、逾期罰款　（每逾一天按總價百分之二罰款計每天柒仟貳佰元）

四、領款辦法　分叁期付給　第一期於訂立承攬對保後付工款百分之五十　第二期於工程完工後付工款百分之九十（扣除第一期已付工款）　第三期於驗收合格後付清其餘工款

五、承攬責任　本承攬自訂定之日起如有貽誤及違背一切規章之處均由保證人負賠償責任

承攬商號　裕康營造廠

經理人　徐廼鈞　住址　緞莊鄉六十六號

保證人　慶泰祥

經理　金晉傑　住址　緞莊街五十九號

對保人

中華民國卅五年元月十六日

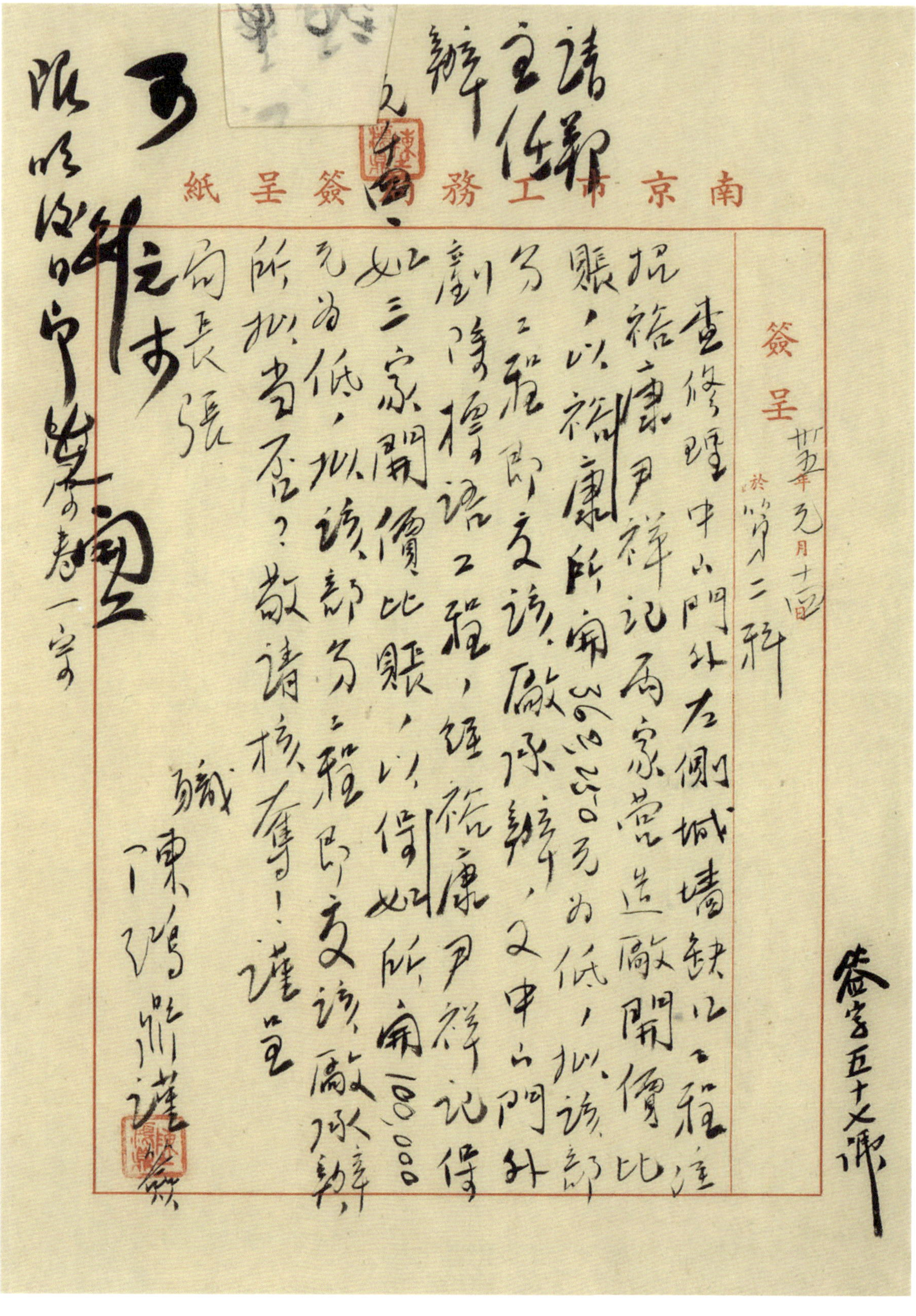
南京市工務局簽呈紙

請主任核辦

簽呈 卅五年元月十四日 於第二科

查修理中山門外左側城墻缺口工程，注據裕康、尹祥記兩家營造廠開價比賬，以裕康所開三六〇〇〇〇元為低，擬請該部分工程即交該廠承辦。又中山門外剷除標語工程，經裕康、尹祥記、修如三家開價比賬，以修如所開一〇〇〇〇〇元為低，擬請該部分工程即交該廠承辦，所擬當否？敬請核奪！謹呈

局長張

職陳鴻鼎謹簽

可

照所擬辦 [illegible]

簽字五十九號

（二一）市工務局關于修理中山門城墻缺口工程開價比賬情形的簽呈（一九四六年一月十四日）

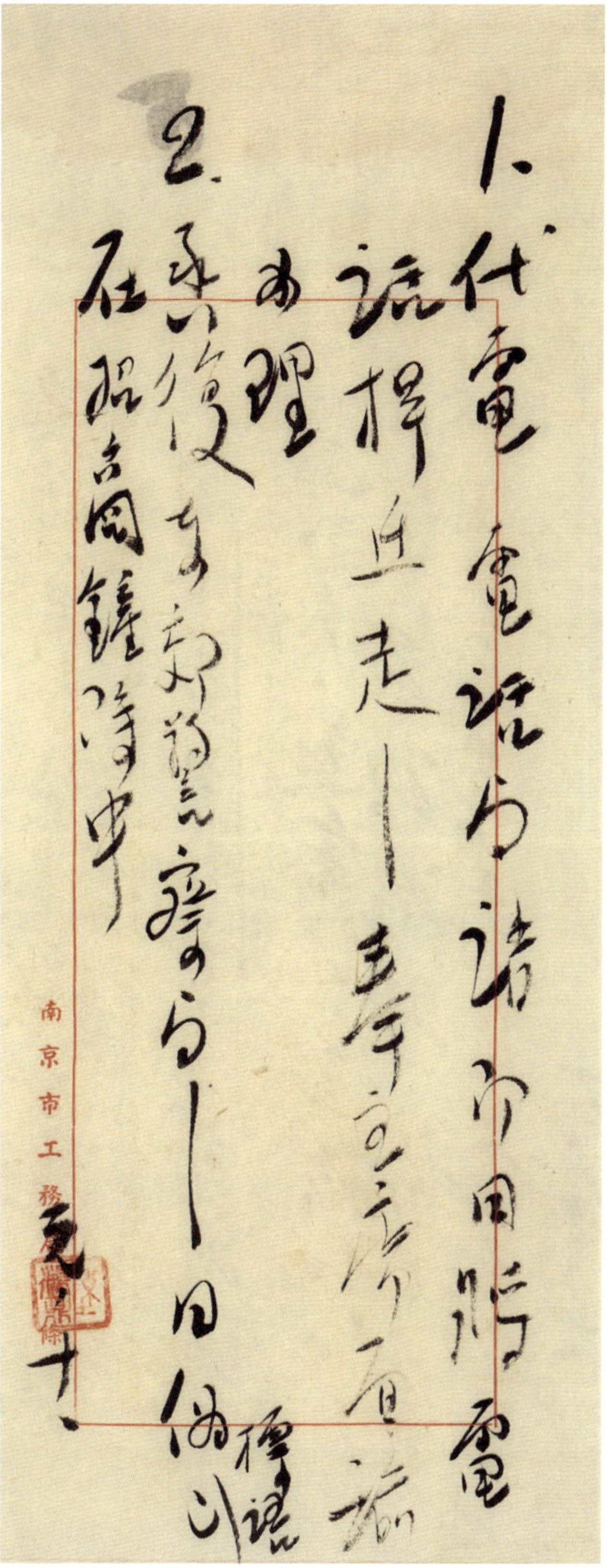
南京市工務處

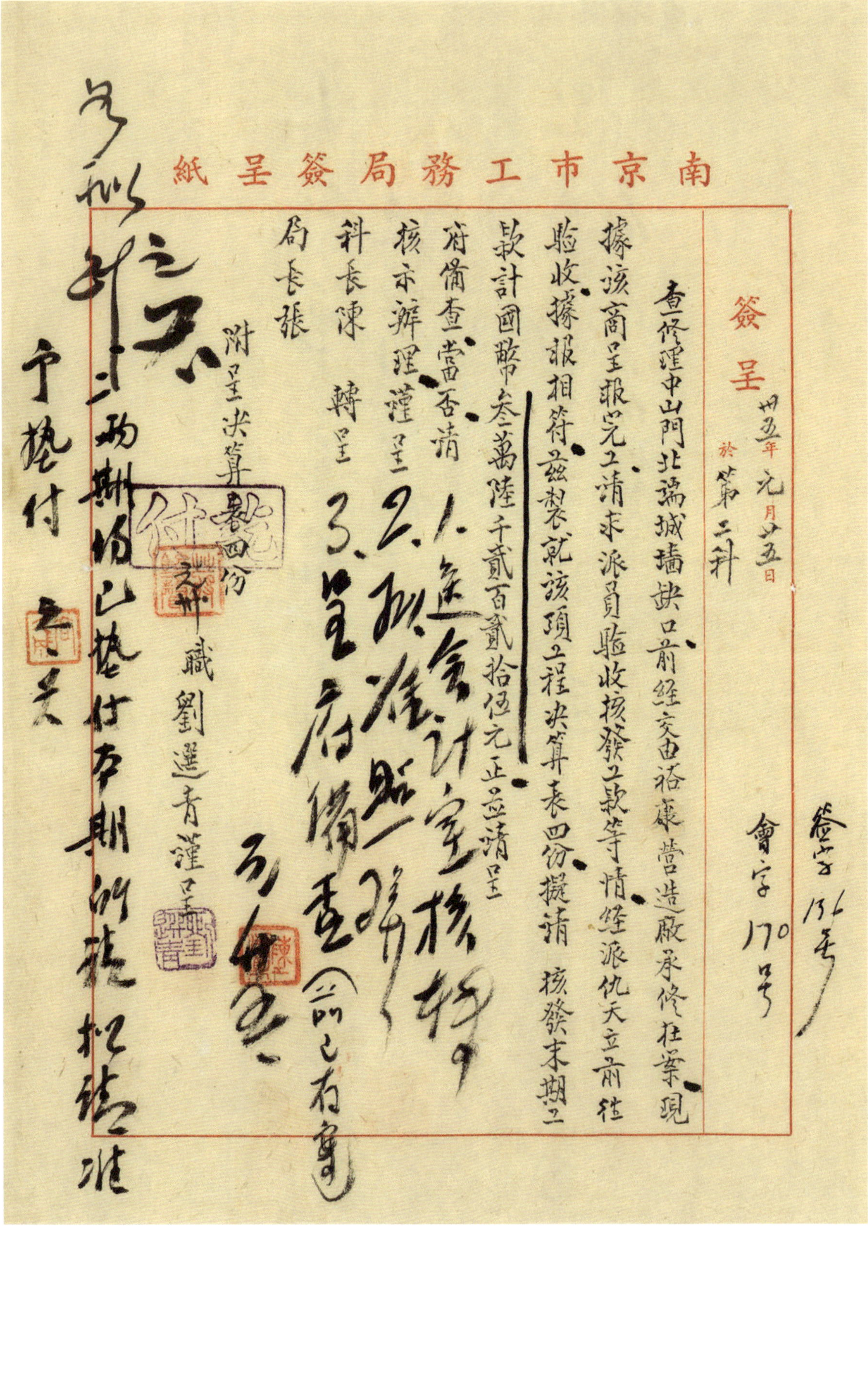

南京市工務局簽呈紙

簽呈　卅五年元月廿五日　於第二科

查修理中山門北端城墻缺口前經交由裕康營造廠承修在案，現據該商呈報完工，請求派員驗收核發工款等情，經派仇天立前往驗收，據報相符，茲製就該項工程決算表四份，擬請　核發末期工款計國幣叁萬陸千貳百貳拾伍元正，並請呈府備查，當否，請核示辦理。謹呈

科長陳　轉呈

局長張

附呈決算表四份

職劉選青謹呈

會字170號

簽字136號

1.送會計室核轉　2.擬准照辦　3.呈府備查

予墊付

（三二）市工務局爲修理中山門城墻缺口工程派員驗收并請核發工款的簽呈（一九四六年一月二十五日）

（四）市工務局爲修理中山門城墻缺口工款開支檢同預算請核備與市政府的往來公文（一九四六年一月二十五日至二月五日）

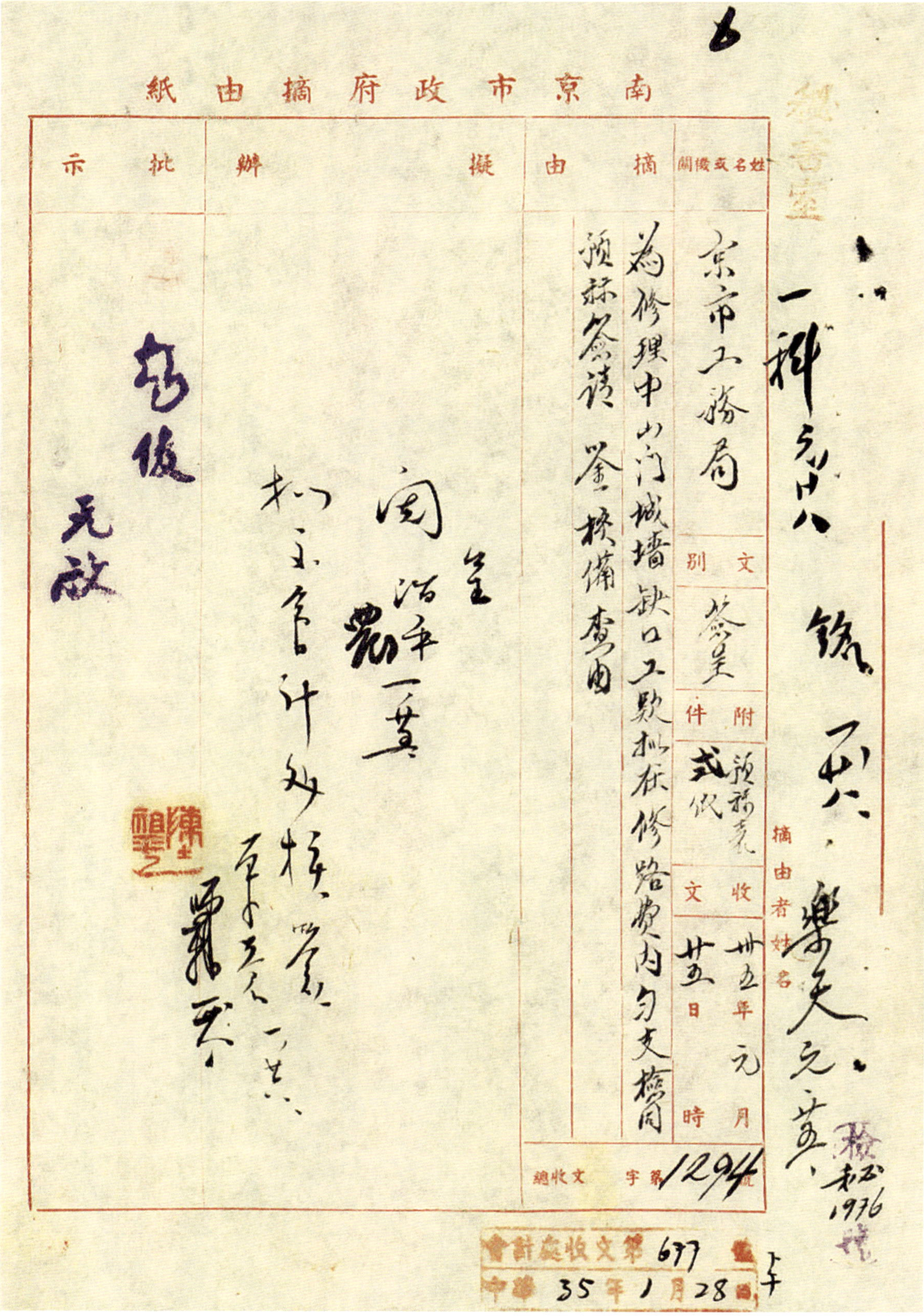

南京市工務局簽呈紙

簽呈 二十五年元月十五日

於工務局

為修理中山門城墻缺口工款擬在修路費內匀支檢同預算签請鑒核備查由

京工呈第九一六號

查中山門北端城墻、有一丈缺口、自應迅為修復、以重城防、而壯觀瞻、經派員前往勘估、編製預算、計需工程費叁拾陸萬貳千貳百伍拾元、復經招商比價、並交估價較廉之裕康營造廠按照原預算數動工修理、所需工款、擬在全市修路費內匀支列報、謹檢同預算表、簽請

鑒核備查

謹呈

市長馬

副市長馬

附呈修理中山門城墻缺口工款預算表二份

職張劍鳴謹簽

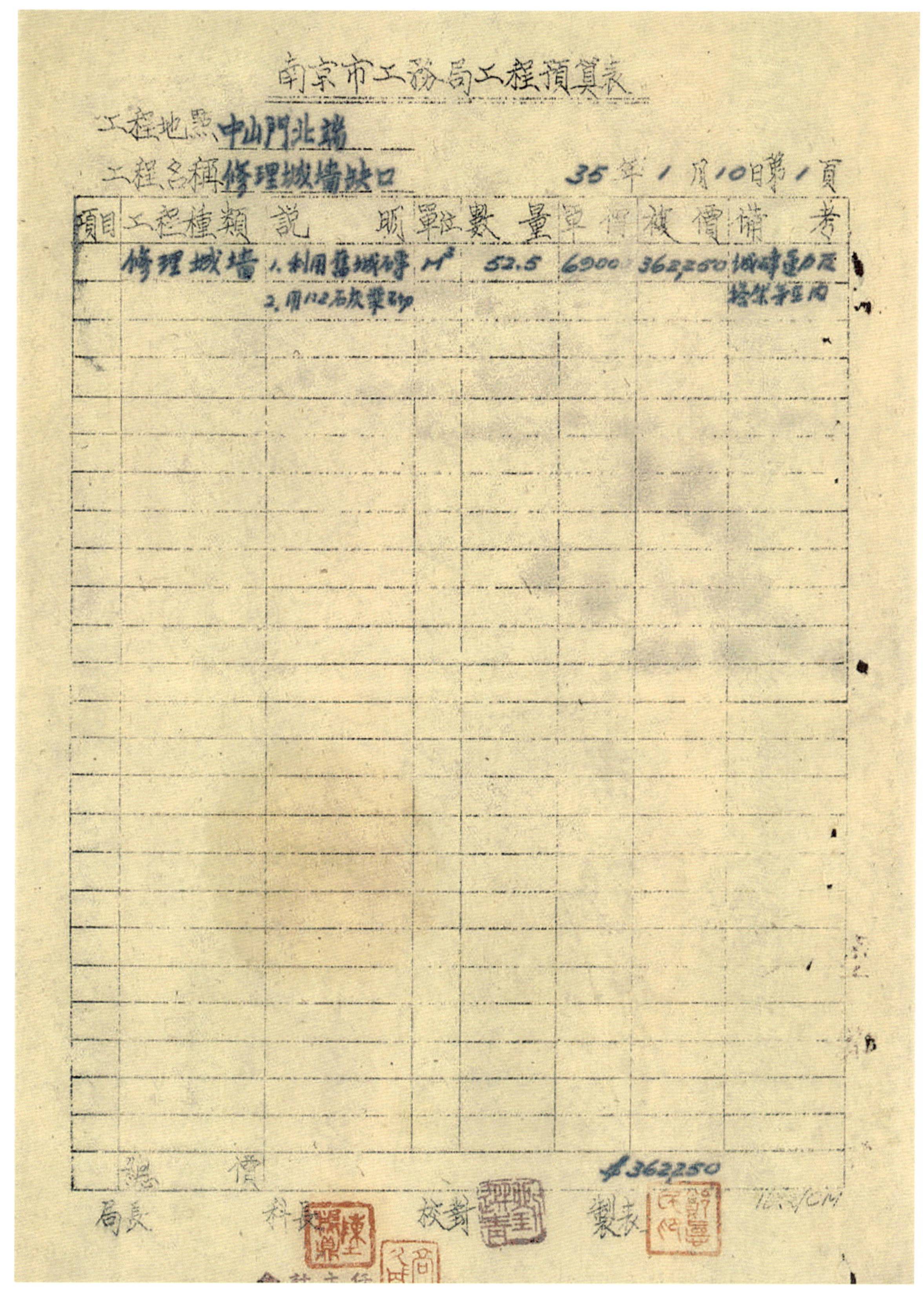

南京市工務局工程預算表

工程地點　中山門北端

工程名稱　修理城墻缺口　　　　35年1月10日第1頁

項目	工程種類	說明	單位	數量	單價	複價	備考
	修理城墻	1. 利用舊城磚	M^3	52.5	6900	362,250	城磚運力及
		2. 用1:2石灰漿砌					搭架等在內
	總價					¢362,250	

局長　　科長　　校對　　製表

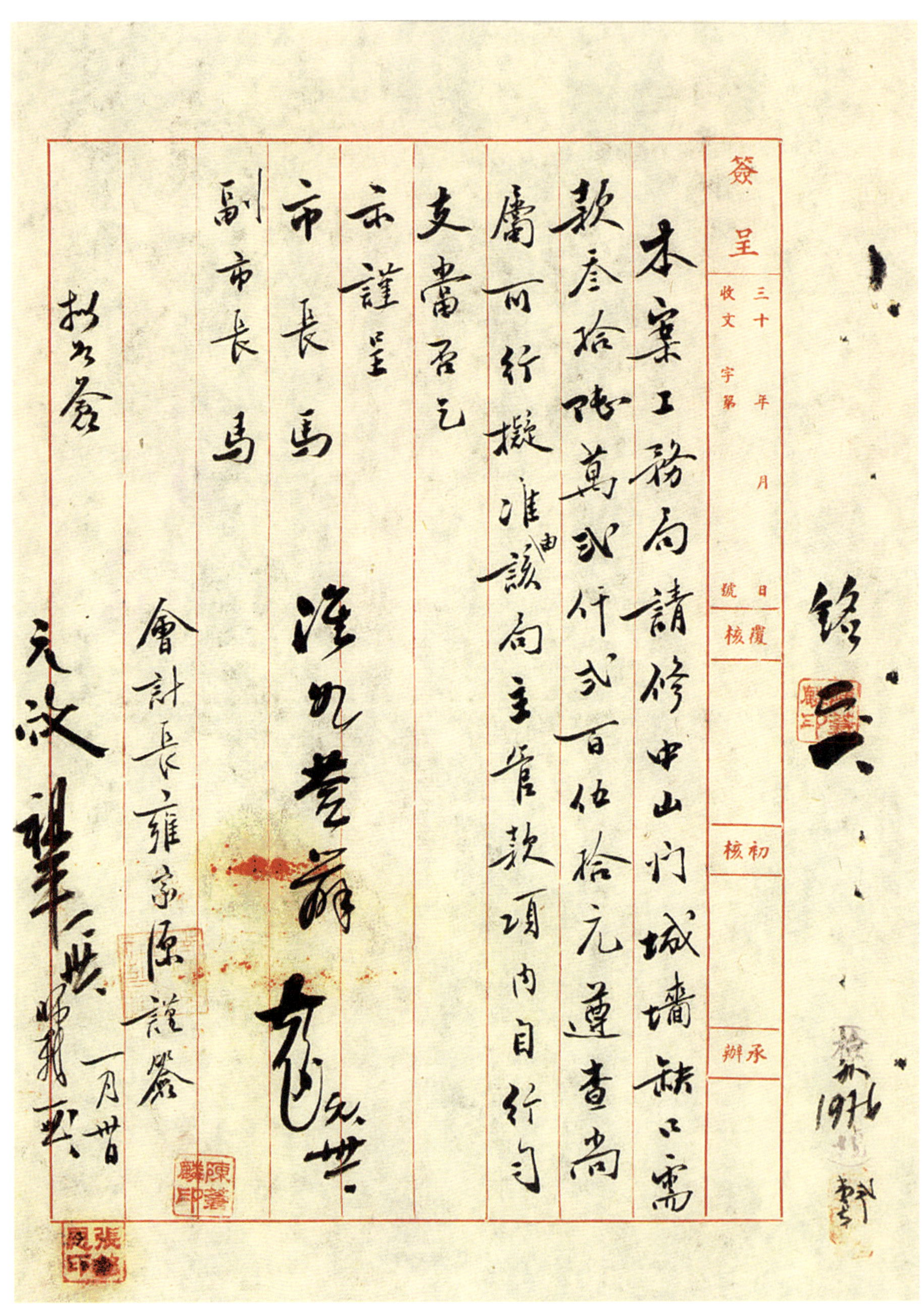

簽呈

三十　年　月　日

收文　字第　號

覆核

初核

承辦

本案工務局請修中山門城墻缺口需款叁拾陸萬弍仟弍百伍拾元連查尚屬可行擬准由該局向主管款項內自行匀支當否乞

示謹呈

市長　馬

副市長　馬

准如簽

會計長龐家陳謹簽　一月廿

核簽

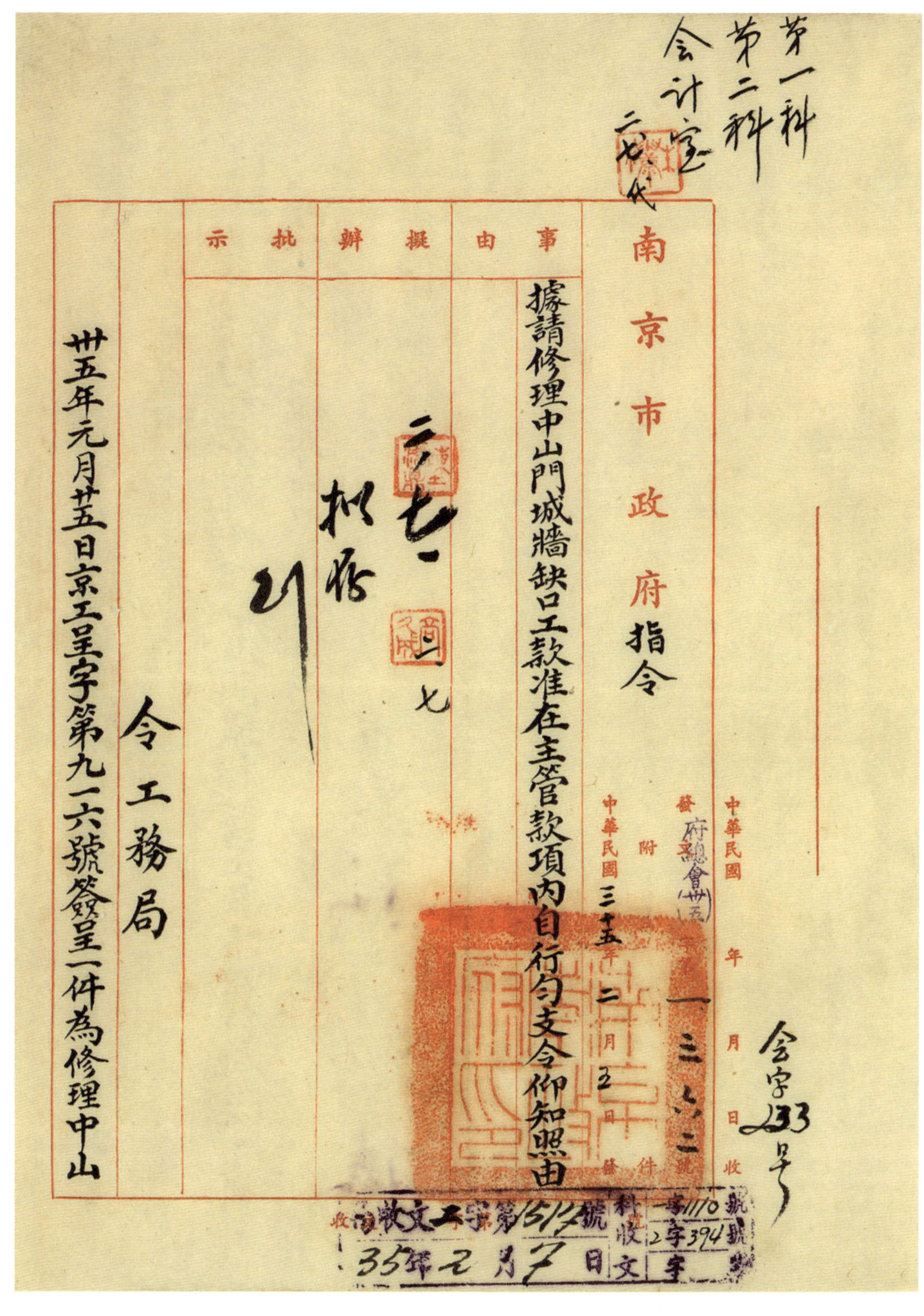

第一科
第二科
会计室
二七代

南京市政府指令

中華民國三十五年二月五日發
府總會（卅五）字 號
附件

中華民國 年 月 日收
會字233號

事由：據請修理中山門城牆缺口工款准在主管款項內自行勻支令仰知照由

擬辦：二六 擬存 二七

批示：

令工務局

卅五年元月廿五日京工呈字第九一六號簽呈一件為修理中山

收文工字第1514號
35年2月7日

科收文
工字1110號
2字394號

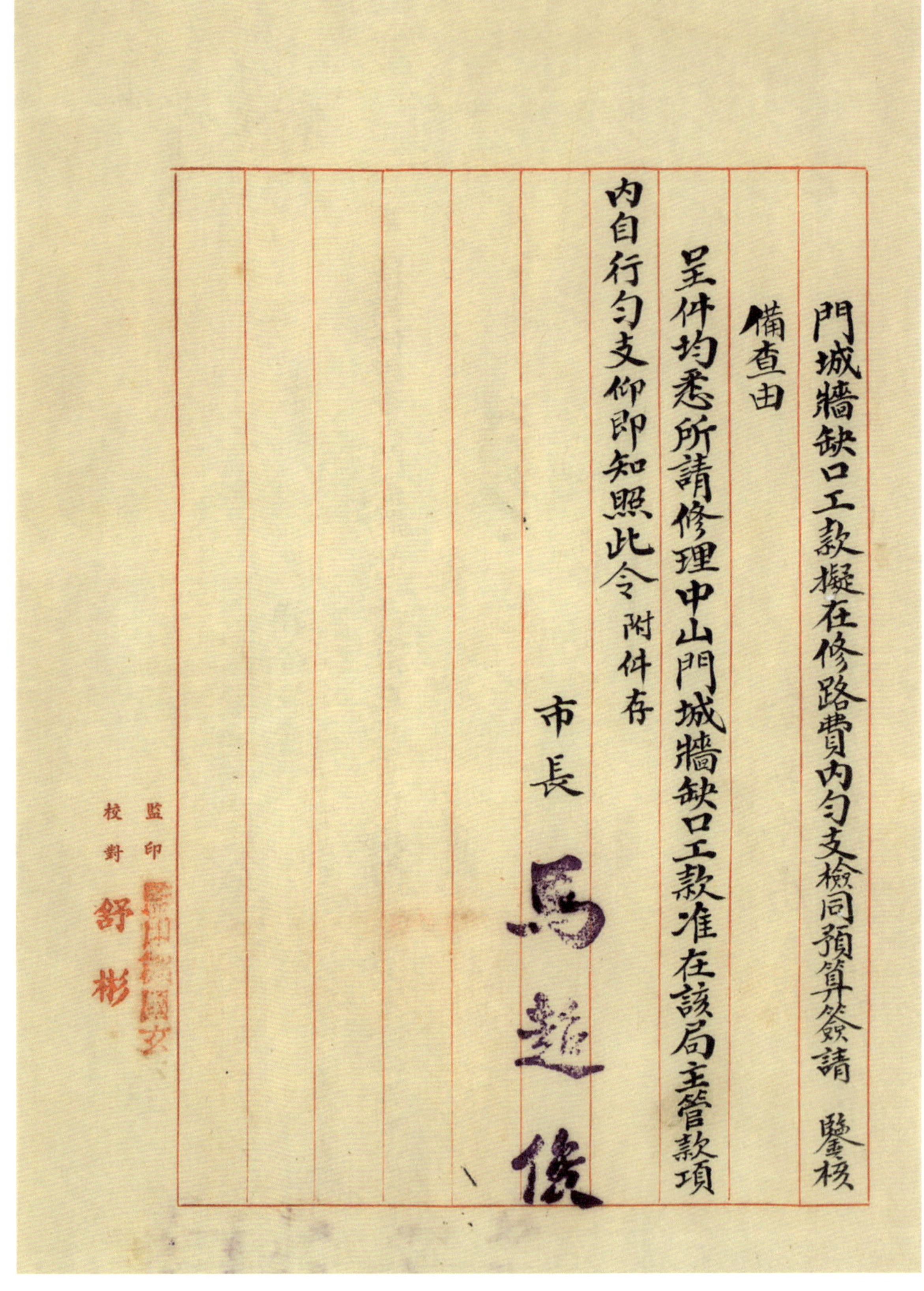

門城牆缺口工款擬在修路費內匀支檢同預算簽請　鑒核
備查由
呈件均悉所請修理中山門城牆缺口工款准在該局主管款項
內自行匀支仰即知照此令　附件存
市長　馬超俊
監印　[illegible]
校對　舒彬

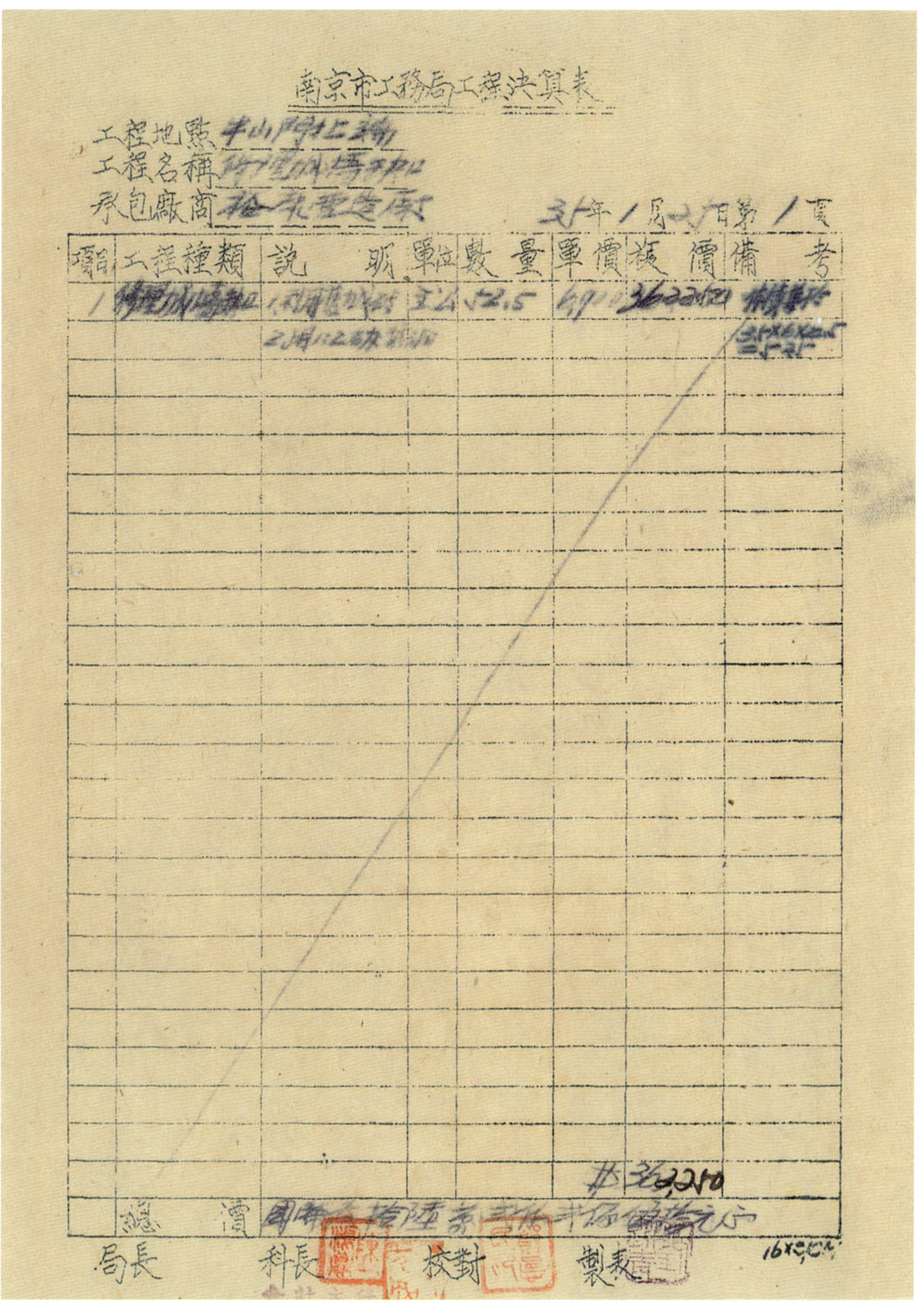

南京市工務局工程決算表

工程地點 中山門北端
工程名稱 修理城牆缺口
承包廠商 [illegible]營造廠

[illegible]年1月[illegible]日 第1頁

項目	工程種類	説明	單位	數量	單價	複價	備考
1	修理城牆缺口	1.城牆舊城磚 2.用1:2石灰[illegible]	立公	52.5	6900	362250	城牆缺口 3.5×6×2.5 =52.5
						共計362,250	
	總價	國幣叁拾陸萬貳仟貳佰伍拾元					

局長 科長 校對 製表

16×26cm

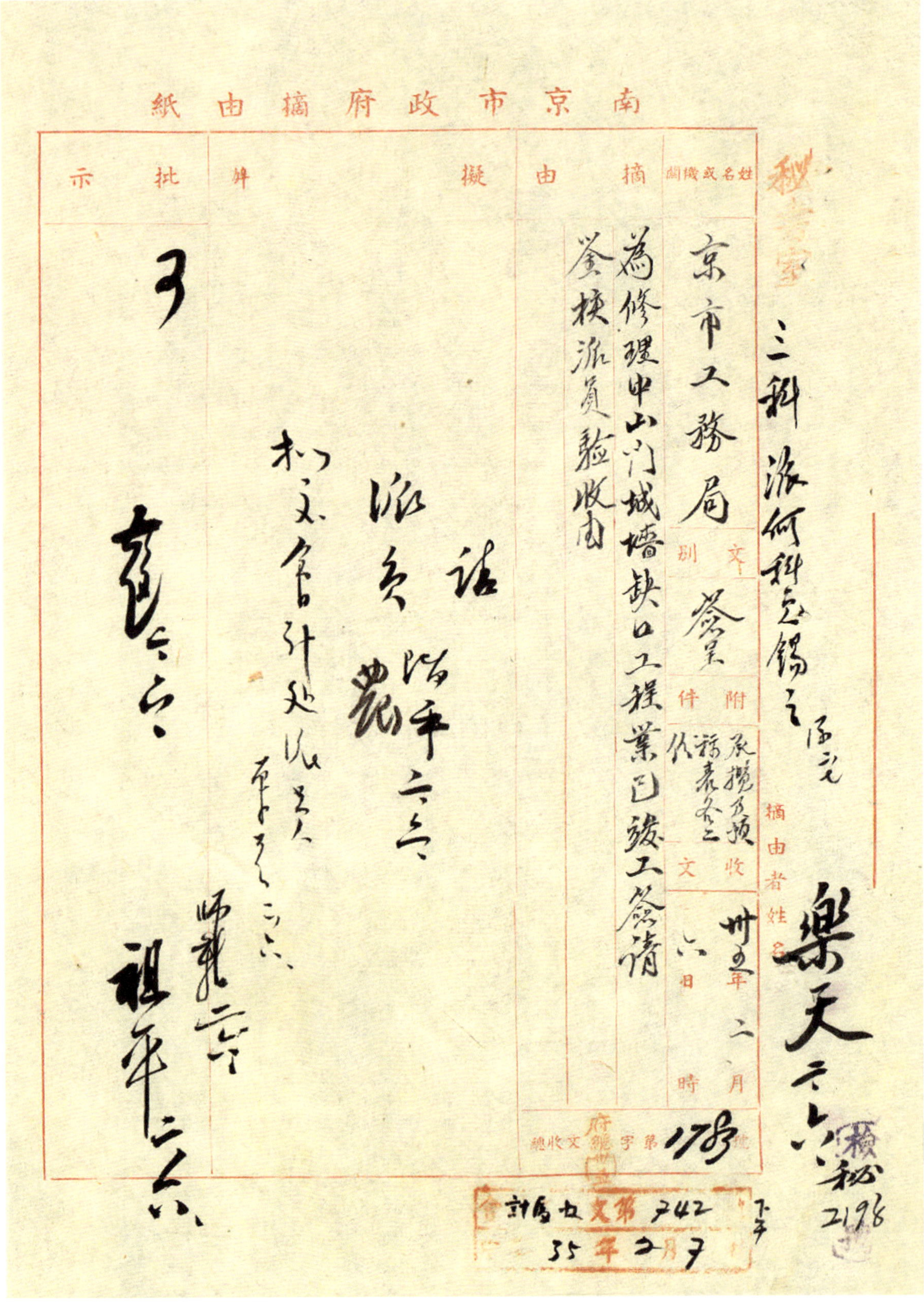
南京市政府摘由紙

姓名或機關	京市工務局
文別	簽呈
附件	承攬及預算表各二份
收文	卅五年二月六日 時
摘由	爲修理中山門城牆缺口工程業已竣工簽請核派員驗收由
擬辦	請派員 治平 二六
批示	可 祖年 二六

三科 派何科長錫之 ……
摘由者姓名 樂天 二六
府收文總字第1783號
會計處 文第742 35年2月7

南京市工務局簽呈紙

京工呈第一〇〇八號

簽呈 三十五年二月六日 為修理中山門城墻缺口工程業已竣工簽請鑒核派員驗收由

於工務局

查修理中山門北端城墻缺口工程，前經擬具預算，簽奉

鈞長核准在案。茲查該項工程，業已交由承包商裕康營造廠修理竣工，理合檢同承攬及工程決算表，簽請

鑒核，准賜派員驗收，以資結束，實為公便。

謹呈

市 長馬

副市長馬

附呈修理中山門城墻缺口工程承攬及決算表各二份

職 張劍鳴 謹簽

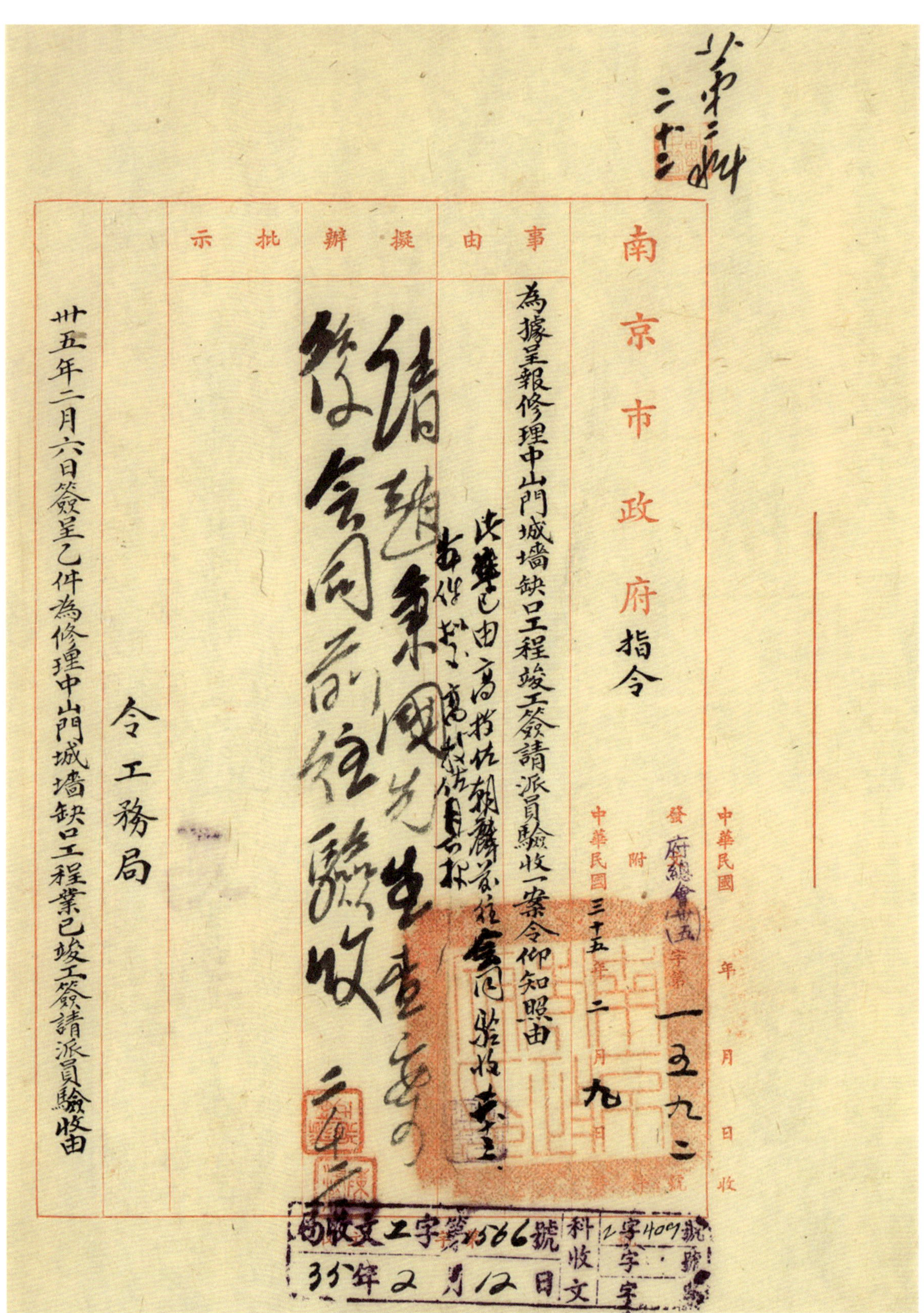

南京市政府指令

中華民國三十五年二月九日 附

發府總會（卅五）字第一五九二號

事由：為據呈報修理中山門城牆缺口工程竣工簽請派員驗收一案令仰知照由

擬辦：

批示：

令工務局

卅五年二月六日簽呈乙件為修理中山門城牆缺口工程業已竣工簽請派員驗收由

局收文工字第1566號

35年2月12日

科收文 字第409號

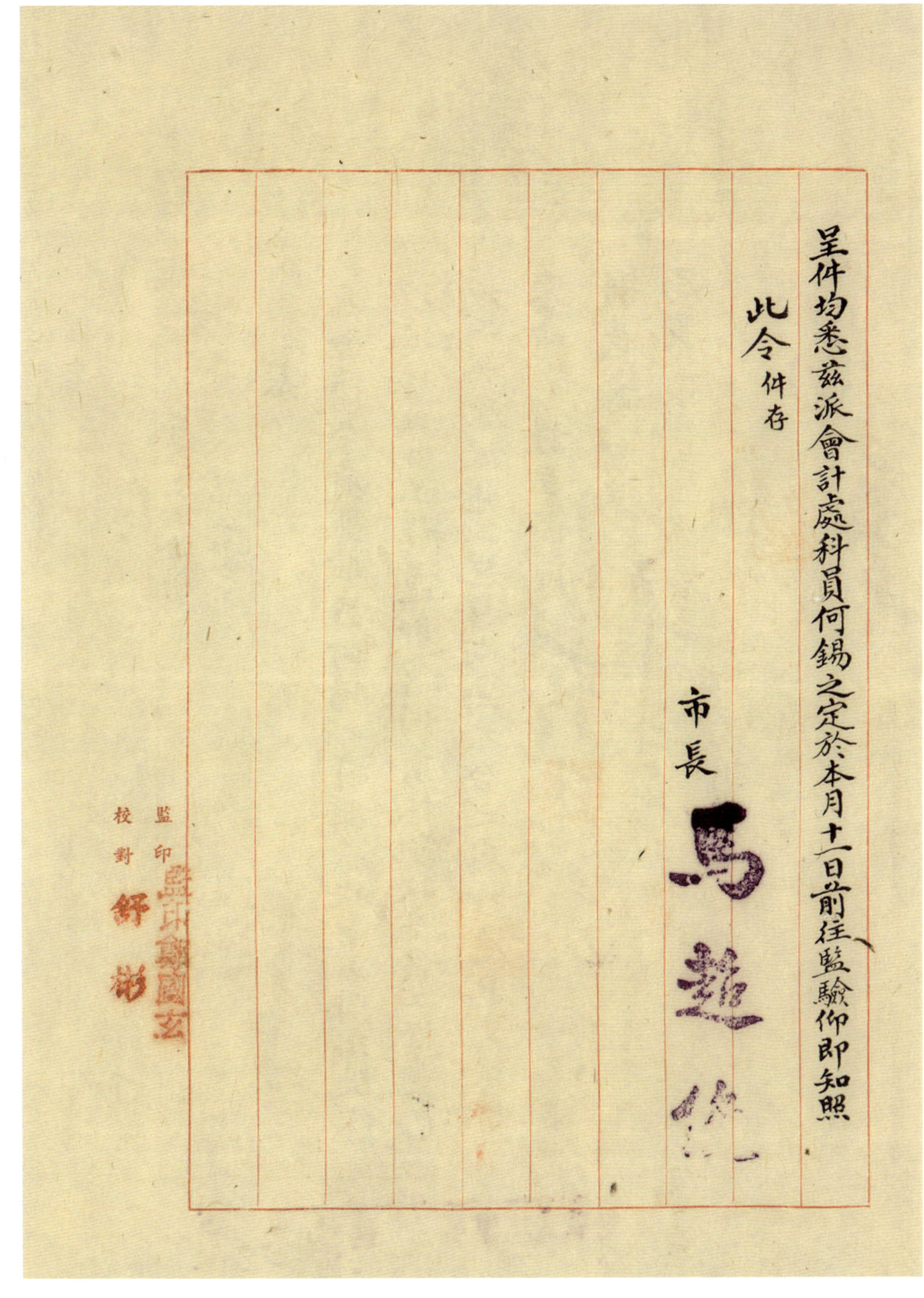

呈件均悉茲派會計處科員何錫之定於本月十一日前往監驗仰即知照

此令件存

市長馬超俊

監印 戴國玄

校對 舒彬

（六）市工務局爲驗收中山門北段城墻修理工程情况的簽呈（一九四六年二月十六日）

南京市工務局簽呈紙

簽呈 卅五年弍月拾陸日 於第二科

奉

派會同本府監驗員何錫之前往驗收中山門北段修理城墻缺口工程，遵即會同前往驗收，查該工程業已竣工，與原擬施工規程尚無不合之處，理應具文報請

鑒核。

謹呈

科長陳 轉呈

局長張

職 高朝麟 謹呈

擬存 書 二、十六

存 二、廿六

簽二274号

修理西華門城墻工程

（一）市工務局關于修理西華門城墻的工程估價單（一九四六年五月十五日至五月十六日）

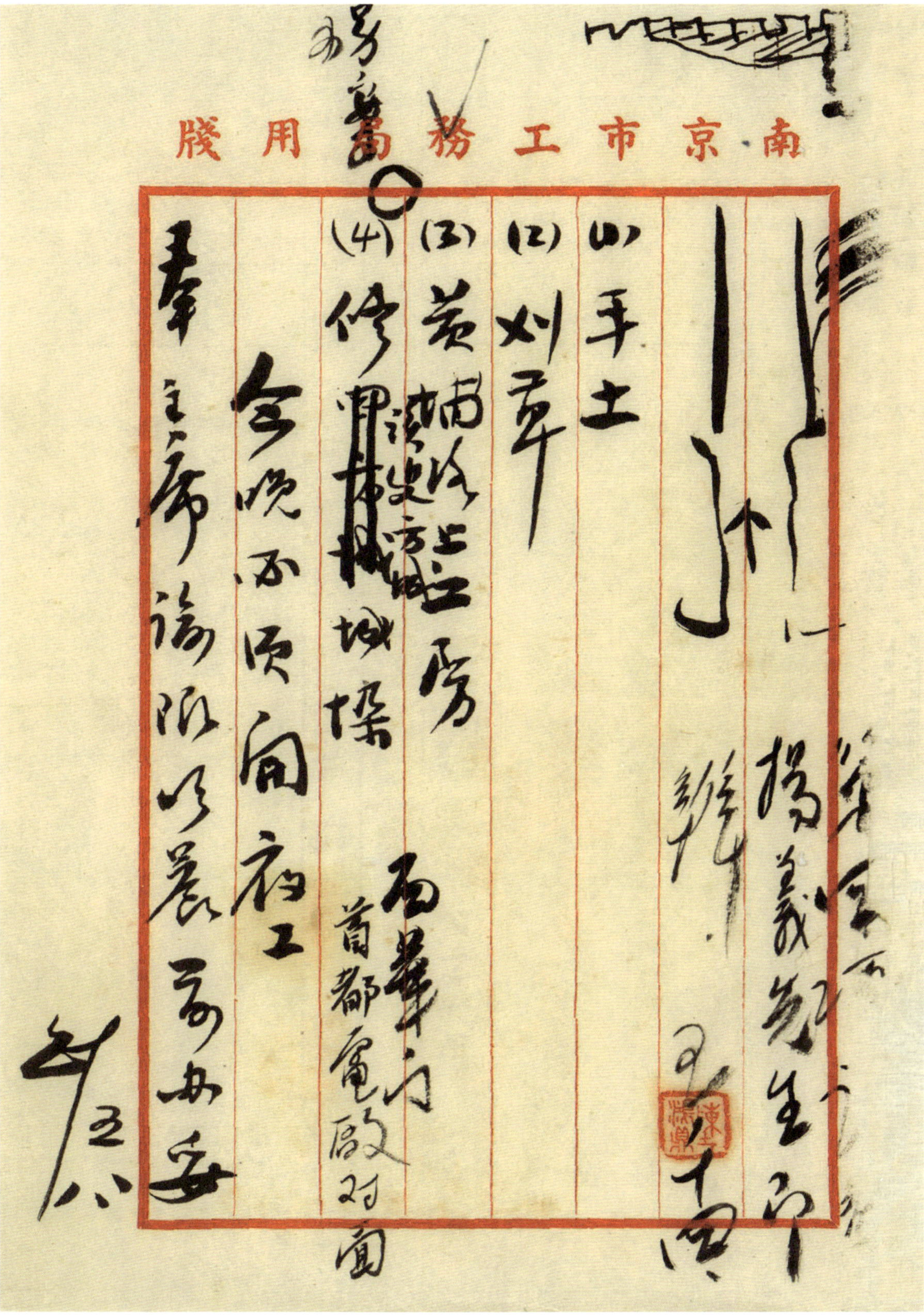

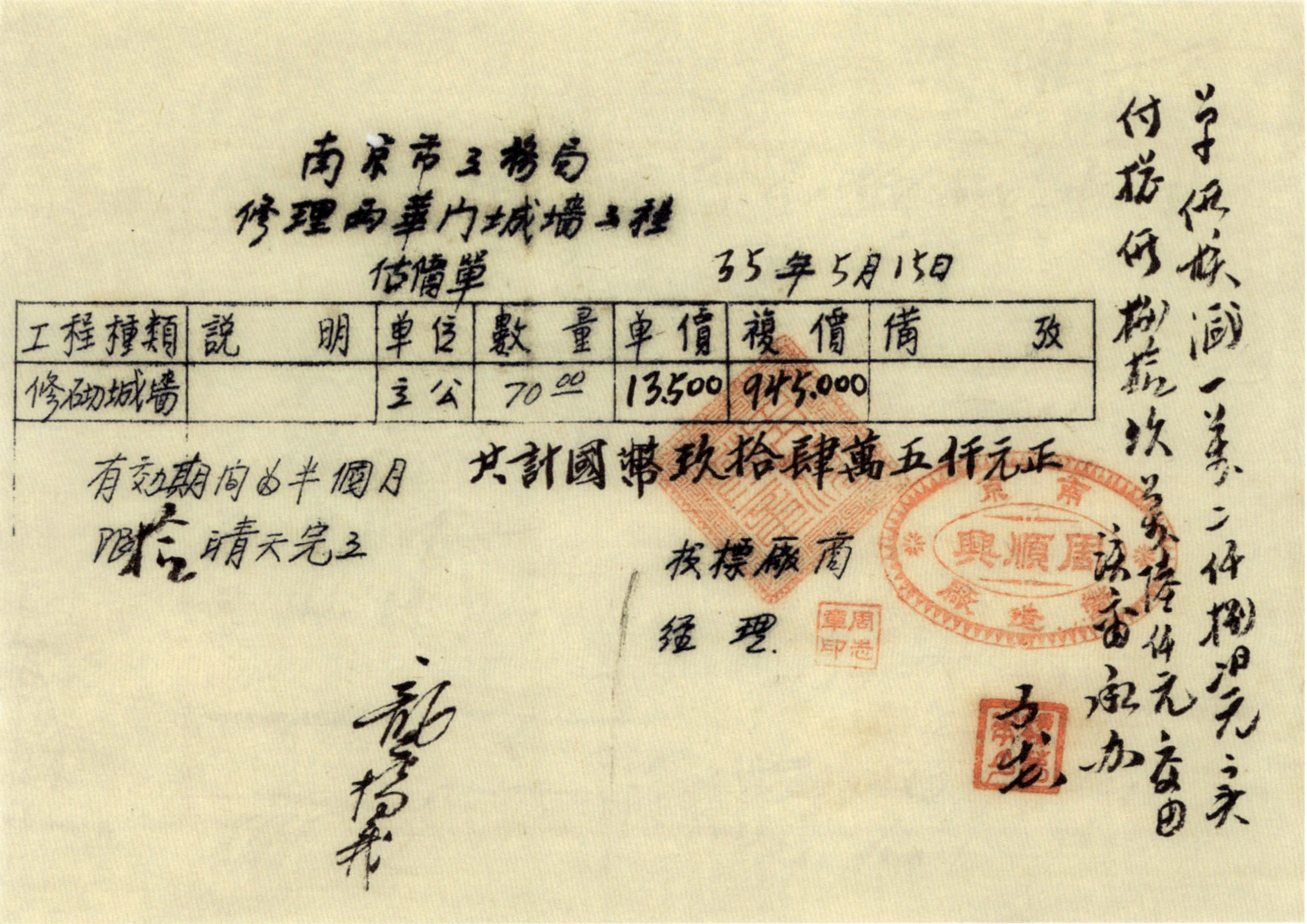

南京市工務局
修理西華門城牆工程
估價單　　　　35年5月15日

工程種類	說明	單位	數量	單價	複價	備考
修砌城牆		立公	70.00	13,500	945,000	

共計國幣玖拾肆萬五仟元正

有效期間為半個月

限於晴天完工

投標廠商　興順居營造廠

經理　周德華印

准依核減一萬二仟捌佰元之未付據份捌拾玖萬又貳仟元交由該商承辦

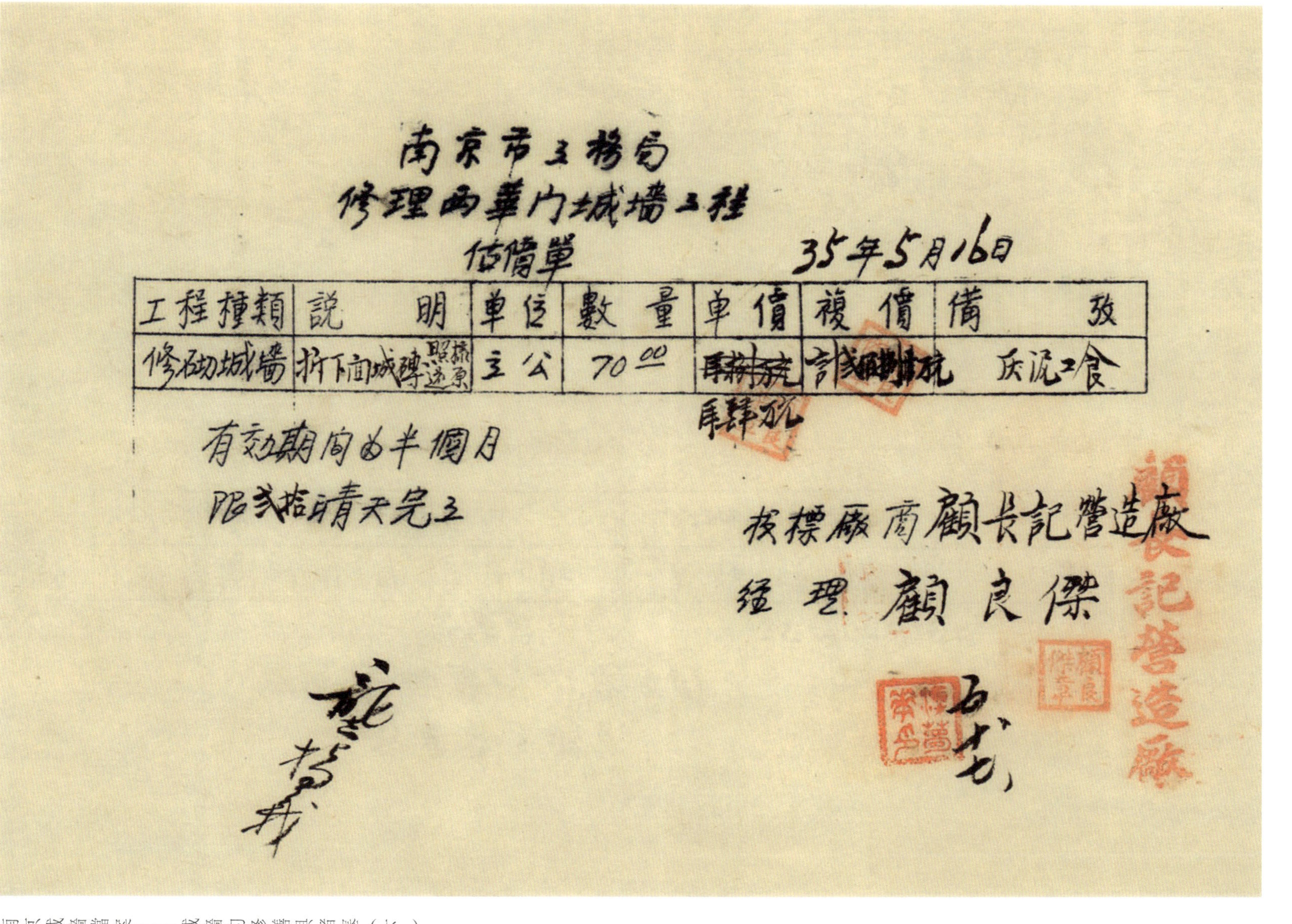

南京市工務局
修理西華門城墻工程
估價單　　35年5月16日

工程種類	說明	單位	數量	單價	複價	備考
修砌城墻	拆下舊城磚照原樣造	立公	70.00	[illegible]肆万元	計[illegible]万元	灰泥工食

有效期間為半個月
限弍拾晴天完工

投標廠商　顧長記營造廠
經理　顧良傑

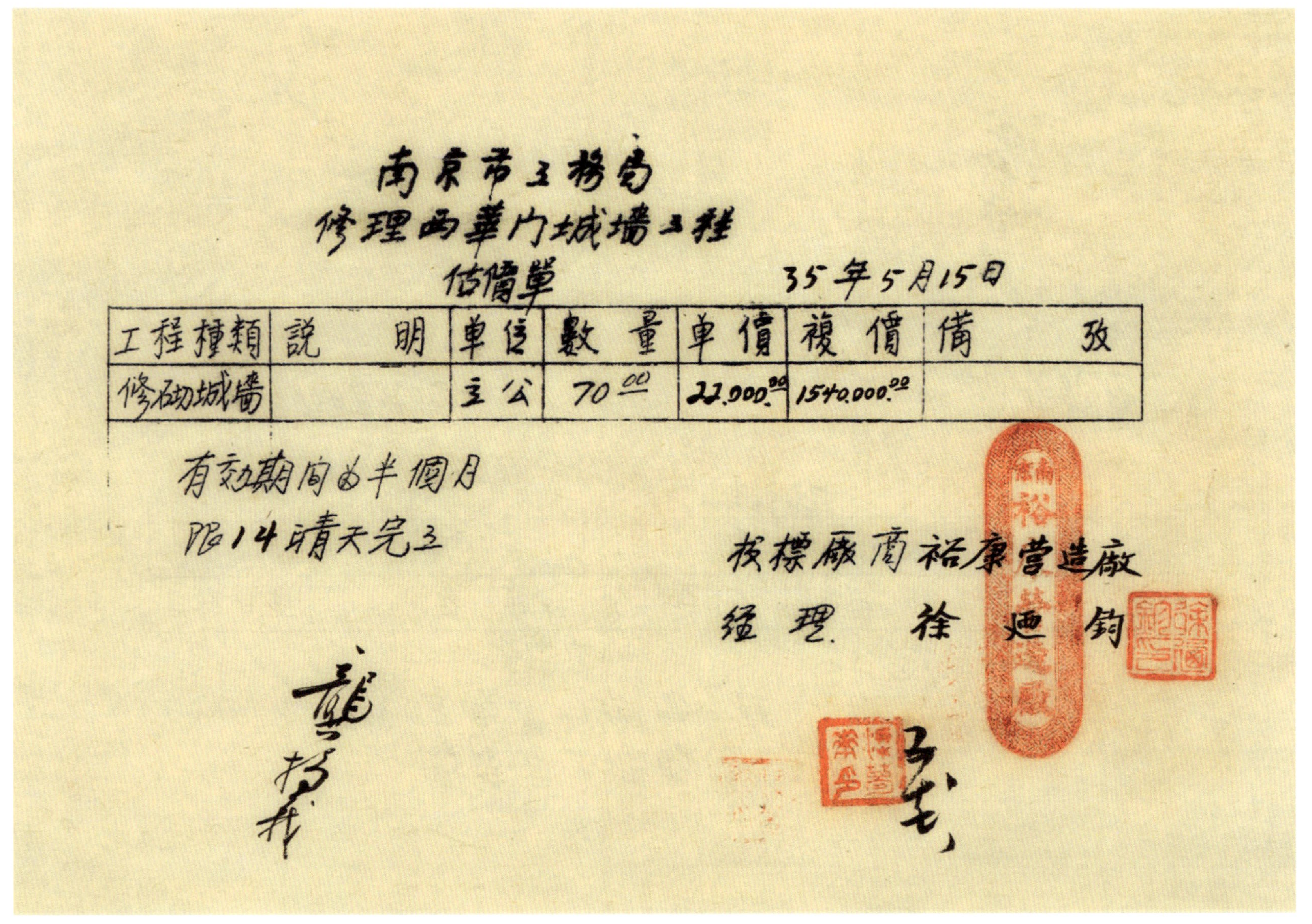

南京市工務局
修理西華门城墙工程
估價單　　35年5月15日

工程種類	說明	單位	數量	單價	複價	備攷
修砌城墻		立公	70.00	22,000.00	1540,000.00	

有效期間為半個月
限14晴天完工

投標廠商 裕康營造廠
經理 徐廼鈞

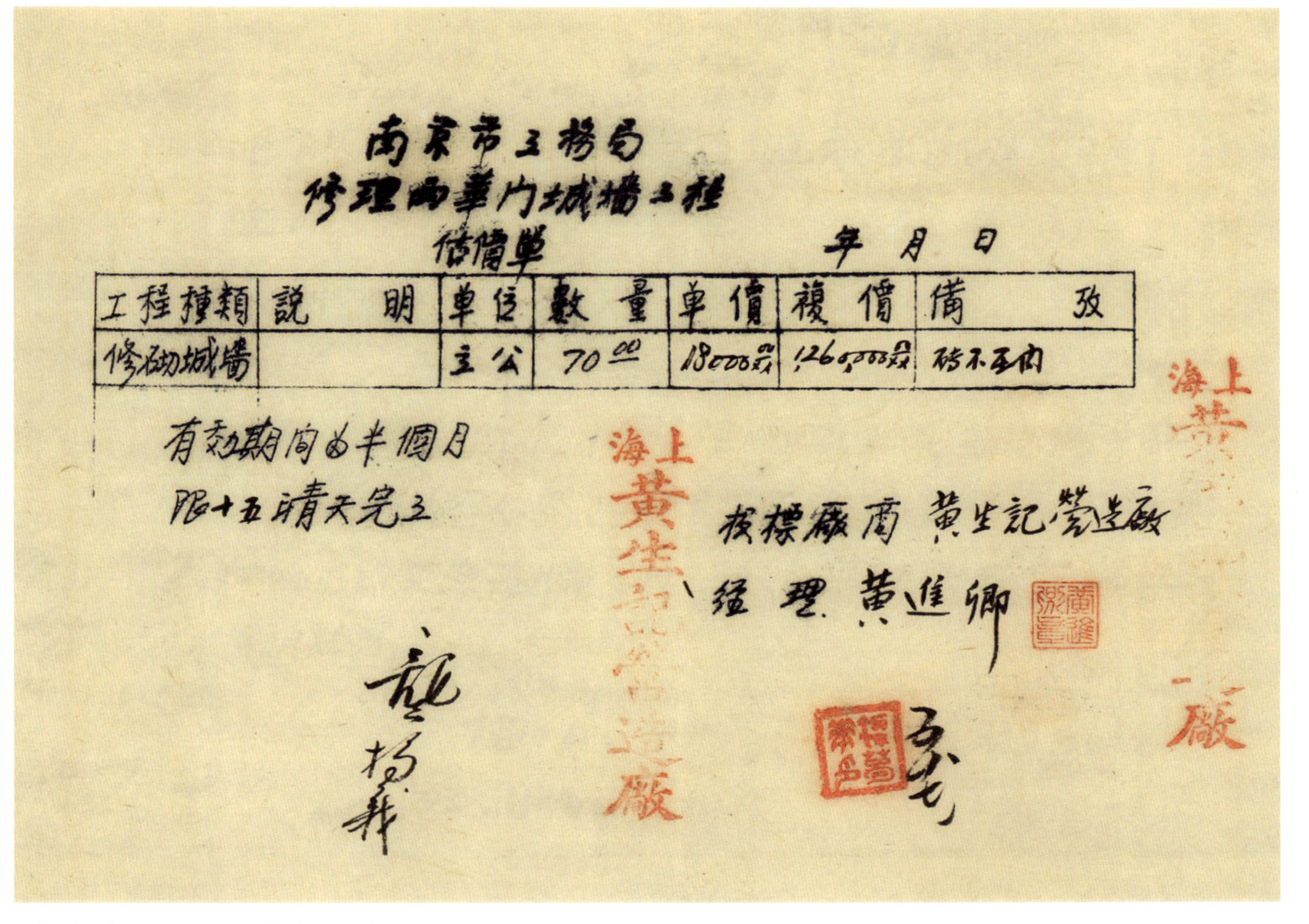

南京市工務局
修理中華門城墻工程
估價單　　　　年　月　日

工程種類	說　明	單位	數　量	單　價	複　價	備　考
修砌城墻		立公	70.00	18000元	1,260,000元	砖不在内

有效期間為半個月
限十五晴天完工

投標廠商　黃生記營造廠
經理　黃進卿

上海黃生記營造廠

上海黃生記營造廠

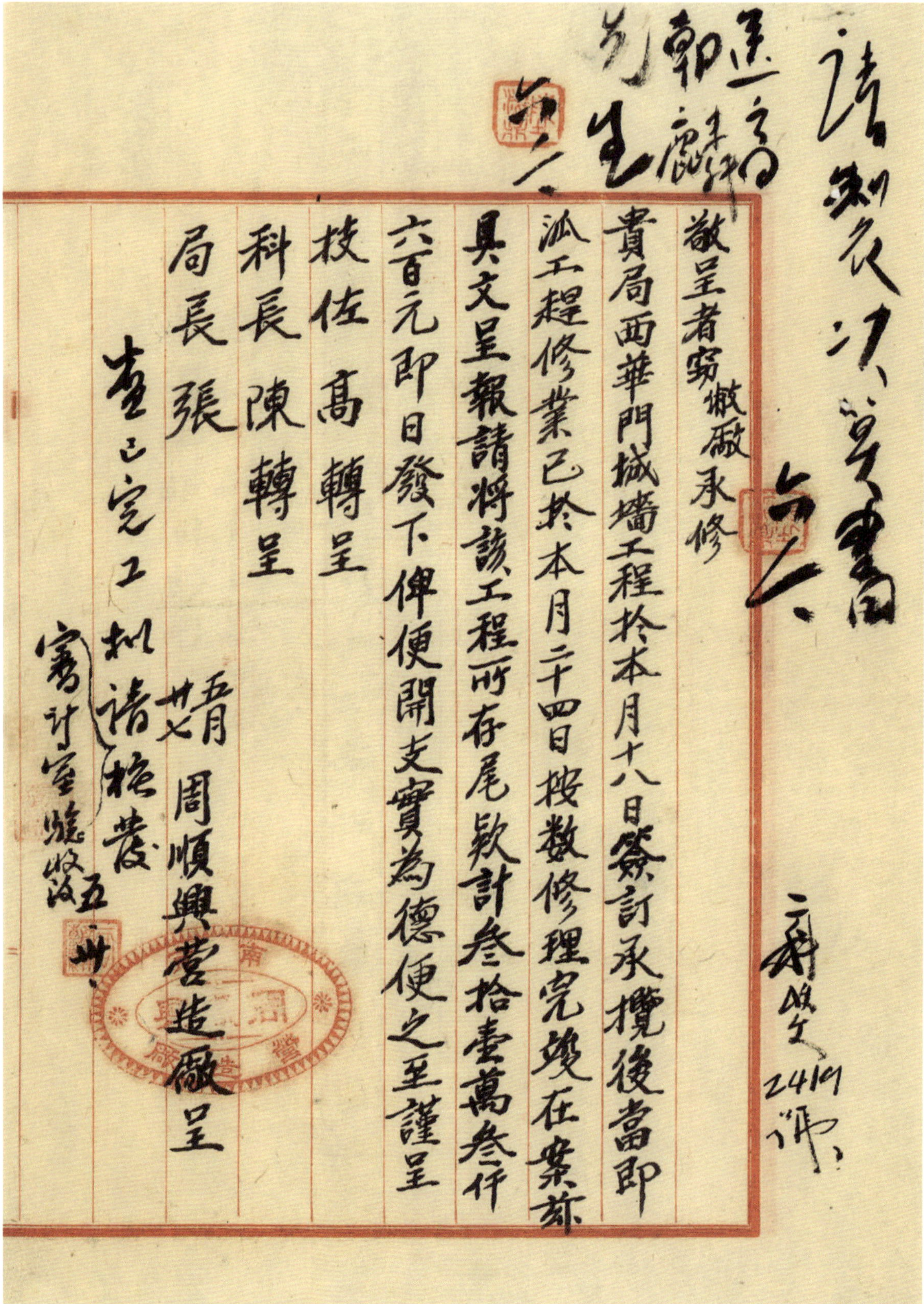
敬呈者竊敝廠承修
貴局西華門城墻工程於本月十八日簽訂承攬後當即
派工趕修業已於本月二十四日按數修理完竣在案茲
具文呈報請將該工程所存尾款計叁拾壹萬叁仟
六百元即日發下俾便開支實為德便之至謹呈
技佐 高 轉呈
科長 陳 轉呈
局長 張
周順興營造廠 呈
五月廿七
查已完工擬請核發

查本局修理西華門城墻工程已竣工並由經管人
高翱麟製工事決算書完畢擬派顧曾淮前往驗收
並函送審計室監驗所擬當否敬請
鑒核
謹呈
局長張

如擬

職陳鴻鼎（印：陳鴻鼎）謹簽
六月四日

南京市工務局便箋

南京市工務局稿

主辦科室	第二科
文別	箋函
送達機關	審計室
附件	修理西華门城墻工事決算書
判行前會章	
判行後會章	

事由：為修理西華門城墻工程完竣祈派員監驗由

局長 [illegible]

秘書	第一科長	第二科長	第三科長	第四科長	會計室主任	技正	主任	擬稿員
							六、四	六月四日

中華民國　　年

月日時收文	月日時交辦	月日時擬稿	月日時核簽	月日時判行	月日時繕寫	月日時校對	月日時蓋印	月日時封發	收文發文相距日時

收文字第　號

發文字第　號

歸檔字第　號

查本局修理西華門城墻工程現
已竣工除派本局龐曾溎前往驗收外相
應檢附工事决算書即希派員監驗以資結
束爲荷
此致
審計室
局戳

市第六區區公所爲請修整臺城城墻致市政府的呈文及成賢區工務管理處爲派員查勘估修致市工務局的呈文（一九四六年十一月二十一日至一九四七年九月十七日）

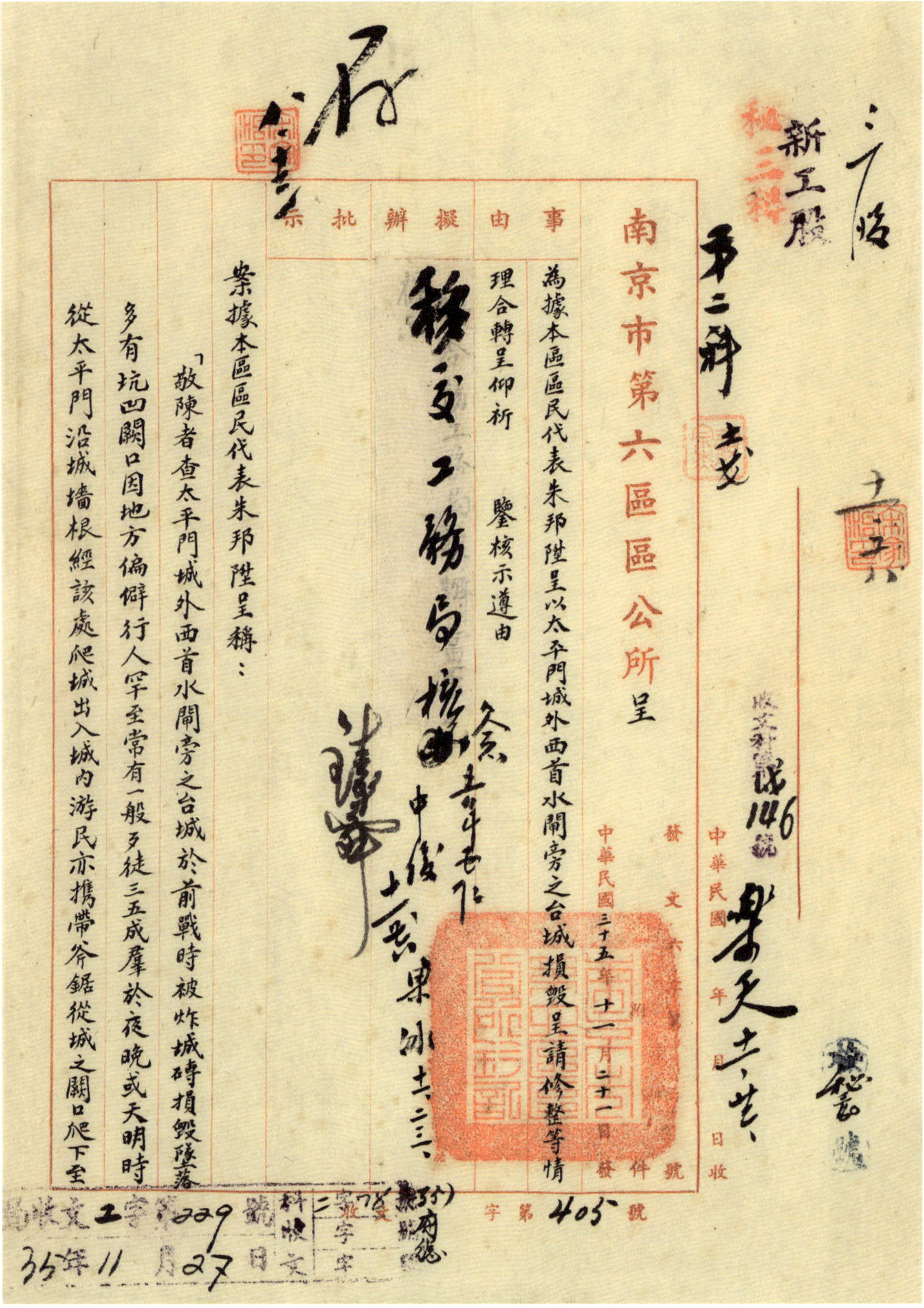

南京市第六區區公所呈

事由：為據本區區民代表朱邦陛呈以太平門城外西首水閘旁之台城損毀呈請修整等情理合轉呈仰祈鑒核示遵由

擬辦

批示

發交工務局核辦

案據本區區民代表朱邦陛呈稱：

「敬陳者查太平門城外西首水閘旁之台城於前戰時被炸城磚損毀墜落多有坑凹闕口因地方偏僻行人罕至常有一般歹徒三五成羣於夜晚或天明時從太平門沿城墻根經該處爬城出入城內游民亦攜帶斧鋸從城之闕口爬下至

中華民國三十五年十一月二十一日發

字第405號

城根一帶砍伐樹木偷取豆麥用繩懸吊入城似此非但擾害人民且歹徒出入有關
治安若不早爲堵塞闕口後患堪虞而城墻關係國防爲此請求鈞長呈請主管
機關飭工將台城外邊倒塌之坑凹闕口迅即修補以防歹徒出入而保治安實
爲公便」
等情據此查該代表所稱太平門城外西首水閘旁之台城於戰時被炸城磚損毀
及有一般歹徒三五成群經由該處出入各情前來事關防務自應修整而保治安據
呈前情除批示仰候轉呈
鈞府核示外理合具文呈報仰祈
鑒核俯賜飭工勘修以防歹徒出入而保治安實爲公便
謹呈
南京市市長沈

南京市第六區區長詹世驊

監印
校對

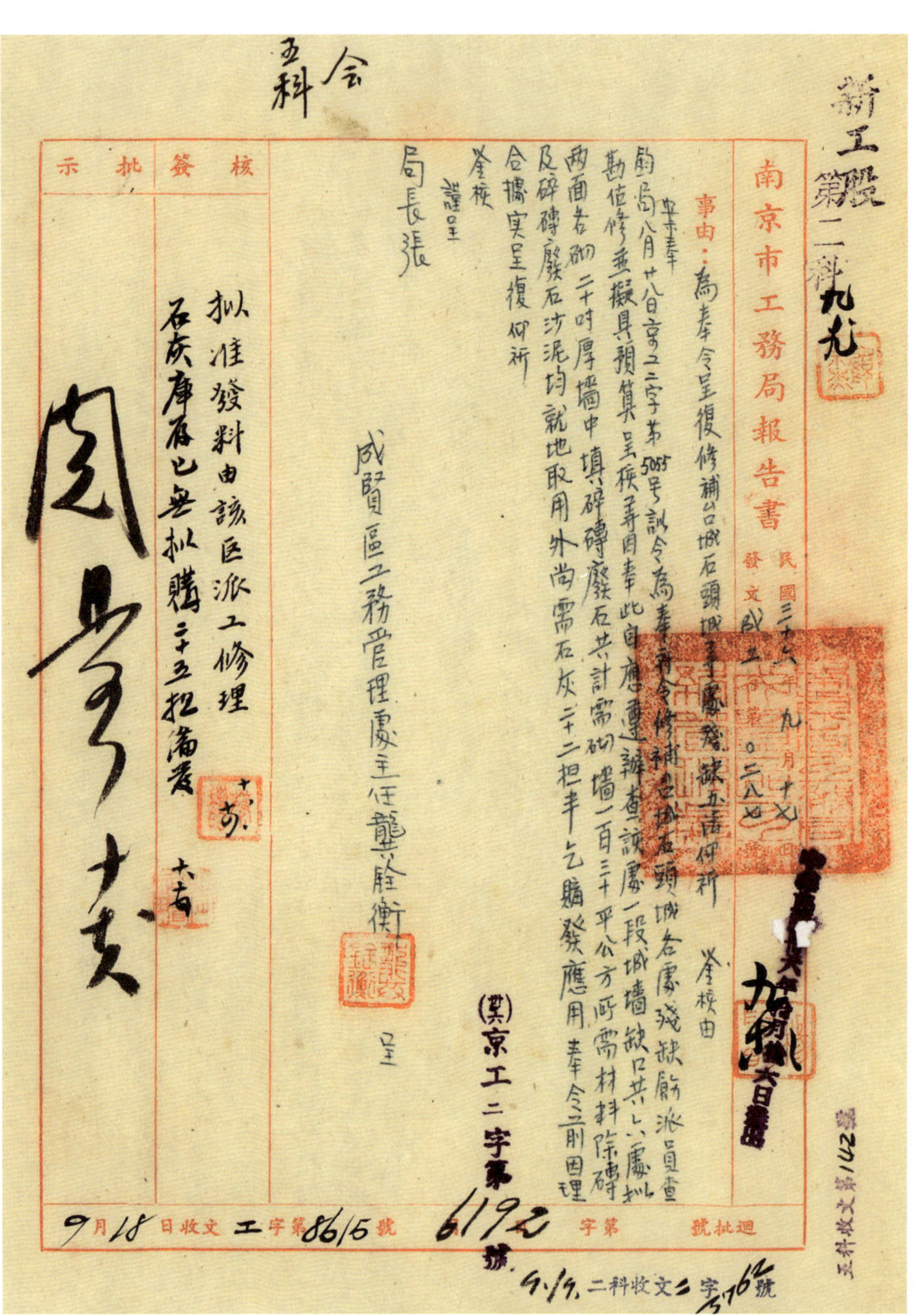

五科 会

新工股 第二科 九九

南京市工務局報告書

民國三十六年九月十七日
發文成工字第〇二八七號

事由：為奉令呈復修補台城石頭城等處殘缺五處仰祈鑒核由

案奉鈞局八月廿八日京工二字第5055號訓令為奉市令修補台城石頭城各處殘缺飭派員查勘估修並擬具預算呈核等因奉此自應遵辦查該處一段城牆缺口共六處擬兩面各砌二十吋厚牆中填碎磚廢石共計需砌牆一百三十平公方所需材料除碎磚及碎磚廢石沙泥均就地取用外尚需石灰二十二担半乞賜發應用奉令前因理合據實呈復仰祈

鑒核

謹呈

局長張

成賢區工務管理處主任龔詮衡　呈

核簽　批示

擬准發料由該區派工修理

石灰庫存已無擬購二十五担備發

九月十八日收文工字第8615號

京工二字第6119號

9.19 二科收文二字第3762號

五科收文第1142號

修補漢中門内城墻

（一）市立第四中學等爲漢中門内城墻坍塌請予修築致市工務局的呈文（一九四七年三月三十一日）

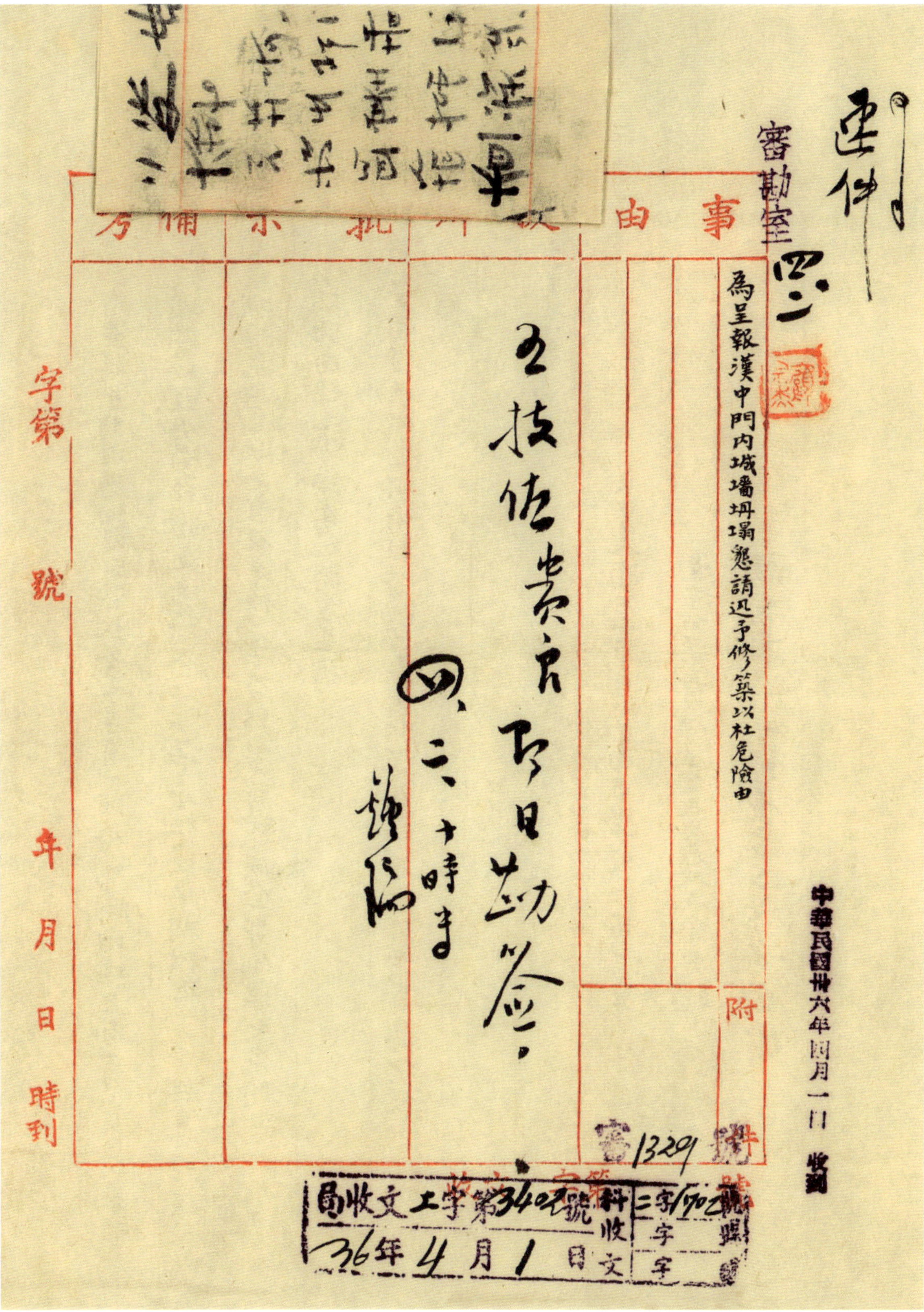
事由
爲呈報漢中門内城墻坍塌懇請迅予修築以杜危險由
審勘室
附件
中華民國卅六年四月一日收到
局收文工字第3402號
36年4月1日
字第　號
年　月　日　時到

謹呈者查漢中門內城墻自去歲秋冬之季有一部份墻脚坍塌且有宵小莠民乘
機竊取城磚以致坍塌部份逐漸擴大市民等居住漢中門附近一帶每日必經該
地見該城墻危機已伏亟宜及早修築否則勢將釀成全部倒塌之危險造成與下
關坍塌碼頭同樣之慘禍為此聯名呈請
鈞局鑒核將該城墻坍塌部份迅予修築以杜危險而維治安實為德便
謹呈
南京市工務局

具呈人南京市立第四中學校長黃昌年
南京市第五區清涼山國民學校校長俞恩聰
南京市第五區第三十三保辦公處

魏伯和　吉志西

秦湘蘅　魏龢

田牧　陳砥瀾

周意湖　梁琬璋

方濟寧　徐大珠

程飛鵬　程振鵬

石姚氏　張志寬

蘇少棠　方金濤

梅方潔　蔡有成

王宏順　周宋氏

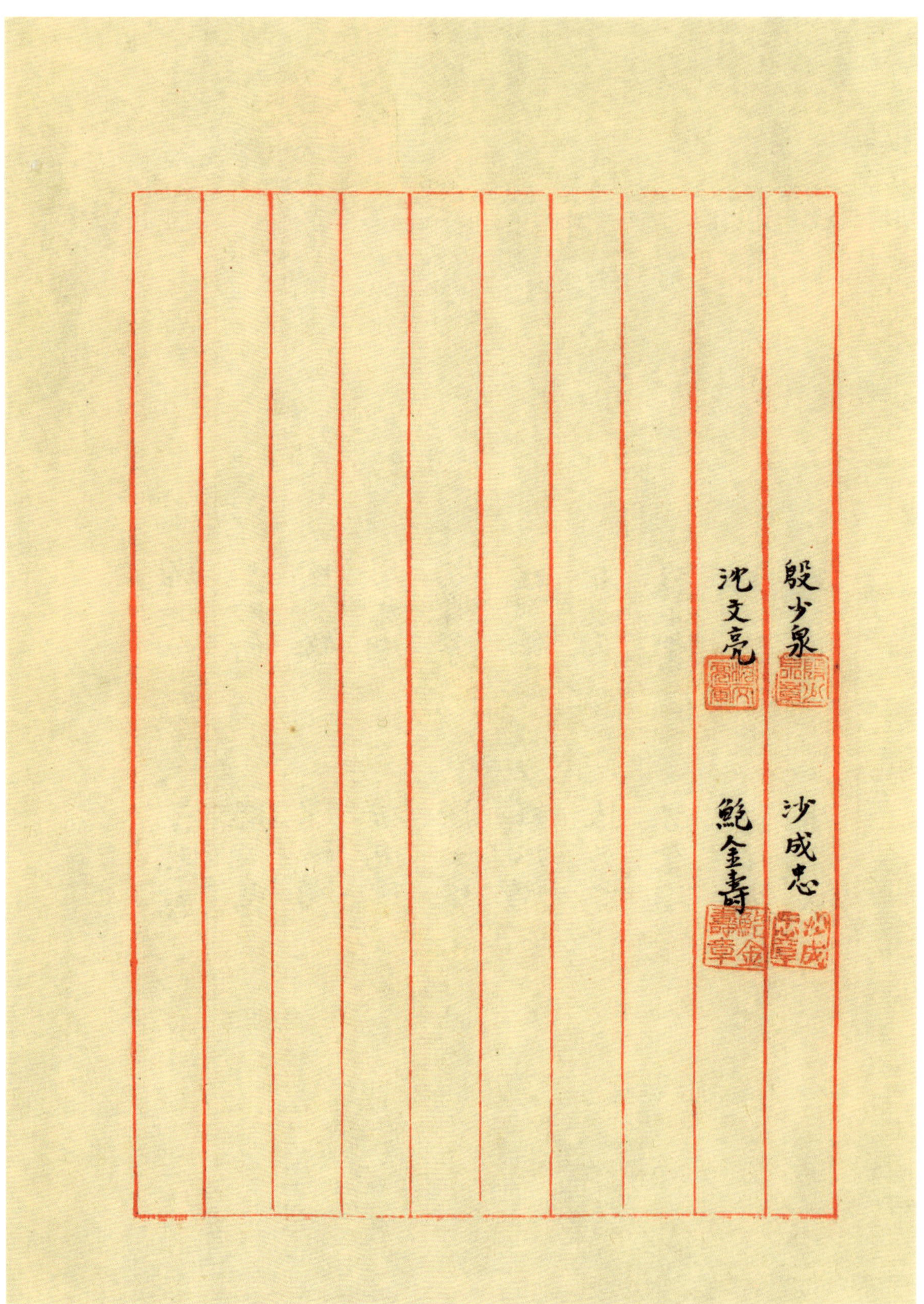

殷少泉

沙成志

沈文亮

鮑金壽

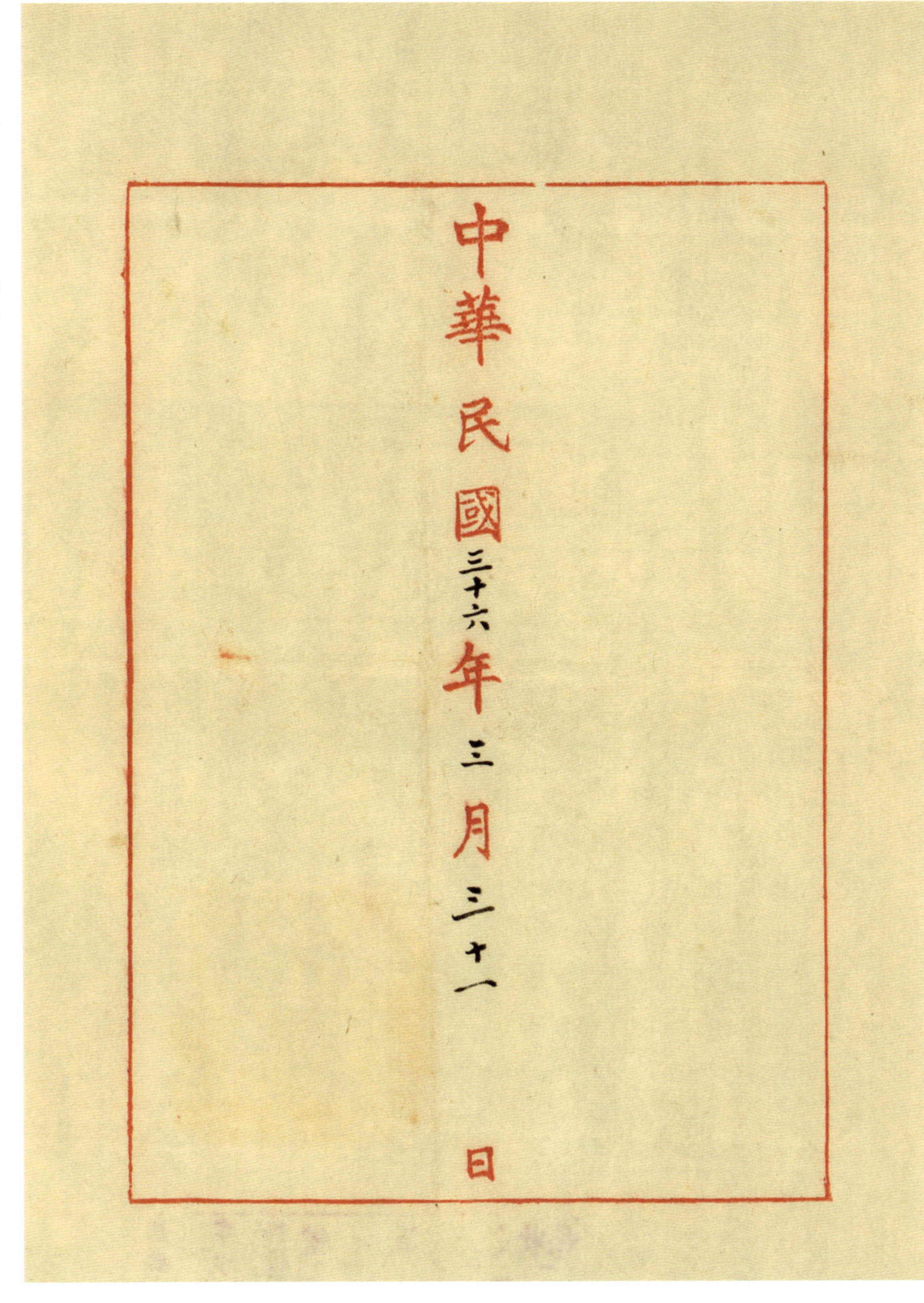

中華民國三十六年三月三十一日

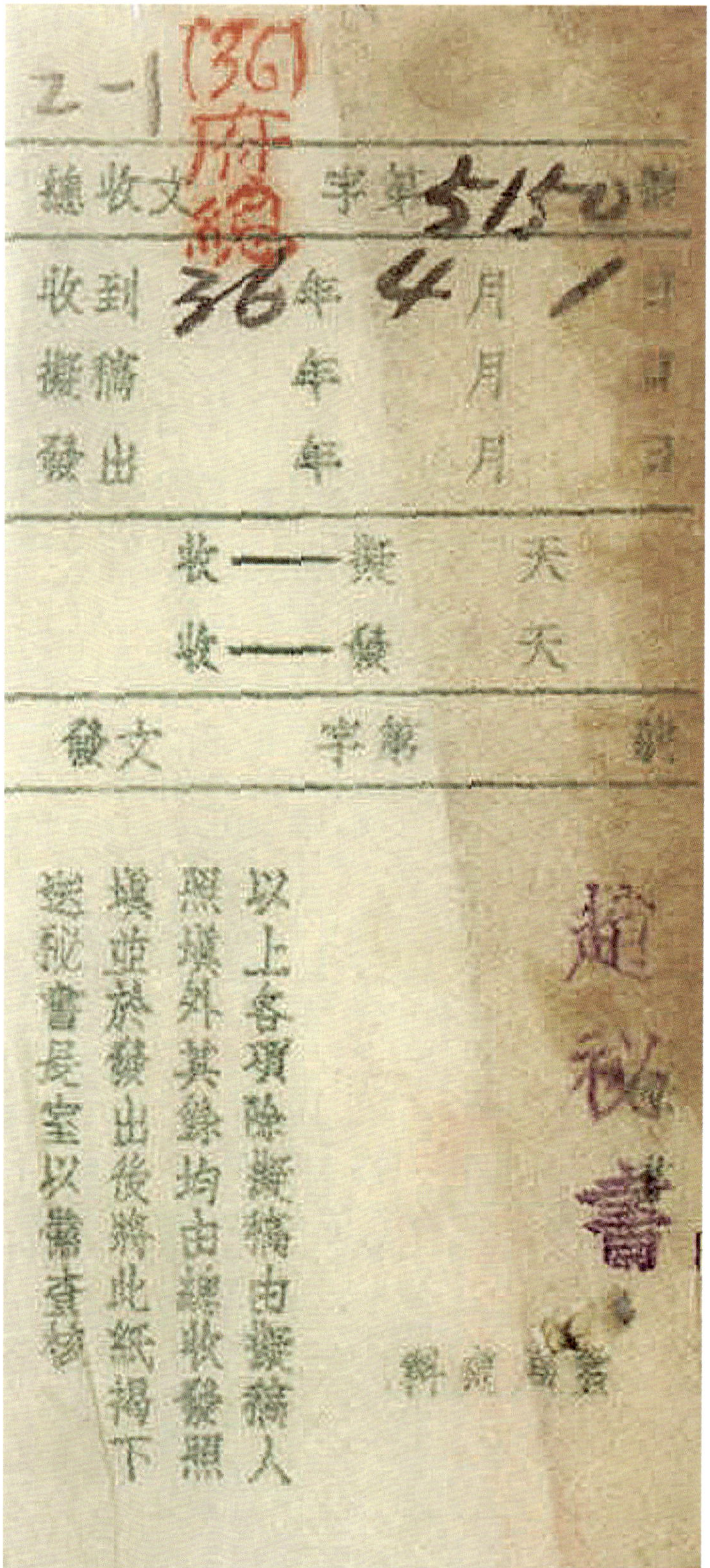
2-1
(36)府總
總收文 字第 5150 號
收到 36 年 4 月 1 日
擬稿 年 月 日
發出 年 月 日
收—擬 天
擬—發 天
發文 字第 號

處秘書

貴 局 處 科

以上各項除擬稿由擬稿人照填外其餘均由總收發照填並於發出後將此紙揭下送秘書長室以憑查核

五台區貳件

F00499

查漢中門城墻需修理巷街路　號門牌附近因壞報路面溝渠損壞阻塞即請派工前往修理疏通為荷此致

五台區

卅六年四月三日

查　巷街路　號門牌附近路面溝渠業經

貴局修理疏通於　月　日完竣特此證明

此致

工務局

申請人或機關

簽名蓋章

最速

查該處城墻坍塌部份約有5公尺已有相當時日
倘若一經續倒塌沿城根之蟠龍里衖必遭
阻塞情形似甚嚴重擬請由局方通知莫愁
或五台區工務管理處即派工將坍塌部份補砌
以杜危險當否之處謹簽
奉

四、二、靜波

呈王處長

四月二日 簽

四、三、代

交二科辦理

五台區
併案辦理
四、三、

南京市工務局便箋

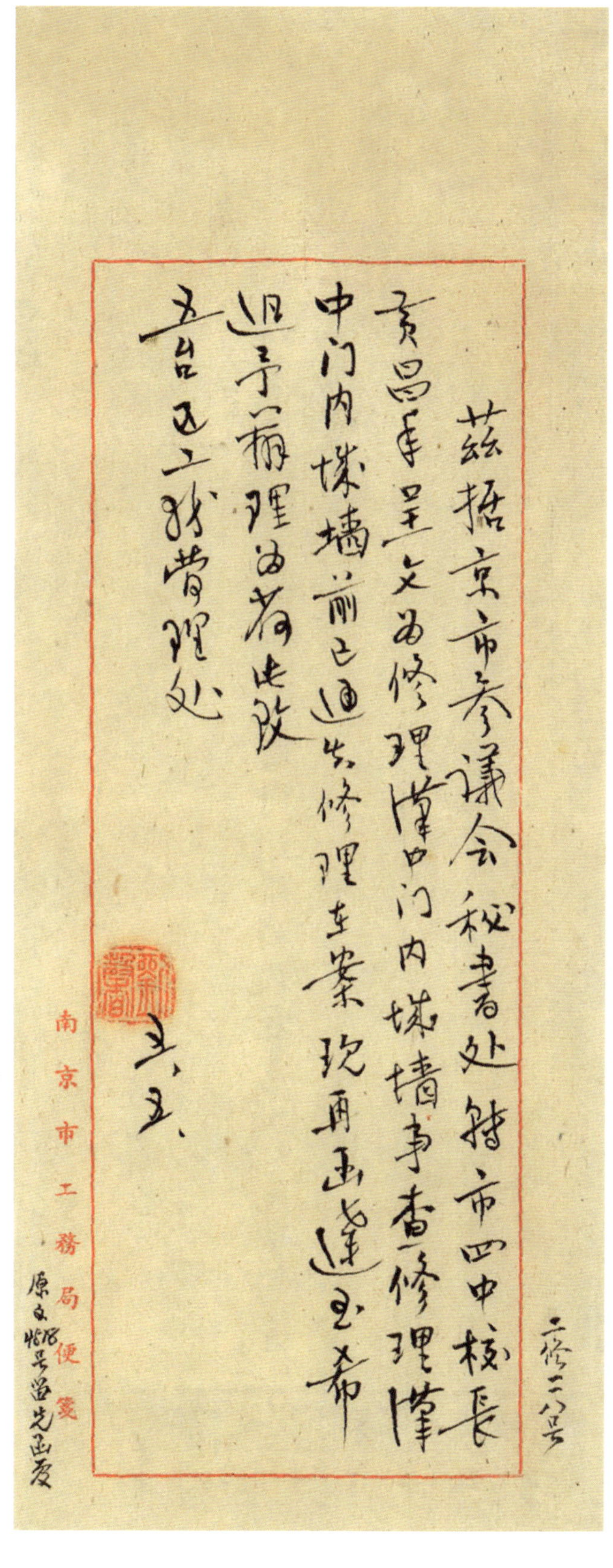

工务一八〇号

兹据京市参议会秘书处转市四中校长贡昌年呈文为修理汉中门内城墙事查修理汉中门内城墙前已通知修理在案现再函达至希迅予办理为荷此致

首都工务督理处

王、

南京市工務局便箋

原文收78号留先函复

（二一）市第五區公所爲清涼山漢中門城墻坍塌請予修補致市工務局的公函（一九四七年四月三日）

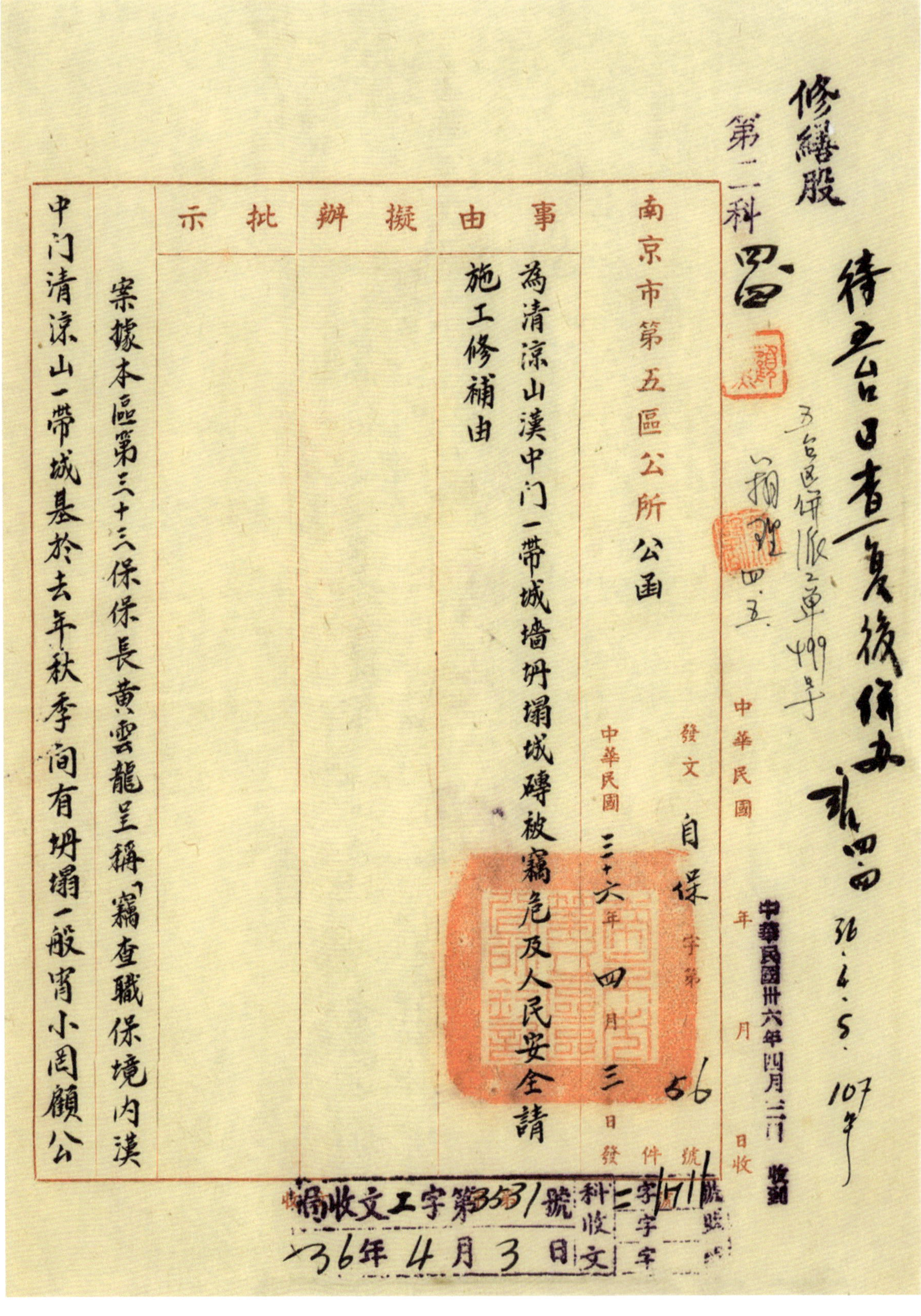

修繕股

第二科

待查明查復後併文

36.4.5. 107号

南京市第五區公所公函

發文 自保字第56號

中華民國三十六年四月三日發

中華民國 年 月 日收

事由	爲清涼山漢中门一帶城墻坍塌城磚被竊危及人民安全請施工修補由
擬辦	
批示	

案據本區第三十三保保長黄雲龍呈稱「竊查職保境内漢

中门清涼山一帶城基於去年秋季間有坍塌一般宵小罔顧公

工務局收文工字第3531號

36年4月3日

科收文字第171號

中華民國卅六年四月三日收到

益竟乘機竊取城磚據為己有以致坍塌部份日漸擴大倘不嚴加查禁及時修補一旦傾倒不但危及人民生命抑與首都防衛工事亦受莫大損失」等情前來查該保長所呈情形確屬實在除分函警察局嚴行查禁外相應函請

貴局及時施修補為荷

此致

市府工務局

區長 劉月波

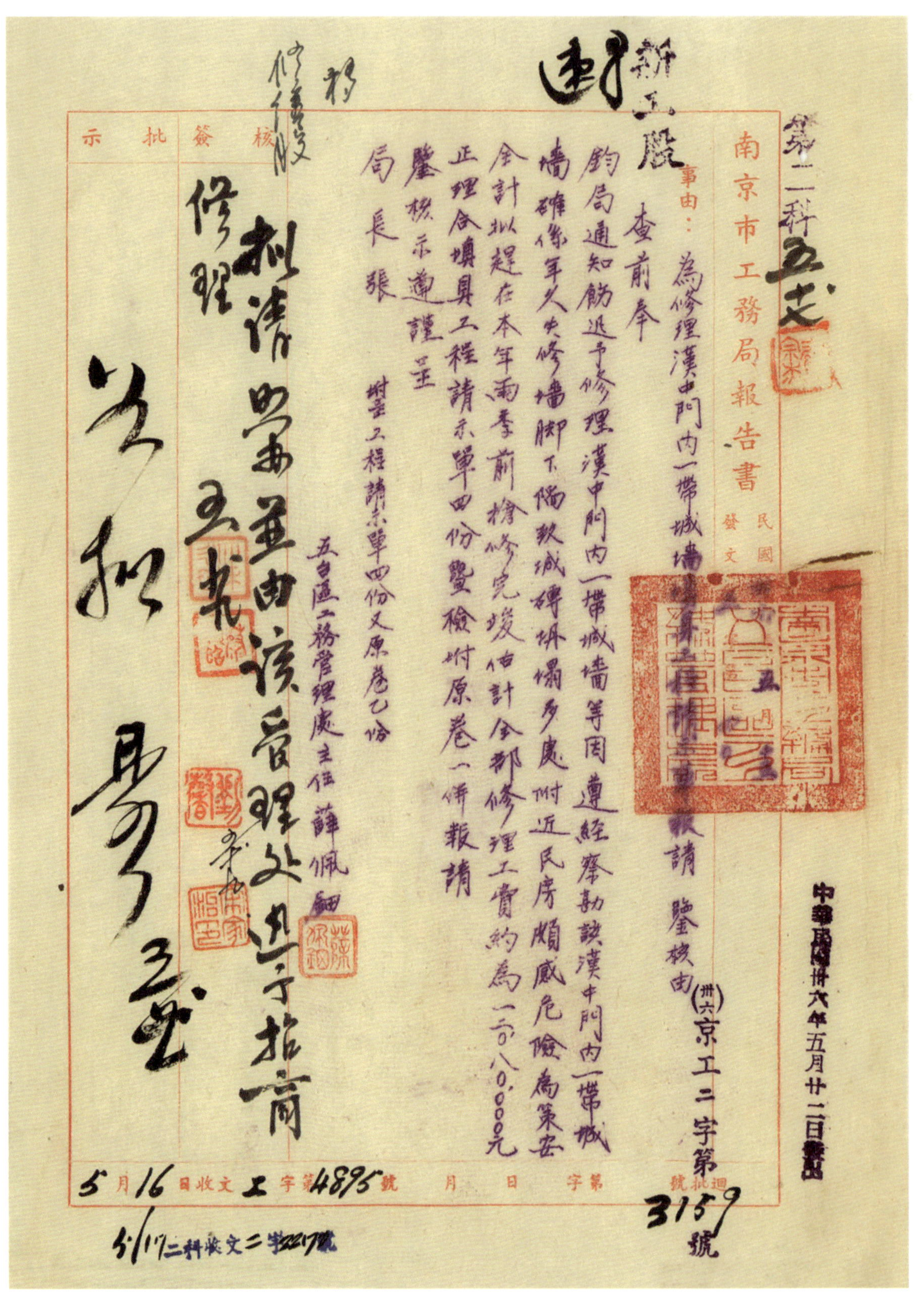

（三）五臺區工務管理處爲修補漢中門内城墻附送工程請示單致市工務局的呈文（一九四七年五月十五日）

第二科 五戈

南京市工務局報告書

民國　發文

中華民國卅六年五月廿二日發出

（卅六）京工二字第3159號

事由：爲修理漢中門内一帶城墻報請　鑒核由

新五股

查前奉

鈞局通知飭送本修理漢中門内一帶城墻等因遵經察勘該漢中門内一帶城墻確係年久失修墻脚下陷致城磚坍塌多處附近民房頗感危險爲策安全計擬趕在本年雨季前搶修完竣估計全部修理工費約爲一百八〇，〇〇〇元正理合填具工程請示單四份暨檢附原卷一併報請

鑒核示遵謹呈

局長張

附呈工程請示單四份又原卷乙份

五臺區工務管理處主任　薛佩綸

核	簽	批	示

擬請照准並由該管理處迅予[illegible]修理

五·十七

如擬

五·廿三

5月16日收文工字第4895號　月　日　字第　號迴批

5/17二科收文二字第2217號

南京市工務局

工程請示單

工程編號	
會計科目	

請示單編號　五字第八号

工程名稱	漢中門城墻修理工程	工程地點	漢中門

請示原因

漢中門內城墻年久失修墻腳下陷以致多處城墻坍塌且有部份擴大事態嚴重擬在本年霉雨季前修理完工以策安全.

施工說明

招包修理利用舊城磚石灰砂漿砌.內外面用洋灰砂漿鈎縫.

核算總價　12,080,000元　預定36年5月25日開工36年6月30日完工

請示部份　五區　主任（印）　填單　36年5月16日

附　件

附　註

局長批示	會計室核	主管科核
	在　內開支　超出預算	擬請照辦並由該管區迅予招商承辦　五·廿（印）
	會計主任　月　日	第　科長（印）　月　日
	股	股（印）
	股	股

年　月　日局收文	字第		號
年　月　日局發文	字第		號

說明

（一）請示單填寫四聯批准後一聯發還一聯存主管科一聯存會計室一聯存卷

（二）工程編號由主管科編填會計科目由會計室填列請示單編號由請示部份編列

（三）請示單經批准後有關文件表報報銷等應將工程編號及工程名稱并列

預算細目

共　　頁第　　頁

項次	項目	單位	數量	單價	共價	備註
	石灰砂漿砌1.5公尺厚城墻	平公方	12	30,000	360,000	連搭架
	石灰砂漿砌1公尺厚城墻	平公方	18	40,000	720,000	並修理基礎一部份
	石灰砂漿砌1公尺厚城墻	平公方	220	50,000	11,000,000	連搭架並修全部基礎.
共				計	1208,0,000	

核對　　　計算

基 成 建 築 公 司

CHI CHEN BUILDING CONTRACTOR

O. 17 PAO-MAI SHANG CHONG JIN ROAD NANKING

估 價 細 賬

QUOTATION DETAILS

地址 南京中華路 跑馬巷十七號

致 To: 南京市政府工務局

建築名稱 SUBJECT: CONSTRUCTION OF 修建城牆工程

日期 DATE 28/5/36

（手写：東家路商場14號）

名稱 Name	說明 Descripton	數量 Quantity	單位 Unit	單價 Unite Price	總價 Cost
	每一英平方5'0"寬之單價如下				
紅磚		300	塊	13,000.00	$ 39,000.—
黄砂		0.60	英方	500,000.00	" 300,000.—
石灰		6.00	市担	40,000.00	" 240,000.00
脚手					" 150,000.00
砌工		35	工	22,000.00	" 770,000.00
				以上共計	$ 1,850,000.00
拆砌數量	5'0"寬	20.50	英方	1,850,000.00	$ 37,925,000.00

附註 城牆底脚不包括本估價單之内 如遇新做時臨時估定之數量按砌量計

This quotation is effective only when it is approved before the date

本單所估各價自開出日起至 36 年 6 月 5 日止為有效期間

華成德記營造廠

致 TO 南京市工務局

估價單 ESTIMALE

地址南京門西磨盤街十號

工程名稱 Name of work 拆砌漢中门右首城墻工程

日期 Date 36，6，2

項目 Item	摘要 Description	數量 Quantity	單位 Unit	單價 Unit Price	計數 Amount	附註 Remark
内層四批石	灰砂泥砌城磚墻	226.4	m^3	82,000 —	18,564,800 —	
外層一批1:2	水泥黄砂漿砌城磚墻	56.6	〃	260,000 —	14,716,000 —	
	附註 1、如城墻基脚鬆動另需加打木樁不在帳内 2、拆砌城墻完工後，按照外層實做數量方五倍計算之					

共計國幣 TOTAL 叁仟叁佰弍拾捌萬零捌佰元正　$33,280,800—

完工日期 Complete date 30晴天

有效期壹星期

估計者 Estimate by

華成德記營造廠

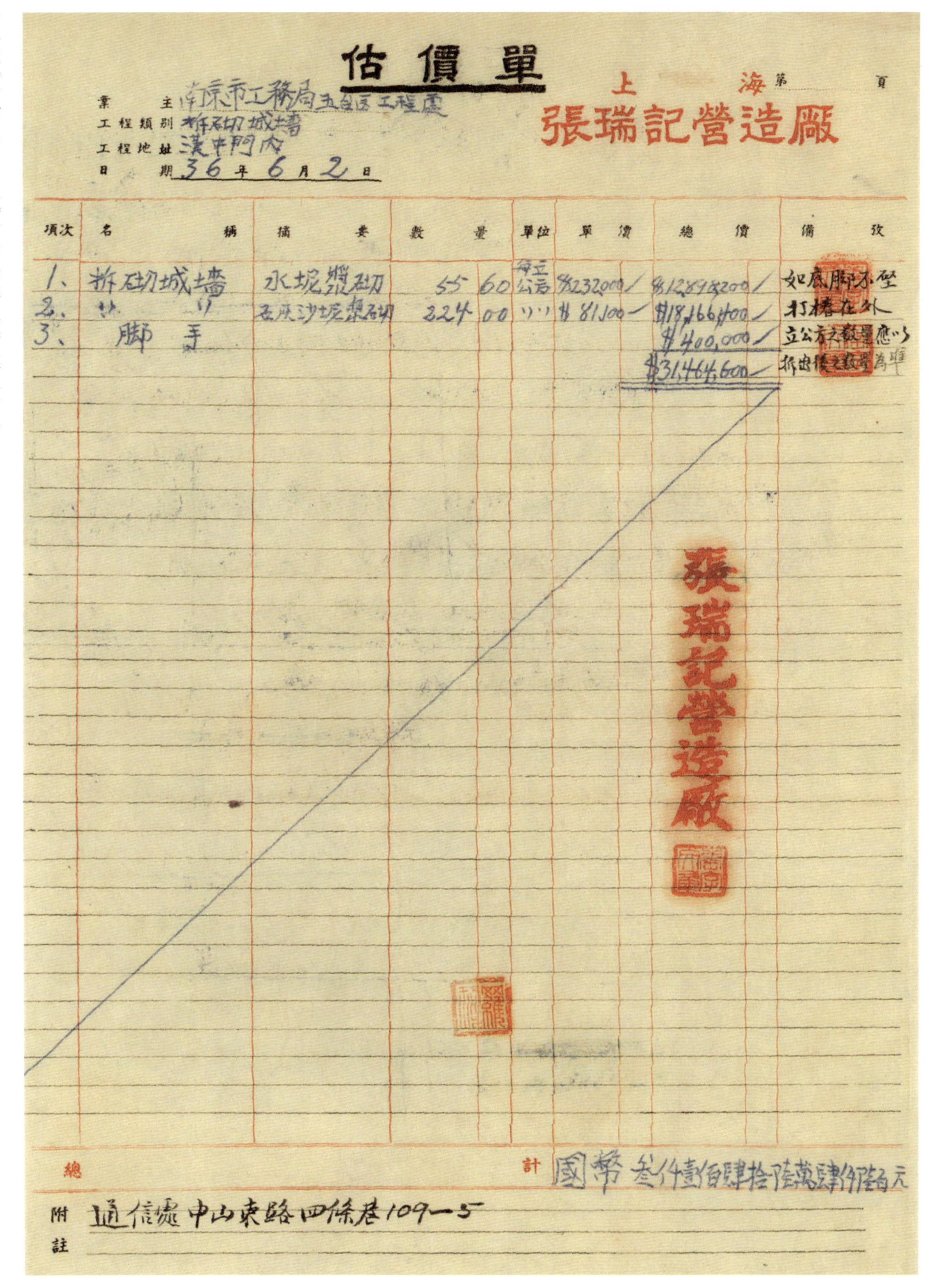

估價單

上海　張瑞記營造廠　第　　頁

業　　主　南京市工務局五區工程處
工程類別　拆砌城墻
工程地址　漢中門內
日　　期　36年6月2日

項次	名稱	摘要	數量	單位	單價	總價	備攷
1、	拆砌城墻	水泥漿砌	55.60	每立公方	$232,000	$12,898,200	如底脚不堅
2、	〃　〃	石灰沙泥漿石砌	224.00	〃	$81,100	$18,166,400	打樁在外
3、	脚手					$400,000	立公方之數量應以
						$31,464,600	拆出樁之數量為準

總計　國幣叁仟壹佰肆拾陸萬肆仟陸佰元

附註　通信處中山東路四條巷109—5

計價　　估價單

南京市工務局五台區工務管理處修補漢中門內城牆

存卷

I. 折做數量

第一處　7.00M × 3.50M ＝ 24.50 M^2（平方公尺）

第二處　10.00 × 9.50 ＝ 95.00 M^2

第三處　6.40 × 2.50 ＝ 16.00 M^2

共計 135.50 平方公尺（折做平均以 1.50M 厚牆身計算）

II. 做法及工料價

磚料用原有城磚　牆之外層用 1:3 水泥沙漿砌做 30公分厚

共計 40.65 立方公尺　國幣 8,130,000元　（每立方公方工料價 200,000元）

牆身內則用 1:3 石灰沙漿砌做　牆身厚為 1.2M

共計 162.60 立方公尺　（每立公方工料價 73,000元）

計國幣 [illegible]

III. 三合土基地牆腳及[illegible]價

1. 7.00 × 1.50 × 0.8 ＝ 8.40 立公方

2. 10.00 × 1.50 × 0.8 ＝ 12.00 〃

共計 20.40公方　（每立公方價 100,000）

計國幣 2,040,000元

合計全部工料總價計 國幣 [illegible]元正

[illegible]元正

李成記營造廠

高家酒館門牌四十六號

（四）市工務局關于修理漢中門城墻的工程承攬單和價目單（一九四七年六月七日）

副本

存卷

工程編號		南京市工務局	合約編號	攬字26號
會計科目		工程承攬單	請示單編號	工字第　號

工程名稱	漢中門修補城牆	工程地點	漢中門
訂約日期	36年6月7日	承包總價	22,039,800
開工日期	36年6月14日	完工期限	30個晴天

立承攬人　李成記營造廠　今攬承到

南京市工務局　漢中門修補城牆　工程

一切施工方法願完全依照　鈞局所派監工人員之指示及頒發之各項圖樣説明書等辦理茲將工程範圍承攬包價領款辦法及遵守條約訂定如下：

1. 工程範圍——

本工程計修補城牆三處共135.50平方公尺，拆砌單內外15公分厚墻身計算。墻之外面用1:3水泥沙漿粉砌3.0公分厚，墻身內用1:3石灰沙漿砌做120公分厚，並另灰三合土墻基兩處共20.14立方公尺。材料用原有城材，所需砂石材料及一切人工均由承包人承包。

2. 承攬包價——本工程全部包價共計國幣　22,039,800　元

詳細價目單附後如有增減按照實際驗收數量結算

3. 領款辦法——

第一期　訂約後付70%　計國幣15,427,860元

第二期　工程完成一半付10%　計國幣2,203,980元

第三期　工程完成經驗收後付20%（內扣保固金2.5%　計551,070元）

計國幣4,407,960元

4. 完工期限——本工程訂約後應於　7　日内開工限　36　年　7　月　13　日以前全部完土雨天照加逾期願每日賠償局方損失國幣　弍拾萬　元

5. 轉讓分包——本工程之任何部份未得局方同意承攬人决不轉讓分包

6. 工具材料——本工程之一切人工材料及應用工具設備除特别規定者外概由承攬人自備其由局方供給者承攬人需負責保管如有損失照價賠償

7. 工程管理——本工程如承攬人不能親自常駐工地時需派富有工程經驗員責代表常駐工地督率施工並管理工人此項代表如局方認為不能稱職時可隨時通知撤换之

8. 保護防範——工地材料與已未完成之工程及工人等安全設備概由承攬人負責如有意外决不推諉卸責

局長　　會計主任　　科長　　股長　　主任

9. 變更設計——本工程如有增減或變更設計時一經局方通知承攬人决無異議所有增減或損失工料均按實際數量照詳細價目單計算之

10. 工程查驗——本工程在進行期間如發現材料窳劣做法不合工程不固或與圖樣説明書有不符之處一經局方所派監工人員通知當立即折除重做所有工料損失概歸承攬人員担

11. 工程玩忽——工程進行時如承攬人任意延宕願聽憑局方註銷承攬另行設法完成其因此發生之損失概由承攬人員賠償之責幷願將所有工地上一切物件工程均暫交局方接收管理俟工程完工後再行結算

12. 工地清理——工程完竣後工地廢棄材料及垃圾等承攬人當先派工清除淨盡再報驗收

13. 工程保固——本工程完工後保固期限為 壹 年 / 月在保固期內如有裂損或坍塌情事經查明係因工作草率或用料不佳所致者由承攬人員責修復不另取值

14. 保證責任——承攬人如有偷工減料中途停工或無力完工及其他情弊不能履行承攬條款時本承攬之責任由保證人代負之所有因此發生之一切損失概由保證人負責賠償

15. 承攬附件——(1)説明書 / 份(2)圖樣 / 張(3)詳細價目單 1 張

承包商號 李鴻記營造廠	保證商號
負責人 李成志	負責人 李慶鴻
地　址 高家酒館41號	地　址 珠江路384號

備註：

对保人

工程編號

合約編號

南京市工務局

詳細價目單

36年6月7日

共1頁第1頁

工程名稱　漢中門修補城牆　　工程地點　漢中門

項次	項目	單位	數量	單價	共價	備註
1	1:3水泥沙漿修補城牆	公方	7.35	200,000	1,470,000	7M×3.5M×0.3M
2	〃	〃	28.50	〃	5,700,000	10M×9.5M×0.3M
3	〃	〃	4.80	〃	960,000	6.4M×2.5M×0.3M
4	1:3石灰沙漿修補城牆	〃	29.40	73,000	2,146,200	7M×3.5M×1.2M
5	〃	〃	114.00	〃	8,322,000	10M×9.5M×1.2M
6	〃	〃	19.20	〃	1,401,600	6.4M×2.5M×1.2M
7	石灰三合土牆基	〃	8.40	100,000	840,000	[illegible]
8	〃	〃	12.00	〃	1,200,000	[illegible]
						[illegible]
總			計		22,039,800	

承包商號 [illegible]　負責人 李成[illegible]

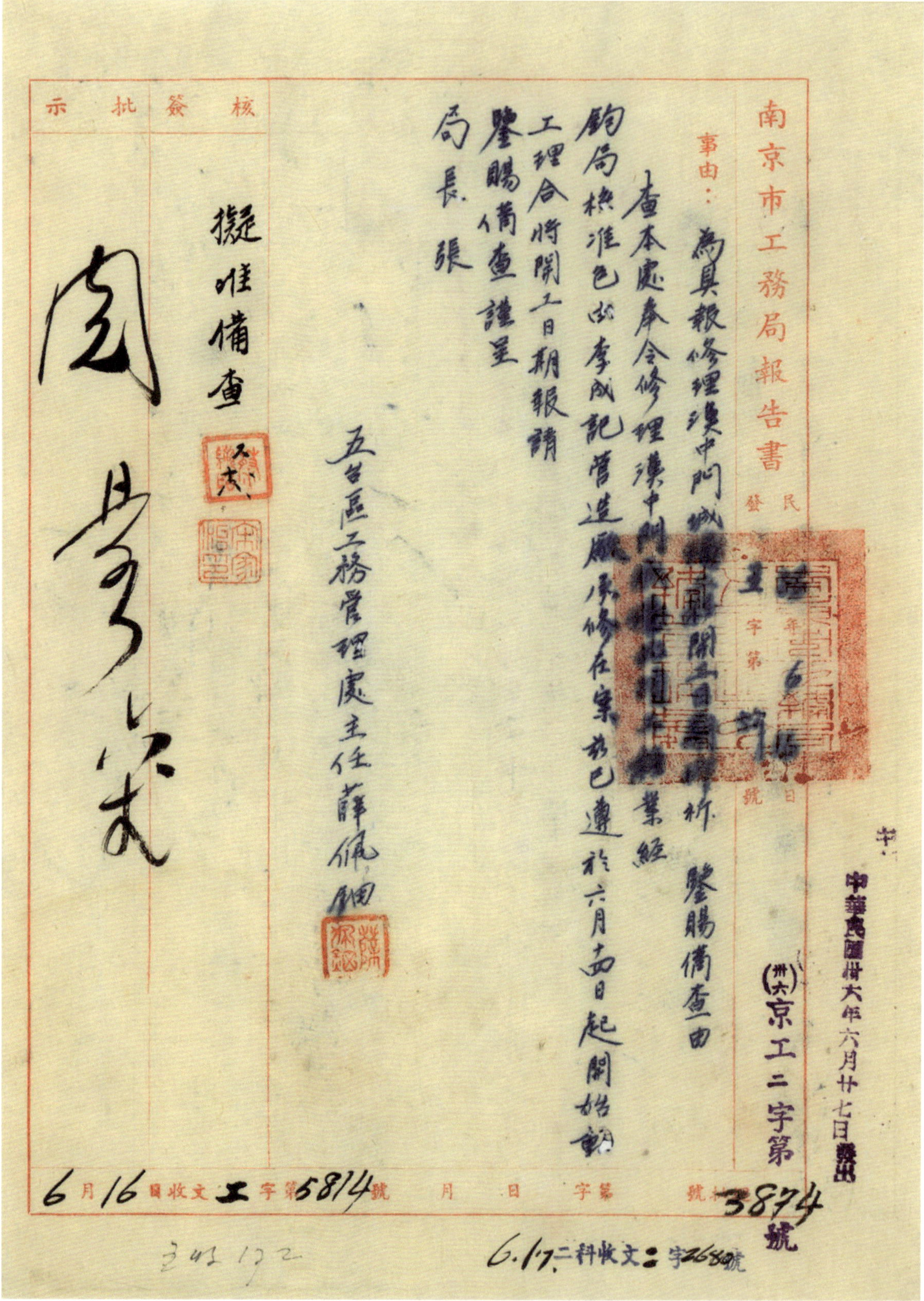

南京市工務局報告書

事由：為具報修理漢中門城牆工程開工日期請 鑒賜備查由

查本處奉令修理漢中門城牆一案業經
鈞局核准包由李成記營造廠承修在案茲已遵於六月十六日起開始動工理合將開工日期報請
鑒賜備查謹呈
局長張

五台區工務管理處主任薛佩綸

核簽批示：擬准備查

（卅六）京工二字第3874號

中華民國卅六年六月廿七日發出

6月16日收文工字第5814號

6.17二科收文二字2680號

（五）五臺區工務管理處爲匯報修理漢中門城墻工程開工日期致市工務局的呈文（一九四七年六月十六日）

（六）市工務局關于漢中門城墻工程的工款結算表和工程決算書（一九四七年七月十三日）

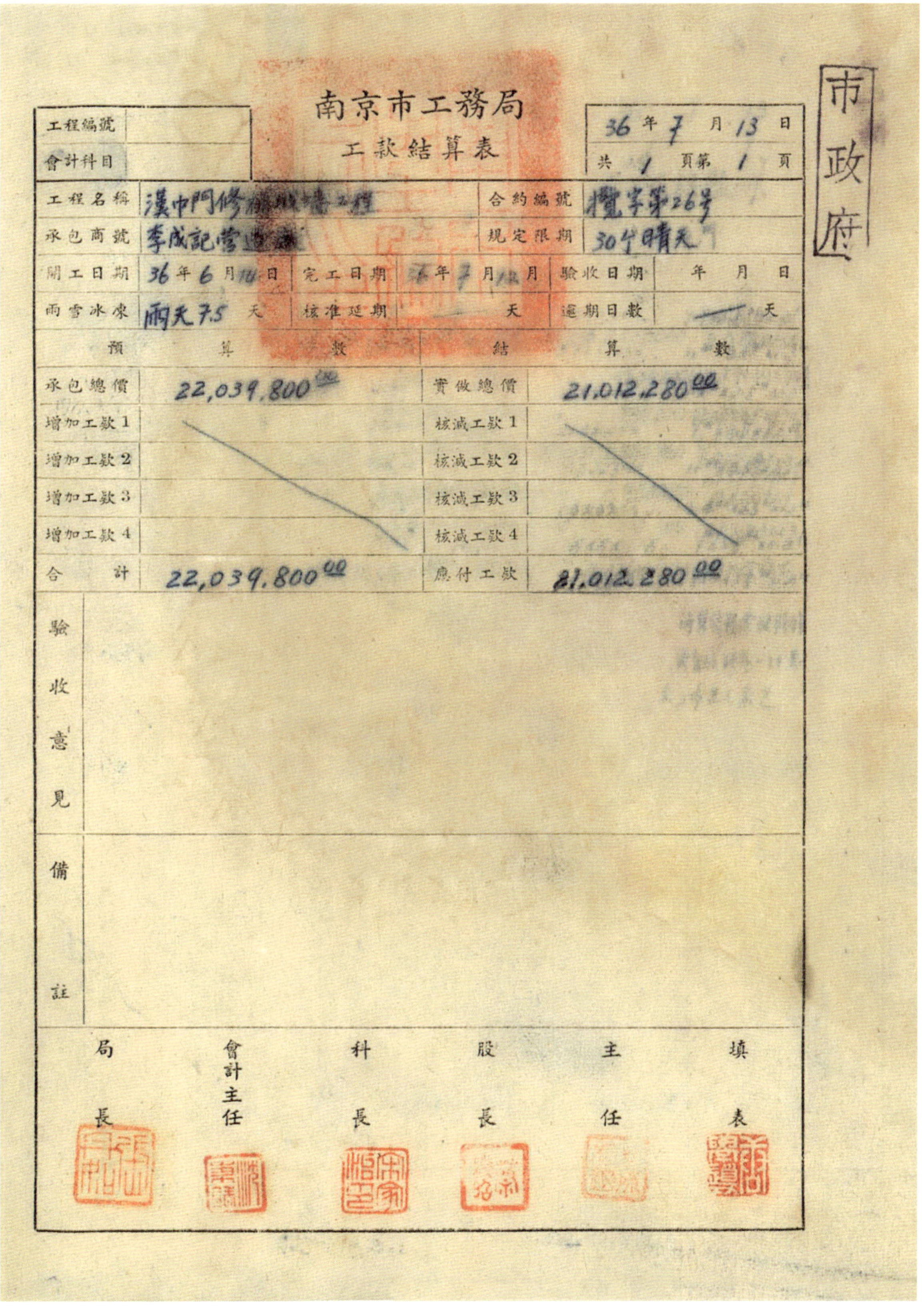

市政府

南京市工務局
工款結算表

工程編號				36年7月13日	
會計科目				共1頁第1頁	
工程名稱	漢中門修[illegible]城墻工程		合約編號	攬字第26号	
承包商號	李成記營造[illegible]		規定限期	30个晴天	
開工日期	36年6月[illegible]日	完工日期	[illegible]年7月[illegible]月	驗收日期	年　月　日
雨雪冰凍	雨天7.5天	核准延期	——天	逾期日數	——天
預算數			結算數		
承包總價	22,039,800.00		實做總價	21,012,280.00	
增加工款1			核減工款1		
增加工款2			核減工款2		
增加工款3			核減工款3		
增加工款4			核減工款4		
合計	22,039,800.00		應付工款	21,012,280.00	
驗收意見					
備註					

局長	會計主任	科長	股長	主任	填表

南京市工務局
工程決算書

工程編號	
會計科目	

36年7月13日

共1頁第1頁

工程名稱	漢中門修補城墻工程	工程地點	漢中門棋盤城
開工日期	36年6月[illegible]日	完工日期	36年7月[illegible]日
驗收日期	年　月　日		

項目	單位	預算 數量	預算 單價	預算 共價	決算 數量	決算 單價	決算 共價	備註
1:3水泥沙漿修補城墻	公方	[illegible]	[illegible]	[illegible]	[illegible]	[illegible]	2,517,000	6.5×3.5×.5+8.0×2.4×.5
〃	〃	28.50	〃	5,700,000	[illegible]	〃	5,604,000	(10×7.9+40.6)×.3
〃	〃	4.80	〃	960,000	3.90	〃	780,000	(2×2+4.5×2)×.3
1:3石灰沙漿修補城墻	〃	29.40	73000	2,146,200	38.82	73,000	2,833,860	6.5×3.5×1.2+8.0×2.4×.6
〃	〃	114.00	〃	8,322,000	94.84	〃	6,923,320	10×7.9×1.0+9×1.6×1.1
〃	〃	19.20	〃	1,401,600	11.70	〃	894,100	4.5×2.0×1.3
石灰三和土墻基	〃	12.00	100,000	1,200,000	15.00	100,000	1,500,000	10×1.5×1.0
〃	〃	8.40	〃	840,000				
總計				22,039,800.00			21,012,280.00	

計結餘 國幣 1,027,520.00

監工人員

局長　　會計主任　　科長　　股長　　主任　　計算

審計部監驗　　市政府複驗　　工務局初驗

修理中華門城牆工程

（一）莫愁區工務管理處爲查勘中華東門城牆裂縫致工務局的呈文及工程請示單（一九四七年四月二十八日至六月九日）

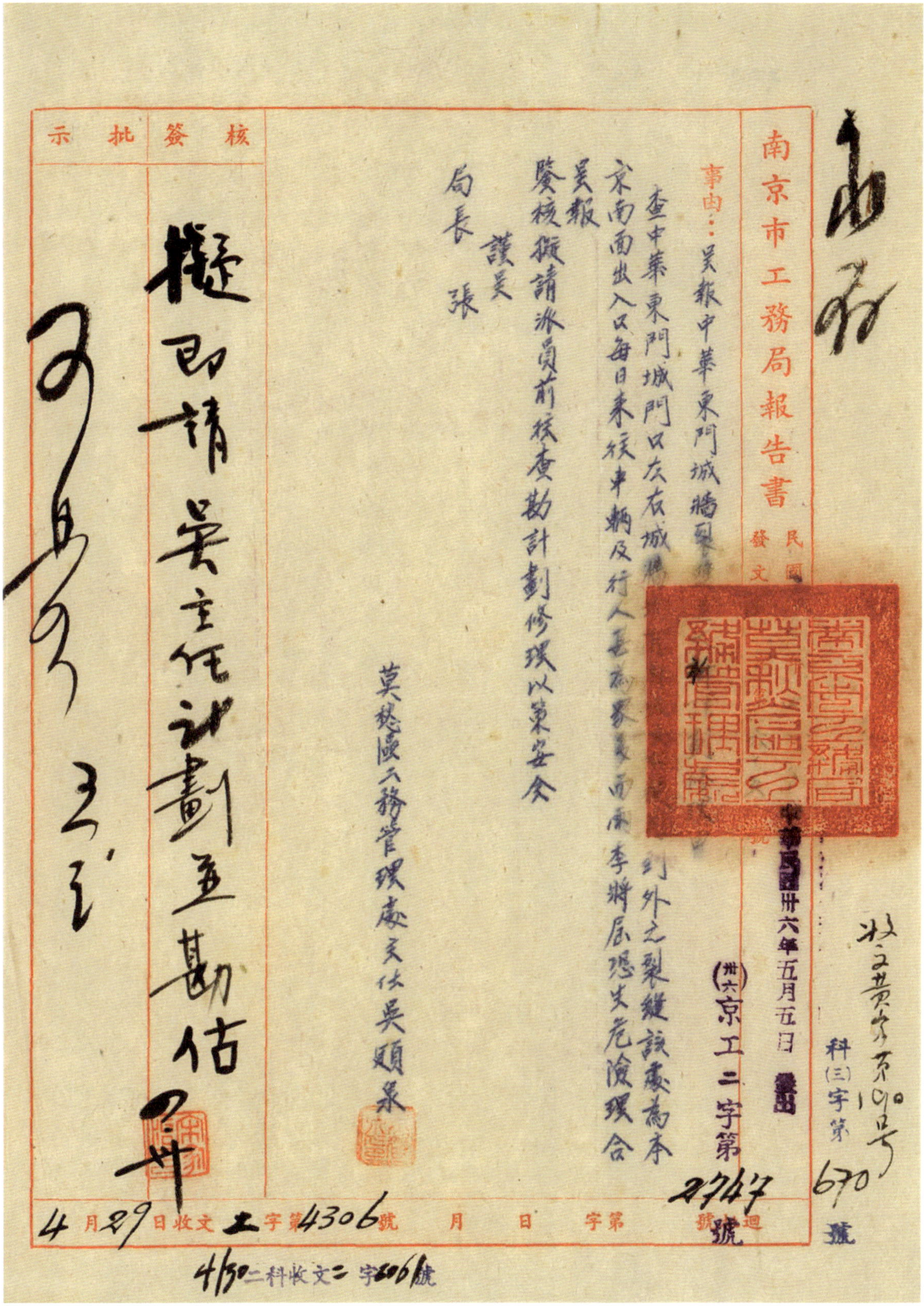

南京市工務局報告書

事由：呈報中華東門城牆裂[illegible]

查中華東門城門口左右城牆[illegible]約外之裂縫，該處爲本京南面出入口，每日來往車輛及行人甚爲繁多，而雨季將屆，恐生危險，理合呈報
鑒核，擬請派員前往查勘計劃修理，以策安全。謹呈
局長 張

莫愁區工務管理處主任 吳頌泉

民國卅六年五月五日發出
發文（卅六）京工二字第2747號

核簽批示：擬即請吳主任計劃並勘估

4月29日收文 土字第4306號

4/30 二科收文二字606號

收文黄字第1010号
科（三）字第670號

南京市工務局報告書

事由：呈報中華東門城牆裂縫呈祈籌劃修理由

民國三十五年四月二十八日
發文莫字第[illegible]號

查中華東門城門口左右城牆均有自上至下由內到外之裂縫該處為本京南面出入口每日來往車輛及行人甚為衆多而雨季將屆恐生危險理合呈報
鑒核擬請派員前往查勘計劃修理以策安全
謹呈
局長 張

莫愁區工務管理處主任 吳煦泉

核	簽	批	示

迴批 號 字第 日 月 號 字第 收文日 月

南京市工務局

工程請示單

工程編號	臨701
會計科目	
請示單編號	莫4號
工程名稱	修理中華門城墻工程
工程地點	中華東門
請示原因	城墻經年未修又加戰時敵飛轟炸已開裂縫從上到下甚為危險擬請拆修一部
施工說明	從上向下拆除9M另加鋼筋混凝土腰箍後重砌還原裂縫處灌1:3水泥漿
核算總價	國幣肆仟另玖拾貳萬肆仟伍佰元 預定36年6月18日開工 36年7月25日完工
請示部份	莫愁區工務管理處 主任 填單 36年6月9日
附件	
附註	

局長批示	會計室核	主管科核
	在 雜項工程費 內開支 超出預算 工程預算超過四千萬元，擬請招商比價呈府核定	擬請照准
	會計主任 月 日	第 科長 月 日
	股	股 6.16.
	股	股

年 月 日局收文	字第 號
年 月 日局發文	字第 號

說明
（一）請示單填寫四聯批准後一聯發還一聯存主管科一聯存會計室一聯存卷
（二）工程編號由主管科編填會計科目由會計室填列請示單編號由請示部份編填
（三）請示單經批准後有關文件表報報銷等應將工程編號及工程名稱并列

莫愁區辦 六

收文貢字第248号

會請第920號

科發文64号

文号

6.10. 二科收文二字2577號

預算細目

共 1 頁第 1 頁

項次	項目	單位	數量	單價	共價	備註
	拆除磚墻	M^2	96	32,000	3,072,000.-	
	重砌磚墻	〃	96	150,000	14,400,000.-	
	挖土	M^3	250	15,000	3,750,000.-	
	填土	M^3	250	15,000	3,750,000.-	
	35CM×60CM×1060CM 拉樑					
	鋼筋漲紋條鐵	磅	900	7,000	6,300,000.-	
	1:2:4混凝土	M^3	2.25	1,250,000	2,812,500.-	
	填補裂縫	M^3	1.8	3,800,000.	6,840,000.-	
共				計	$40,924,500.00	

核對　　計算

（二）市工務局關于修理中華門城墻的工程承攬單、價目單、結算表和決算書等（一九四七年六月九日至七月二十四日）

工程編號		南京市工務局	合約編號	攬字 27 號
會計科目		工程承攬單	請示單編號	

工程名稱	修理中華門城墻工程	工程地點	中華東門
訂約日期	36,6,9.	承包總價	¥33680000.00
開工日期	36.6.15.	完工期限	30晴天

立承攬人建康營造廠今攬承到

南京市工務局修理中華門城墻工程工程

一切施工方法願完全依照　鈞局所派監工人員之指示及頒發之各項圖樣説明書等辦理玆將工程範圍承攬包價領款辦法及遵守條約訂定如下：

1. 工程範圍——做鋼筋混凝土腰箍及拆砌城墻填土工程

2. 承攬包價——本工程全部包價共計國幣叁仟叁佰陆拾捌萬元元
   詳細價目單附後如有增減按照實際驗收數量結算

3. 領款辦法——
   第一期 訂約後對保無誤付 70%
   第二期 工程完成半數以上時付 10%
   第三期 工程全部完工付 10%
   第四期 工程全部完工經驗收後付10%（扣2.5%保固金）

4. 完工期限——本工程訂約後應於　日內開工限　年　月　日以前全部完工雨天照加逾期願每日賠償局方損失國幣壹佰萬元正

5. 轉讓分包——本工程之任何部份未得局方同意承攬人決不轉讓分包

6. 工具材料——本工程之一切人工材料及應用工具設備除特別規定者外概由承攬人自備其由局方供給者承攬人當負責保管如有損失照價賠償

7. 工程管理——本工程如承攬人不能親自常駐工地時當派富有工程經驗員責代表常駐工地督率施工並管理工人此項代表如局方認為不能稱職時可隨時通知撤換之

8. 保護防範——工地材料與已未完成之工程及工人等安全設備概由承攬人負責如有意外決不推諉卸責

局長　　會計主任　　科長　　股長　　主任

9. 變更設計——本工程如有增減或變更設計時一經局方通知承攬人決無異議所有增減或損失工料均按實際數量照詳細價目單計算之

10. 工程查驗——本工程在進行期間如發現材料窳劣做法不合工程不固或與圖樣說明書有不符之處一經局方所派監工人員通知當立即拆除重做所有工料損失概歸承攬人負担

11. 工程玩忽——工程進行時如承攬人任意延宕願聽憑局方註銷承攬另行設法完成其因此發生之損失概由承攬人負賠償之責并願將所有工地上一切物件工程均暫交局方接收管理俟工程完工後再行結算

12. 工地清理——工程完竣後工地廢棄材料及垃圾等承攬人當先派工清除淨盡再報驗收

13. 工程保固——本工程完工後保固期限為 0 年 6 月在保固期內如有裂損或坍塌情事經查明係因工作草率或用料不佳所致者由承攬人負責修復不另取值

14. 保證責任——承攬人如有偷工減料中途停工或無力完工及其他情弊不能履行承攬條款時本承攬之責任由保證人代負之所有因此發生之一切損失概由保證人負責賠償

15. 承攬附件——(1)說明書 0 份(2)圖樣 1 張(3)詳細價目單 1 張

承包商號 [stamp] 負責人 地址 晋安樓37號之	保證商號 負責人 平元善 地址 林森路41號

備註：對保人

工程編號

合約編號

南京市工務局

詳細價目單

年　月　日

共　頁第　頁

工程名稱　修理中華門城墻工程　　工程地點　中華東門

項次	項目	單位	數量	單價	共價	備註
	拆除磚墻	M^2	96	30,000	2,880,000.-	
	重砌磚墻	〃	96	100,000	9,600,000.-	1:3水泥砌
	挖土	M^3	250	10,000	2,500,000.-	
	填土	〃	250	10,000	2,500,000.-	
	※ 35^CM^×60^CM^×1060^CM^ 拉樑					
	鋼筋及紮箍	磅	900	7,000	6,300,000.-	
	1:2:4混凝土	M^3	2.25	1,200,000	2,700,000.-	
	填補裂縫	〃	1.8	4,000,000	7,200,000.-	1:3水泥砂漿
總計					$33,680,000.00	

承包商號　建康營造廠　　負責人　[illegible]

南京市工務局
工款結算表

工程編號	臨701	36 年 7 月 21 日
會計科目	朝天宫工程费	共 1 頁第 1 頁

工程名稱	修理中華門城牆工程	合約編號	攬字27號
承包商號	建康營造廠	規定限期	30個晴天

開工日期	36年6月15日	完工日期	36年7月13月	驗收日期	年 月 日
雨雪冰凍	5 天半	核准延期	0 天	逾期日數	0 天

預算數		結算數	
承包總價	$33,680,000=	實做總價	$33,680,000=
增加工款1	—	核減工款1	—
增加工款2	—	核減工款2	—
增加工款3	—	核減工款3	—
增加工款4	—	核減工款4	—
合計	$33,680,000=	應付工款	$33,680,000=
驗收意見			
備註			

局長	會計主任	科長	股長	主任	填表
[illegible]	[illegible]	[illegible]	[illegible]	[illegible]	[illegible]

[illegible]

南京市工務局
工程決算書

工程編號 臨701
會計科目 [illegible]

36年7月24日
共1頁第1頁

工程名稱 修理中華門城墻工程　工程地點 中華東門

開工日期 36年6月15日　完工日期 36年7月13日　驗收日期 年 月 日

項目	單位	預算			決算			備註
		數量	單價	共價	數量	單價	共價	
拆除磚墻	平公	96	30000	2880000	96	30000	2880000	
重砌〃〃	〃	96	100000	9600000	96	100000	9600000	1:3水泥砌
挖土	立公	250	10000	2500000	250	10000	2500000	
填土	〃	250	10000	2500000	250	10000	2500000	
鋼筋及紮鐵	磅	900	7000	6300000	900	7000	6300000	
1:2:4混凝土	立公	2.25	1200000	2700000	2.25	1200000	2700000	
填補裂縫	〃	1.8	4000000	7200000	1.8	4000000	7200000	1:3水泥沙漿
總計				33680000			33680000	

計結餘超出 國幣 0

局長　會計主任　科長　股長　主任　計算

審計部監驗　市政府複驗　工務局初驗

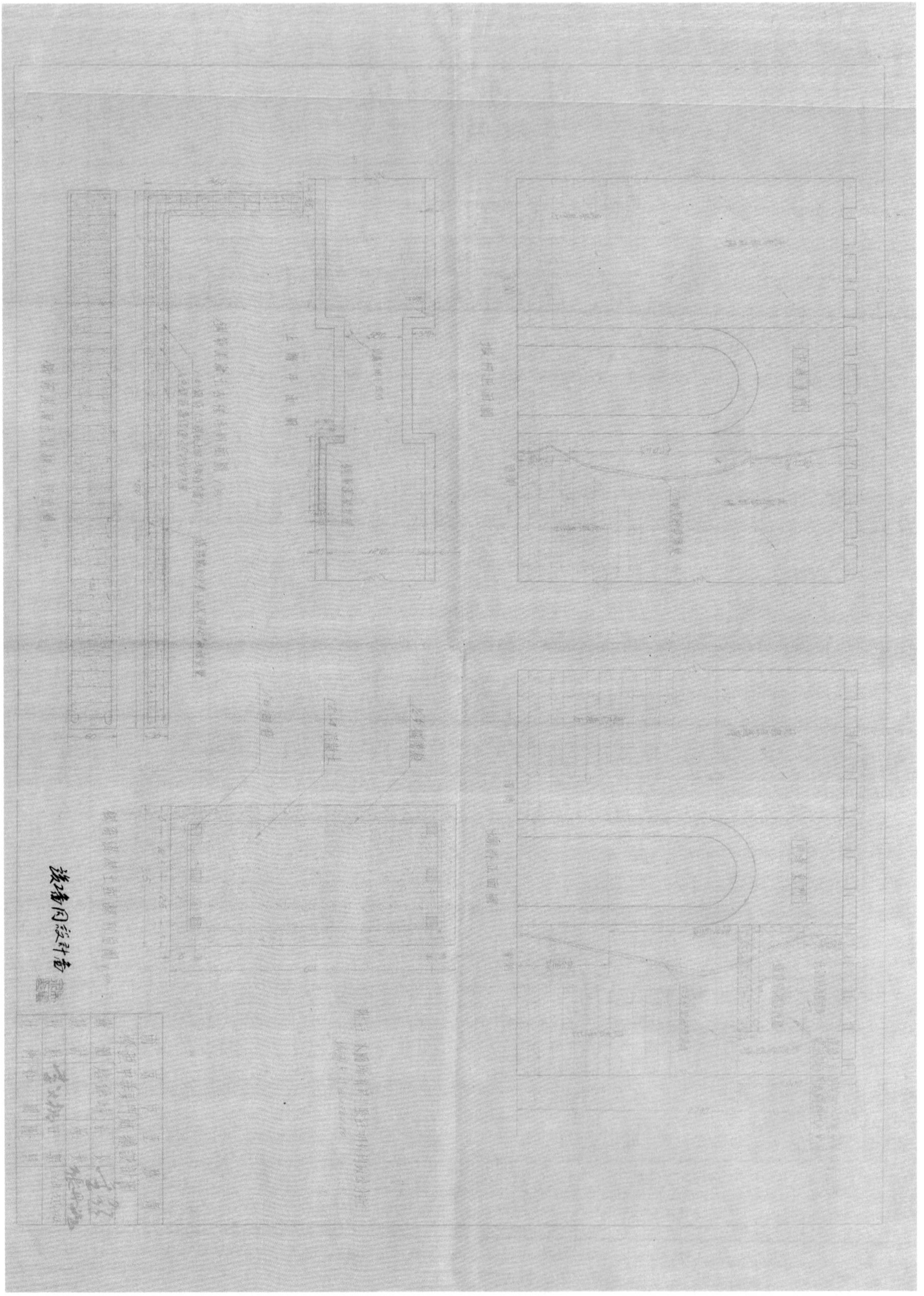

南京市工務局新工週報表

工程編號		工程名稱 修理中華門城牆工程	開工日期	36年6月15日
合約編號		36年6月15日至36年6月21日止	預定完工日期	36年7月14日

項目	工程說明	單位	總數	竣工數量 本週	竣工數量 累計	工作人數 工別	工作人數 本週	工作人數 累計	進場材料 名稱	進場材料 單位	進場材料 數量 本週	進場材料 數量 累計
	折除磚牆	M^2	96	39	39	瓦工	21	21				
	挖土	M^3	250	44	44	小工	97	97				

晴雨記錄	本週	累計	督工人員意見	附註
晴	6日	6日		
陰	1日	1日		
雨				

本表應於每星期一送二份寄第二科　　主任　　填表　　36年6月21日

南京市工務局新工週報表

工程編號	臨 701	工程名稱 修理中華門城牆工程	開工日期	36年6月15日
合約編號	攬字27號	36年6月22日至36年6月28日止	預定完工日期	36年7月14日

項目	工程說明	單位	總數	完工數量 本週	完工數量 累計	工作人數 工種	工作人數 本週	工作人數 累計	進場材料 名稱	進場材料 單位	進場材料 數量本週	進場材料 數量累計
	拆除磚牆	M^2	96	55	94	瓦工	29	50	水泥	袋	50	50
	挖土	M^3	250	19	63	小工	76	173	4 6 8分石子	M^3	3	3
									黃砂	M^3	5	5

晴雨記錄			督工員意見	附註
	本週	累計		
晴	3日	9日		
陰	1日	2日		
雨	3日	3日		

本表應於每星期一送二份寄第六科　　主任　　填表　　中華民國 36年 6月 29日

工程編號		工程名稱	修理中華門城牆工程						開工日期	36年6月15日		
合約編號			36年6月29日至36年7月5日止						預定完工日期	36年7月14日		

項目	工程說明	單位	總數	完工數量		工作人數			進場材料			
				本週	累計	工別	本週	累計	名稱	單位	本週數量	累計數量
1	拆除城牆	M²	96	2	96	瓦工	27	77	水泥	袋	30	80
2	重砌磚牆	M²	96	47	47	小工	73	246	468分子	M³	0	3
3	挖土	M³	250	187	250				黄沙	M³	5	10
4	填土	M³	250	69	69				鋼筋及紮鐵絲	磅	900	900
5	鋼筋及紮箍	磅	900	900	900							
6	1:2:4混凝土	M³	2.25	2.25	2.25							
7	填補裂縫	M³	1.8	0	0							

晴雨記錄			督工人員意見	附誌
	本週	累計		
晴	6日	15日		
陰	0	2日		
雨	1日	4日		

本表應於每星期一送二份寄第八科　主任　填表　中華民國36年7月5日

南京市工務局新工週報表

工程編號	臨701	工程名稱	修理中華門城牆工程	開工日期	36年6月15日
合約號	攬字27號		36年7月6日至36年7月12日	預定完工日期	36年7月14日

項目	工程說明	單位	總數	竣工數量 本週	竣工數量 累計	工作人數 工別	工作人數 本週	工作人數 累計	進場材料 名稱	進場材料 單位	進場材料 數量 本週	進場材料 數量 累計
1	拆除城牆	M^2	96	0	96	瓦工	19	96	水泥	袋	0	80
2	重砌磚牆	M^2	96	49	96	小工	75	321	4.6.8分石子	M^3	0	3
3	挖土	M^3	250	0	250				黄砂	M^3	0	10
4	填土	M^3	250	171	240				鋼筋及紮鉑	磅	0	900
5	鋼筋及紮鉑	磅	900	0	900							
6	1:2:4混凝土	M^3	2.25	0	2.25							
7	填補裂縫	M^3	1.8	0	0							

晴雨記錄	本週	累計
晴	5日半	20日半
陰	0	2日
雨	1日半	5日半

督工人員意見

附註

本表應於每星期一送二份寄第八科　　主任　　填表　　36年7月5日

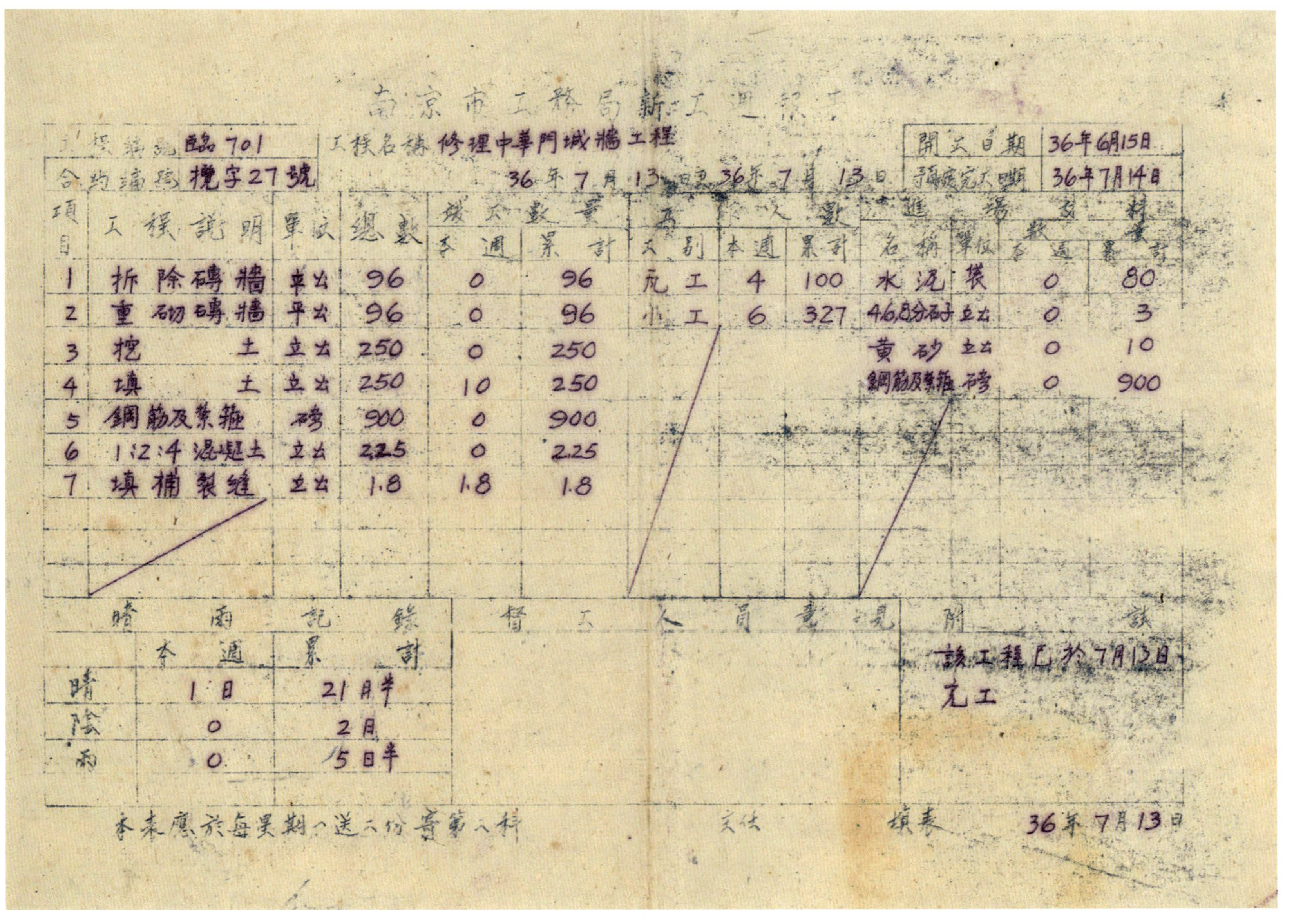

南京市工務局新工週報表

工程編號	臨701	開工日期	36年6月15日
合約編號	攬字27號	預定完工日期	36年7月14日

工程名稱　修理中華門城牆工程

36年7月13日至36年7月13日

項目	工程說明	單位	總數	竣工數量 本週	竣工數量 累計	工人數 工別	工人數 本週	工人數 累計	進場材料 名稱	進場材料 單位	數量 本週	數量 累計
1	拆除磚牆	平公	96	0	96	瓦工	4	100	水泥	袋	0	80
2	重砌磚牆	平公	96	0	96	小工	6	327	4.6.8分石子	立公	0	3
3	挖土	立公	250	0	250				黄砂	立公	0	10
4	填土	立公	250	10	250				鋼筋及紮箍	磅	0	900
5	鋼筋及紮箍	磅	900	0	900							
6	1:2:4混凝土	立公	2.25	0	2.25							
7	填補裂縫	立公	1.8	1.8	1.8							

晴雨記錄	本週	累計
晴	1日	21日半
陰	0	2日
雨	0	5日半

督工人員意見

附註：該工程已於7月13日完工

本表應於每星期六送二份寄第八科　主任　填表　36年7月13日

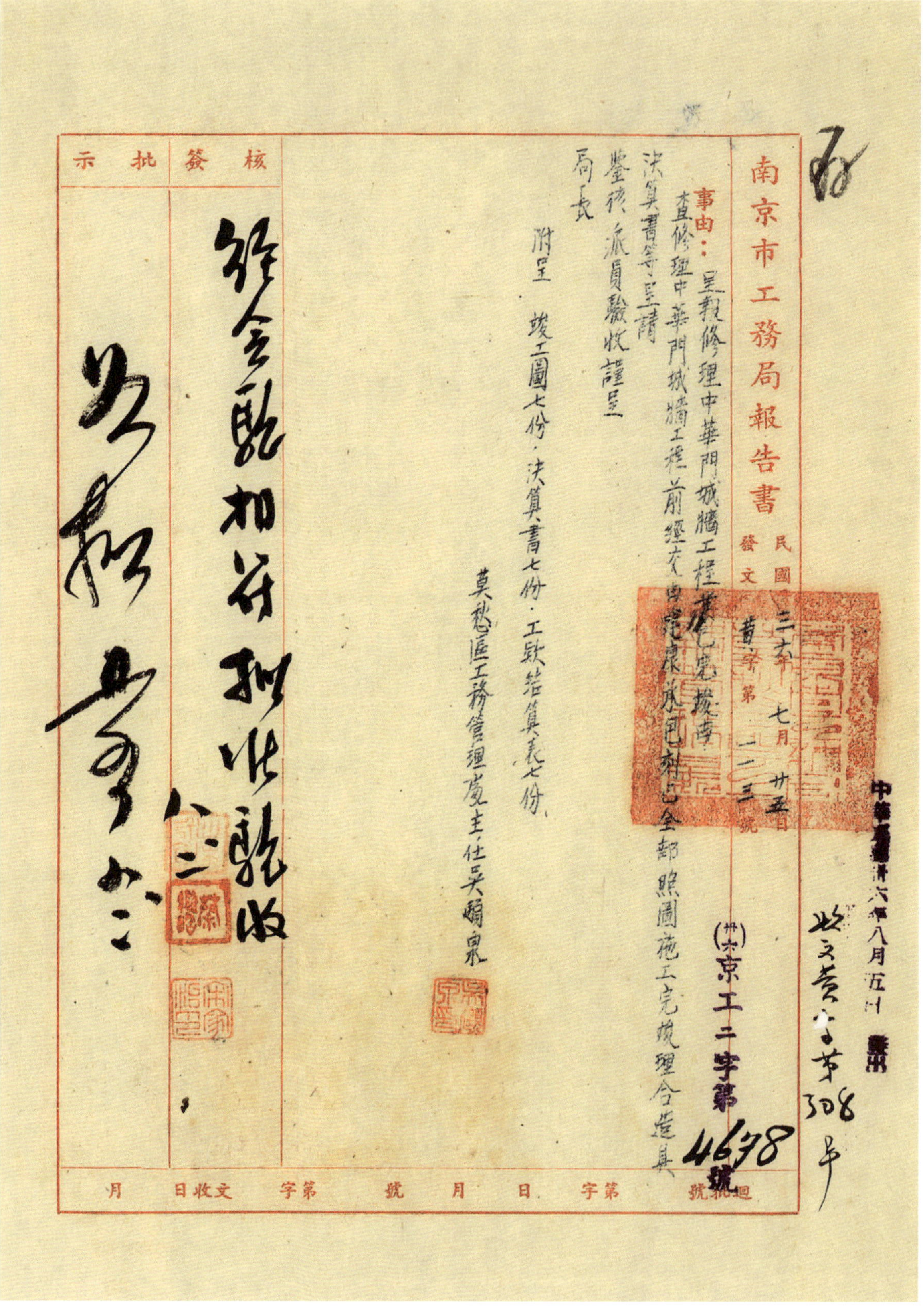

南京市工務局報告書

發文 民國三十六年七月廿五日 黃字第一二三號

(卅六)京工二字第4678號

事由：呈報修理中華門城牆工程業已完竣，請
查修理中華門城牆工程前經交由[illegible]承包，刻已全部照圖施工完竣，理合造具
決算書等呈請
鑒核，派員驗收。謹呈
局長

附呈 竣工圖七份、決算書七份、工款結算表七份

莫愁區工務管理處主任吳嗣泉

核簽

批示

月 日收文 字第 號 月 日 字第 號批迴

（四）莫愁區工務管理處爲修理中華門城牆工程完竣派員驗收致市工務局的呈文（一九四七年七月二十五日）

封閉玄武門至臺城城墻

（一）首都警察廳北區警察局爲請拆除鷄鳴寺等登城處石階并堵修坍毀處致市工務局的公函（一九四七年五月十五日）

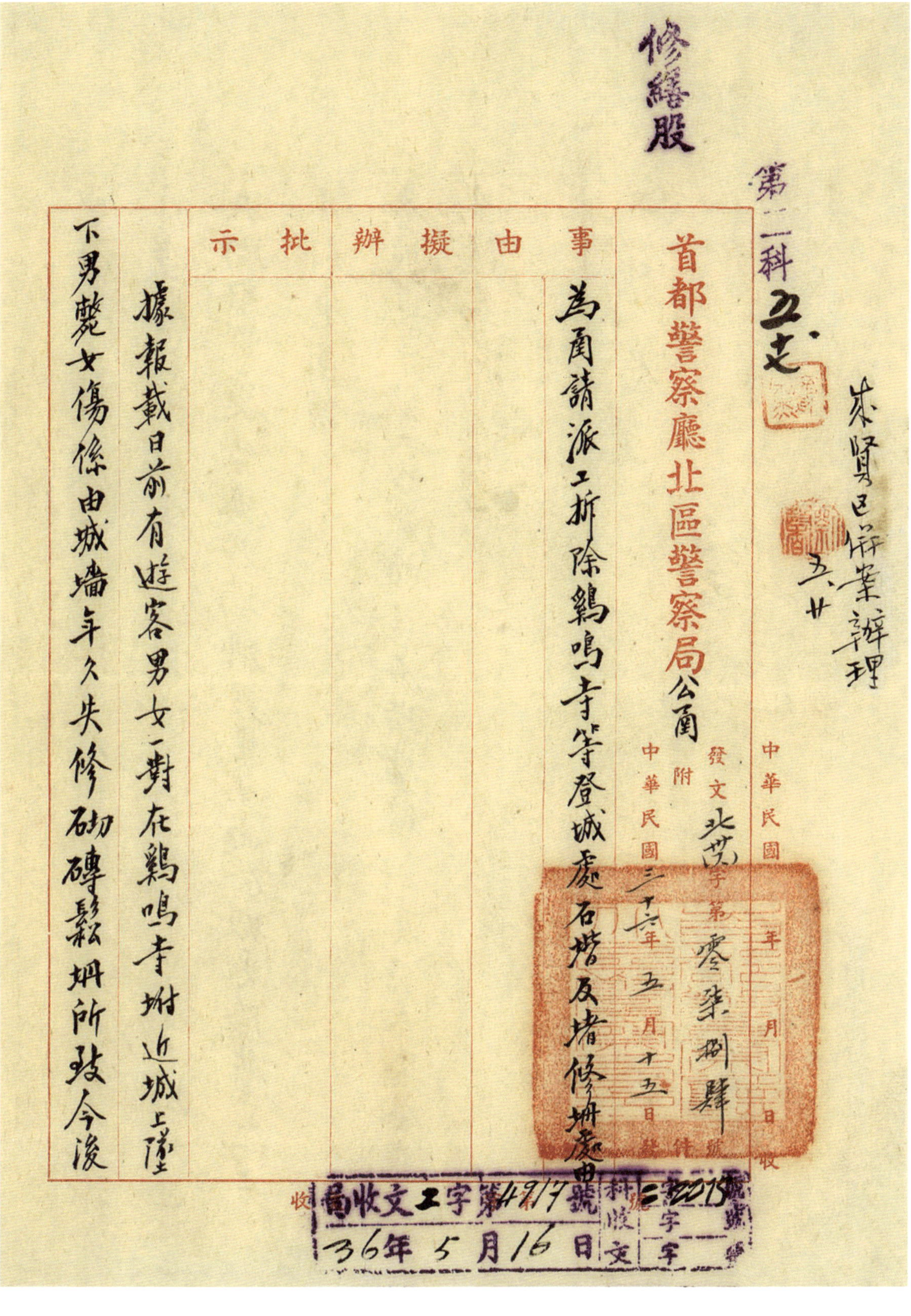
修繕股

第二科 五.廿

朱賢已併案辦理 五、廿

首都警察廳北區警察局公函

發文 北警字第零柒捌肆號

附件

中華民國三十六年五月十五日發

中華民國 年 月 日收

事由：為函請派工拆除鷄鳴寺等登城處石階及堵修坍處由

擬辦

批示

據報載日前有遊客男女一對在鷄鳴寺附近城上墜下男斃女傷係由城墻年久失修砌磚鬆坍所致今後

收 局收文工字第4917號 36年5月16日 科收文 字第 號

亟應禁止行人登城遊覽并封閉各登城處所經本局派員查勘計有鷄鳴寺背後玄武门左側西家大塘附近城墻坍毀處台城北端坍毀處等四登城處除出示禁止外相應函請

查照迅予派工分别拆除石堦增修坍處以策安全并希

見復為荷

此致

工務局

局長 張安[illegible]

監印
核對

修繕股

據公安隊區訪僉暫以為刺鐵絲網封鎖各進出口但為永久計仍擬由該區以後設法修理

單

① 通知城堡區即用鐵絲網（附圖註明圍網長度）

② 出發營所

五.廿一

南京市工務局便箋

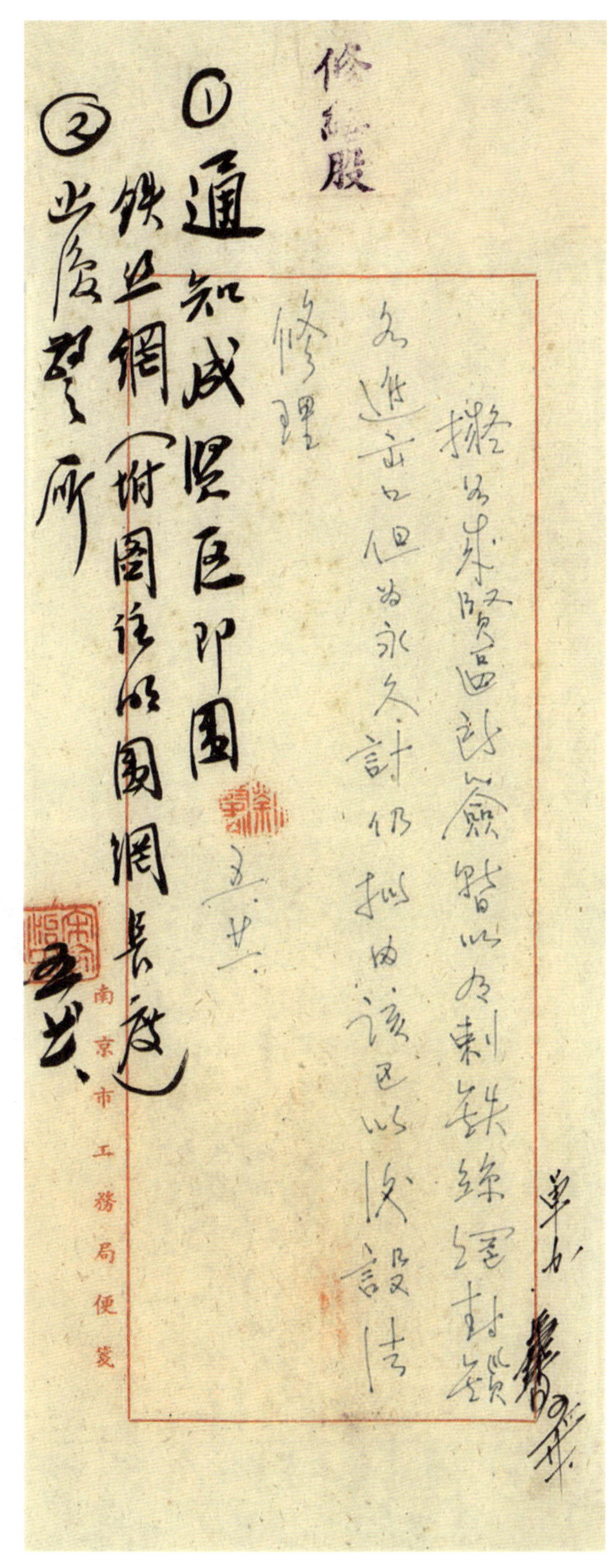

（二一）首都警察廳爲封閉玄武門至臺城城墻登路與市工務局的往來公函（一九四七年五月十五日至五月二十四日）

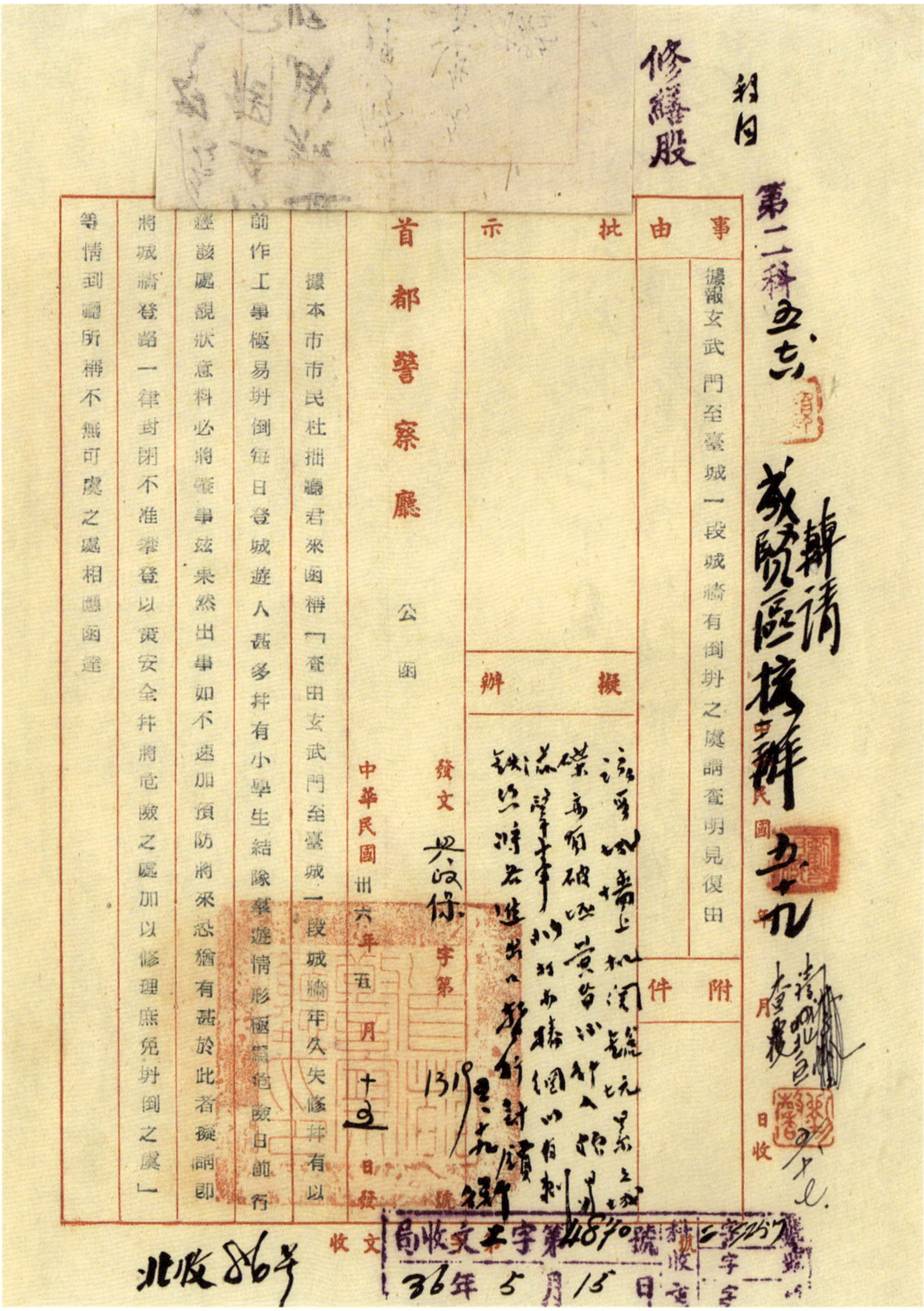

事由：據報玄武門至臺城一段城墻有倒坍之虞請查明見復由

首都警察廳 公函

發文 [illegible] 字第 號

中華民國卅六年五月[illegible]日發

據本市市民杜描穠君來函稱「查由玄武門至臺城一段城墻年久失修并有以前作工事極易坍倒每日登城遊人甚多并有小學生結隊攀遊情形極爲危險日前有經該處視狀意料必將發事茲果然出事如不速加預防將來恐猶有甚於此者擬請即將城墻登路一律封閉不准攀登以策安全并將危險之處加以修理庶免坍倒之虞」等情到廳所稱不無可慮之處相應函達

查照希派工程人員前往查勘將補救辦法見復以資飭屬注意防止危害爲荷

此致

南京市政府工務局

廳長

監印 丁正國

校對 韓學海

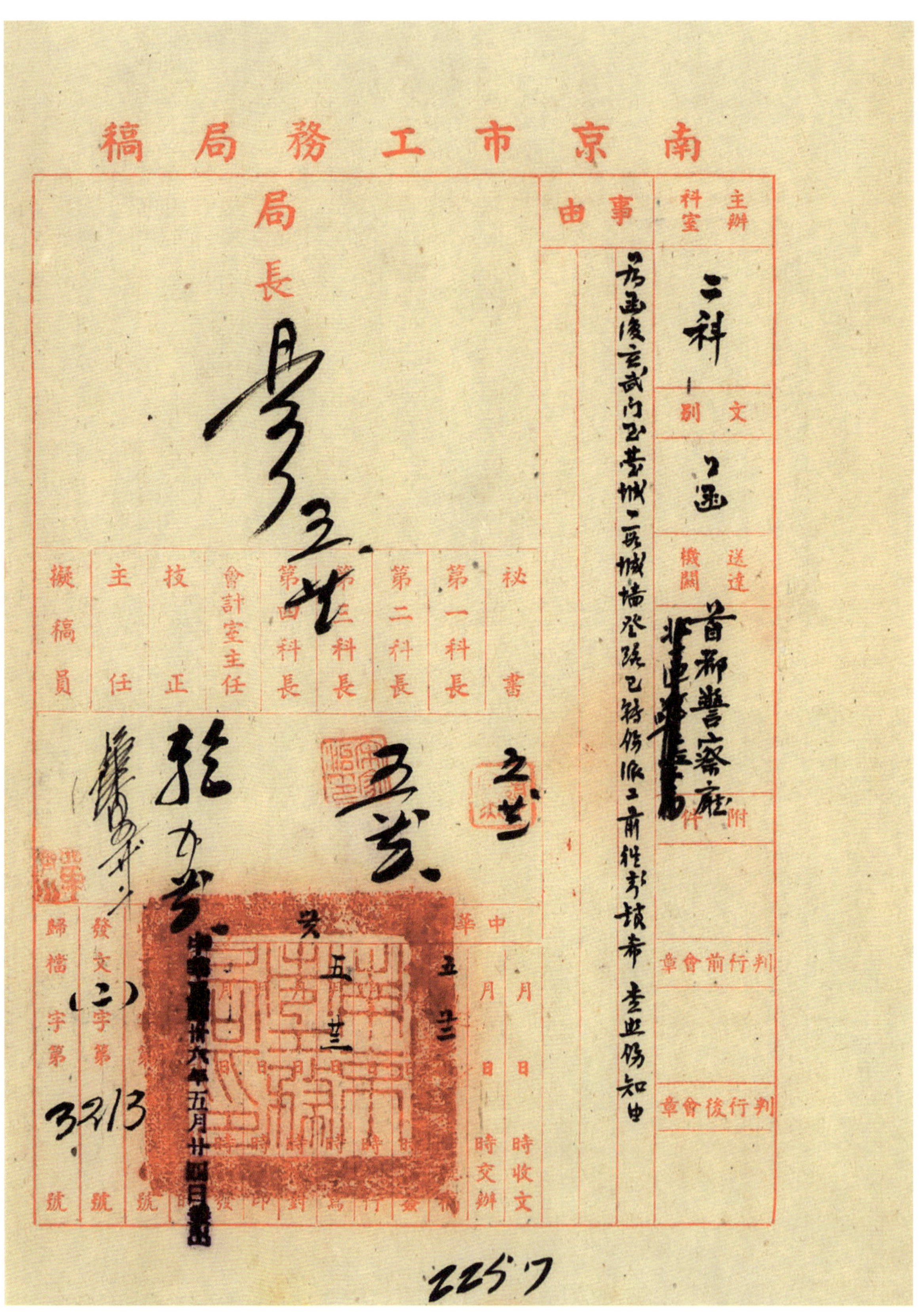

南京市工務局稿

主辦科室	二科
文別	函
送達機關	首都警察廳
附件	
判行前會章	
判行後會章	

事由：為函復玄武門至台城一段城墻坍陷已轉飭派工前往勘辦希 查照飭知由

局長 五廿

秘書 五廿

第一科長 第二科長 第三科長 第四科長 會計室主任 技正 主任 擬稿員

五廿 龍五廿

中華民國 年 月 日 時收文 月 日 時交辦 五廿 五廿二

發文字第（二）3213號

中華民國廿六年五月廿四日發出

2257

姜准

貴廳與戱保字第一三一九號公函略開：「據市民杜祜庭函稱：玄武門至臺城、豆城墻，年久失修，每日登城遊人甚多，情形極爲危險，請將城墻登路一律封閉，並將危險之處加以修理等情。當派員前往查勘，並將補救辦法見復」等由，並准北區警察局函同前由，准此。業已轉飭本局成賢區工務管理處用刺鐵絲網，將各進出口予以封填，准函前由，相應復請查照，並希轉飭北區警察局知照爲荷。

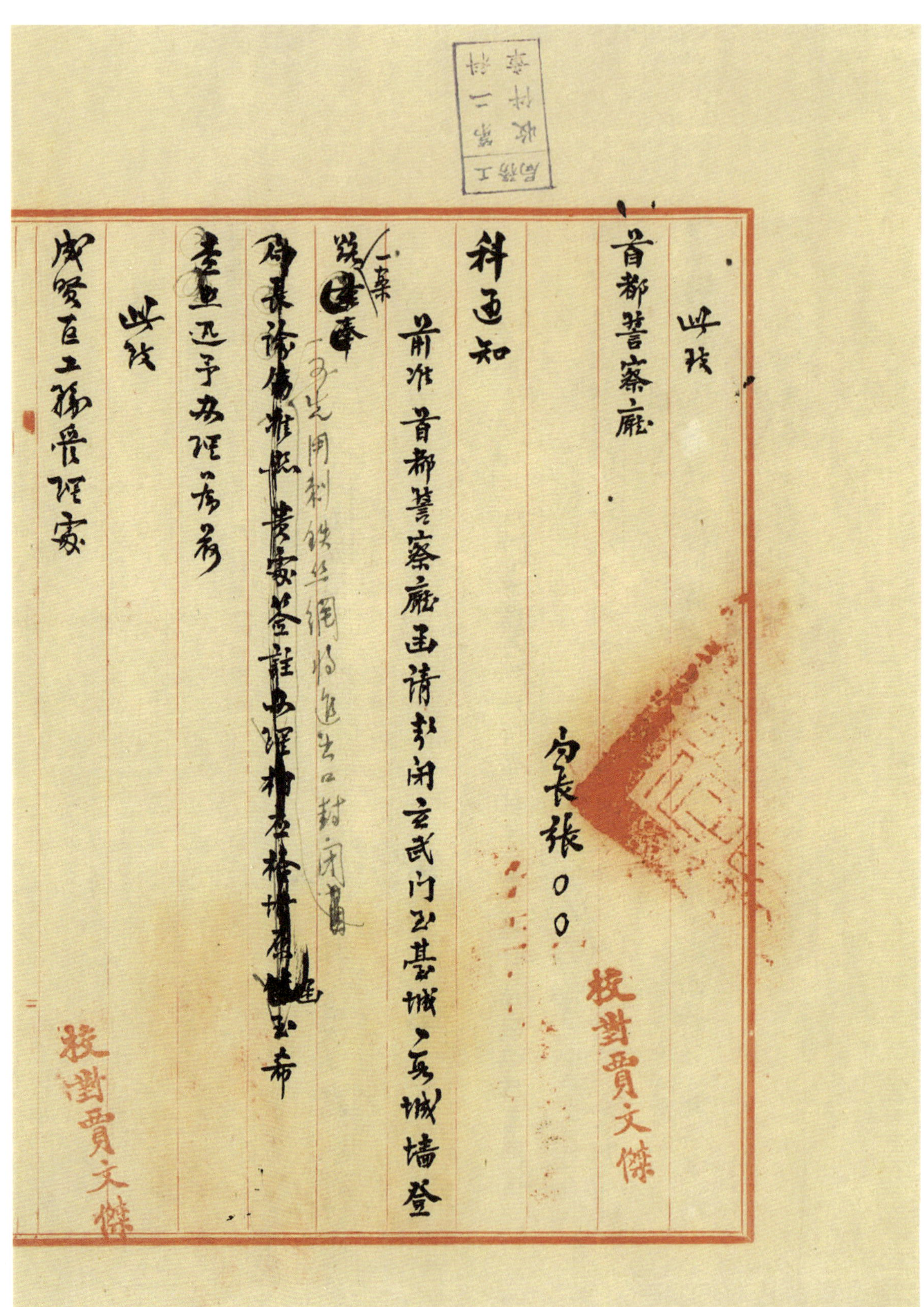

此致

首都警察廳

局長張〇〇

科通知

前准首都警察廳函請封閉玄武門至台城一段城墻登

城一案 陳奉

一面先用刺鐵絲網將進出口封閉

局長諭仿照黄家營註冊處理相在檔通知希

查照迅予辦理為荷

此致

陵警直工務管理處

校對賈文傑

校對賈文傑

（三）《中央日報》關于請市政府修理玄武門城墻的讀者來信及市工務局用刺鐵絲網封閉城墻進出口致成賢區工務管理處的函（一九四七年五月二十一日至五月二十四日）

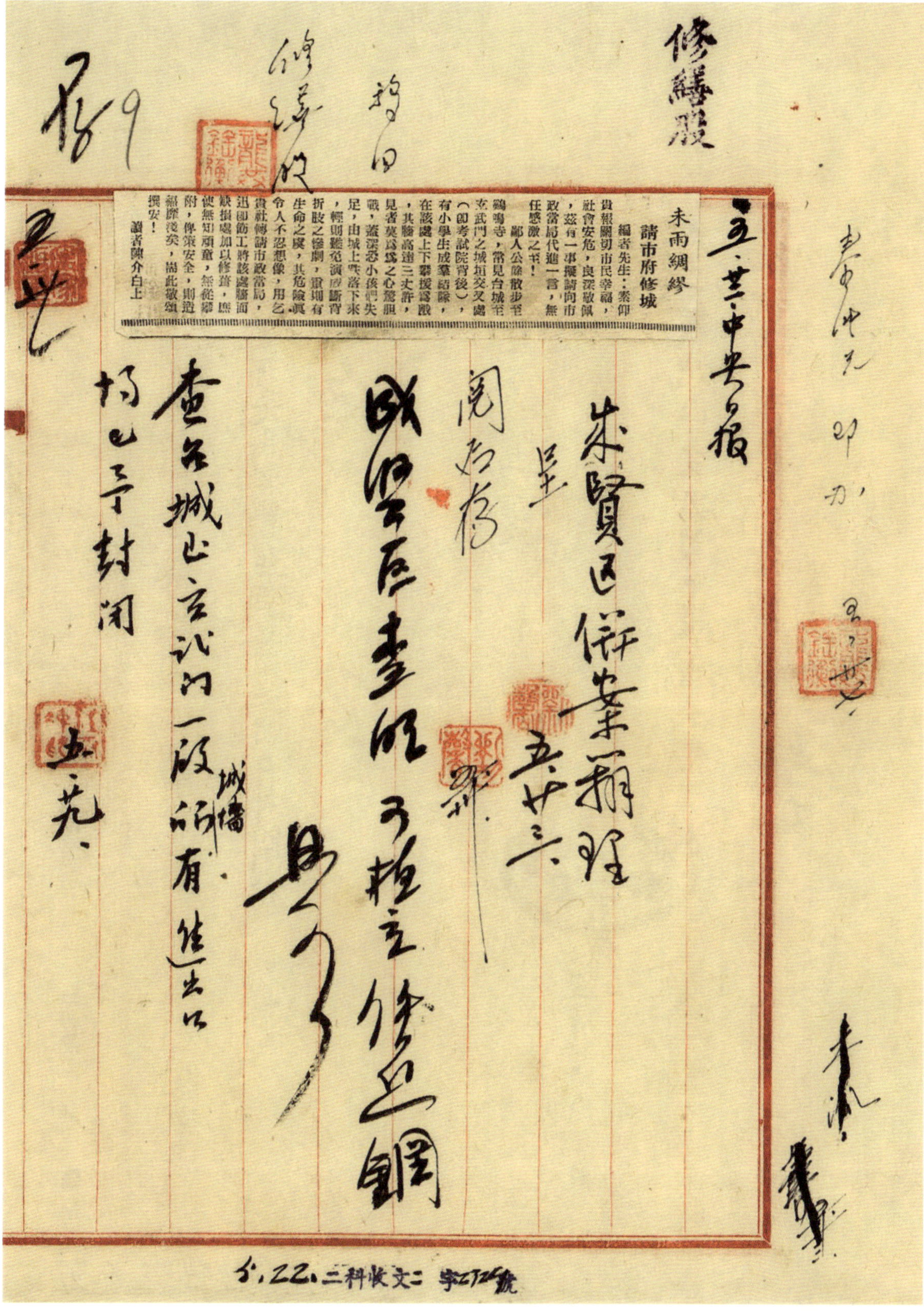

未雨綢繆
請市府修城

編者先生：素仰貴報關切市民幸福，社會安危，良深敬佩，茲有一事擬請向市政當局代進一言，無任感激之至！

鄙人公餘散步至鷄鳴寺，常見台城至玄武門之城垣交叉處（即考試院背後），有小學生成羣結隊，在該處上下攀援為戲，其牆高達三丈許，見者莫不為之心驚胆戰，蓋深恐小孩們失足，由城上墜落下來，輕則難免演成斷背折肢之慘劇，重則有生命之虞，其危險眞令人不忍想像，用乞貴社轉請市政當局，迅即飭工將該處牆面缺損處加以修葺，應使無知頑童，無從攀附，俾策安全，則造福靡淺矣，肅此敬頌撰安！

讀者陳介白上

97

南京市工務局用箋

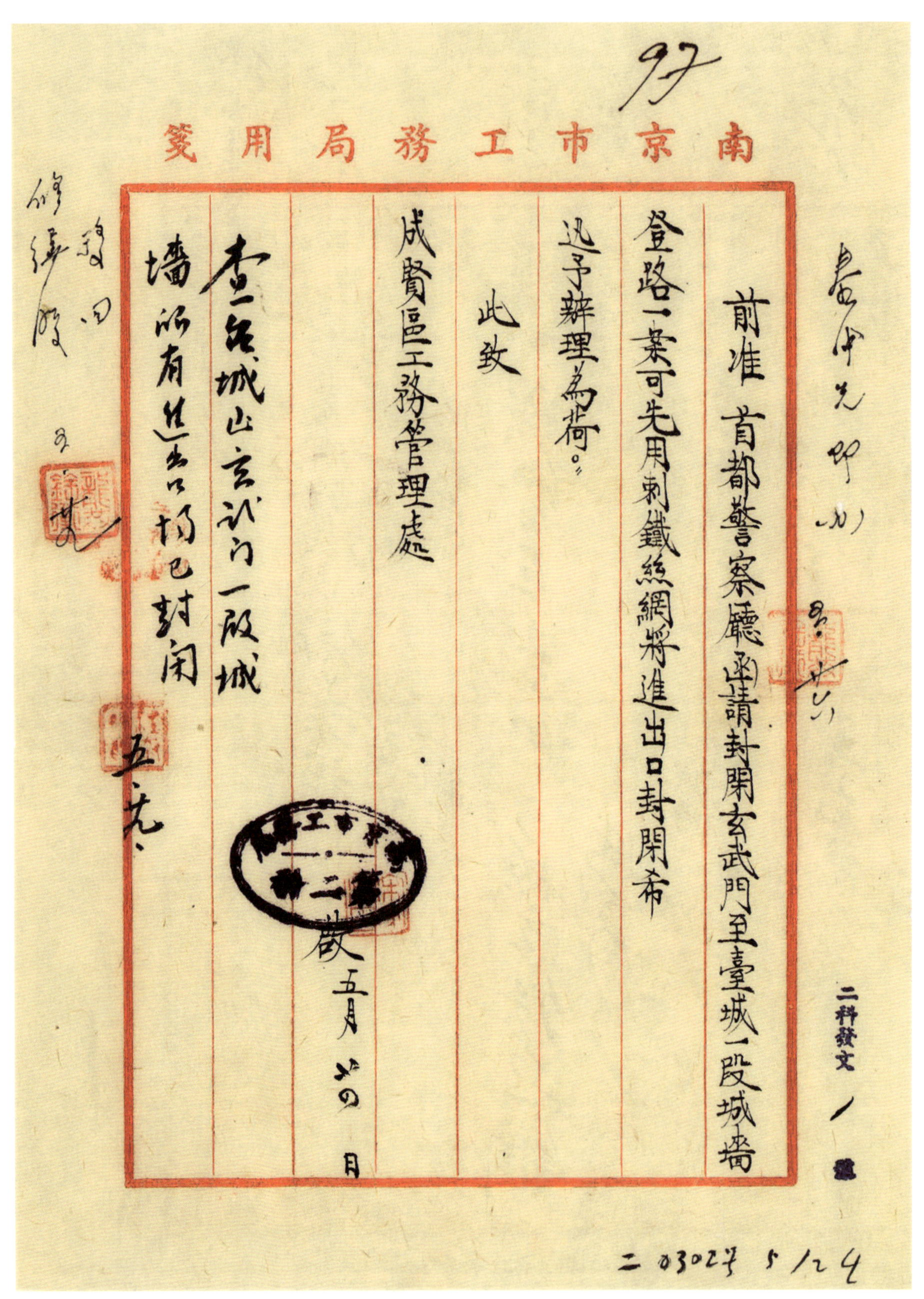

前准 首都警察廳函請封閉玄武門至臺城一段城墻登路一案可先用刺鐵絲網將進出口封閉希迅予辦理爲荷。

此致

成賢區工務管理處

啟 五月 廿四 日

二科發文

二 0302号 5/24

修補臺城石頭城殘缺各處

（一）市工務局爲估修臺城石頭城各處殘缺并擬具預算致五臺區工務管理處的訓令（一九四七年八月二十八日）

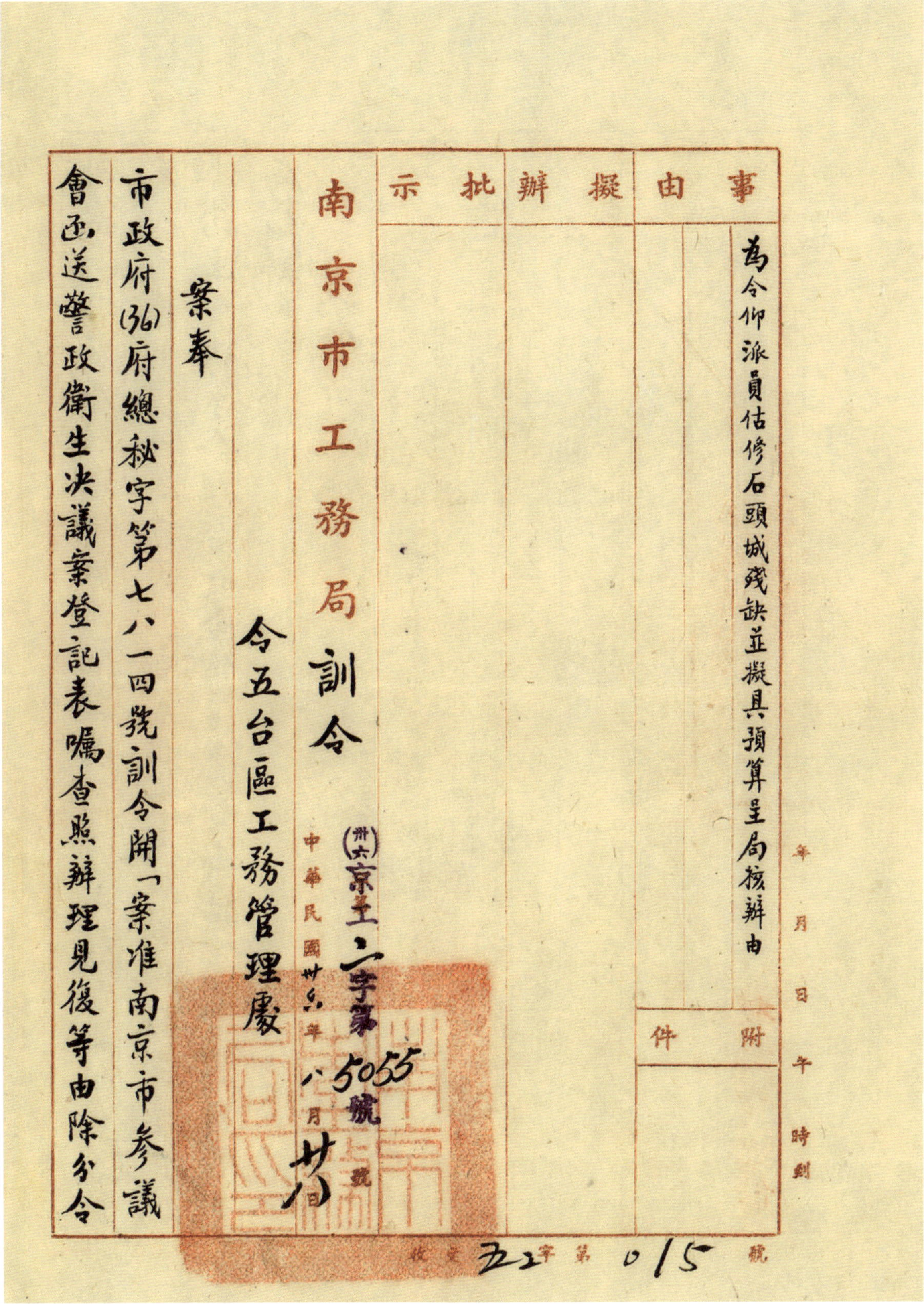

事由：為令仰派員估修石頭城殘缺並擬具預算呈局核辦由

附件

擬辦

批示

南京市工務局訓令　（卅六）京工二字第5055號

令五台區工務管理處

案奉

市政府(36)府總秘字第七八一四號訓令開「案准南京市參議會函送警政衛生決議案登記表囑查照辦理見復等由除分令

中華民國卅六年八月廿八日

年　月　日　午　時到

收文　五工字第015號

外合行抄發原件令仰就主管業務部份辦理具報此令」等因
奉此查表内第十案關於修補台城石頭城各處殘缺案係屬
本局主管除分令外合行令仰派員查勘估修並擬具預算呈
局核辦。

此令

代理局長 張丹如

校對賈文傑

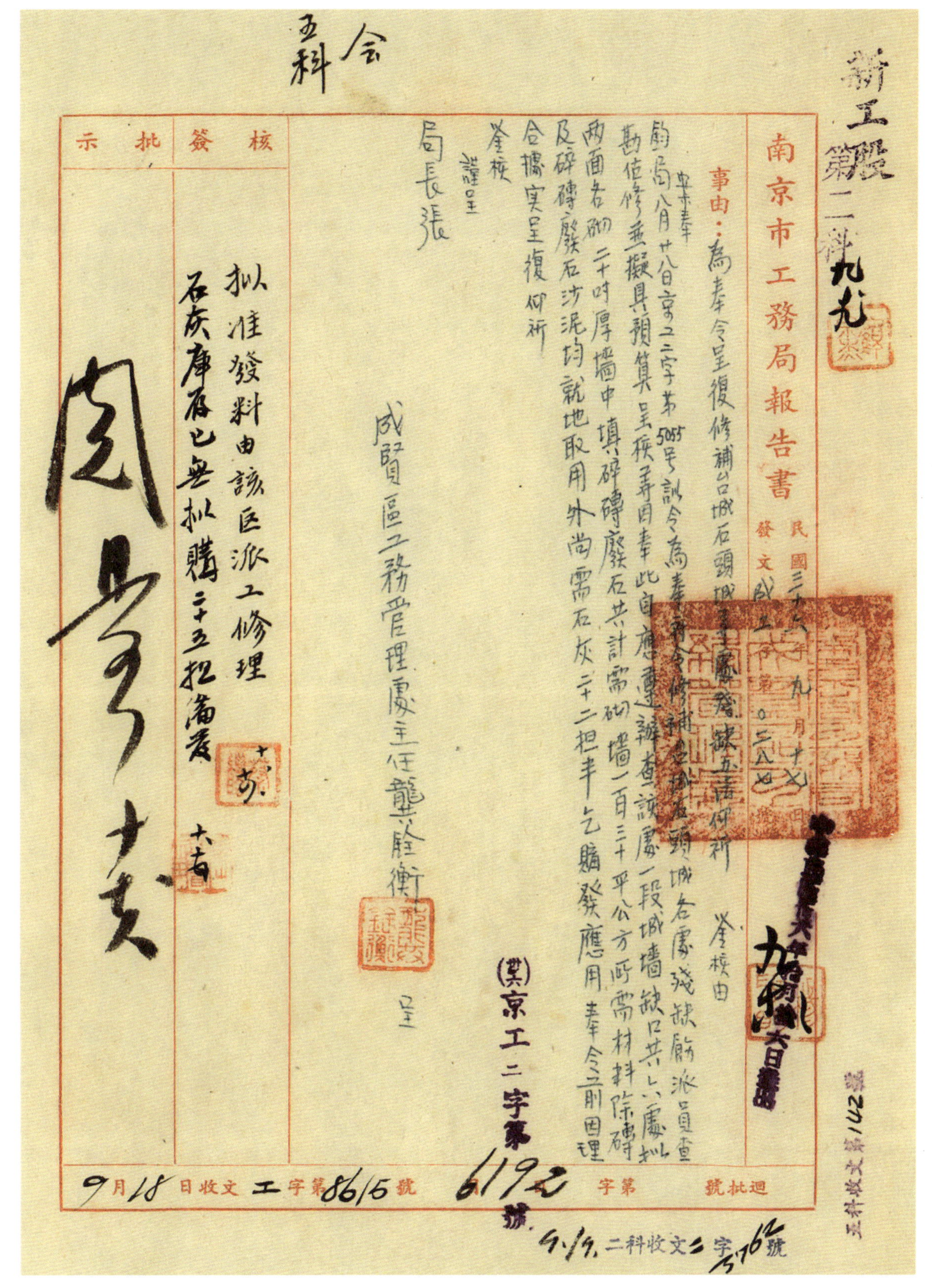

（二）成賢區工務管理處爲修補臺城石頭城殘缺處致市工務局的呈文（一九四七年九月十七日）

新工

第二科 九九

五科 会

南京市工務局報告書

民國三十六年九月十七日

發文成工字第〇二八四號

事由：為奉令呈復修補台城石頭城殘缺各處估價祈 鑒核由

案奉

鈞局八月廿八日京工二字第5055號訓令為奉令修補台城石頭城各處殘缺飭派員查勘估修並擬具預算呈核等因奉此自應遵辦查該處一段城牆缺口共六處擬兩面各砌二十吋厚牆中填碎磚廢石共計需砌牆一百三十平公方所需材料除碎磚廢石沙泥均就地取用外尚需石灰二十二担半乞賜發應用奉令前因理合據實呈復仰祈

鑒核

謹呈

局長張

成賢區工務管理處主任龍毓衡 呈

核	簽	批	示
	擬准發料由該區派工修理 石灰庫存已無擬購二十五担備發 十六		

9月18日收文工字第8615號　字第　號批迴

京工二字第6192號

9.19 二科收文二字第5762號

五科收文第142號

修理太平門及富貴山城墻

（一一）首都警察廳爲修理太平門東首城墻與市工務局的往來代電（一九四七年十月二十五日至十一月二十日）

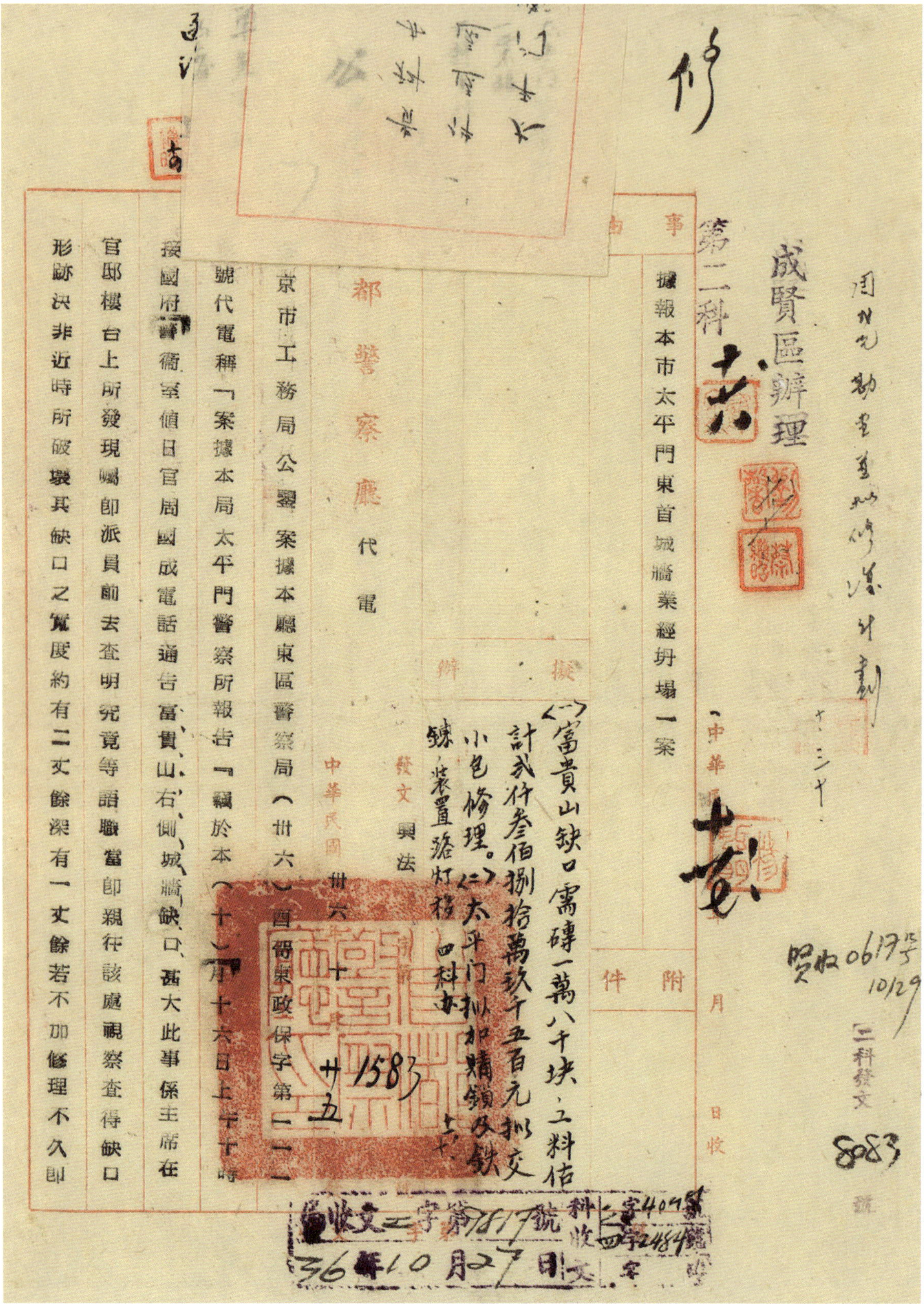

事由　據報本市太平門東首城牆業經坍塌一案

首都警察廳代電

京市工務局公鑒：案據本廳東區警察局（卅六）酉㑹東政保字第一一號代電稱「案據本局太平門警察所報告『竊於本（十）月十六日上午十時接國府警衛室值日官周國成電話通告富貴山右側城牆缺口甚大，此事係主席在官邸樓台上所發現，囑即派員前去查明究竟等語。職當即親往該處視察，查得缺口形跡決非近時所破壞，其缺口之寬度約有二丈餘，深有一丈餘，若不加修理，不久即

（一）富貴山缺口需磚一萬八千塊，工料估計貳仟叁佰捌拾萬玖千五百元，擬交小包修理。（二）太平门擬加精鎖及鉄鍊，装置路灯，移四科办。

發文　興法

中華民國卅六年十月廿五日

成賢區辦理

第二科

收文二字第1817號　36年10月27日

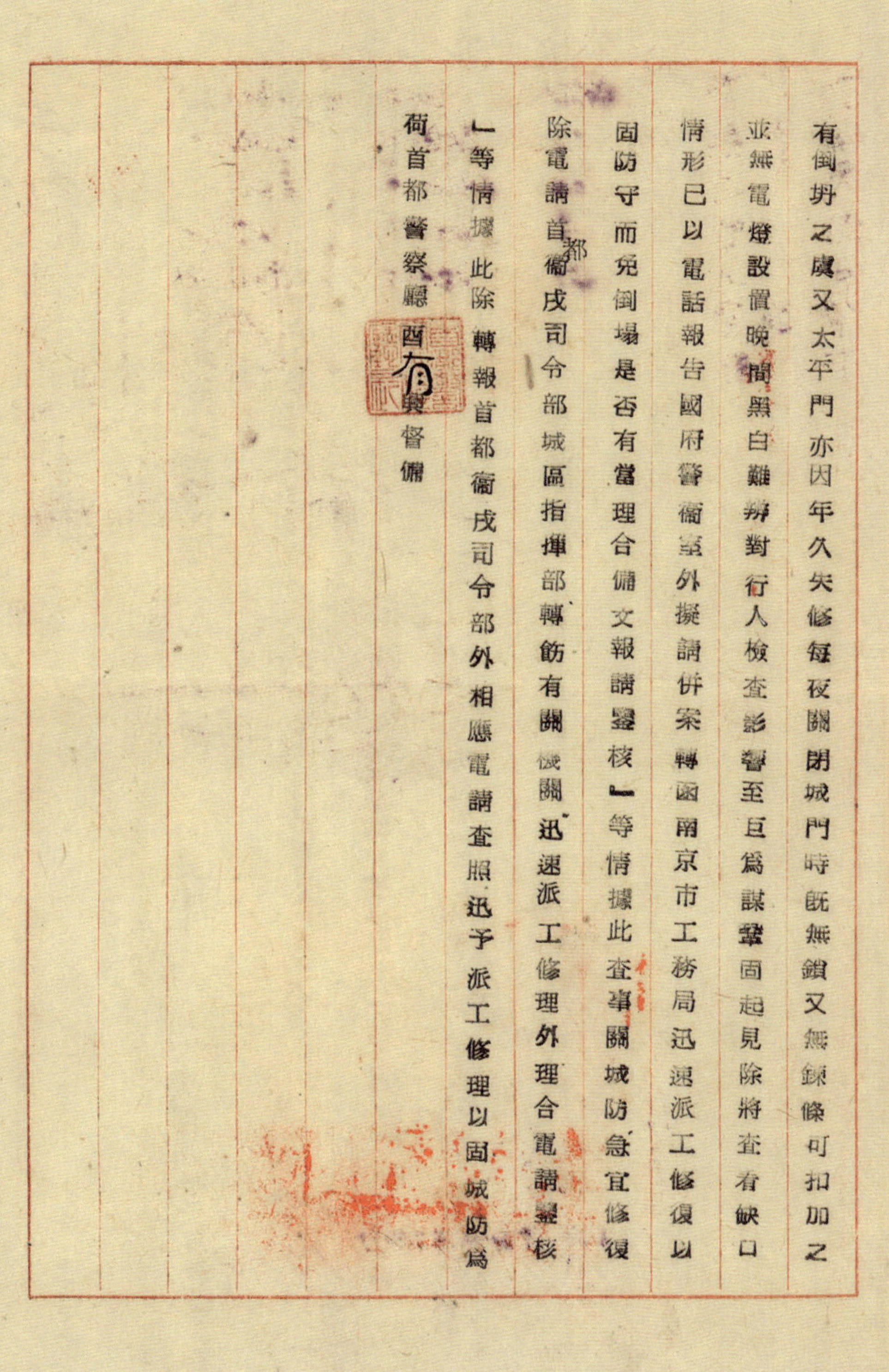

有倒坍之虞又太平門亦因年久失修每夜關閉城門時既無鎖又無鍊條可扣加之並無電燈設置晚間照白難辨對行人檢查影響至巨爲謀鞏固起見除將查看缺口情形已以電話報告國府警衛室外擬請併案轉函南京市工務局迅速派工修復以固防守而免倒塌是否有當理合備文報請鑒核」等情據此查事關城防急宜修復除電請首都衛戍司令部城區指揮部轉飭有關機關迅速派工修理外理合電請鑒核」等情據此除轉報首都衛戍司令部外相應電請查照迅予派工修理以固城防爲荷首都警察廳酉有興督備

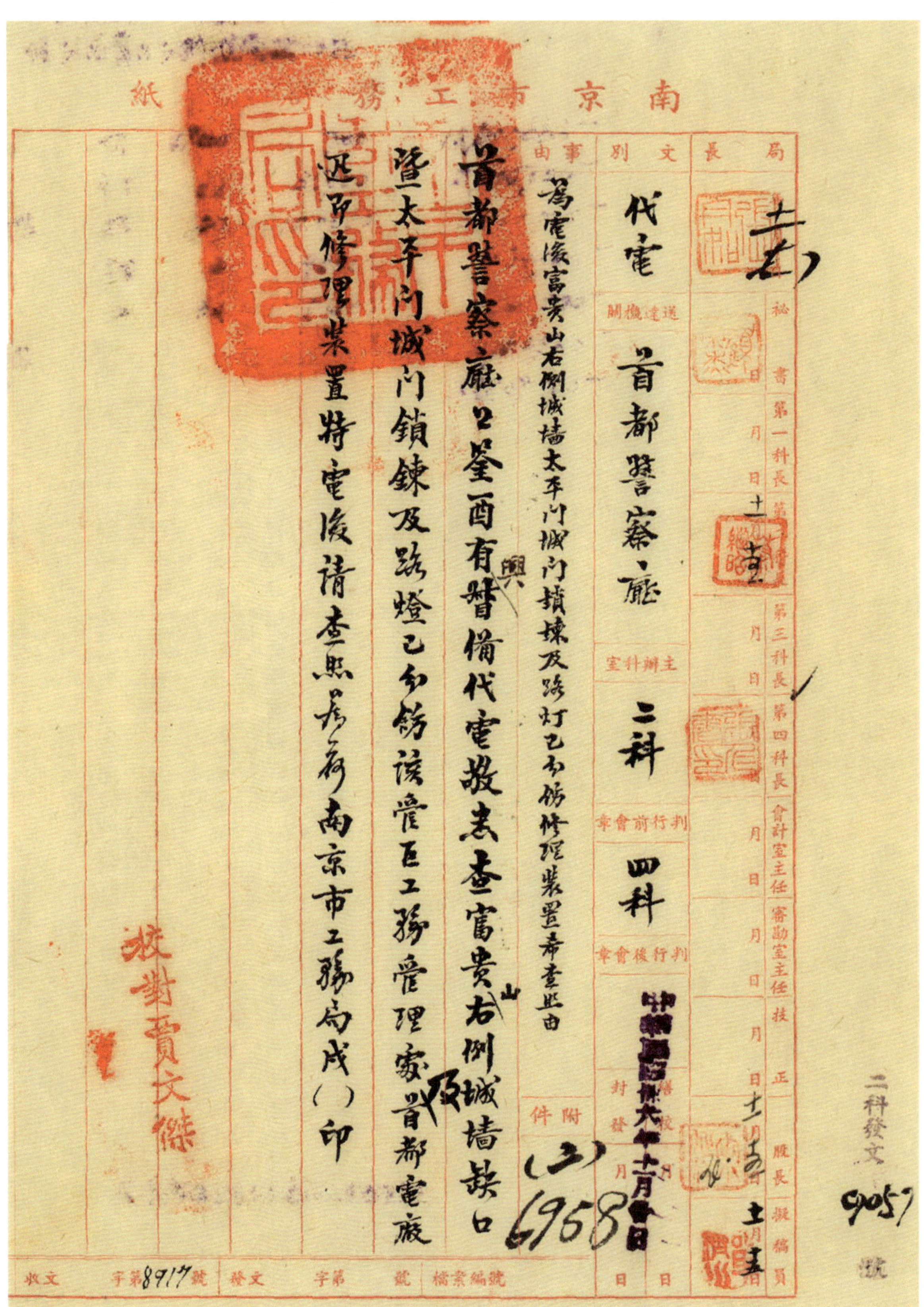

南京市工務局稿紙

局長	
文別	代電
事由	爲電復富貴山右側城墻太平門城門損壞及路灯已分飭修理裝置希查照由
送達機關	首都警察廳
主辦科室	二科
判行前會章	四科
判行後會章	
附件	（二）
繕校	中華民國卅六年十二月廿日

首都警察廳公鑒：酉有（興）警備代電敬悉。查富貴山右側城墻缺口暨太平門城門鎖鍊及路燈已分飭該管區工務管理處暨首都電廠迅即修理裝置，特電復，請查照爲荷。南京市工務局戌（ ）印

6958

校對 賈文傑

二科發文 9057 號

收文字第8917號　發文字第　號　檔案編號

（二）首都衛戍司令部爲請將富貴山城墻缺口及太平門一并修理與市政府的往來代電（一九四七年十一月四日至十一月二十七日）

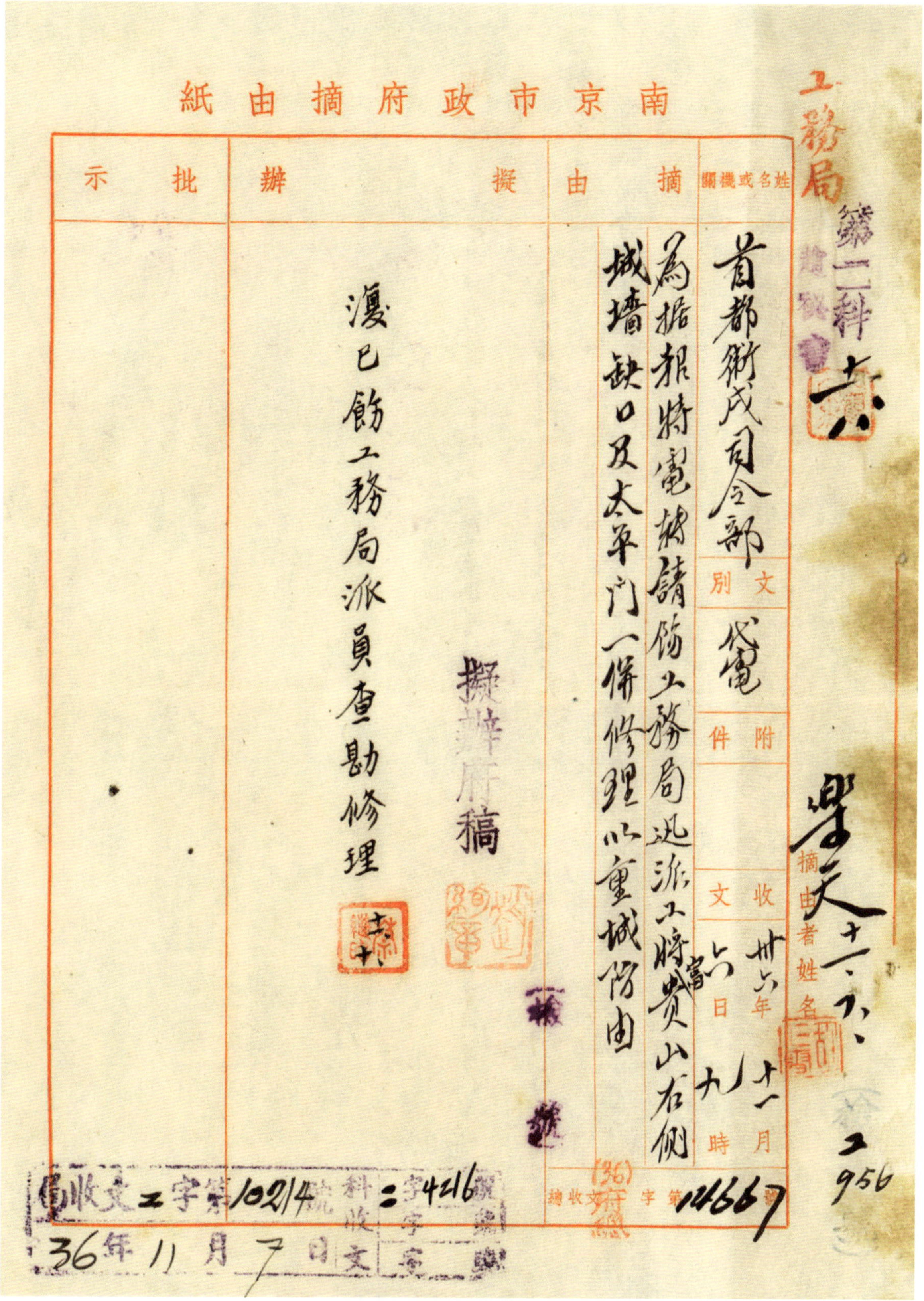

南京市政府摘由紙

姓名或機關：首都衛戍司令部

文別：代電

收文：卅六年十一月六日九時

摘由：爲據報將電請飭工務局迅派工將富貴山右側城墻缺口及太平門一併修理以重城防由

擬辦：復已飭工務局派員查勘修理

擬辦府稿

府收文 字第11667號

收文工字第10214號　科收文字第4216號

36年11月7日

工務局第二科

事由

批示

附件

擬辦

首都衛戍司令部代電

南京市政府沈市長君怡兄勛鑒：茲據城區指揮部本年十月廿九日警區字第1931號代電稱：「案據東區警備分區指揮官陳善周卅六年十月廿日東政保字第1214號代電稱：『案據本局太平門警察所報告，竊於本（十）月十六日上午十時接國府路警衛室值日官周國成電話通告：富貴山右側城墻缺口甚大，此事係　主席在官邸樓台上所發現，囑即派員前去查明究竟等語。職當即親往該處視察，查得缺口形跡決非近時所破壞，其缺口之寬度約有二丈餘，深有一丈餘，若不加修理，不久即有倒坍之虞。又太平門亦因年久失修，每值關閉城門時既無鎖又無鏈條可扣，加之並無

三十六年十一月四

692

電燈設置晚間黑白難辨對行人檢查影响至巨爲謀鞏固起見除將查看缺口情形已以電話報告國府警衛室外擬請併案轉函南京市工務局迅速派工修復以固防守而免倒塌是否有當理備文報請鑒核」等情据此查事關城防急宜修復理合請鑒核迅賜轉飭各有關機關派工修理以重城防爲禱」等情据此理合電呈鑒核」等情特電請轉飭工務局迅派工將富貴山右側城墻缺口及太平門城門一併修理以重城防爲荷京弟張鎮戍江戍仁幄志印

監印張禮文
校對劉義勳

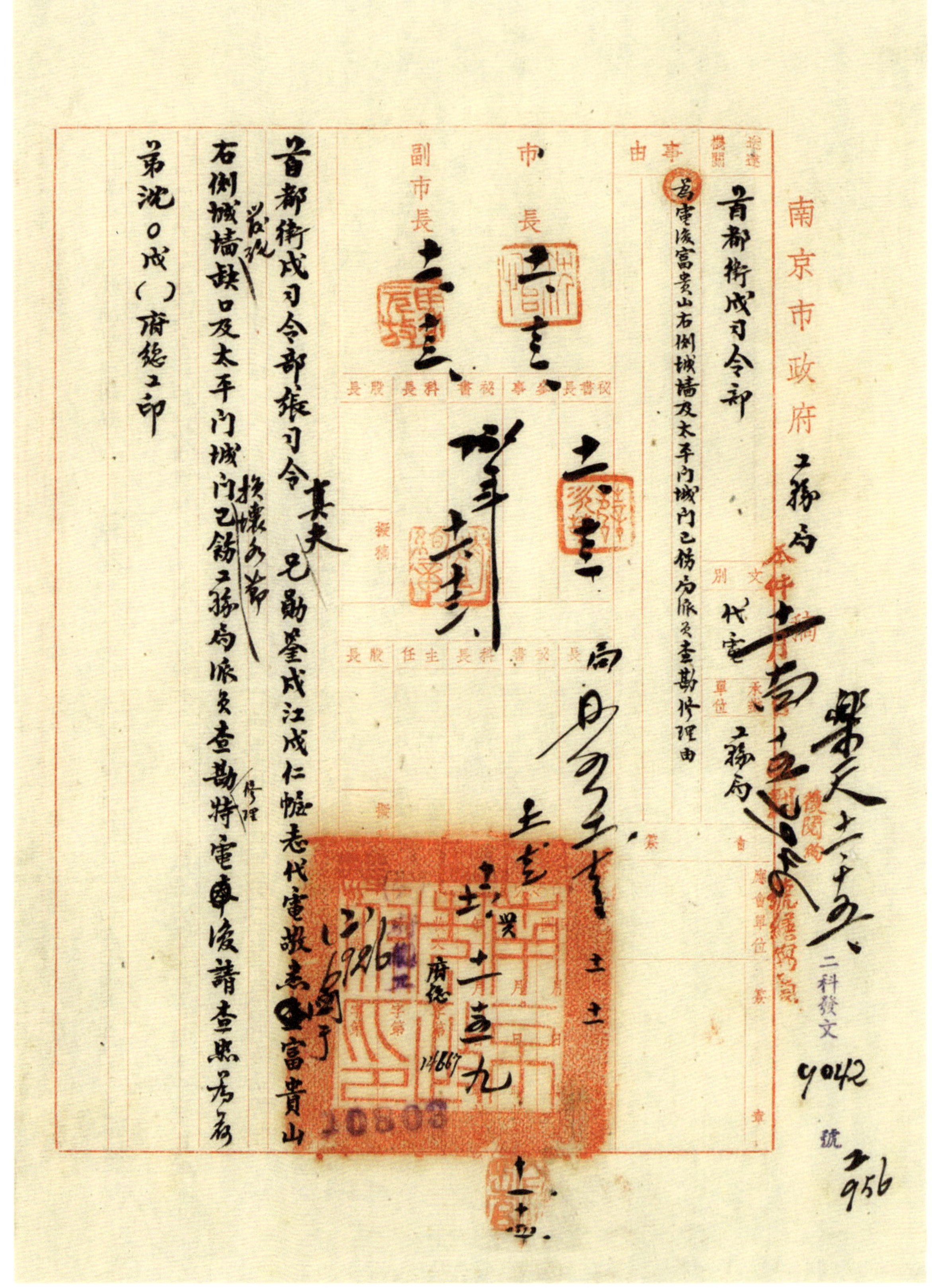

南京市政府

工務局

送達機關：首都衛戍司令部

事由：為電復富貴山右側城墻及太平門城門已飭局派員查勘修理由

文別：代電

承辦單位：工務局

市長

副市長

秘書長　參事　秘書　科長　股長

擬稿

長　秘書　科長　主任　股長

首都衛戍司令部張司令真夫兄勛鑒：戍江戍仁悰志代電敬悉。查富貴山右側城墻缺口及太平門城門損壞各節，已飭工務局派員查勘修理，特電奉復，請查照為荷。

弟沈○戌（）府總工印

二科發文 9042 號 956

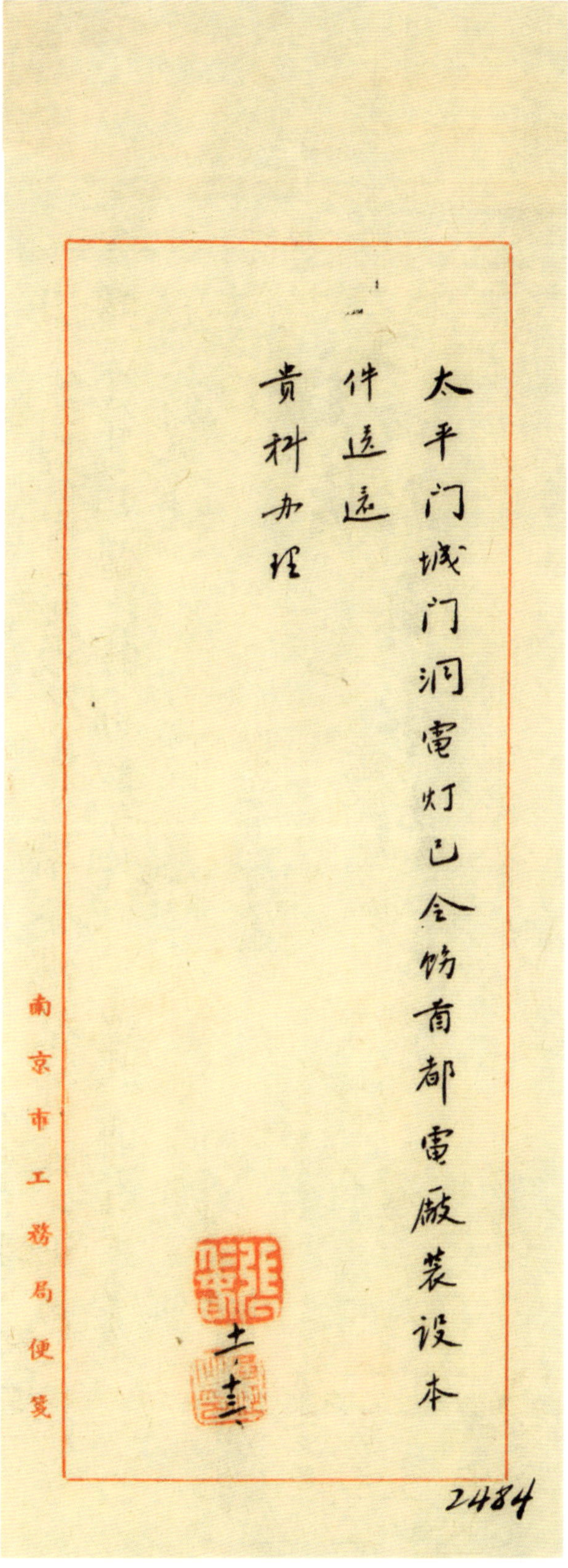
太平门城门洞電灯已令饬首都電廠装设本件送还
贵科办理

南京市工務局便箋

2484

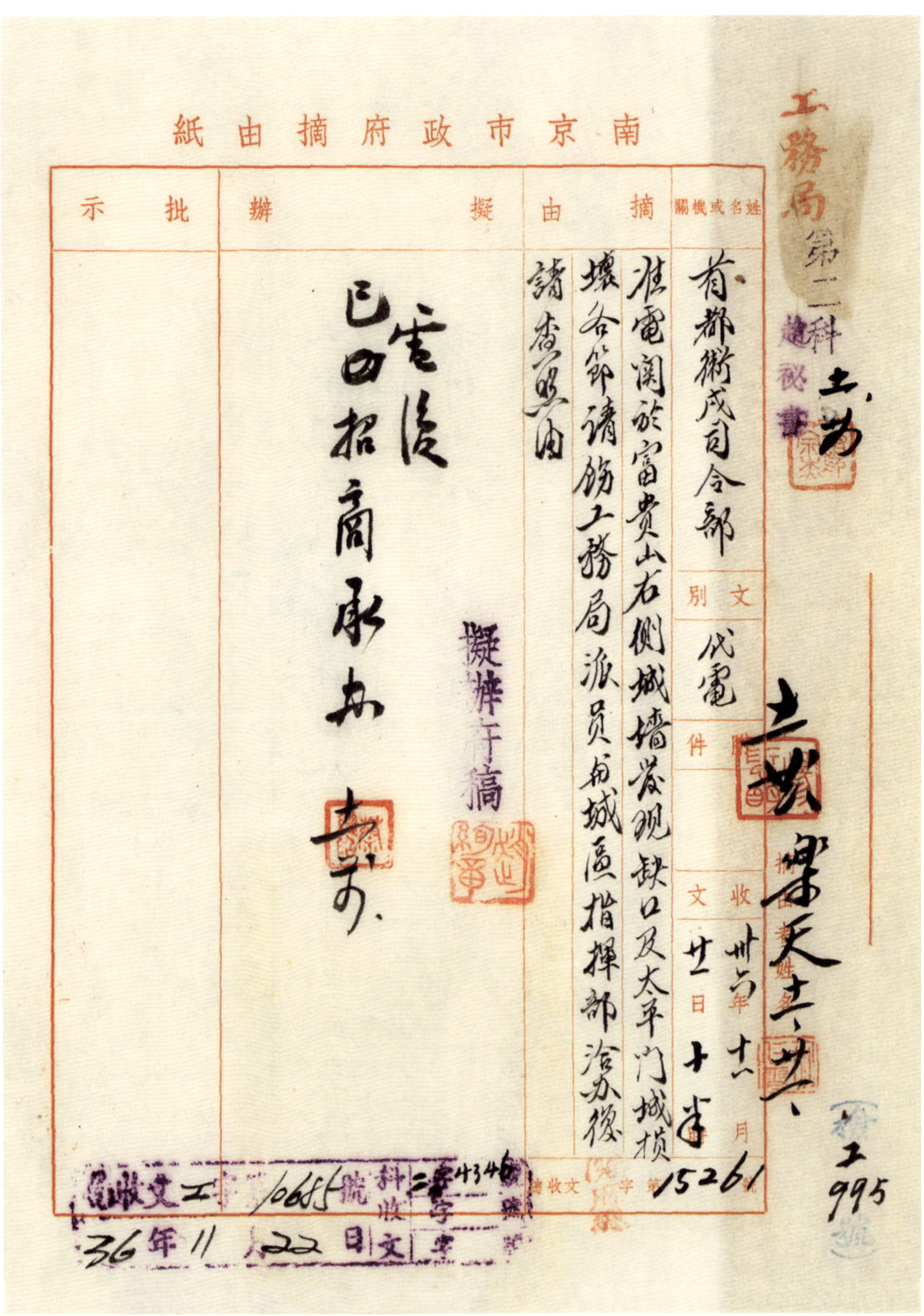

南京市政府摘由纸

姓名或机关	摘由	拟办	批示
首都卫戍司令部	准电阅于富贵山右侧城墙发现缺口及太平门城损坏各节请饬工务局派员与城区指挥部洽办复请查照由	电复已由招商承办 拟办存稿	

文别：代电

收文：卅六年十一月廿日十时

工务局第二科

收文第15261号

工995号

工收文 10685号 36年11月22日

三三〇

事由	
批示	
附件	
擬辦	

首都衛戍司令部代電

南京市政府沈市長君怡兄勛鑒（卅）府總工字第一〇八〇三號代電敬悉查富貴山右側城墻發現缺口及太平門城門損壞各節城區指揮部最近曾派參謀寔地勘察對該地損壞各節較為明確請飭工務局派員與城區指揮部洽辦特覆請查照為荷弟張鎮戍巧戍仁恒志印

戍仁志字第　號

中華民國三十六年十一月二十日

844

已繕發　六五日

科函

查修整富貴山右側城墻缺口及太平門城內工程業抄送

衛戍司令部代電一件即希

查照派員隨時逕與城工指揮部洽辦為荷

此致

城垣工務管理處

抄送衛戍司令部代電一件（原電附入後文府稿內）

科緘

（印）十六寄

二科發文 9088 號

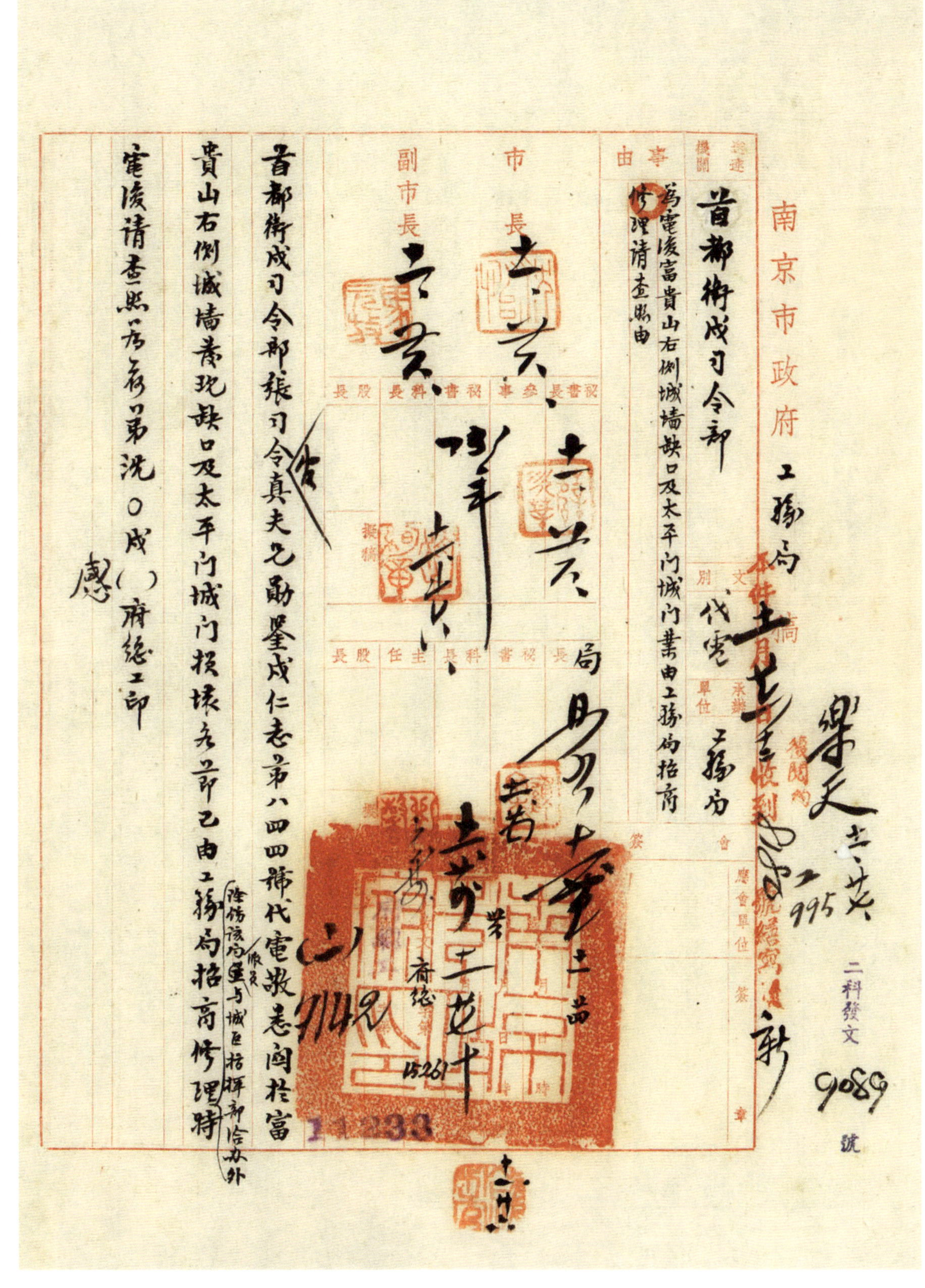

南京市政府 工務局 稿

送達機關	首都衛戍司令部
事由	為電復富貴山右側城墻缺口及太平门城门業由工務局招商修理請查照由
文別	代電
承辦單位	工務局
市長	
副市長	
秘書長 參事 秘書 科長 股長	
局長 秘書 科長 主任 股長	
會簽	
會辦單位	
發文	本件十二月十二日收到

首都衛戍司令部張司令真夫兄勛鑒戍仁志第八四四四號代電敬悉關於富貴山右側城墻廢圮缺口及太平门城门損壞各節已由工務局招商修理（除飭該局并與城區指揮部洽辦外）特電復請查照為荷弟沈○戍（ ）府總工印

二科發文 9089 號

南京市工務局工程預算表

工程地點 富貴山　　36年 11月 8日

工程名稱 修理富貴山右側城牆缺口工程　　共 1 頁第 1 頁

工程種類	工程説明	單位	數量	單價	複價	備考
青磚		塊	18,000	700	12,600,000—	
填土	連工	立方	63	35,000	2,205,000—	
石灰	1:2灰漿	担	27	120,000	3,240,000—	
沙泥		立方	4	90,000	360,000—	
人工		工	60	54,000	3,240,000—	
管理費	10%				2,164,500—	
總計					23,809,500—	
總價	貳仟叁百捌拾萬玖仟伍百元					

局長　　科長　　校對　　製表　　第三科計劃股

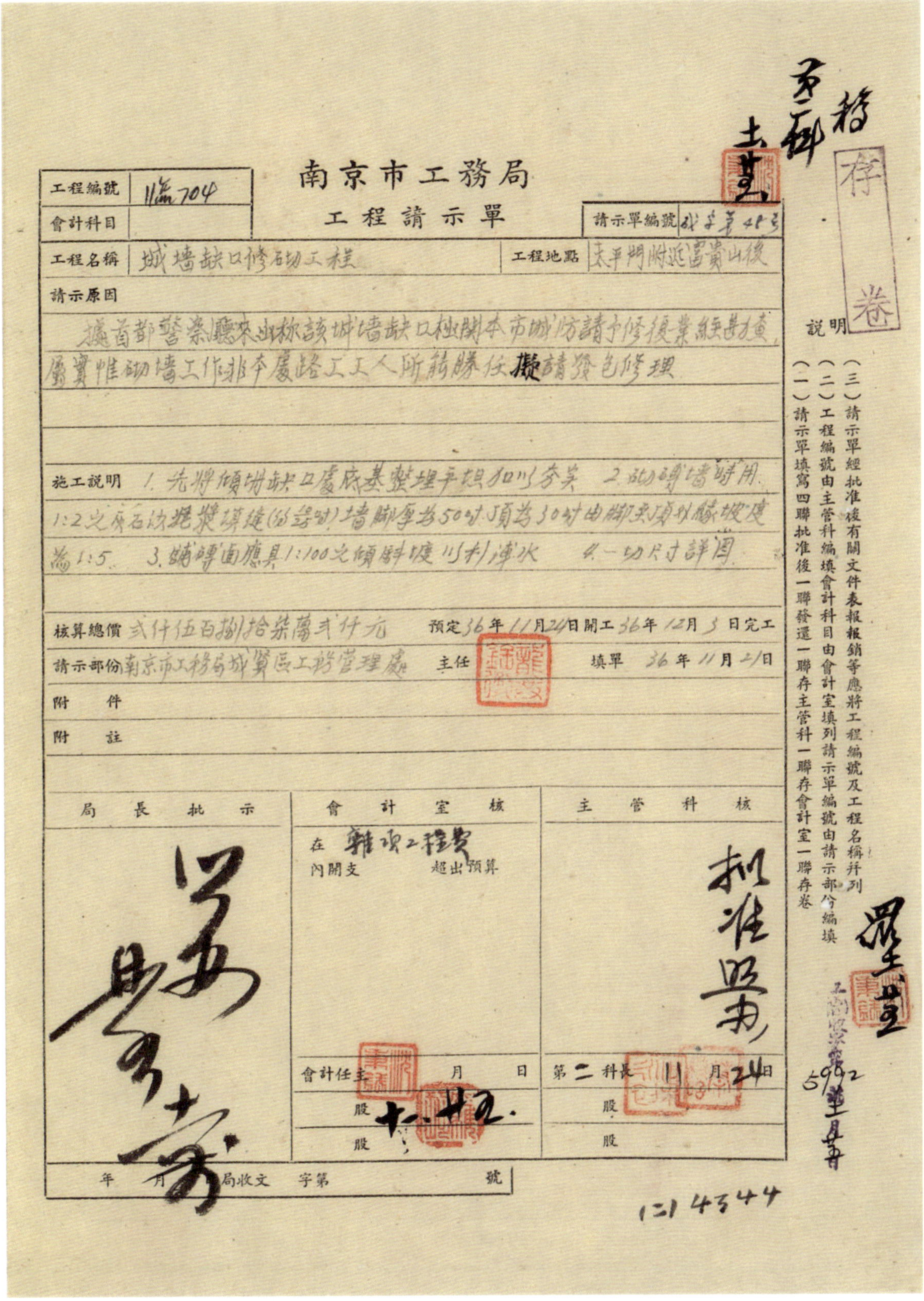

南京市工務局

工程請示單

工程編號	11臨704	請示單編號	城字第48號
會計科目			
工程名稱	城墻缺口修砌工程	工程地點	太平門附近富貴山後

請示原因

據首都警察廳來函稱該城墻缺口極關本市城防請予修復業經勘查屬實惟砌墻工作非本處路工工人所能勝任擬請發包修理

施工說明　1. 先將傾圮缺口處底基整理平坦加以夯實　2. 砌磚墻時用1:2之水泥灰漿填縫（勾縫）墻腳厚為50公寸頂為30公寸由腳至頂收縮坡度為1:5　3. 鋪磚面應具1:100之傾斜坡以利排水　4. 一切尺寸詳圖

核算總價　貳仟伍百捌拾柒萬貳仟元　預定36年11月24日開工36年12月3日完工

請示部份　南京市工務局城賢區工務管理處　主任　填單36年11月21日

附件

附註

局長批示	會計室核	主管科核
照准	在雜項工程費內開支　超出預算	擬准照辦
	會計主任　月　日	第二科長　11月24日
	股　十一.廿五.	股
	股	股

年　月　日局收文　字第　號

121 4344

說明

（三）請示單經批准後有關文件表報報銷等應將工程編號及工程名稱并列

（二）工程編號由主管科編填會計科目由會計室填列請示單編號由請示部份編填

（一）請示單填寫四聯批准後一聯發還一聯存主管科一聯存會計室一聯存卷

存卷

預算細目

共 / 頁第 / 頁

項次	項目	單位	數量	單價	共價	備註
1.	青磚	塊	18,500	760	14,060,000	
2.	填土	立公	58	40,000	2,320,000	
3	石灰	担	27	120,000	3,240,000	
4	沙泥	立公	5	100,000	500,000	
5	人工(大工)	工	20	70,000	1,400,000	
6	〃 〃(小工)	工	50	40,000	2,000,000	
7	管理費		10%		2,352,000	
共計					25,872,000	

核對　　　　計算

第二科 存卷

南京市工務局

工程請示單

工程編號	〔臨〕705
會計科目	
請示單編號	

工程名稱	太平門城門添配零件工程	工程地點	太平門

請示原因

奉令由本區添配零件並裝置（鐵扶梯插銷等使啟閉 [illegible]）

施工說明

由鐵匠鋪訂製鐵件再由該鐵鋪派工伙同本區工人裝置

核算總價 陸拾一萬八仟弍百伍拾元　預定 36 年 11 月 20 日開工 36 年 11 月 21 日完工

請示部份 南京市工務局城廂區工務管理處　主任　填單 36 年 11 月 21 日

附件

附註

局長批示	會計室核	主管科核
	在 雜項工程費 內開支　超出預算	擬准
	會計任主　月　日	第二科長　11 月 24 日
	股 十一、廿五.	股
	股	股

年　月　日收文　字第　號

(2) 4345

說明
（一）請示單填寫四聯批准後一聯發還一聯存主管科一聯存會計室一聯存卷
（二）工程編號由主管科編填會計科目由會計室填列請示單編號由請示部份編填
（三）請示單經批准後有關文件表報報銷等應將工程編號及工程名稱并列

5991

預 算 細 目

共 1 頁第 1 頁

項次	項目	單位	數量	單價	共價	備註
1.	鉄件	斤	15.6	30,000	461,250元	
2.	鑽	把	1	150,000	150,000	
3.	人工	工	5			本處工人
共計					611,250	

核對　　　　計算

（四）成賢區工務管理處關于富貴山後城墻缺口工程比價結果致市工務局的呈文（附件：工程標單、承攬單和施工説明書）（一九四七年十一月二十二日）

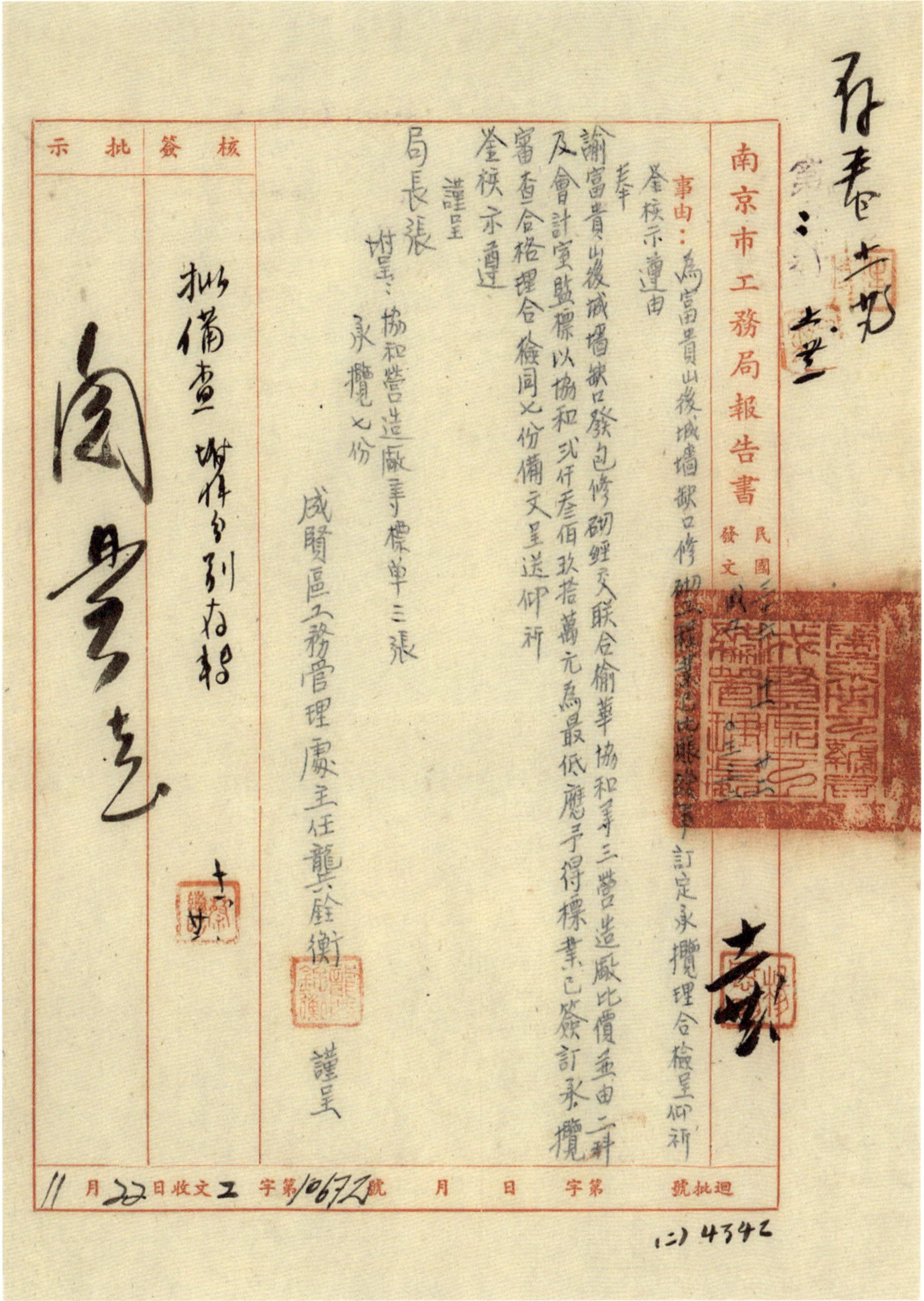
南京市工務局報告書

民國 年 月 日 發文

事由：為富貴山後城墻缺口修砌工程業已比價訂定承攬理合檢呈仰祈鑒核示遵由

奉

諭富貴山後城墻缺口發包修砌經交聯合俞華協和等三營造廠比價並由二科及會計室監標以協和弍仟叁佰玖拾萬元為最低應予得標業已簽訂承攬當查合格理合檢同乙份備文呈送仰祈

鑒核示遵

謹呈

局長張

附呈：協和營造廠手標單三張 承攬乙份

成賢區工務管理處主任龔銓衡 謹呈

核 簽 批 示

擬備查 附件分別存檔

11 月 22 日收文工 字第10672號 月 日 字第 號批迴

(2) 4342

南京市工務局工程標單

工程名称：城墻缺口修砌工程

工程地点：太平門附近富貴山後　　　　36年11月19日

項目	工程種類	工程說明	單位	數量	單價(元)	複價(元)	備考
1	砌磚墻	詳圖說	M^2	30	690,000—	20,700,000.00	
2	填土	〃 〃 〃	M^3	58	40,000—	2,320,000.00	
3	鋪地磚	〃 〃 〃	M^2	22	40,000	880,000.00	
總計						8 23,900,000.00	

中標

完工期限：拾天

投標廠商：協和營造廠

負責人：李[illegible]

通訊處：船板巷卅八号

電話：

南京市工務局工程標單

工程名称：城墻缺口修砌工程

工程地点：太平門附近富貴山後

36年　月　日

項目	工程種類	工程說明	單位	數量	單（元）價	複（元）價	備攷
1	砌磚墻	詳圖說	M^2	30	750,000.00	22,500,000.00	
2	填土	〃〃〃	M^3	58	40,000.00	2,320,000.00	
3	鋪地磚	〃〃〃	M^2	22	35,000.00	770,000.00	
總計					$25,590,000.00		

完工期限：十四晴天

投標廠商：YU HWA CONSTRUCTION CO.

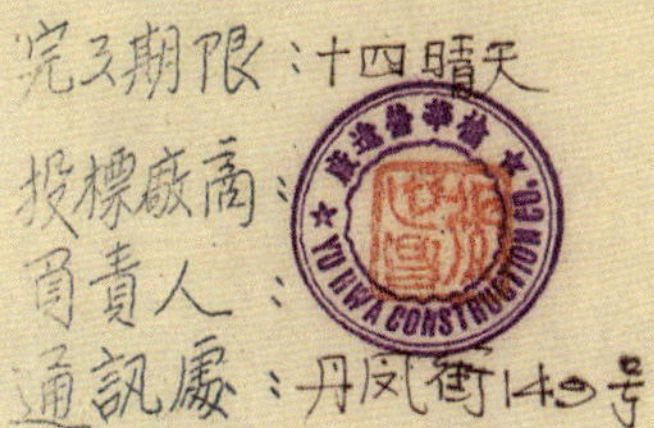

負責人：

通訊處：丹凤街143号

電話：

李□□

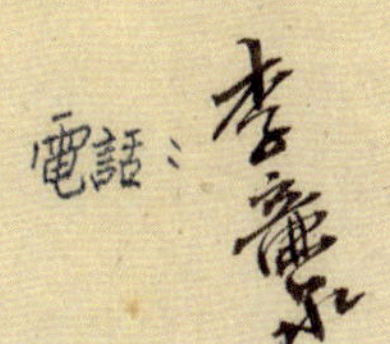

南京市工務局工程標單

工程名称：城墻缺口修砌工程

工程地点：太平門附近富貴山後　　36年11月19日

項目	工程種類	工程説明	單位	數量	單（元）價	複（元）價	備攷
1	砌磚墻	詳圖説	M^2	30	7,000,000.-	21,000,000.00	
2	填土	〃 〃 〃	M^3	58	55,000.-	3,190,000.00	
3	鋪地磚	〃 〃 〃	M^2	22	45,000.-	990000.00	
總計						25,180,000.00	

完工期限：十二天

投標廠商：

負責人：

通訊處：磨坊巷三号　　電話：

副本

存卷

南京市工務局

工程承攬單

工程編號		合約編號	攬字53號
會計科目		請示單編號	成字第483
工程名稱	城墻缺口修砌工程	工程地點	太平門附近富貴山後
訂約日期	卅六年十一月廿六日	承包總價	貳仟三百玖拾萬元
開工日期	卅六年十一月廿四日	完工期限	十個晴天

立承攬人 協和營造廠 今攬承到

南京市工務局 太平門附近富貴山後城墻缺口修砌 工程

一切施工方法願完全依照 鈞局所派監工人員之指示及頒發之各項圖樣說明書等辦理茲將工程範圍承攬包價領款辦法及遵守條約訂定如下：

1. 工程範圍——

1、砌磚墻

2、填土

3、鋪磚面

2. 承攬包價——本工程全部包價共計國幣 貳仟三百玖拾萬 元

詳細價目單附後如有增減按照實際驗收數量結算

3. 領款辦法——

第一期：合同簽訂後付總價百分之八十

第二期：全部竣工經驗收合格後付百分之二十（保留保固金2.5%）

4. 完工期限——本工程訂約後應於 二 日內開工限 36 年 12 月 3 日以前全部完工雨天

加遲期願每日賠償局方損失國幣 伍拾萬 元

5. 轉讓分包——本工程之任何部份未得局方同意承攬人決不轉讓分包

6. 工具材料——本工程之一切人工材料及應用工具設備除特別規定者外概由承攬人自備其由局方供給者承攬人當負責保管如有損失照價賠償

7. 工程管理——本工程如承攬人不能親自常駐工地時當派富有工程經驗員責代表常駐工地督率施工並管理工人此項代表如局方認為不能稱職時可隨時通知撤換之

8. 保護防範——工地材料與已未完成之工程及工人等安全設備概由承攬人負責如有意外決不推諉卸責

局長　　會計主任　　科長　　股長　　主任

9. 變更設計——本工程如有增減或變更設計時一經局方通知承攬人決無異議所有增減或損失工料均按實際數量照詳細價目單計算之

10. 工程查驗——本工程在進行期間如發現材料窳劣做法不合工程不固或與圖樣說明書有不符之處一經局方所派監工人員通知當立即折除重做所有工料損失概歸承攬人負担

11. 工程玩忽——工程進行時如承攬人任意延宕願聽憑局方註銷承攬另行設法完成其因此發生之損失概由承攬人負賠償之責并願將所有工地上一切物件工程均暫交局方接收管理俟工程完工後再行結算

12. 工地清理——工程完竣後工地廢棄材料及垃圾等承攬人當先派工清除淨盡再報驗收

13. 工程保固——本工程完工後保固期限為　　年　　月在保固期內如有裂損或坍塌情事經查明係因工作草率或用料不佳所致者由承攬人負責修復不另取值

14. 保證責任——承攬人如有偷工減料中途停工或無力完工及其他情弊不能履行承攬條款時本承攬之責任由保證人代負之所有因此發生之一切損失概由保證人負責賠償

15. 承攬附件——(1)說明書　/　份(2)圖樣　/　張(3)詳細價目單　/　份

承包商號　協和营造厂	保證商號　復興鐵工厂
負責人　何中訓	負責人　秦桂章
地　址　船板巷卅八号	地　址　糖坊橋80号

備註：

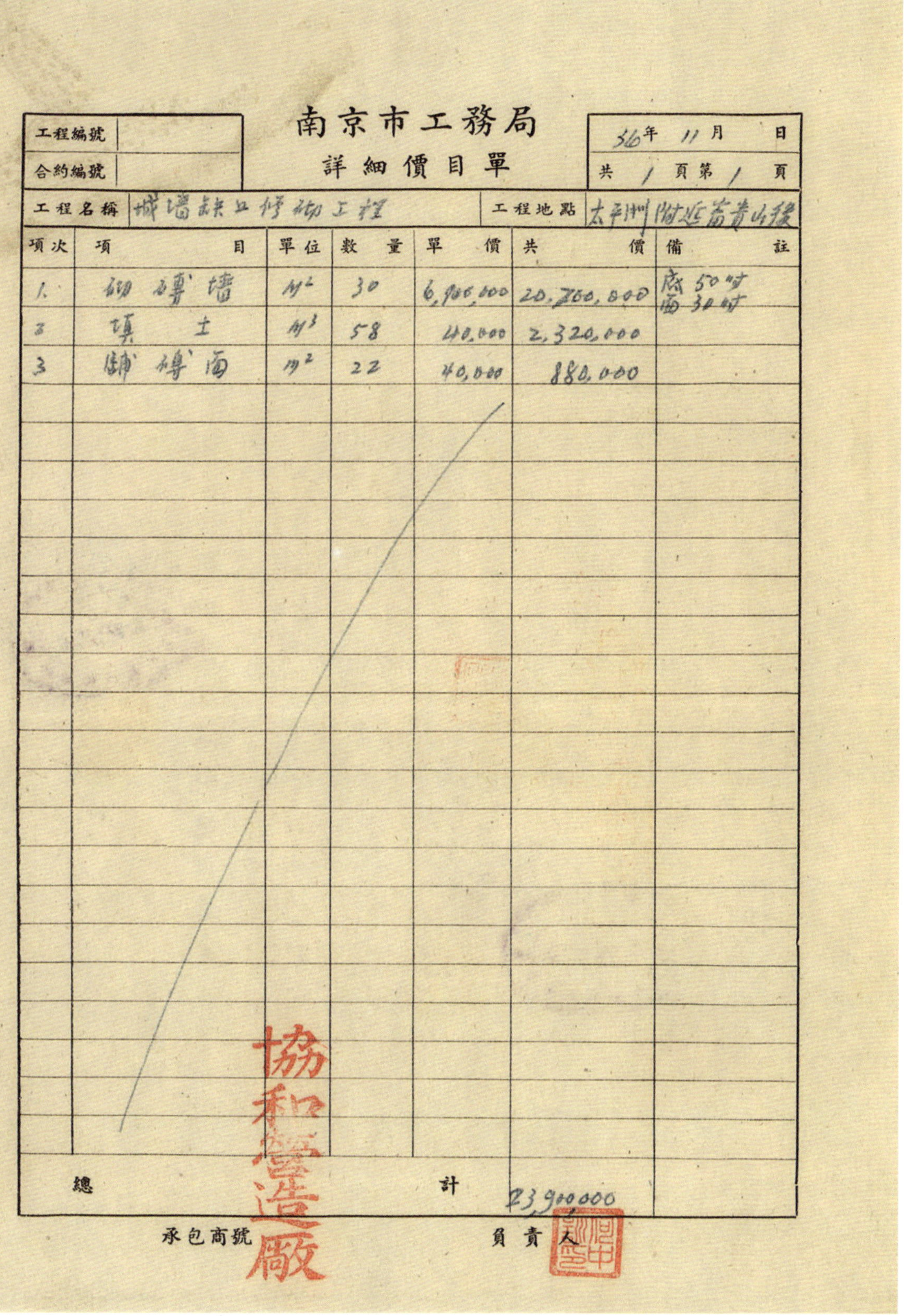

工程編號		南京市工務局 詳細價目單	56年 11月 日
合約編號			共 1 頁第 1 頁

工程名稱 城墻缺口修砌工程　　工程地點 太平門附近富貴山後

項次	項目	單位	數量	單價	共價	備註
1.	砌磚墻	M^2	30	6,900,000	20,700,000	底50吋 面30吋
2	填土	M^3	58	40,000	2,320,000	
3	鋪磚面	M^2	22	40,000	880,000	
總計					23,900000	

承包商號 協和營造廠　　負責人 [stamp]

南京市工務局修砌城牆缺口工程施工說明書

龔錫勳

(一)工程範圍：太平門背道富貴山後修砌城牆缺口

(二)砌　　牆：牆底寬五十吋面寬三十吋內牆垂直外牆成一比五斜坡用一比二石灰膠漿滿刀平砌高與原城牆等砌前應將原牆面先行整理

(三)填　　土：新砌牆與原城牆間填土及碎磚石每五十公分厚加水夯實禁止在城腳下取土以免基礎鬆動

(四)鋪磚面：填土上表面加鋪磚一層平放下墊五公分厚

沙泥务使平整

(五)材料工具：一切工料由水包人担负。

(六)完工整理：全部工程完工后清除余料整理场面

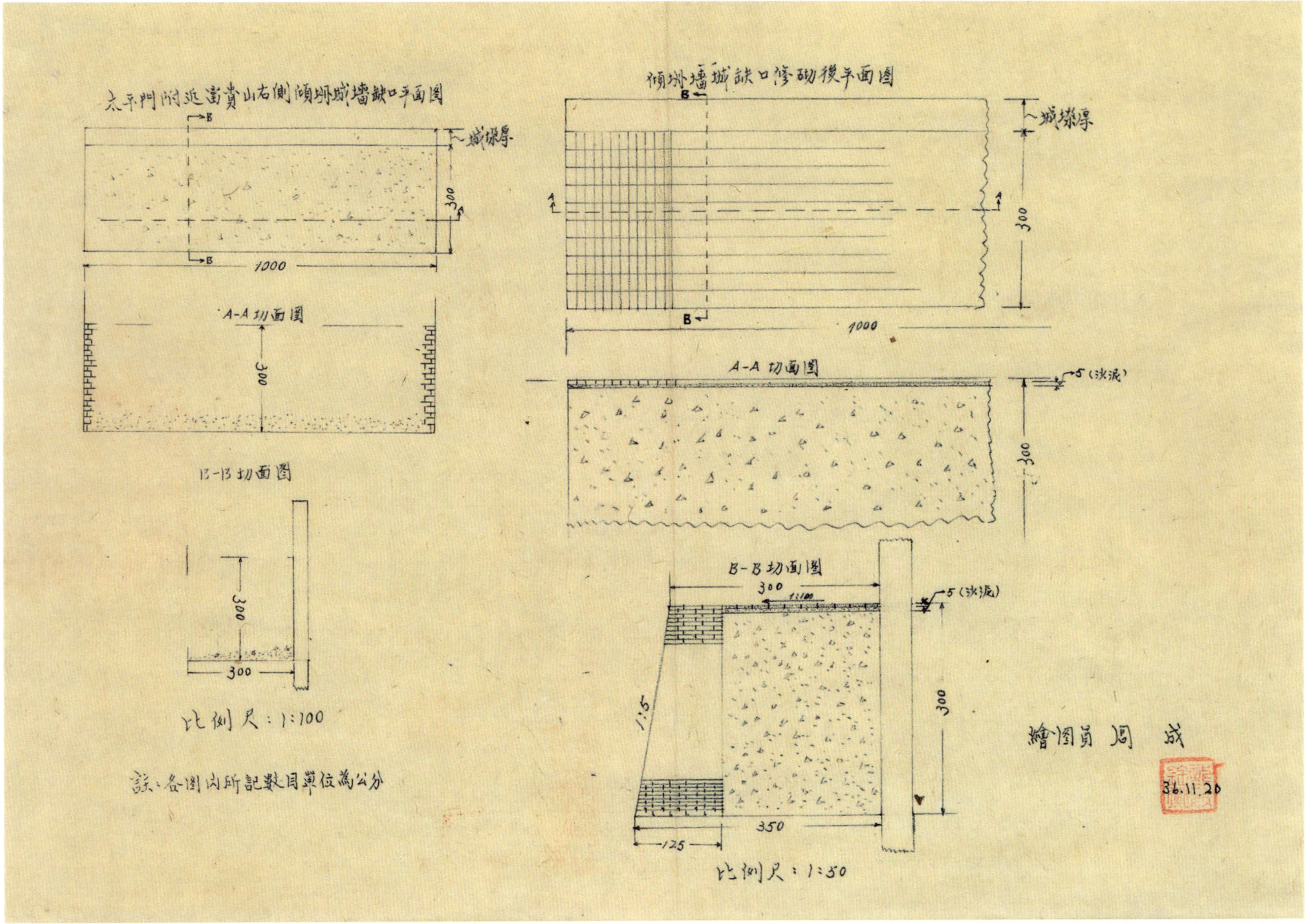
太平門附近富貴山右側傾圮城墻缺口平面圖
城垛厚
300
1000
B
A-A 切面圖
300
B-B 切面圖
300
300
比例尺：1:100
註：各圖內所記數目單位為公分
傾圮墻垛缺口修砌後平面圖
城垛厚
A
B
300
1000
A-A 切面圖
5（洋灰）
300
B-B 切面圖
300
5（洋灰）
1:5
300
125
350
比例尺：1:50
繪圖員 周 成
36.11.20

（五）成賢區工務管理處關于太平門城門和富貴山城墻第一缺口修砌完竣致市工務局的呈文（附件：工款結算表、工程决算書和草圖）（一九四七年十二月四日至十二月七日）

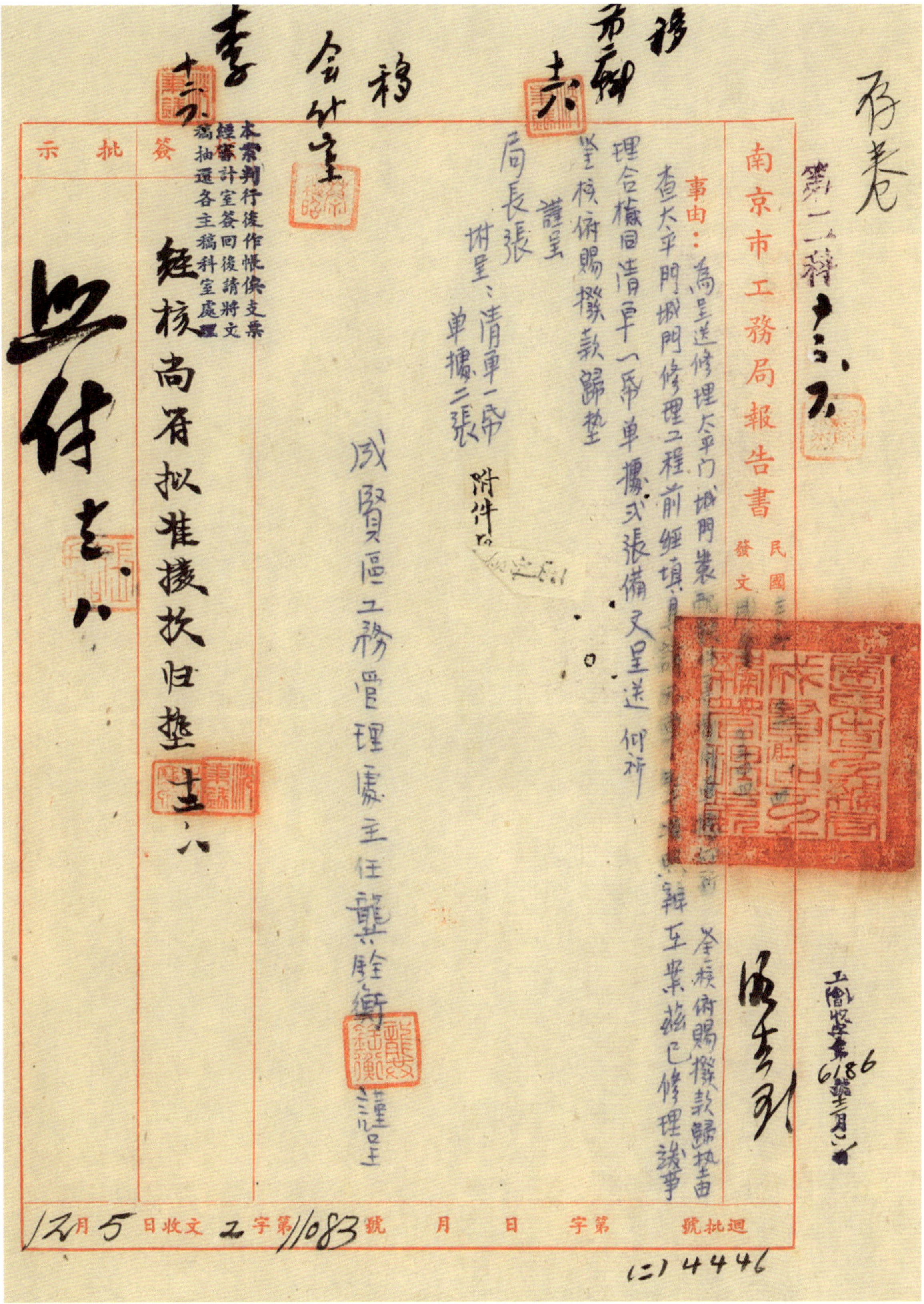

正本归卷
[illegible]

南京市工務局報告書

民國三十六年六月[illegible]日
發文[illegible]字第[illegible]號

事由：為檢呈富貴山覆城墻第一缺[illegible]仰祈
鑒核轉請派員驗收由

查富貴山覆城墻第一缺口修砌工程業已竣工並經繪就竣工圖暨决算書結算單等理合檢呈各七份仰祈
鑒核俯賜轉請派員驗收以利結束
謹呈
局長張
附呈：竣工圖七份
工程决算書七份
工款結算單七份
成賢區工務管理處主任龔銓衡
謹呈

核簽
經會驗相符擬准驗收 十二/十一
[illegible]

批示

迴批 字第 號 月 日 收文 字第 號 月 日

121446[illegible]

南京市工務局

工款結算表

工程編號	
會計科目	

36年12月7日

共 1 頁第 1 頁

工程名稱	城牆缺口修補工程			合約編號	
承包商號	協和營造廠			規定限期	十個晴天
開工日期	36年11月24日	完工日期	36年12月3日	驗收日期	36年12月10日
雨雪冰凍	天	核准延期	天	逾期日數	天

預算數		結算數	
承包總價	貳仟叁百玖拾萬元	實做總價	貳仟壹百柒拾陸萬元
增加工款1		核減工款1	
增加工款2		核減工款2	
增加工款3		核減工款3	
增加工款4		核減工款4	
合計	貳仟叁百玖拾萬元	應付工款	共貳仟壹百柒拾陸萬元

驗收意見	
備註	本工程補砌牆垛係原以平方公尺作單位計算，按圖所補砌之牆垛為一立體剖形狀如附圖（二）示，惟牆垛厚度恰一公尺，故以立方公尺為單位計算單價則符合立方單價

局長	會計主任	科長	股長	主任	填表
[印]	[印]	[印]		[印]	[印]

存卷

南京市工務局
工程決算書

工程編號	
會計科目	

36年 12月 7日
共 1 頁第 1 頁

工程名稱：城墻缺口修砌工程　　工程地點：太平門附近富貴山右側

開工日期：36年11月24日　完工日期：36年12月3日　驗收日期：36年　月　日

項目	單位	預算			決算			備註
		數量	單價	共價	數量	單價	共價	
砌磚墻	平方	30	690,000	20,700,000	28	690,000	19,320,000	
填土	立方	58	40,000	2,320,000	46	40,000	1,840,000	
鋪磚面	平方	22	40,000	880,000	15	40,000	600,000	
總計				23,900,000			21,760,000	

計結餘（超出）國幣 2,140,000

局長　　會計主任　　科長　　股長　　主任　　計算

審計部監驗　　市政府複驗　　工務局初驗

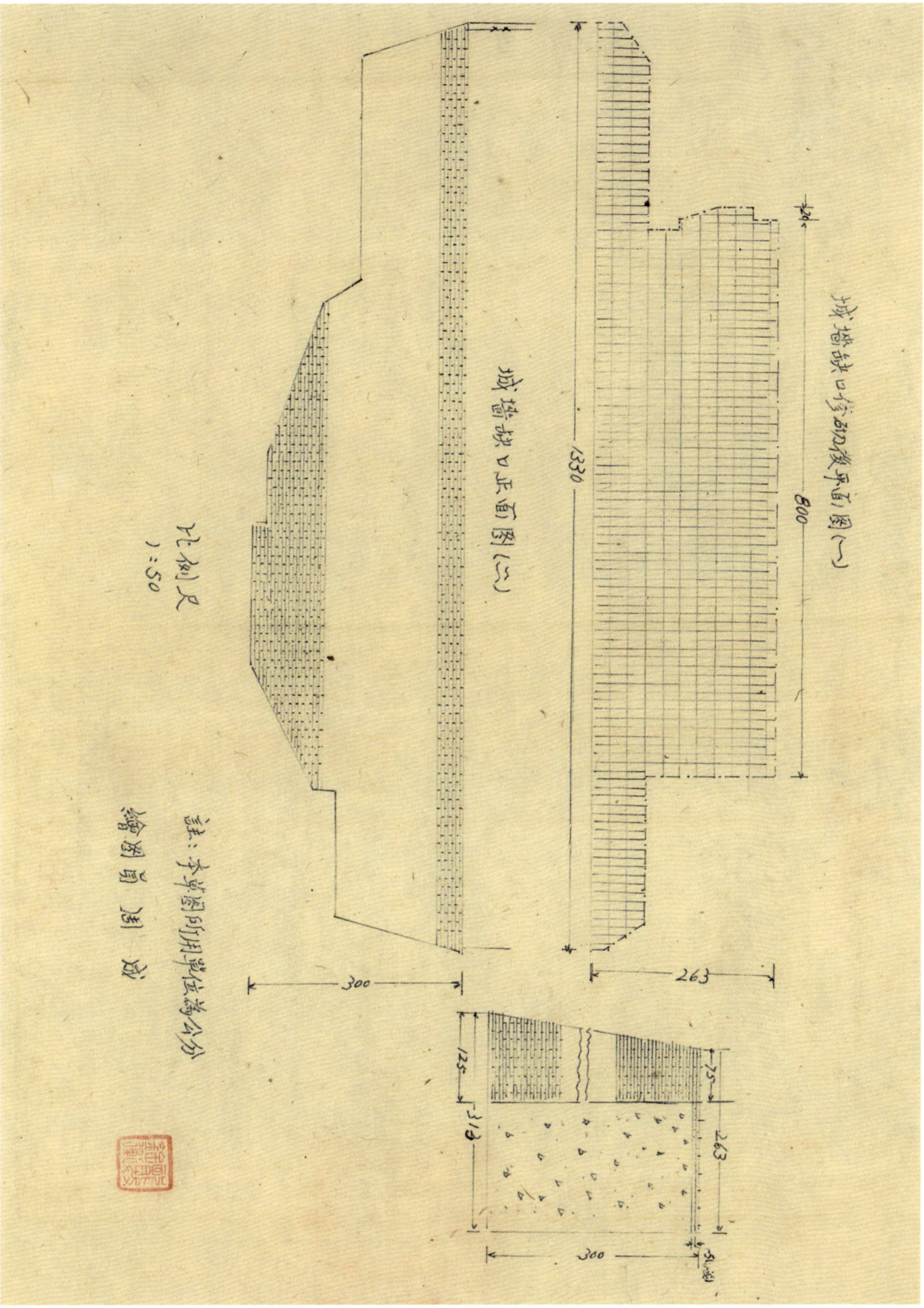
城墻缺口修砌後平面圖（一）
城墻缺口正面圖（二）
比例尺
1:50
註：本草圖所用單位為公分
1330
800
263
300
125
75
313
263
300

（六）成賢區工務管理處關于修復富貴山後城墻第二、第三缺口致市工務局的呈文（附件：工程請示單、預算細目和透視圖）

（一九四七年十二月四日）

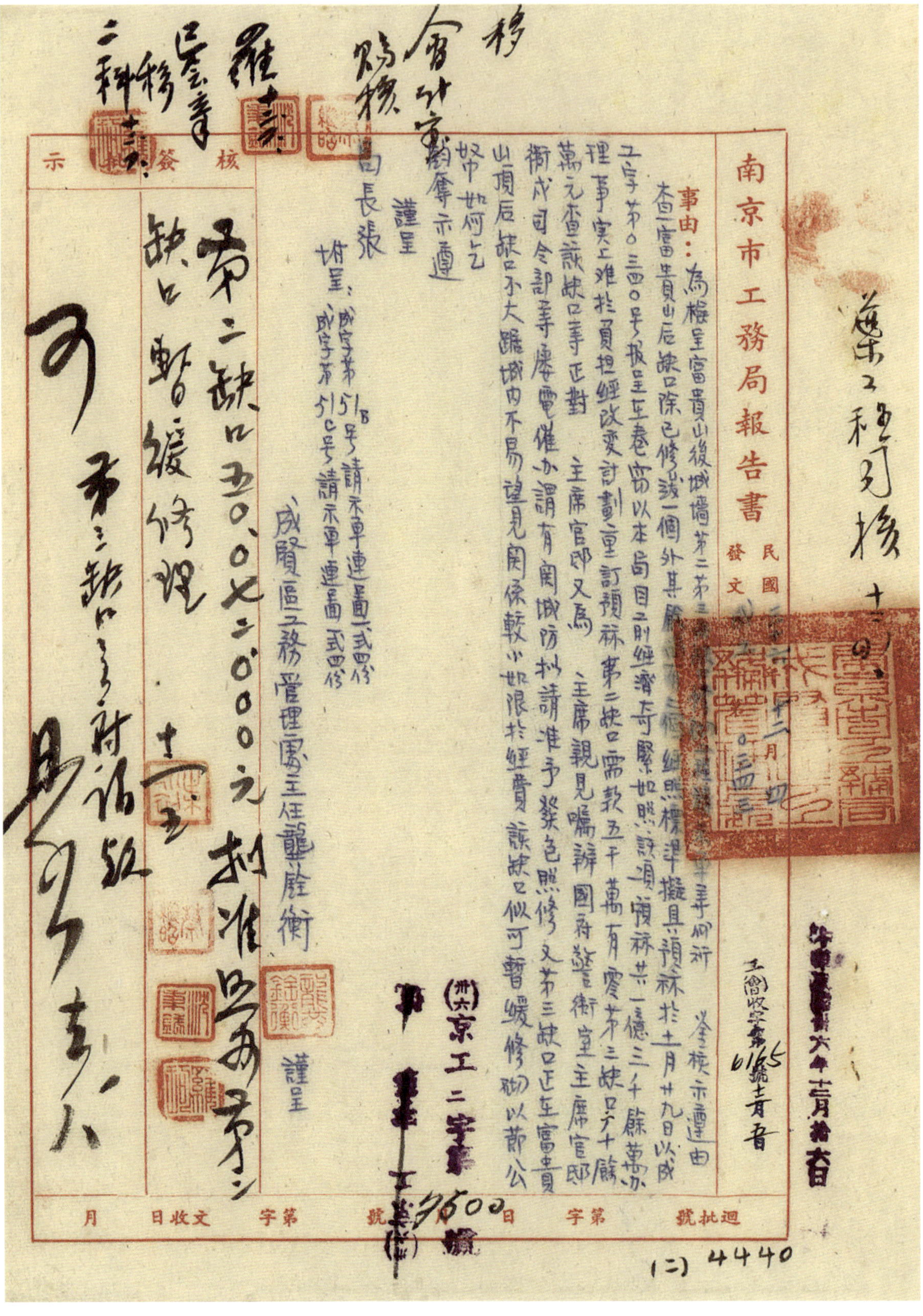

南京市工務局報告書

事由：為擬呈富貴山後城墻第二第三缺口[illegible]等仰祈鑒核示遵由

查富貴山后缺口除已修竣一個外其餘[illegible]經照標準擬具預算於十一月廿九日以成工字第〇三四〇号報呈在卷嗣以本局目前經濟奇緊如照該項預算共一億三千餘萬另理事實上難於負担經改変計劃重訂預算第二缺口需款五千萬有零第三缺口五千餘萬元查該缺口等正對 主席官邸又為 主席親見囑辦國府警衛室主席官邸衛戍司令部等屢電催办謂有関城防抄請准予發包照修又第三缺口正在富貴山頂后雖不大距城內不易望見関係較小也限於經費該缺口似可暫緩修以節公帑如何之處敬候鈞奪示遵

謹呈

局長張

附呈：成字第5151B号請示單連圖一式四份、成字第5152号請示單連圖式四份

成賢區工務管理處主任龍詮衡

謹呈

(二) 4440

南京市工務局

工程請示單

工程編號		請示單編號	成字第51號
會計科目			

工程名稱	城墻缺口修砌工程	工程地點	太平門附近富貴山後

請示原因：據首都警察廳函稱太平門迤東城墻缺口極關本市城防，請予修復。前經勘察完畢，第一缺口已請准發包（詳請示單成字第50號），第二缺口距第一缺口約150公尺，因限於經費，工作量予化簡，擬請發包修理。

施工說明：第二缺口頹坍部份長約14M，闊3M，墻厚（頂端）3M，並為節省工料，擬將外口墻牙依老樣砌至原來高度，裡口弧形部份，修理方正，檯子鋪平，暫不砌高，墻牙厚30吋，餘者平均厚50吋，向外部份砌成坡度。

核算總價：國幣50,072,000元　預定36年12月5日開工36年12月20日完工

請示部份：成賢區　主任（印）　填單36年12月2日

附件

附註

局長批示	會計室核	主管科核
照准 吉 十二 八	在什次工程內開支 超出預算 會計任主 十二．九 日 股 股	擬准照办 價由該區招商比 第二科長 12 月 5 日 股 股

年　月　日局收文　字第　號

說明
（一）請示單填寫四聯批准後一聯發還一聯存主管科一聯存會計室一聯存卷
（二）工程編號由主管科編填會計科目由會計室填列請示單編號由請示部份編填
（三）請示單經批准後有關文件表報報銷等應將工程編號及工程名稱并列

預算細目

共 1 頁第 1 頁

項次	項目	單位	數量	單價	共價	備註
1	青磚	塊	25000	1,000	25,000,000	
2	石灰	担	30	14,0000	4,200,000	
3	沙泥	立方	6	120000	720,000	
4	大工	工	40	90000	3600000	
5	小工	工	160	50000	8000000	
6	土方	立方	20	50000	1000000	
7	搭架費	架	1	3,000000	3000000	
					45,520,000	
8	管理費10%				4,552,000	
共計					¥50,072,000	

核對　　　　計算

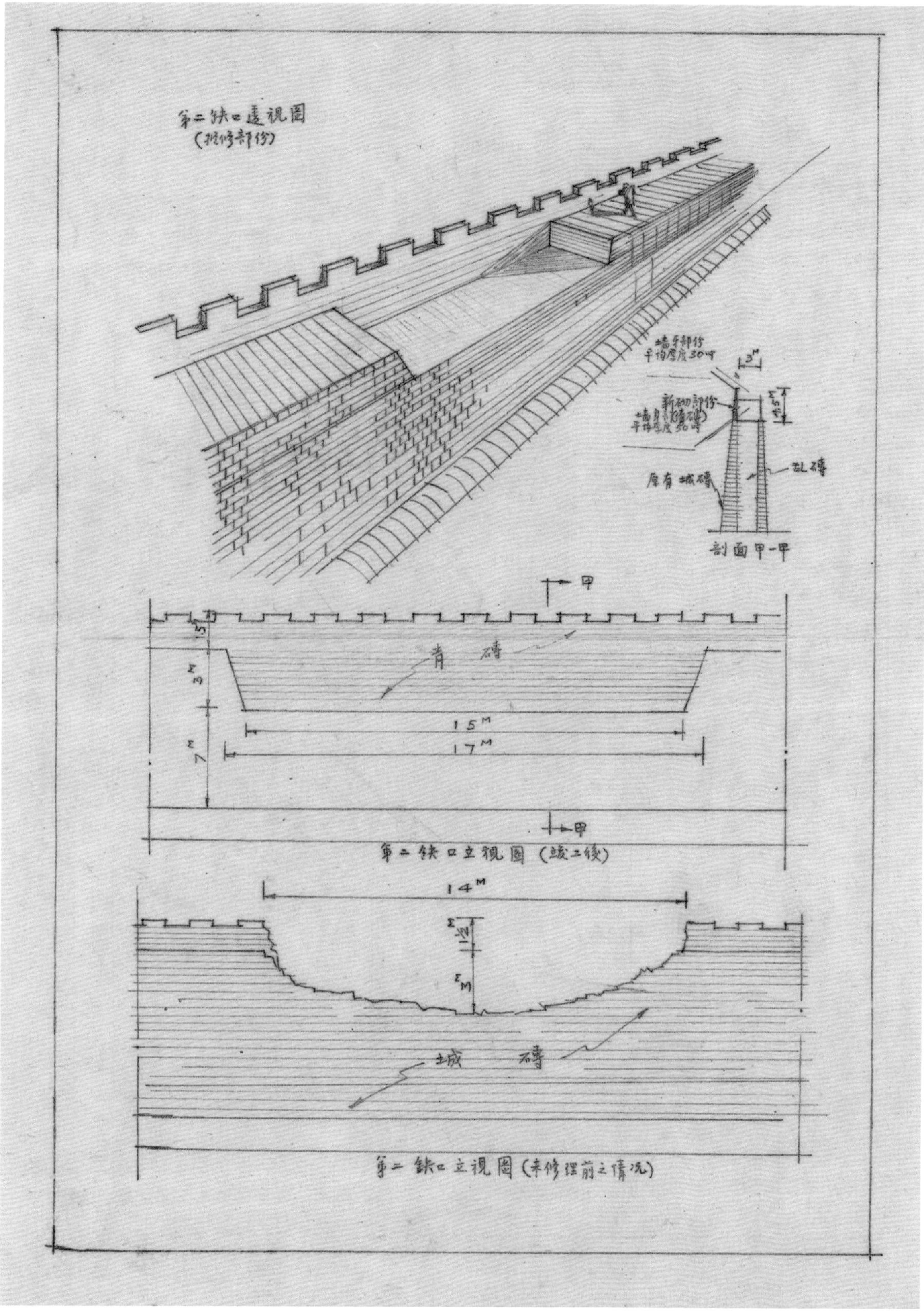

第二缺口透視圖
墙牙部份
平均厚度30吋
3M
新砌部份
墙身(青磚)
平均厚度50吋
原有城磚
乱磚
剖面甲-甲
甲
青磚
15M
17M
甲
第二缺口立視圖（竣工後）
14M
城磚
第二缺口立視圖（未修理前之情况）

南京市工務局

工程請示單

工程編號	
會計科目	

請示單編號：成字第51/C號

工程名稱	城牆缺口修砌工程（第三缺口）	工程地點	太平門附近富貴山後
請示原因	據首都警察廳函稱太平門迤東城牆缺口極關本市城防，請予修復。第一缺口已備准發包，第三缺口在富貴山背後，業經勘察完畢，擬請發包修理。		
施工說明	第三缺口傾圮部份為圓洞狀，穿過整個牆身，洞徑（直徑）為3.5M，該段城牆厚度（平均）為4M。為節省工料，擬將圓洞上端拆除，外口牆平依老樣砌至原來高度，裡口沿牆身弧形部份修理方正，牆膛子鋪平。（做法如請示單第51/B號）		
核算總價	國幣22,374,000元	預定36年12月5日開工　36年12月16日完工	
請示部份	成賢區	主任（印）	填單　36年12月3日
附件			
附註			

局長批示	會計室核	主管科核
如擬　[illegible]（印）	在內開支　超出預算	擬准　[illegible] 擬暫緩修理
	會計主任　月　日	第二科長　12月5日（印）
	股	股
	股	股

年　月　日局收文　字第　號

說明

（一）請示單填寫四聯批准後一聯發還一聯存主管科一聯存會計室一聯存卷

（二）工程編號由主管科編填會計科目由會計室填列請示單編號由請示部份編填

（三）請示單經批准後有關文件表報報銷等應將工程編號及工程名稱并列

預算細目

共 1 頁第 1 頁

項次	項目	單位	數量	單價	共價	備註
1	青磚	塊	8,000	1,000	8,000,000	
2	石灰	担	12	140,000	1,680,000	
3	沙泥	立方	3	120,000	360,000	
4	大工	工	20	90,000	1,800,000	
5	小工	工	100	50,000	5,000,000	包括運料工人
6	土方	立方	10	50,000	500,000	
7	搭架費	架	1	3,000,000	3,000,000	
					20,340,000	
8	管理費10%				2,034,000	

共計 $22,374,000

核[illegible]　計算

（七）成賢區工務管理處關于修砌富貴山後城墻第二缺口開標情形致市工務局的呈文（附件：工程標單、開標記録等）

（一九四七年十二月十三日）

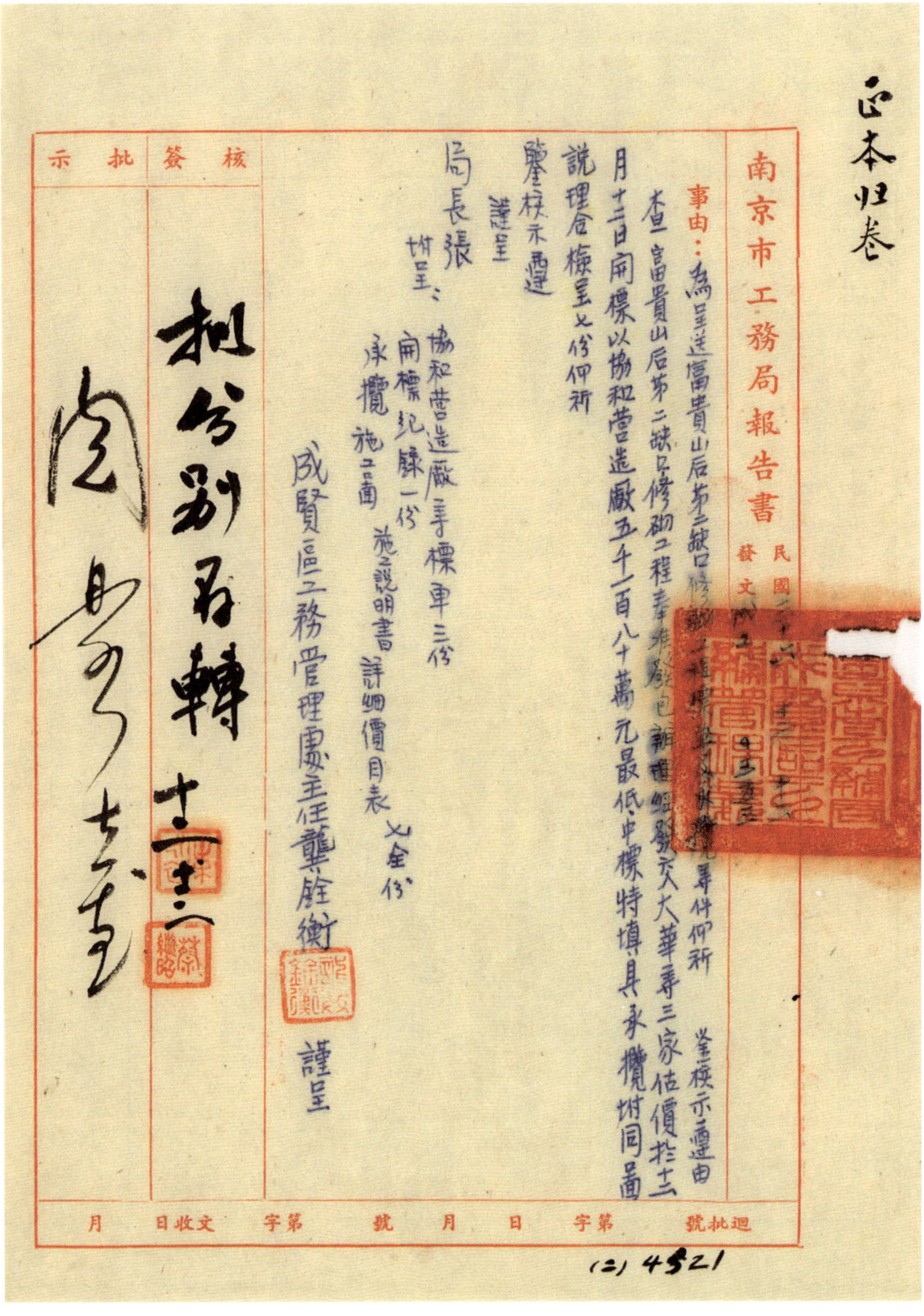

正本归卷

南京市工務局報告書

事由：為呈送富貴山后第二缺口修砌工程標單等件仰祈鑒核示遵由

民國三十六年十二月十三日 發文 [illegible]

查富貴山后第二缺口修砌工程業[illegible]大華等三家估價於十二月十二日開標以協和營造廠五千一百八十萬元最低中標特填具承攬併同圖說理合檢呈七份仰祈

鑒核示遵

謹呈

局長張

附呈：協和營造廠手標單三份

開標紀録一份

施工說明書

詳細價目表

承攬

施工圖 各全份

成賢區工務管理處主任龔銓衡 謹呈

核簽：擬分別存轉 十二.十六

批示：閱 [illegible]

月 日收文 字第 號 月 日 字第 號 批迴

(2) 4521

南京市工務局工程標單

工程名称：修理城墻缺口工程

工程地点：太平门附近富貴山後　　　　36年12月8日

項目	工程種類	工程說明	單位	數量	單價（元）	複價（元）	備
1	砌磚墻	墻底厚50吋，[illegible]30吋，[illegible]墻[illegible]25吋，墻身厚一〇吋	立公方	65	700000-	45500000-	
2	修理	凹凸部份修理方正，並鋪平墻面	座	1	4300000-	4300000	用拆下之城磚鋪砌
3	搭架	在城墻外沿搭架，高約18m	架	1	2000000-	2000000	
總計						51,800,000	

完工期限：十五天

投標廠商：協和營造廠

負責人：

通訊處：南京長樂路三六六號　　　　電話：

南京長樂路三六六號

中標

十二

十一

南京市工務局工程標單

工程名称：修理城墙缺口工程

工程地点：太平门附近富貴山後　　　　36年12月8日

項目	工程種類	工程說明	單位	數量	單價(元)	複價(元)	備考
1	砌磚墻	墻底厚50吋頂厚30吋頂墻平均厚25吋墻頭20吋	立方	65	950,000.00	61,750,000.00	
2	修理	凹凸部份修理加工並鋪磚面	座	1	7,000,000.00	7,000,000.00	用拆下之城磚鋪砌
3	搭架	在城墙外沿搭架高約18M	架	1	44,000,000.00	44,000,000.00	
總計						87,315,000.00	

完工期限：貳拾天

投標廠商：联合成記營造廠

負責人：伍志銘

通訊處：丹凤街149號　　　　電話：

南京市工務局工程標單

工程名称：修理城墙缺口工程

工程地点：太平门附近富貴山後　　　　36年12月8日

項目	工程種類	工程說明	單位	數量	單（元）價	複（元）價	備考
1	砌磚墻	墻底厚50吋，面厚30吋，復墻平均厚25吋，墻頂厚20吋	立公方	65	900,000.00	58,500,000.00	
2	修理	凹凸部份修理方正，並鋪磚面	座	1	5,500,000.00	5,500,000.00	用拆下之城磚鋪砌
3	搭架	在城墻外沿搭架，高約18M	架	1	5,000,000.00	5,000,000.00	
總計						69,000,000.00	

完工期限：弍拾晴天

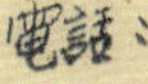

投標廠商：大華營造公司（印）

負責人：（印）

通訊處：鄧府巷15号之一　　　　電話：

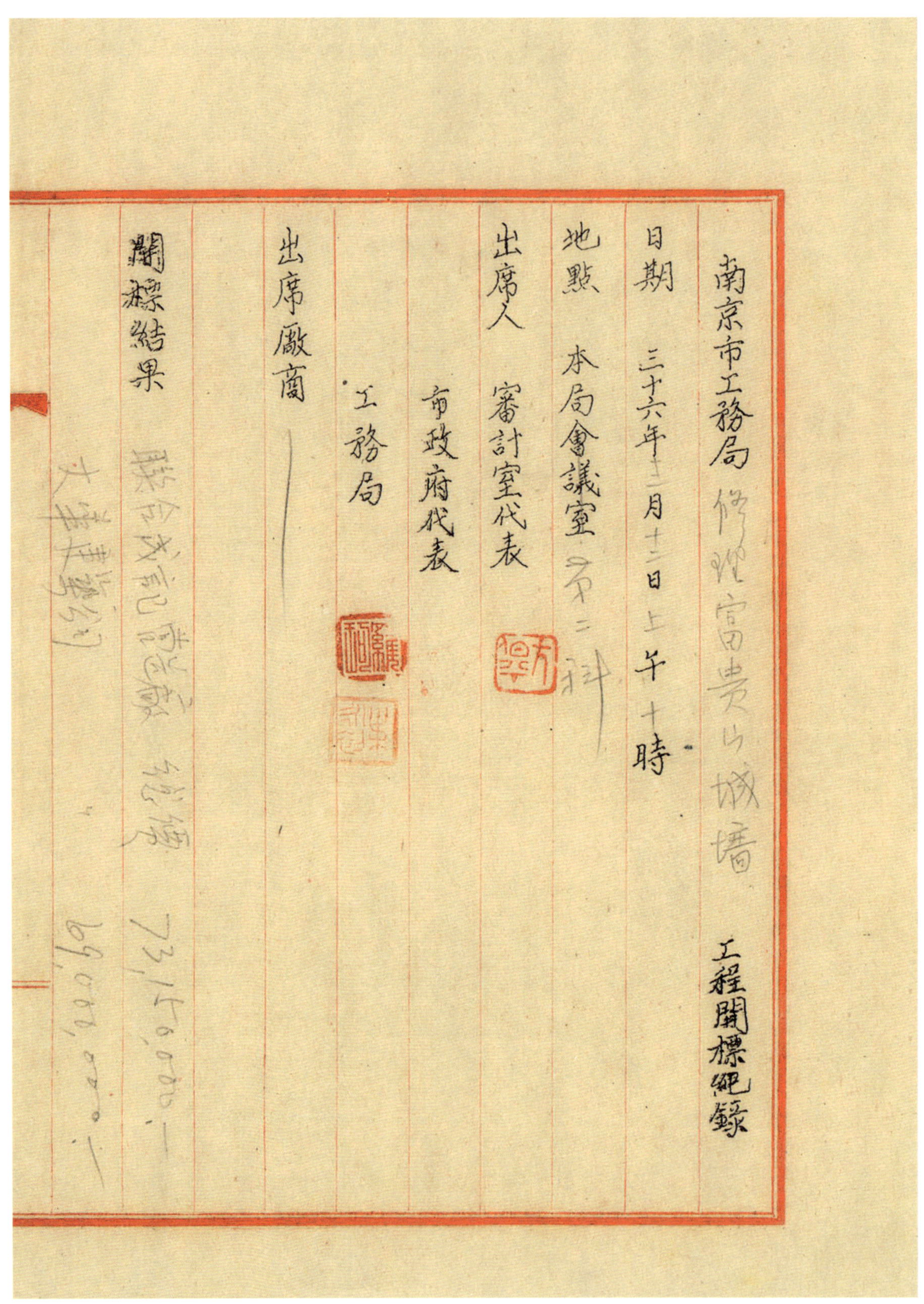

南京市工務局修理富貴山城墻工程開標紀錄

日期　三十六年十二月十二日上午十時

地點　本局會議室第二科

出席人　審計室代表

市政府代表

工務局

出席廠商

開標結果　聯合成記營造廠　給價　73,150,000—

大華建築公司　69,000,000—

審查報告意，[illegible]

決標結果，以協和營造廠爲最低標，

所估價格與揭標之正中

標

工程編號		南京市工務局 工程承攬單	合約編號	攬字55號
會計科目			請示單編號	呈字第5116號

工程名稱	城墻缺口修砌工程	工程地點	富貴山段第二缺口
訂約日期	卅六年十二月十三日	承包總價	51800,000元
開工日期	卅六年十二月十六日	完工期限	十五個晴天

立承攬人 協和營造廠 今攬承到

南京市工務局 富貴山段第二城墻缺口修砌 工程

一切施工方法願完全依照　鈞局所派監工人員之指示及頒發之各項圖樣說明書等辦理茲將工程範圍承攬包價領款辦法及遵守條約訂定如下：

1. 工程範圍——
   1. 修砌外牆墻坡墻女墻身
   2. 修葺西缺口
   3. 鋪磚面
   4. 砌階梯
2. 承攬包價——本工程全部包價共計國幣 伍仟壹百捌拾萬 元
   詳細價目單附後如有增減按照實際驗收數量結算
3. 領款辦法——
   第一期 承攬簽約後付總價百分之八十
   第二期 竣工并經驗收合格後付清尾款（保留2.5%保証金）
4. 完工期限——本工程訂約後應於 3 日內開工限 36 年 12 月 30 日以前全部完工雨天晴加逾期願每日賠償局方損失國幣 壹百萬 元
5. 轉讓分包——本工程之任何部份未得局方同意承攬人決不轉讓分包
6. 工具材料——本工程之一切人工材料及應用工具設備除特別規定者外概由承攬人自備其由局方供給者承攬人當負責保管如有損失照價賠償
7. 工程管理——本工程如承攬人不能親自常駐工地時當派富有工程經驗員責代表常駐工地督率施工並管理工人此項代表如局方認為不能稱職時可隨時通知撤換之
8. 保護防範——工地材料與已未完成之工程及工人等安全設備概由承攬人負責如有意外決不推諉卸責

局長　　會計主任　　科長　　股長　　主任

存卷

副本

9. 變更設計——本工程如有增減或變更設計時一經局方通知承攬人決無異議所有增減或損失工料均按實際數量照詳細價目單計算之

10. 工程查驗——本工程在進行期間如發現材料窳劣做法不合工程不固或與圖樣說明書有不符之處一經局方所派監工人員通知當立即拆除重做所有工料損失概歸承攬人負担

11. 工程玩忽——工程進行時如承攬人任意延宕願聽憑局方註銷承攬另行設法完成其因此發生之損失概由承攬人負賠償之責并願將所有工地上一切物件工程均暫交局方接收管理俟工程完工後再行結算

12. 工地清理——工程完竣後工地廢棄材料及垃圾等承攬人當先派工清除淨盡再報驗收

13. 工程保固——本工程完工後保固期限為 0 年 3 月在保固期內如有裂損或坍塌情事經查明係因工作草率或用料不佳所致者由承攬人負責修復不另取值

14. 保證責任——承攬人如有偷工減料中途停工或無力完工及其他情弊不能履行承攬條款時本承攬之責任由保證人代負之所有因此發生之一切損失概由保證人負責賠償

15. 承攬附件——(1)說明書 1 份(2)圖樣 1 張(3)詳細價目單 1 張

承包商號 協和營造廠	保證商號 崔謹記磚瓦砂石廠
負責人 何申訓	負責人
地址 長樂路36號	地址 唐坊巷3號

備註：

南京 崔謹記磚瓦砂石廠 地址 流江路唐坊巷三號

南京市工務局

詳細價目單

工程編號	
合約編號	

36年12月13日

共1頁第1頁

工程名稱：城牆缺口（第二）修砌工程　工程地點：太平門富貴山後

項次	項目	單位	數量	單價	共價	備註
1	砌磚牆	立公方	65	700,000	45,500,000	
2	修理内缺口	座	1	4,300,000	4,300,000	
3	搭架	架	1	2,000,000	2,000,000	
總計					51,800,000	

承包商號　協和營造廠　　負責人　[印]

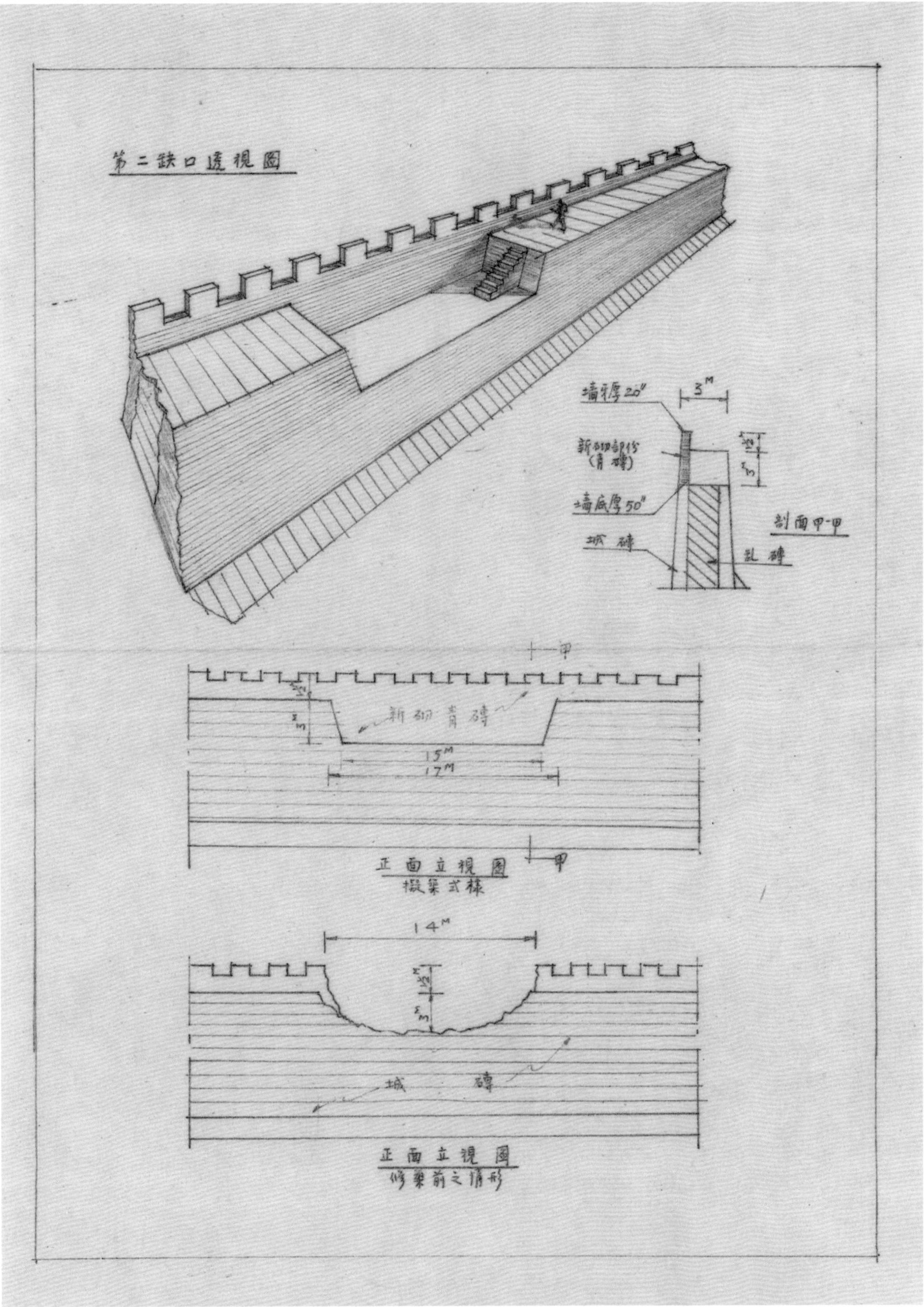
第二缺口透視圖
墻頂厚20"
3M
新砌部份
(青磚)
墻底厚50"
剖面甲-甲
城磚
亂磚
甲
新砌青磚
15M
17M
甲
正面立視圖
擬築式樣
14M
城磚
正面立視圖
修築前之情形

南京市工務局修砌城墻缺口工程施工說明書

一、工程範圍　太平門附近富貴山後修砌城墻缺口（第二缺口）

二、砌　墻　墻底厚五十吋面厚三十吋護墻底厚三十吋面厚二十吋墻牙厚二十吋內沿垂直砌做外沿成一比五斜度用1:2石灰膠泥滿刀平砌墻牙尺寸應與原有者相同

三、脩　葺　內缺口及墻身鬆脫及凹凸部份予以脩齊
　　　　　拆下之城磚留作鋪面之用
四、鋪磚面　脩理缺口拆下之城磚用以鋪面做一百比一之
　　　　　坡度向城內瀉水
五、材料工具　一切工料由承包人担負
六、完工整理　全部工程完工後清除餘料整理場面

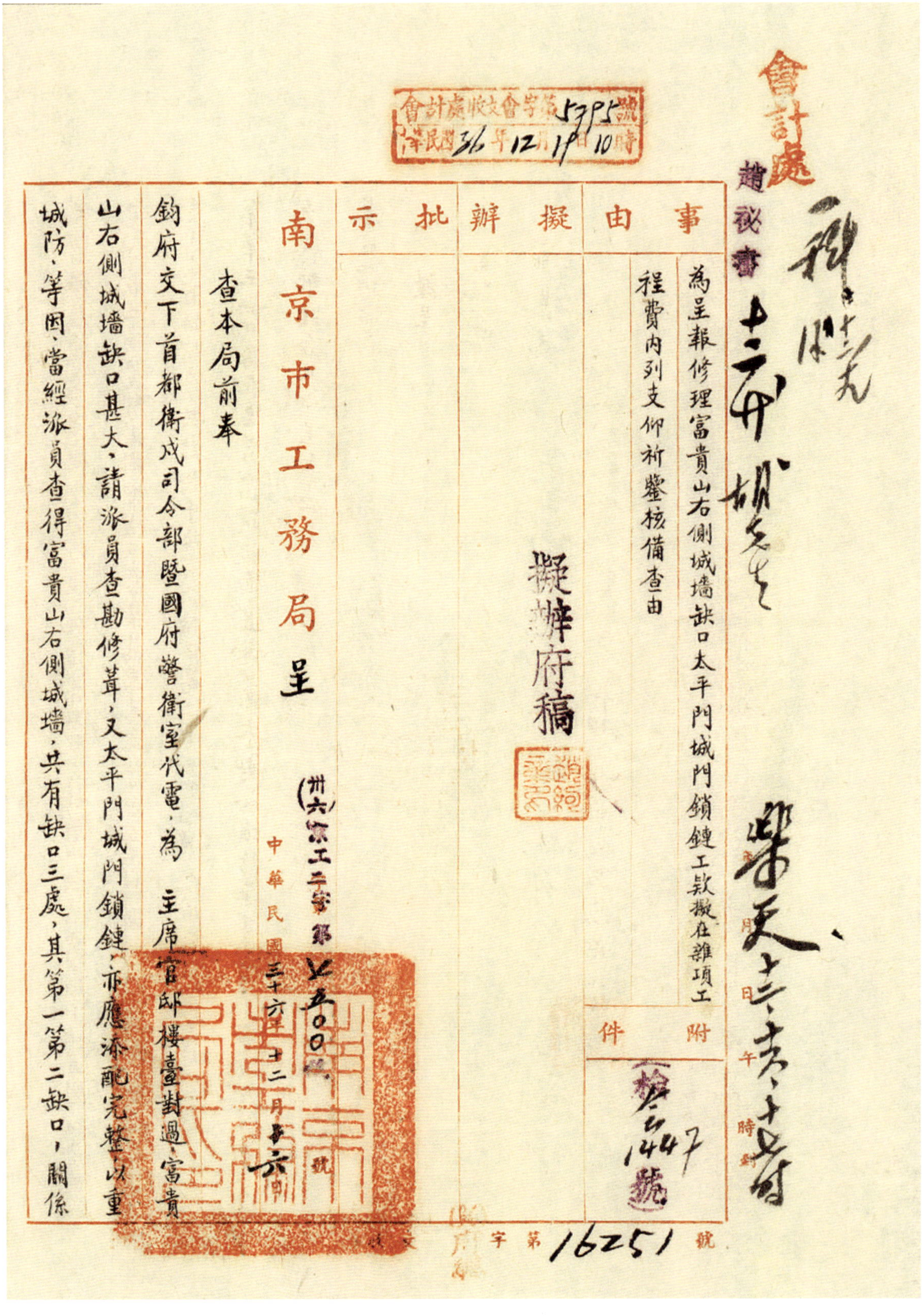

會計處收文會字第5375號
中華民國36年12月17日10時

會計處

趙秘書

事由：為呈報修理富貴山右側城墻缺口太平門城門鎖鏈工款擬在雜項工程費內列支仰祈鑒核備查由

擬辦：擬辦府稿

批示：

附件：（檢）參六1447號

南京市工務局呈

（卅六）京工二字第2500號
中華民國三十六年十二月十六日

查本局前奉
鈞府文下首都衛戍司令部暨國府警衛室代電，為　主席官邸樓臺對過富貴山右側城墻缺口甚大，請派員查勘修葺，又太平門城門鎖鏈亦應添配完整，以重城防、等因，當經派員查得富貴山右側城墻，共有缺口三處，其第一第二缺口，關係

文　字第16251號

（八）市工務局爲修砌富貴山右側城墻缺口等工款列支事宜與市政府的往來公文（一九四七年十二月十六日至十二月三十日）

城防，確屬重要，急應予以修復，經估算工款，計第一缺口，需貳千伍百捌拾柒萬貳千元，第二缺口，計需國幣伍千零柒萬貳千元，添配太平門城門鎖鏈，需款陸拾壹萬壹千貳百伍拾元，共計柒千陸百伍拾伍萬伍千貳百伍拾元，擬在雜項工程費內列支，所有第三缺口，係在富貴山山頂後面，且缺口不大，對於城防無甚關礙，因格於經費，擬予緩辦，理合具文呈報，仰祈

鑒核備案。

謹呈

市長沈

副市長馬

代理工務局局長張丹如

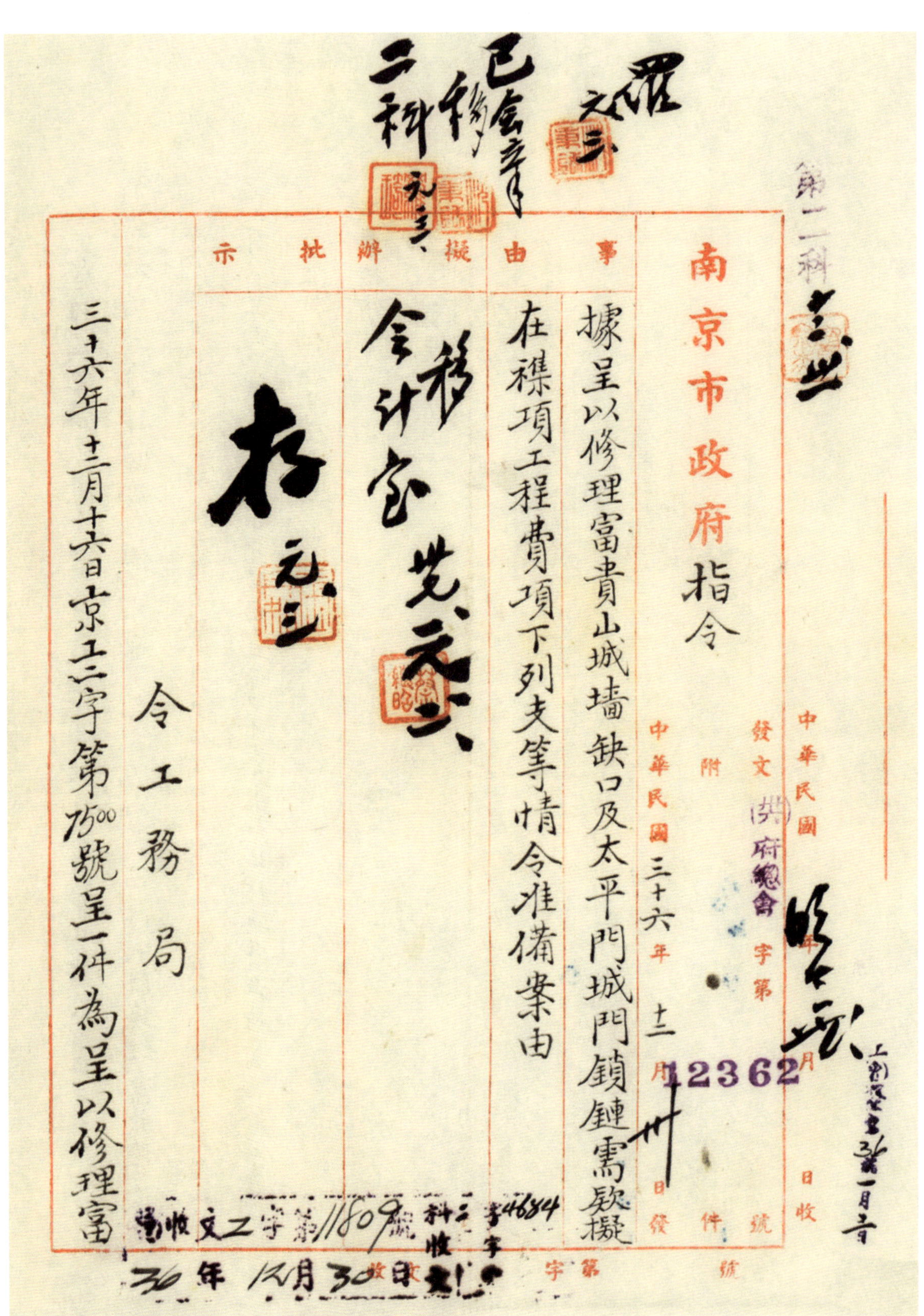

第二科 三六

南京市政府指令

事由：據呈以修理富貴山城墻缺口及太平門城門鎖鏈需款擬在襍項工程費項下列支等情令准備案由

擬辦：移令計室 照會 元三

批示：存 元三

（府）總會字第12362號
中華民國三十六年十二月卅日發
附件

令工務局

三十六年十二月十六日京工二字第7500號呈一件為呈以修理富貴山城墻缺口及太平門城門鎖鏈需款擬在襍項工程費項下列支等情令准備案由

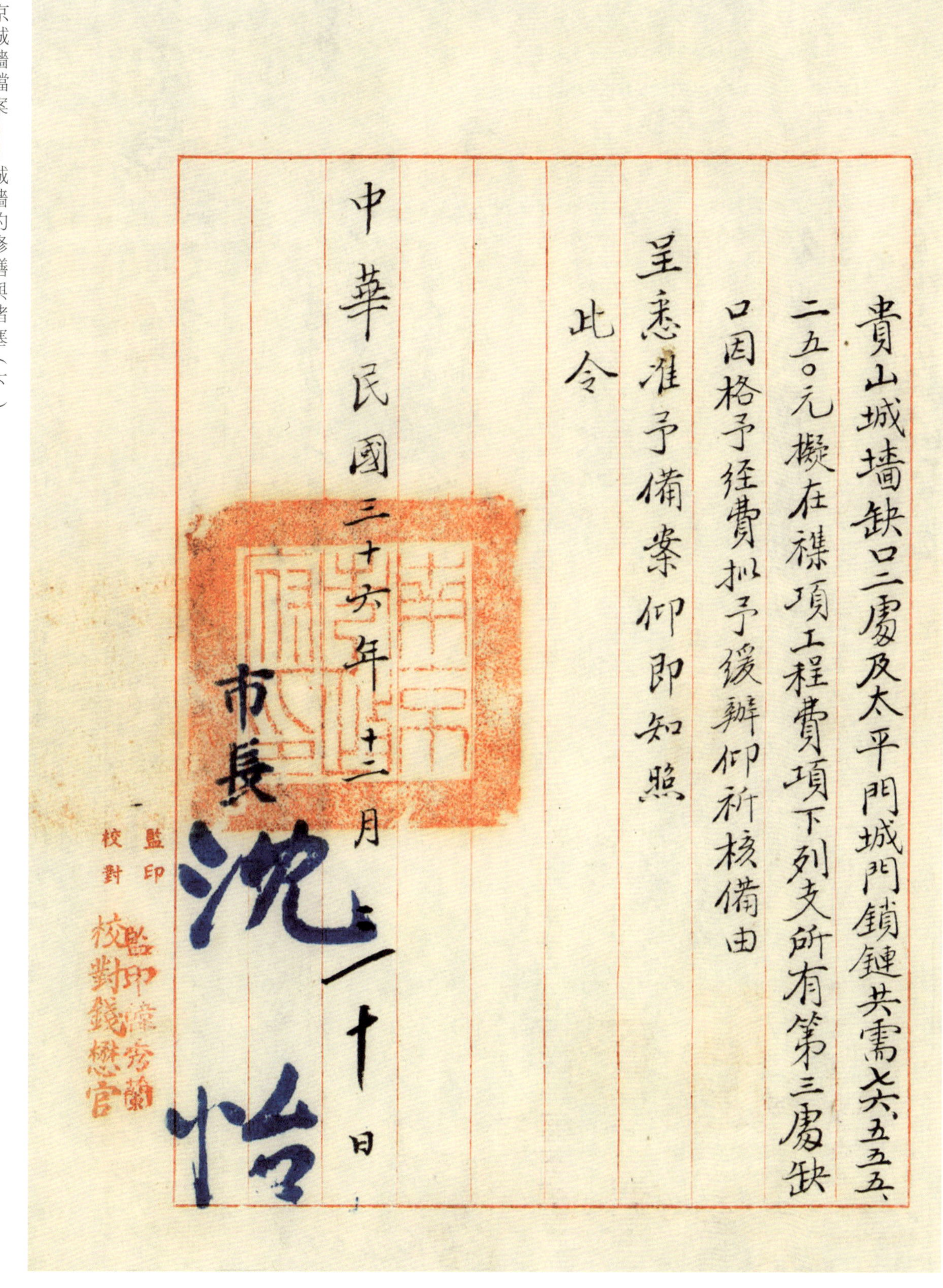

貴山城墻缺口二處及太平門城門鎖鏈共需七六五五五、二五〇元擬在襍項工程費項下列支所有第三處缺口因格予経費拟予緩辦仰祈核備由

呈悉准予備案仰即知照

此令

中華民國三十六年十二月十日

市長 沈怡

監印 校對

監印[illegible]秀蘭 校對錢懋官

（九）成賢區工務管理處關于富貴山後城墻第二缺口工程竣工驗收致市工務局的呈（附件：工款結算表、工程決算書和草圖）

（一九四八年一月九日）

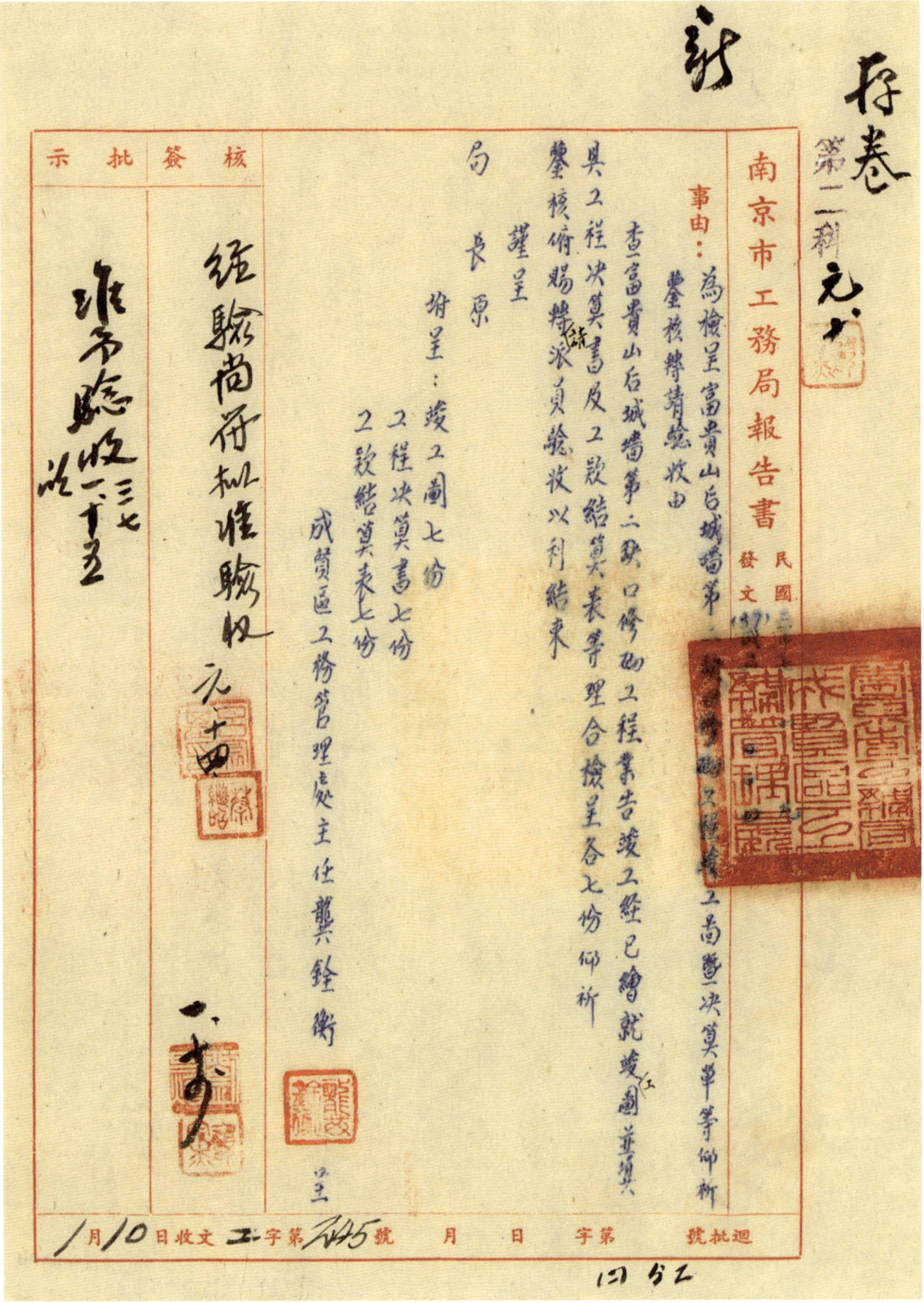

存卷

第二科

南京市工務局報告書

民國

發文

事由：為檢呈富貴山后城墻第二缺口修砌工程竣工圖暨決算單等仰祈鑒核轉請驗收由

查富貴山后城墻第二缺口修砌工程業告竣工經已繪就竣工圖並填具工程決算書及工款結算表等理合檢呈各七份仰祈鑒核俯賜轉請派員驗收以利結束

謹呈

局長 原

附呈：竣工圖七份

工程決算書七份

工款結算表七份

成賢區工務管理處主任 龔銓衡 呈

核簽：經驗尚符擬准驗收

批示：准予驗收

1月10日收文 工字第445號

月 日 字第 號 批迴

存卷

南京市工務局
工款結算表

工程編號		37年1月9日	
會計科目		共1頁第1頁	

工程名稱	城墻缺口修砌工程			合約編號	
承包商號	協和營造廠			規定限期	十伍個晴天
開工日期	36年12月16日	完工日期	37年1月2日	驗收日期	37年1月 日
雨雪冰凍	3 天	核准延期	天	逾期日數	天

預算數		結算數	
承包總價	伍仟壹百捌拾叁元	實做總價	伍仟壹百捌拾叁元
增加工款1		核減工款1	
增加工款2		核減工款2	
增加工款3		核減工款3	
增加工款4		核減工款4	
合計	伍仟壹百捌拾叁元	應付工款	伍仟壹百捌拾叁元

驗收意見：

備註：

局長	會計主任	科長	股長	主任	填表

南京市工務局

工程決算書

工程編號	
會計科目	

37年 1 月 9 日
共 1 頁第 1 頁

工程名稱	城墻缺口修砌工程	工程地點	富貴山後第二缺口

開工日期	36年12月16日	完工日期	37年1月2日	驗收日期	37年1月 日

項目	單位	預算			決算			備註
		數量	單價	共價	數量	單價	共價	
砌磚墻	立公方	65	700,000	45,500,000	65	700,000	45,500,000	
修理兩缺口	座	1	4,300,000	4,300,000	1	4,300,000	4,300,000	
搭架	架	1	2,000,000	2,000,000	1	2,000,000	2,000,000	
總計				51,800,000			51,800,000	
計結餘超出國幣				0,000				

局長 會計主任 科長 股長 主任 計算

審計部監驗 市政府複驗 工務局初驗

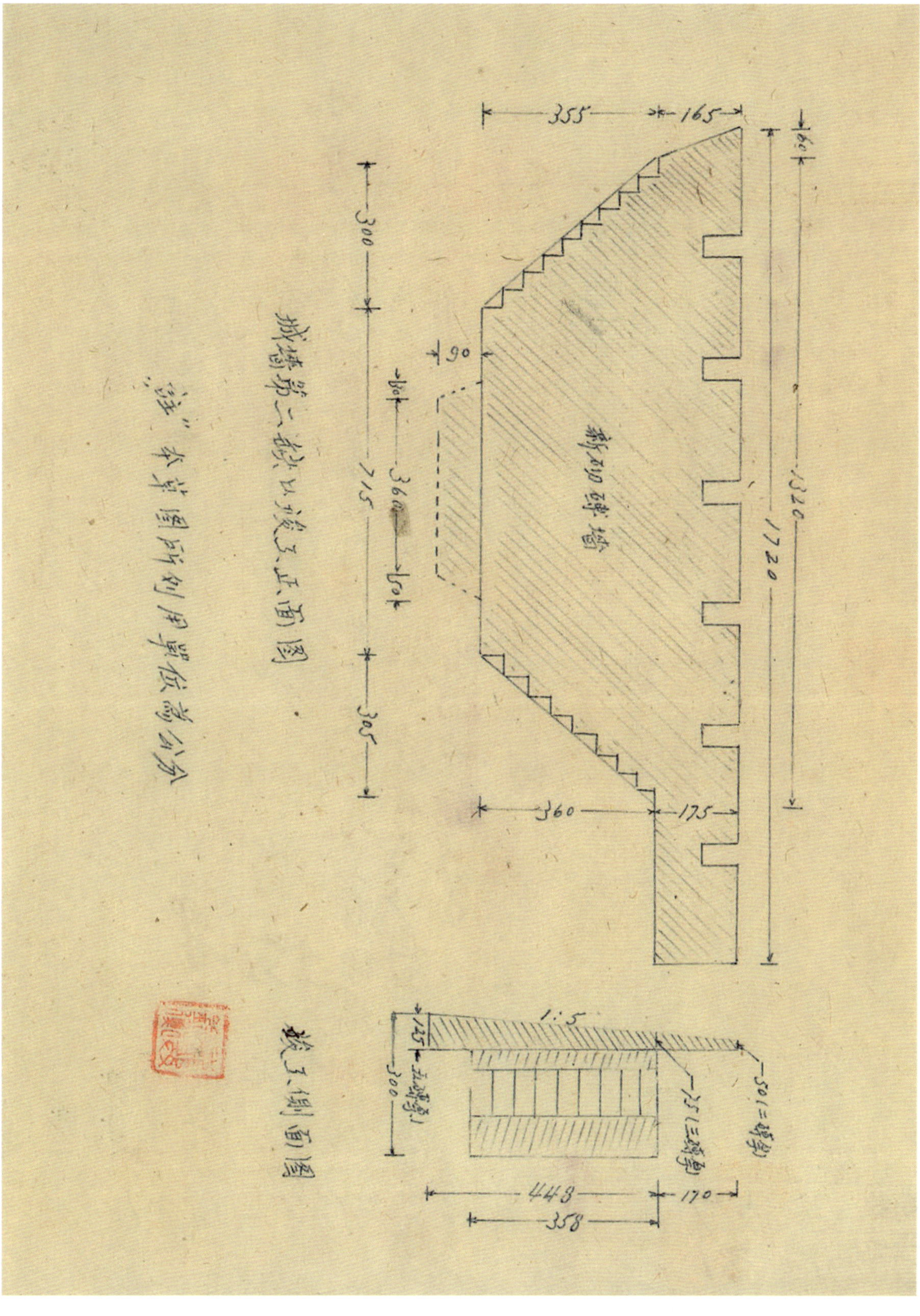
新砌磚墻
城墻第二缺口竣工正面圖
注：本草圖所列尺寸單位爲公分
竣工側面圖
1:5
355
165
60
1320
1720
300
90
360
715
305
175
448
170
358
125
300

（一）首都衛戍司令部爲請修整傾塌城門與市政府的往來代電（一九四八年一月二十九日至二月五日）

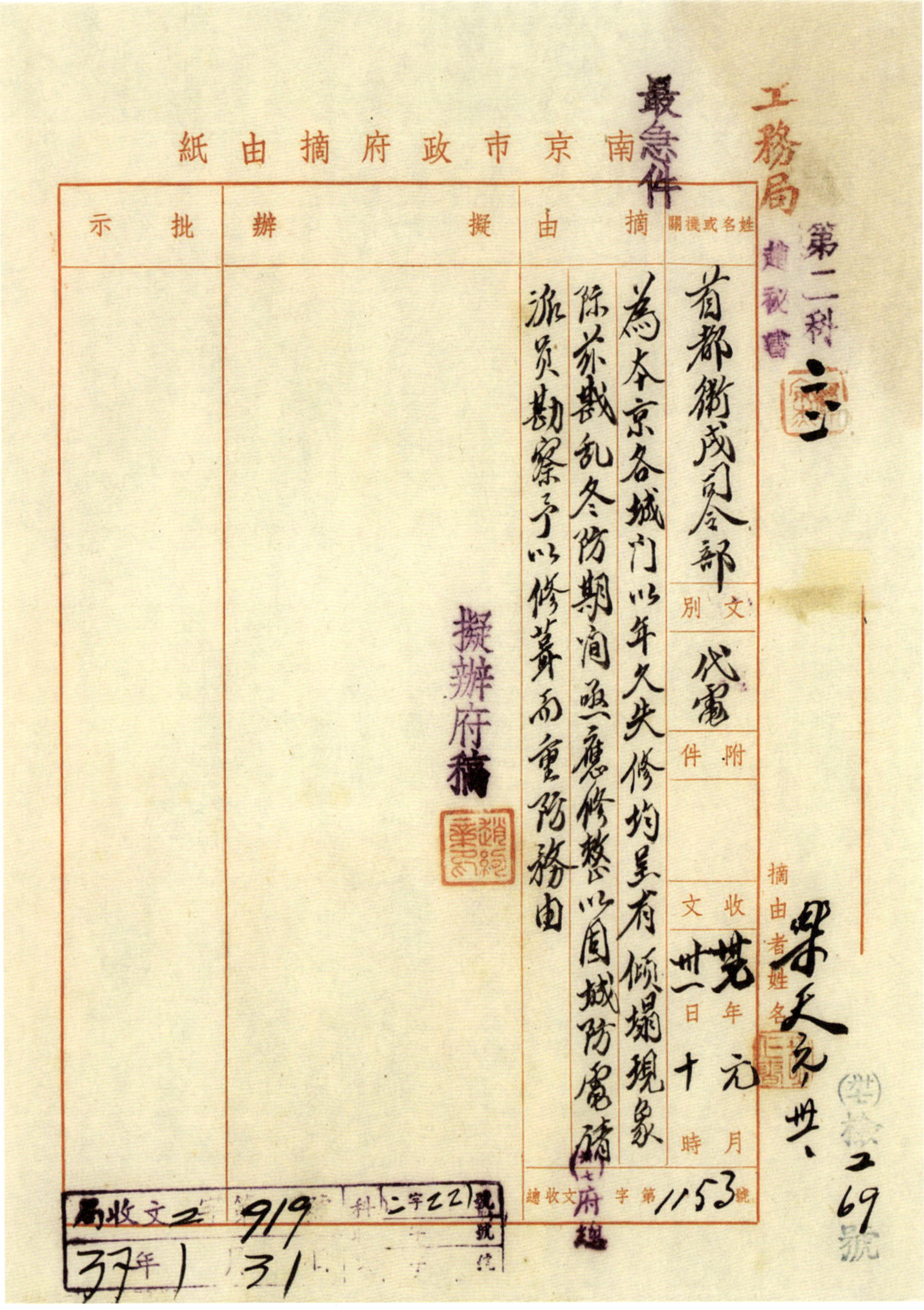

南京市政府摘由紙

工務局 第二科 趙秘書

最急件

姓名或機關	首都衛戍司令部
文別	代電
附件	
收文	卅七年元月卅一日十時
摘由	為本京各城門以年久失修均呈有傾塌現象際茲戡亂冬防期間亟應修整以固城防電請派員勘察予以修葺而重防務由
擬辦	擬辦府稿
批示	

摘由者姓名 梁天□ 卅一

趙收文府字第1153號

局收文工字919號 科二字22號

37年1月31

檢工69號

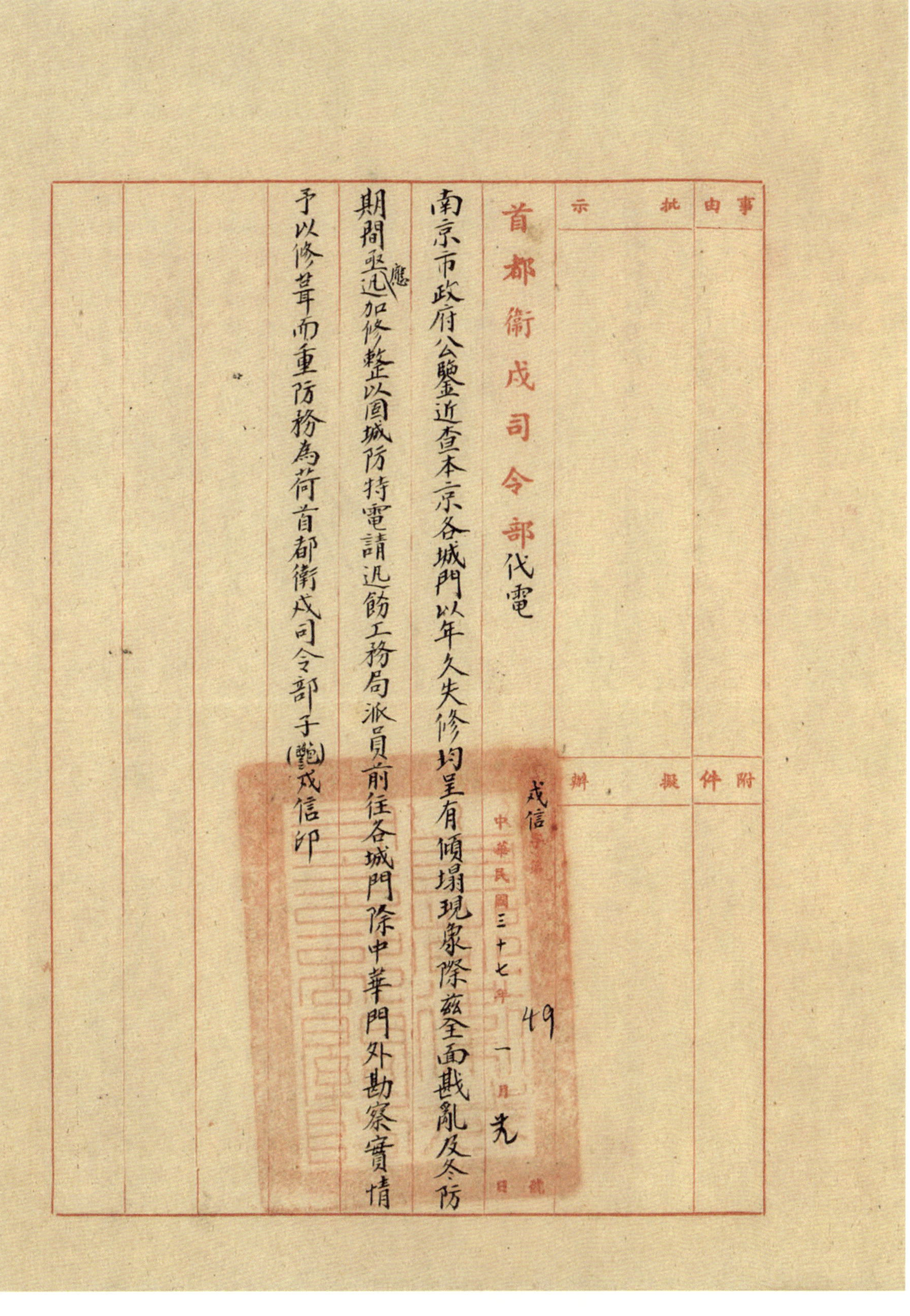

事由	批示

附件	擬辦

首都衛戍司令部代電

戍信字第49號

中華民國三十七年一月先日

南京市政府公鑒：近查本京各城門以年久失修均呈有傾塌現象，際茲全面戡亂及冬防期間，亟應迅加修整以固城防，特電請迅飭工務局派員前往各城門（除中華門外）勘察實情，予以修葺而重防務為荷。首都衛戍司令部子（艷）戍信印

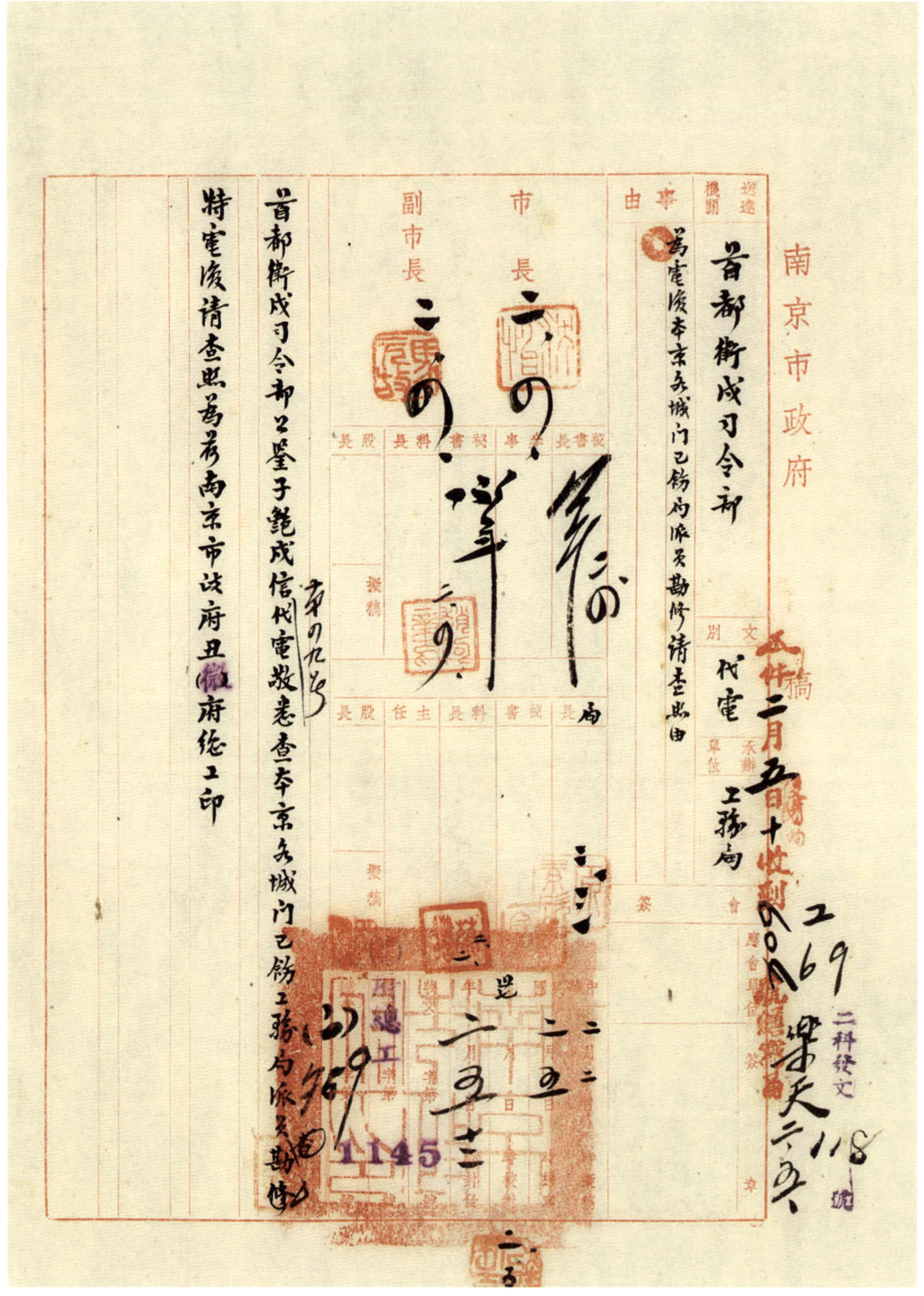

南京市政府

送達機關：首都衛戍司令部

文別：代電

承辦單位：工務局

事由：為電復本京各城门已飭局派员勘修请查照由

市長

副市長

首都衛戍司令部公鑒：于艶戍信代電敬悉。查本京各城门已飭工務局派员勘修，特電復，請查照。為荷。南京市政府丑（微）府總工印

二月五日十收到 工69 發文 京字118號

二科發文

1145

（二）市政府爲拆取明故宫機場内城墻與江寧要塞司令部、首都衛戍總司令部、空軍總司令部的往來公文

（一九四八年三月六日至四月三日）

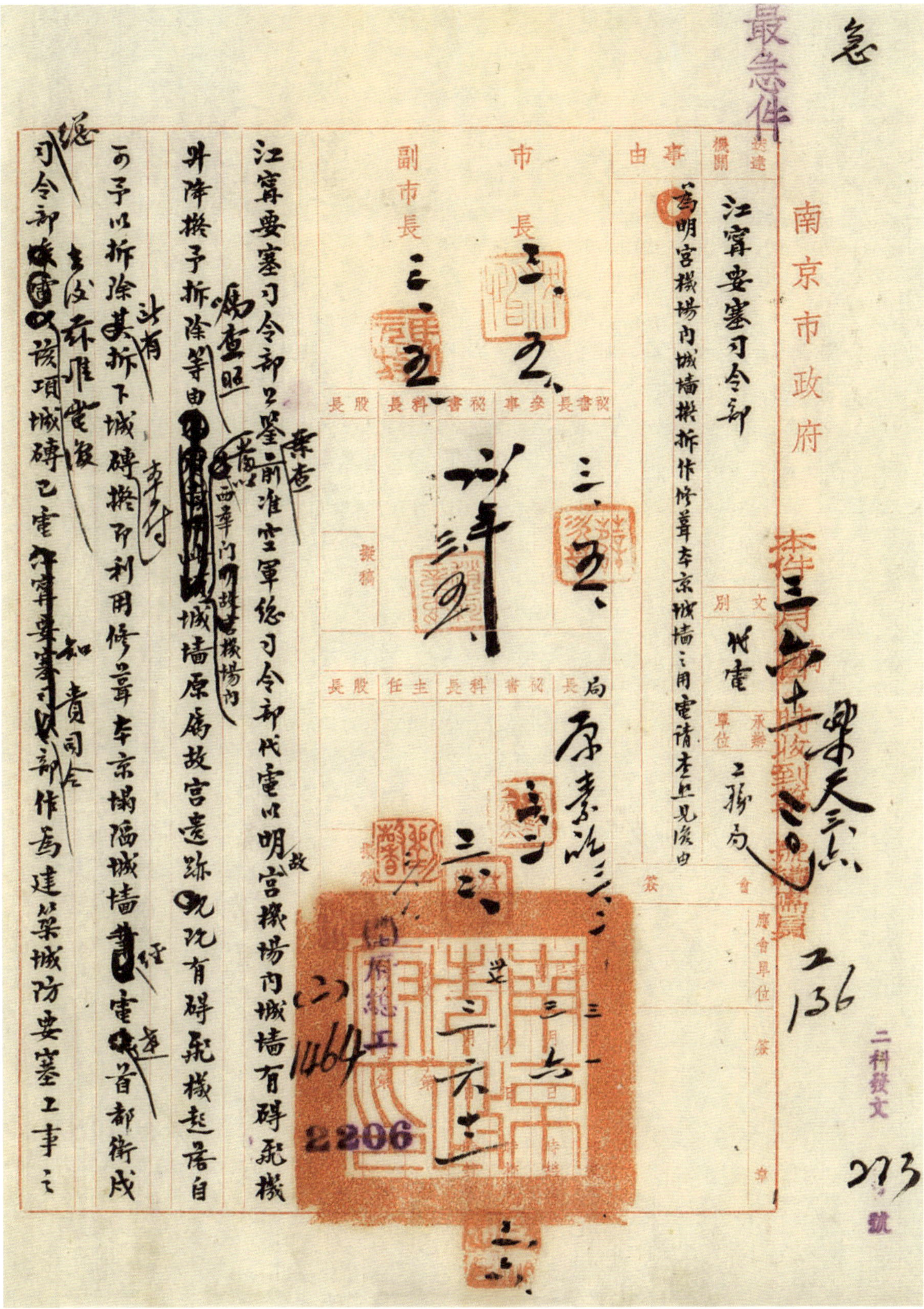
急

最急件

南京市政府

受文機關：江寧要塞司令部

事由：爲明故宫機場内城墻擬拆作修葺本京城墻之用電請查照見復由

文別：代電

承辦單位：二科

江寧要塞司令部公鑒：前准空軍總司令部代電以明故宫機場内城墻有碍飛機升降擬予拆除等由，經派員查明，西華門明故宫機場内城墻原爲故宫遺迹，既有碍飛機起落，自可予以拆除，其拆下城磚擬即利用修葺本京塌陷城墻，並經電首都衛戍總司令部，以該項城磚已電江寧要塞司令部作爲建築城防要塞工事之……

二科發文 273 號

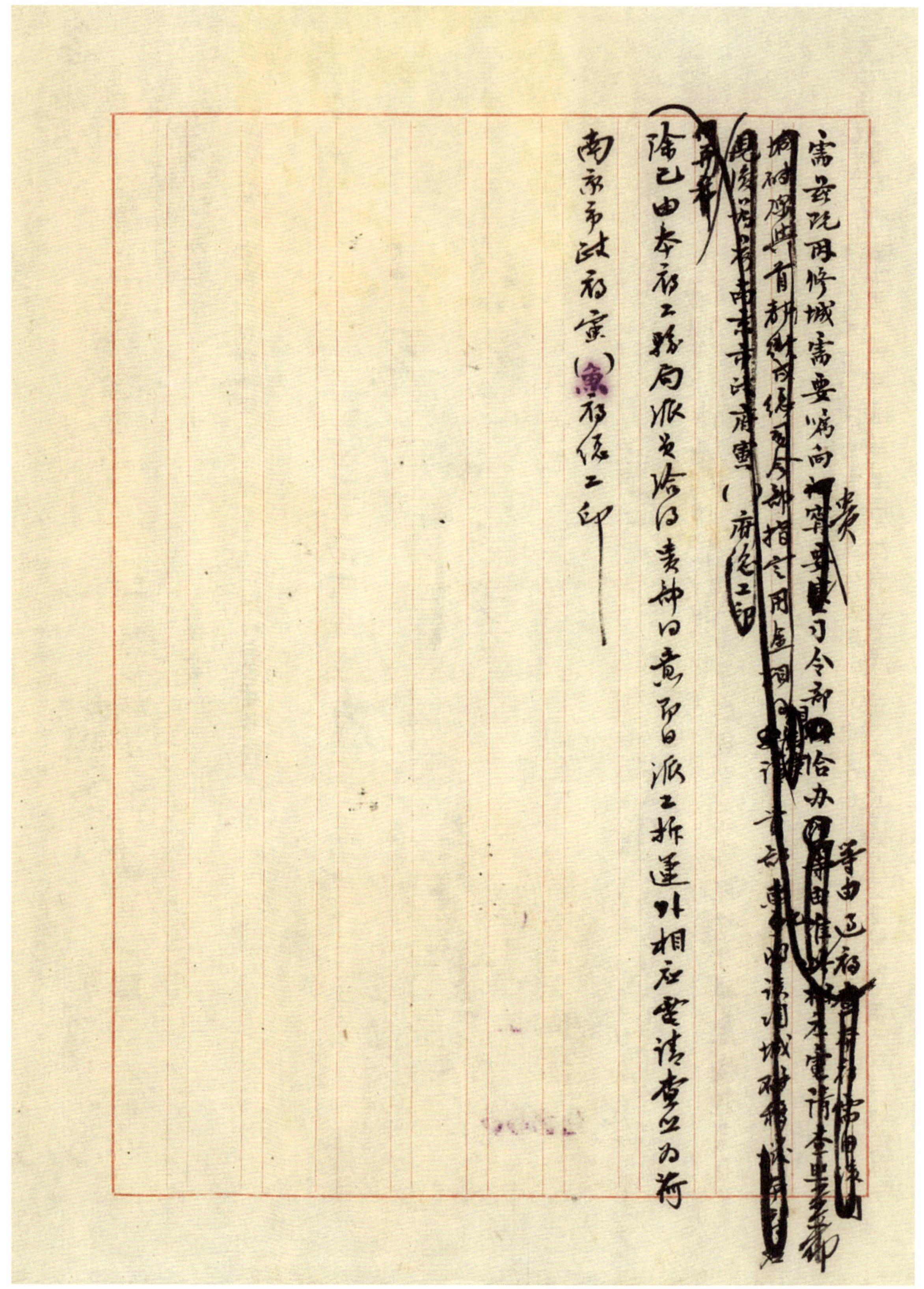

需並既將修城需要情形向貴司令部洽辦等由過府准此查本案需請查照為荷

城磚除與首都衛戍總司令部指定用途[illegible]請貴部[illegible]由該局城磚[illegible]

見後以告南京市政府（衔）府總工印

為荷

除已由本府工務局派員洽同貴部同意即日派工拆運外相應函請查照為荷

南京市政府（衔）（兼）市長總工印

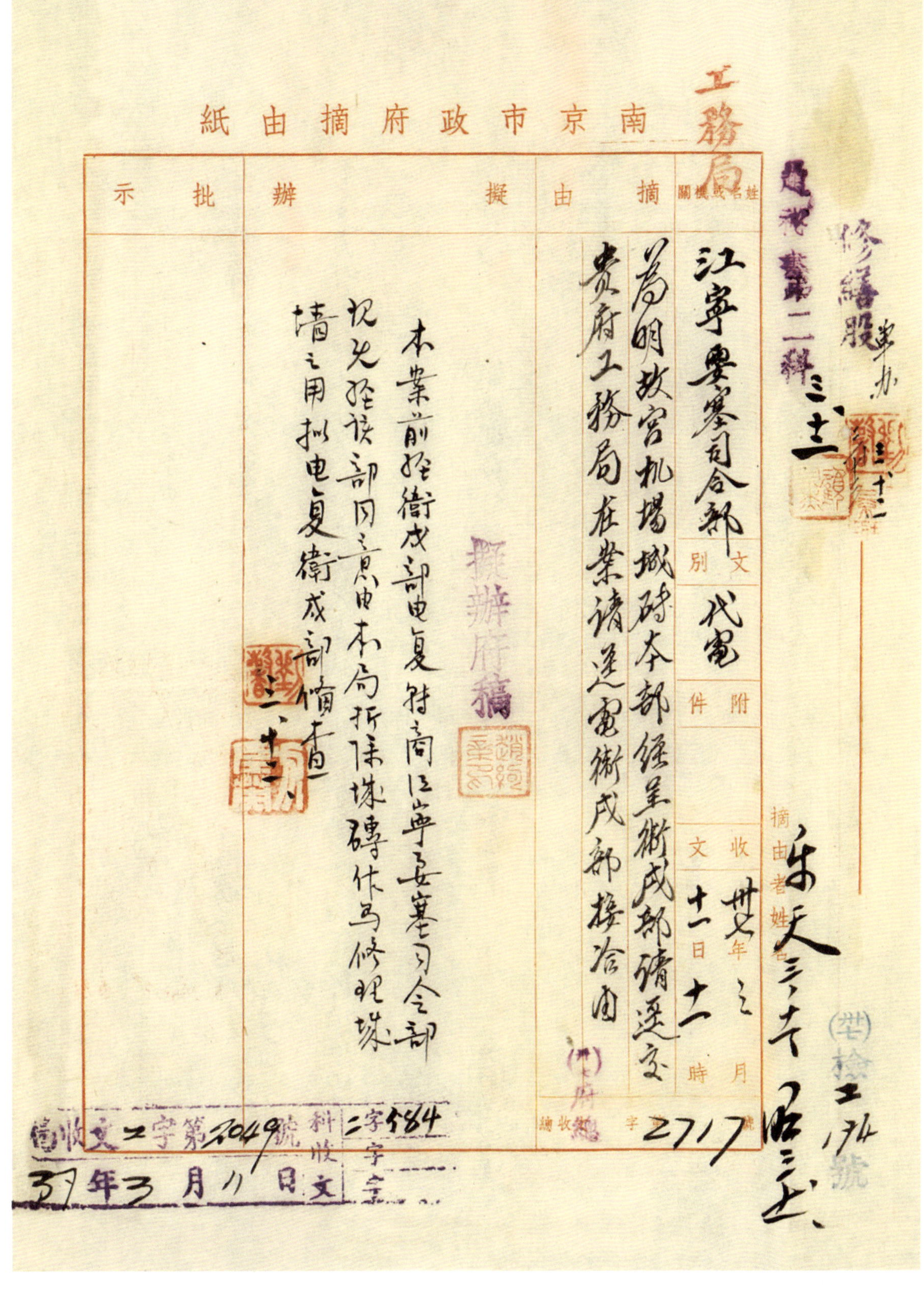

南京市政府摘由紙

工務局

姓名或機關	江寧要塞司令部
文別	代電
附件	
收文	卅七年三月十一日十二時
摘由	為明故宮機場城磚本部經呈衛戍部請逕交貴府工務局在案請逕電衛戍部接洽由
擬辦	本案前經衛戍部電復轉商江寧要塞司令部，現先經該部同意由本局拆除城磚作為修理城墻之用，擬电復衛戍部備查。三、十二
批示	

擬辦府稿

總收文 字第2717號

局收文工字第2049號

科收文二字第484號

37年3月11日

建設事第二一科 三、十二

修繕股 即办 三、十二

摘由者姓名：朱天 三、十二

（廿）檢工174號

江寧要塞司令部

代電

收文第（　）號

事由：為明故宮機場城磚本部經呈衛戍部請逕交貴府工務局在案由

受文者：南京市政府

三月六日府總工字第二〇六號代電敬悉明故宮機場城磚拆除後由貴府接收為修葺本京城牆用自屬同意惟本部經以二月二十四日純參智字第四二〇號代電呈復衛戍部請將該磚逕交貴府工務局在案敬請逕電衛戍部接洽為荷

司令胡雄

發文

附	
日期	[illegible]卅七年叁月拾日發文
字號	純參智□·1435號
駐地	南京挹江門

第　頁

監印王□堯

檔號

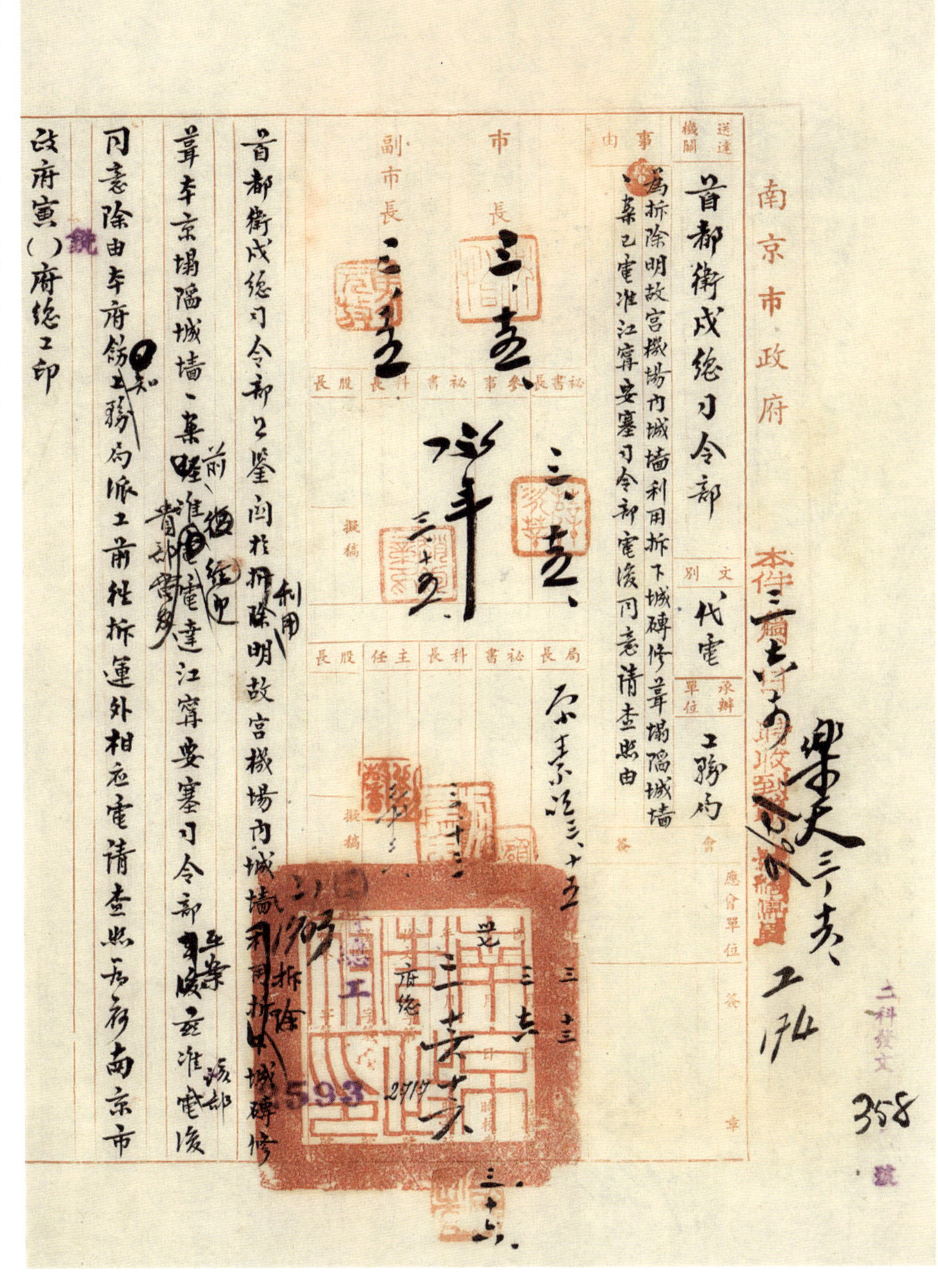

南京市政府

送達機關	首都衛戍總司令部
事由	為拆除明故宮機場內城墻利用拆下城磚修葺塌陷城墻一案已電准江寧要塞司令部電復同意請查照由
文別	代電
承辦單位	工務局
會簽	
應會單位	

市長 三、廿五

副市長 三、廿五

秘書長 參事 秘書 科長 股長

擬稿

局長 秘書 科長 主任 股長

擬稿

首都衛戍總司令部公鑒：關於拆除明故宮機場內城墻利用拆下城磚修葺本京塌陷城墻一案，前經電准江寧要塞司令部電復同意，除由本府飭工務局派工前往拆運外，相應電請查照為荷。南京市政府寅（ ）府總工印

二科發文 358 號

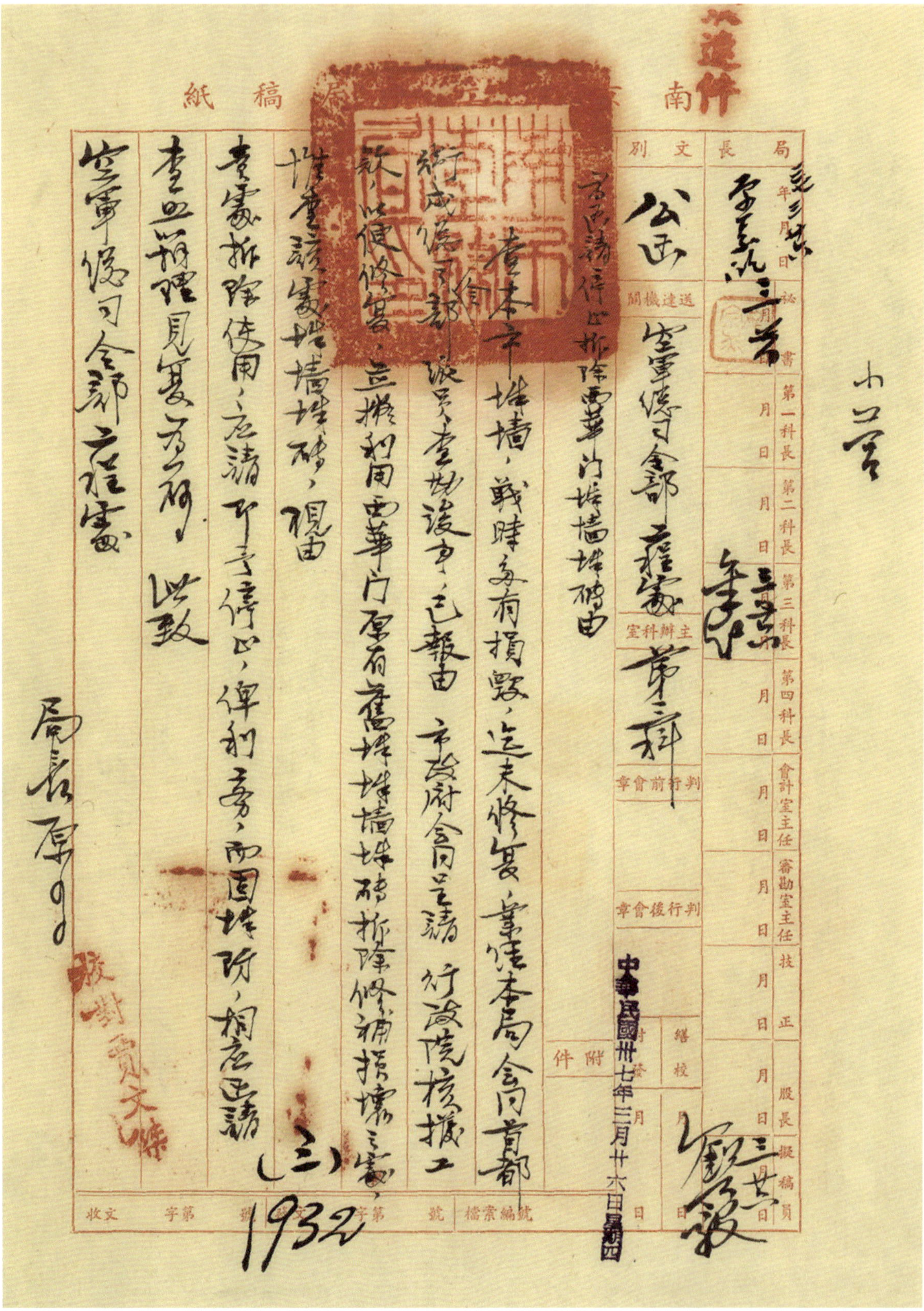

南京市工務局稿紙

局長：（簽）三月廿六
文別：公函
送達機關：空軍總司令部工程處
主辦科室：第三科

函為請停止拆除西華門城牆城磚由

查本市城牆，戰時多有損毀，迄未修葺，業經本局會同首都衛戍總司令部派員查勘後，已報由市政府會同呈請行政院核撥工款，以便修葺，並擬利用西華門原有舊城城牆城磚拆除修補損壞之處。惟查該處城牆城磚，現由貴處拆除使用，應請即予停止，俾利工務，而固城防，相應函請查照辦理見復為荷。此致

空軍總司令部工程處

局長 廖

中華民國卅七年三月廿六日星期四

校對 賈文傑

（三）

1932

二科 修繕股

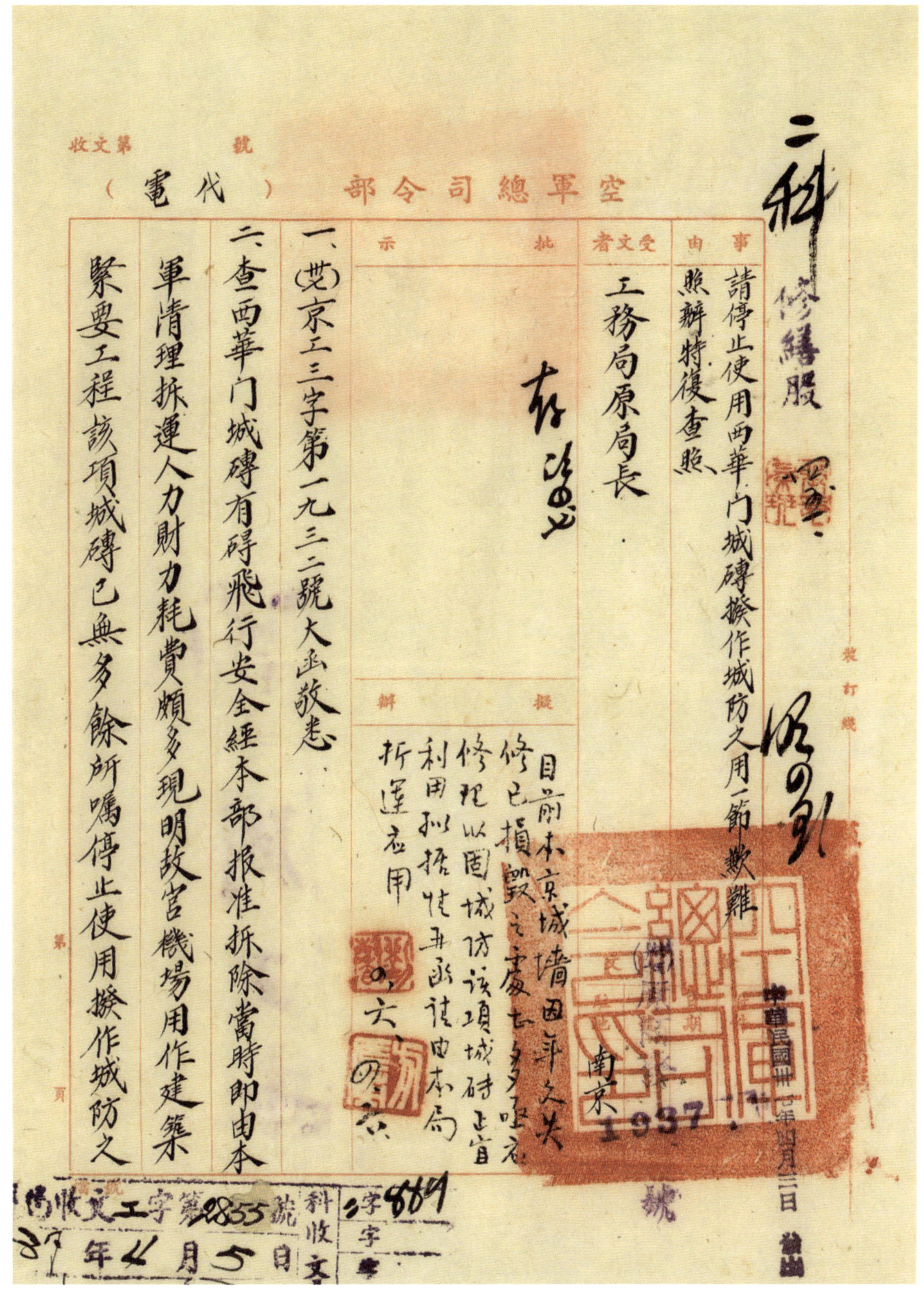

收文第　號

空軍總司令部（代電）

事由	請停止使用西華門城磚撥作城防之用一節歉難照辦特復查照
受文者	工務局原局長
批示	存
擬辦	目前本京城墻因年久失修已損毀之處甚多，亟應修理以固城防，該項城磚正當利用，擬請准予函請由本局拆運應用。

一、（艽）京工三字第一九三二號大函敬悉。

二、查西華门城磚有碍飛行安全，經本部報准拆除，當時即由本軍清理拆運，人力財力耗費頗多，現明故宮機場用作建築緊要工程，該項城磚已無多餘，所囑停止使用撥作城防之

南京

中華民國卅七年四月三日 發出

收文工字第2855號 37年4月5日

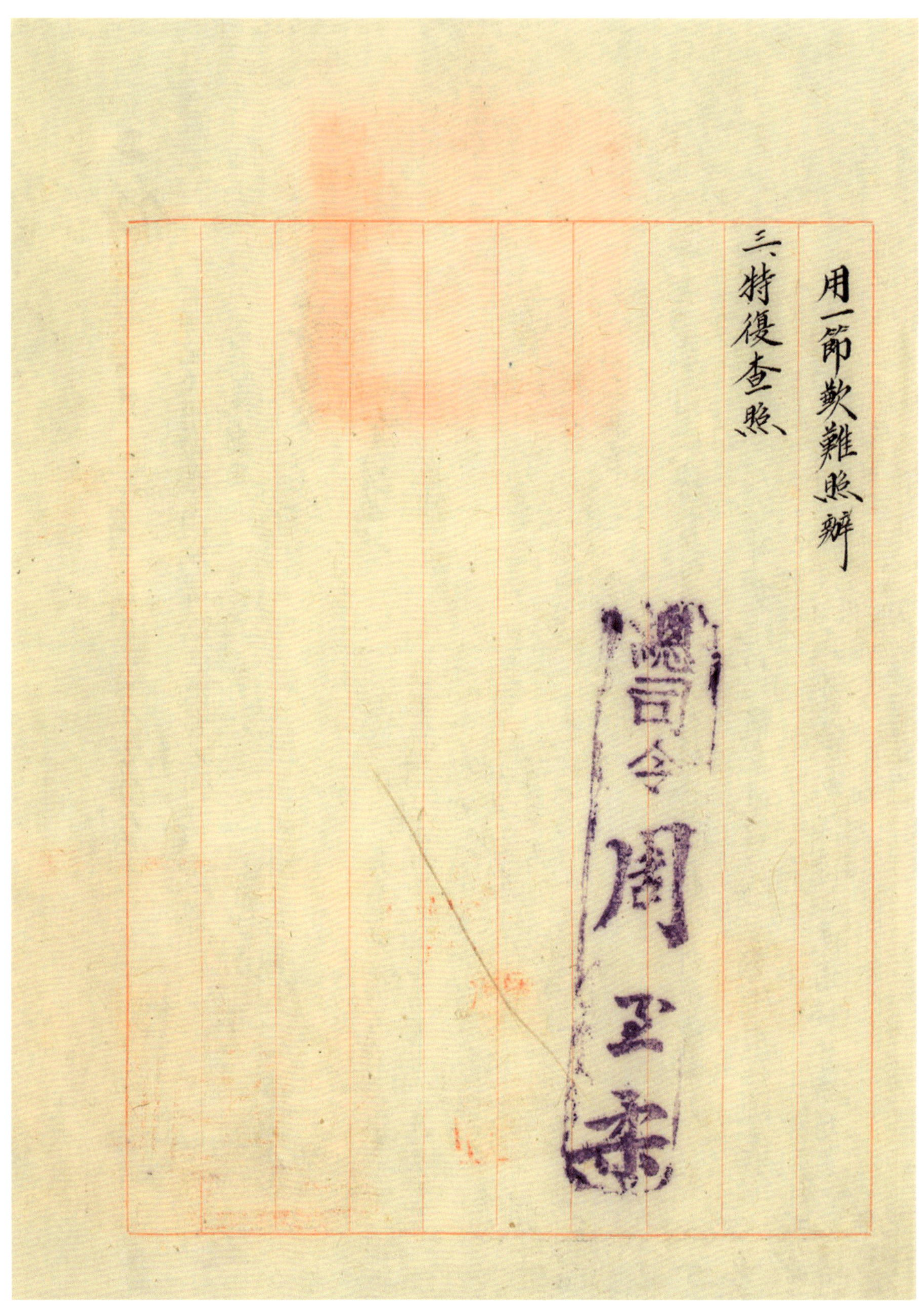

用一節艱難照辦

三、特復查照、

總司令周至柔

（三）市工務局第一工程處關于會同江寧要塞司令部查勘南京城墻情況致市工務局的呈文（附件：城墻整修計劃書、城防工事現況圖）（一九四八年三月九日）

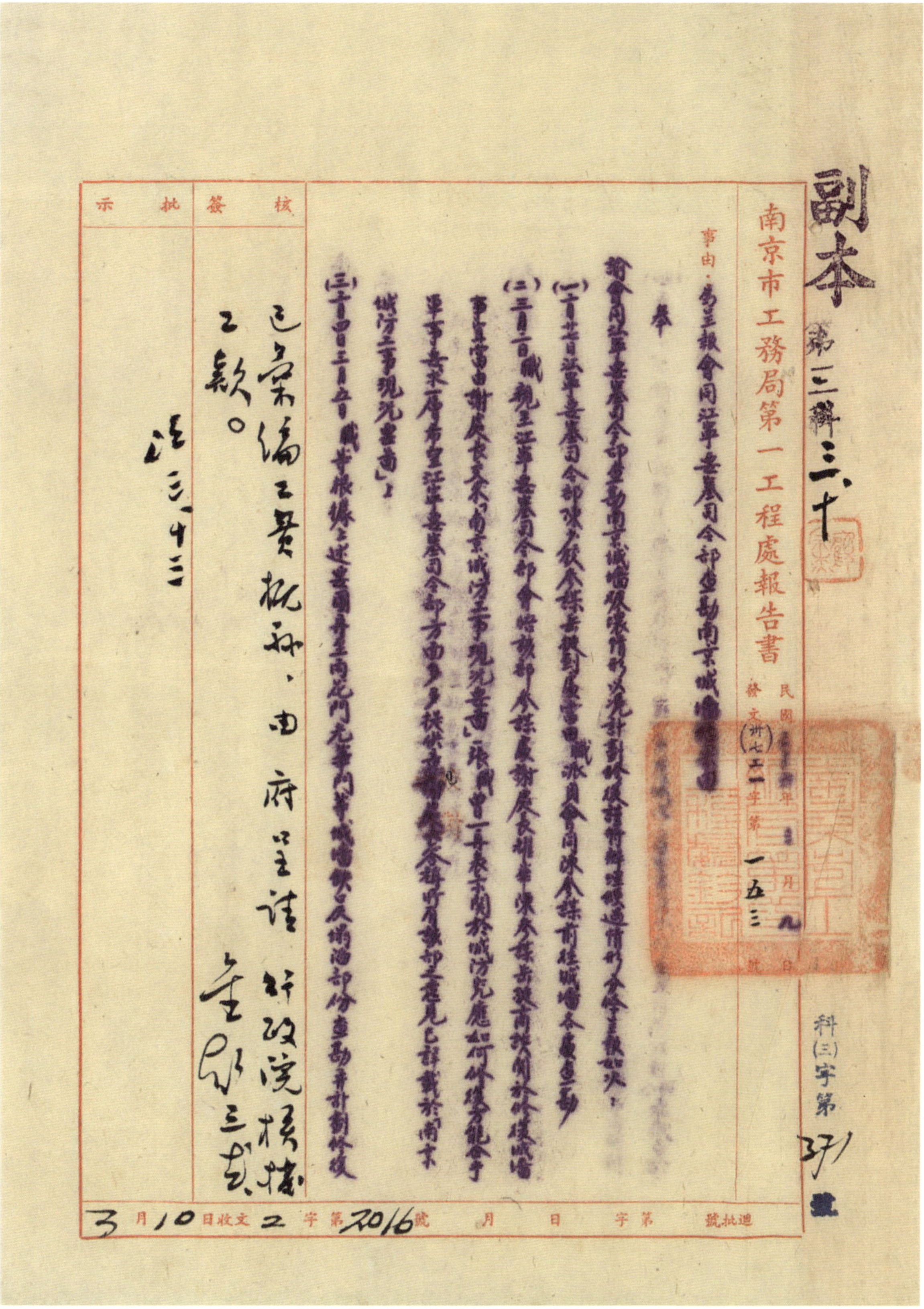

南京市工務局第一工程處報告書

民國　年　月　日

發文　字第　號

事由：需用之材料及人工

（四）三月十一日接 鈞局第二科劉主任際雲轉奉 諭城內明故[illegible]要求拆除以利C-46飛機易於在明故宮機場起落，職於十三日向江寧要塞司令部張參謀肯堂提及此事，據該部用意如修復城牆需用材料可利用明故宮城牆之城磚，其不足之數擬從各處收集。

（五）茲擬呈南京城牆修復計劃預算書三種：

甲、全部材料由市府供給，人工用營包制辦理，約共需款七十四億元

乙、全部材料由市府供給，人工用徵工制辦理，約共需款四十二億元

丙、全部材料由市府供給，人工由駐京部隊担任，約共需款三十二億元

右五項呈 核備查 謹呈

局長原

第一工程處主任戴根法（印）呈

核簽

批示

迴批　號　字第　日　月　號　字第　收文日　月

南京城墻整修計劃書

南京市工務局第一工程處

南京城墻整修計劃書

南京城墻,於抗戰期間,破壞甚鉅,影响首都治安。此次本局應首都衛戍司令部及江寧要塞司令部之邀請查勘南京各處之城防之現況,特擇其最重要者,擬具修復計劃如次:

城墻之補充,擬拆除明故宮舊城一處,並從各處收集城磚分配應用於各缺口及城垛重砌之處,所列材料費,包括城磚運輸費、及石灰、沙漿、脚架木料等。

工費一項,擬採用(甲)發包制(乙)發動民工或(丙)發動兵工三種方式,以資比較,列表如下:

工程方式	材料費	工費	合計
發包	3,448,695,500	3,997,510,000	7,446,205,500
發動民工	3,448,695,500	758,060,000	4,206,755,500
發動兵工	3,448,695,500	700,140,000	4,148,835,500

南京市工務局

城墻整修預算工費表（發包）

目次	地點	工程名稱	說明	工程數量	工費				
					[illegible]及整理工	金額	砌工	金額	工具及其他
1	中華門附近	缺口重砌	20×10×7	1400 M³	700 工	70,000,000	2100 工	378,000,000	44,800,000
2	"	"	14×9×4	504 M³	252	25,200,000	756	136,080,000	16,128,000
	"	"	7.5×5×4	150 M³	75	7,500,000	225	40,500,000	4,800,000
3	中華門水西門間	城垛整修	270+85+120	475 M 380	190	19,000,000	570	102,600,000	12,160,000
4	"	"		75 M 60	30	3,000,000	90	16,200,000	1,920,000
5	定淮門	缺口重砌	6×1.5×1	9 M³	5	500,000	14	2,520,000	302,000
6	定淮門挹江門間	城垛整修		840 M 672	336	33,600,000	1,008	181,440,000	21,504,000
7	太平門	缺口重砌	15×5×2.5	187.5 M³	98	9,800,000	297	53,460,000	6,326,000
8	"	"	2×3×2.5	15 M³	8	800,000	23	4,140,000	494,000
9	光華門	加固	0.8×12×580	5568 M³	2784	278,400,000	8352	1,503,360,000	178,176,000
10	雨花門	缺口重砌	15×8×20	2400 M³	1200	120,000,000	3600	648,000,000	76,800,000
					5678	567,800,000	17,035	3,066,300,000	363,410,000

本頁合計 金額 3,997,510,000元

南京市工務局
城墻整修預算局發材料估價表

材料名稱	單位	數量	單價	合價	附註
汽油	介侖	7,119	75,500	537,484,500	(每車運城磚600塊)
其他				134,371,000	包括机油黃油黑油等；按汽油總價$1/4$計
石灰	担	5,446	280,000	1,524,880,000	
黄沙	公方	2,836	360,000	1,020,960,000	
圓木	根	510	100,000	51,000,000	
雜費				180,000,000	
合計				3,448,695,500	

計算者　　工程組組長　　南京市工務局第一工程處主任

南京市工務局
城墻整修預算局發材料表

目次	地點	工程名稱	說明		材料名稱				
					城磚	汽[illegible]	石灰	漿沙	除桊圓木
1	中華門附近	缺口重砌	20M×10M×7M	1,400 M³	161,000	890 gl.	687担	350 M³	60根
2	〃	〃	14×9×4 7.5×5×4	540 M³ 150 M³	58,000 17,300	345 95	168 47	126 37	50 40
3	中華門水西門間	城梁整理	270+120+85	475 M	38,000	216	180	95	
4	〃	〃	75	75 M	6,000	33	29	15	
5	定淮門	缺口重砌	6×1.5×1	9 M³	1,100	6	4	2	40
6	定淮門挹江門間	城梁整理	840	840 M	67,200	370	328	168	
7	太平門	缺口重砌	15×5×2.5	187.5 M³	22,600	120	92	47	60
8	〃	〃	2×3×2.5	15 M³	17,000	10	7	4	20
9	光華門	加固	18×12×580	5,568 M³	640,300	3,520	2,728	1,392	180
10	雨花門	缺口重砌	15×8×20	2400 M³	276,000	1,520	1,176	600	60
總計					1,304,500	7,119 gl.	5,446担	2,836 M³	510根

計算者 [印]　　工程組組長 [印]　　第一工程處主任 [印]

南京市工務局
城墻整修預算表(發動民工)

目次	地點	工程名稱	説明	工程數量	民工數	配合技工		民工管理及工具費
						工數	金額	
1	中華門附近	缺口重砌	20×10×7	1,400M³	3,570	420		
2	〃	〃	14×9×4 7.5×5×4	504M³ 150M³	1,286 383	151 45		
3	中華門水西門間	城梁整理	270+120+85	475M	969	114		
4	〃	〃		175M	153	18		
5	定淮門	缺口重砌	6×1.5×1	9M³	24	3		
6	定淮門挹江門間	城梁整理		840M	1,713	202		
7	太平門	缺口重砌	15×5×2.5	187.5M³	504	59		
8	〃	〃	2×3×2.5	15M³	39	5		
9	光華門	加固	18×12×580	5,568M³	14,199	1,670		
10	雨花門	缺口重砌	15×8×20	2,400M³	6,120	720		
總計					28,960	3,407	613,260,000	144,800,000

説明：1. 技工工資每工 180,000元
2. 民工管理費每工 5,000元

計算者　　工程組組長　　第一工程處主任

南京市工務局

城墻整修預算工費表（兵工）

目次	地點	工程名稱	說明	工程數量	兵工數	配合技工 工數	配合技工 金額	兵工管理及工具費
1	中華門附近	缺口重砌	20×10×7	$1,400^{M^3}$	3,570	420		
2	〃	〃	14×9×4 7.5×5×4	504^{M^3} 150^{M^3}	1,286 383	151 45		
3	中華門水西門間	城垛整理	270+120+85	475^{M}	969	114		
4	〃	〃		75^{M}	153	18		
5	定淮門	缺口重砌	6×1.5×1	9^{M^3}	24	3		
6	定淮門挹江門間	城垛整理		840^{M}	1,713	202		
7	太平門	缺口重砌	15×5×2.5	187.5^{M^3}	504	59		
8	〃	〃	2×3×2.5	15^{M^3}	39	5		
9	光華門	加固	18×12×580	$5,568^{M^3}$	14,199	1,670		
10	雨花門	缺口重砌	15×8×20	$2,400^{M^3}$	6,120	720		
總計					28,960	3,407	613,260,000	86,880,000

說明：(1)技工工資每工180,000元　(2)兵工管理費每工3,000元

計算者　　工程組組長　　南京市工務局第一工程處主任

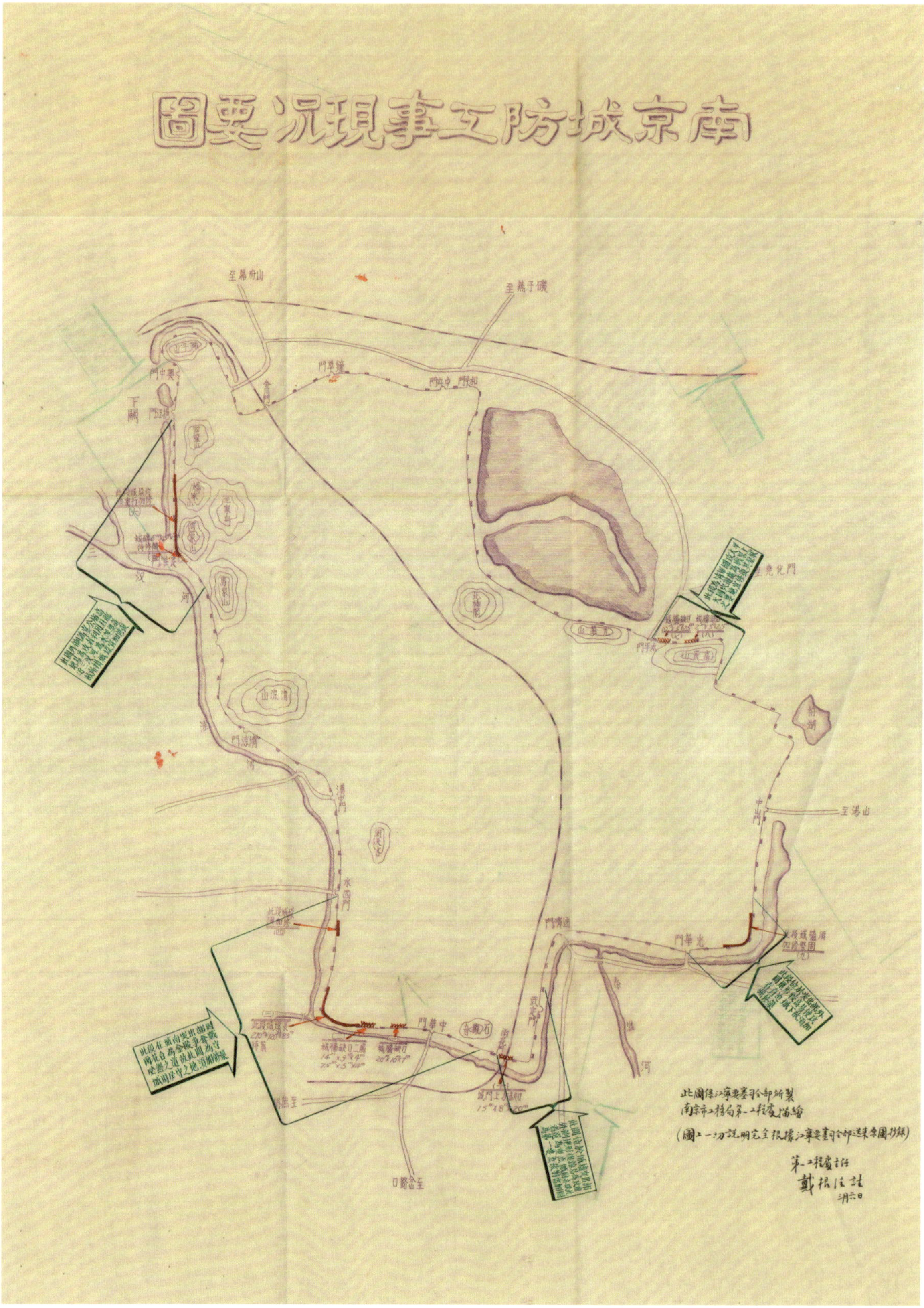
南京城防工事現况要圖
至幕府山
至燕子磯
至湯山
此圖係江寧要塞司令部所製
南京市工務局第一工程處描繪
(圖上一切說明完全根據江寧要塞司令部送來原圖抄錄)
第一工程處主任
戴根法註

（四）首都衛戍總司令部、市政府爲整修本市城墙城門工程請備核撥款與行政院的往來代電
（一九四八年三月二十七日至五月六日）

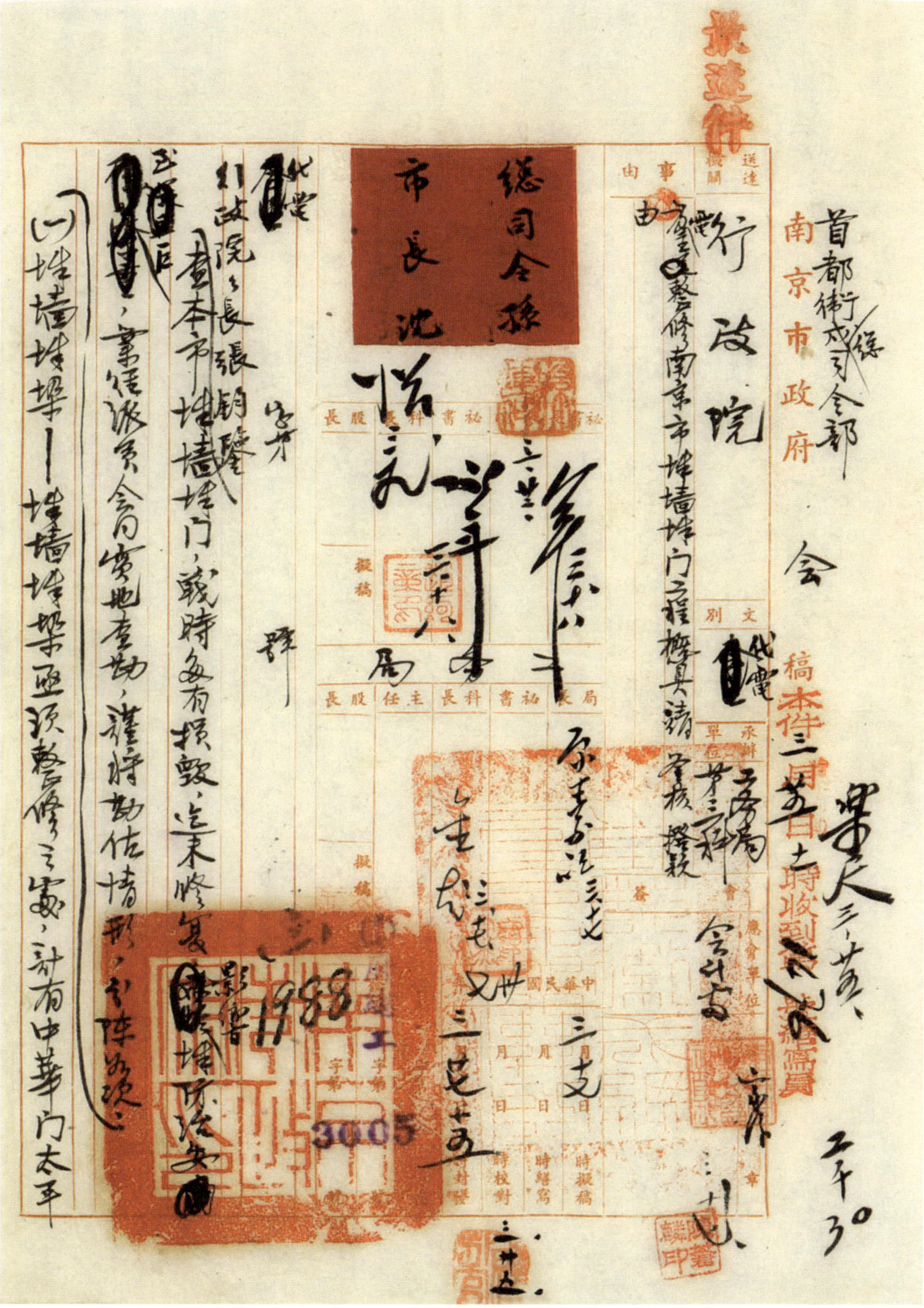
送達機關：首都衛戍總司令部　南京市政府
事由：由：爲整修南京市城墙城门工程擬具請[illegible]核撥款
行政院
文別：代電
稿
總司令孫　市長沈
行政院院長張鈞鑒：查本市城墙城门，戰時多有損毀，迄未修復，影響城防治安，業經派員會同實地查勘，謹將勘估情形，分陳如次：
（一）城墙城垛——城墙城垛亟須整修之處，計有中華门太平

門共十處，（地點及數量詳附表）磚砌數量共約一一，三四五·五立方公尺，除將西華門附近舊牆拆除牆磚運往庭園外，尚須添鑄普通青磚三，七八一·八公方，（二五十青磚約需二百二十七萬塊）外部概用牆磚，內部用普通青磚砌做，連同石灰粗砂，鷹架木料及工資運費雜費等，概算共需國幣貳佰陸拾肆億元，（詳附表）

（二）整修城門——城門現須全部裝配者，計有西華門東西兩門，及金川門兩處，其他各城門亦以歷時已久，損壞甚重，亟須均予整理修補，概估共需款叁拾壹億元（詳附表）

以上兩項，共需款貳佰玖拾伍億元，本府經費竭蹶，殊感無法

築構，而本年度市准撥補之一部份事業費款四佰億元，
又經分配於擴充給水設備（二〇〇億元）、建築下水道（一五〇億
元）、及改善重要道路（五〇億元）之需，以均屬急要工程，無法勻
支挪墊，但此項整修城墻城門工程，事關城防治安，又急不容
緩，爰此擬
鈞院賜予特撥專款，俾便趕辦，是否有當，理合檢同整修
南京市城墻除圮城門工程概算表，會銜呈請 仰祈
鑒核示遵。○首都衛戍總司令孫○○ 南京市市長沈○○ 同叩
卅八國 （艺）府總工寅（感）印
抄陳市長存核

（附呈）整修南京市城墙涂砌城门工程概算表一份

首都卫戍总司令谷正伦

南京市市长沈

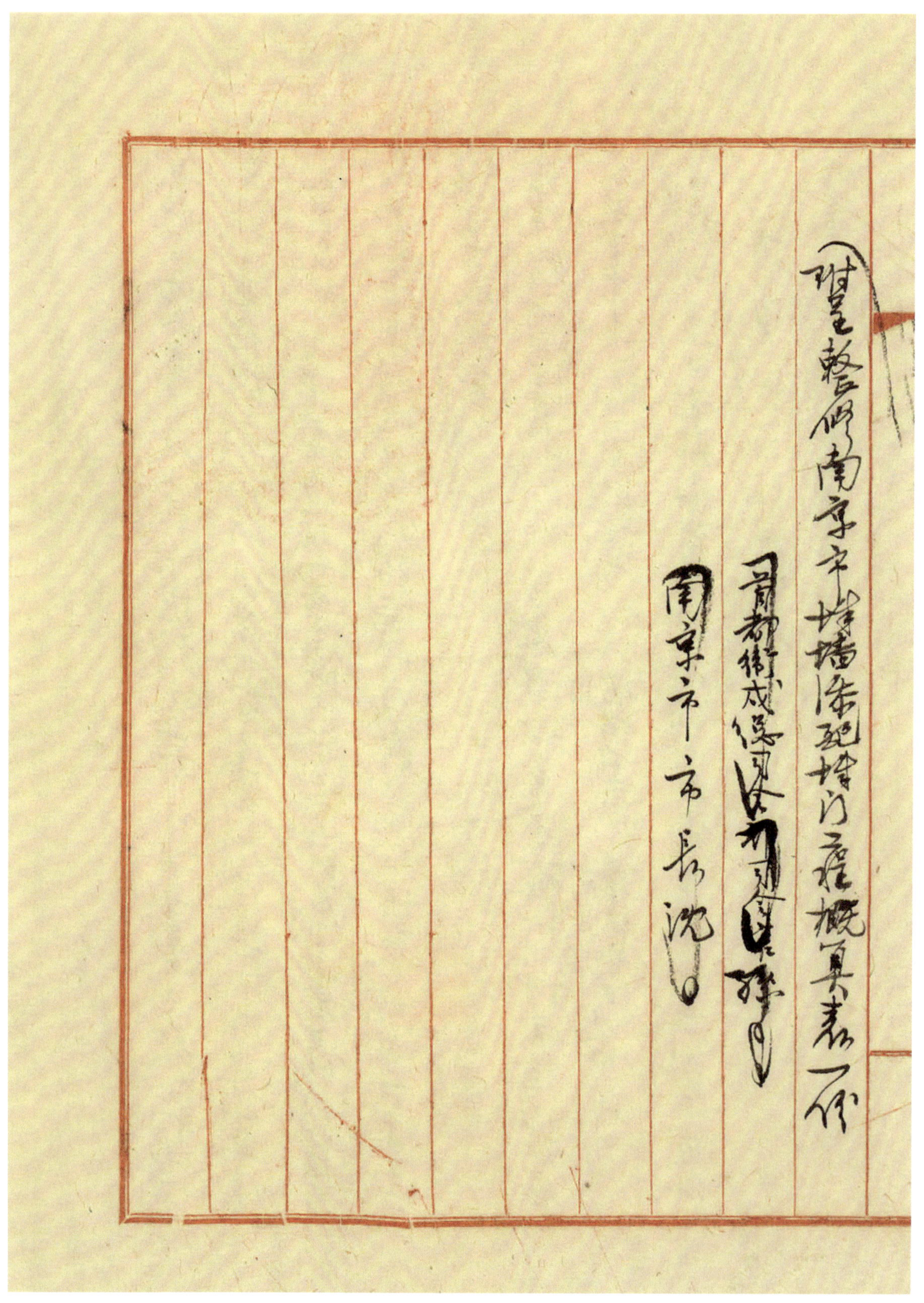

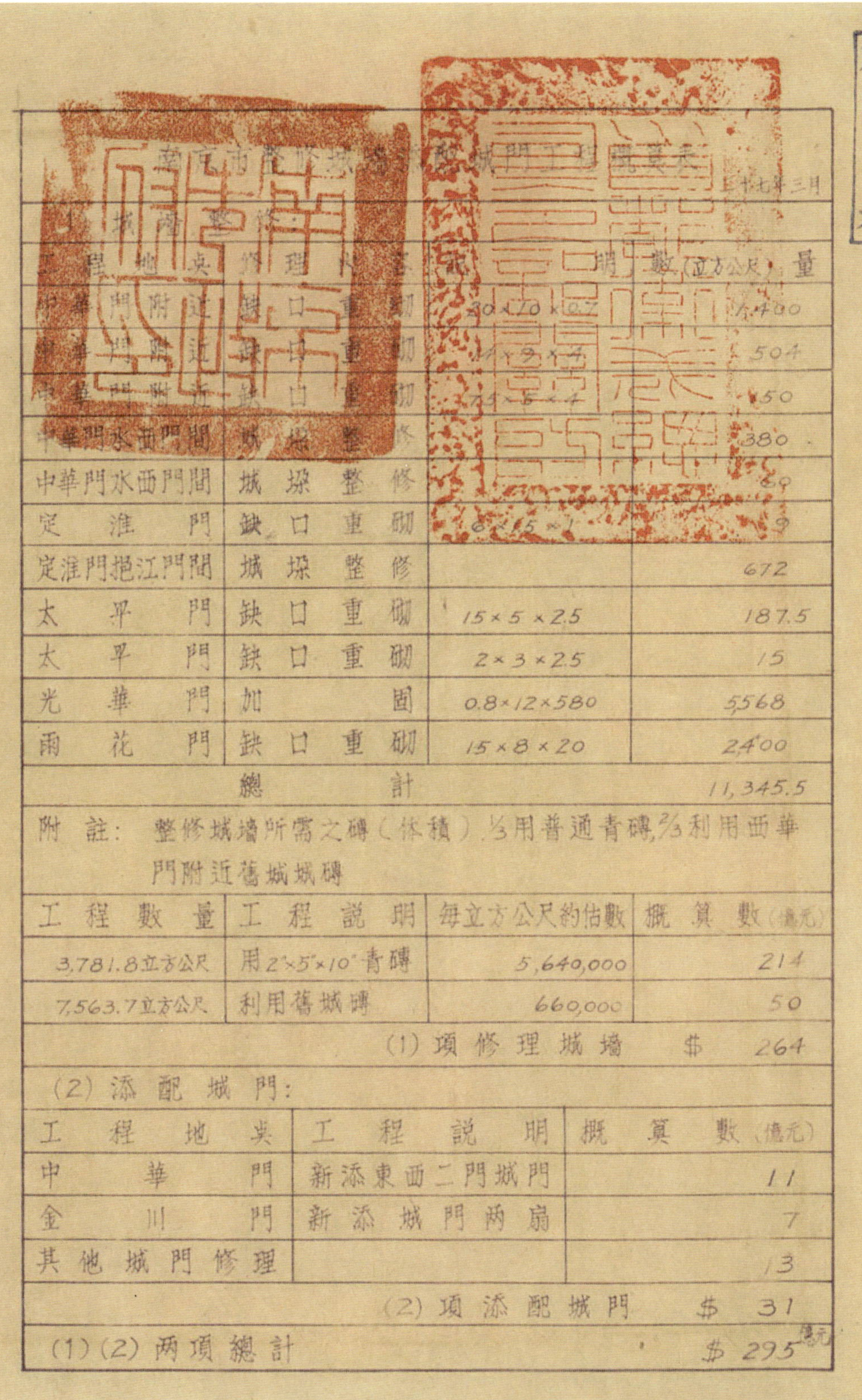

存卷

南京市整修城墻添配城門工程概算表

三十七年三月

(1) 城墻整修:			
工程地點	修理內容	說明	數(立方公尺)量
中華門附近	缺口重砌	30×10×0.7	1,400
中華門附近	缺口重砌	14×9×4	504
中華門附近	缺口重砌	7.5×5×4	150
中華門水西門間	城垜整修		380
中華門水西門間	城垜整修		60
定淮門	缺口重砌	6×1.5×1	9
定淮門挹江門間	城垜整修		672
太平門	缺口重砌	15×5×2.5	187.5
太平門	缺口重砌	2×3×2.5	15
光華門	加固	0.8×12×580	5,568
雨花門	缺口重砌	15×8×20	2,400
總計			11,345.5

附註：整修城墻所需之磚（体積）⅓用普通青磚，⅔利用西華門附近舊城城磚

工程數量	工程說明	每立方公尺約估數	概算數(億元)
3,781.8立方公尺	用2"×5"×10"青磚	5,640,000	214
7,563.7立方公尺	利用舊城磚	660,000	50
(1)項修理城墻		$	264

(2) 添配城門:

工程地點	工程說明	概算數(億元)
中華門	新添東西二門城門	11
金川門	新添城門兩扇	7
其他城門修理		13
(2)項添配城門	$	31
(1)(2)兩項總計		$ 295億元

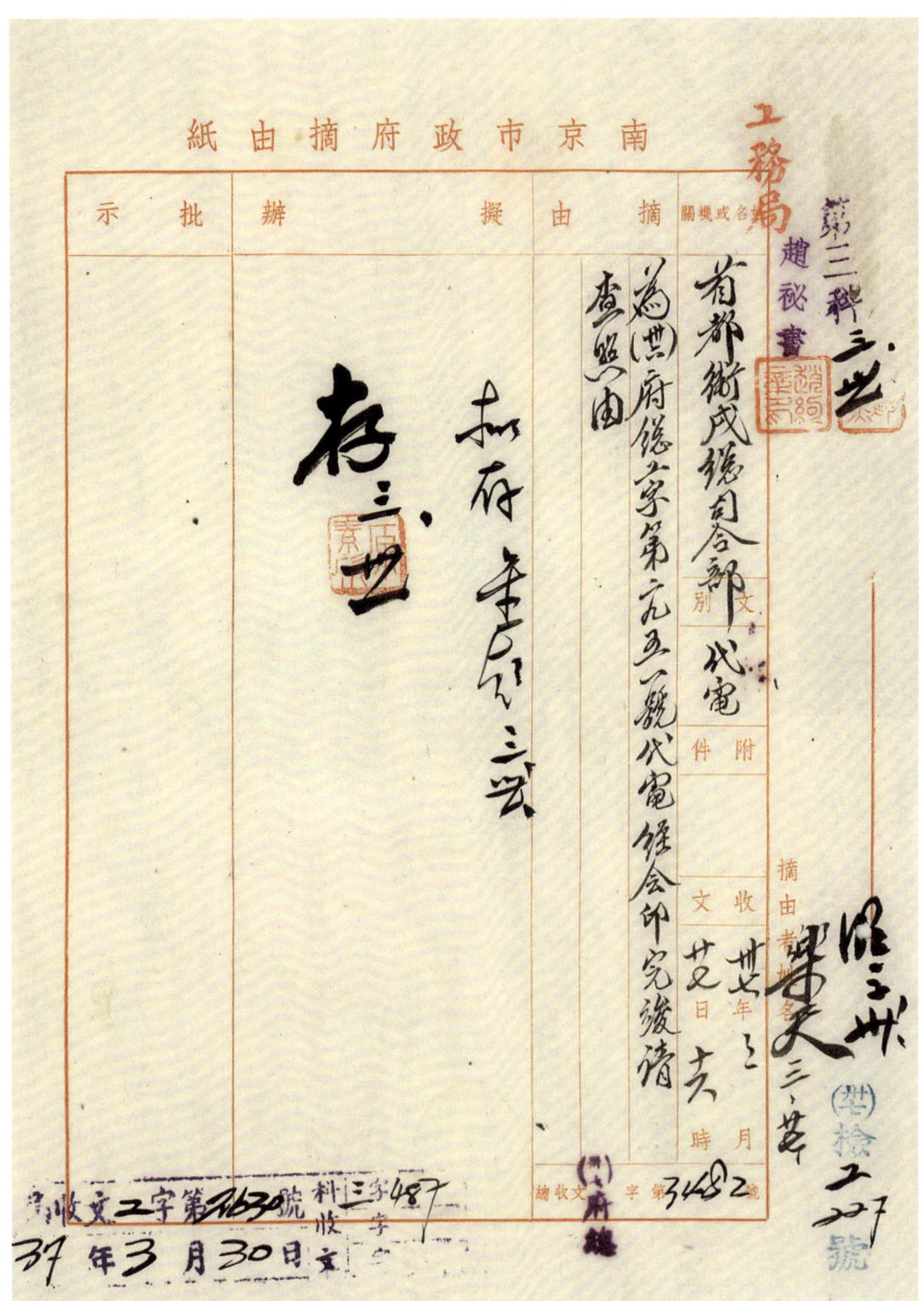

南京市政府摘由紙

批示	擬辦	摘由	機關或姓名
存 三、廿	擬存 金 三、廿	爲(卅)府總字第九五一號代電經會印完竣請查照由	首都衛戍總司令部

文別：代電
附件：
收文：卅七年三月廿九日 十六時
總收文 府 字第3482號

工務局
第三科 三、廿
趙秘書
摘由者姓名：梁 三、廿
陳 三、卅
(卅七)檢工2207號

收文工字第1630號 37年3月30日
科收文 三字487

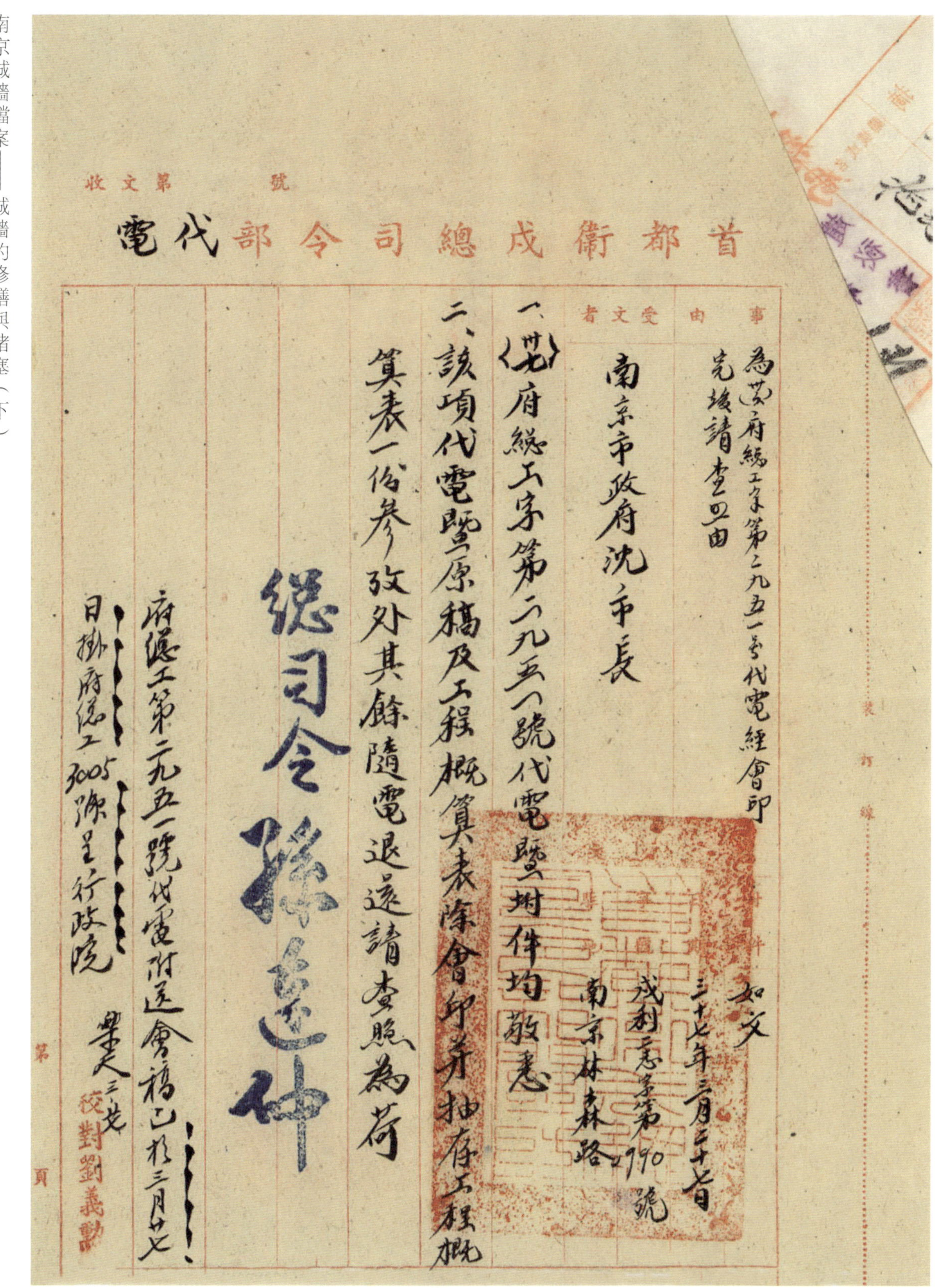

收文第　號

首都衛戍總司令部代電

事由：為准府總工字第二九五一號代電經會印完竣請查照由

受文者：南京市政府沈市長

一、准

府總工字第二九五八號代電暨附件均敬悉

二、該項代電暨原稿及工程概算表除會印并抽存工程概算表一份參考外其餘隨電退還請查照為荷

總司令孫連仲

如文

三十七年三月二十日

戍副三志字第1790號

南京林森路

府總工第二九五一號代電附送會稿已於三月廿七日掛府總工3005號呈行政院

畢夫 三.廿

校對劉義勳

第　頁

裝訂線

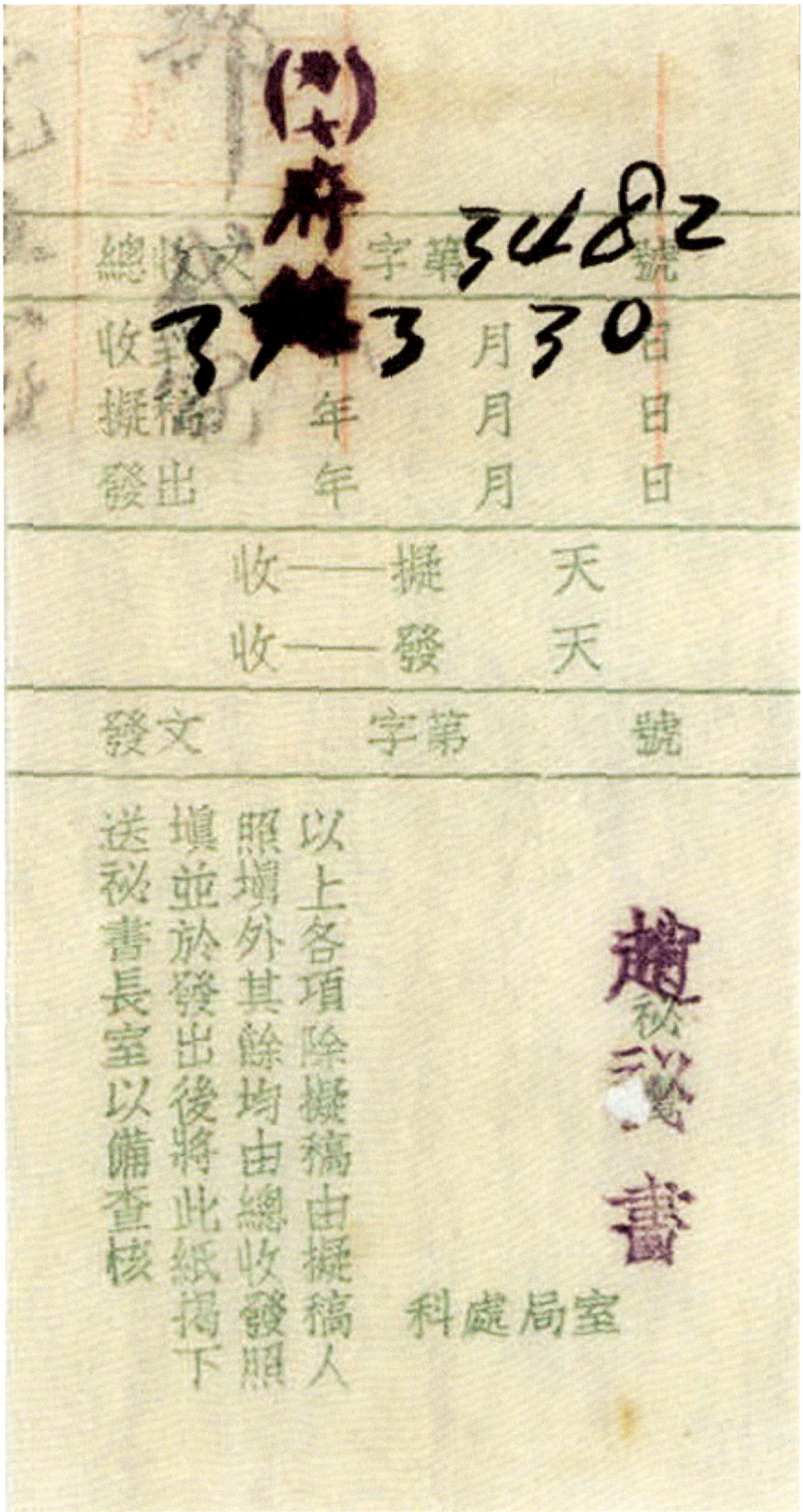

府

總收文　　字第3482號

收到　37年3月30日

擬稿　年　月　日

發出　年　月　日

收——擬　天

收——發　天

發文　　字第　　號

以上各項除擬稿由擬稿人照填外其餘均由總收發照填並於發出後將此紙揭下送秘書長室以備查核

科處局室

趙

秘書

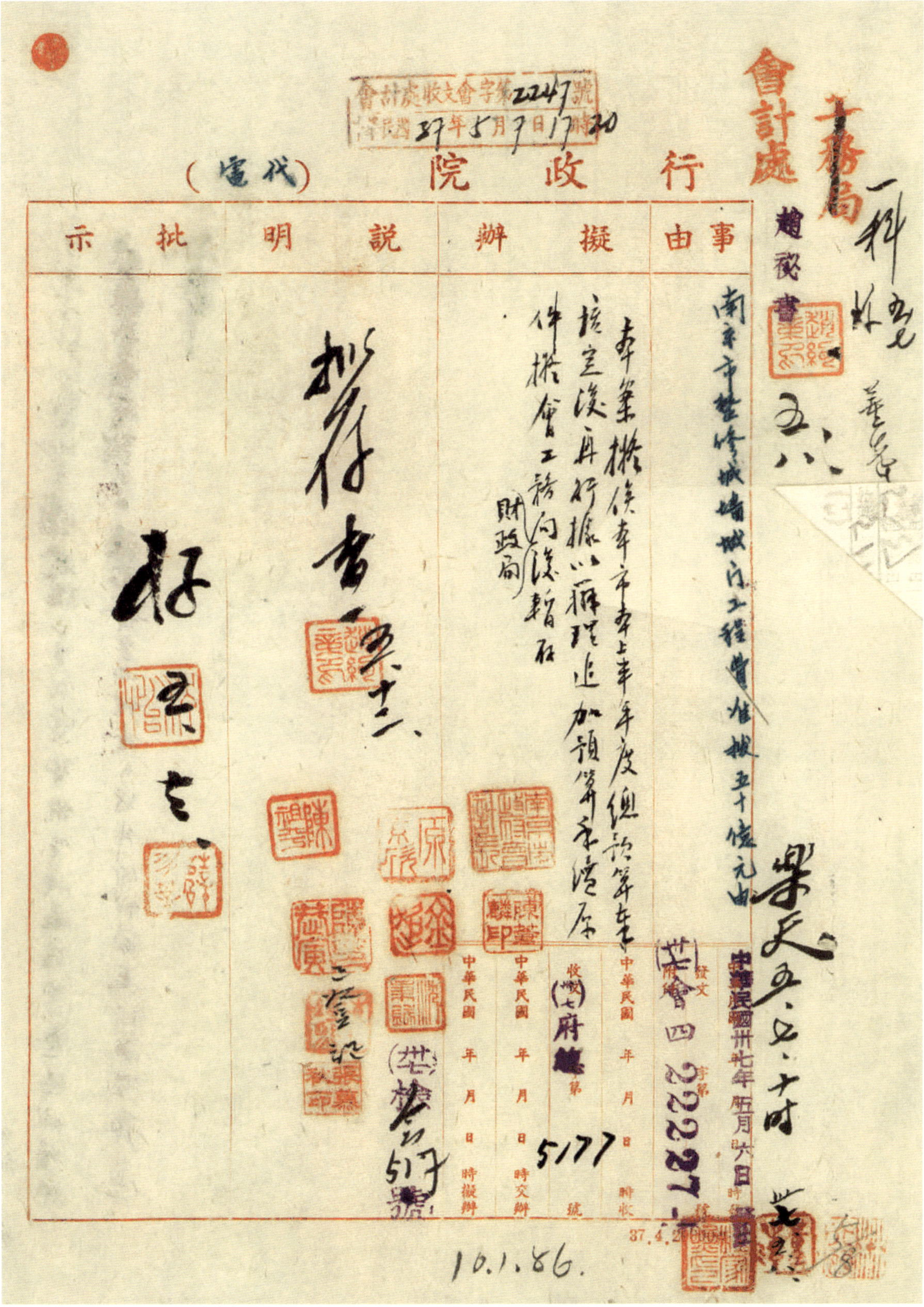
會計處收文會字第2247號
民國37年5月7日17時30

行政院（代電）

事由	擬辦	說明	批示
南京市整修城墻城門工程費准撥五十億元由	本案擬俟本市本年年度總預算奉核定後再行根以辦理追加預算未便存件擬會工務局復財政局	擬存	存

中華民國卅七年四月六日 發文 字第22227號
收文（七）府總第5177號

10.1.86.

南京市政府：三[illegible]府經工寅代電暨附件均悉。該市整修城牆城門工程費增撥補五千億元，準照辦理。除分行外，仰即知照。行政院辰（艷）

（會印）

監印

校對

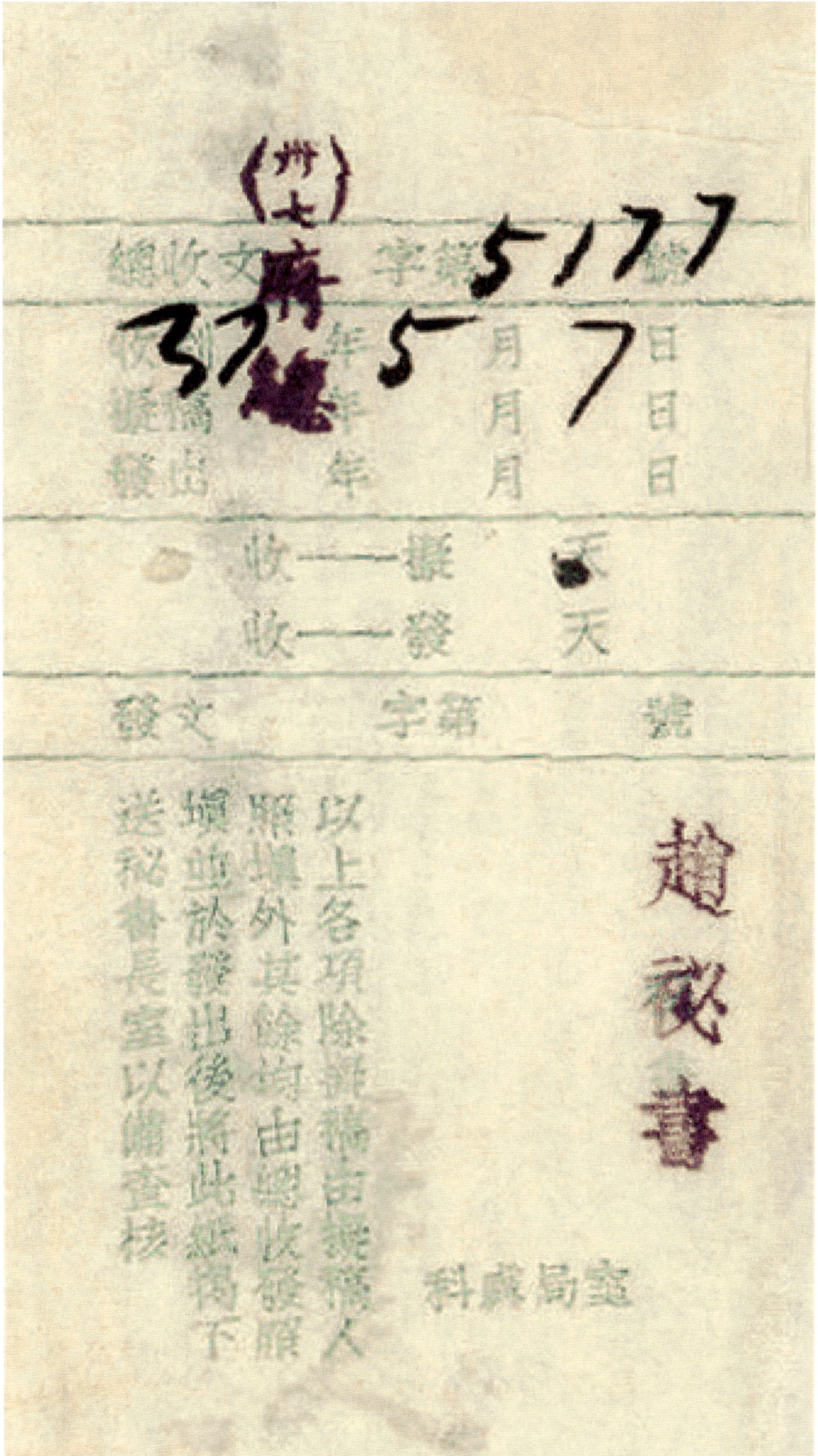

(卅七)府總

總收文 府字第 5177 號

收到 37 年 5 月 7 日

擬稿 年 月 日

發出 年 月 日

收一一擬 天

收一一發 天

發文 字第 號

趙秘書

室局科

以上各項除擬稿由擬稿人照填外其餘均由總收發照填並於發出後將此紙撕下送秘書長室以備查核

（五）市工務局爲派員會同首都衛戍總司令部、江寧要塞司令部等實地查勘城墻致第一工程處的訓令（一九四八年五月十七日）

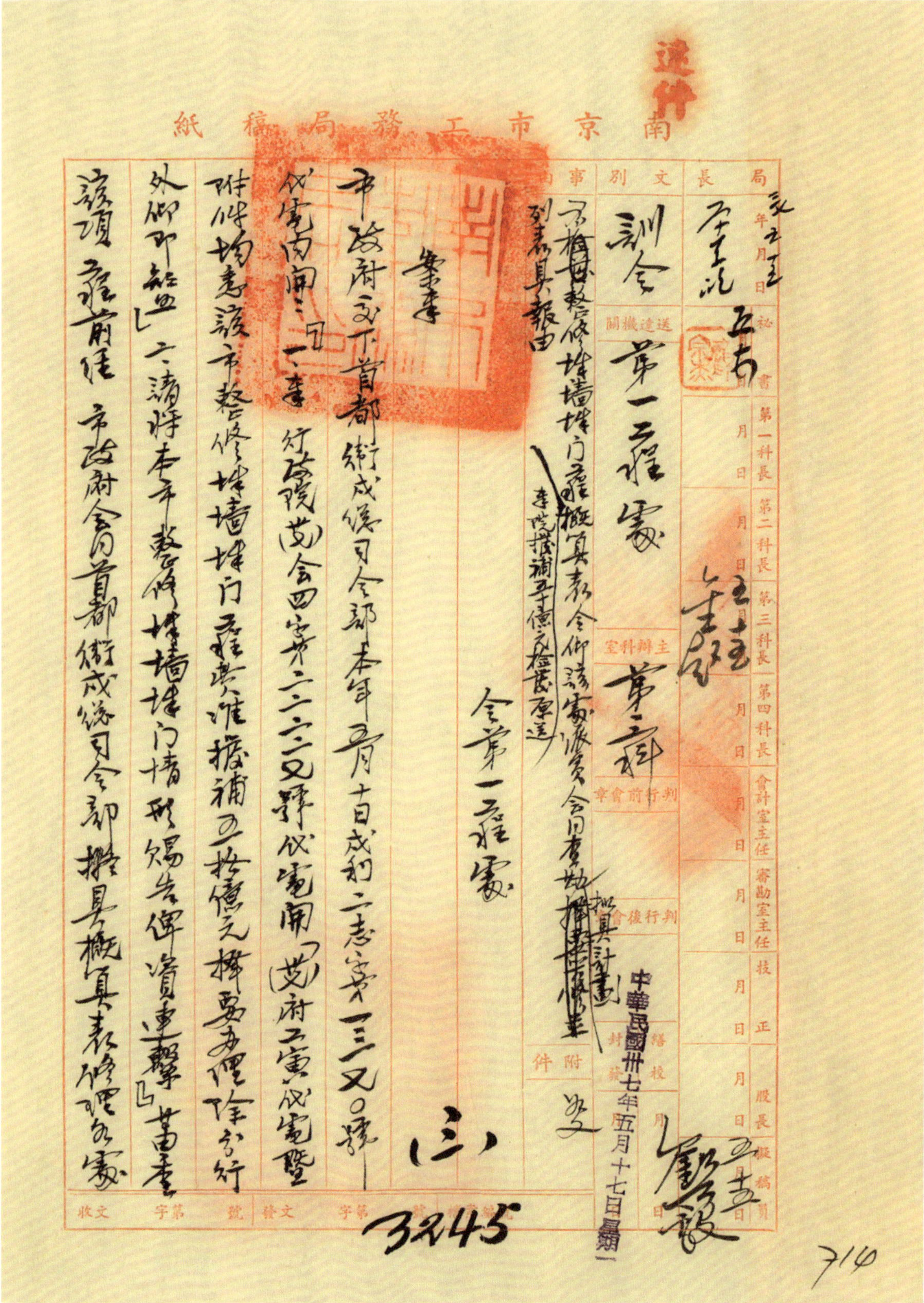

南京市工務局稿紙

局長：宋希尚 五、十七

文別：訓令

送達機關：第一工程處

主辦科室：第二科

事由：爲據整修城墻城門工程概算表，令仰該處派員會同查勘，擬具計劃，列表具報由

案奉

市政府交下首都衛戍總司令部本年五月十日戍莉二志字第一三又〇號代電開：「(一)奉行政院(卅七)會四字第二二六二又號代電開：『(卅七)府工寅代電暨附件均悉。該市整修城墻城門工程費准撥補五十億元，擇要辦理，除分行外，仰即知照』二、請將本市整修城墻城門情形見告，俾資連繫」等由。奉此，該項工程前經市政府會同首都衛戍總司令部擬具概算表，修理各處

令第一工程處

中華民國卅七年五月十七日發

3245

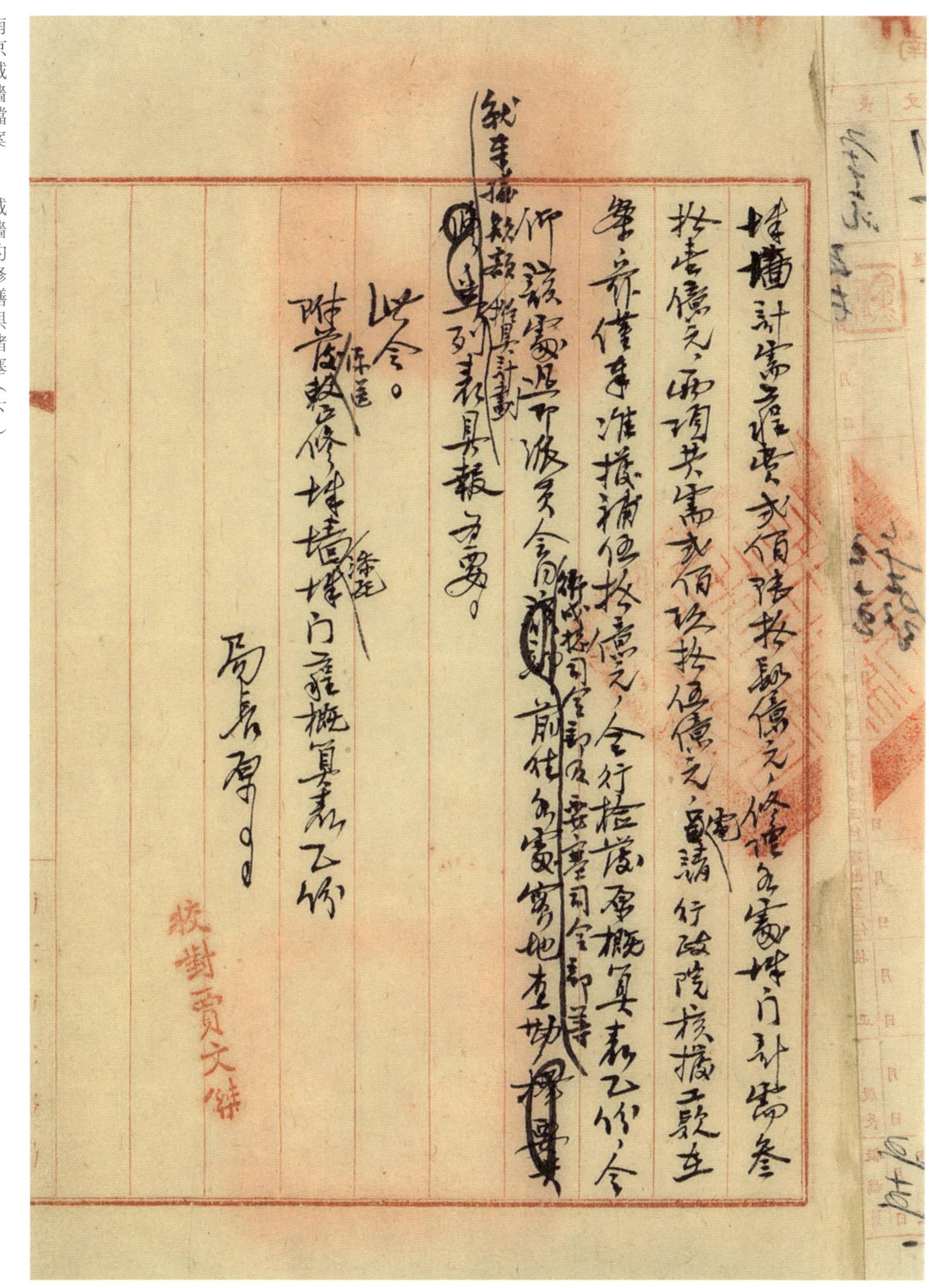

城墙计需工程费贰佰陆拾贰亿元，修理各处城门计需叁拾叁亿元，两项共需贰佰玖拾伍亿元，呈请行政院核拨工款在案，并仅奉准拨补伍拾亿元，令行检发原概算表乙份，令仰该处迅即派员会同首都卫戍总司令部、首都宪兵司令部等前往各处实地查勘，择要就奉拨款额拟具计划，造列表具报为要。

此令。

附发原送修城墙城门工程概算表乙份

局长 马[illegible]

校對賈文[illegible]

南京市整修城墙添配城門工程概算表

三十七年三月

存卷

(1) 城墙整修：

工程地点	修理内容	説明	數（立方公尺）量
中華門附近	鈌口重砌	20×10×0.7	1,400
中華門附近	鈌口重砌	14×9×4	504
中華門附近	鈌口重砌	7.5×5×4	150
中華門水西門間	城垛整修		380
中華門水西門間	城垛整修		60
定淮門	鈌口重砌	6×1.5×1	9
定淮門挹江門間	城垛整修		672
太平門	鈌口重砌	15×5×2.5	187.5
太平門	鈌口重砌	2×3×2.5	15
光華門	加固	0.8×12×580	5,568
雨花門	鈌口重砌	15×8×20	2,400
總計			11,345.5

附註：整修城墙所需之磚（体積）1/3用普通青磚，2/3利用西華門附近舊城城磚

工程數量	工程説明	每立方公尺約估數	概算數（億元）
3,781.8立方公尺	用2"×5"×10"青磚	5,640,000	214
7,563.7立方公尺	利用舊城磚	660,000	50
(1)項修理城墻		$	264

(2) 添配城門：

工程地点	工程説明	概算數（億元）
中華門	新添東西二門城門	11
金川門	新添城門两扇	7
其他城門修理		13
(2)項添配城門		$ 31

(1)(2)两項總計 $ 295億元

（六）財政部關于遞送一九四八年度整理南京城墻城門工程費的支付通知（一九四八年五月十九日）

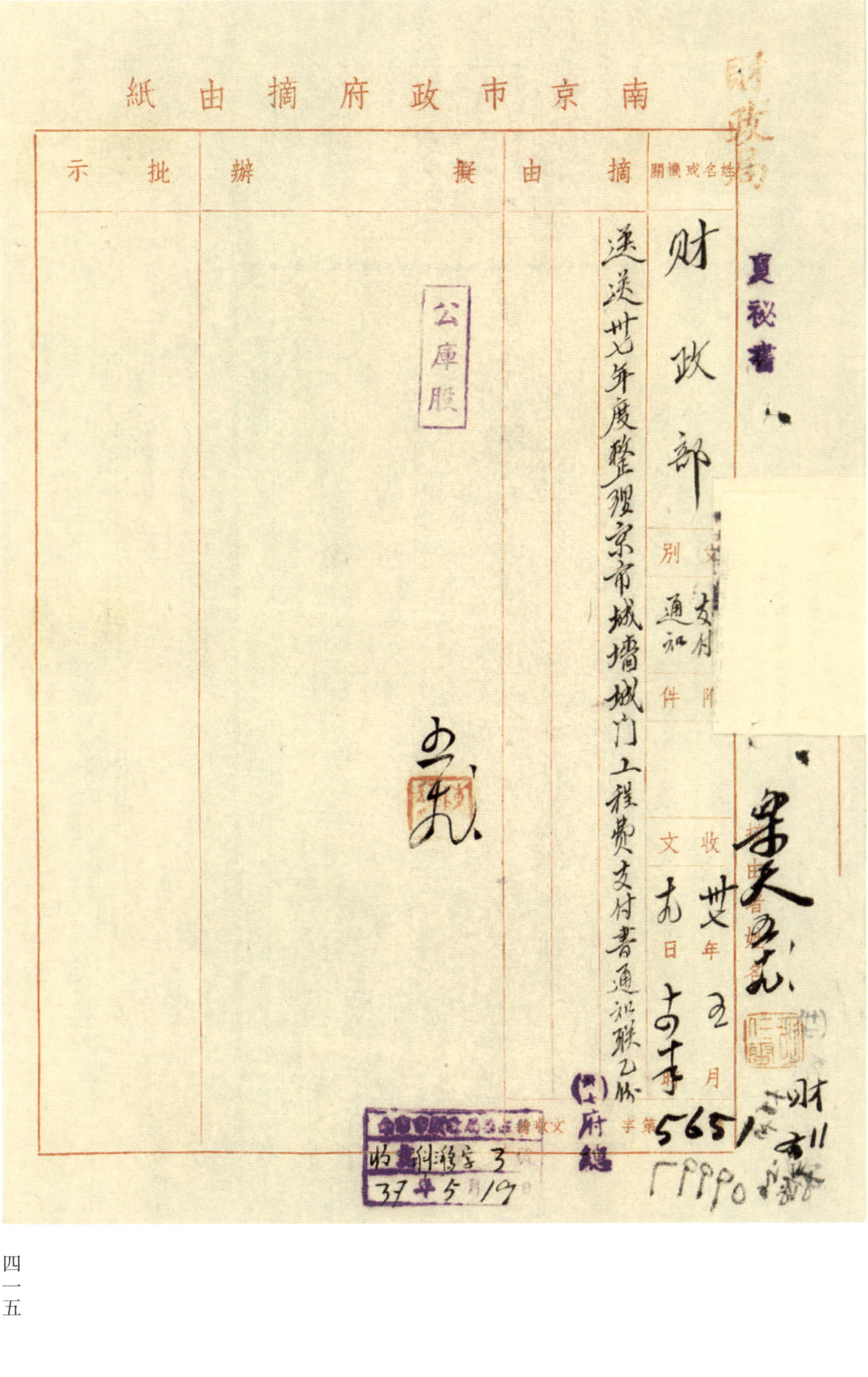
南京市政府摘由紙

姓名或機關	摘由	擬辦	批示
財政部	送卅七年度整理京市城墻城門工程費支付書通知聯乙份	公庫股	
文別：支付通知			
附件：			
收文：卅七年五月十九日			

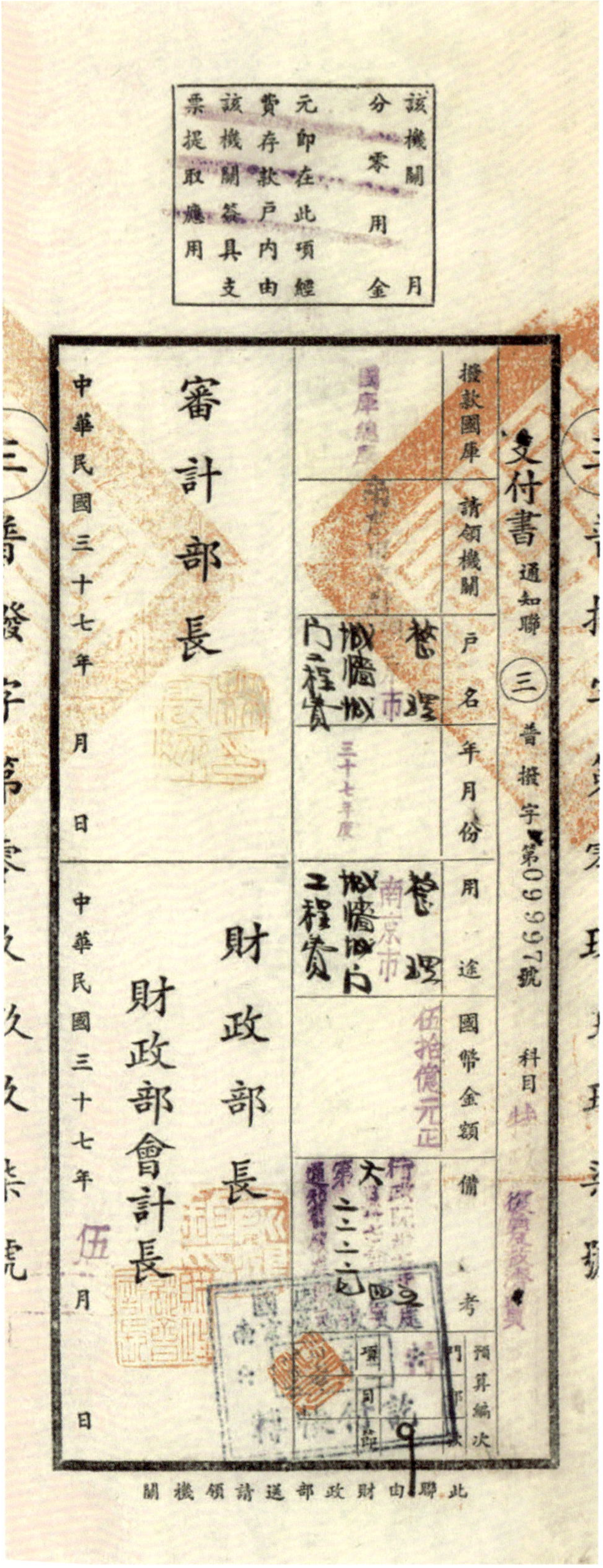

該機關　月分零用金　元即在此項經費存款戶內由該機關簽具支票提取應用

支付書 通知聯 ㊂ 普撥字第09997號 科目

撥款國庫	國庫總庫
請領機關	
戶名	南京市整理城牆城門工程費
年月份	三十七年度
用途	南京市整理城牆城門工程費
國幣金額	伍拾億元正
備考	
預算編次	門 類 款 項 目 節

審計部長

中華民國三十七年　月　日

財政部長

財政部會計長

中華民國三十七年伍月　日

此聯由財政部送請領機關

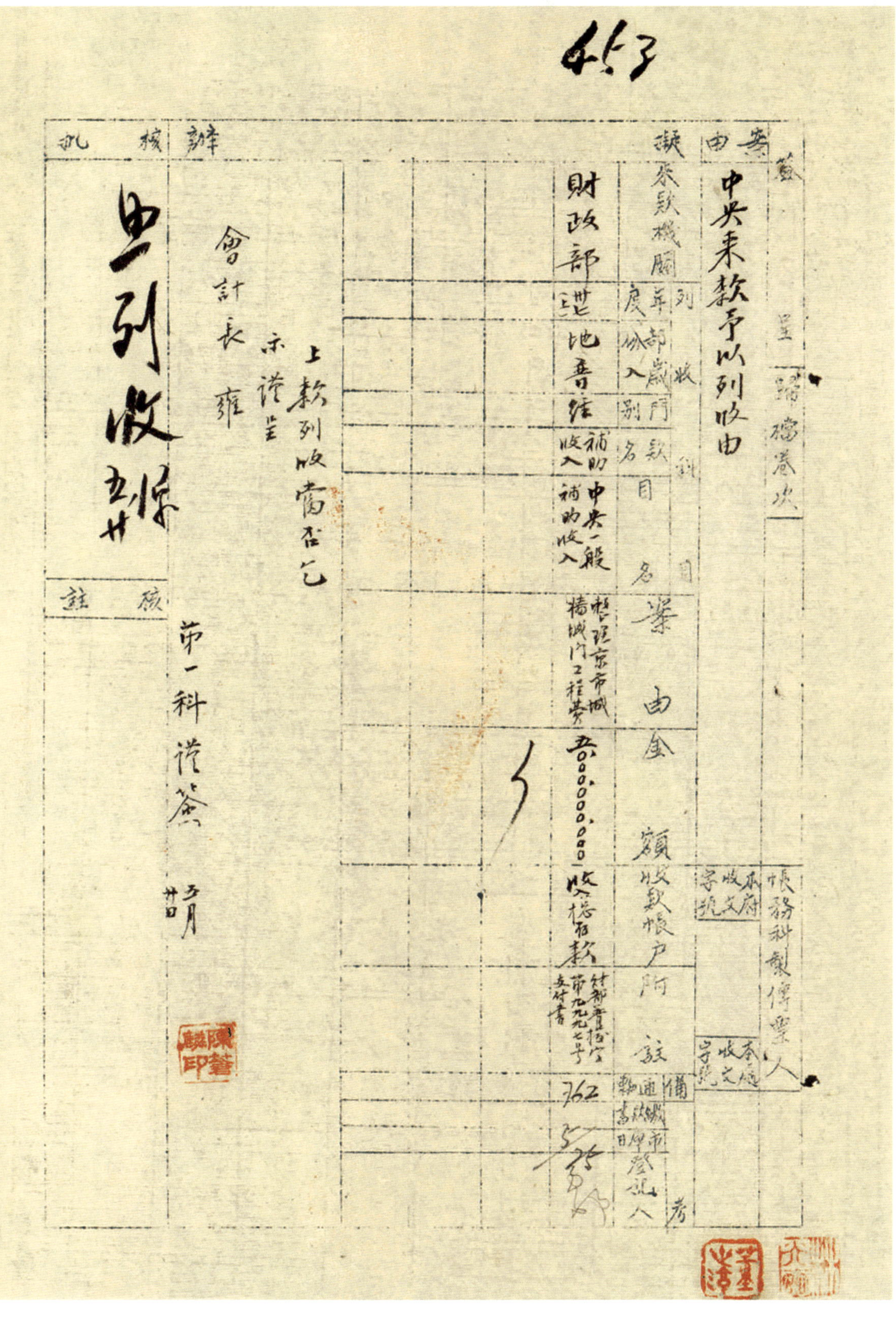

453

签呈

归档卷次

案由：中央来款予以列收由

拟办

交款机关：财政部

列收科目：年度 部份 岁入（上）卅七年度　别：地方普通　门　款名：补助收入　目名：中央一般补助收入

摘由：整理京市城墙城门工程费

金额：五〇，〇〇〇，〇〇〇，〇〇〇

收款帐户：收入悬存款

附注：财部青档字第九九九七号支付书

备考：通知城市登记人书收日期 762

帐务科制传票人

承府收文字号

本处收文字号

拟办：上款列收当否乞示遵呈

会计长 雍

第一科 谨签 五月卅日

核办：照列收 卅 五

核注

5

5/25

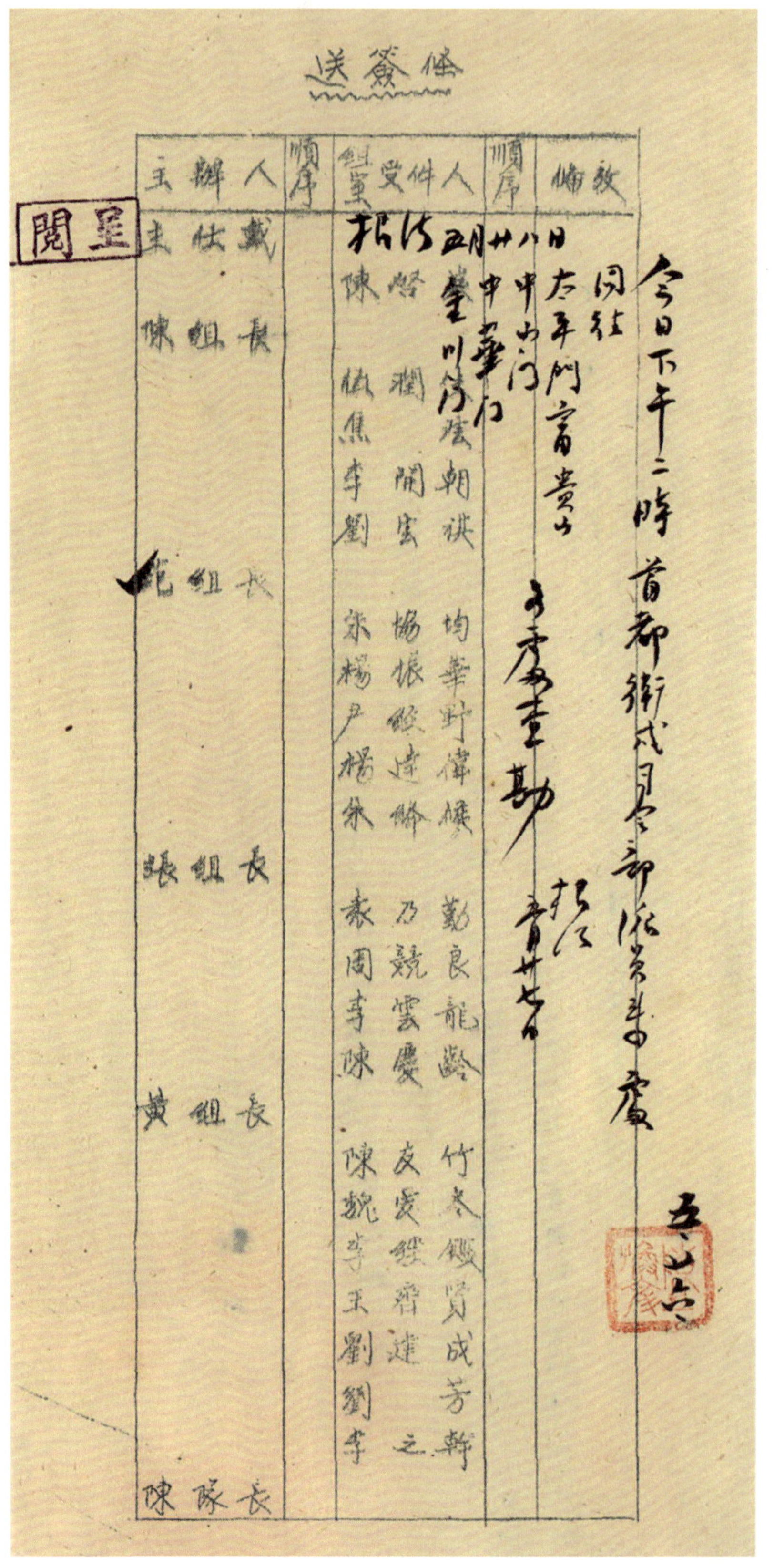

送簽條

主辦人	順序	組室受件人	順序	備攷
主任 戴		陳 幹 龔		
陳組長		熊 瀏 陵		
		焦 開 朝		
		李 宏 祺		
		劉		
組長		宋 協 均		
		楊 振 華		
		尹 毅 野		
		楊 達 偉		
		余 勝 權		
張組長		秦 乃 勤		
		周 競 良		
		李 雲 龍		
		陳 慶 齡		
黃組長		陳 友 竹		
		魏 愛 冬		
		李 繼 鐵		
		王 齊 賢		
		劉 建 成		
		劉 之 芳		
		李		軒
陳隊長				

呈閱

今日下午二時首都衛戍司令部派員來處 同往太平門、富貴山、中山門、中華門、光華門、漢西門等處 擬請處長查勘

擬 五月廿七日

擬 五月廿八日

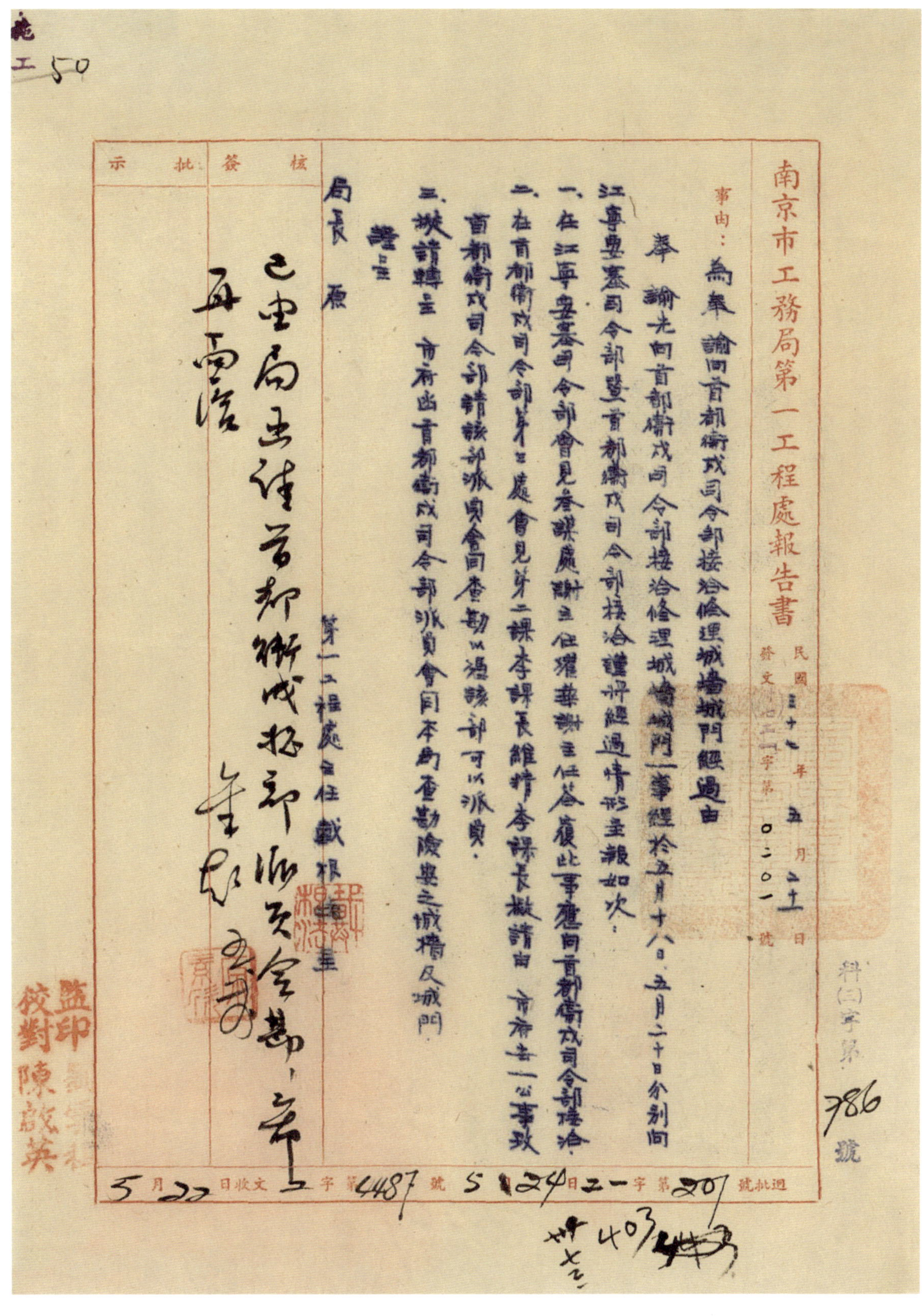

南京市工務局第一工程處報告書

民國三十七年五月二十一日 發文 工一字第0二0一號

事由：為奉 諭向首都衛戍司令部接洽修理城墻城門經過由

奉 諭先向首都衛戍司令部接洽修理城墻城門一事經於五月十八日、五月二十日分別向江寧要塞司令部暨首都衛戍司令部接洽謹將經過情形呈報如次：

一、在江寧要塞司令部會見參謀處謝主任耀華謝主任答復此事應向首都衛戍司令部接洽。

二、在首都衛戍司令部第四處會見第二課李課長維[illegible]李課長擬請由 市府去一公事致首都衛戍司令部請該部派員會同查勘以憑該部可以派員。

三、擬請轉呈 市府函首都衛戍司令部派員會同本局查勘險要之城墻及城門。

謹呈

局長 原

第一工程處主任 戴根法

核簽批示：已由局函請首都衛戍總部派員會勘，希再函催。

5月22日收文工字第4487號 5月24日工一字第207號批迴

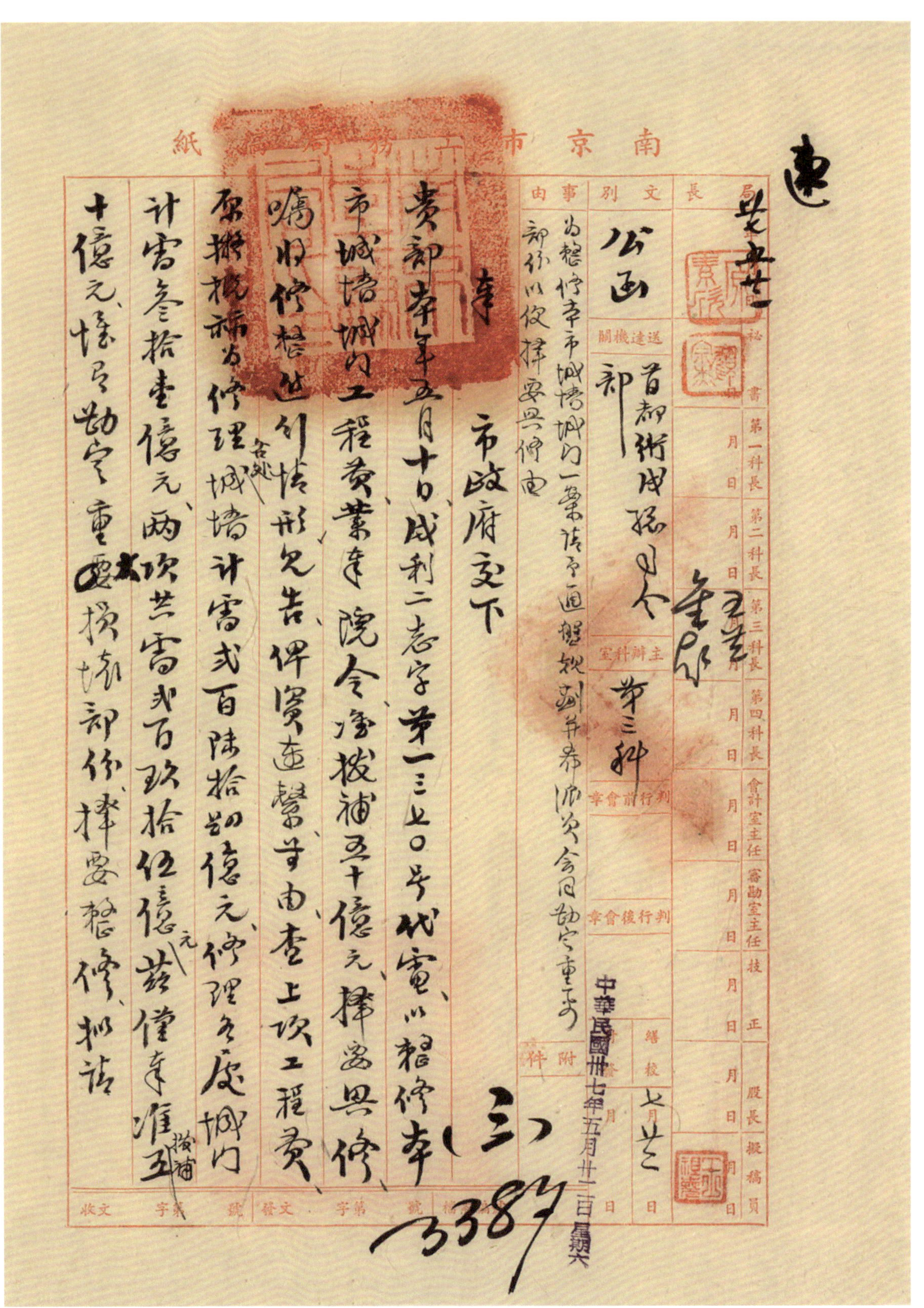

速

南京市工務局公函稿紙

局長 [illegible]

文別：公函

事由：為擬修本市城墻城門一案請予通盤規劃並希派員會同勘定重要部份以便擇要興修由

送達機關：首都衛戍總部

主辦科室：第三科

案奉
市政府交下
貴部本年五月十日戌利二志字第一三七〇號代電，以擬修本市城墻城門工程費業奉院令準撥補五十億元，擇要興修，囑將修理情形見告，俾資查覈等由。查上項工程費原擬概算為修理各處城墻計需弍百陸拾捌億元，修理各處城門計需叁拾壹億元，兩項共需弍百玖拾伍億元，茲僅奉准撥補五十億元，擬只勘定重要[illegible]部份，擇要整修，擬請

繕校 七月廿二

中華民國卅七年五月廿二日 星期六

三 3387

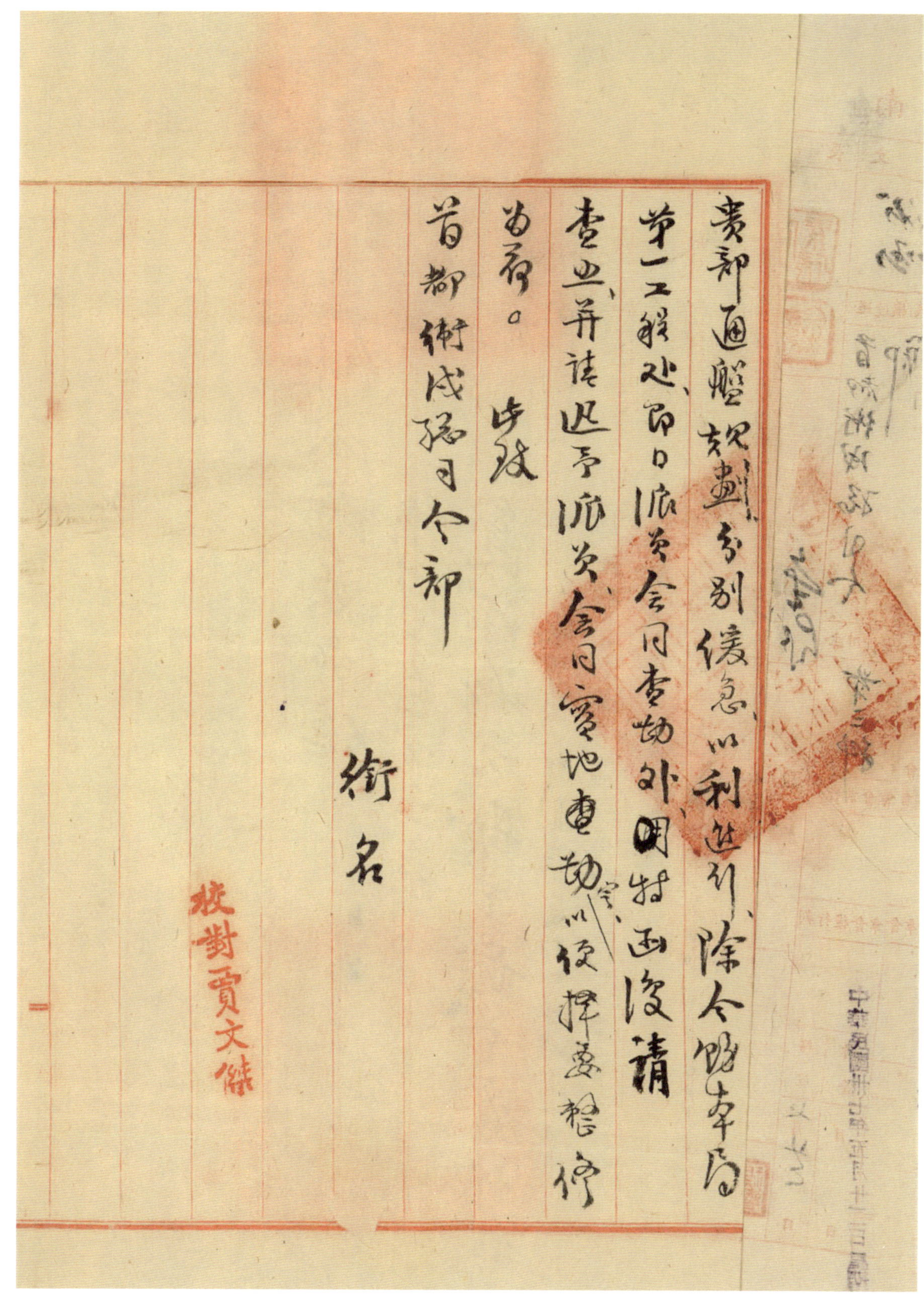

貴部通盤規劃，分別緩急，以利進行，除令飭本局第一工程處即日派員會同查勘外，用特函復，請查照，并請迅予派員會同實地查勘，以便擇要整修為荷。此致

首都衛戍總司令部

銜名

校對賈文傑

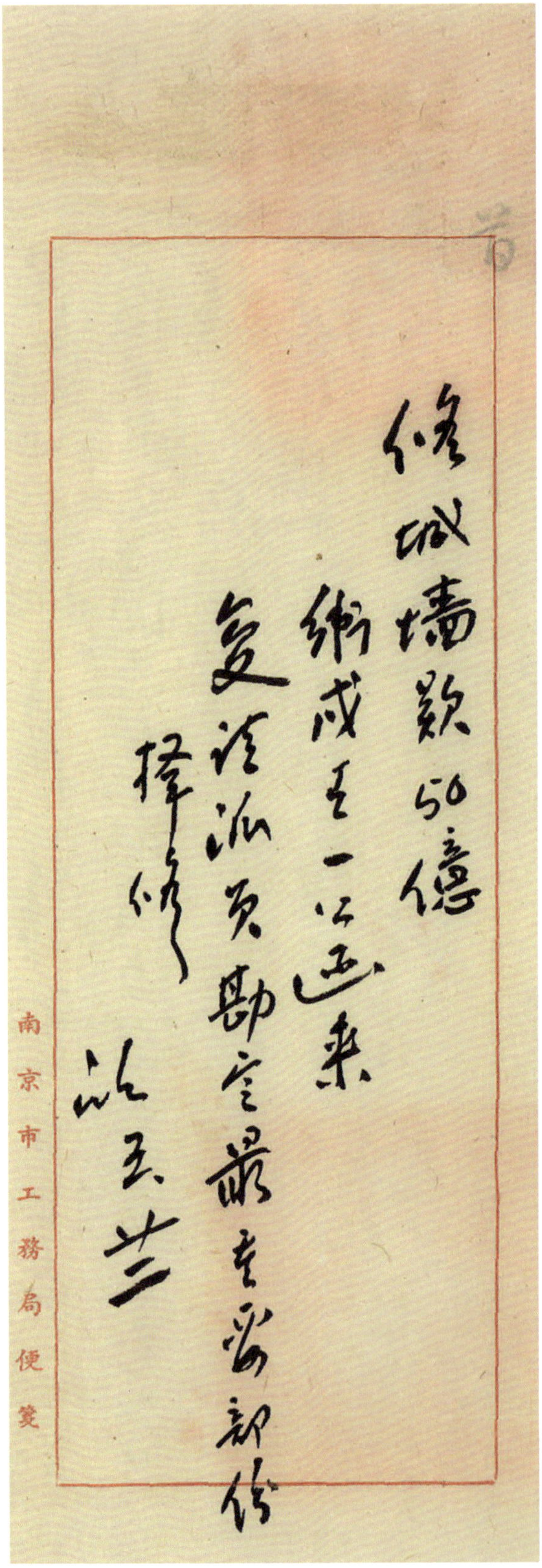
修城墙款50億
衛戍王一公送來
復請派員勘定最要部份
擇修
沈　五　廿二
南京市工務局便箋

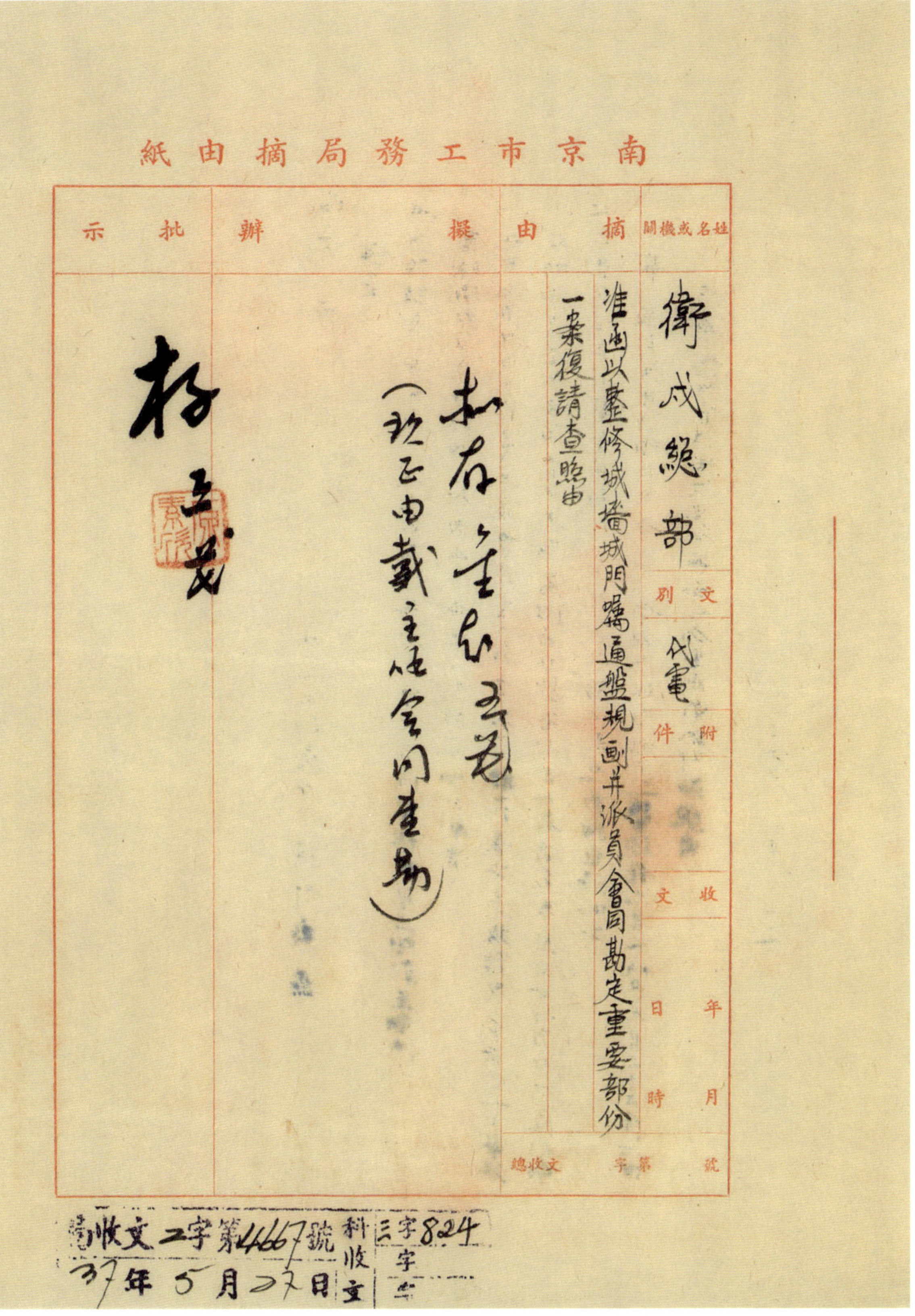

南京市工務局摘由紙

姓名或機關	衛戍總部
文別	代電
附件	
收文 年 月 日 時	
摘由	准函以整修城墻城門囑通盤規画并派員會同勘定重要部份一案復請查照由
擬辦	擬存全卷 王笺（致正由戴主任會同查勘）
批示	存 王笺
總收文 字第 號	

總收文二字第4467號 37年5月27日

科收文 三字824

收文第74號

首都衛戍總司令部（代電）

知二二科 五、芝

事由：為覆（芝）京二三字第三三八七號公函由

受文者：南京市工務局

一、（芝）京二三字第三三八七號公函敬悉

二、茲派本部第三處參謀李邦志即日會同貴局查勘

三、關於工程全盤規劃因本部向無工程機構仍請貴局主持辦理由本部派員協助可也

四、覆請查照

總司令孫連仲

戍利二叁 南京 七 五 廿五

校對劉萬勳

檔號

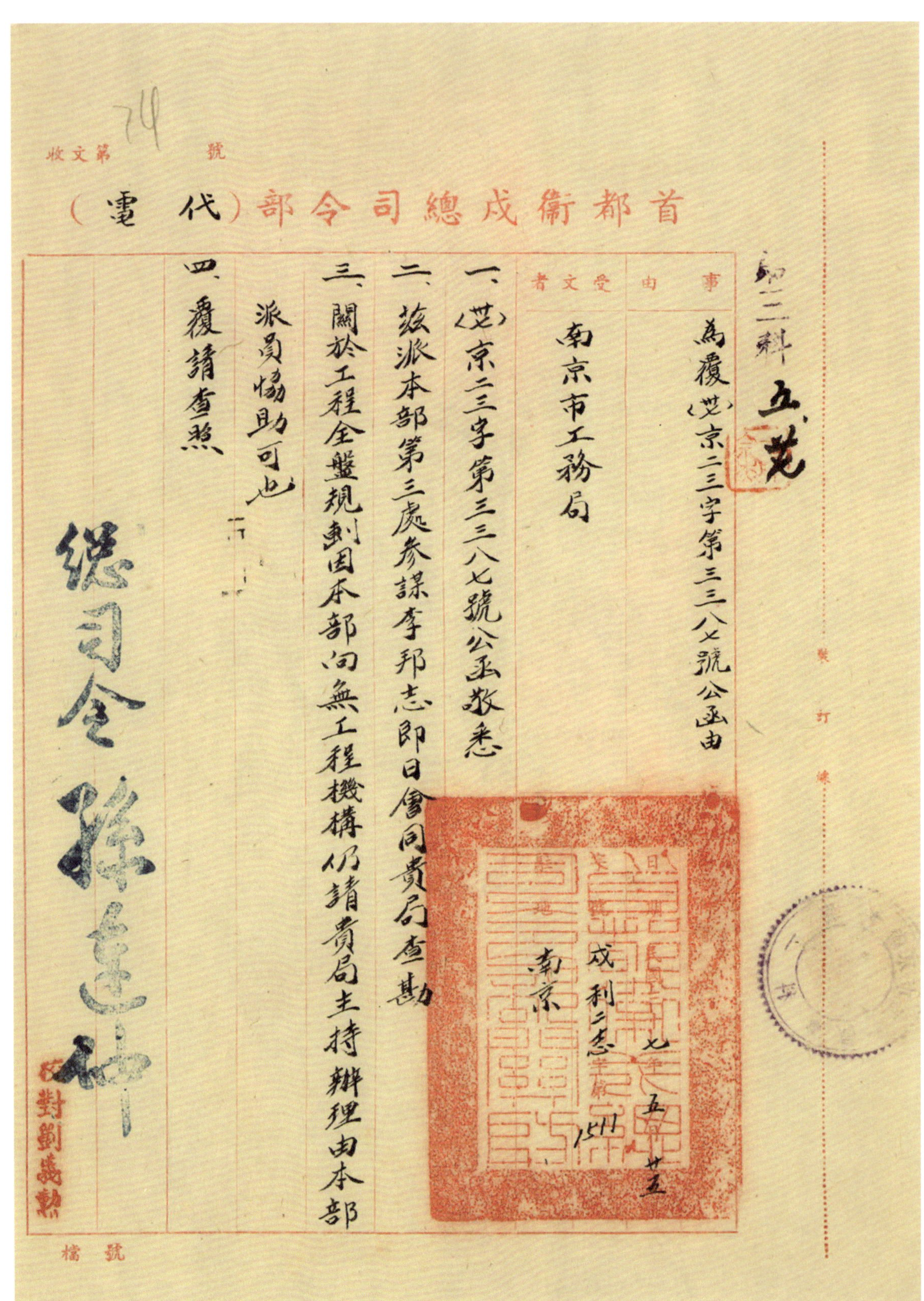

（八）首都衛戍總司令部爲檢送整修城墻城門位置圖表致市工務局的代電及該局爲派員切實勘估編具預算致第一工程處的訓令（附件：整修城墻城門工程位置表、位置要圖）（一九四八年六月八日至六月十四日）

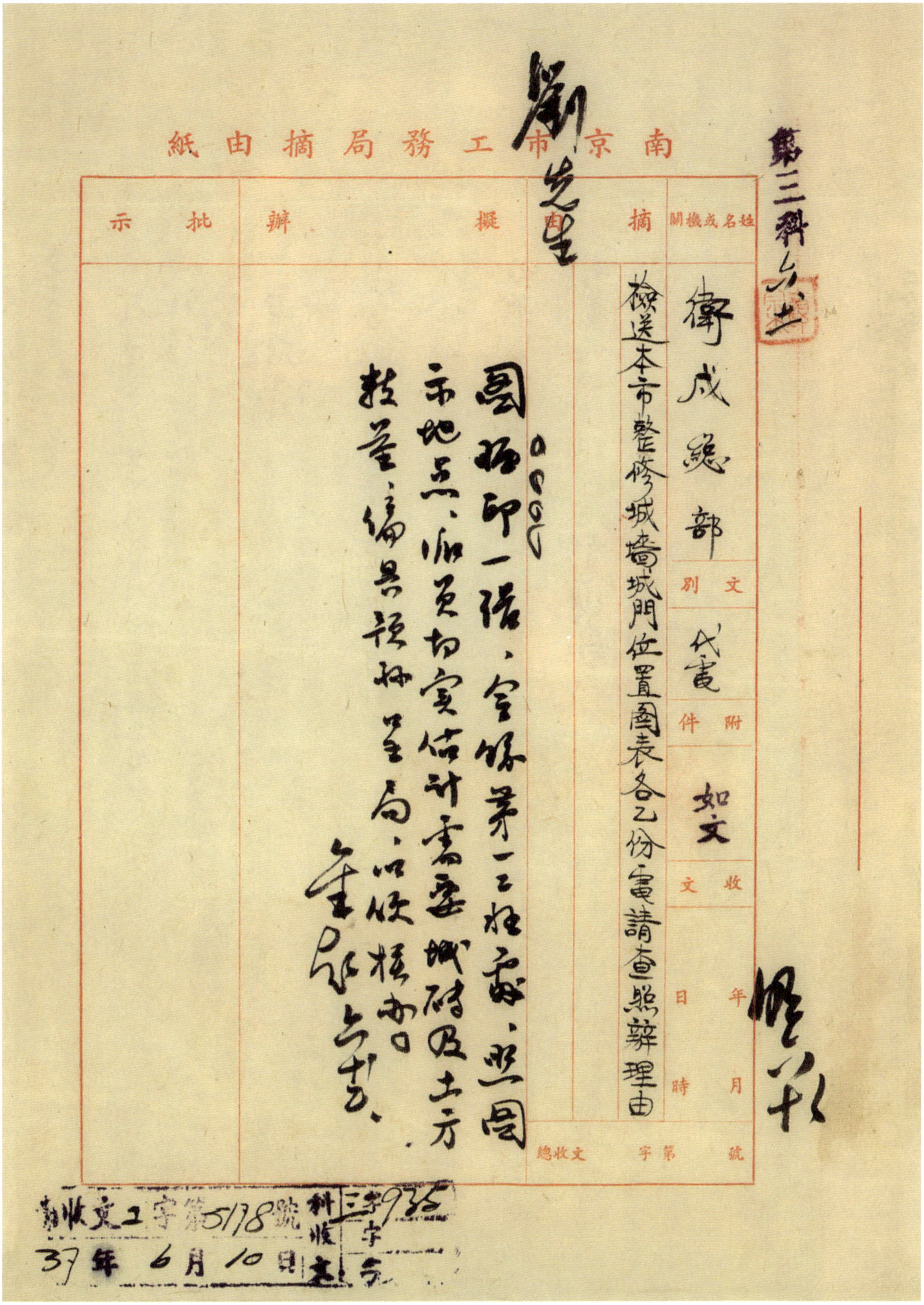

南京市工務局摘由紙

姓名或機關	文別	附件	收文	年月日時
衛戍總部	代電	如文		

摘由：檢送本市整修城墻城門位置圖表各乙份電請查照辦理由

擬辦：圖核印一張，分發第一工程處，照圖示地點，派員切實估計需要城磚及土方數量，編具預算呈局，以憑核辦。

局收文工字第5118號　37年6月10日

收文第76號

首都衛戍總司令部（代電）

事由：為檢送本市整修城墻城門位置圖表各乙份請查照办理由

受文者：市府工務局

一、（世）戍利二志字第一五二一號代電計達

二、查本市城墻城門之整修經本部派員會同貴局查勘完畢除報國防部核備外

茲檢同整修本市城墻城门位置要圖及添配城門工程位置表各乙份隨電送達

希查照並請即行施工見復為荷

總司令孫連仲

監印蕭剛

校對劉義勳

發文

日期：民國三十七年六月八日

字號：戍利二志字第1613號

駐地：南京林森路

附件：如文

檔號

南京市整修城墙添配城門工程位置表

1. 城墙修理

工程地点	修理内容	備攷
太平门	缺口重砌	
光华门	填缺口积土	
雨花门	缺口重砌	
水西门与中华门间拐角处	城墙上大漏洞处	

2. 添配城门

工程地点	工程説明	備攷
中华门	新添东西二城门	
通济门	新添城门一扇	無路灯請添設
金川门	新添城门两扇	〃 〃
雨花门	新添城门两扇	〃 〃

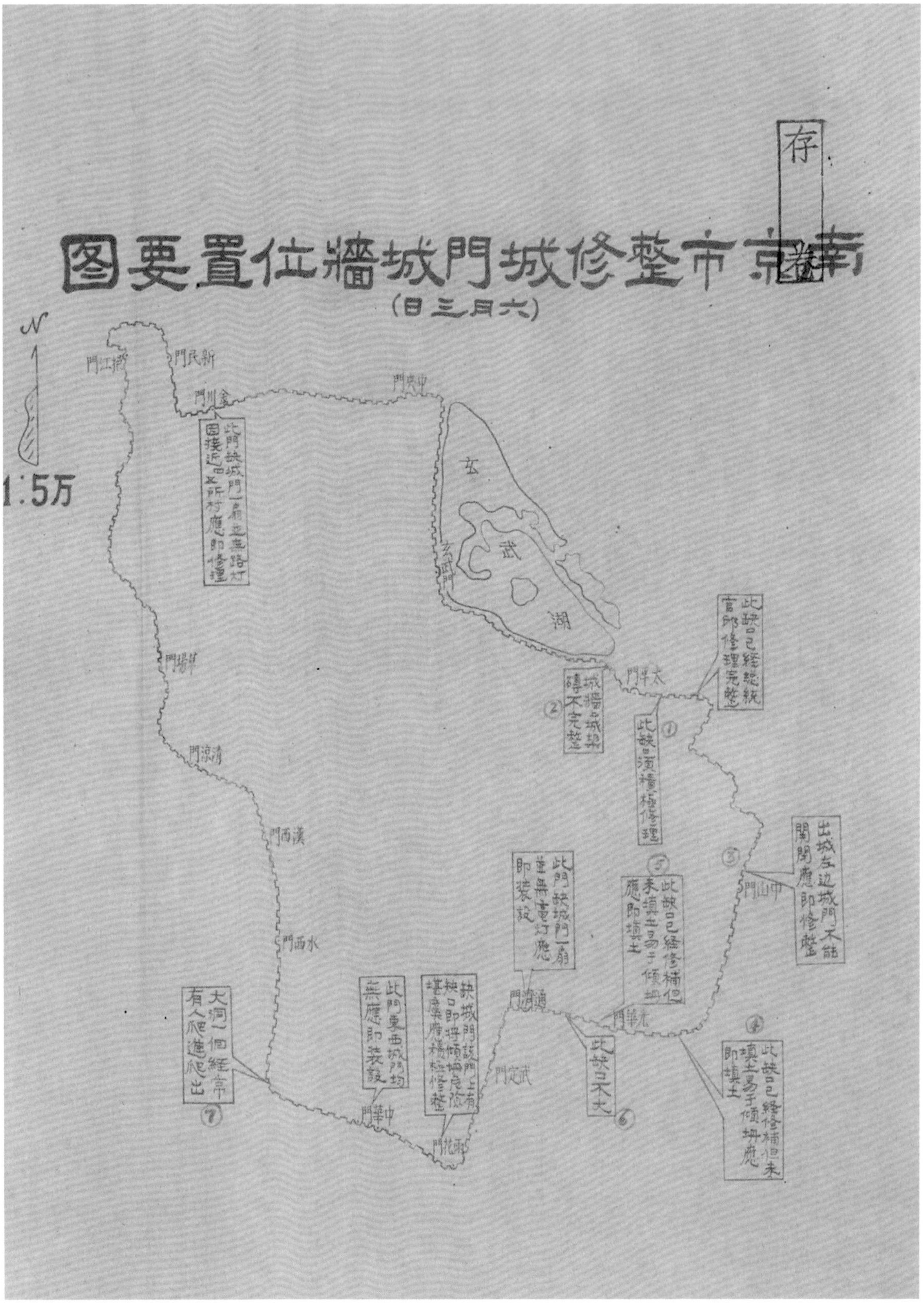
存
南京市整修城門城牆位置要圖
（六月三日）
N
1:5万
挹江門
新民門
金川門
中央門
玄武門
玄
武
湖
太平門
此缺口已經總統官邸修理完整
①
城牆之城染磚不完整
②
出城左边城門不能關閉應即修整
③
中山門
此缺口已經修補但未填土易于傾坍應即填土
④
此缺口已經修補但未填土易于傾坍應即填土
⑤
此門缺城門一扇並無電灯應即裝設
通濟門
光華門
此缺口不大
⑥
武定門
雨花門
此門東西城門均無應即装設
中華門
大洞一個經常有人爬進爬出
⑦
水西門
漢西門
清涼門
草場門

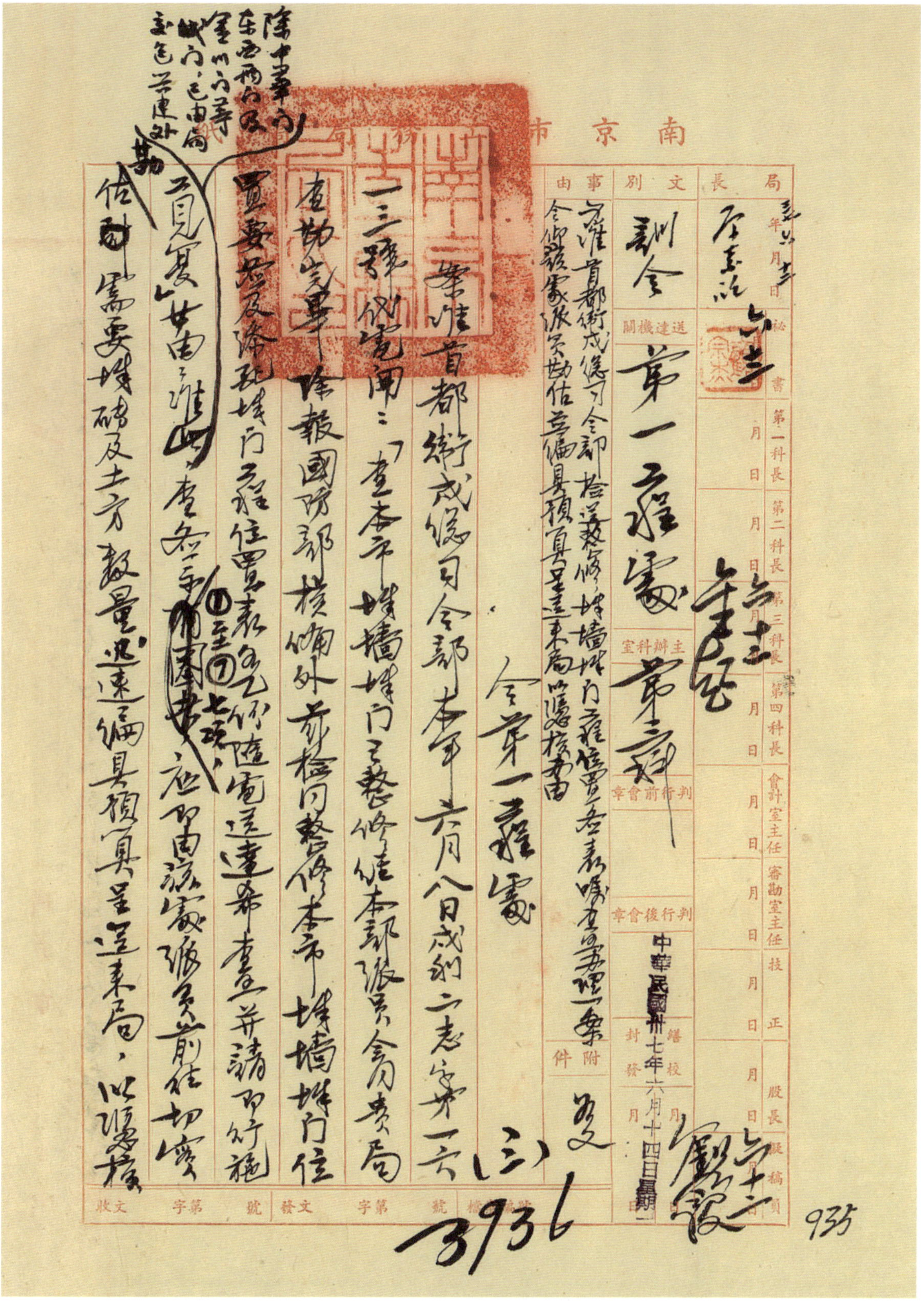
南京市工務局稿紙

局長：原簽註 三七、六、十二

文別：訓令

事由：為准首都衛戍總司令部檢送整修城墻城門之種位置表囑查照辦理一案，令仰該處派員勘估，並編具預算呈送來局，以憑核辦由

送達機關：第一工程處

主辦科室：第三科

令第一工程處

案准首都衛戍總司令部本年六月八日戍御二志字第一六（三）一三號代電開：「查本市城墻城門亟整修，除本部派員會同貴局查勘，並報國防部核備外，茲檢同整修本市城墻城門之種位置表各乙份，隨電送達，希查照並請即行施工見復」由；附各表。查表列本市①至⑦七項，應即由該處派員前往切實估計需要城磚及土方數量，迅速編具預算呈送來局，以憑核辦

除中華門東西兩門及太平門、金川門等城門已由局令派建外

中華民國卅七年六月十四日

3936

935

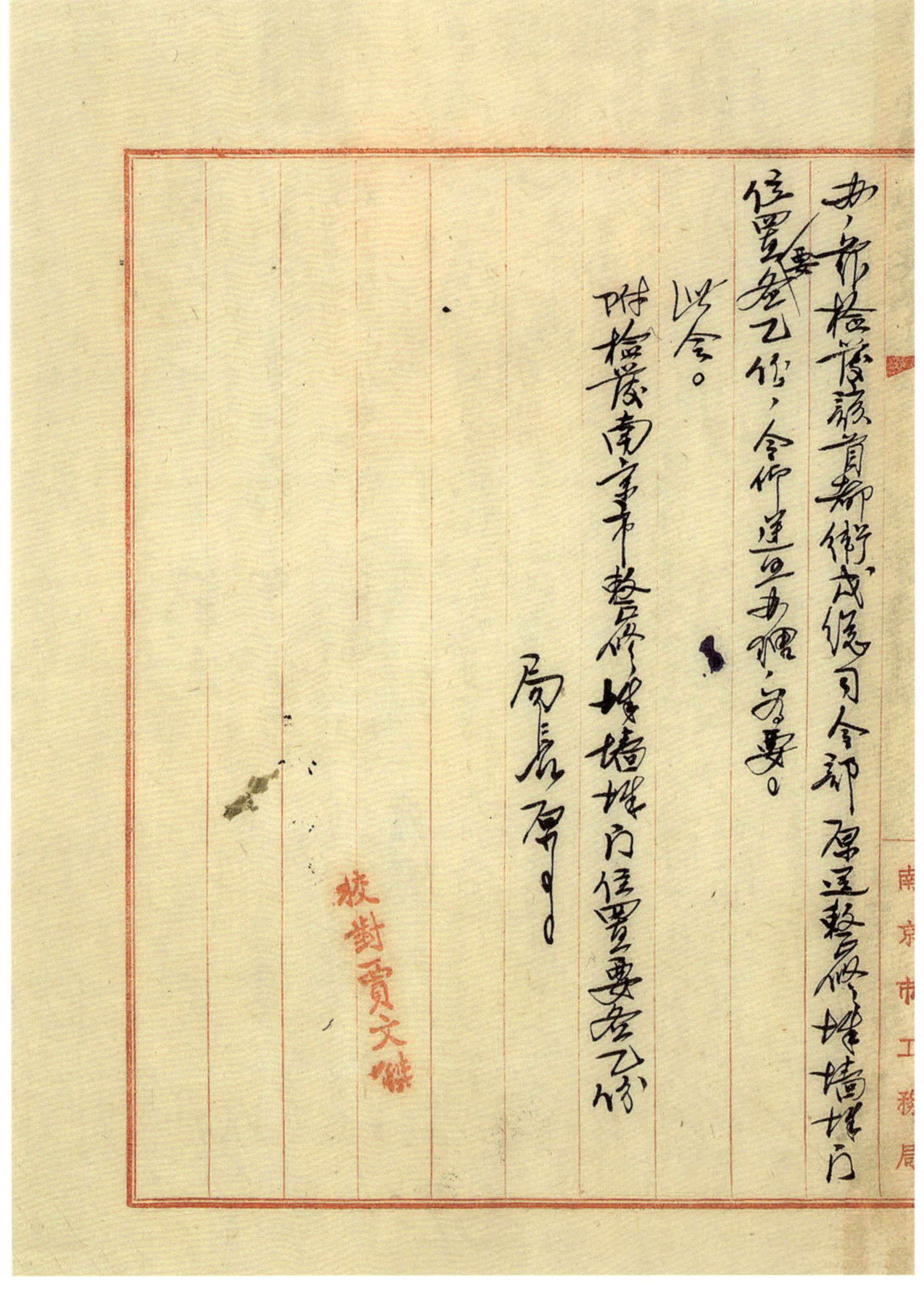

安，茲檢發首都衛戍總司令部原送整修城墻城門位置要圖乙份，令仰遵照妥辦，爲要。

此令。

附檢發南京市整修城墻城門位置要圖乙份

局長 原○

（九）市工務局爲拆除西華門舊城城磚用于整修城墻城門致空軍總司令部的公函（一九四八年六月十六日）

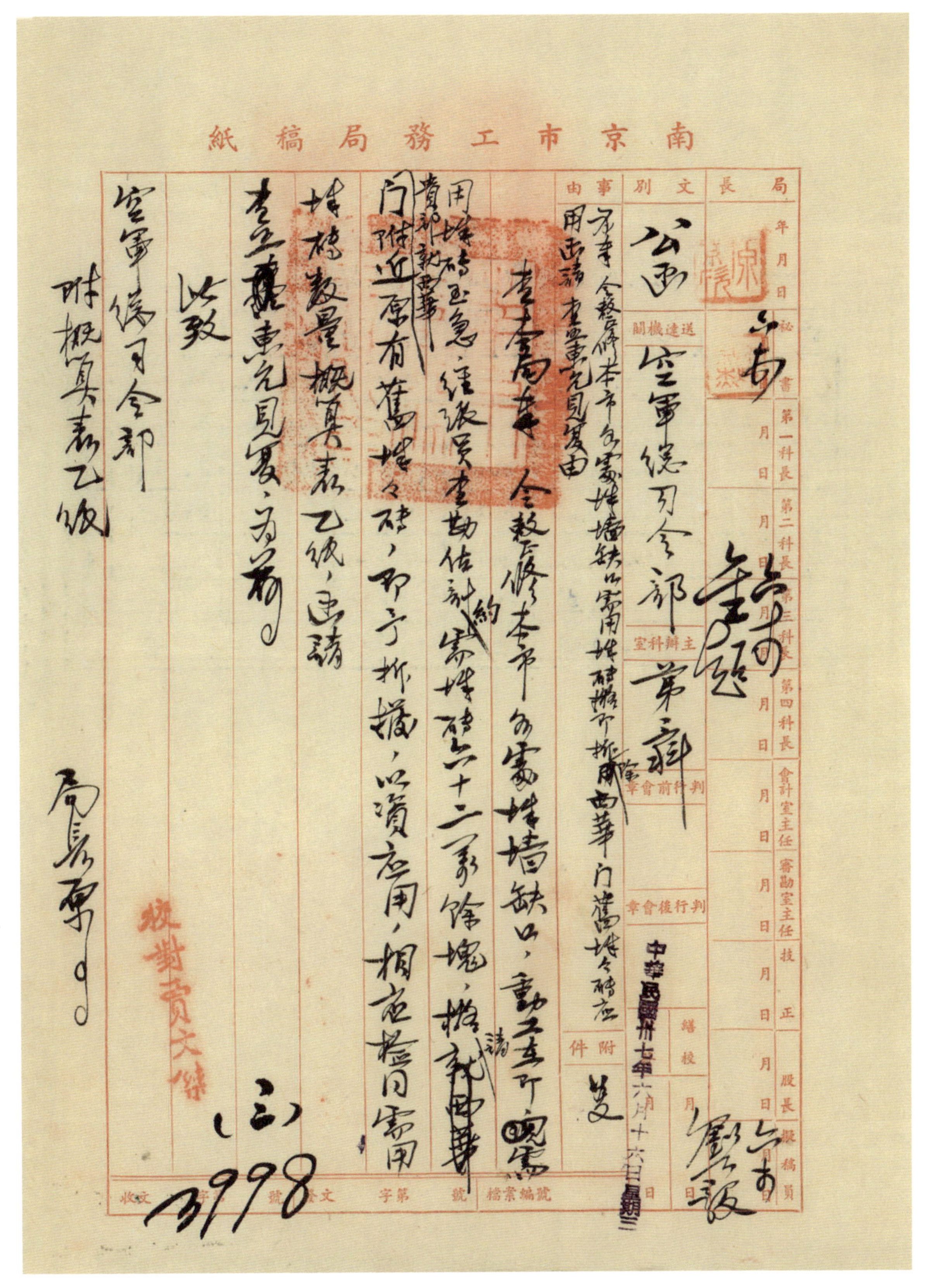

南京市工務局稿紙

文別：公函

送達機關：空軍總司令部

主辦科室：第一科

事由：爲奉令整修本市各處城墻缺口需用城磚擬即拆除西華門舊城城磚應用函請查照惠允見復由

附件：表

中華民國卅七年六月十六日

查本局奉令整修本市各處城墻缺口，動工在即，需用城磚亟急，經派員查勘估計約需城磚六十二萬餘塊，擬請將貴部西華門附近原有舊城城磚，即予拆撥，以資應用，相應檢同需用城磚數量概算表乙紙，函請查照惠允見復，爲荷。

此致

空軍總司令部

附概算表乙紙

局長

校對 賈文傑

（二）3998

存卷

南京市整修城墙需用城砖数量概标表

目次	地点	名称	説明	数量(立方公尺)	需用烧城砖	備註
1	太平門	缺口重砌	2×3×2.5	15	1,880	
2	光華門	加固	0.8×12×58	557	69,500	
3	雨花門	缺口重砌	15×8×20	2400	300,000	
4	中華門	〃	20×10×7	1400	175,000	
5	〃	〃	14×9×4	504	63,000	
6	〃	〃	7.5×5×4	150	18,800	
合計				5,026	628,180	

（十）首都衛戍總司令部爲轉請速將本市城墻城門整修完成以憑轉報與市政府的往來代電（一九四八年七月十七日至七月二十三日）

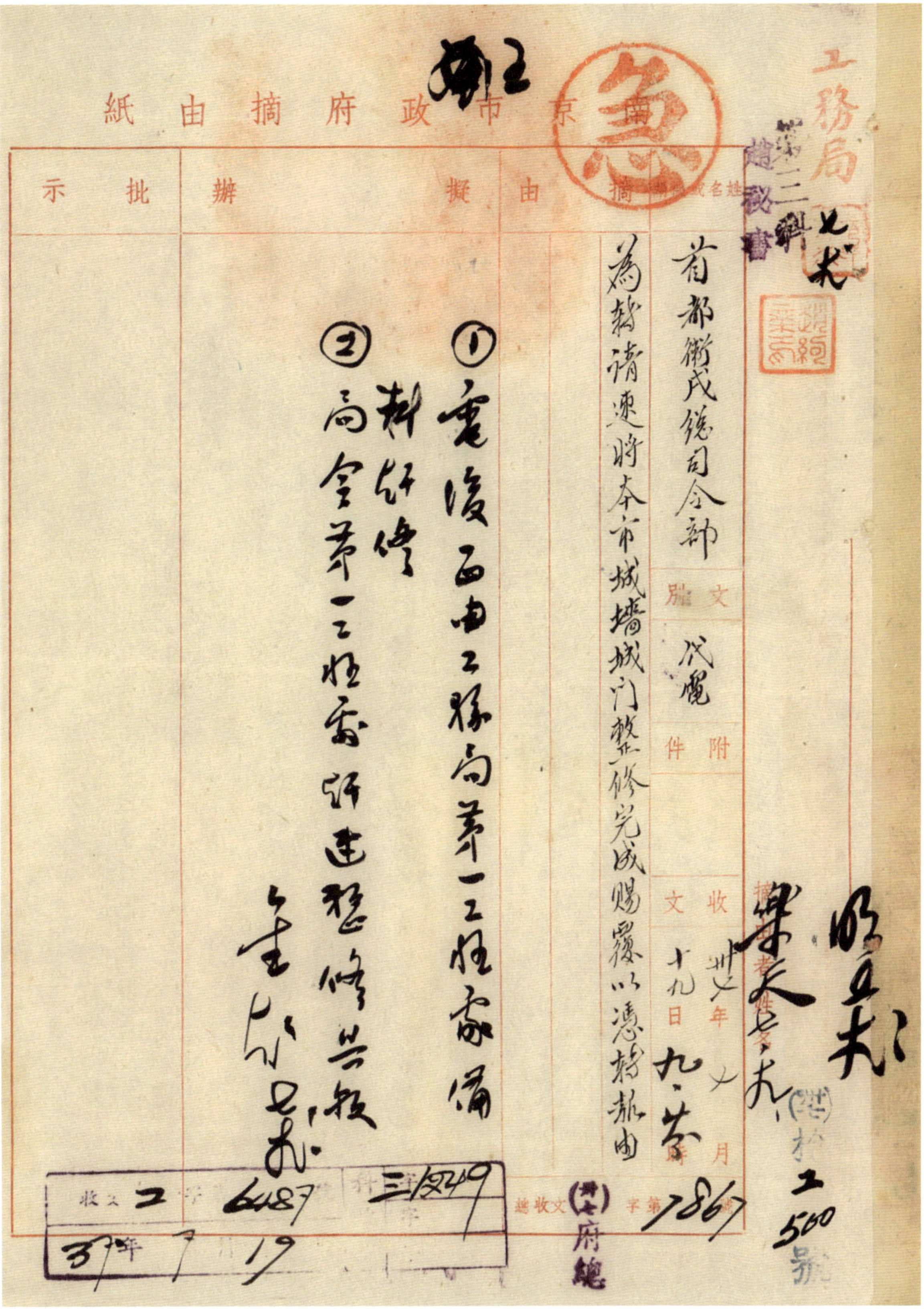

南京市政府摘由紙

摘由		擬辦	批示
首都衛戍總司令部	爲轉請速將本市城墻城門整修完成賜覆以憑轉報由	①電復西由工務局第一工程處備料修 ②函令第一工程處從速趕修具報	
文別：代電			
收文：卅七年七月十九日			

收文第 90 號

首都衛戍總司令部（代電）

事由：為轉請速將本市城墻城門整修完成賜覆以憑轉報由

受文者：南京市政府沈市長

附件：

日期：民國三十七年七月十九日

字號：戍剩二志字第1916號

駐地：南京林森路

一、頃奉國防部（卅七）揮綏字第五四四八號代電節開「希速將首都城墻城門整修完成具報」。

二、查本市城墻城門之整修經本部派員會同貴府工務局查勘完畢並以（卅七）戍剩二志字第一六一三號及一八四八號兩代電送請貴府工務局迅向行政院領下撥款早日施工並將整修詳情見告以憑轉報在案，迄未獲覆。

三、特電請轉飭貴府工務局速將本市城墻城門整修完成並先行將施工情形見告俾便轉報為荷。

總司令張鎮

監印蕭剛

檔號

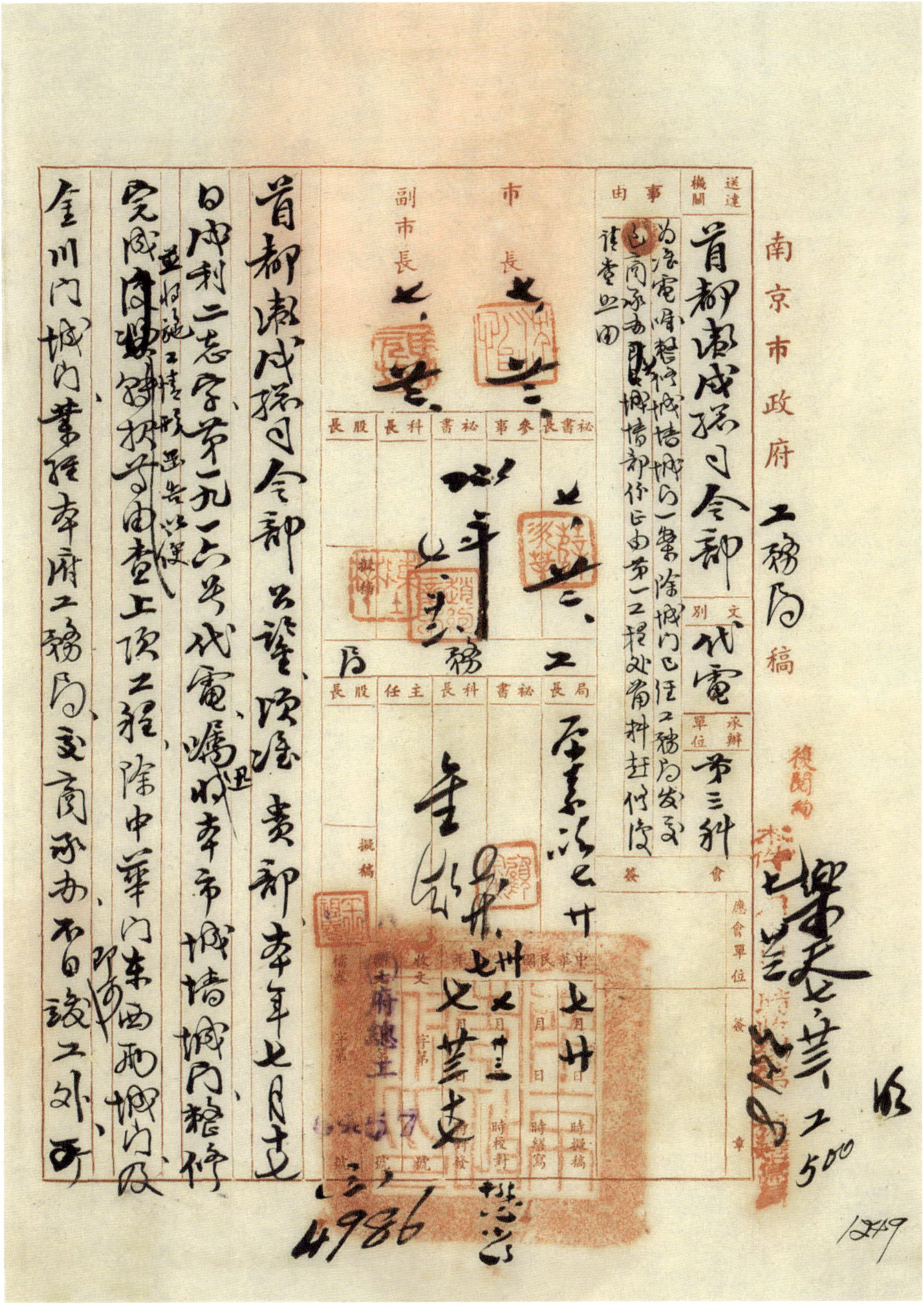

南京市政府工務局稿

送達機關：首都衛戍總司令部

文別：代電

承辦單位：第三科

事由：為准電催趕修城牆城門一案除城門已經工務局發包外已商承市長將城牆部份已由第一工程處當即趕修復請查照由

首都衛戍總司令部公鑒：頃准貴部本年七月廿七日衛利二志字第一九一六號代電，囑迅將本市城牆城門趕修完成等由，准此。查上項工程，除中華門東西兩城門及金川門城門業經本府工務局交商承辦及自辦工程外，所（並將施工情形函告以便）

中華民國卅七年七月廿 日

收文 4986

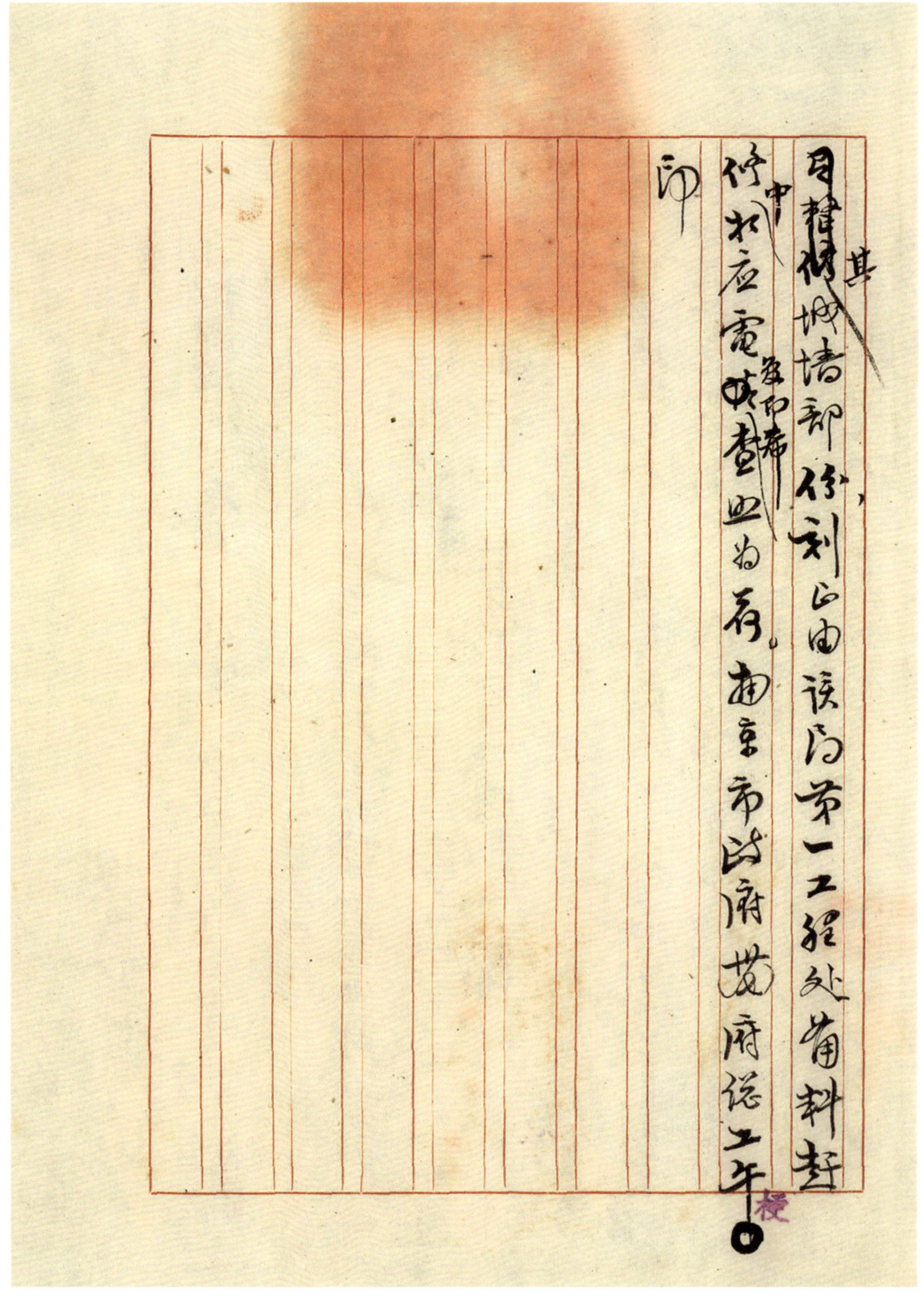

日其城墙部份，刻正由该局第一工程处备料赶修中，相应电复，查照为荷。南京市政府府总工午○印

（十一）市工務局爲將本市城門城墻整修具報與第一工程處的往來公文（一九四八年七月二十四日至七月二十八日）

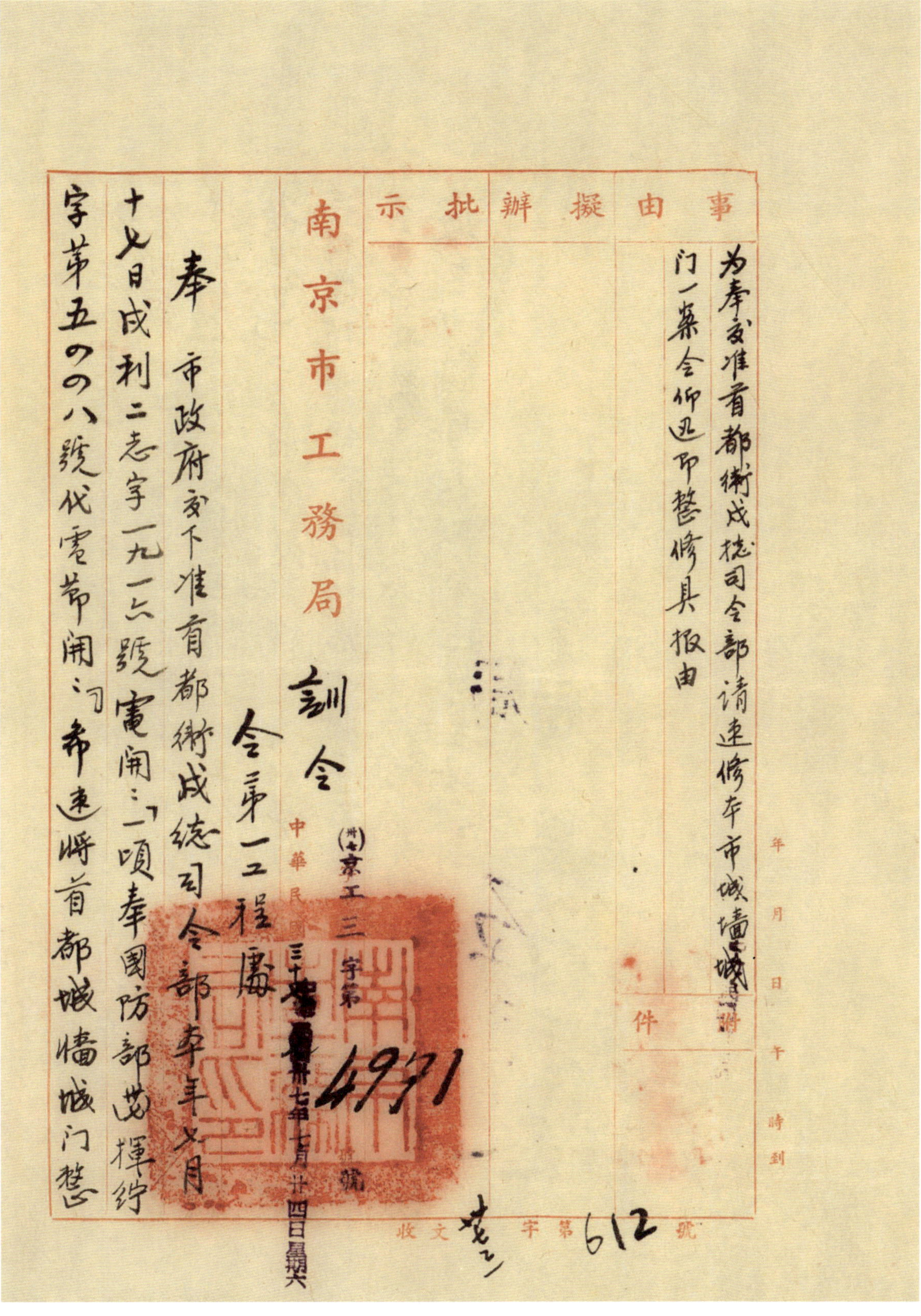
事由　为奉令准首都衛戍總司令部請速修本市城墻城门一案令仰迅即整修具报由

擬辦

批示

附件

年　月　日　午　時到

南京市工務局訓令

中華民國三十七年七月廿四日星期六

（卅七）京工三字第4971號

令第一工程處

奉

市政府令下准首都衛戍總司令部本年七月十七日戍利二志字一九一六號電開：「頃奉國防部迭揮行字第五〇〇八號代電節開：『希速將首都城墻城门整

收文　字第612號

修完成具報，二查本市城牆城門之整修經本部派員會同貴府工務局查勘完畢並以照戍利二志字第一六一三號及一八〇八號兩代電送請貴府工務局迅向行政院領下撥款早日施工並將整修詳情見告以憑轉報在案迄未獲復，三、特電請轉飭貴府工務局速將本市城牆城門整修完成並先行將施工情形見告俾便轉報」等由。奉此，合行令仰該處迅即整修具報勿延為要。此令

局長 原素欣

監印 宋寄蘇
校對 賈文鋒

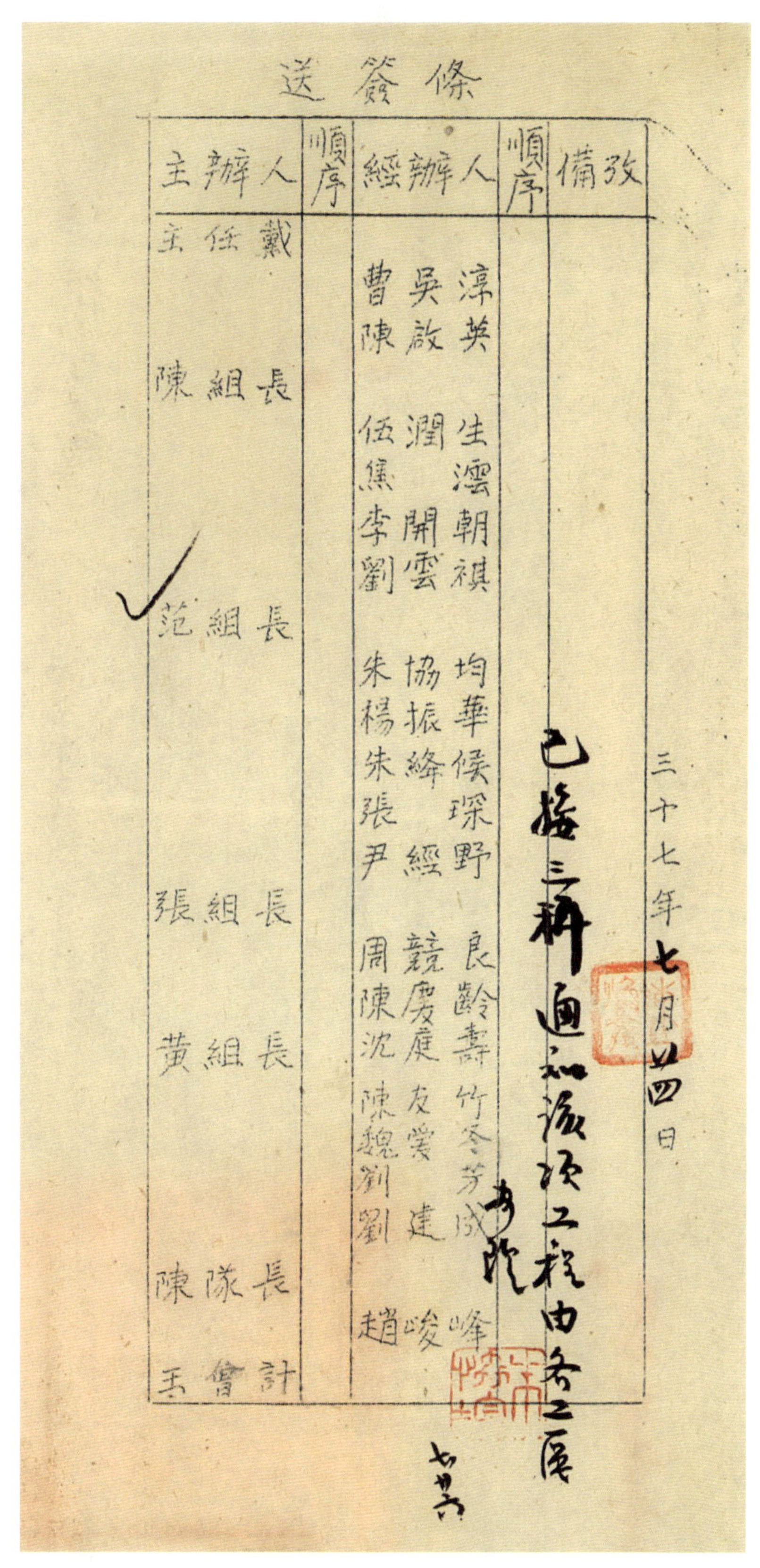

送簽條

主辦人	順序	經辦人	順序	備攷
主任戴		曹吳淳 陳啟英		
陳組長		伍潤生 焦　霮 李開朝 劉雲禎		
范組長		朱協均 楊振華 朱絳候 張　琛 尹經野		
張組長		周競良 陳慶齡 沈庭壽 陳友竹 魏棠苓 劉　芬 劉建成		
黄組長				
陳隊長		趙峻峰		
王會計				

三十七年七月廿四日

已接三科通知該項工程由各工區

李訒

七廿六

南京市工務局第一工程處

與本件有關之件

稿別	事由

報告書

受件機關或受件人　南京市工務局　局長原

附件

主任

行於

年　七月廿七日　　時

組長	段長	會計	醫師	擬稿	書記	擬稿	交辦
年	年	年	年	曹吳淳		年	年
月	月	月	月			月	月
日	日	日	日			日	日
時	時	時	時			時	時

文					電		歸檔
交繕	繕寫	校對	蓋印	封發	交譯	譯發	總數	發電	年
年	年	年	年	年	年	年			月
月	月	月	月	月	月	月			日
日	日	日	日	日	日	日			號數 檔索
時	時	時	時	時	時	時			

（卅七工一）字

一、案奉　鈞署（卅）京工三字第4971號訓令，為奉　交准首都衛戍總司令部請速修本市城墻城门一案，令仰迅即整修具報等因。

二、本月廿六日上午　鈞府會報議決：「本市城墻城门整修工作由主管各區工務管理處分別就近辦理」，自應遵辦。

三、本月廿七日上午職處陳工程司和平偕同首都衛戍總司令部李參謀及第二科、第三科及各區工務管理處代表前往查勘，並轉移各區工務管理處辦理，理合將經過情形呈請鑒核備查。

謹呈

局長　原

第二工程處主任　戴〇〇

送簽條

主辦人	順序	經辦人	順序	備攷
主任戴		曹吳淳 陳啟英		
陳組長		伍潤生 焦雲 李開朝 劉雲祺		
范組長		朱協鈞 楊振華 朱絳侯 張琛 尹綵野		
陳組長		周競良 陳慶齡 沈庭壽		三十七年七月廿一日
黃組長		陳友竹 魏愛冬 劉芳 劉建成		
玉詹許				

（十二）成贤区工务管理处关于修砌富贵山、太平门附近城墙的工程请示单及预算细目、工程草图（一九四八年七月三十一日）

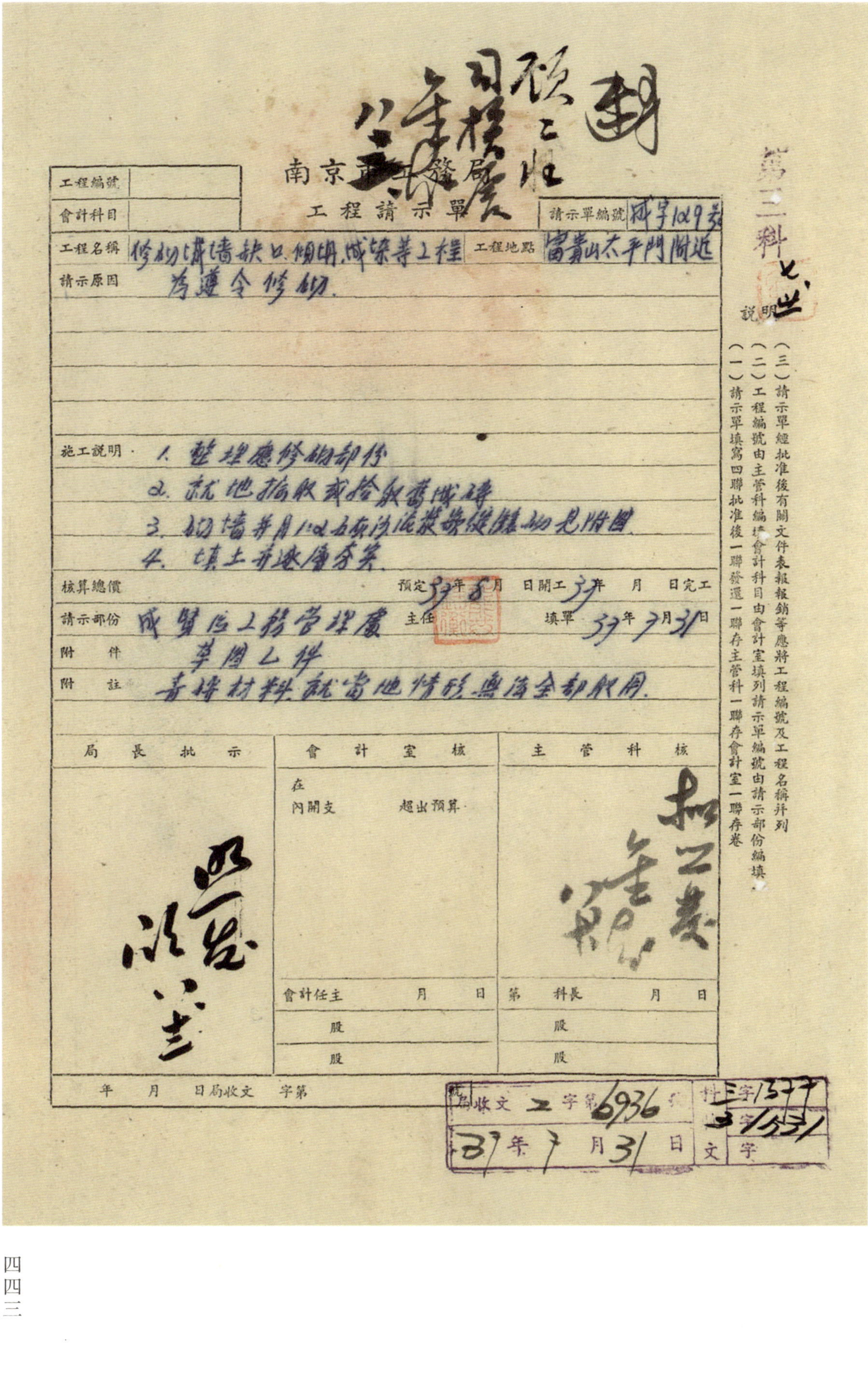

南京市工务局

工程请示单

工程编号	
会计科目	
请示单编号	城字129号
工程名称	修砌城墙缺口、倾圯、城垛等工程
工程地点	富贵山太平门附近
请示原因	为遵令修砌。
施工说明	1. 整理应修砌部份 2. 就地搞取或拾取旧城砖 3. 砌墙并用1:2石灰沙泥浆勾缝做法见附图 4. 填土并夯实。
核算总价	预定37年7月　日开工　37年　月　日完工
请示部份	成贤区工务管理处　主任　填单37年7月31日
附件	草图乙件
附注	青砖材料就当地情形无偿全部取用。

局长批示	会计室核	主管科核
	在　内开支　超出预算	
	会计主任　月　日	第　科长　月　日
	股	股
	股	股

年　月　日局收文　字第

局收文工字第6936号　37年7月31日

科收文三字1577　二字1531

说明：
（一）请示单填写四联批准后一联发还一联存主管科一联存会计室一联存卷
（二）工程编号由主管科编填会计科目由会计室填列请示单编号由请示部份编填
（三）请示单经批准后有关文件表报报销等应将工程编号及工程名称并列

預算細目

共 1 頁第 1 頁

项次	項目	單位	數量	單價	共價	備註
1	青砖(12"×5"×10")	块	9,600			城墙缺口用
2	片石	立公	11			〃〃〃〃〃
3	填土	〃〃	19			〃〃〃〃〃
4	石灰	担	27			〃〃〃〃〃
5	洋灰	立公	5			〃〃〃〃〃
6	大工	工	50			〃〃〃〃〃
7	小工	〃	150			〃〃〃〃〃
8	片石	立公	15			城墙缺崩部份用
9	石灰	担	9			〃〃〃〃〃〃〃
10	洋灰	立公	2.5			〃〃〃〃〃〃〃
11	大工	工	30			〃〃〃〃〃〃〃
12	小工	〃	90			〃〃〃〃〃〃〃
13	青砖(12"×5"×10")	块	7,000			城垛用
14	石灰	担	20			〃〃〃
15	洋灰	立公	3			〃〃〃
16	大工	工	40			〃〃〃
17	小工	工	120			〃〃〃
共計						

核對　　　計算

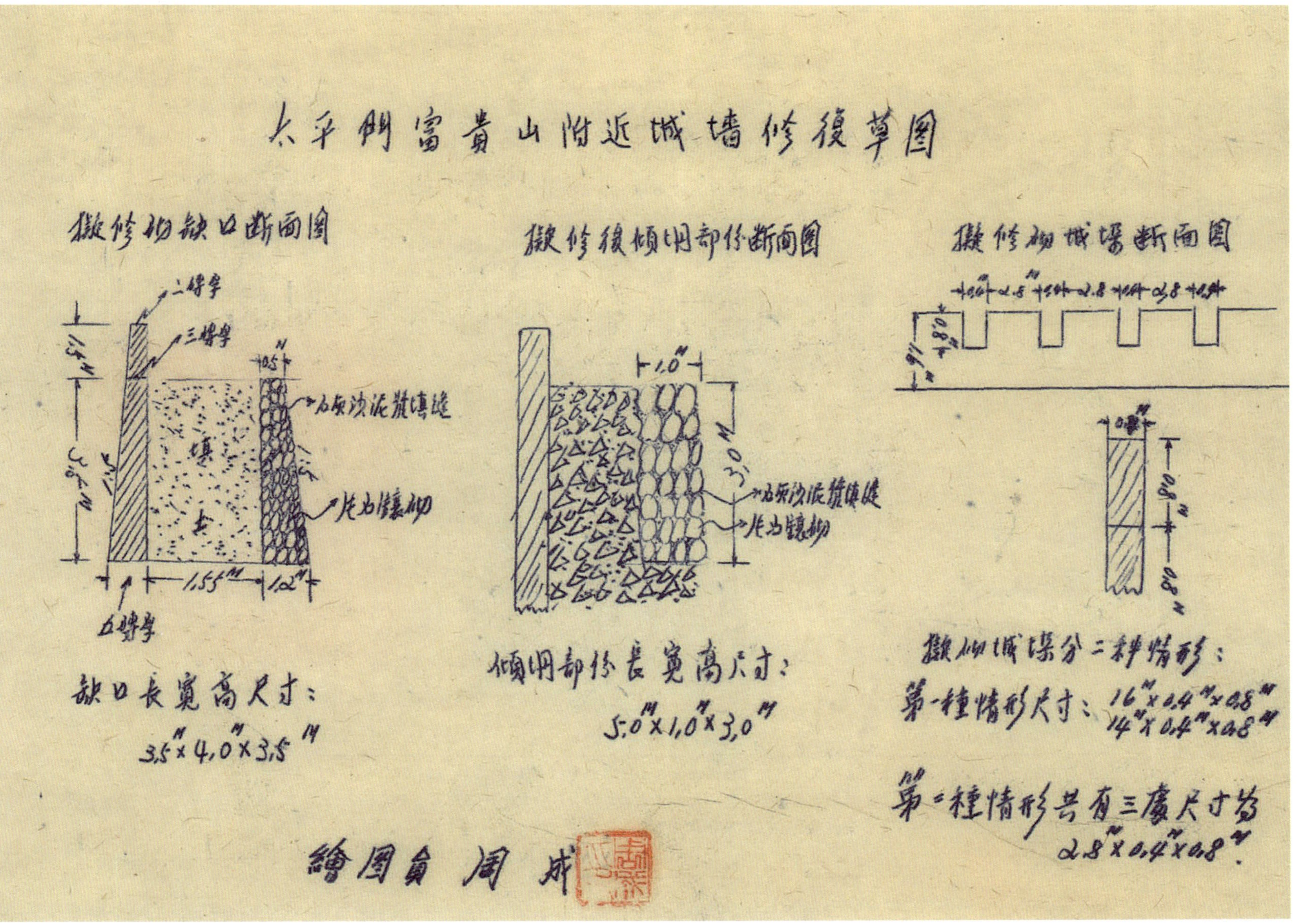

太平門富貴山附近城墻修復草圖

擬修砌缺口斷面圖

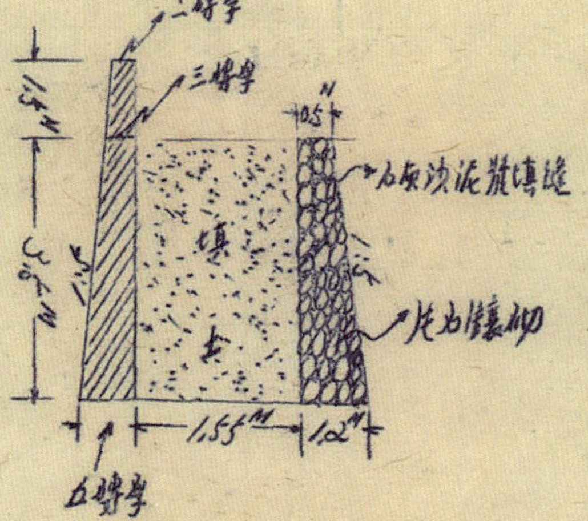

缺口長寬高尺寸：
3.5M×4.0M×3.5M

擬修復傾圯部份斷面圖

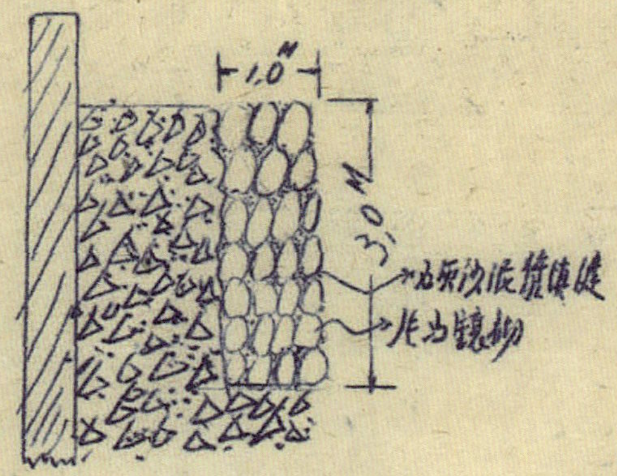

傾圯部份長寬高尺寸：
5.0M×1.0M×3.0M

擬修砌城堞斷面圖

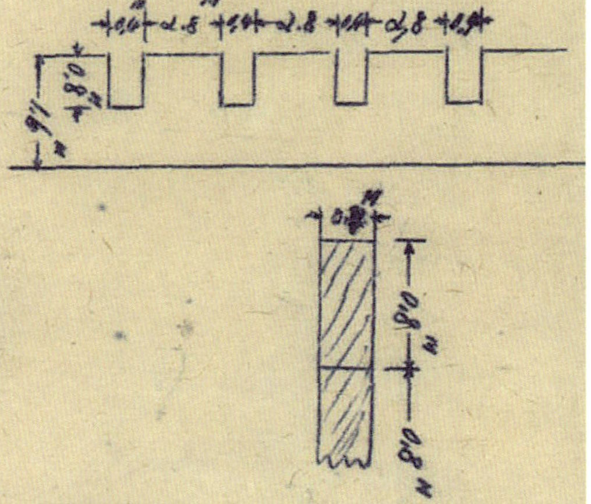

擬砌城堞分二種情形：
第一種情形尺寸：16M×0.4M×0.8M
14M×0.4M×0.8M

第二種情形共有三處尺寸為
2.8M×0.4M×0.8M.

繪圖員 周成

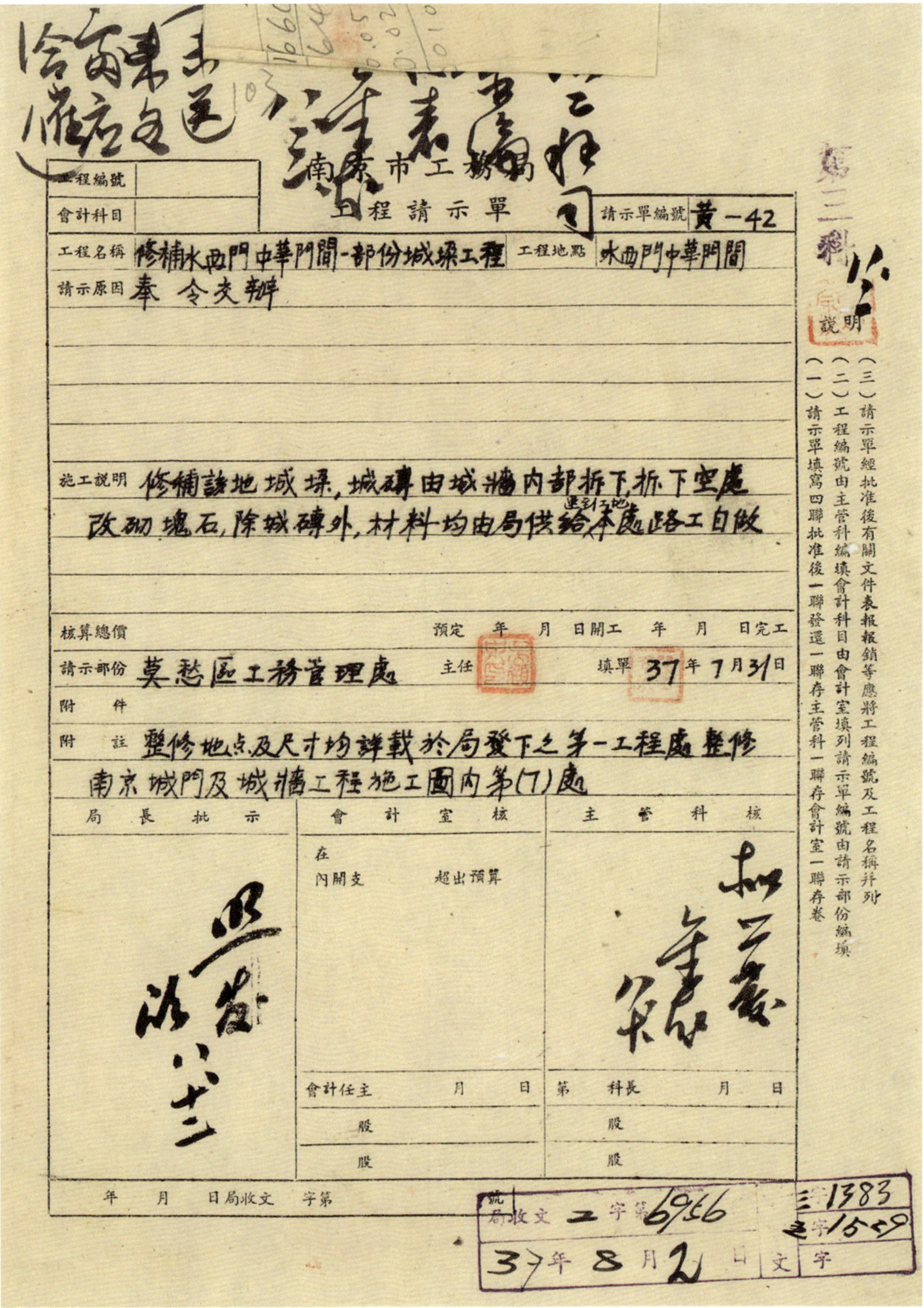
南京市工務局

工程請示單

工程編號		請示單編號	黄-42
會計科目			
工程名稱	修補水西門中華門間一部份城墚工程	工程地點	水西門中華門間
請示原因	奉令交辦		
施工説明	修補該地城墚，城磚由城墻内部拆下，拆下空處改砌塊石，除城磚外，材料均由局供給（運至該地）本處路工自做		
核算總價	預定　年　月　日開工　年　月　日完工		
請示部份	莫愁區工務管理處　主任	填單	37年7月31日
附件			
附註	整修地点及尺寸均詳載於局發下之第一工程處整修南京城門及城墻工程施工圖内第(7)處		

局長批示	會計室核	主管科核
	在　内開支　超出預算	
	會計任主　月　日	第　科長　月　日
	股	股
	股	股

年　月　日局收文　字第　號

局收文 二 字第 6966 號　37年8月2日

説明

（一）請示單填寫四聯批准後一聯發還一聯存主管科一聯存會計室一聯存卷

（二）工程編號由主管科編填會計科目由會計室填列請示單編號由請示部份編填

（三）請示單經批准後有關文件表報報銷等應將工程編號及工程名稱并列

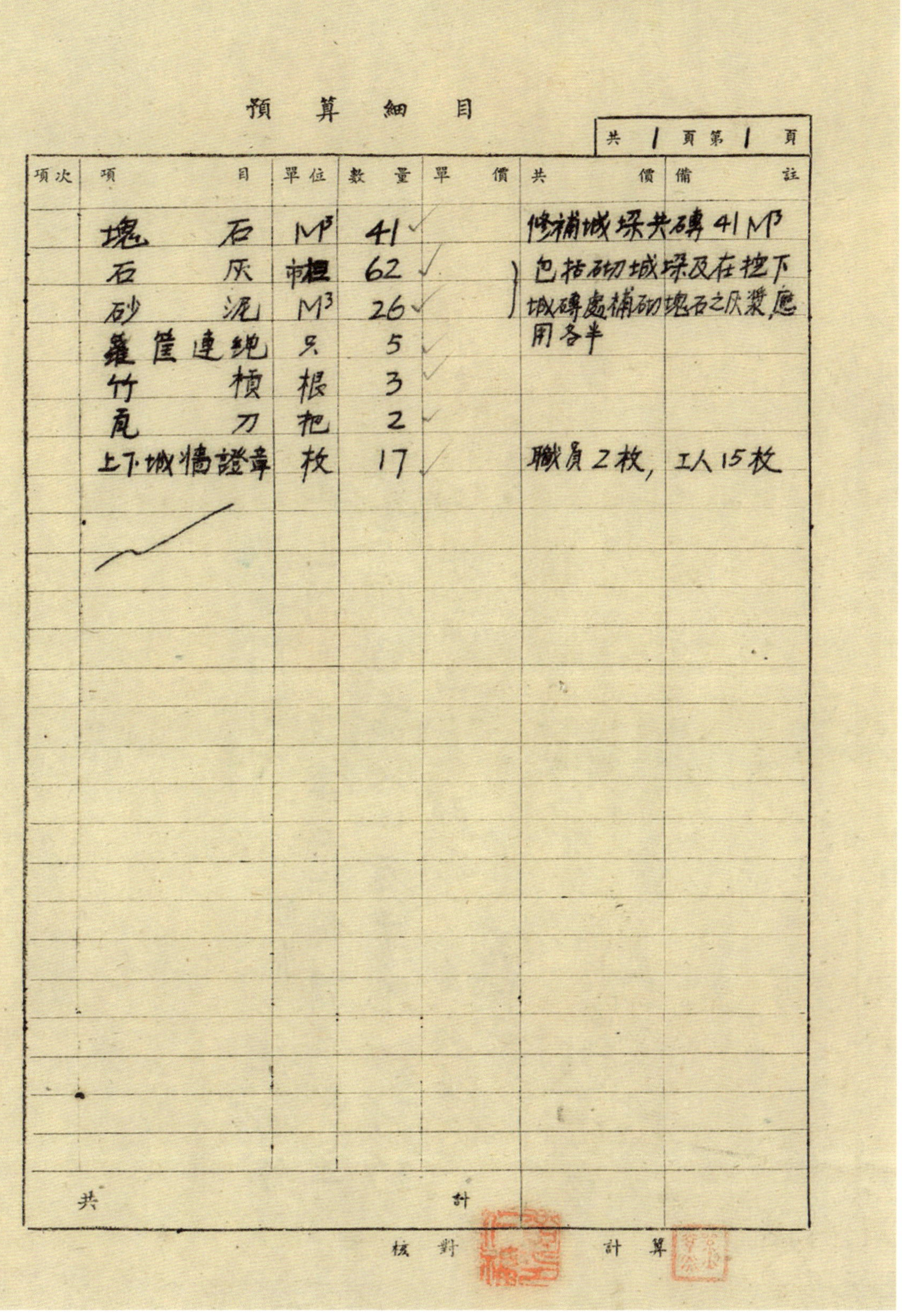

預算細目

共 1 頁第 1 頁

項次	項目	單位	數量	單價	共價	備註
	塊石	M^3	41		修補城垛共磚41M^3	
	石灰	市担	62		包括砌城垛及在挖下城磚處補砌塊石之灰漿，應用各半	
	砂泥	M^3	26			
	蘆篷連繩	只	5			
	竹槓	根	3			
	瓦刀	把	2			
	上下城墻證章	枚	17		職員2枚，	工人15枚
共計						

核對　　計算

南京市工務局便箋

查修補水西門中華門間一部份城牆工程関於應用材料工具已開具黄字四三號請示单呈報在案頃接電詢所需人工若干經估計約需壹佰叁拾工相應函復即希

查照為荷

此致

第三科

廿、八、四、

（十四）復成區工務管理處關于整修通濟門至光華門城墻的工程請示單及預算細目、工程數量計算表（一九四八年八月四日）

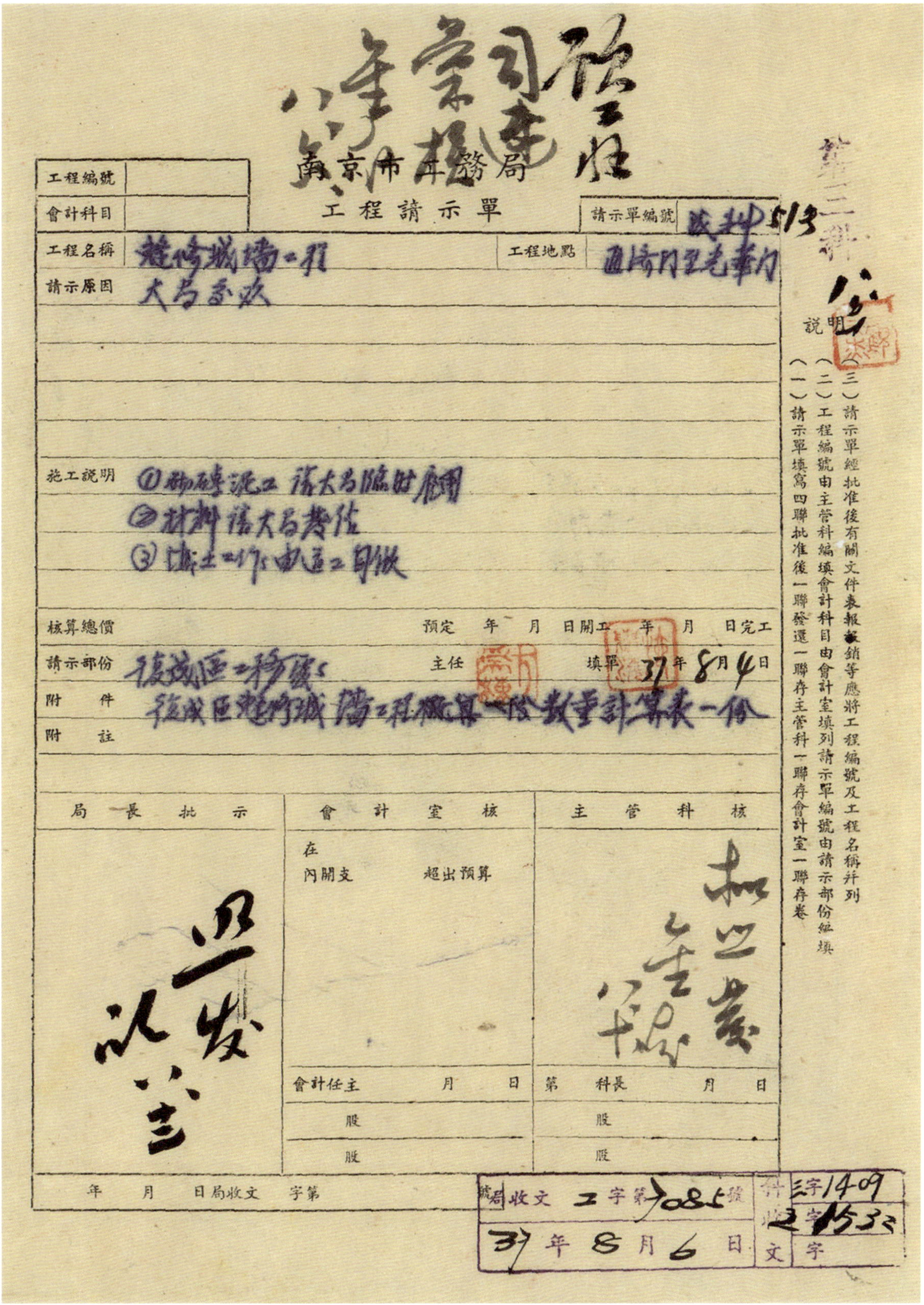

南京市工務局

工程請示單

工程編號	
會計科目	
請示單編號	復2字513
工程名稱	整修城墻工程
工程地點	通濟門至光華門
請示原因	大雨塌坍
施工說明	①砌磚泥工 請大局臨時雇用 ②材料請大局供給 ③填土工作由道工辦理
核算總價	預定 年 月 日開工 年 月 日完工
請示部份	復成區工務處 主任 填單 37年8月4日
附件	復成區整修城墻工程概算一份 數量計算表一份
附註	

局長批示	會計室核	主管科核
	在 內開支 超出預算	
	會計主任 月 日	第 科長 月 日
	股	股
	股	股

年 月 日局收文 字第 號

局收文 工字第7085號 37年8月6日

科收文 三字1409 二字1532

說明
（一）請示單填寫四聯批准後一聯發還一聯存主管科一聯存會計室一聯存卷
（二）工程編號由主管科編填會計科目由會計室填列請示單編號由請示部份編填
（三）請示單經批准後有關文件表報報銷等應將工程編號及工程名稱并列

預算細目

共 1 頁第 1 頁

項次	項目	單位	數量	單價	共價	備註
	城磚	M^3	1871			利用舊城磚
	瓦工	工	68			臨時雇用
	小工	工	390			道工自役
	石灰	市担	11.2			
	黄沙	M^3	5			
	土箕(連蓋)	付	30			由大石發給
	扁担	根	30			
	職員出入証	張	2			
	工人出入証	張	40			
共計						

核對　　計算

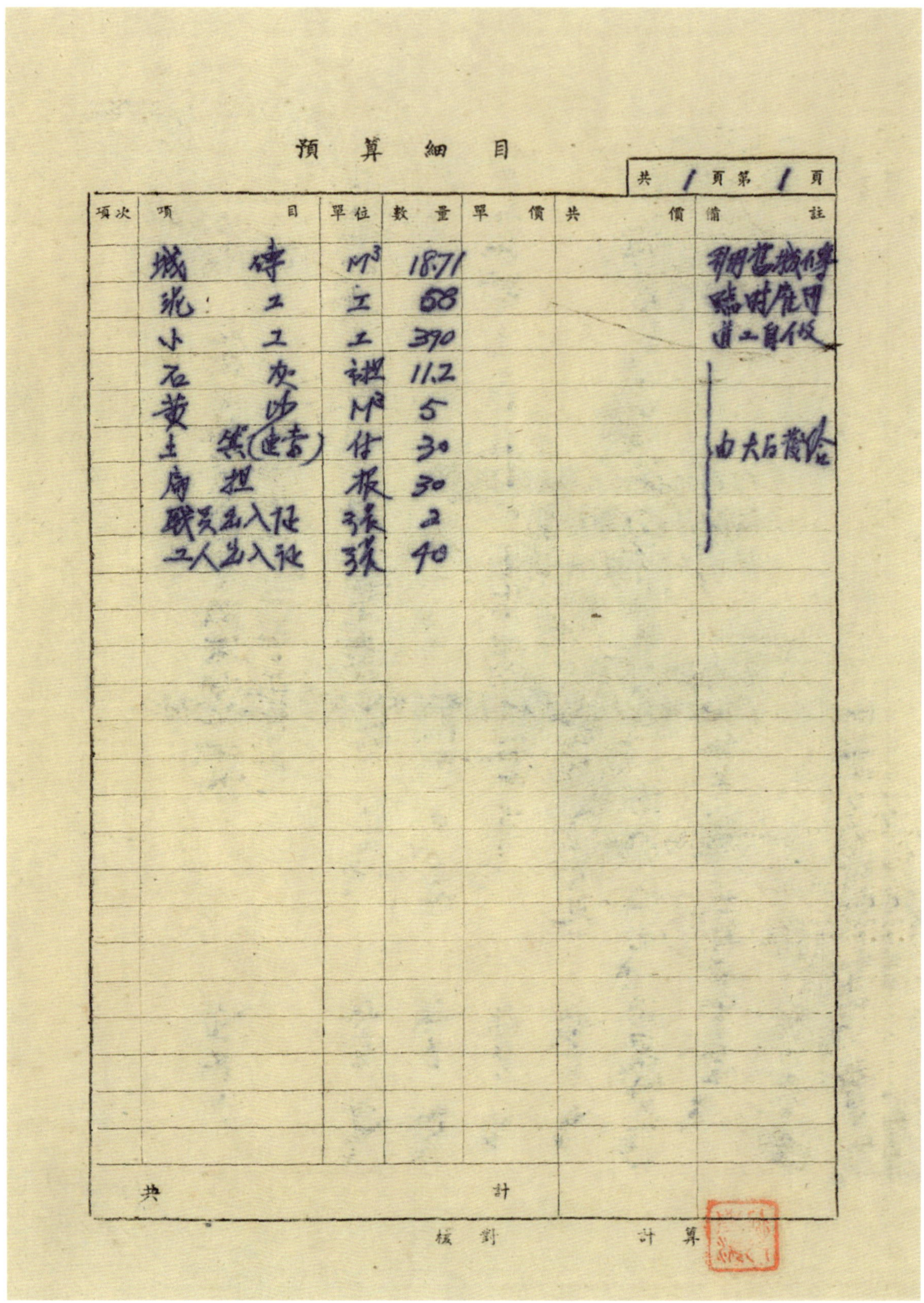

復城區整修城墻工程數量計算表

37.8.2.

（參照本工程處城墻工程施工卷）

① 光華門東（甲字第④）填土工程：（斷面另附卷） A.填土 333.3 M^3 折工 167工

B.運距 100M（上城） 折工 83工

② 光華門西（甲字第⑤）填土工程：（斷面另附卷） A.填土 14.25 M^3 折工 7工

B.運距 100M（上城） 折工 4工

③ 光華門西 700M處城墻缺口補修工程：（缺口長 15M，寬 6M，深 1.5M）（新墻寬 0.6M）

A.新砌磚墻 6×1.5×0.6=5.4 M^3

需大工 19工 小工 10工

B.填土 15×6×1.5-5.4=129.6 M^3 折工 65工

南京市工務局

C.運距 50^M(上城)　挑小工 $20^工$

④ 通濟門東800^M(即圖上⑥)補修城牆缺口工程(斷面另呈)

A.新砌城牆 2.03^{M^3}　需泥工$7^工$　小工$10^工$

⑤ 通濟門西350^M(即圖上⑧)補修城垛工程(另呈)

A.修城垛二個共計11.28^{M^3}　需泥工$12^工$　小工$20^工$

B.運距 180^M　挑小工 $4^工$

（十五）成賢區工務管理處關于報送九華山城墻擬修辦法致市工務局的呈文（一九四八年八月五日）

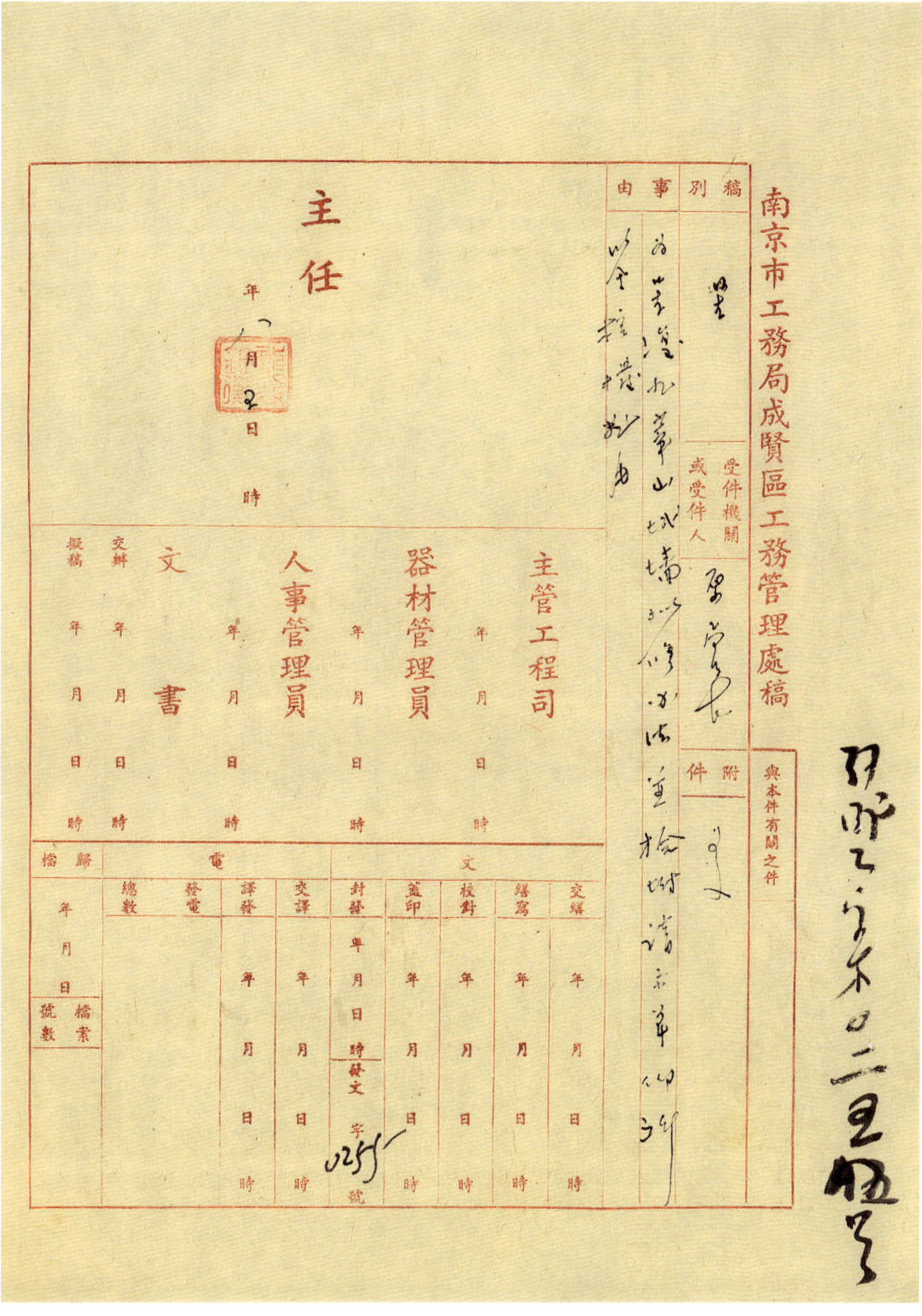
南京市工務局成賢區工務管理處稿

稿別	事由
呈	

受件機關或受件人

附件

與本件有關之件

主任 年 月 日 時

主管工程司 年 月 日 時

器材管理員 年 月 日 時

人事管理員 年 月 日 時

文書 年 月 日 時

交辦 年 月 日 時

擬稿 年 月 日 時

交繕	繕寫	校對	蓋印	封發	交譯	譯發	發電	總數	歸檔
年月日時	年月日時	年月日時	年月日時	年月日時 發文 字 號	年月日時	年月日時			年月日

檔案號數

某某：

頃奉 貴會本年[illegible]三十日第二三號第5-150號訓令，內開修復九華山[illegible]

[illegible]碑[illegible]七[illegible]碑述，即前[illegible]修理[illegible]道

由本部[illegible]運[illegible]查該[illegible]七[illegible]報[illegible]數[illegible]1/2[illegible]七[illegible]約

有五至六[illegible]月[illegible]數[illegible]遵[illegible]

等[illegible]七[illegible]請示[illegible]七[illegible]

[illegible]以[illegible]二

謹呈

[illegible]

[illegible]：[illegible]第131號[illegible]請示[illegible]一[illegible]の件

金[illegible]

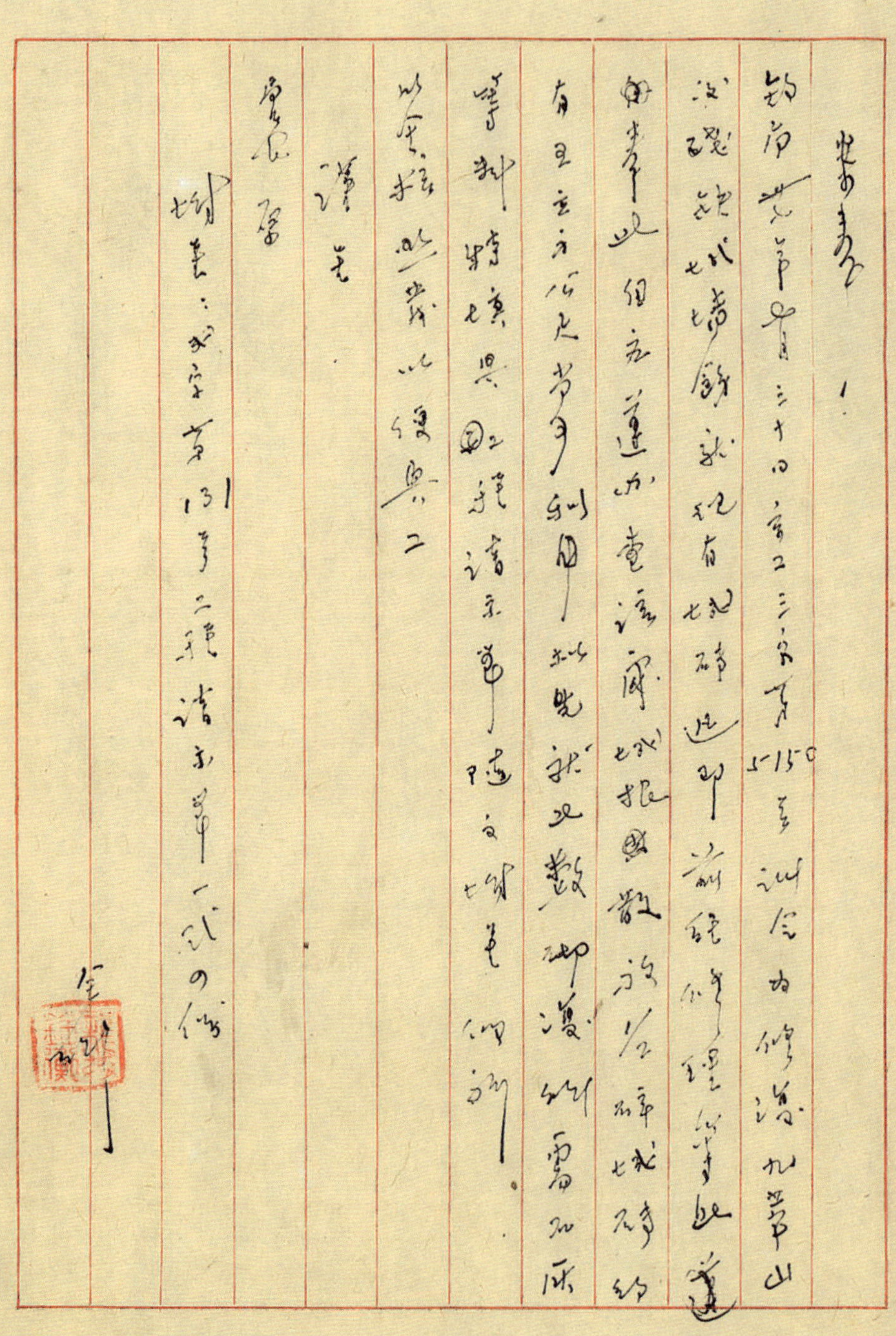

（十六）城北區工務管理處關于整修興中營營房右邊城牆的工程請示單及預算細目、工程材料人工表（一九四八年八月七日）

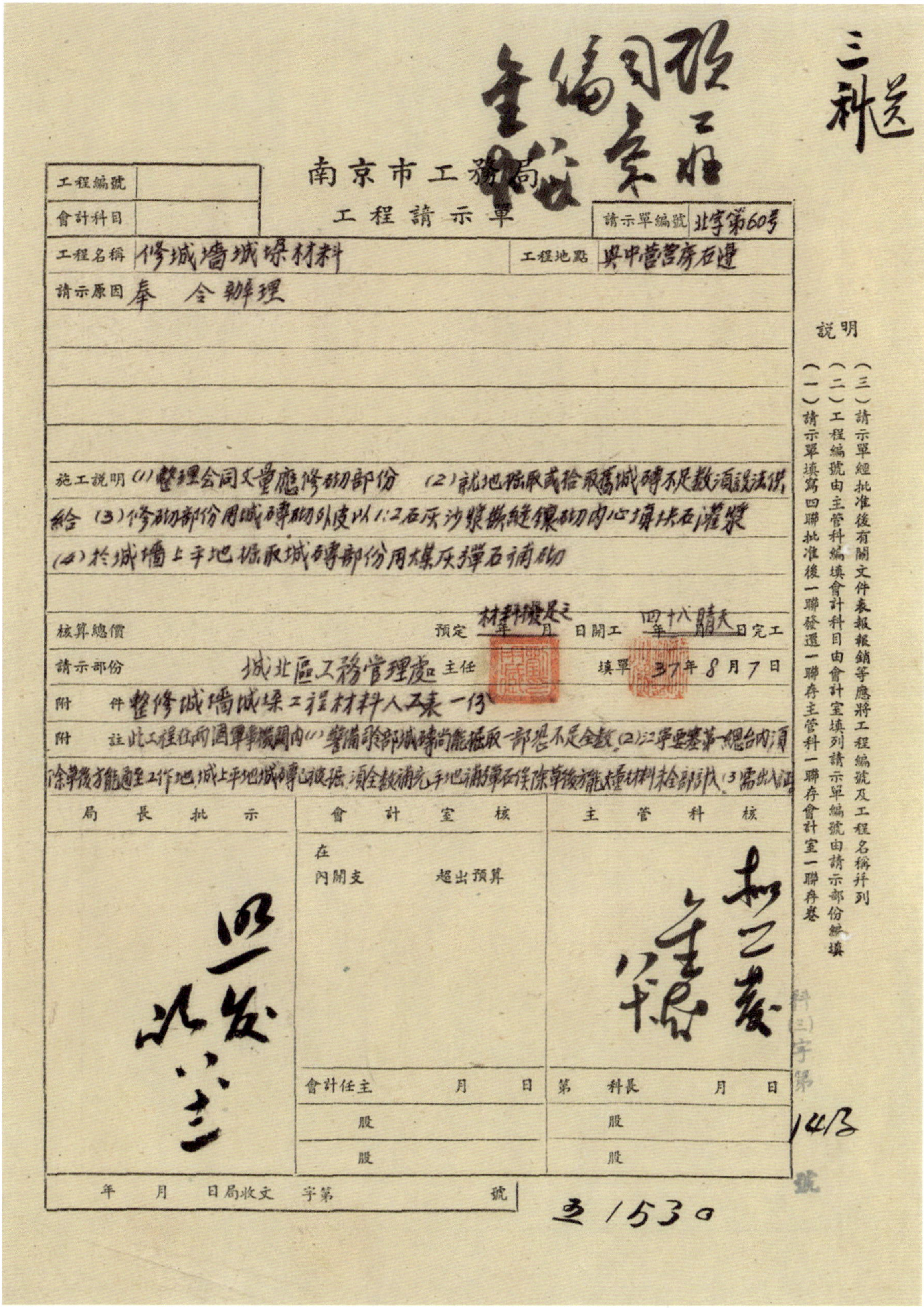

班司
編
全發
工程
案

三科送

南京市工務局
工程請示單

工程編號	
會計科目	

請示單編號 北字第60号

工程名稱	修城牆城垛材料	工程地點	興中營營房右邊
請示原因	奉 令辦理		

施工說明 (1)整理会同丈量應修砌部份 (2)就地拆取貳拾萬舊城磚不足數須設法供給 (3)修砌部份用城磚砌外皮以1:2石灰沙漿嵌縫鑲砌內心填塊石灌漿 (4)於城牆上平地拆取城磚部份用煤灰彈石補砌

核算總價　　預定 材料備足之 年 月 日開工 四十八晴天 年 月 日完工

請示部份 城北區工務管理處 主任 （印） 填單 37年8月7日 （印）

附　件 整修城牆城垛工程材料人工表一份

附　註 此工程位於鄰軍事機關內(1)警備司令部城磚尚能拆取一部恐不足全數。(2)江寧要塞第一總台內須除草後方能通至工作地，城上平地城磚已被拆，須全數補充，平地補彈石俟除草後方能丈量材料未計列。(3需出入[illegible]

局長批示	會計室核	主管科核
照發 沈 八、十三	在 內開支 超出預算	如已簽 存稿
	會計任主 月 日	第 科長 月 日
	股	股
	股	股

年 月 日局收文 字第 號　　五1530

說明
（一）請示單填寫四聯批准後一聯發還一聯存主管科一聯存會計室一聯存卷
（二）工程編號由主管科編填會計科目由會計室填列請示單編號由請示部份編填
（三）請示單經批准後有關文件表報報銷等應將工程編號及工程名稱并列

科（三）字第1413號

預算細目

共　頁第　頁

項次	項目	單位	數量	單價	共價	備註
✓	城磚	塊	7260			
	塊石	立公方	126			
	石灰	市担	92.6			
	沙泥	立公方	16.8			
	煤灰	" "	94			
✓	人工	工	890			除草工另加602
	竹萝(連繩)	只	10			
	竹積	根	6			
	磚刀	把	4			
	1"Φ 純麻繩	丈	6			吊脚踏用
	½"Φ " "	"	10			綑扎脚踏用
	2"x12' 木板	尺	6			脚踏板
	大毛竹	根	10			" " 柱
	上下城墻証章	枚	27			職工 工25
共計						

核對　　　計算

整修城墻城垛工程材料人工表

地點	損壞缺口部份尺寸及體積				挖取城牆平地城磚面積	需用材料人工								附註
	長 m	寬 m	高 m	體積 m³	m²	城磚 塊	磚體積 m³	填心塊石 m³	補砌塊石 m³	石灰 市擔	沙泥 m³	煤灰 m³	人工 工	
警備司令部	4.0	0.9	1.7	6.12	46.80	650	4.68	2.0	9.0	7.5	1.5	9.0	72	人工一項包括鉋工、撥磚工、復原工、抽水工、化石灰和泥工、搭腳手工等
	3.8	0.9	1.7	5.81	42.48	590	4.25	2.0	8.0	7.00	1.2	8.0	72	
	15.0	0.9	1.7	22.95	158.50	2200	15.85	9.0	28.0	27.50	4.6	28.0	250	
江寧要塞第一總台	8.5	0.9	2.0	15.50	92.16	1280	9.22	7.0	16.0	14.60	3.0	16.0	146	人工同警備司令部，需另加除草工、鋤[illegible]部草木能運料及工作，本表未列入
	4.5	0.9	1.0	4.05	24.48	340	2.45	1.0	4.0	4.90	1.0	4.0	50	
	8.0	0.9	2.0	14.40	86.40	1200	8.64	6.0	16.0	17.30	3.0	16.0	160	
	6.4	0.9	2.0	11.52	72.00	1000	7.20	5.0	13.0	13.80	2.5	13.0	140	
共計				80.35	522.82	7260	52.29	32.0	94.0	92.60	16.8	94.0	890	

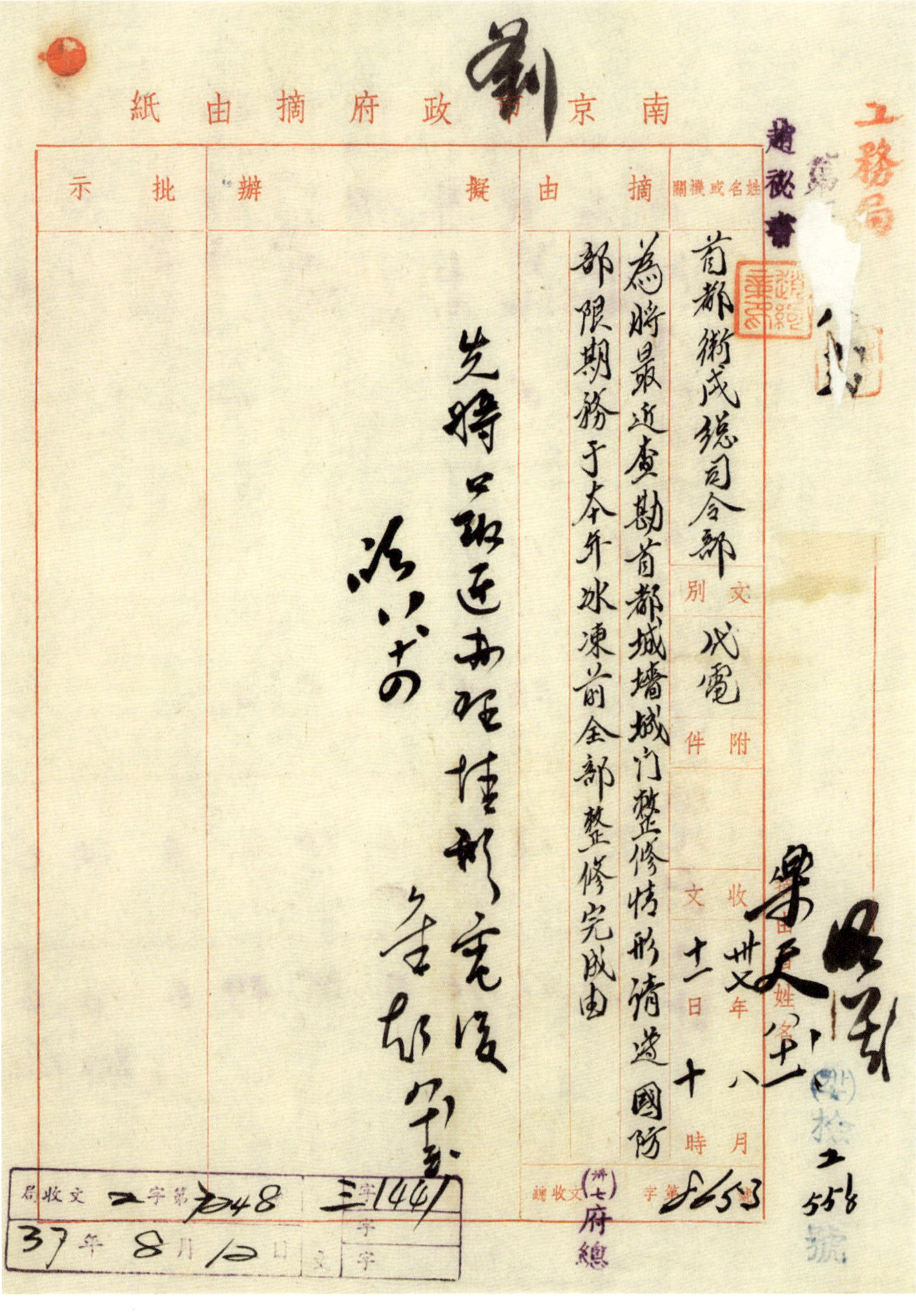
南京市政府摘由紙

姓名或機關	首都衛戍總司令部
文別	代電
附件	
收文	卅七年八月十一日十時
摘由	爲將最近查勘首都城墻城门整修情形請遵國防部限期務于本年冰凍前全部整修完成由
擬辦	先將目前迫要辦理情形電復
批示	

收文 字第 2048 號 37年8月12日

（十七）首都衛戍總司令部爲務于本年冰凍前將首都城墻城門整修完成與市政府的往來代電（一九四八年八月十日至八月二十三日）

收文第　　號

首都衛戍總司令部代電

事由：為將最近查勘首都城牆城門整修情形請遵國防部限期務于本年冰凍前全部整修完成由

受文者：南京市政府沈市長

一、（卅七）戍利志字第二〇〇〇號及戍利志字第二一四〇號代兩電計達

二、頃奉國防部卅七年八月六日揮紆字第五九九三號代電查南京城防工事遵奉總統指示預定於本年冰凍前完成首都城垣整修工程應配合城防工程務期同時完成並由本部會同貴府辦理

三、查首都城牆城門及城防工事之整修業經本部先後分別電請貴府暨貴府工務局辦理並派員會同查勘在案現該項工程除金川門及中華東西兩城門已着手施工外其餘城牆缺口及雨花門等處猶未開始施工

日期 民國三十七年八月十日 字號 戍利志字第2152號 地址 南京林森路

二科

裝訂線

第　頁

檔號

四、特電查照請轉飭貴府工務局速將城垣工事修理情形及城牆施工開始暨預定完成時間見覆以便轉報層峯爲荷

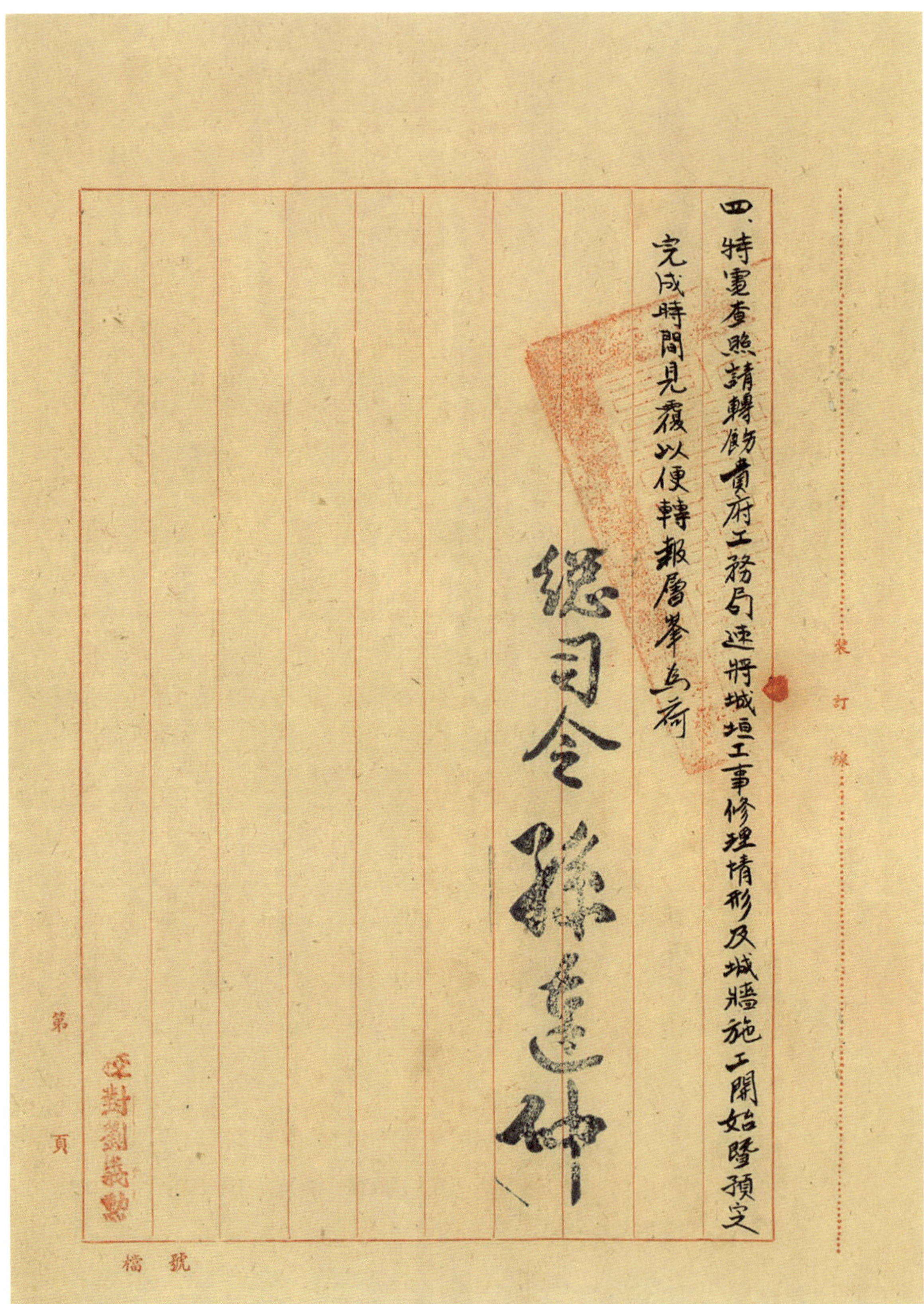

總司令 孫連仲

第　　頁

孫對劉哉勳

檔　號

裝　訂　綫

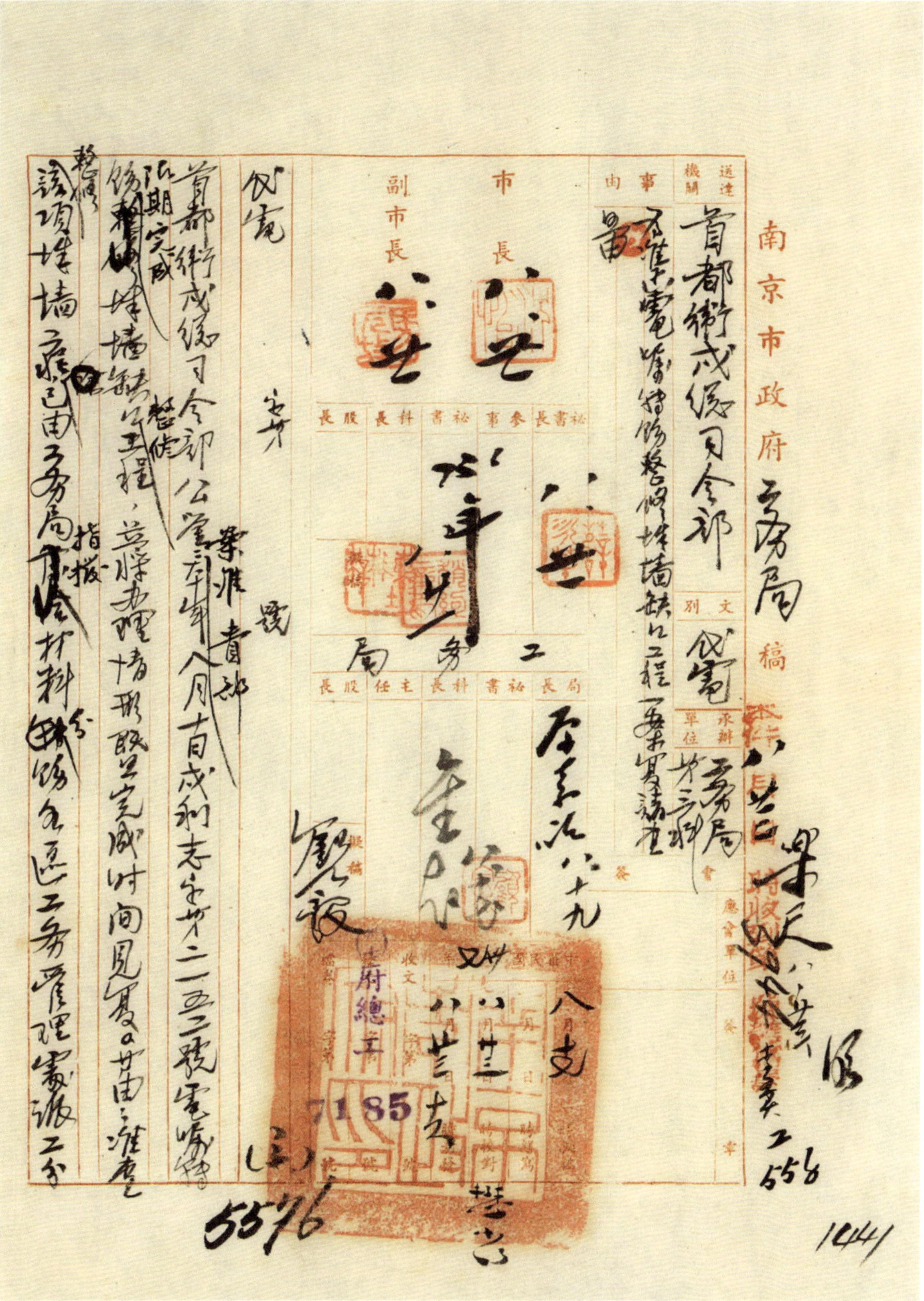
南京市政府工務局稿

送達機關：首都衛戍司令部

文別：代電

事由：為准電嘱將修整城墻缺口工程一案

承辦單位：工務局 第三科

會簽

應會單位

市長　副市長

秘書長　參事　秘書　科長　股長

局長　秘書　科長　主任　股長

擬稿

代電

首都衛戍司令部公鑒：三十七年八月十日戍利志字第二一五二號代電嘱將……修整城墻缺口工程，並將辦理情形暨完成時間見覆……等由；准查該項城墻……由工務局……材料……區工務管理處派工……

7185

5576

1041

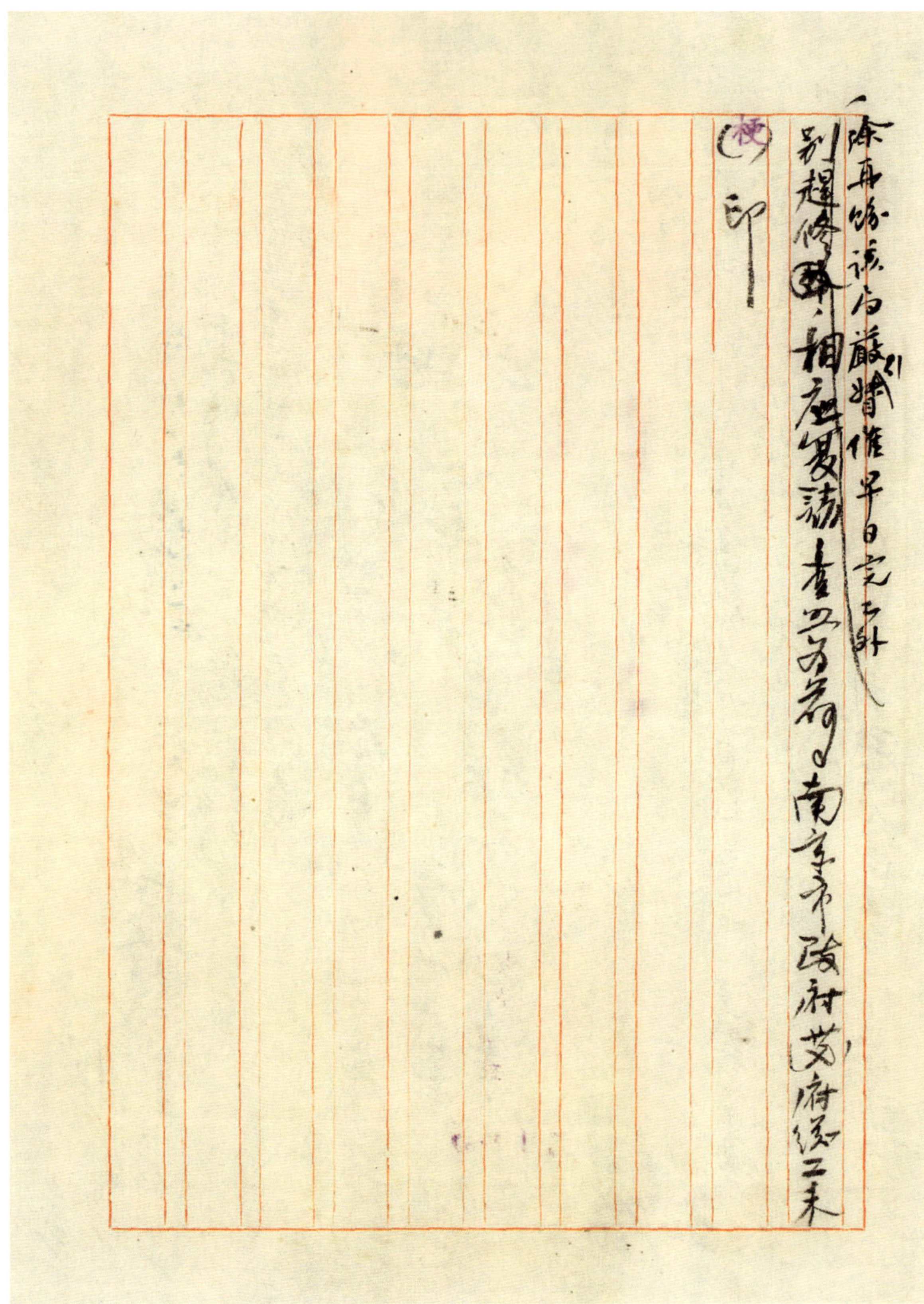

除再飭該局嚴緝俾早日完案外

別趕修國相應函請查照為荷此致南京市政府英府總工未

（梗）印

趕修城牆城垜所需人工材料一覽表

工料／區	石灰 市担	黃沙 m³	片石 m³	磚刀 把	竹籬繩連 只	竹槓 根	1"φ純蔴繩 丈	1/2"φ純蔴繩 丈	2"×12" 木板 尺	大毛竹 根	出入證 張	城磚 m³	填土 m³	泥工 工	小工 工
復成區	11	5			20	20					42	19	334	68	390
成賢區	56	11	11								25	27	19	120	360
莫愁區	62	26	41	2	5	3					17	41		40	90
城北區	93	17	126	4	10	6	6	10	6	10	27	53		120	770
總計	222	59	178	6	35	29	6	10	6	10	111	140	353	348	1610

（1"φ純蔴繩、1/2"φ純蔴繩、2"×12"木板、大毛竹：脚手料用）

製表者：

(2) 2485

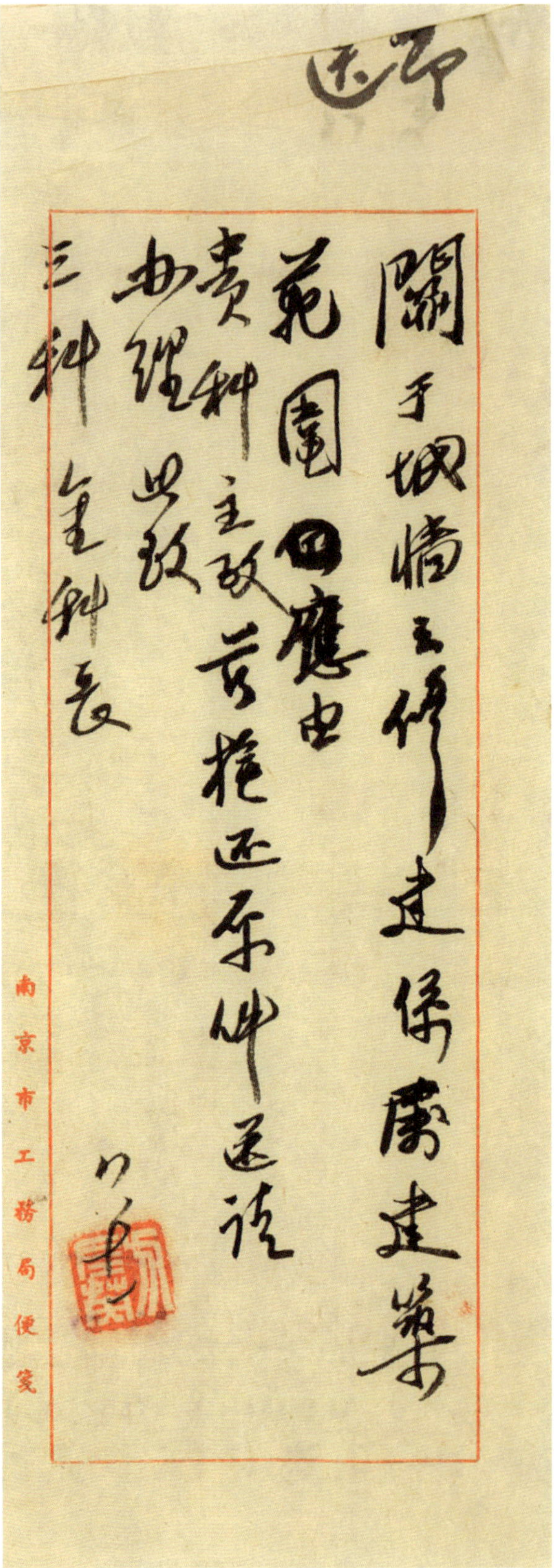
關于城牆之修建係屬建築範圍自應由
貴科主政茲特檢還原件送請
辦理此致
三科金科長

南京市工務局便箋

請示單
本件

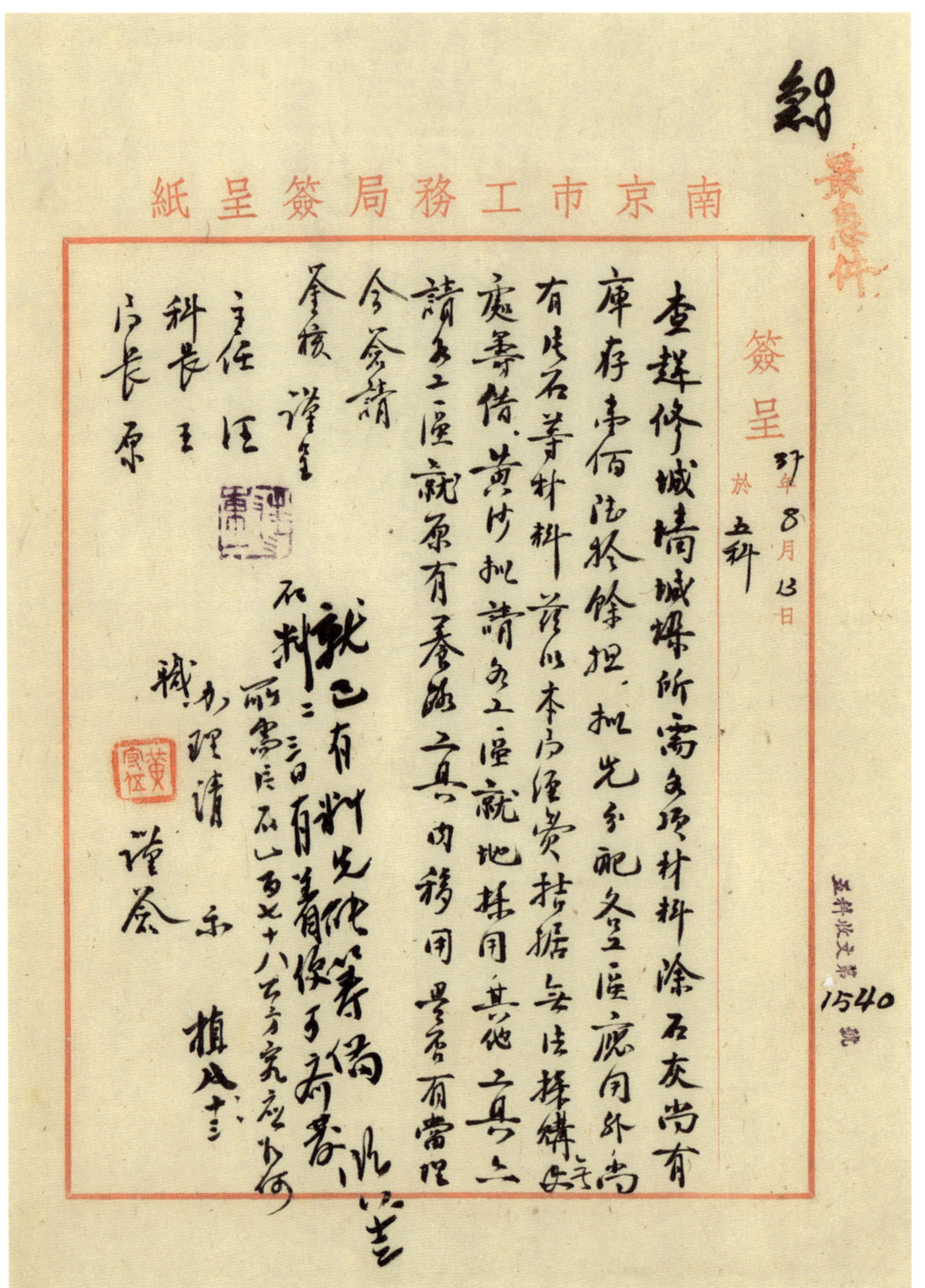

緩

最急件

南京市工務局簽呈紙

簽呈 37年8月13日 於五科

查趕修城墻城垛所需各項材料，除石灰尚有庫存柒佰陸拾餘担，擬先分配各工區應用外，尚有片石等材料，前以本局經費拮据，無法採購處籌備，黃沙擬請各工區就地採用，其他之片石亦請各工區就原有基礎之真內移用，是否有當，理合簽請

鑒核 謹呈

主任汪

科長王

局長原

職 办理請 示

謹簽

楨 八、十三

就已有石料先作籌備，所需片石山石七十八方二方究應如何二三日有着落，俟予考核 汎 8/13

五科收文第1540號

（二十）行政院爲如期完成整修南京城墙城門工程致市政府的訓令（一九四八年九月二十二日）

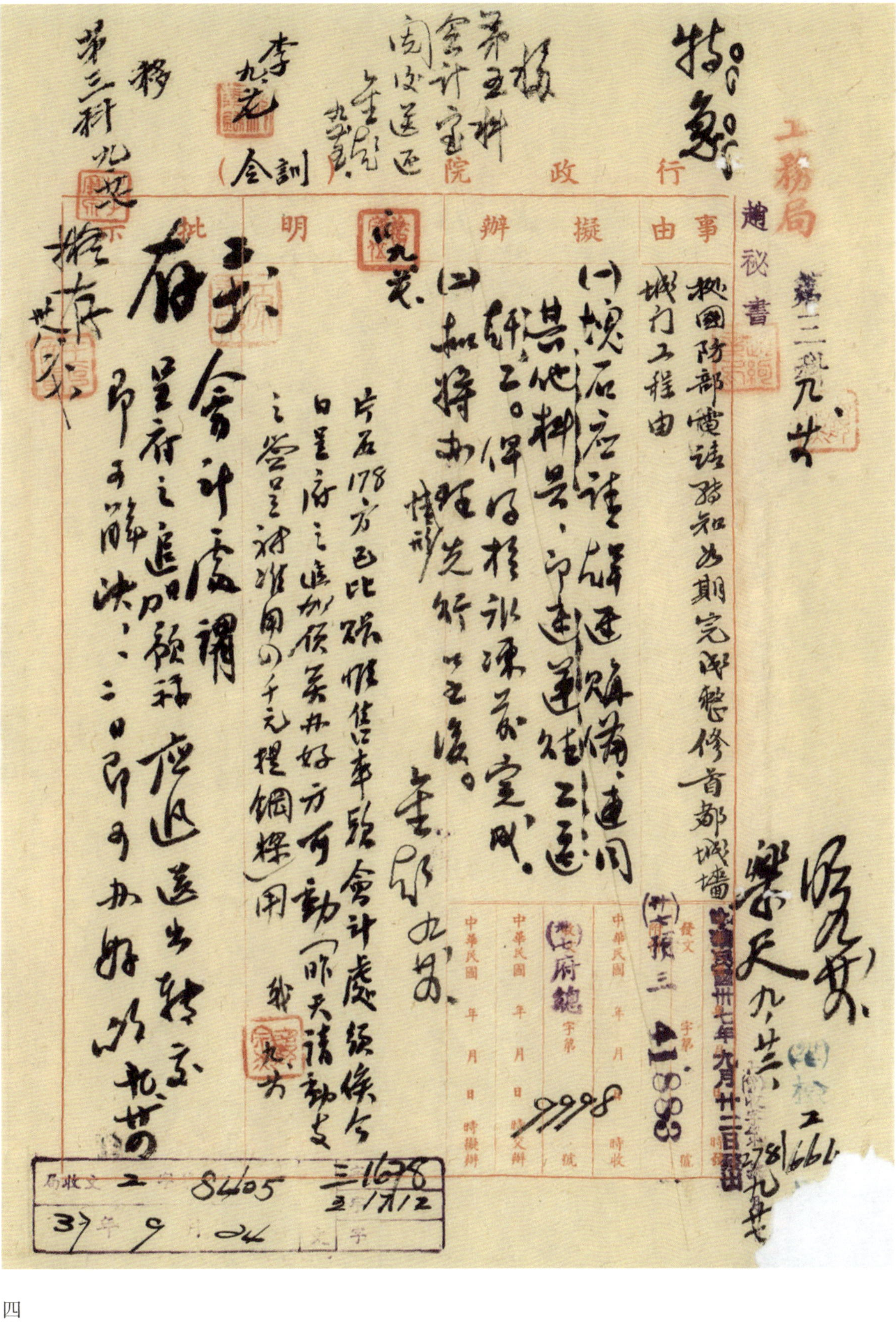
行政院（訓令）
事由：據國防部電請飭知如期完成整修首都城牆城門工程由
擬辦
批明
府收文 工字 8405
37年 9月 24

令南京市政府

據國防部卅七年未擇紓塞代電稱：「查首都城墻城門多頗殘缺，迭經本部飭令首都衛戍總部勘察，會同南京市政府迅予整修，務於本年冰凍前竣工，以期配合南京城防工事。頃據該總部復稱（如附件），為節恐該市府未能如期完工而誤機宜，擬懇令飭該府迅速趕修，如限完成」等情，合行抄發原附件，令仰遵照。

此令。　抄發原附件一份

院長翁文灝

校對　監印

中華民國卅七年九月　日

抄原附件

一、廿七年八月六日揮行字第5993号代電限期完成南京城垣修整工程一
案奉悉
二、查首都城垣之整修前經本部派員會同南京市政府查勘並先
後催請市府積極整修在案
三、茲以南京市政府工務局延期施工乃由本部最近復派員會同該局
查勘催修除城門整修部份之金川門及中華門東西兩城門已
經該局交商承辦不日竣工外其餘太平門中山門光華門通濟
門水西門南角等處城牆之整修迄今猶未施工經催該局允
即由所屬外工務管理處重行會同查勘後隨即着手動工茲

行政院

奉前電已再催市府令該工務局如限完成

四、據市府工務局原局長稱該局前由行政院借撥得城垣修整費四千億不敷全部工程應用，故雨花門城牆缺口及全城城堞之整修部份須俟另案請得經費後始能再行施工整修等語

五、查南京城垣工事整修前奉 鈞部國知五〇九三號代電由南京市府辦理，故經費領用悉由該府工務局經手，雖本部再四催辦，仍未能趕修完竣，為使城垣工事修整能如限完成，計擬懇 鈞部轉電行政院飭令該府如限完成

六、謹電呈覆

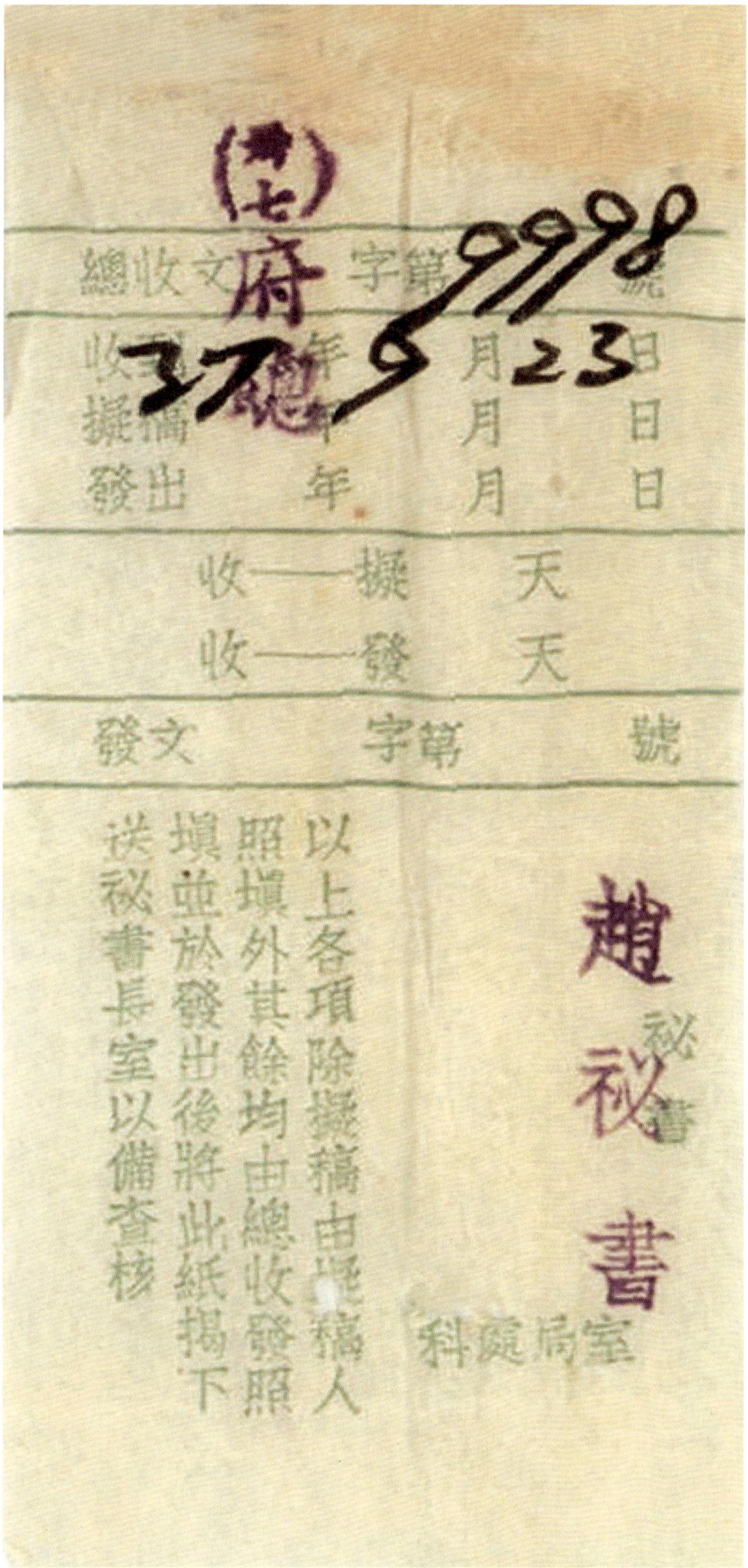

（卅七）

總收文府字第9998號

收到37年5月23日

擬稿　年　月　日

發出　年　月　日

收——擬　天

收——發　天

發文　字第　號

以上各項除擬稿由擬稿人照填外其餘均由總收發照填並於發出後將此紙揭下送秘書長室以備查核

科處局室

趙秘書

南京市工務局簽呈紙

京工五簽字25號

簽呈 37年9月27日 於第五科

查本局為修理城墻需用材料大石塊一七八公方一項，經以五（37）字第一二七號請購單奉准照購在案。茲經通知比服，計有安炳記、泰丰、同華、天然及金剛五家砂石廠參加，於九月廿七日上午十時在本局比價，并經邀請市府及審計部代表監標，結果以金剛石廠所開單價每公方金圓十九為最低標，經决議交該商承辦。除附呈比價記録乙份暨詢價單五張外，經簽訂五（37）字第30號承攬合同　份，以備檢呈。理合簽請鑒核，並將合同加蓋局印簽認，為禱！謹呈

局長原

附開標記録乙份、詢價單五張、合同七份。

職王之植 代 簽呈

照標訂立合同

存卷

南京市工務局購料開標紀錄

材料名稱 大石塊　　　　開標日期 37年9月27日10時

數量 178 M3　　　　地址 本局[illegible]

登記號數	廠商名稱	單價(GY.)	總價(GY.)	備註
	安炳記砂石廠	12.30	2,189.40	
	泰丰石子廠	11.50	2,047.00	
	同華砂石廠	15.00	2,670.00	
	大興石子廠	10.50	1,869.00	
	金剛石廠	10.00	1,780.00	

決標意見：上開單價以金剛石廠開價為最低，因該商係現貨，決議交該商承辦並預付料款90%，交貨期限自收到預付款之日起[illegible]晴天交清.

監標人 審計部　　　　開標人 泰丰 安炳記 大興

市政府　　　　出席廠商 金剛 同華砂石廠

工務局

南京市工務局材料詢價單　填單37年9月21日

材料名稱	規範或廠牌	交貨地點	交貨期限	單位	數量	單價（金元）	共價（金元）
大石塊	碩堅青石灰石每塊體積10英寸×15×15英寸以下	市區各地	限期交清	m³	178	10.00	1780.00

總價國幣　金圓壹仟柒佰捌拾元整

填單廠商簽章	負責人簽章	地址	林森路194號
		有效期限	

本局現需購辦上列材料一批，希即應將該項材料最低單價、有效期限暨貴號名稱、負責人、地址等填明密封，並檢同樣品於9月25日前逕送本局第五科，以便選購為荷。此致

金剛石廠　廠號

南京市工務局第五科　啟　9月24日

（附註）

（一）交貨地點以本行大道可能到達地點為限

（二）貨款須一次付清

（三）交貨日期拾精天送清

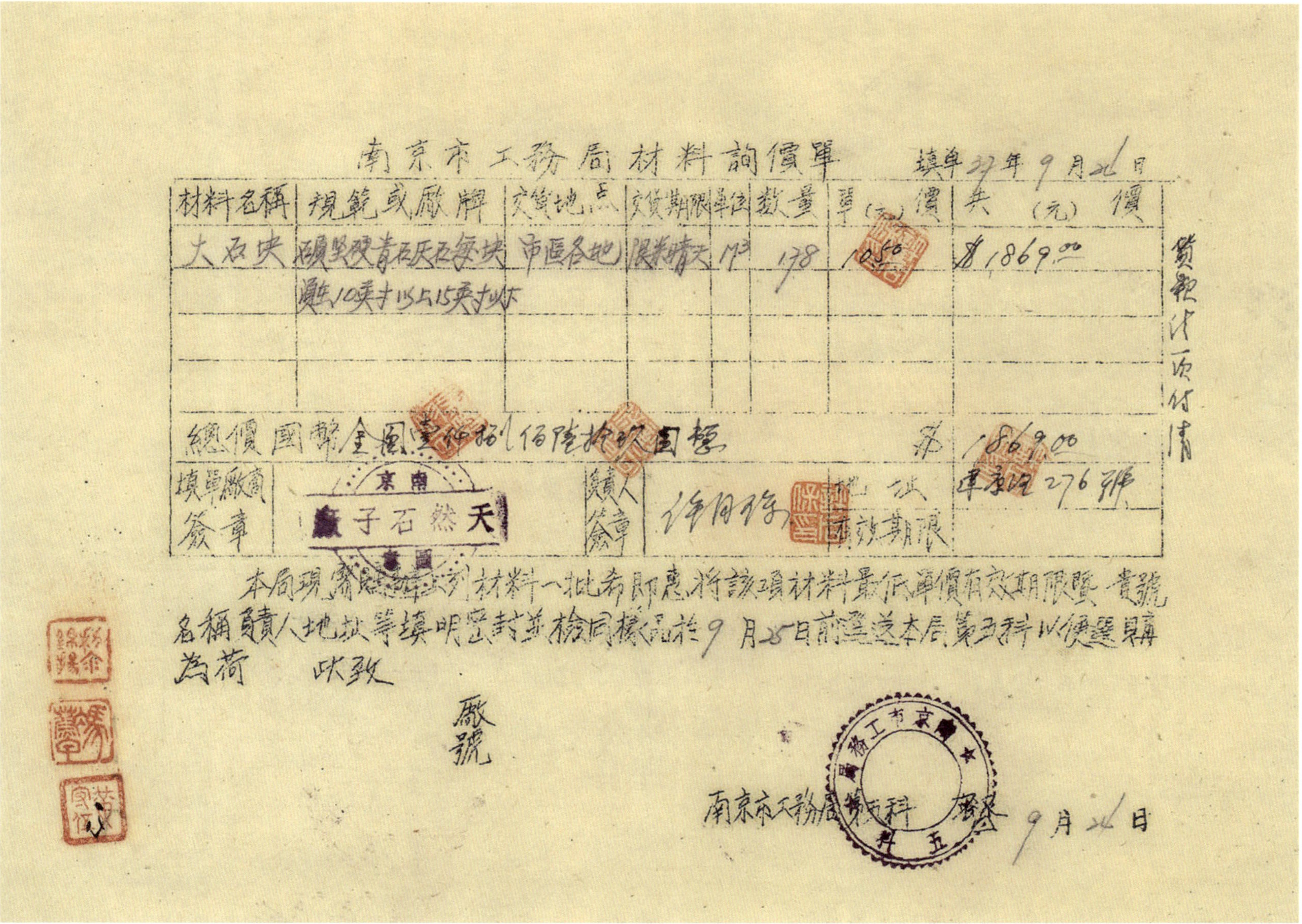

南京市工務局材料詢價單　　填單37年9月24日

材料名稱	規範或廠牌	交貨地點	交貨期限	單位	數量	單(元)價	共(元)價
大石塊	須堅硬青石灰石塊 邊長10英寸以上15英寸以下	市區各地	限期備交	M³	178	10.50	$1,869.00
總價國幣金圓壹仟捌佰陸拾玖圓整							$1869.00
填單廠商簽章	天然石子廠	負責人簽章	[illegible]	地址		電話276號	
				有效期限			

貨款付一次付清

本局現需購下列材料一批，希即惠將該項材料最低單價有效期限暨貴號名稱負責人地址等填明密封並檢同樣品於9月25日前逕送本局第五科以便選購為荷　此致

廠號

南京市工務局第五科　啓　9月24日

南京市工務局材料詢價單

填單 37年9月20日

材料名稱	規範或廠牌	交貨地点	交貨期限	單位	數量	單（元）價	共（元）價
大石塊	質堅硬青石灰石塊 塊徑10英寸以上15英寸以下	市區各地	限[illegible]天	M^3	178	拾伍圓正	金圓貳仟陸佰柒拾圓正

總價國幣金圓貳仟陸佰柒拾圓整

填單廠商簽章		負責人簽章	刘良俊	地址	廣州路八十九号
				有效期限	

本局現需購辦上列材料一批希即惠將該項材料最低單價有效期限暨貴號名稱負責人地址等填明密封並檢同樣品於9月25日前逕送本局第五科以便選購為荷　此致

廠號

南京市工務局第五科　9月20日

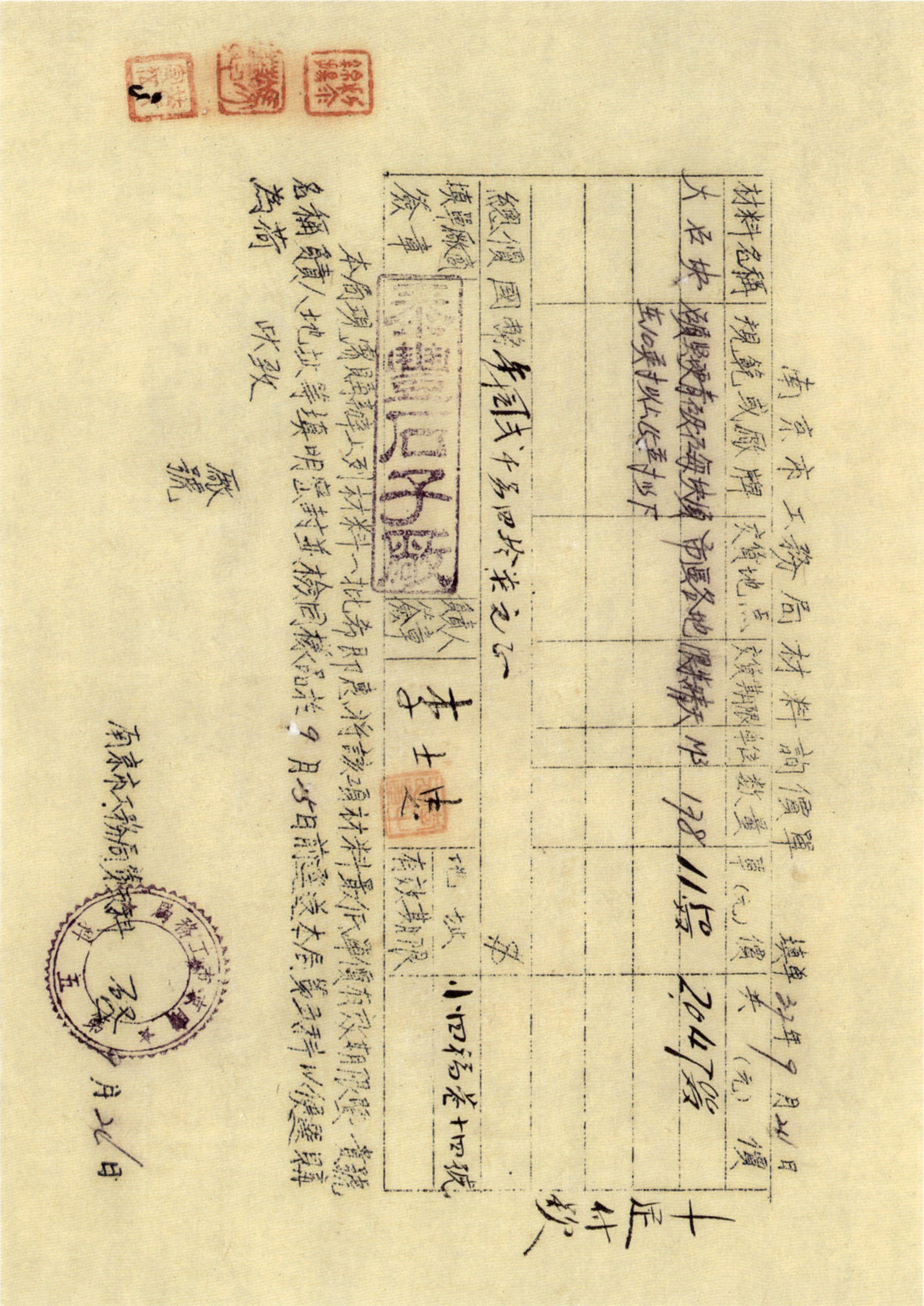

南京市工務局材料詢價單

填單37年9月24日

材料名稱	規範或廠牌	交貨地點	交貨期限	單位	數量	單（元）價	共（元）價
大石塊	石質堅硬青石，每塊須在10英寸以上15英寸以下	市區各地	限於晴天	M3	178	11.50	2,047.50
總價國幣	金圓弍千零四拾柒元五角正						
填單廠商簽章		負責人簽章	李士忠	地址	小四福巷十四號		
				有效期限			

十足付款

本局現需購辦上列材料一批，希即惠將該項材料最低單價有效期限暨貴號名稱、負責人、地址等填明密封並檢同樣品於9月25日前送達本局第五科，以便選購為荷。此致

廠號

南京市工務局第五科 啓 月26日

南京市工務局材料詢價單

填单 37年 9月26日

材料名稱	規範或廠牌	交貨地点	交貨期限	單位	數量	單（元）價	共（元）價
大石块	硬質青石每塊須在10英寸以上15英寸以下	市區各地	限七天	M³	178	十二元五[illegible]	計[illegible]
總價國幣	金元弍千壹佰捌拾玖元肆角七						$ [illegible]
填單廠商簽章	安炳記石廠	負責人簽章	安炳珍	地址		有效期限	

本局現需購大石材料一批，希即惠將該項材料數價單價有效期限暨廠號名稱負責人地址等填明密封，並檢同樣品於9月25日前送本局第五科，以便選購為荷。此致

廠號

南京市工務局第五科　啓　9月26日

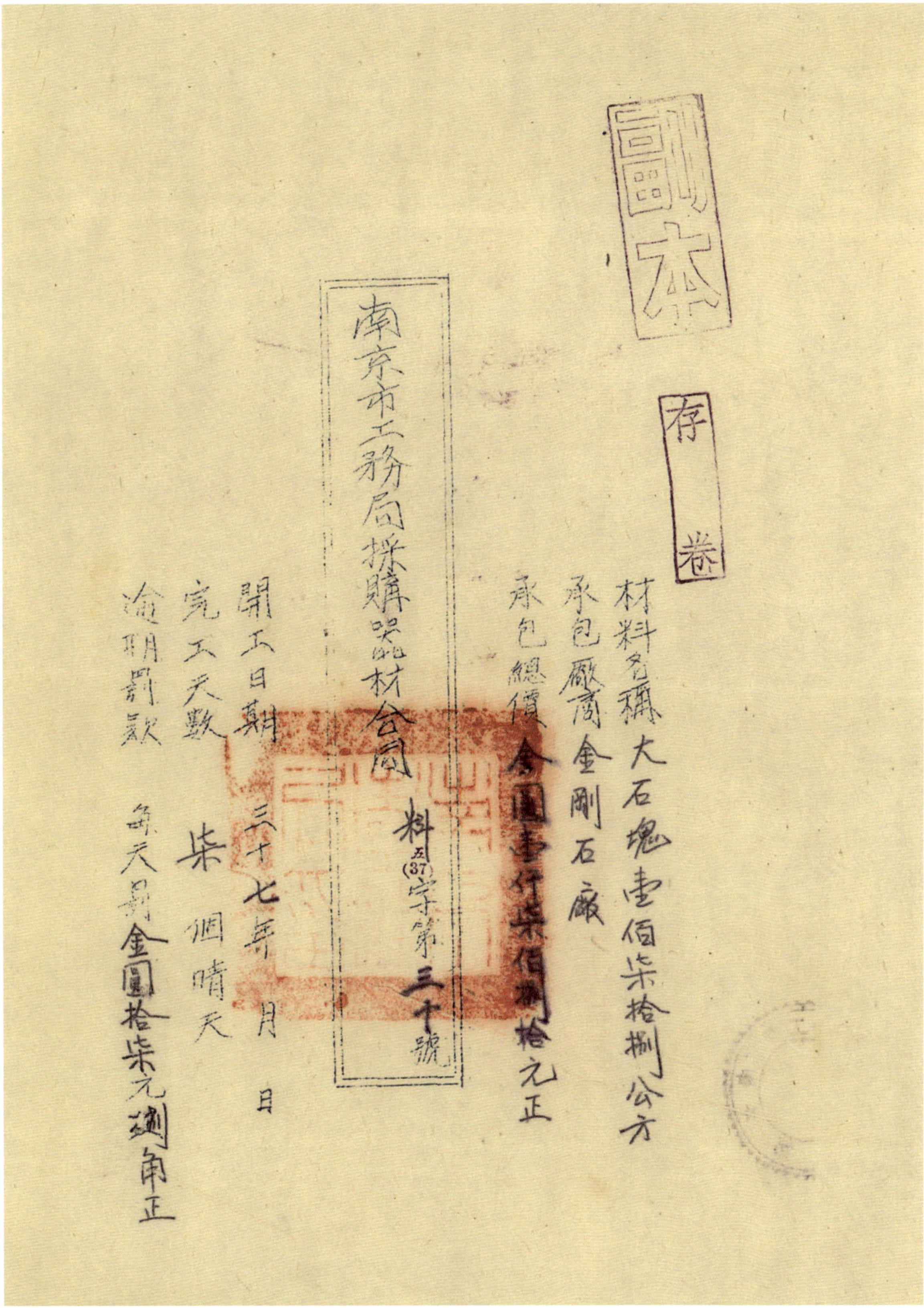

副本

存 卷

材料名稱 大石塊壹佰柒拾捌公方

承包廠商 金剛石廠

承包總價 金圓壹仟柒佰捌拾元正

南京市工務局採購器材合同 料(37)字第三十號

開工日期 三十七年 月 日

完工天數 柒 個晴天

逾期罰款 每天罰金圓拾柒元捌角正

南京市工務局採購器材合同　　料五(37)字第三十號

南京市工務局(以下簡稱甲方)與承包商號　金剛石工廠　負責人
顧金源(以下簡稱乙方)為採購　大石塊
經双方同意訂立合同如左：

第一条　器材名稱及訂購数量
大石塊　七八公方

第二条　規範
(1) 石質堅硬之青石灰石。
(2) 每塊須在十英寸以上十五英寸以下、

第三条

前項器材乙方並須先將樣品送交甲方驗存

單價總價

每公方金圓拾圓正

総價共計金圓壹仟柒佰捌拾元正

第四条

前項單價總價包括運至甲方指定地點一切費用在內，合同簽訂後，工料價格如有漲落双方均不得藉口要求增減。

付款辦法

第一期　本合同手續完備後預付総價90%。

第二期　石料送齊後經驗收合格後付清尾款。

第五条　交貨地點
市區各地由本局臨时指定之.

第六条　期限
自合同簽訂後甲方款付乙方第一期預付價款之日起限柒個晴天内送齊除因天災及非人力所能抵抗之情事經甲方准予延期者外不得逾期否則乙方每逾期一日應罰款金圓拾柒元捌角由甲方在應付料款内扣除之.

第七条　驗收
器材在運到驗收以前概歸乙方負責保管更每期領款時報請甲方驗收所送器材如與本合同所訂規範及所樣品不符乙方應負責立即更換否則不予驗收甲方因此

所受損失概由乙方負担。

第八条 轉包轉讓

乙方非得甲方書面許可，不得以本合同所訂器材之一部份或全部轉包或轉讓他人。

第九条 保證人責任

合同簽訂後乙方如因故中途停止送貨或不履合同責任經甲方通知三日內仍不遵照辦理或限期已屆送貨仍未滿二分之一時甲方得一面通知保證人一面另易他人繼續完成之，其已送到之器材概歸甲方驗收使用甲方因此所受損失均由乙方負担由甲方於料價内扣除之不足之數由保証人負責賠償。

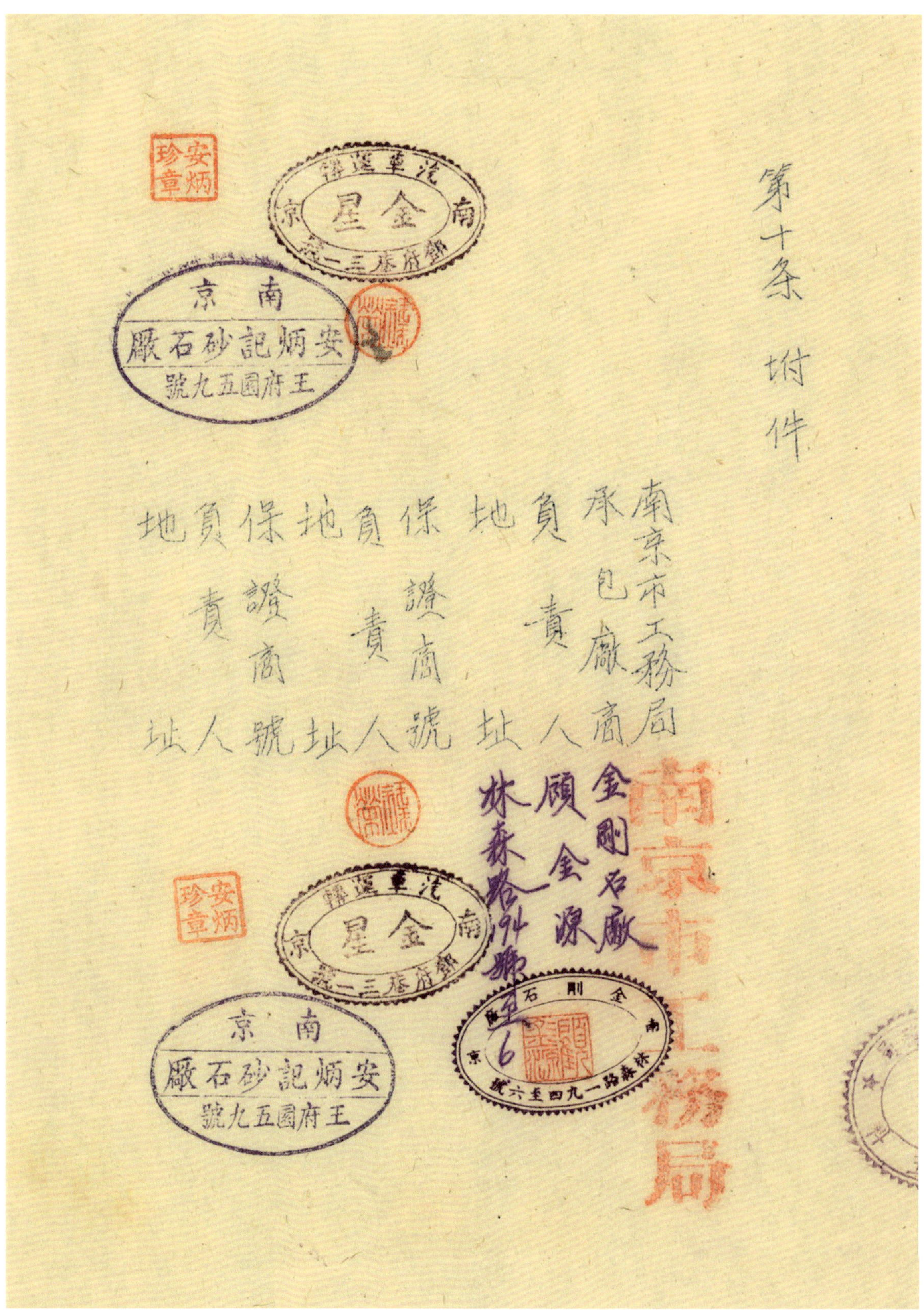

第十条 附件

南京市工務局

承包廠商 金剛石廠

負責人 顧金源

地址 林森路194號至6

保證商號

負責人

地址

保證商號

負責人

地址

南京市工務局

南京金剛石 林森路一九四至六號

安炳珍章

南京 金星汽車運輸行

南京 安炳記砂石廠 王府園五九號

審計部　　對保人

中華民國三十七年九月廿七日訂

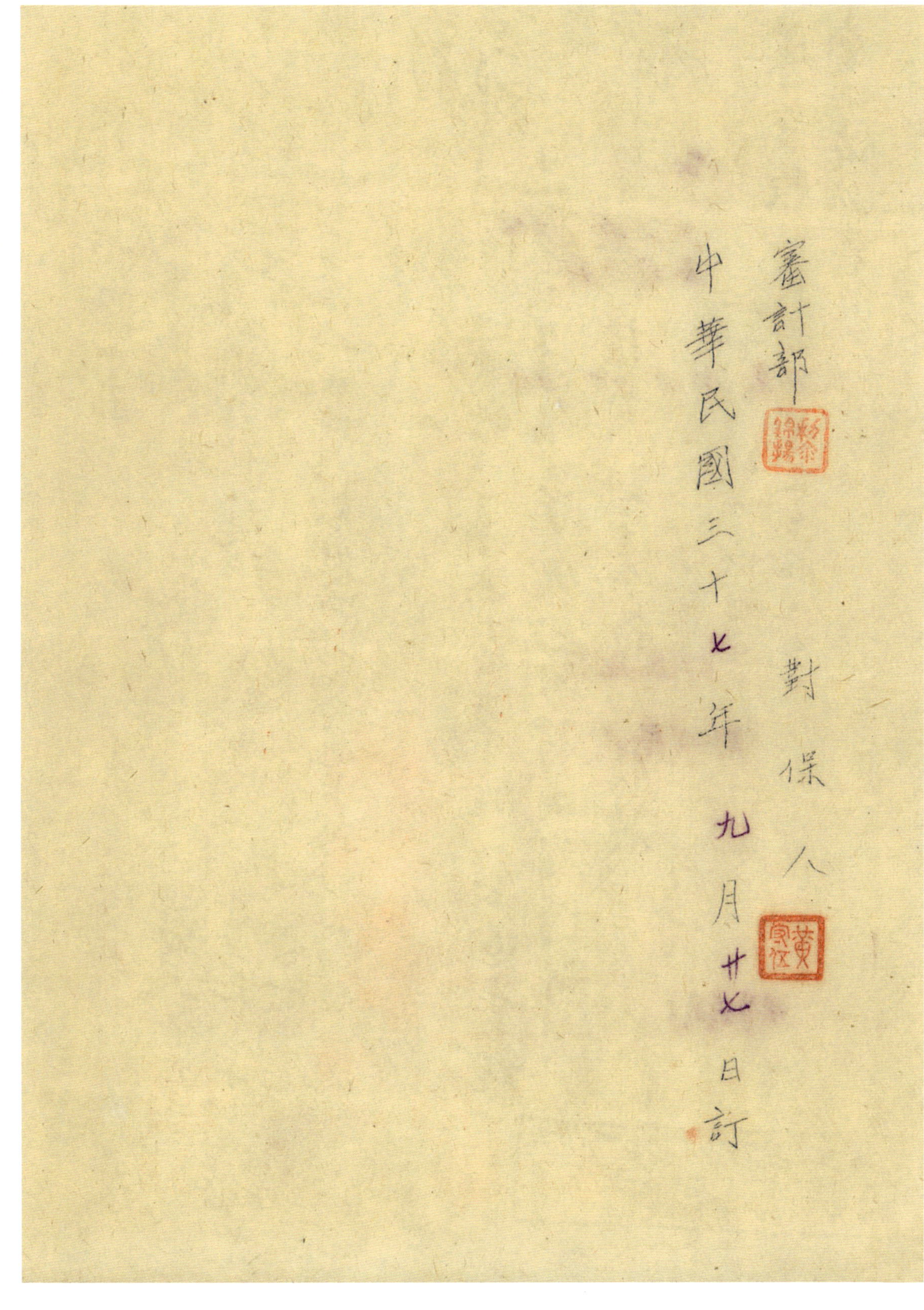

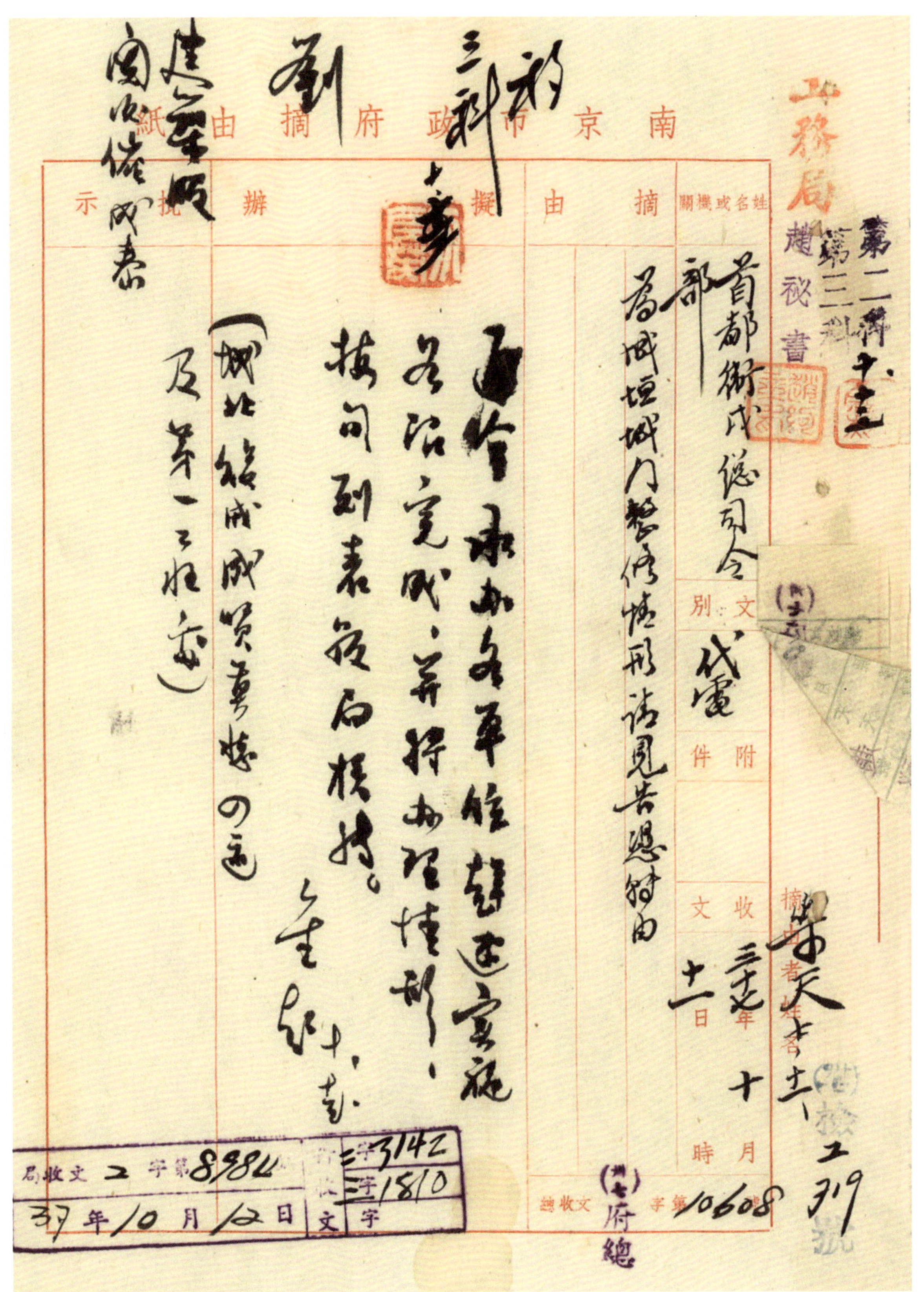

（二十二）首都衛戍總司令部爲請將城垣城門整修情形按旬見告致市政府的代電（一九四八年十月九日）

南京市政府摘由紙

姓名或機關	首都衛戍總司令部
文別	代電
附件	
收文	三十七年十月十一日
摘由	爲城垣城門整修情形請見告憑轉由
擬辦	函洽，承函各節能暫延實施，者俟完成，並將辦理情形，按旬列表報局核轉。 金紹 十、十二
批示	劉

工務局 第二科 十、十二

局收文工字第8984號 37年10月12日

總收文字第10608號

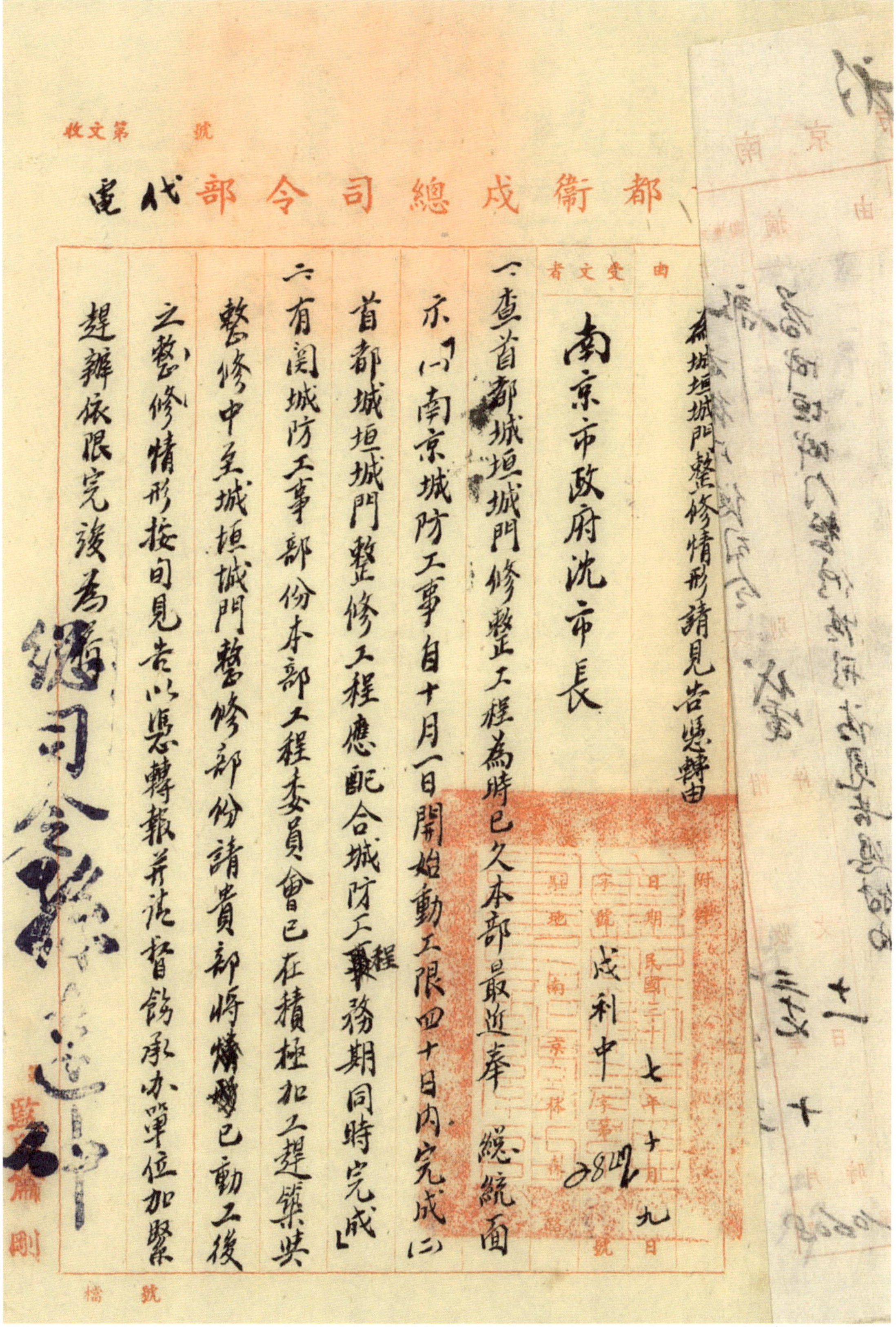

收文第　號

首都衛戍總司令部代電

由：為城垣城門整修情形請見告悉轉由

受文者：南京市政府沈市長

一、查首都城垣城門修整工程為時已久本部最近奉　總統面示（一）南京城防工事自十月一日開始動工限四十日內完成（二）首都城垣城門整修工程應配合城防工程業務期同時完成

二、有關城防工事部份本部工程委員會已在積極加工趕築其整修中至城垣城門整修部份請貴部將修繕已動工後之整修情形按旬見告以憑轉報并請督飭承辦單位加緊趕辦依限完成後為荷

總司令湯恩伯

附件

日期　民國三十七年十月九日

字號　戍利中字第2842號

驛地　南京

檔　號

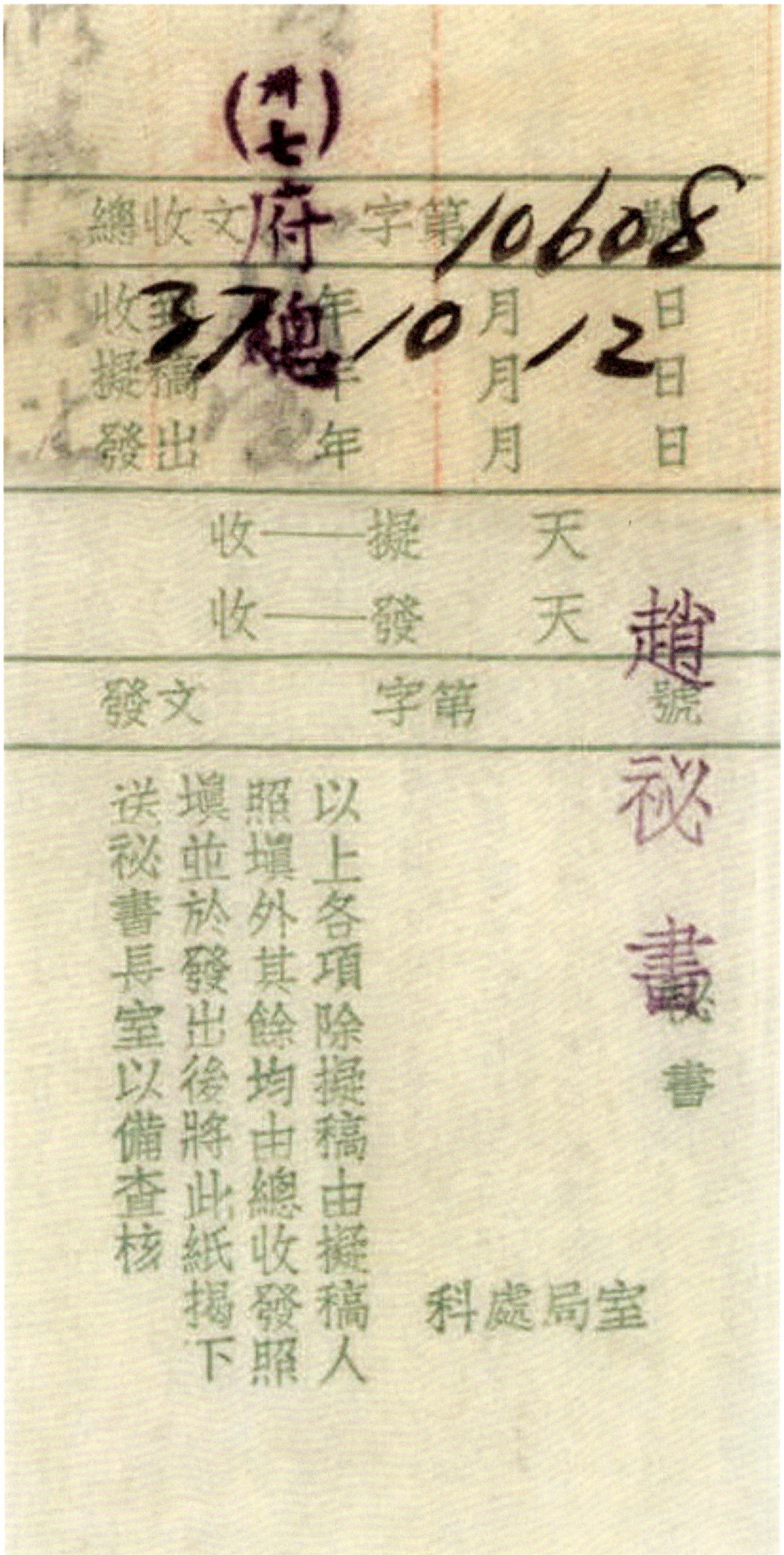
(제 七)

總收文 府 字第 10608 號

收到 37 年 10 月 12 日 總

擬稿 年 月 日

發出 年 月 日

收——擬 天

收——發 天

發文 字第 號

趙祕書

祕書

以上各項除擬稿由擬稿人
照填外其餘均由總收發照
填並於發出後將此紙揭下
送祕書長室以備查核

科處局室

（二十三）市工務局修理城墙采購石塊材料分期驗收單、購料決算表和驗收材料分析表（一九四八年十月十六日）

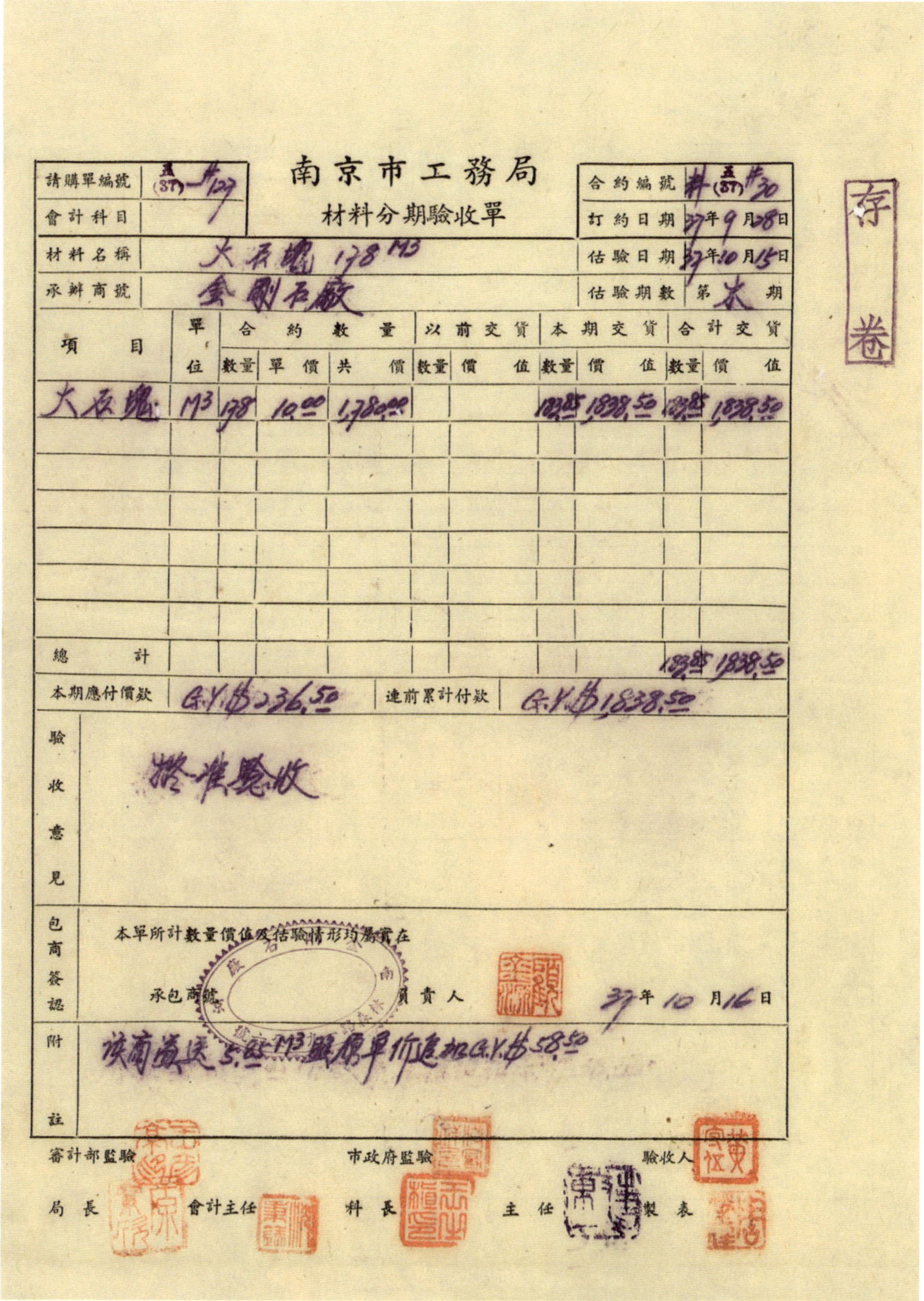

存卷

南京市工務局

材料分期驗收單

請購單編號	五(37)-#127	合約編號	料五(37)#30
會計科目	/	訂約日期	37年9月28日
材料名稱	大石塊 178 M3	估驗日期	37年10月15日
承辦商號	金剛石廠	估驗期數	第六期

項目	單位	合約數量			以前交貨		本期交貨		合計交貨	
		數量	單價	共價	數量	價值	數量	價值	數量	價值
大石塊	M3	178	10.00	1,780.00			183.85	1,838.50	183.85	1,838.50
總計									183.85	1,838.50

本期應付價款 G.Y.$236.50　　連前累計付款 G.Y.$1,838.50

驗收意見：擬准驗收

包商簽認：本單所計數量價值及估驗情形均屬實在

承包商號　　負責人　　37年10月16日

附註：該商簽送5.85 M3照原單价追加G.Y.$58.50

審計部監驗　　市政府監驗　　驗收人

局長　　會計主任　　科長　　主任　　製表

南京市工務局

購料決算表

存卷

請購單編號	五(37)-#127		
會計科目		37年10月16日	
材料名稱	大石塊178 M3		
承辦商號	金剛石廠		
合約編號	料五(37)-#30	訂約日期 37年9月28日	規定期限 [illegible] 天
交貨日期	37年10月7日	驗收日期 36年10月15日	逾期日數 5 天

預算數					決算數				
項目	單位	數量	單價	共價	項目	單位	數量	單價	共價
大石塊	M3	178	10.00	1,780.00	大石塊	M3	183.85	10.00	1,838.50

預算原額	G.Y.$1,780.00	實做總價	G.Y.$1838.50
追加減料款1	~~G.Y.$58.50~~	合約總價	G.Y.$1,780.00
追加減數款2	—	核加減料款	G.Y.$58.50
預算總額	G.Y.$1,780.00	實付總價	G.Y.$1838.50

計結餘超出 國幣 G.Y.$58.50

備註

1. 追加減料款原由
2. 核加減料款原由 溢送5.85 M3 [illegible]
3. 實付總價 第一次付 G.Y.$1,602.00 第二次付 G.Y.$236.50 第三次付 第四次付
4.

局長 會計主任 科長 主任 製表

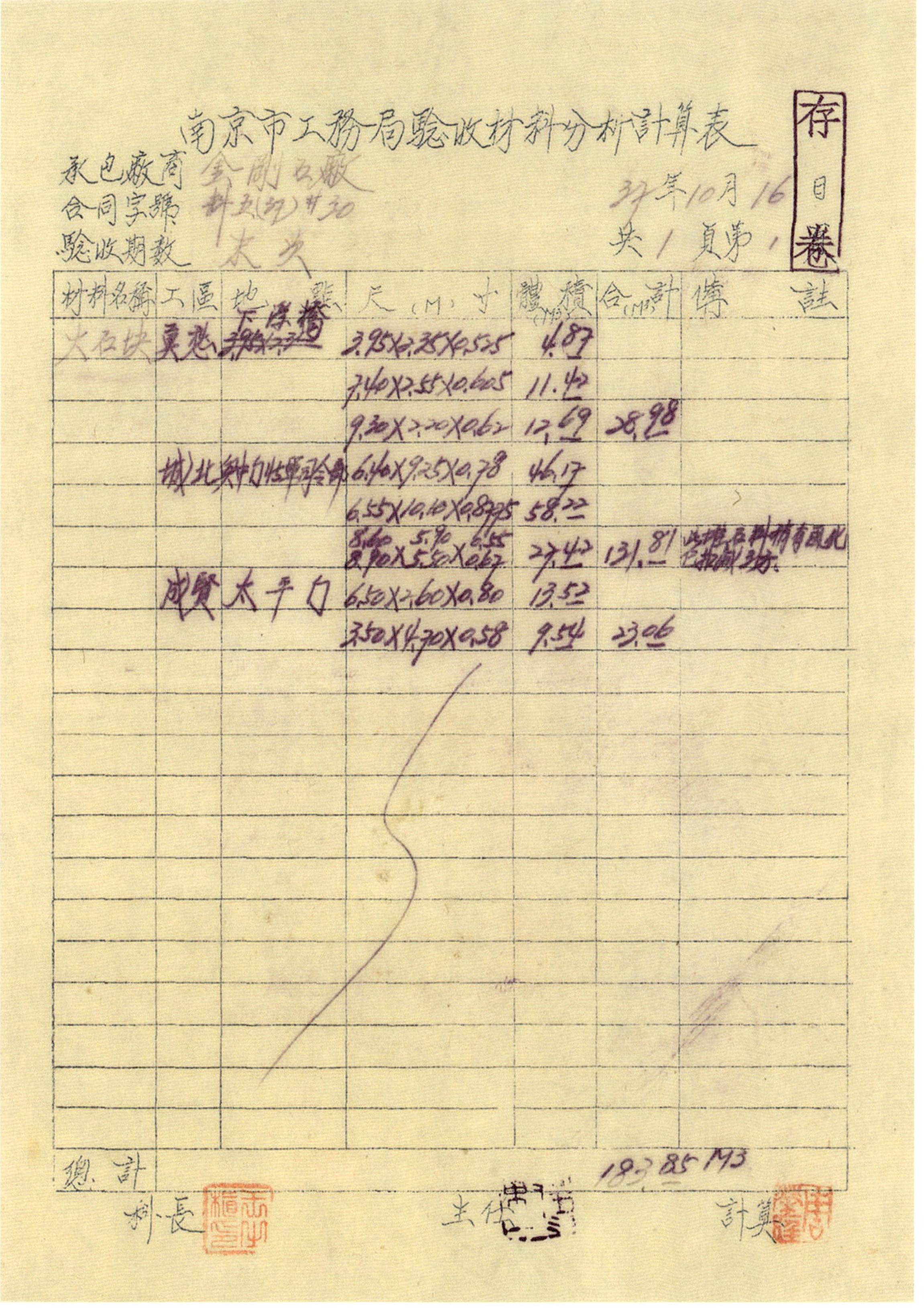

存 卷 日

南京市工務局驗收材料分析計算表

承包廠商 金剛石廠
合同字號 料五(37)廿30
驗收期數 末次

37年10月16
共1頁第1

材料名稱	工區	地點	尺(M)寸	體積(M3)	合計(M3)	備註
大石塊	夏懇	下保橋	3.95×2.35×0.525	4.87		
			7.40×2.55×0.605	11.42		
			9.30×2.20×0.62	12.69	28.98	
	城北	興中門[illegible]	6.40×9.25×0.78	46.17		
			6.55×10.10×0.8795	58.22		
			8.60 5.90 6.55 8.90×5.50×0.67	27.42	131.81	[illegible]
	成賢	太平門	6.50×2.60×0.80	13.52		
			3.50×4.70×0.58	9.54	23.06	
總計					183.85 M3	

科長　　主任　　計算

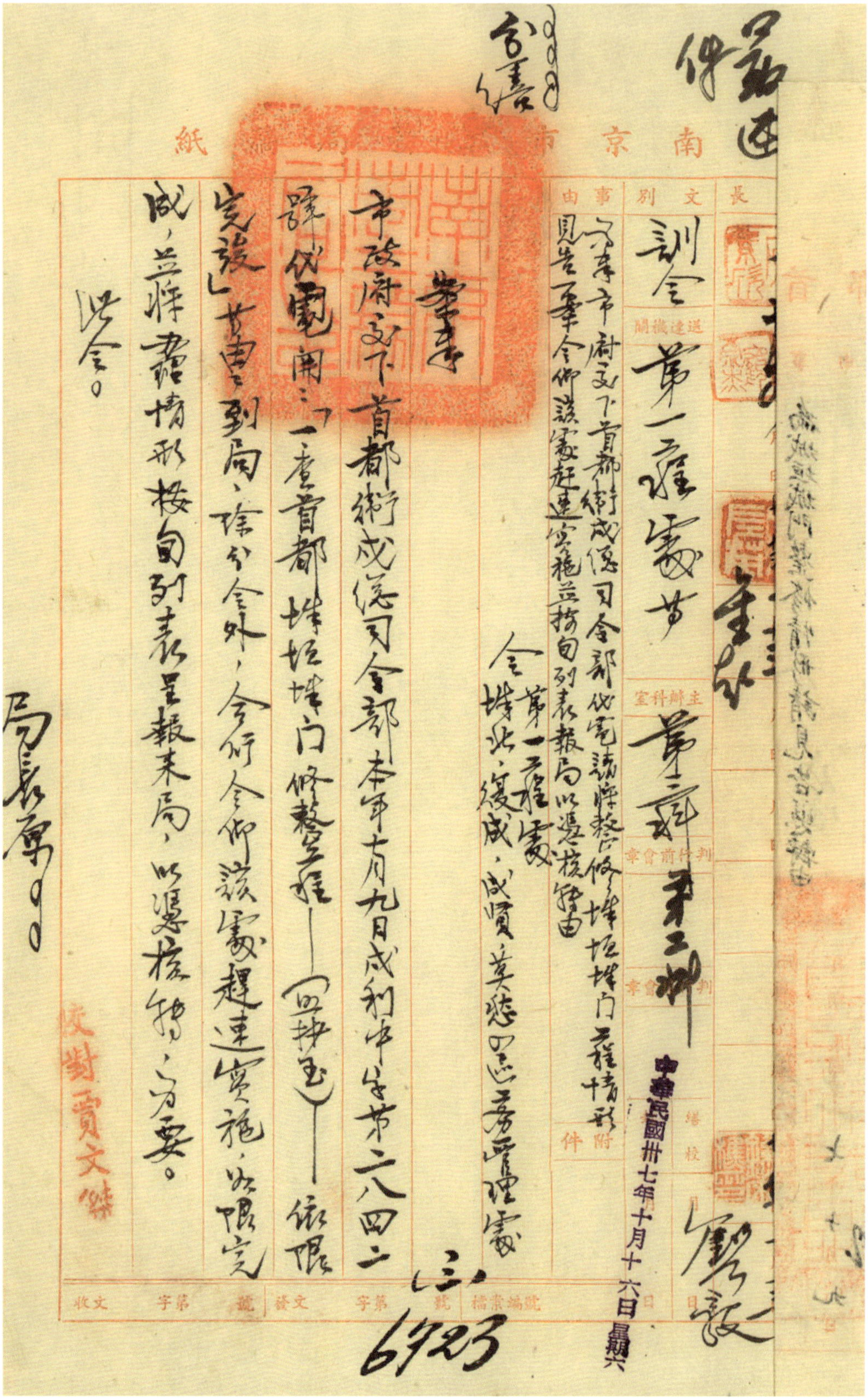

南京市工務局稿紙

訓令 第一工程處 等

送達機關：第一工程處；成賢、莫愁、城北區工務管理處

事由：令奉市府交下首都衛戍總司令部代電請將整修城垣城門工程情形見告一案，令仰該處趕速實施並按旬列表報局以憑核轉由

案奉

市政府交下首都衛戍總司令部本年十月九日戍利申字第二八四二號代電開：「一、查首都城垣城門修整工程——（照抄至）——依限完竣」等由到局，除分令外，合行令仰該處趕速實施，以限完成，並將辦理情形按旬列表呈報來局，以憑核轉，為要。

此令。

局長 廖

中華民國卅七年十月十六日

6923

校對 賈文錦

（二十四）市工務局爲趕速實施整修城垣城門工程致第一工程處及成賢區、莫愁區、城北區工務管理處的訓令

（一九四八年十月十六日）

請核示汽油數量以便照發並請通知該
區即來具領此致

三科

植
十、卅、

南京市工務局便箋

93

事由	為奉市府交下首都衛戍總司令部代電請將整修城垣城门工程情形見告一案令仰該處赶速实施並按旬列表报府以憑核辦由
附件	
擬辦	
批示	

南京市工務局訓令

（卅七）京工三 號

令城賢區工務管理處

案奉市政府交下首都衛戍總司令部本年十月九日戍利中字第二八四二號代電開：“一、查首都城垣城门修整工

中華民國三十七年十月十六日

第 字

令 884
37 10 18

程爲時已久本部最近奉　總統面示「(一)南京城防工事自十月一日開始動工限肆拾日内完成(二)首都城垣城门整修工程應配合城防工程務期同時完成」二、有關城防工事部份本部工程委員會已在積極加工趕築與整修中至城垣城門整修部份請貴部將已動工後之修整情形按旬見以憑轉報并請督飭承辦單位加緊趕辦依限完竣」等由到局除分令外合行令仰該處趕速實施如限完成並將辦理情形按旬列表呈報來局以憑核轉爲要。」

此令。

局長　石[illegible]

校對賈文傑

釧
已办

收文黄字第896号

事由	奉市府交下首都衛戍總司令部代電請將整修城垣城門工程情形見告一案令仰該處赶速实施並按旬列表报局以憑核辦由
附件	
	年　月　日　午　時到
擬辦	
批示	

南京市工務局訓令

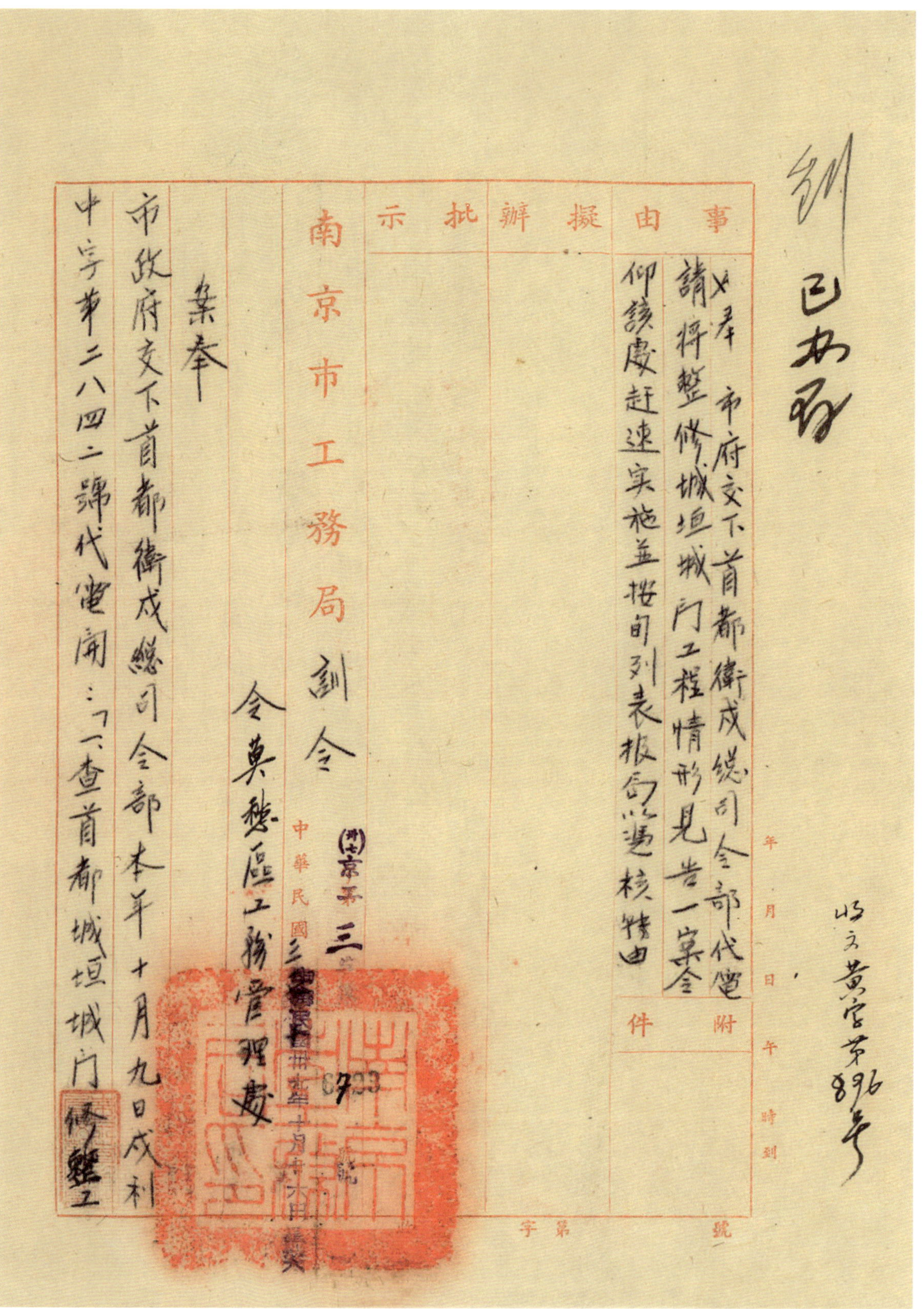

（卅七）京工字第三6793號

中華民國卅七年十月廿六日發

令莫愁區工務管理處

案奉

市政府交下首都衛戍總司令部本年十月九日戌利中字第二八四二號代電開：「一、查首都城垣城門修整工程為時已久本部最近奉　總統面示「（一）南京城防工事自十月一日開始動工限肆拾日內完成（二）首都城垣城門整修工程應配合城防工程務期同時完成」二、有關城防工事部份本部工程委員會已在積極加工趕築與整修中至城垣城門整修部份請貴部將已動工後之修整情形按旬見以憑轉報并請督飭承辦單位加緊趕辦依限完竣」等由到局除分令外合行令仰該處趕速實施如限完成並將辦理情形按旬列表呈報來局以憑核辦為要。」

此令。

局長　原素欣

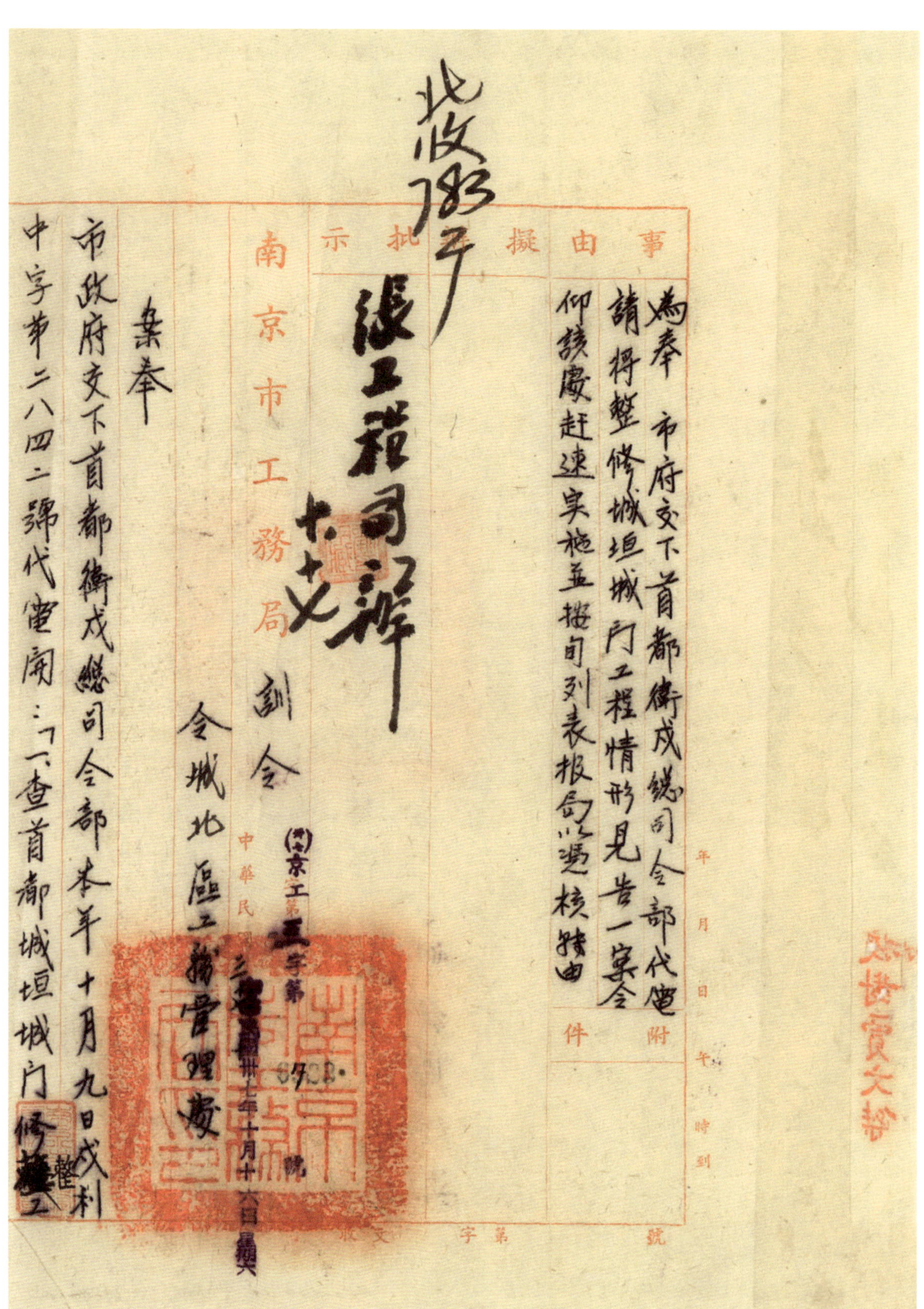

事由	為奉　市府交下首都衛戍總司令部代電請將整修城垣城門工程情形見告一案令仰該處趕速實施並按旬列表報局以憑核轉由
附件	
年月日午時到	
擬辦	張工程司 十七 辦
批示	北收783号

南京市工務局訓令

(卅七)京工第五字第6738號

中華民國三十七年十月十六日發

令城北區工務管理處

案奉

市政府交下首都衛戍總司令部本年十月九日戌利中字第二八四二號代電開：「一、查首都城垣城門修整工

程為時已久本部最近奉
總統面示「（一）南京城防工事自十月一日開始動工限肆拾日內完成（二）首都城垣城门整修工程應配合城防工程務期同時完成」二、有関城防工事部份本部工程委員會已在積極加工趕築與整修中至城垣城門整修部份請
貴部將已動工後之修整情形按旬見以憑轉報并請督飭承辦單位加緊趕辦依限完竣」等由到局除分令外合行令仰該處趕速實施如限完成並將辦理情形按旬列表呈報來局以憑核辦為要。//

此令。

局長 石素波

校對賈文錚

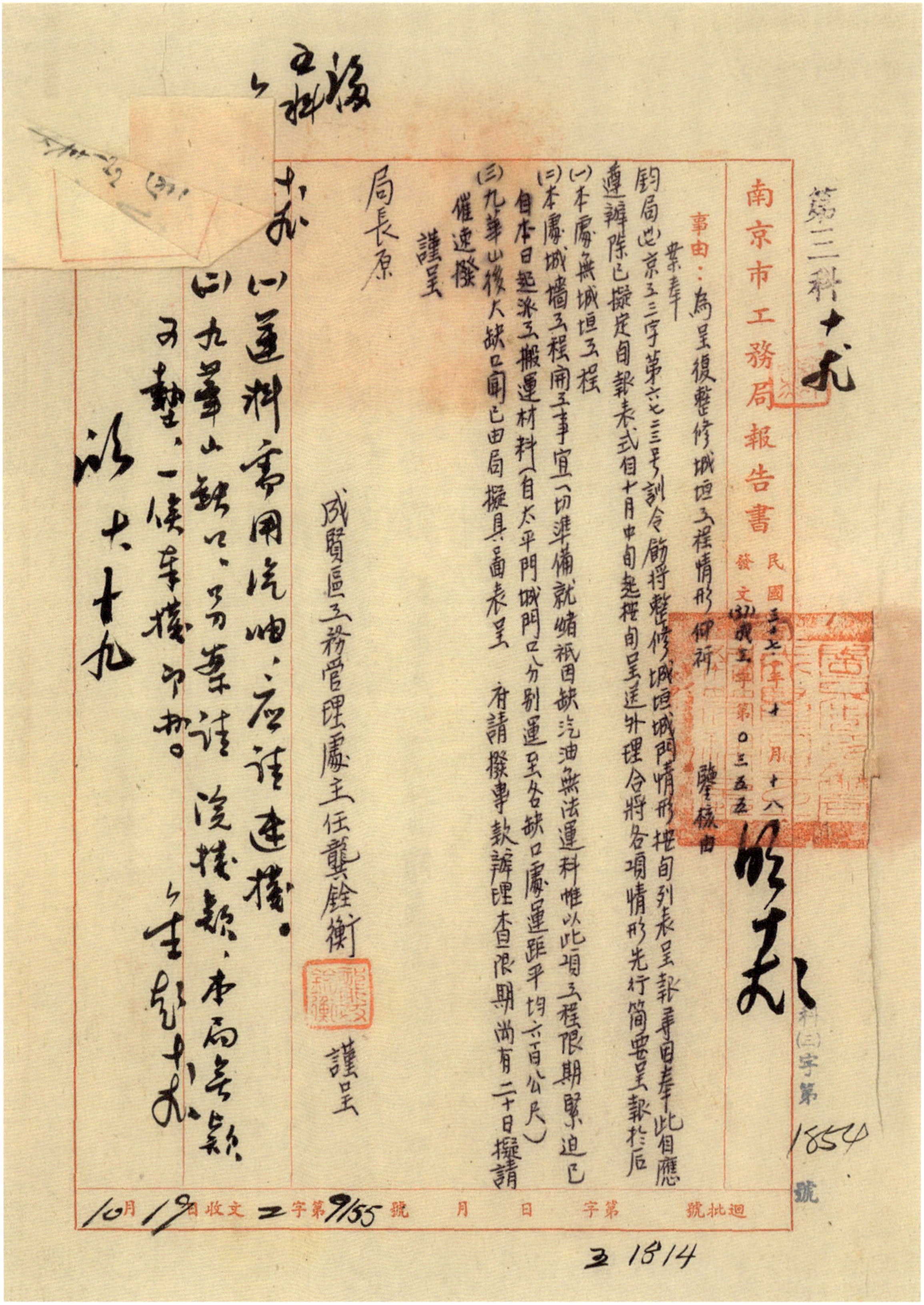

第三科 十九

南京市工務局報告書

事由：為呈復整修城垣工程情形仰祈　鑒核由

民國三十七年十月十八日

發文(37)成工字第〇三五五

案奉

鈞局巴京工三字第六七三號訓令飭將整修城垣城門情形按旬列表呈報等因奉此自應遵辦除已擬定自報表式自十月中旬起按旬呈送外理合將各項情形先行簡要呈報於后

(一)本處無城垣工程

(二)本處城牆工程開工事宜一切準備就緒祇因缺汽油無法運料惟此項工程限期緊迫已自本日起派工搬運材料(自太平門城門口分別運至各缺口處運距平均六百公尺)

(三)九華山後大缺口前已由局擬具圖表呈府請撥事款辦理查限期尚有二十日擬請催速撥

謹呈

局長原

成賢區工務管理處主任龔銓衡　謹呈

復　五科

(一)運料需用汽油，應請速撥。(二)九華山缺口，另案請撥款，本局無款可墊，一俟奉撥即撥。

科(三)字第1854號

10月19日收文　工字第9155號　月　日　字第　迴批號

工1814

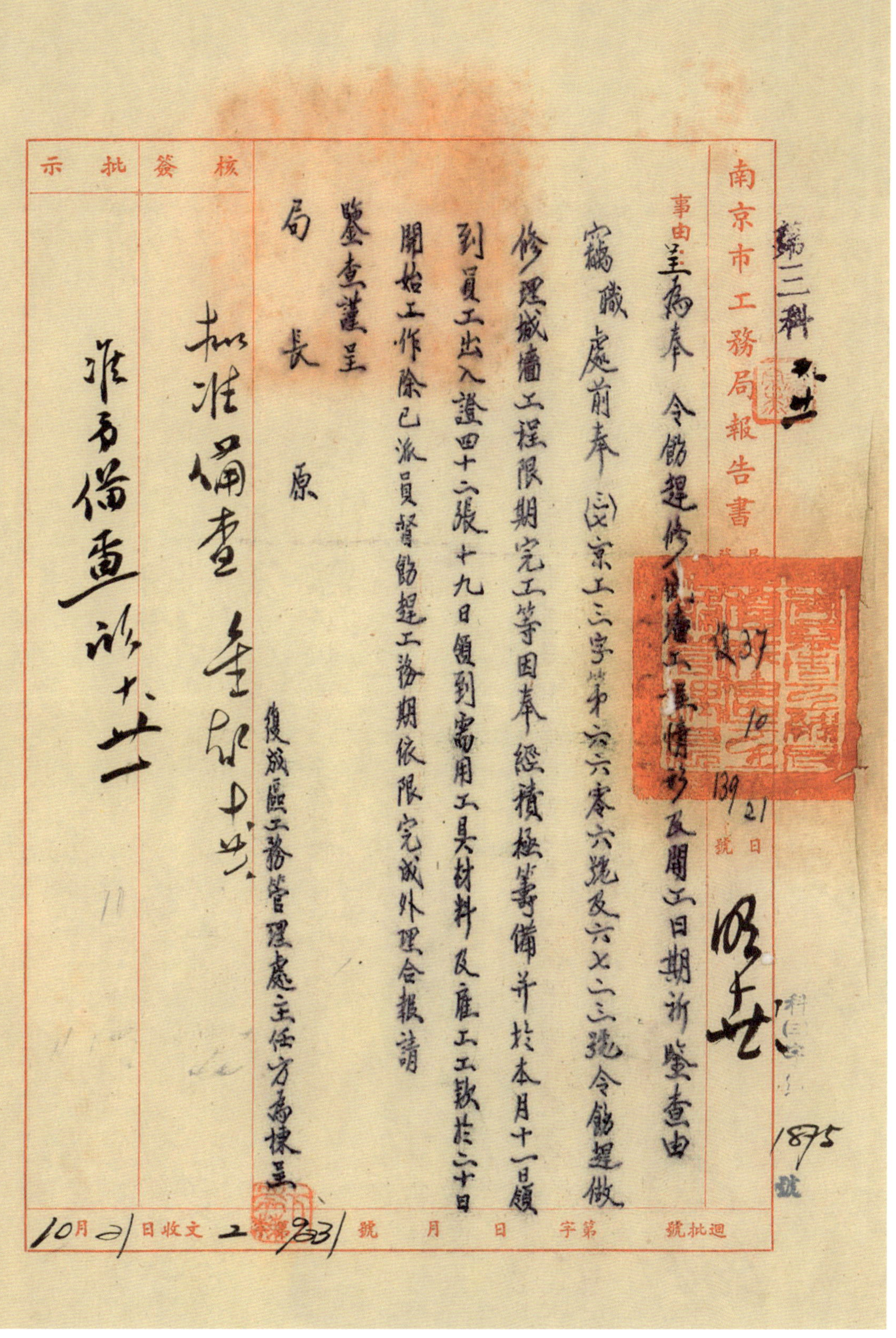

南京市工務局報告書

第三科 十廿一

事由：呈為奉令飭趕修城墻工具情形及開工日期祈鑒查由

37 10 21日 139號

竊職處前奉(京)京工三字第六六零六號及六七二三號令飭趕做修理城墻工程限期完工等因奉經積極籌備并於本月十一日領到員工出入證四十二張十九日領到需用工具材料及雇工工款於二十日開始工作除已派員督飭趕工務期依限完成外理合報請

鑒查謹呈

局長 原

復城區工務管理處主任方高楝呈

核簽：擬准備查 金 十廿一

批示：准予備查 十廿一

科 1875號

10月21日收文 2第9831號 月 日 字第 號批迴

（二十六）市工務局爲主辦城防工事與修城墻工程互有關聯致第一工程處的訓令（一九四八年十月二十一日）

最速件

南京市工務局稿紙

文別：訓令

送達機關：第一工程處

爲該處主辦之城防工事與各區所修城墻工程互有關聯除令飭各區主任隨時與該主任取得聯繫外令仰知照由

令第一工程處主任戴根法

查該處主辦之城防工事，至爲重要，[illegible]對於各區所修城墻工程，互有關聯，除令飭各區主任隨時與該主任洽商取得聯繫外，合行令仰該主任知照，爲要。

此令。

局長原○

中華民國卅七年十月廿一日

校對 貢文[illegible]

（三）

6847

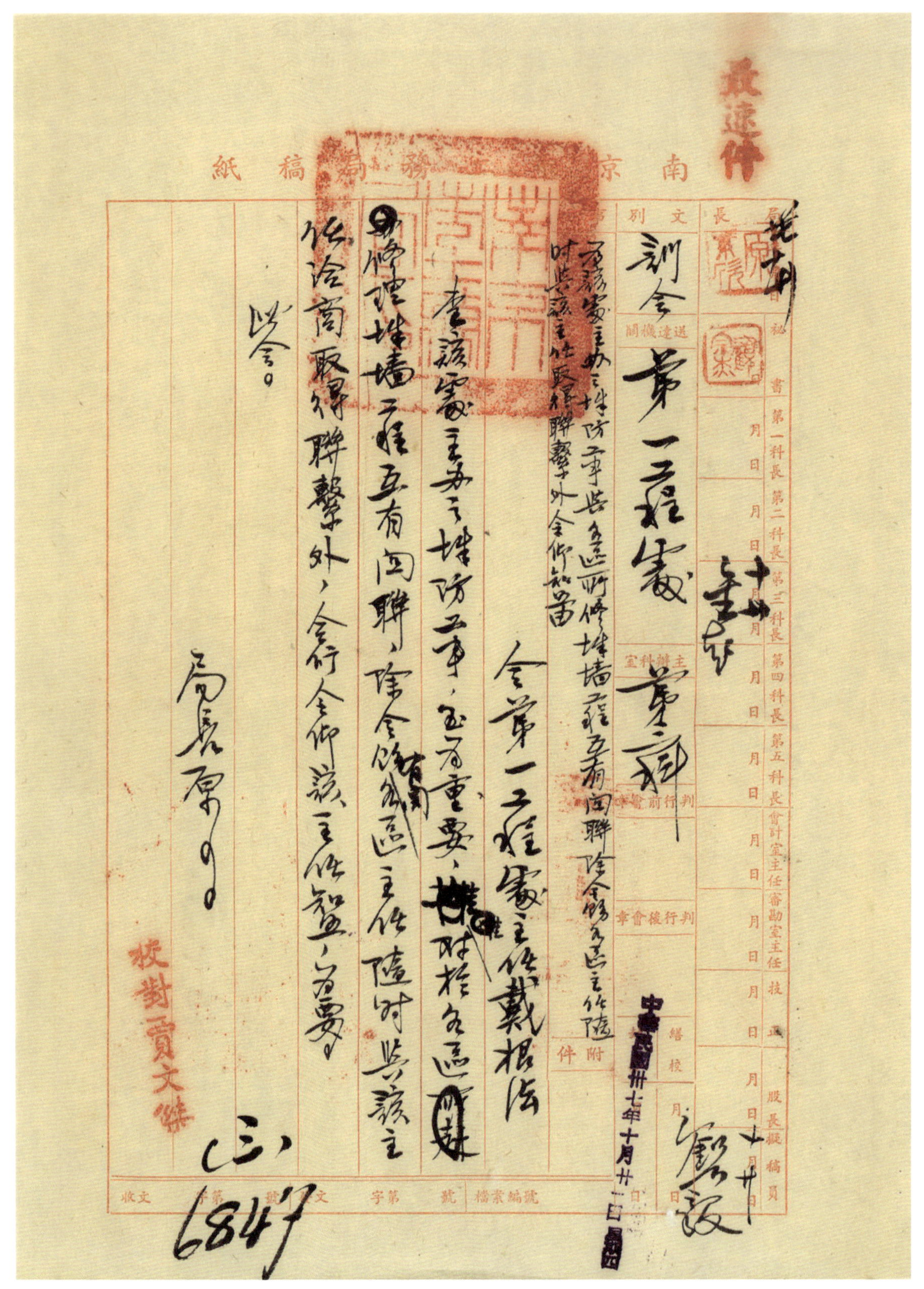

（二十七）市工務局爲會同首都衛戍總司令部會勘城墻城門其餘須加修整地段致第一工程處的訓令（一九四八年十月二十二日）

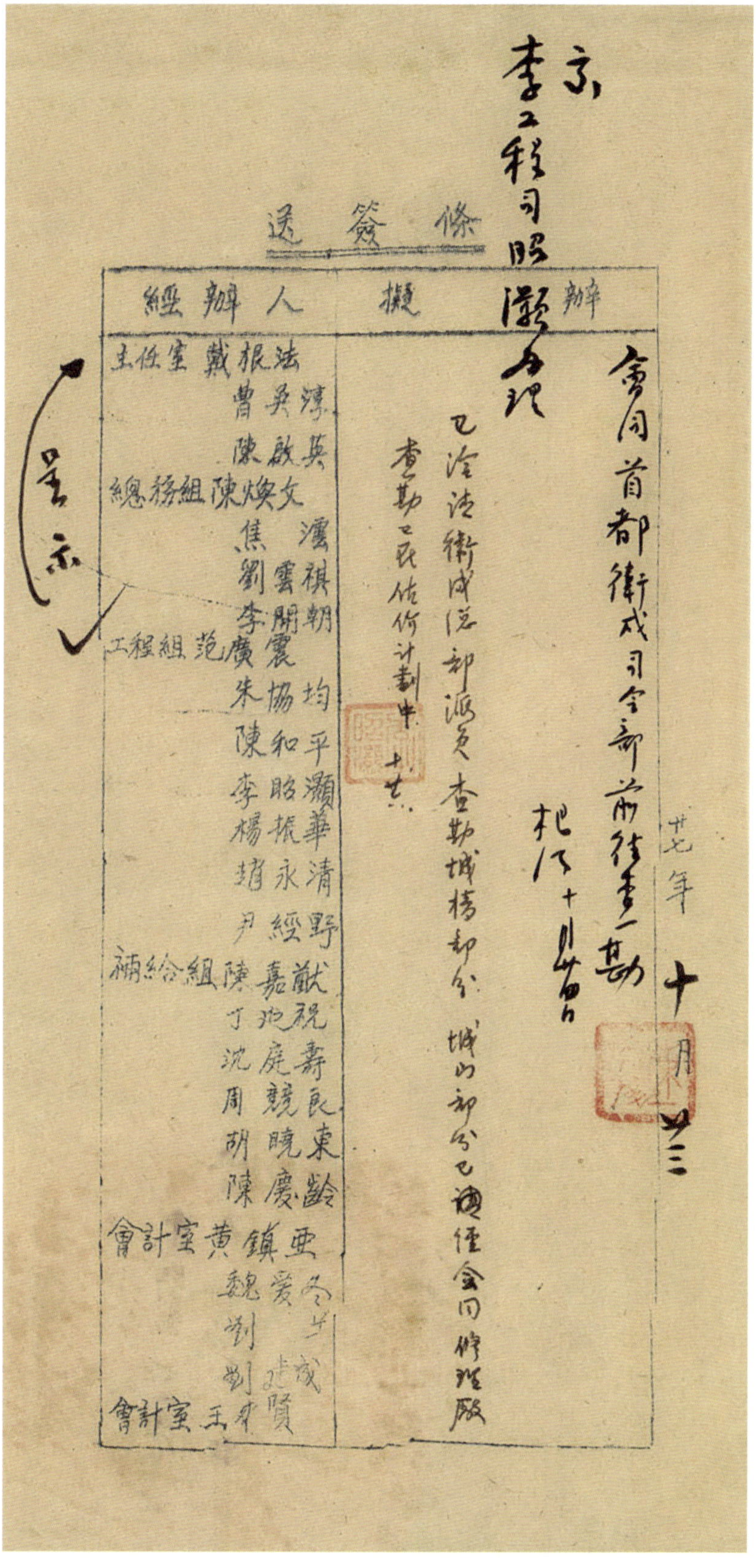

示
李工程司照辦理

條簽送

擬辦	經辦人
會同首都衛戍司令部前往會勘 卅七年十月廿二 十月廿四日 已洽首都衛戍總部派員查勘城牆部分，城門部分已經會同修理廠查勘，已在估價計劃中 十.廿五	主任室 戴根法 曹吳璞 陳啟英 總務組 陳煥文 焦瀛 劉雲祺 李開朝 工程組 范廣震 朱協均 陳和平 李昭灝 楊振華 趙永清 尹經野 補給組 陳嘉猷 丁兆祝 沈庚壽 周競良 胡曉東 陳慶齡 會計室 黃鎮亞 魏愛冬 劉 劉建成 會計室 王求賢

呈示

急

事由：為城牆城門仍有其餘地段須加修整仰會同首都衛戍總司令部會勘洽辦具報由

擬辦

批示

附件

年　月　日　午　時到

字第847號　廿二

南京市工務局訓令

令第一工程處

查整修城牆城門工程業經先後付諸實施惟尚有其餘地段仍有積極修整必要除由市政府函請首都衛戍總司令部派員詳切查勘彙編概算以便會呈請款繼續辦理外合行令仰該主任遵照前往該部會勘洽辦具報此令

(卅七)京工三字第6888號

中華民國卅七年十月廿一日

中華民國卅七年十月廿五

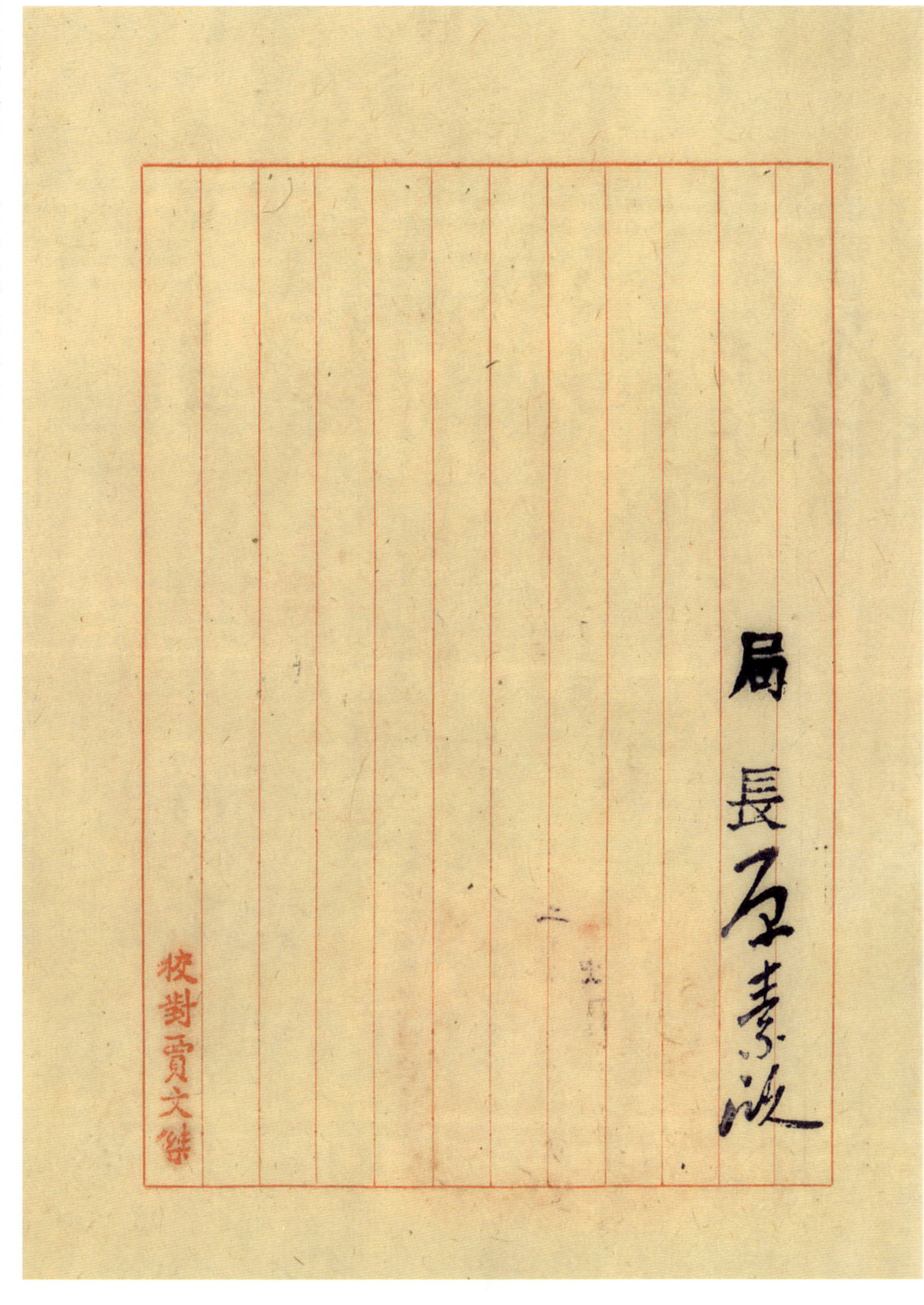

局長原素欣

校對賈文傑

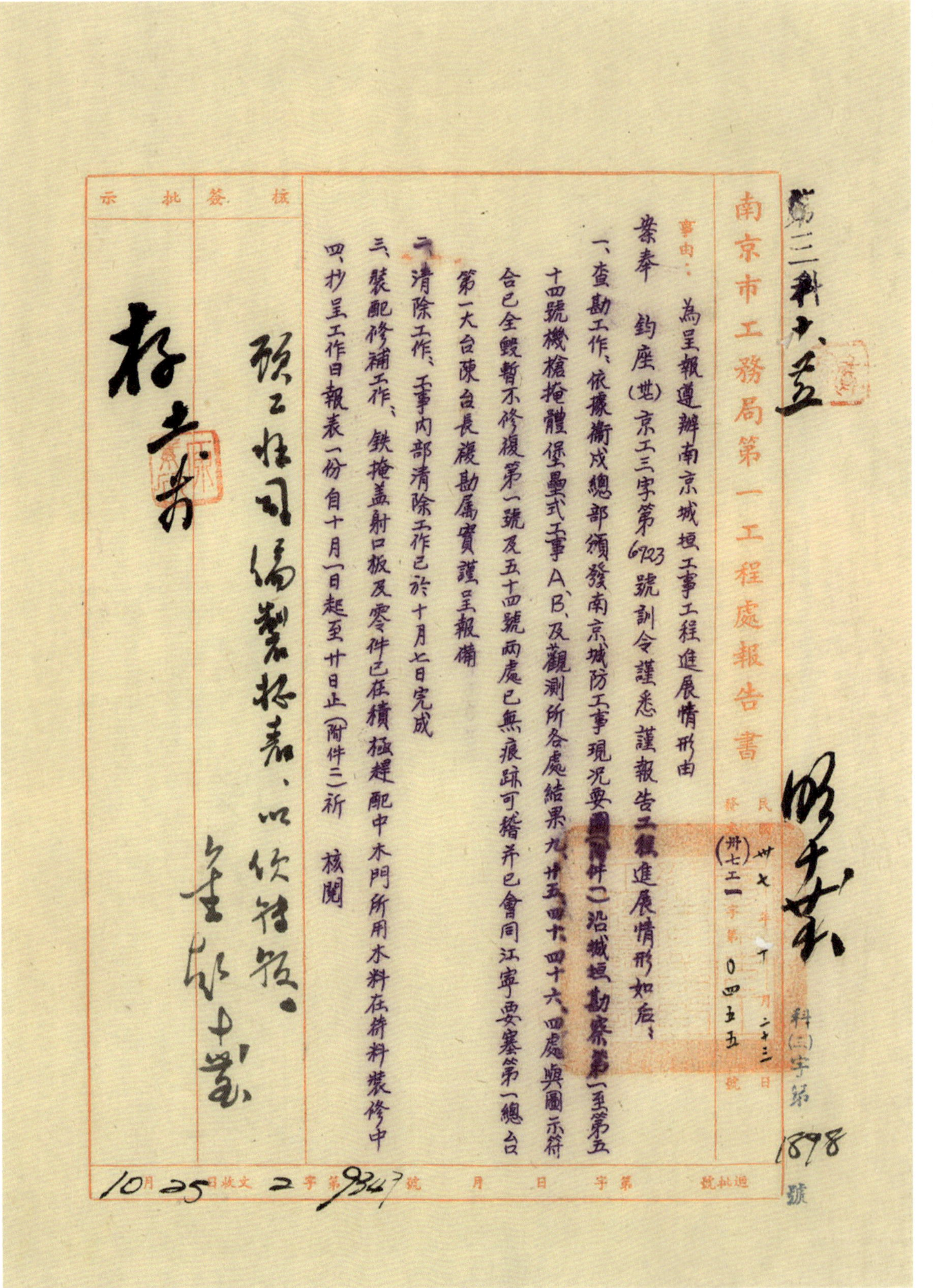

（二十八）第一工程處關于城垣工事工程進度情形致市工務局的呈文（附件：工作日報表、工事現況圖）

（一九四八年十月二十三日）

南京市工務局第一工程處報告書

民國卅七年十月二十三日

發文（卅七）工一字第〇四五五號

事由：為呈報遵辦南京城垣工事工程進展情形由

案奉

鈞座（卅）京工三字第6923號訓令謹悉謹報告工程進展情形如后：

一、查勘工作、依據衛戍總部須發南京城防工事現況要圖（附件一）沿城垣勘察第一至第五十四號機槍掩體堡壘式工事A、B、及觀測所各處結果九、廿五、四十、四十六、四處與圖示符合已全毁暫不修復第一號及五十四號兩處已無痕跡可稽并已會同江寧要塞第一總台第一大台陳台長複勘屬實謹呈報備

二、清除工作、工事內部清除工作已於十月七日完成

三、裝配修補工作、鉄掩蓋射口板及零件已在積極趕配中木門所用木料在備料裝修中

四、抄呈工作日報表一份自十月一日起至廿日止（附件二）祈 核閱

核簽 批示

10月25日收文 2字第9347號

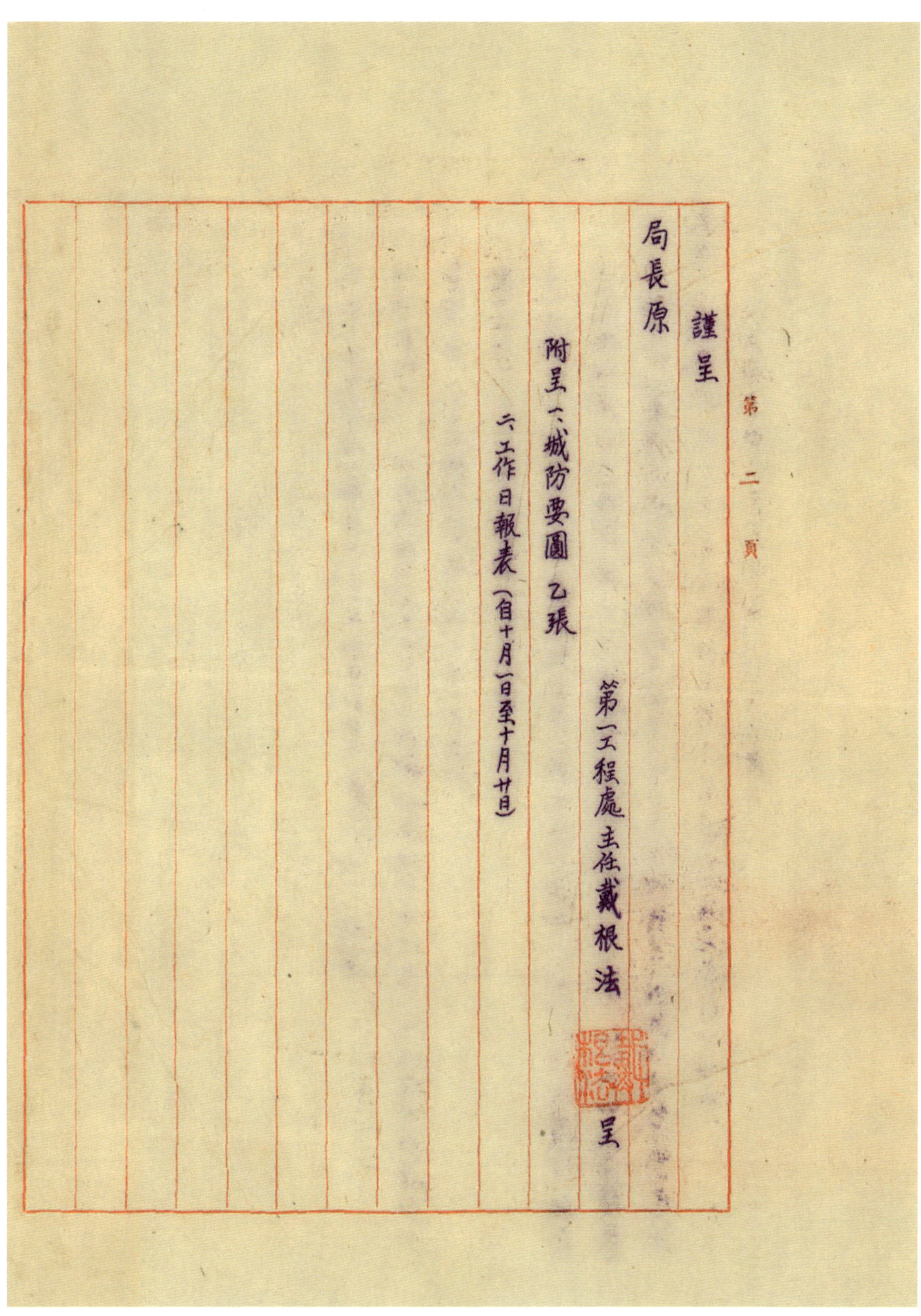

第二頁

謹呈

局長原

第一工程處主任戴根法（印）呈

附呈一、城防要圖乙張

二、工作日報表（自十月一日至十月廿日）

南京城防核心工事構築委員會工程處

首都衛戍總司令部南京城防核心工事工作日報表

區分	
日期	十一月一日
工作綱目	勘察機槍掩体永久築城工事
進行經過概要	派員分赴中華門光華門依據"南京城防工事現況要圖"查察各編號工事決定工作程序 1.清除至工事道路 2.清除工事內部 3.修築工作 4.裝配工作
備考	
附記	

註記

一、本表逐日填載送呈 總統府國防部核備

二、工程開始後另用工程處報工程實施日報表

南京城防核心工事構築委員會工程處
首都衛戍總司令部南京城防核心工事工作日報表

日期 區分	十二月二日	坿記
工作綱目	繼續勘查開始清除工作	
進行經過概要	1.勘查各工事地点準備分配工作 47 48 49 50（46未尋到） 29 30 31 10 11 12（9未尋到） 2.清除道路及工事内部 10 11 12 47 48 49 29 30	
備考		

註記 一、本表逐日填載送呈 總統府國防部核備
二、工程開始後另由工程處報工程督施日報表

南京城防核心工事構築委員會工程處
首都衛戍總司令部南京城防核心工事工作日報表

區分/日期	工作綱目	進行經過概要	備考
十月三日	繼續勘查及清除工作	1、勘查2 3 4 5 6 7 8(1号未築到)26 27 28 31及觀察所(c) 2、清除工作完成47 48 49 50 10 12 29 30	

附記
註：一、本表逐日填載送呈總統府國防部核備
二、工程開始後另由工程處報工程實施日報表

南京城防核心工事構築委員會工程處
首都衛戍總司令部南京城防核心工事工作日報表

日期	工作綱目	進行經過概要	備註
十月四日	繼續勘查及清除工作	1、勘查 13 14 15 16 17 18 19 20 51 52 53（54未尋到） 2、繼續清除 11 13 14 32 33 34 35 3、清除完成 2 3 4 15 16 17 18 19 32 33 34 51 52 53	
附記			

註記：一、本表逐日填載送呈總統府國防部核備
二、工程開始後另由工程處報工程實施日報表

南京城防核心工事構築委員會工程處

首都衛戍總司令部南京城防核心工事工作日報表

日期	工作綱目	進行經過概要	備註
十月五日	繼續勘查及清除工作	1、勘查21 22 23 24 36 37 38 39 41 42 43 44 45 A B 查勘工作已全部完畢 2、繼續清除11 13 14 5 7 24 26 3、清除完成觀察所6 8 20 21 22 23 27 28 41 42 43 44 45(C)	
附記			

註：一、本表逐日填載送呈總統府國防部核備
二、工程開始後另由工程處報工程實施日報表

南京城防核心工事構築委員會工程處
首都衛戍總司令部南京城防核心工事工作日報表

區別／日期	工作綱目	進行經過概要	備註
十月六日	繼續清除工作	1、繼續清除5 14 24 26 2、清除完成7 11 13 35 36 37 38 39 清除工作除積土太多之26號破垣太甚之5號，24號繼續掘進口14號鑿穿洞內兩道砌墻尚未全部完成外餘均已全部清除	

附記

註：一、本表逐日填載送呈總統府國防部核備
二、工程開始後另由工程處報工程實施日報表

南京城防核心工事構築委員會工程處
首都衛戍總司令部南京城防核心工事工作日報表

區別	工作綱目	進行經過概要	備註
十月七日	繼續清除工作	1、完成5 14 24 26清除工作 2、擬就表格三种確查各工事內修配工程數量	

附記

註：一、本表逐日填載送呈總統府國防部核備
二、工程開始後另由工程處報工程實施日報表

南京城防核心工事构筑委员会工程处
首都卫戍总司令部南京城防核心工事工作日报表

日期	工作纲目	进行经过概要	备注
十月八日	计划修配工作	1.製就木門設計圖並請領木料及鉄器附件等（附表一份呈覆） 2.購買黄砂石子集中打俘灰工具 3.請領鉄掩蓋等用鋼飯	

附記

註一、本表逐日填載送呈總統府國防部核備
二、工程開始後另由工程處報工程實施日報表

南京城防核心工事構築委員會工程處

首都衛戍總司令部南京城防核心工事工作日報表

日期	工作綱目	進行經過概要	備註
十月九日	續查修配部份尺寸及工程數量	1、分組確查各工事修配部分尺寸及工程數量準備集料運料施工 2、(57)号工事複勘並重加清除準備重築 3、11 13 16 24号工事複勘 4、集中鑿石工具	

附記

註記 一、本表逐日填載送呈總統府國防部核備
二、工程開始後另由工程處報工程實施日報表

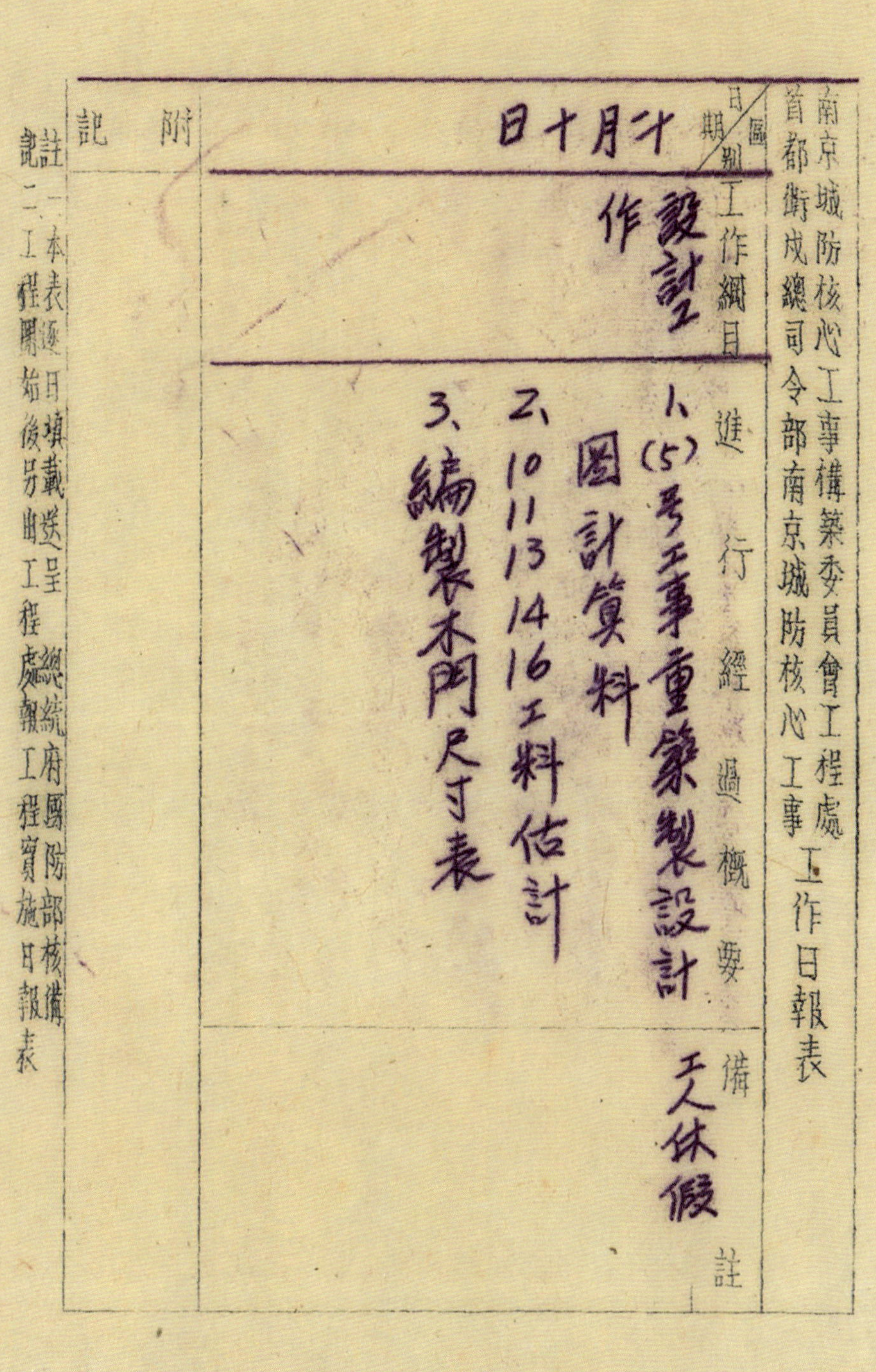

南京城防核心工事構築委員會工程處
首都衛戍總司令部南京城防核心工事工作日報表

日期	工作綱目	進行經過概要	備註
十月十日	設計工作	1.（5）号工事重纂製設計圖計算料 2.10 11 13 14 16 工料估計 3.編製木門尺寸表	工人休假

附記

註 一、本表逐日填載送呈總統府國防部核備
二、工程開始後另由工程處報工程實施日報表

首都衛戍總司令部南京城防核心工事
南京城防核心工事構築委員會工程處工作日報表

區分／日期	十月十八日	附記
工作細目	建築(5)號開始 裝配部份開始工作	
進行經過概要	1.(5)號工事開始做洋灰混凝土木模 2.在工警洞準備澆做洋灰三和土圍定門旋轉軸 3.請領木料鋼筋	
備註		

註一、本表逐日填載送呈總統府國防部核備
註二、工程開始後另由工程處報工程實施日報表

南京城防核心工事構築委員會工程處
首都衛戍總司令部南京城防核心工事工作日報表

區分／日期	十月十八日
工作綱目	裝配修築工作
進行經過概要	1. 繼續(5)號洋灰混凝土木模 2. 繼續鑿石裝配工作 3. 各工事進路修整工作 4. 噴射"DDT"工作 5.
備註	
附記	

註記：一、本表逐日填載送呈總統府國防部核備
二、工程開始後另由工程處報工程實施日報表

南京城防核心工事構築委員會工程處
首都衛戍總司令部南京城防核心工事工作日報表

日期	工作綱目	進行經過概要	備考
十月十三日	裝配修築工作	人(5)号木模完成 (11)号準備做木模 2.継續鑿石洞裝配工作 3.洋灰修補工作開始	

附記

註一、本表逐日填報送呈總統府國防部核備
註二、工程開始後另由工程處報工程實施日報表

首都衛戍總司令部南京城防核心工事構築委員會工程處
南京城防核心工事工作日報表

區分 日期	十月十四日
工作編目	裝配修築工作
進行經過概要	1.繼續做木模及洋灰混凝土修補 2.各工事建路修整 3.繼續嵌洞裝配工作
備註	
附記	

註：一、本表逐日填載送呈總統府國防部核備。
二、工程開始後另由工程處報工程實施日報表。

南京城防核心工事構築委員會工程處
首都衛戍總司令部南京城防核心工事工作日報表

區別 / 日期	十月十五日
工作綱目	裝配修築工作
進行經過概要	1、解決工地料具運輸困難 2、木料無法購仍請領用 3、繼續裝配工作
備註	
附記	

註記：一、本表逐日填載送呈總統府國防部核備
二、工程開始後另由工程處報工程實施日報表

南京城防核心工事構築委員會工程處
首都衛戍總司令部南京城防核心工事工作日報表

區別／日期	十月十六日
工作綱目	繼續裝配工作
進行經過概要	1、繼續裝配工作（鑿洞）
備註	

附記

註一、本表逐日填載送呈 總統府國防部核備
二、工程開始後另由工程處報工程實施日報表

首都衛戍總司令部南京城防核心工事工作日報表
南京城防核心工事構築委員會工程處

日期	十月十九日
區別工作綱目	繼續鑿洞裝配工作
進行經過概要	1、繼續鑿洞裝配工作 2、鋼板領到拾塊設計裁製及另件裝配法
備註	
附記	

註：一、本表逐日填載送呈總統府國防部核備
二、工程開始後另由工程處報工程實施日報表

南京城防核心工事構築委員會工程處

首都衛戍總司令部南京城防核心工事工作日報表

區別 / 日期	十月十八日
工作綱目	繼續裝配工作
進行經過概要	1.裝就另件圖樣準備打做 2.繼續裝配工作
備註	
附記	

註：一、本表逐日填載送呈總統府國防部核備

二、工程開始後另由工程處報工程實施日報表

南京城防核心工事構築委員會工程處
首都衛戍總司令部南京城防核心工事 工作日報表

區分/日期	十月十九日
工作綱目	繼續裝配工作
進行經過概要	1、繼續鑿洞裝配工作 2、打做鉄掩蓋及射口鈑另件、
備考	
坿記	

附註：一、本表逐日填載送呈總統府國防部核備
二、工程開始後另由工程處報工程實施日報表

南京城防核心工事構築委員會工程處工作日報表
首都衛戍總司令部南京城防核心工事工作日報表

區分 日期	十月十八日	附記
工作綱目	繼續裝配工作	
進行經過概要	1.洋灰混凝土打做工作 2.鑿洞工作 3.清除工事旋口道路工作 4.請發木門木料	
備註		

註：一、本表應逐日填載送呈總統府國防部核備
二、工程開始後另由工程處報工程實施日報表

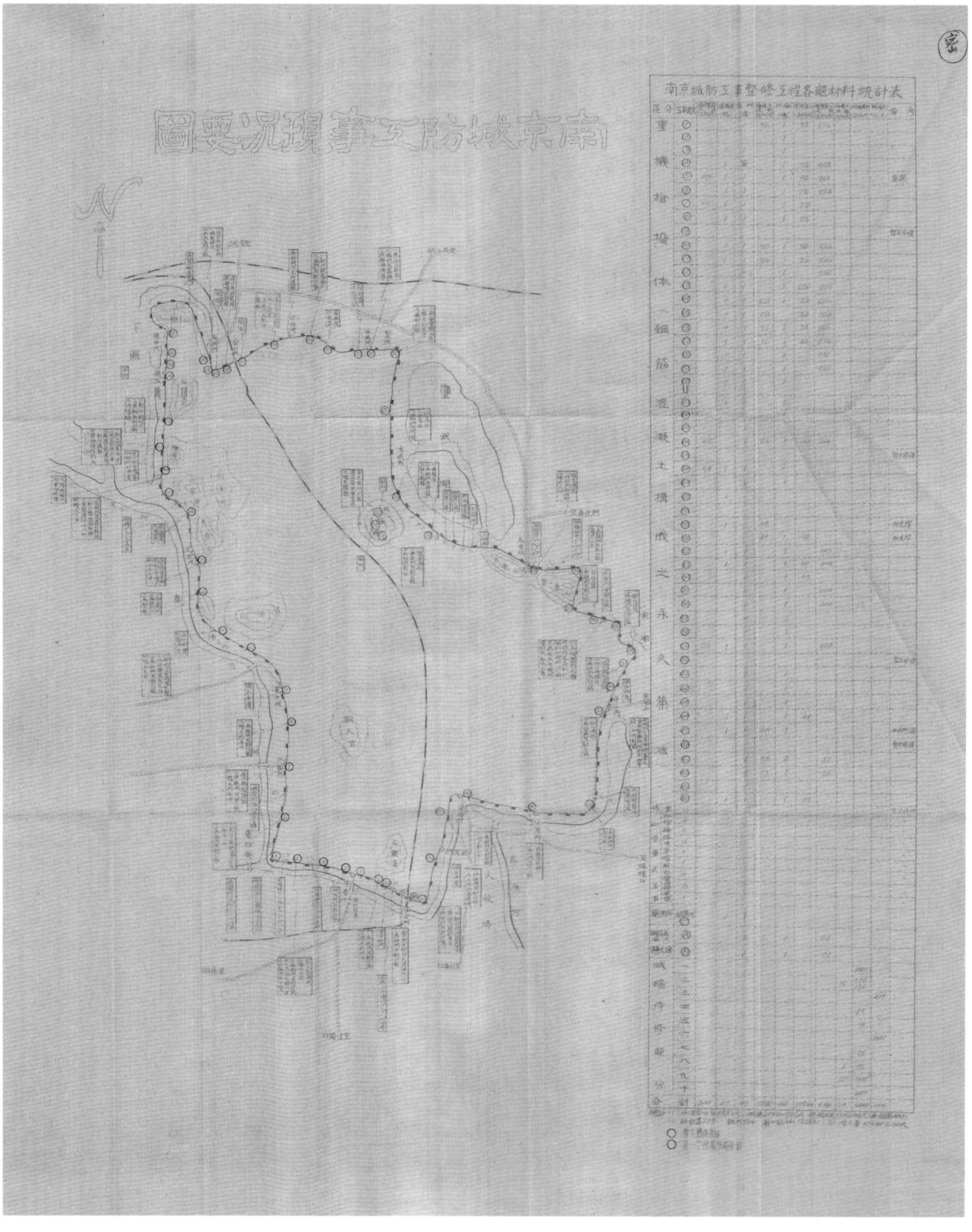
密
南京城防工事現況要圖
南京城防工事整修工程各體材料統計表

（二十九）第一工程處爲呈報修築南京城垣工事如期完成致市工務局、南京城防工事構築委員會的呈文（一九四八年十一月十七日）

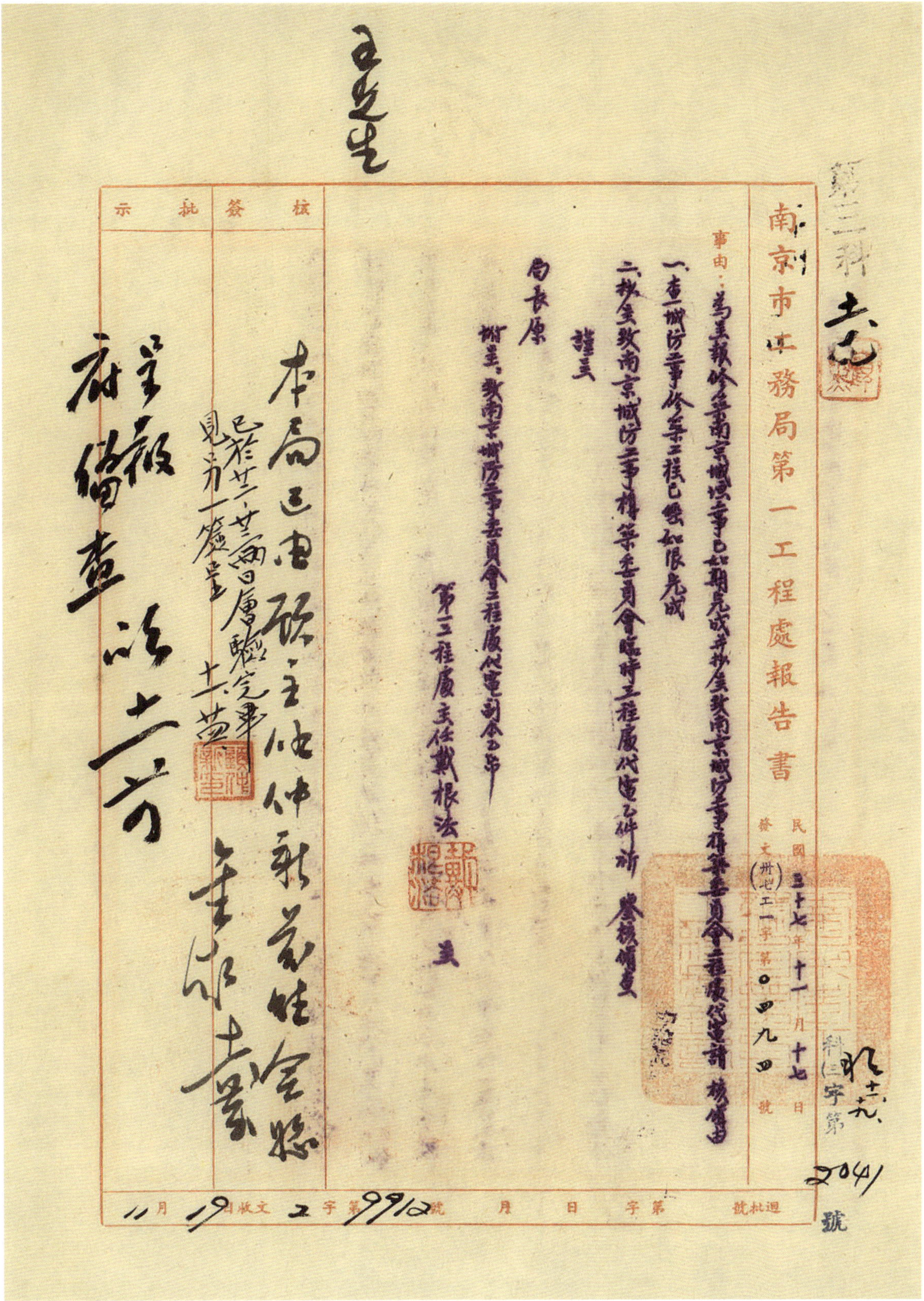

南京市工務局第一工程處報告書

事由：爲呈報修築南京城垣工事已如期完成并抄奉致南京城防工事構築委員會原呈請 核備由

一、查城防工事修築工程已照如限完成
二、抄奉致南京城防工事構築委員會臨時工程處代電乙件祈 察核備查

謹呈
局長原

附呈：致南京城防工事委員會工程處代電副本乙件

第一工程處主任 戴根法 呈

民國三十七年十一月十七日
發文（卅七）工一字第〇四九四號

核簽 批示

11月19日收文工字第9912號

擬備

南京市工務局第一工程處快郵代電

（卅七工一）字第0493號

副本

事由	為呈報修築南京城垣工事如期完成電請核備由
附件	
批示	
擬辦	

南京城防工事構築委員會臨時工程處處長張鈞鑒（一）奉令修築南京城垣工事當即遵於十月一日開工並已於十一月十日如限完成請電報備（二）（21）號工事據查已無遺跡可稽並經會同鈞處姜參謀張蔭及兵工署要塞司令部第一總台第一大台陳台長履勘屬實已於會報時口頭呈報准予結案辦理又（22）號工事交通坑道重行翻修工作經會導視察人員指示後令准另案辦理請電報備（三）木門業修工作因材料撥發時間耽延致遲工結果已完成百分之六十其餘部份在趕做中（四）本件副本抄呈南京市工務局備查 南京市工務局第一工程處主任戴根法

中華民國三十七年十一月十七日 點發

第 頁共 頁

（復電請註明原來電年月日及字號）

電收 字第 號

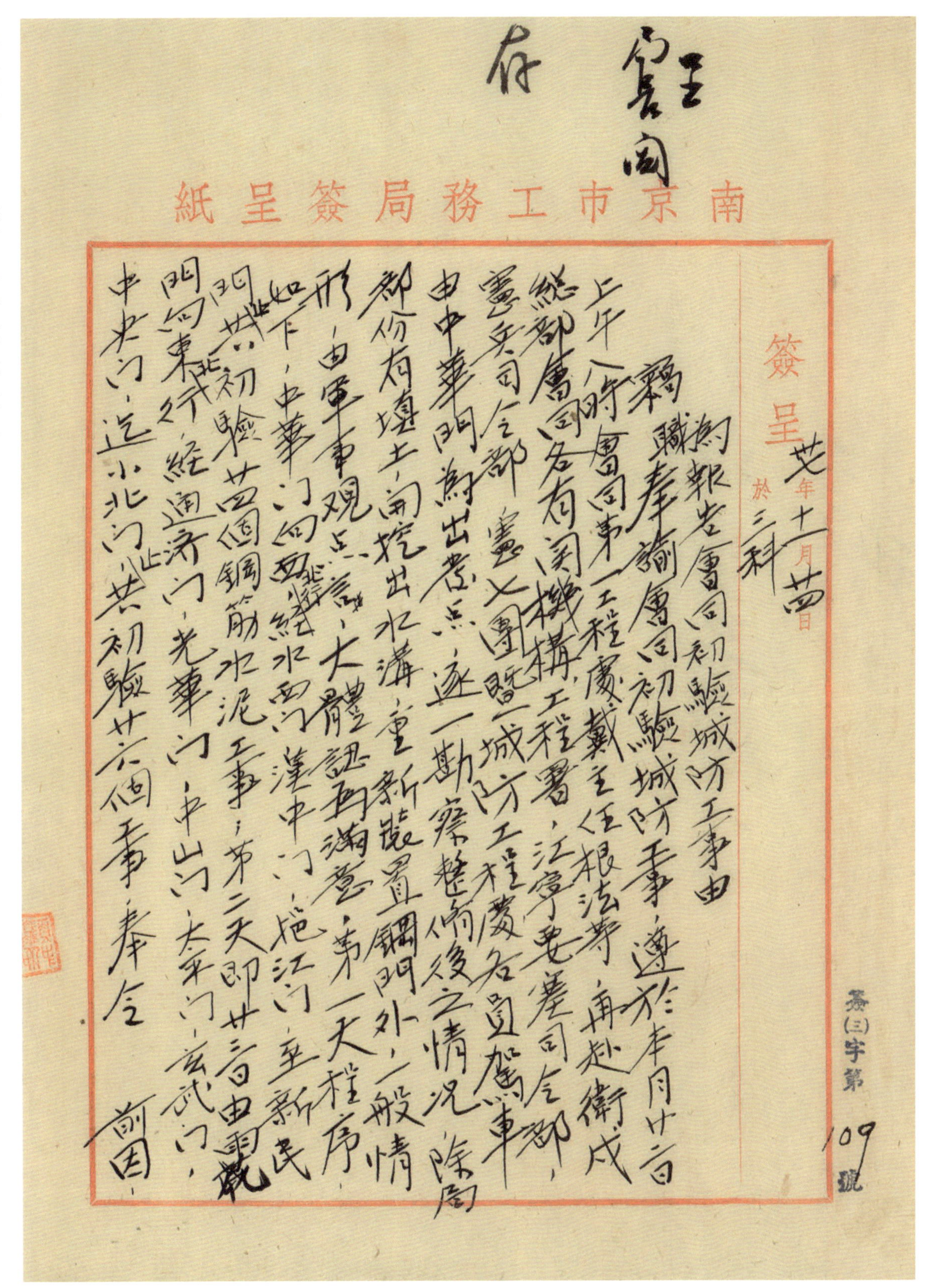

（三十）市工務局爲會同初驗城防工事的簽呈（附件：首都衛戍總司令部代電、工程數量表等）（一九四八年十一月二十四日）

呈閱

存

南京市工務局簽呈紙

簽呈　卅七年十一月廿四日　於三科

為報告會同初驗城防工事由

竊職奉諭會同初驗城防工事，遂於本月廿二日上午八時會同第一工程處戴主任根法等前赴衛戍總部，會同各有關機構：工程署、江寧要塞司令部、憲兵司令部、憲七團暨城防工程處各員駕車由中華門為出發點，逐一勘察整修後之情況。除南部份有壙土，開挖出水溝，重新裝置鐵門外，一般情形，由軍事觀點言，大體認為滿意。第一天程序如下：中華門向西北經水西門、漢中門、挹江門至新民門止，共初驗卅個鋼筋水泥工事；第二天即廿三日由[illegible]門向東北行經通濟門、光華門、中山門、太平門、玄武門，中央門，迄小北門止，共初驗廿六個工事。奉令前因，

簽(三)字第109號

南京市工務局簽呈紙

簽呈　於三十八年三月廿六日

理合具文檢同驗收代電暨數量表等三紙，呈請

鑒核備查。謹呈

科長 金

局長 原

附呈代電數量表等三紙

職 顧中嶽 呈

擬准備查。

准備查。

首都衛戍總司令部代電

事由	為定本（十二）月廿二日初步驗收城垣工事希屆時參加由
受文者	
發文 附件	如文
日期	民國三十七年十二月十九日
字號	戍工簽字第　號
地點	南京林森路

一、茲定於本（十二）月廿二日初步驗收城垣工事，並定是日上午八時在衛戍部會議廳集合出發。

二、參加人員如附表，工事位置圖由市府第一工程處準備，分送各參加人員。

三、希屆期準時參加。

四、本件分送各出席人員、本會工程處、工務局第一工程處，另以副本分呈總統府、國防部。

總司令
兼主任委員　孫連仲

南京城防工事構築委員會驗收城垣工事參加人員表　廿年十一月十九日

級職	姓名	驗收注意事項	備攷
主任委員 副主任委員 委員 兼處長 兼副處長 憲七團團長 參謀 副官	孫連仲 柳際明 李傳霖 李華傑 閻正誼 胡雄 譚國鐸 張知行 黃德馨 宗文占 黃耀武 戴根法 天介盤 姜中 廖英偉 朱松齡	一、裝修部份是否與原工事同一強度 二、射擊設置與射口是否適合部隊文武器裝備 三、射口對外之偽裝是否確實良好 四、第1—22號工事有無重建整修必要 五、各工事是否按照前次巡迴督導意見改正 六、材料之使用與實際是否相符 七、工事進出口掩護是否良好 八、工事如何監護管理門鑰交由何人負責	一、工事位置圖由第一工程處準備 二、午餐車輛油料由副官朱松齡負責 三、文具等由參加參謀攜帶須記錄驗收意見
附記	一、車輛準備規定如下：1、衛戍總部（張副總司令乘）工程署江寧要塞司令部各派吉普車一輛油料由本會工程處按里程發給 二、旅費按規定支給		

工程完成數量表 三十七年十一月十一日

I	II	III	IV	V	VI	VII	VIII	IX	X
工事編号	掩蓋	木門	射口鈑	鋼筋混凝土	水泥修補	砌 牆	排水道	清除粉刷	備 註
2	0	1	1-1	0.1	0.[illegible]	0	不須	完成	
3	1	1	1-1	0	0.3	0	無	〃	
4	1	1	1-1	0	0.2	0	通	〃	
5	1	1	1-1	9	2.3	4	無	〃	
6	1	1	1-1	0	0.4	0	通	〃	
7	1	1	1-1	0	0.4	0	無	〃	
8	1	1	1-1	0	0.1	0	通	〃	
10	1	1	1-1	9.0	1.6	1	通	〃	
11	0	1	1-1	8	1.4	0	無	〃	
12	1	1	1-1	0	0.1	0	通	〃	
13	0	1	1-1	8.7	1.6	1.5	通	〃	
14	1	1	1-1	2.2	1.6	0	無	〃	
15	1	1	1-1	2.4	1.0	0	無	〃	
16	1	1	1-1	1.0	0.3	0	無	〃	
17	1	1	1-1	9.5	2.8	0	不通	〃	
18	1	1	—	0	0.2	0	不通	〃	
19	0	0	—	0	0.1	0	不須	〃	
20	0	1	—	0	0.8	2.8	不須	〃	
21	1	0	1-1	0	0.1	0	無	〃	
22	0	1	—	0	1.2	0	不通	〃	
23	0	1	—	0	0.5	0	不通	〃	
24	0	1	1-2	0	2.5	5.2	無	〃	
26	1	1	—	0	0.5	0	通	〃	
27	0	1	—	0	0.1	0	通	〃	
28	0	1	—	0	0	0	通	〃	
29	1	1	—	0	0	0	不通	〃	
30	1	1	—	0	0.7	0	通	〃	
31	—	0	—	0	0	0	通	〃	
32	1	1	1-2	0	2.0	0	通	〃	
33	1	1	1-1	0	0.2	0	不通	〃	
34	0	1	1-2	0	0.1	0	通	〃	
35	0	1	1-1	0	0.2	0	無	〃	
36	0	1	1-1	0	0.1	0	無	〃	
37	0	1	1-2	0	0.2	0	無	〃	
38	1	1	1-1	0	0.1	0	無	〃	
39	1	1	1-1	0	0.4	0	通	〃	
41	0	1	1-1	0	0.1	0	不通	〃	
42	0	1	1-2	0	0.1	0	無	〃	
43	—	—	1-1	0	0.1	0	通	〃	
44	1	1	1-1	0	0.2	0	不通	〃	
45	1	2	1-1	0	0.4	0	不通	〃	
47	0	1	2-2	0.7	0.5	9.5	不通	〃	1
48	0	1	1-1	0.3	0.2	0	無	〃	
49	0	1	—	0	0.1	0	通	〃	
50	1	1	—	0	0.4	0	不通	〃	
A	0	1	1-2	0	0.4	2.1	通	〃	
B	0	1	1-1	0	0.1	0	通	〃	
C	0	—	1-2	0	0.1	0	不須	〃	
共計	24	44	46	49.8	26.9	26.1			
				m^3	m^3	m^3			

實用材料數量表

編號	1 名稱	2 形狀	3 數量	4 單位	5 附註
1	洋灰		370	袋	
2	黃砂		12	英方	
3	石粉		2	英方	
4	石灰		35	担	
5	片石		2½	英方	
6	鋼筋	3/8"φ	0.67	噸	
7	鋼筋	7/8"φ	0.33	噸	
8	圓木	皮槁木	50	根	
9	毛板	1/2"厚	25	丈	
10	毛板	2"×6"	25	丈	
11	方木	4"×6"	2300	尺	
12	方木	2"×6"	2000	尺	
13	鋼鈑	5'×10'×5mm	5	塊	
14	鋼鈑	5'×10'×9mm	9	塊	
15	蘿筐		100	个	
16	土箕		100	个	

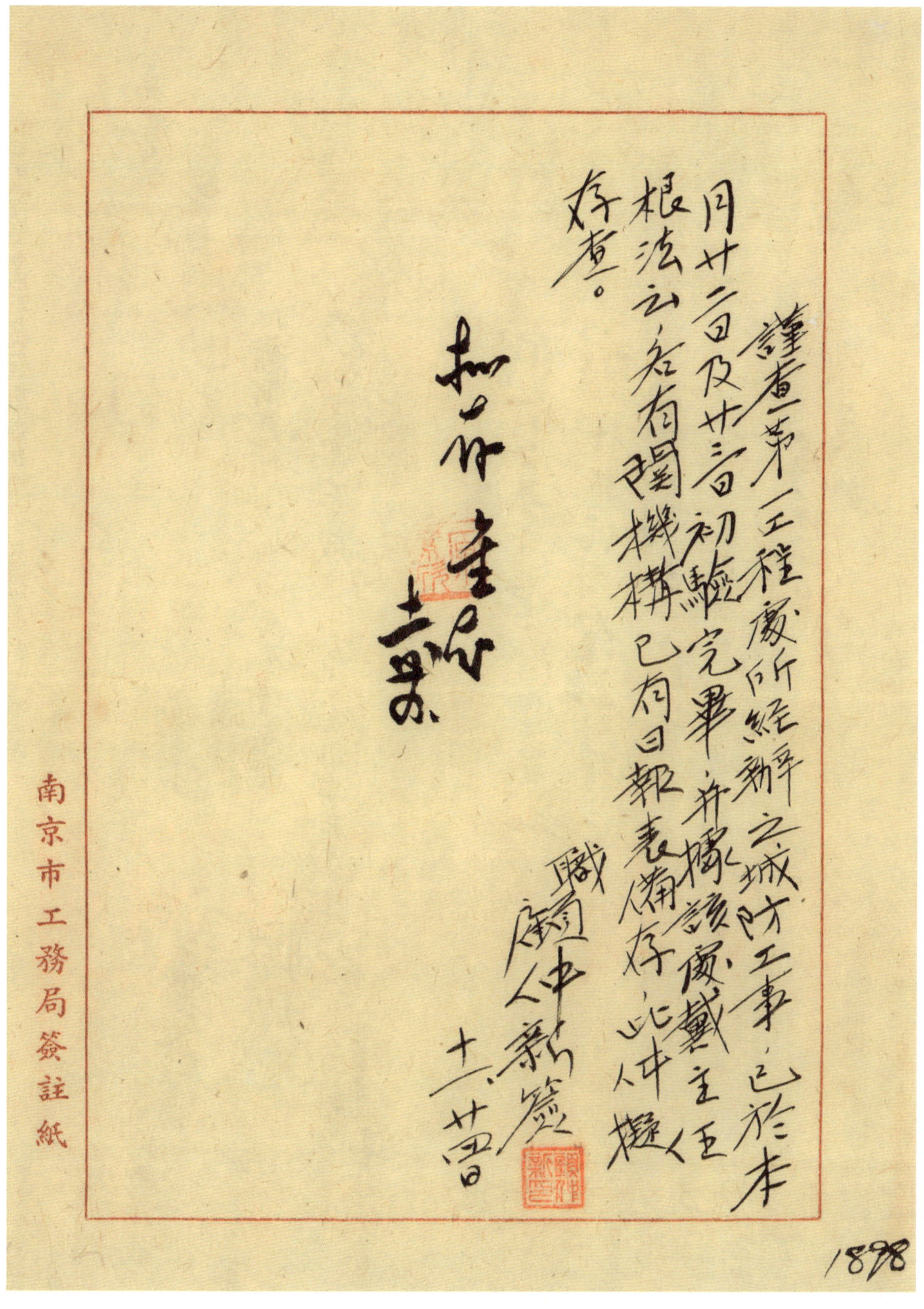

謹查第一工程處所經辦之城防工事，已於本月廿二日及廿三日初驗完畢，并據該處戴主任根法云，各有關機構已有日報表備存，此件擬存查。

職顧中新簽
十一、廿四

如存查
[illegible]

南京市工務局簽註紙

1898

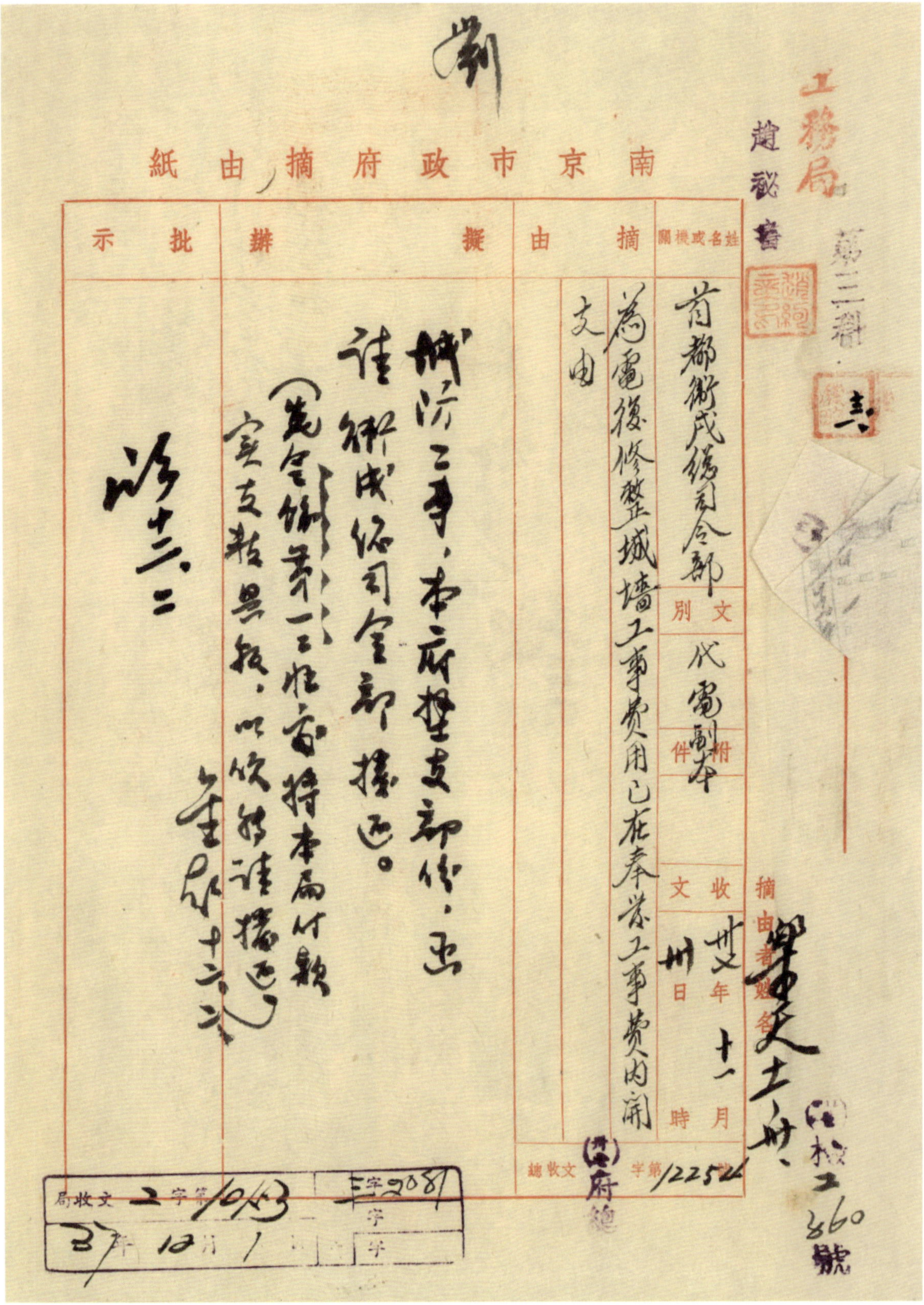
劉

南京市政府摘由紙

姓名或機關	首都衛戍總司令部
摘由	爲電復修整城墻工事費用已在奉發工事費內開支由
文別	代電副本
附件	
收文	卅七年十一月卅日 時
擬辦	城防工事，本府擬支部份，函請衛戍總司令部撥還。（已電飭第一工程處將本局付款實支數具報，以便能請撥還） 十二、一
批示	十二、二

總收文 府字第122526

局收文 工字第10163

37年12月1日

工務局

趙秘書

第三科

（三十一）首都衛戍總司令部爲整修城墻工事費用開支致國防部的代電（一九四八年十一月二十七日）

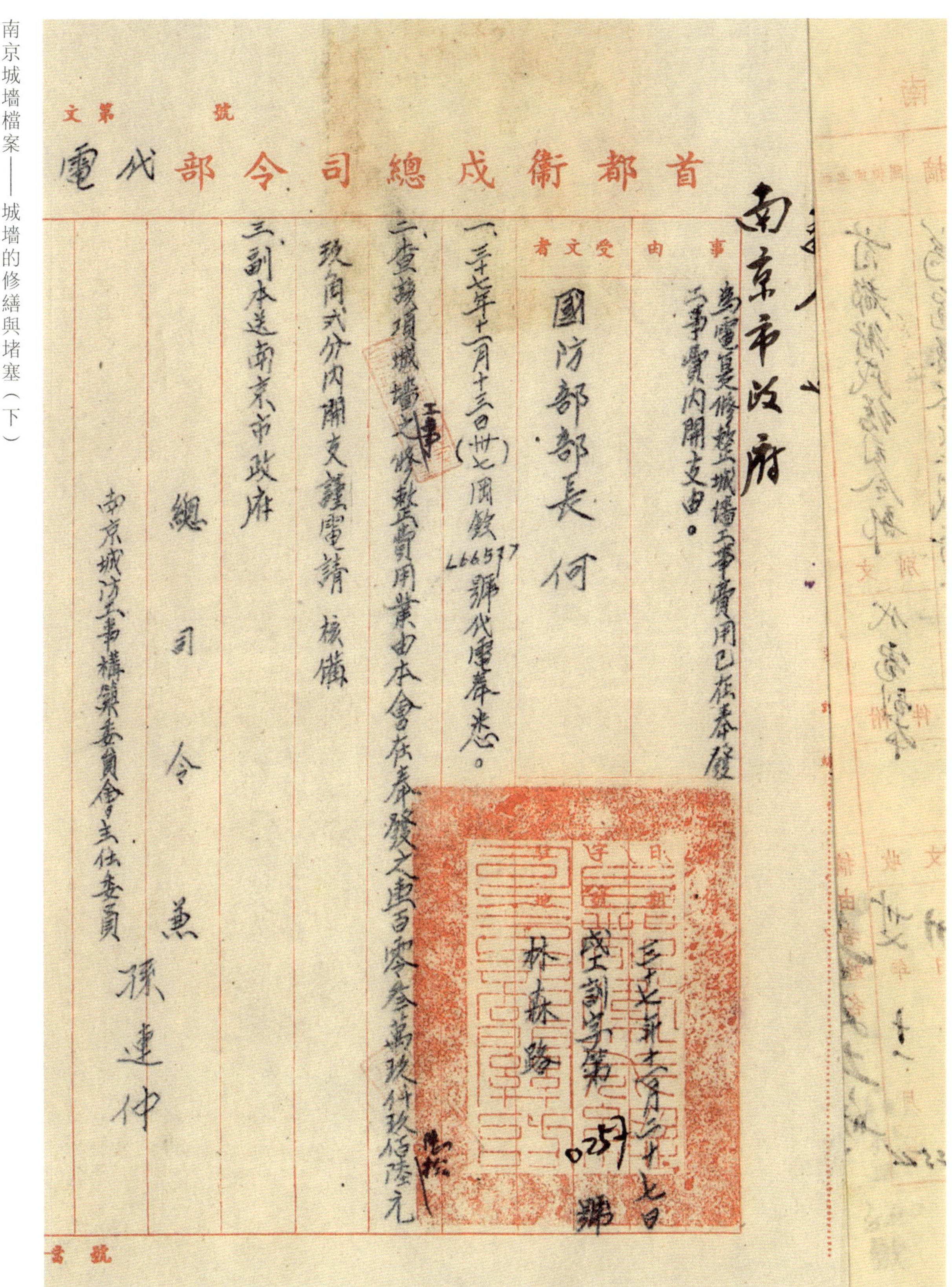

首都衛戍總司令部代電　文第　號

事由：為電覆修整城墻工事費用已在奉發工事費內開支由。

受文者：國防部部長何

南京市政府

一、三十七年十一月十三日(卅七)周欽 L66537 號代電奉悉。

二、查該項城墻工事之修整費用業由本會在奉發之肆百零叁萬玖仟玖佰陸元玖角弍分內開支，謹電請　核備

三、副本送南京市政府

總司令萬

南京城防工事構築委員會主任委員　孫連仲

三十七年十一月廿七日
戍副字第 0257 號
林森路

號書

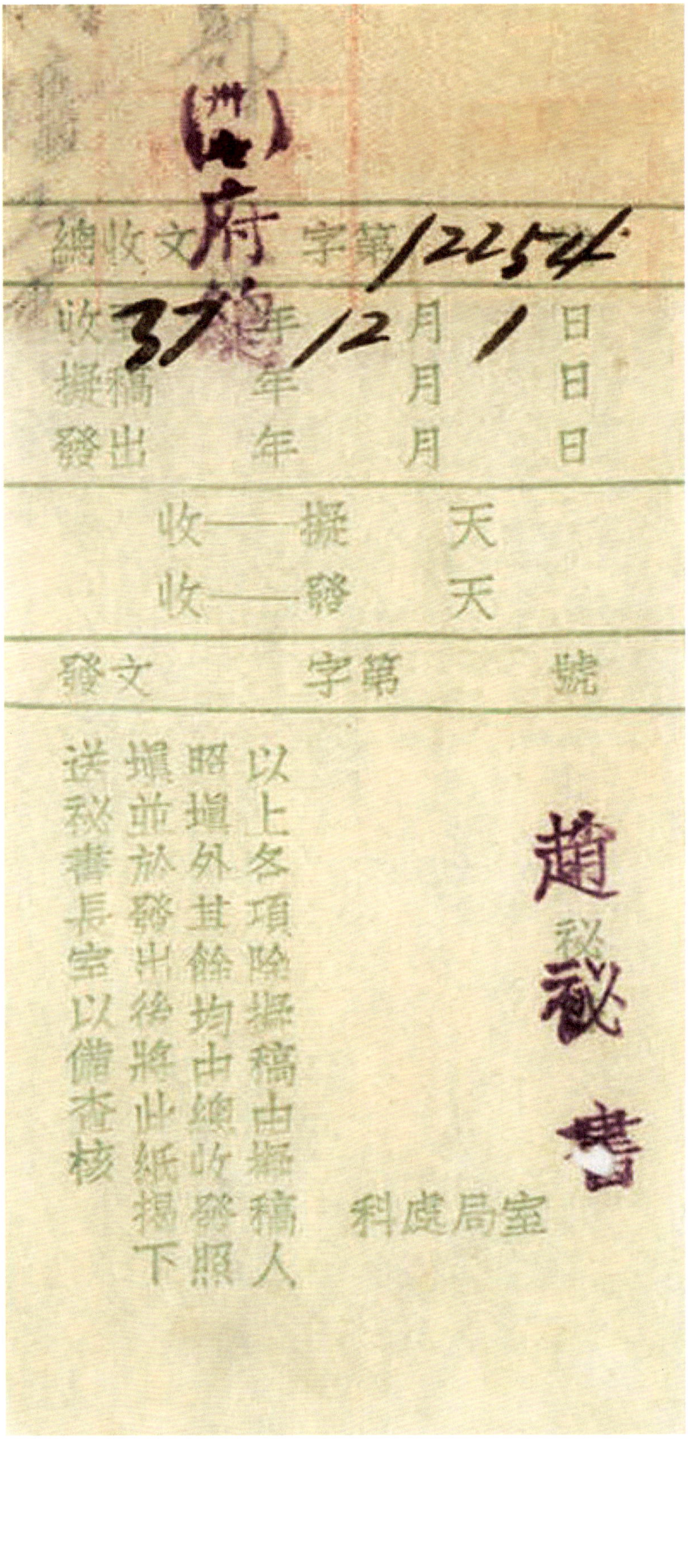

（州）府

總收文　府　字第122544

收到　37　年　12　月　1　日

擬稿　年　月　日

發出　年　月　日

收——擬　天

收——發　天

發文　字第　號

以上各項除擬稿由擬稿人照填外其餘均由總收發照填並於發出後將此紙揭下送秘書長室以備查核

室局處科　趙秘書

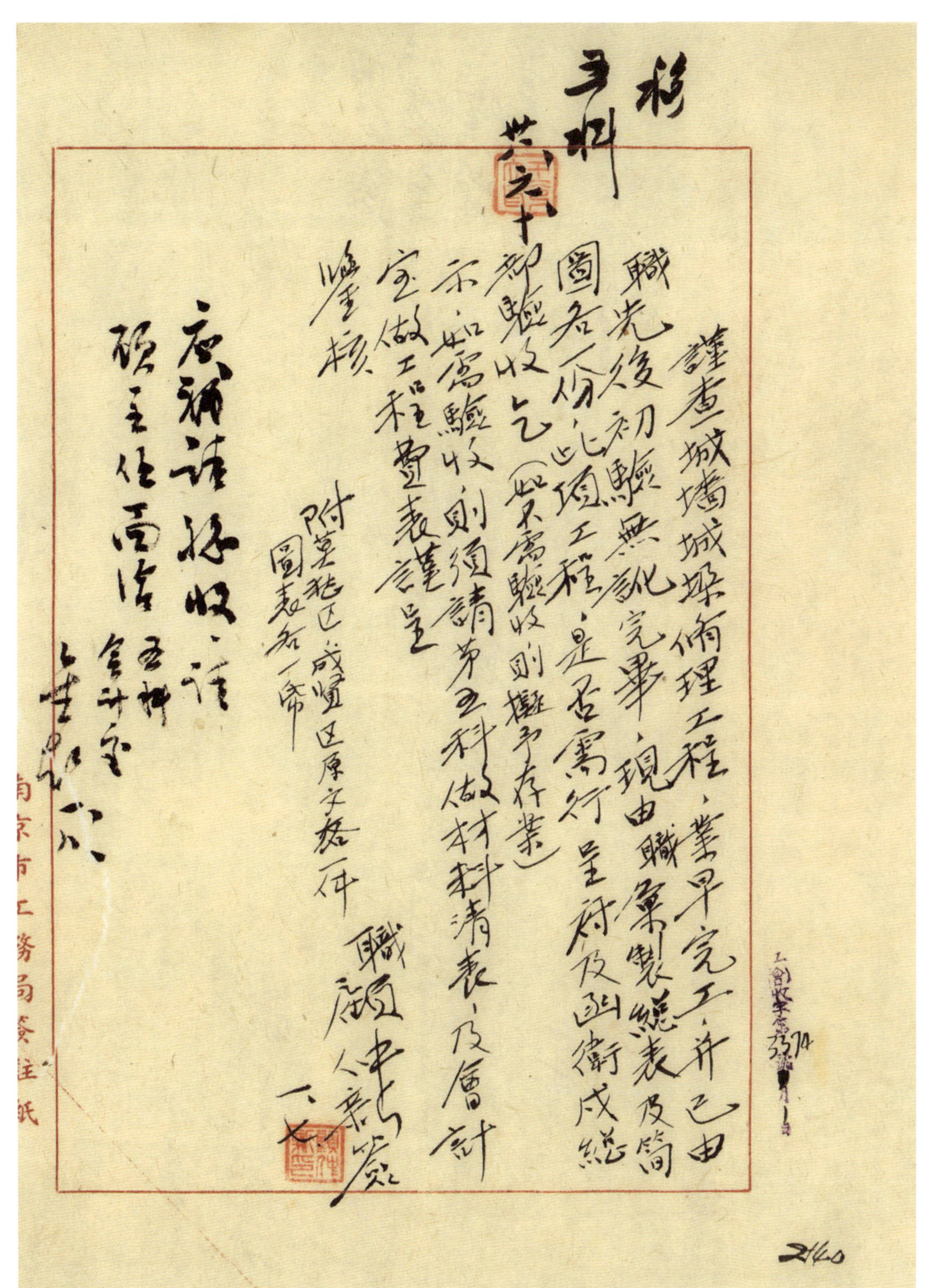

移

弖料

共六十部

謹查城墻城垛修理工程，業早完工，並已由職先後初驗無訛完畢。現由職彙製總表及簡圖各一份，以此項工程是否需行呈府及函衛戍總部驗收之（如不需驗收則擬予存案）示。如需驗收，則須請第五科做材料清表，及會計室做工程費表。謹呈

鑒核

附草花區、成賢區原文各一件

圖表各一份

職顧中熹簽 一、七

應補請移收，請顧主任函洽五科、會計室。

[illegible] 一、八

南京市工務局簽注紙

[illegible]

2140

関於工程路收、本室亟送會同表發第二科

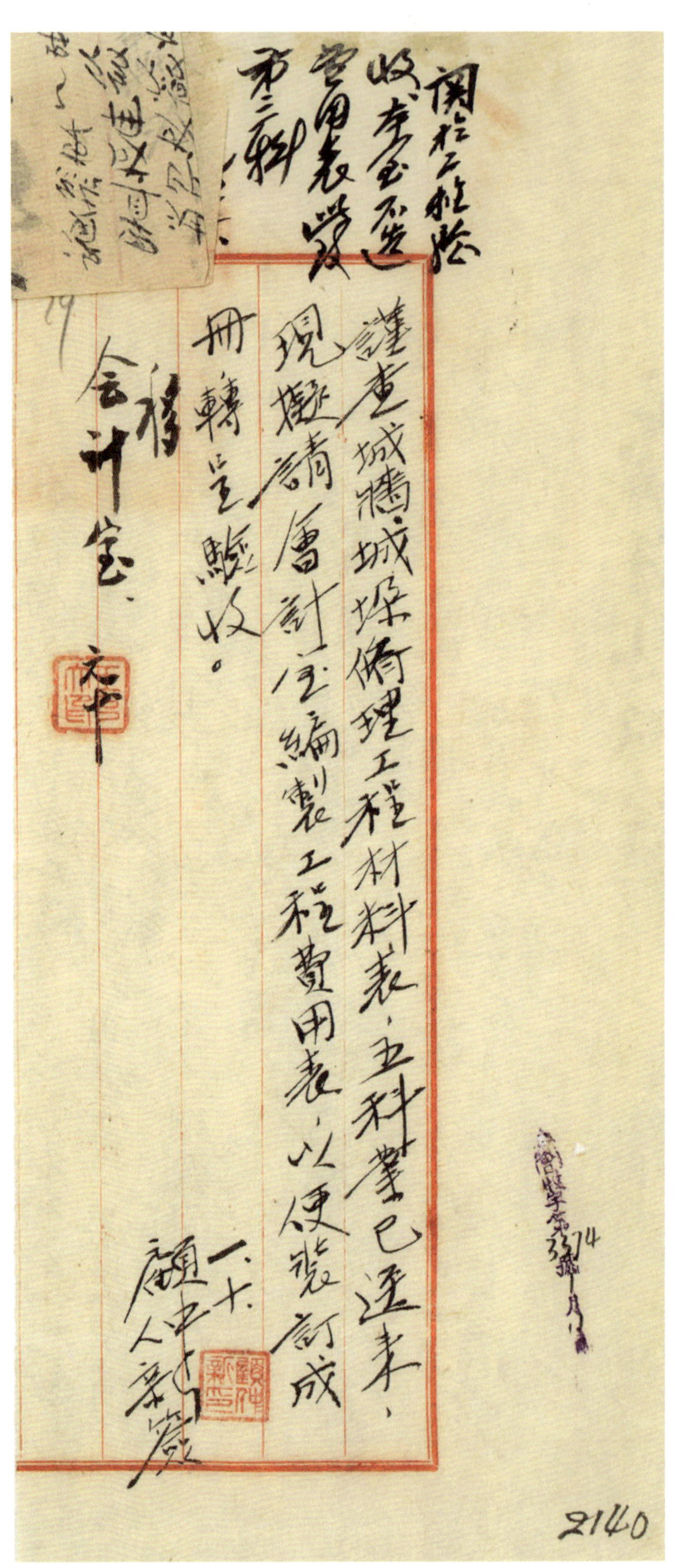

謹查城牆城垛修理工程材料表、五科業已送來、

現擬請會計室編製工程費用表、以便裝訂成

冊轉呈鑒收。

一、十、

顧仲新簽

務

會計室、

2140

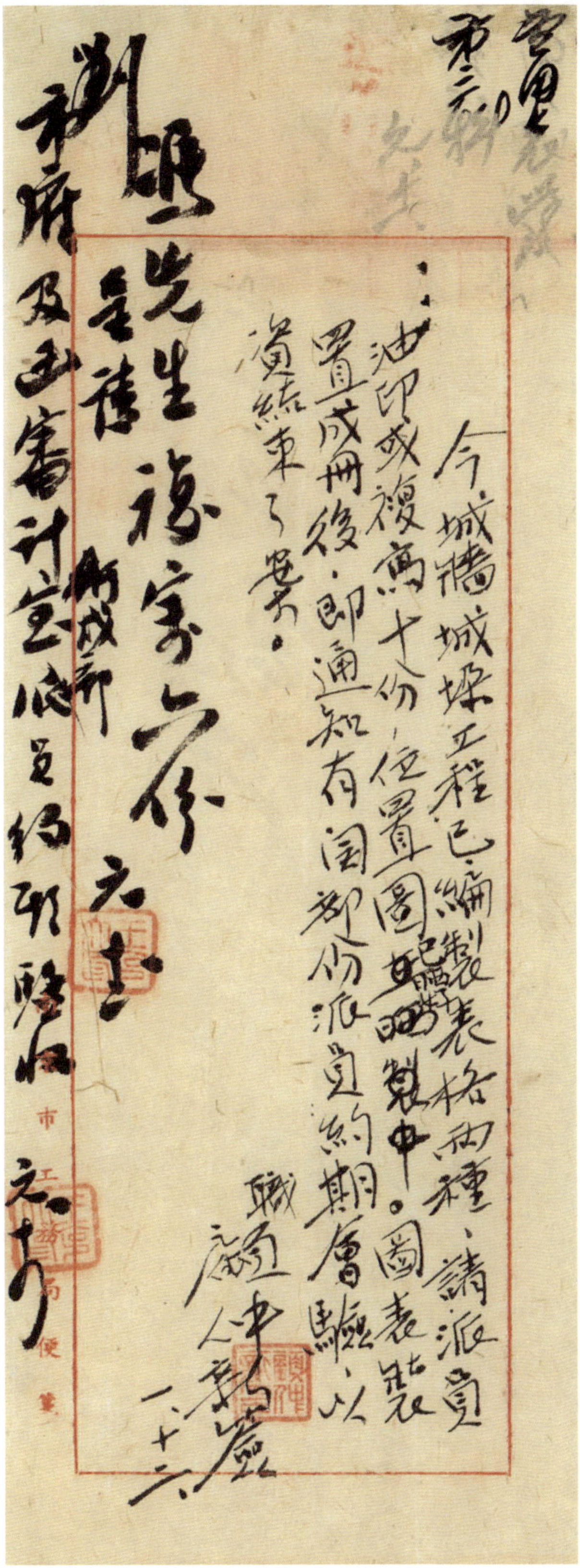

今城墙城垛工程已编製表格兩種，請派員油印或複寫十份，位置與圖已編製中。圖表裝置成冊後，即通知有關部份派員約期會驗，以資結束，至要。

職 [illegible]

一、十二

工(會)收字第3417號 1月 記

主座應查核 共

會計室

承包廠商 工務局各工區

工程名稱 修理城牆城垛工程

合約編號 字第 號

工程竣工驗收表

工款結算書

工程決算書

南京市工務局

1、各工區修理城牆城垜工作簡表

編號	經辦工區	地点	工作	數量（立公方）	幾處	做法
1	復成區	通濟門光華門附近	修理城墻及缺口	349	3處	城墻灰沙砌及墻後填土
2	成賢區	太平門附近	修理城垜	12	5處	城墻灰沙砌
3	城北區	新民門與中門間	仝上	80	7處	仝上
4	莫愁區	水西門中華門間	仝上	41	2處	仝上

附註：以上工作係由本局各工區常工道班等自行建築

驗收者　首都衛戍總司令部　審計部[illegible]派員　市政府　工務局

2，各工區修理城墻城垛所領材料簡表

編號	經辦工區	材料		
		石灰市斤	大石塊 立公方	其他
1	復成區	800	——	——
2	成賢區	4,000	23,06	——
3	城北區	6,700	131,81	瓦刀4把 蔴繩50市斤 大毛竹拾根 杉木144根
4	莫愁區	4,400	28,89	——

附註；表中材料業經審計部~~會同市府審計室~~驗收無訛。

驗收者

總司令部
首都衛戍部

審計部

市政府

工務局

整修南京城門城墻位置圖
比例尺　1:50000
北
工程說明：
① 通濟門附近補修城墻缺口及墻垛六個
② 光華門東首城墻修復堆土
③ 光華門東首城墻修復堆土
④ 太平門附近補修城墻缺口處
⑤ 金川河添建城門伏暗閘一字廊
⑥ 新民門挹江門間補修城墻一處

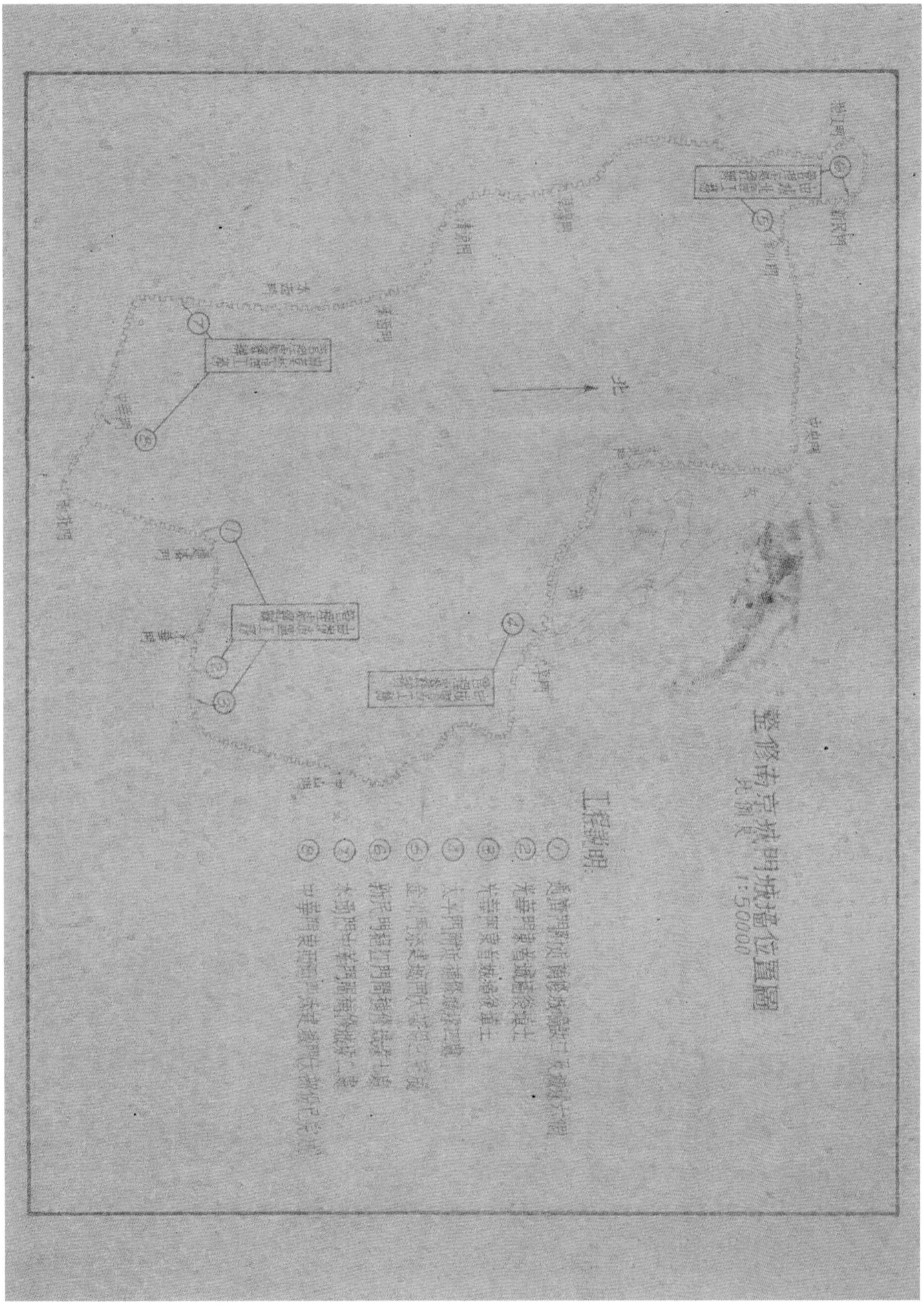

（三十三）市工務局爲本市城墻城垛修理工程完竣會同驗收致市政府、首都衛戍總司令部、審計室的公文及審計室的回函

（一九四九年一月十七日至一月十八日）

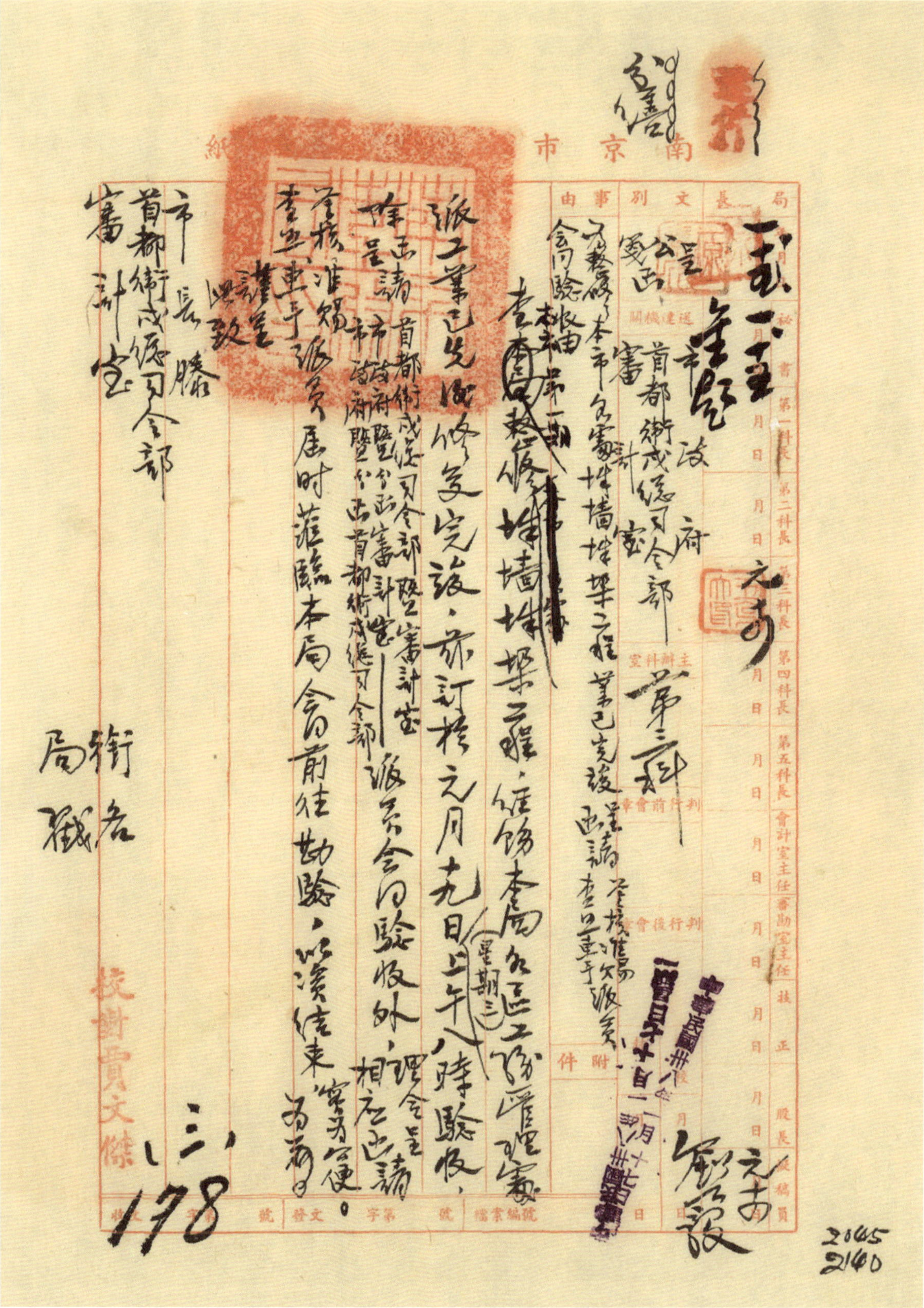

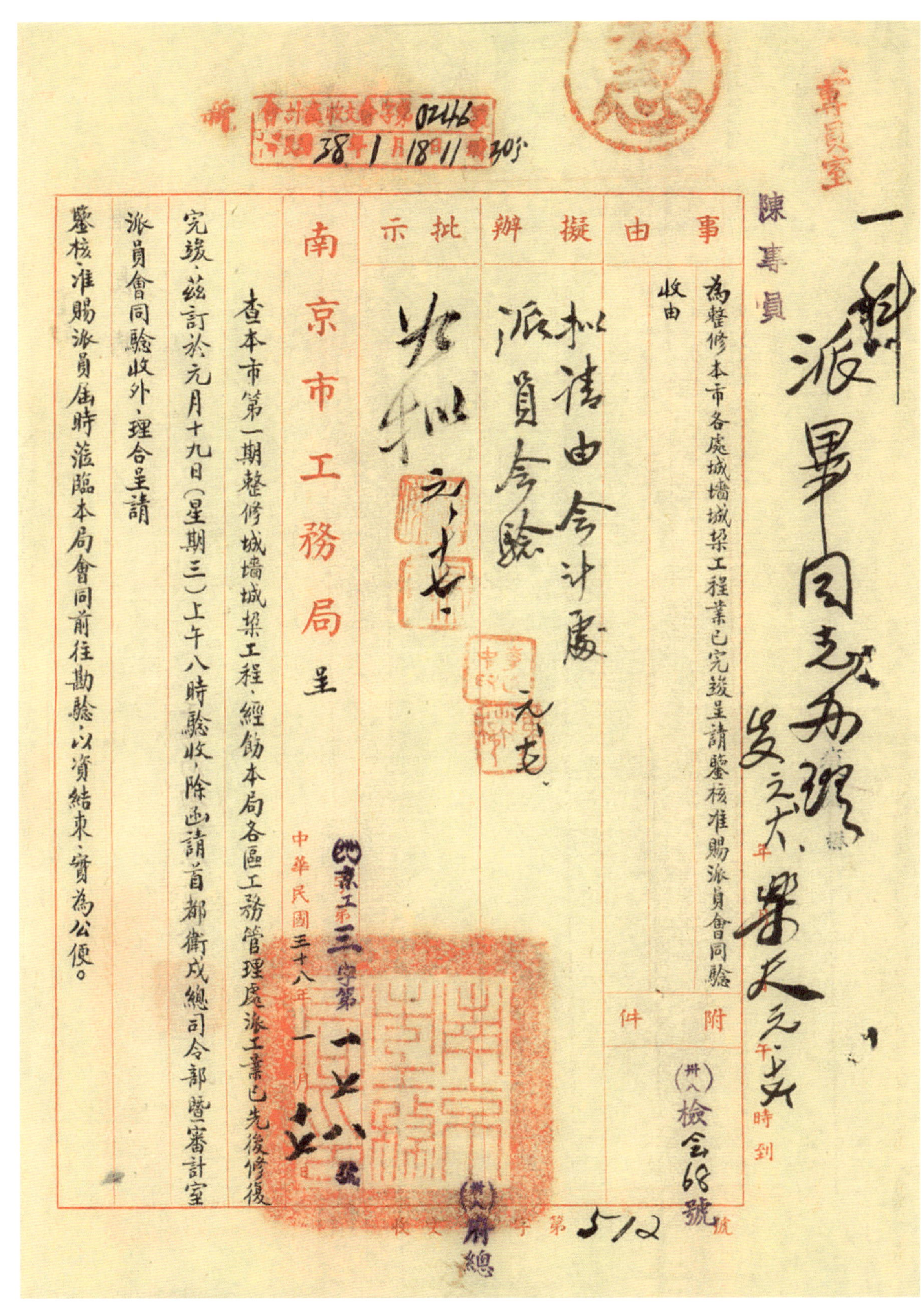

專員室

會計處收文字第02146號 38年1月18日11時 305

陳專員

一科 派畢同志辦理

事由：為整修本市各處城墻城垛工程業已完竣呈請鑒核准賜派員會同驗收由

擬辦：擬請由會計處派員會驗

批示：如擬 元十七

附件

（卅八）檢全68號

南京市工務局 呈

查本市第一期整修城墻城垛工程，經飭本局各區工務管理處派工兼已先後修復完竣，茲訂於元月十九日（星期三）上午八時驗收，除函請首都衛戍總司令部暨審計室派員會同驗收外，理合呈請鑒核准賜派員屆時蒞臨本局會同前往勘驗，以資結束，實為公便。

中華民國三十八年一月十七日 （卅）京工第三字第一七八號

（卅八）府總收文字第512號

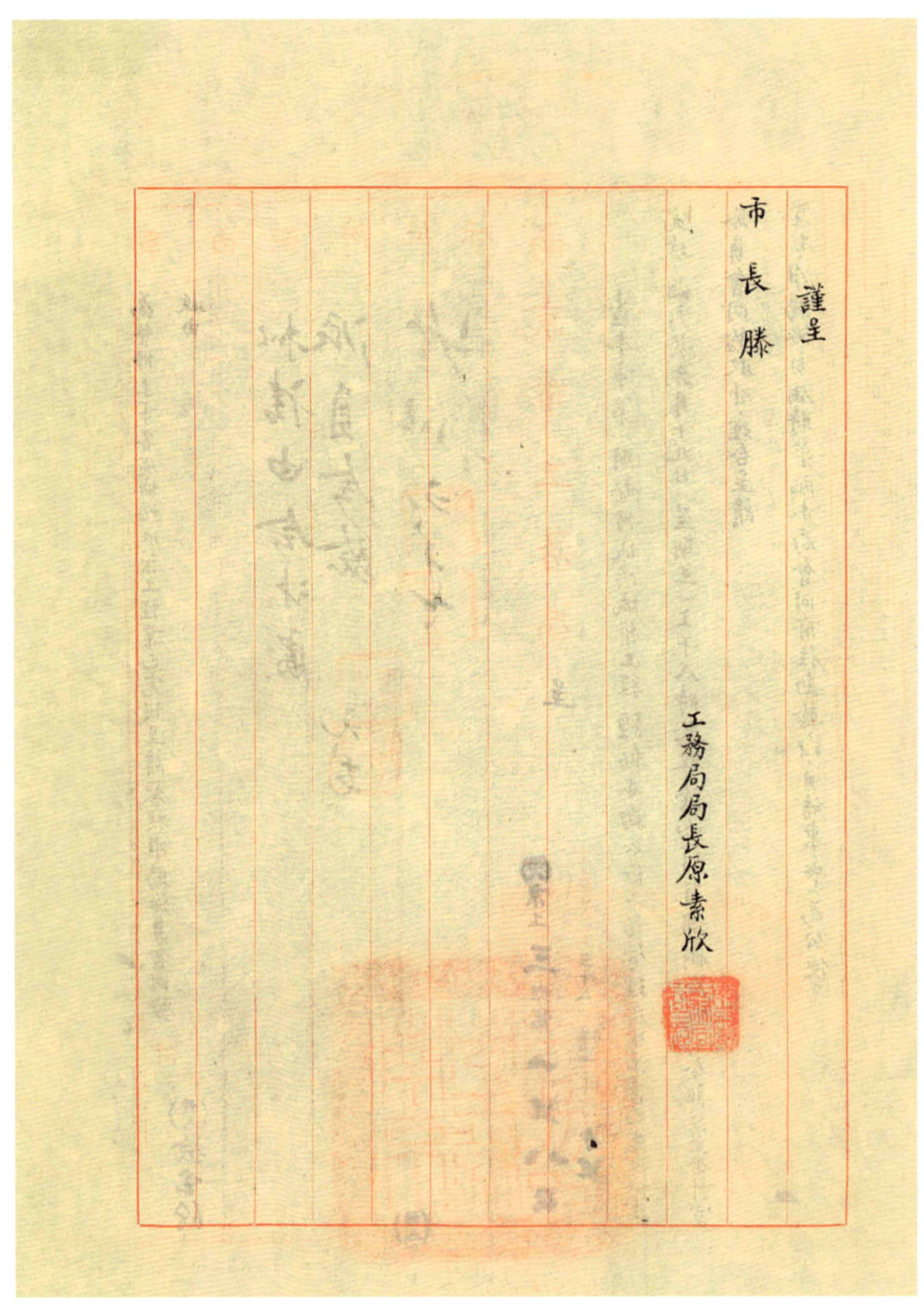

謹呈

市長滕

工務局局長原素欣

結稿存
案准
六、六

發字第663號

貴局三十八年一月十七日(卅八)京工三字第一一七八號函以本市第兩期整修城墻搶工工程完竣囑派員監驗等由，准此。查本案暫不派員監驗，請將辦理經過情形錄送本室備查外，相應復請查照辦理爲荷。此致

工務局

審計部派駐南京市政府就地審計人員辦公室啟

三十八年一月十八日

市第四區公所爲請修理萬竹園西角城墻致市工務局的代電及市工務局致莫愁區工務管理處的通知

（一九四八年二月二十五日至二月二十六日）

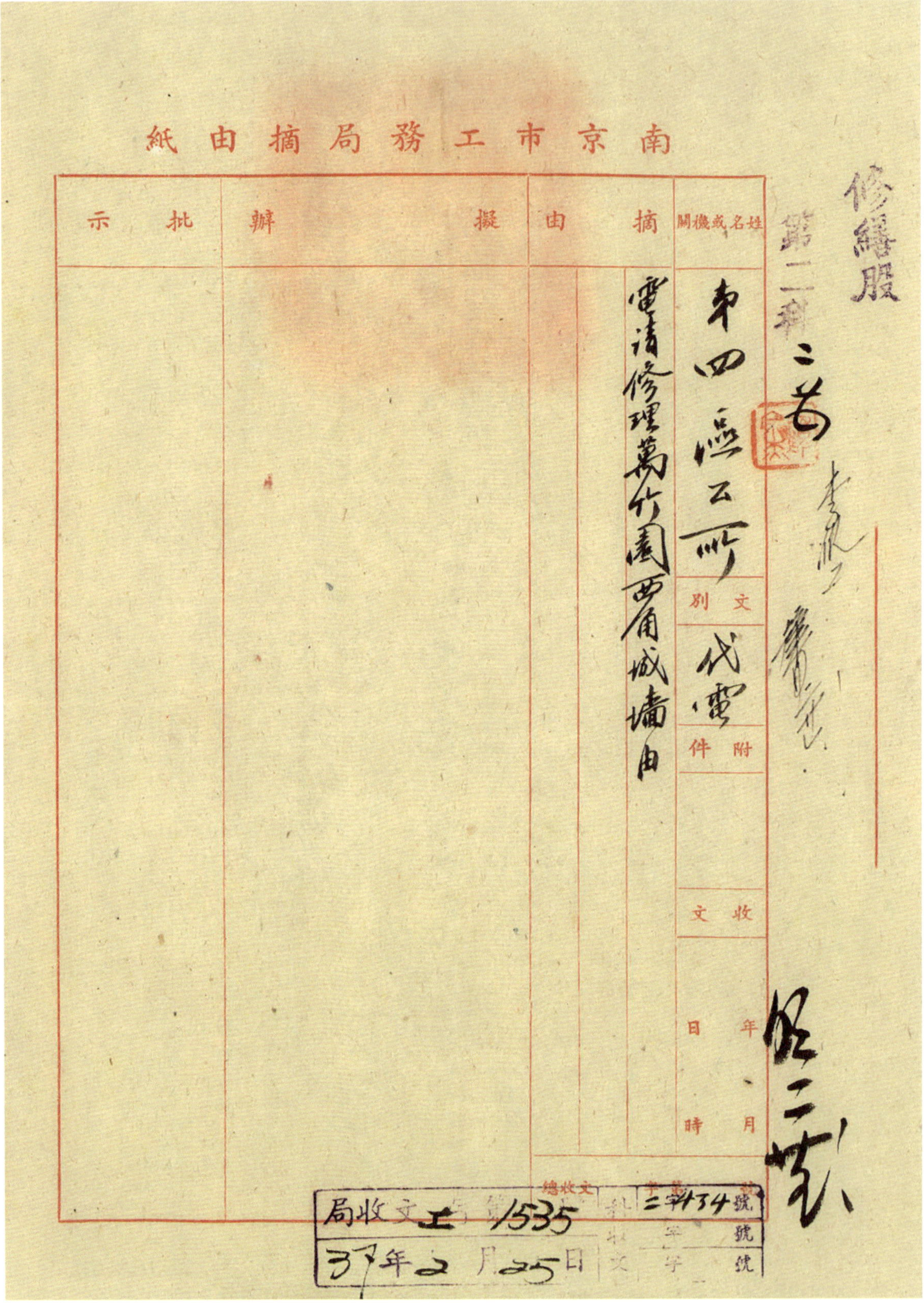

南京市工務局摘由紙

姓名或機關	文別	附件	收文年月日時	摘由	擬辦	批示
市四區公所	代電			電請修理萬竹園西角城墻由		

修繕股

第二科

局收文 工 1535

37年2月25日

總收文 二字434號

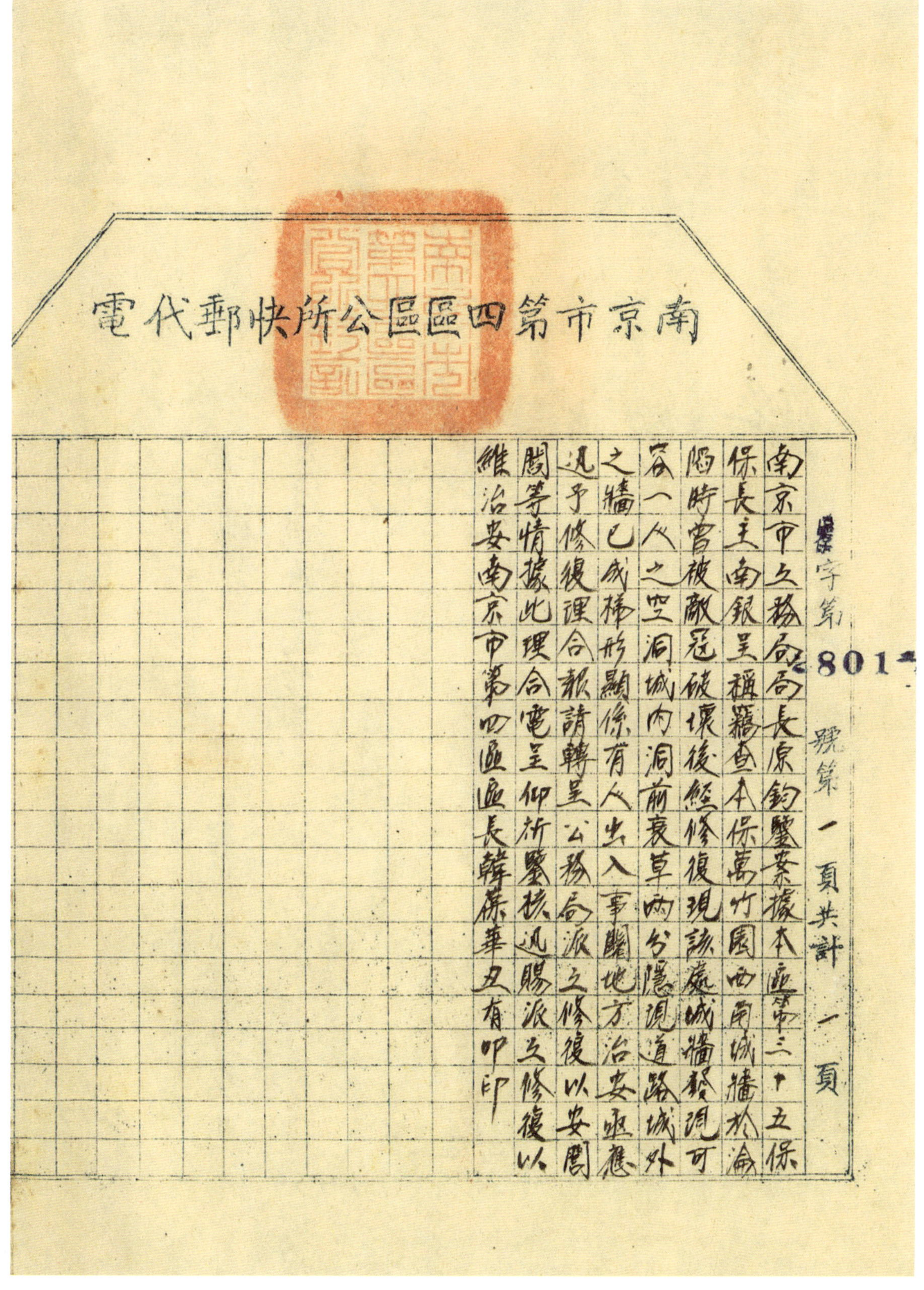

南京市第四區區公所快郵代電

字第801號 第一頁共計一頁

南京市公務局局長原鈞鑒：案據本區第三十五保保長王南銀呈稱：竊查本保萬竹園西南城牆於淪陷時曾被敵寇破壞，後經修復，現該處城牆發現可容一人之空洞，城內洞前衰草兩分，隱現道路，城外之牆已成梯形，顯係有人出入，事關地方治安，亟應迅予修復，理合報請轉呈公務局派工修復，以安閭閻等情。據此，理合電呈，仰祈鑒核，迅賜派工修復，以維治安。南京市第四區區長韓蓀華丑有叩印

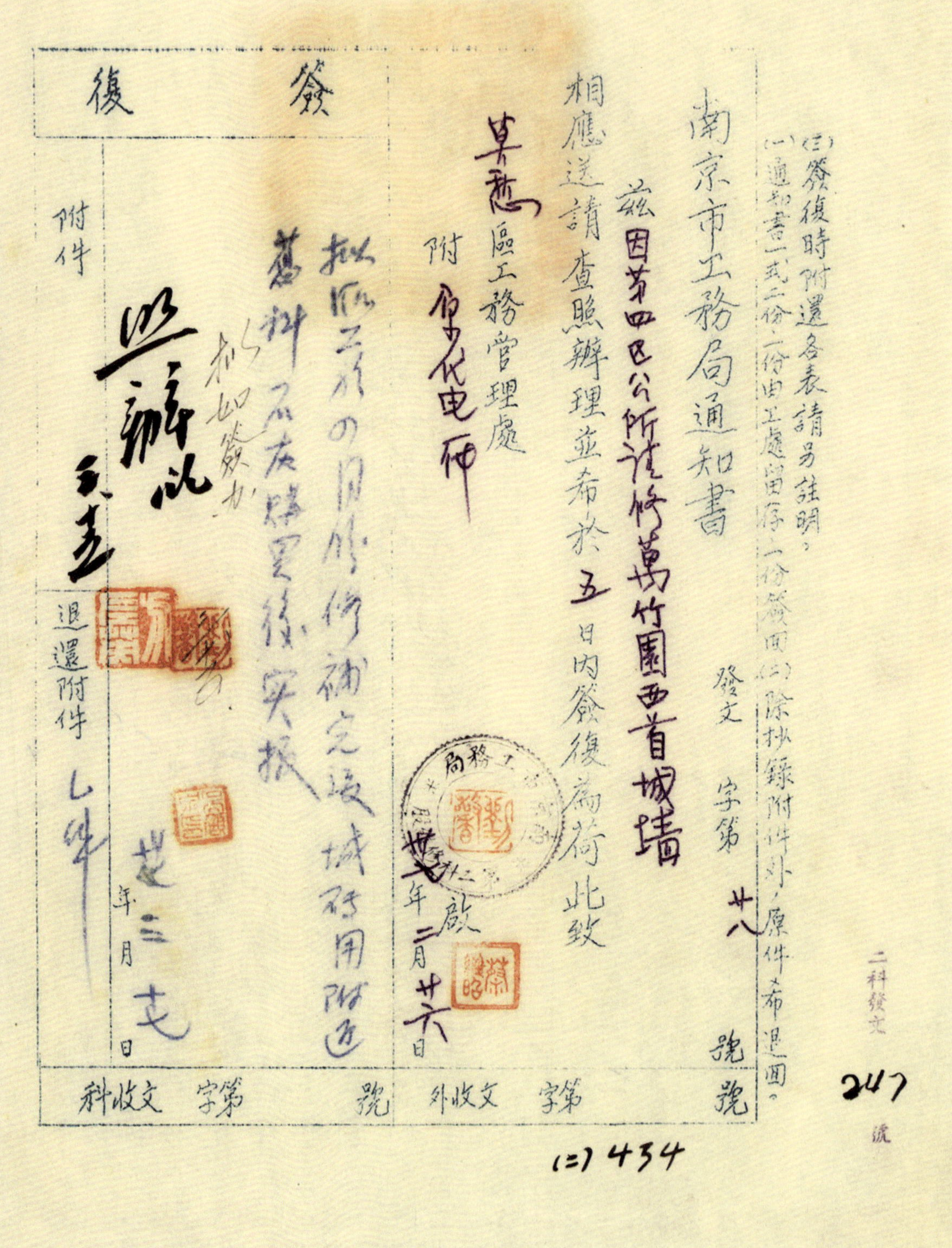

(三)發復時附還各表請另註明。(一)通知書一式二份，一份由工處留存，一份發函。(二)除抄錄附件外，原件希退回。

南京市工務局通知書

發文 字第 廿八 號

茲因第四區公所請修萬竹園西首城墻

相應送請查照辦理並希於五日內發復為荷此致

某慈區工務管理處

附原代電件

卅七年二月廿六日 啟

發	復
	擬派工友四月修補完竣城磚用附近舊料石灰填實後報
	擬如簽辦
	照辦此 三.廿五
附件	
退還附件 乙件	卅七年三月七日

科收文 字第 號　外收文 字第 號

二科發文

247

流

(二)434

首都衛戍總司令部爲請修理富貴山與前湖間靠蔣介石官邸近處城墻與市政府的往來代電（一九四八年三月四日至三月十三日）

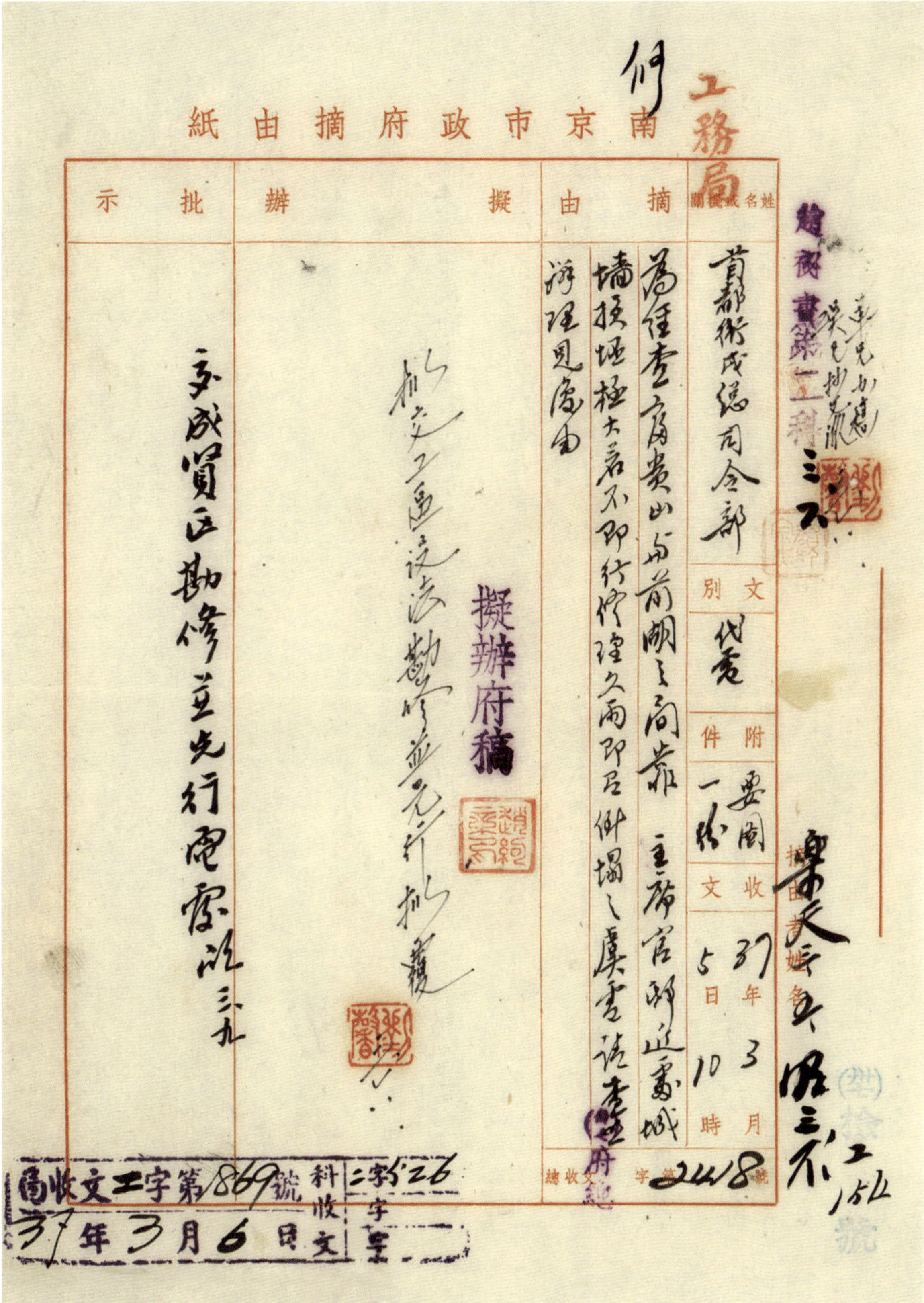
南京市政府摘由紙

姓名或機關	首都衛戍總司令部
文別	代電
附件	要圖一份
收文	37年3月5日10時
摘由	爲據查富貴山與前湖之間靠 主席官邸近處城墻損壞極大若不即行修理久雨即易倒塌之虞亟請查照辦理見復由
擬辦	擬交工務局派員勘修並先行電覆
批示	交成賢區勘修並先行電覆 三.九

總收文 字第2418號

工務局收文工字第869號 37年3月6日

事由

批示

附件

擬辦

首都衛戍總司令部代電

戍利志字第 0679 號

中華民國三十七年三月四日

南京市沈市長君怡兄勛鑒查南京市城墻部份之修理業經本部(卅七)子寢戍仁幄志字第〇三六九號電請貴府修理在案本部最近視察本市城防工事查富貴山與前湖之間靠主席官邸近處損壞極大(此為橢圓形之損壞漏斗長約50m濶約30m深約2m)若不即行修理久雨後該地城墻即有倒塌之虞特電請查照辦理賜覆為荷弟孫連仲(卅七)寅東戍利二志印附富貴山與前湖間城墻損壞位置要圖乙份

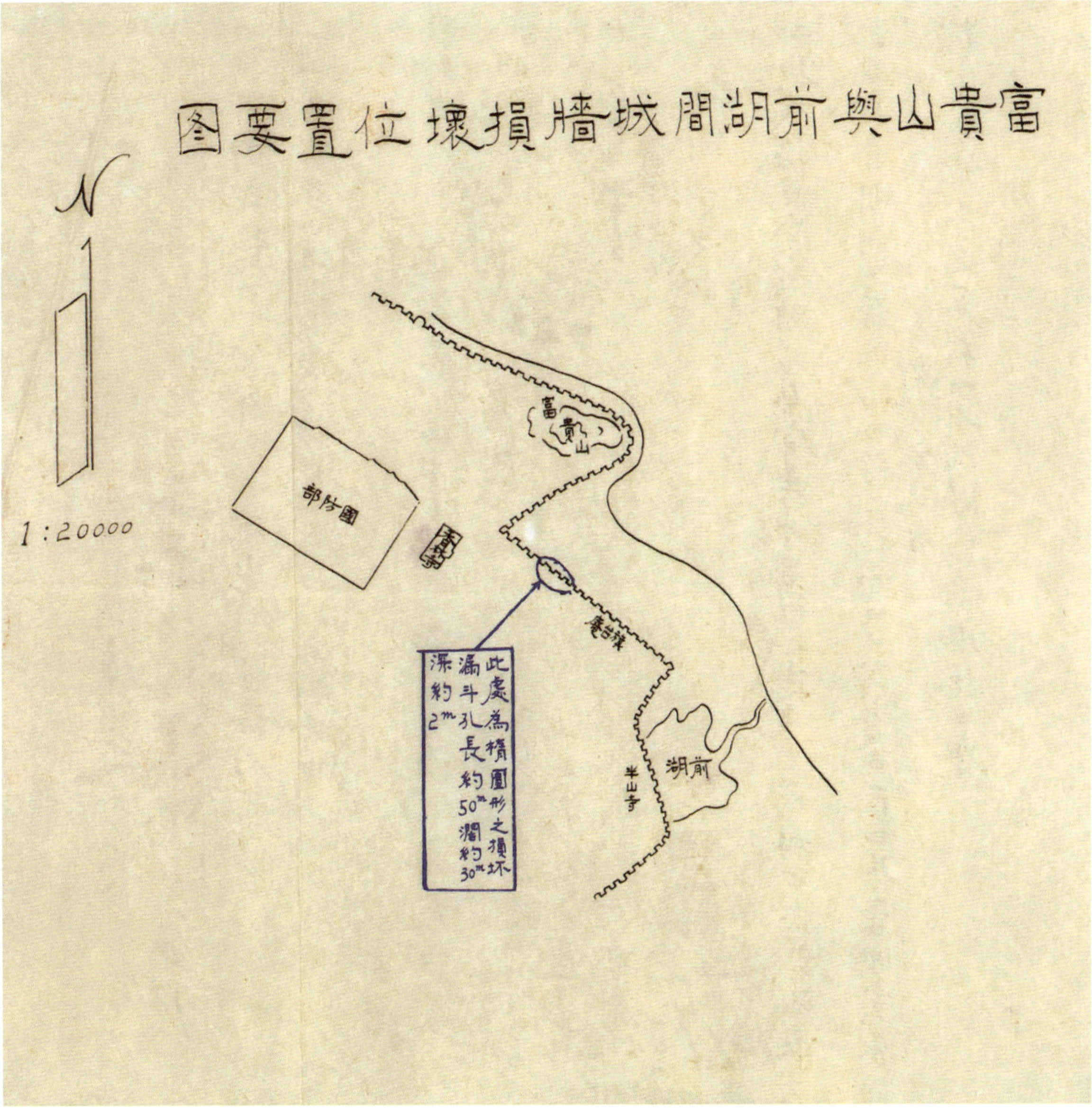
富貴山與前湖間城牆損壞位置要図
N
1:20000
圍防部
富貴山
此處為橢圓形之損坏
漏斗孔長約50m濶約30m
深約2m
半山寺
前湖

南京市政府

送達機關	首都衛戍總司令部
事由	爲電復富貴山與前湖間之城墻已飭工務局派員勘修由
文別	代電
承辦單位	工務局

市長

副市長

秘書長　參事　秘書　科長　股長

擬稿

局長　秘書　科長　主任　股長

擬稿

會簽

應會單位

首都衛戍總司令部陳司令官連仲先生鈞鑒：寅東戍利二志代電敬悉。富貴山與前湖間之城墻已飭工務局飭令成賢區工務管理處派員勘修。特電復，請查照爲荷。南京市市長沈[illegible]　南京市政府　寅真　府總工印

二科發文 326 號

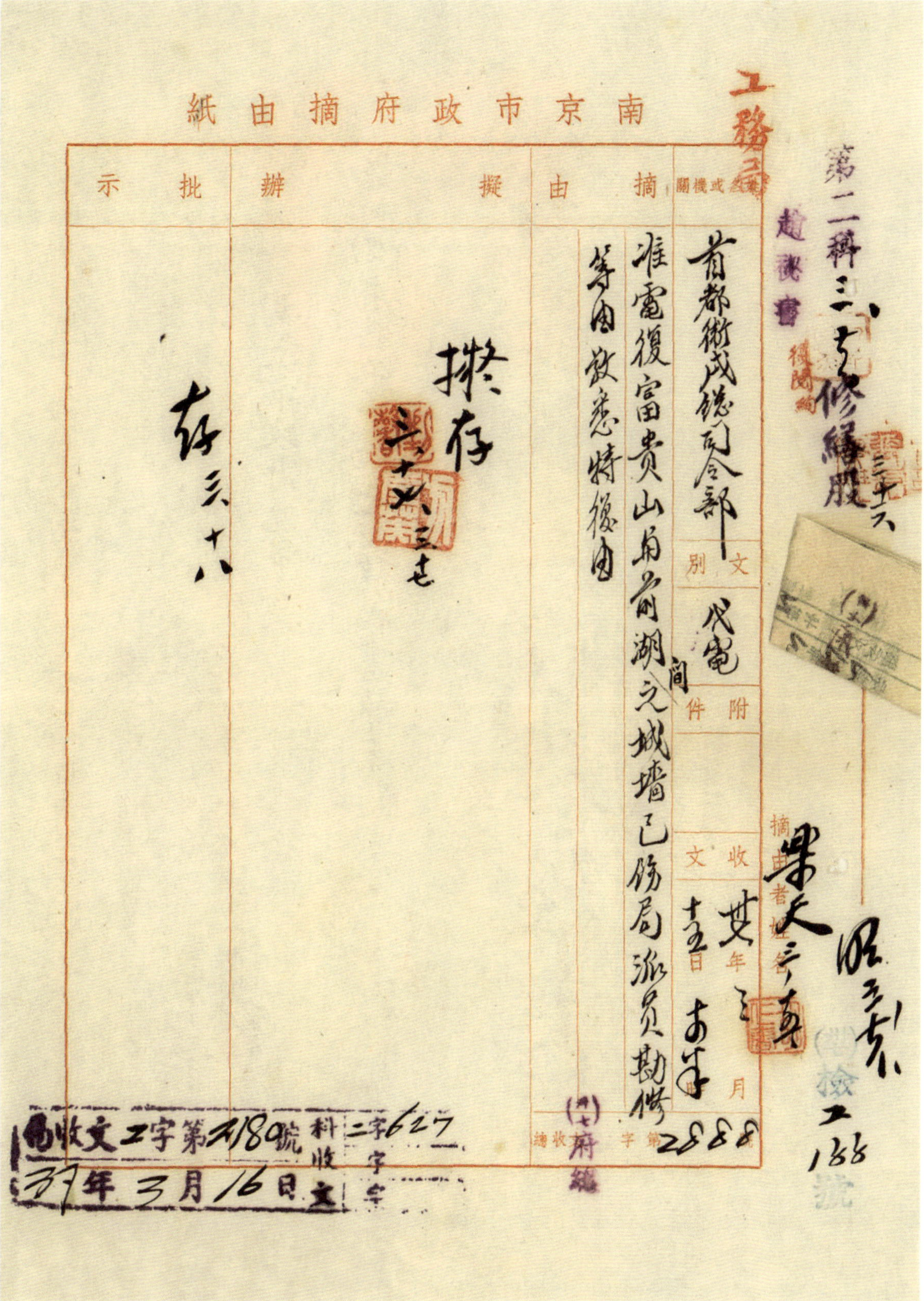

南京市政府摘由纸

来文机关	首都卫戍总司令部
文别	代电
附件	
收文	卅七年三月十五日
摘由	准电复富贵山与前湖间之城墙已饬局派员勘修等由敬悉特复由
拟办	拟存 三、十七
批示	存 三、十八

收文工字第2180号 37年3月16日

科收文 二字627

收文 字第2888

工务局 第一科 三、十六 修缮股

检工188号

收文第　　號

首都衛戍總司令部代電

事由：

受文者：南京市政府沈市長

府總工字第二六三〇號代電敬悉特覆。（世）

總司令孫連仲

附件：

日期：三十七年三月十三日

字號：戍利二志字第0803號

地址：

校對劉義勳

第　頁

檔號

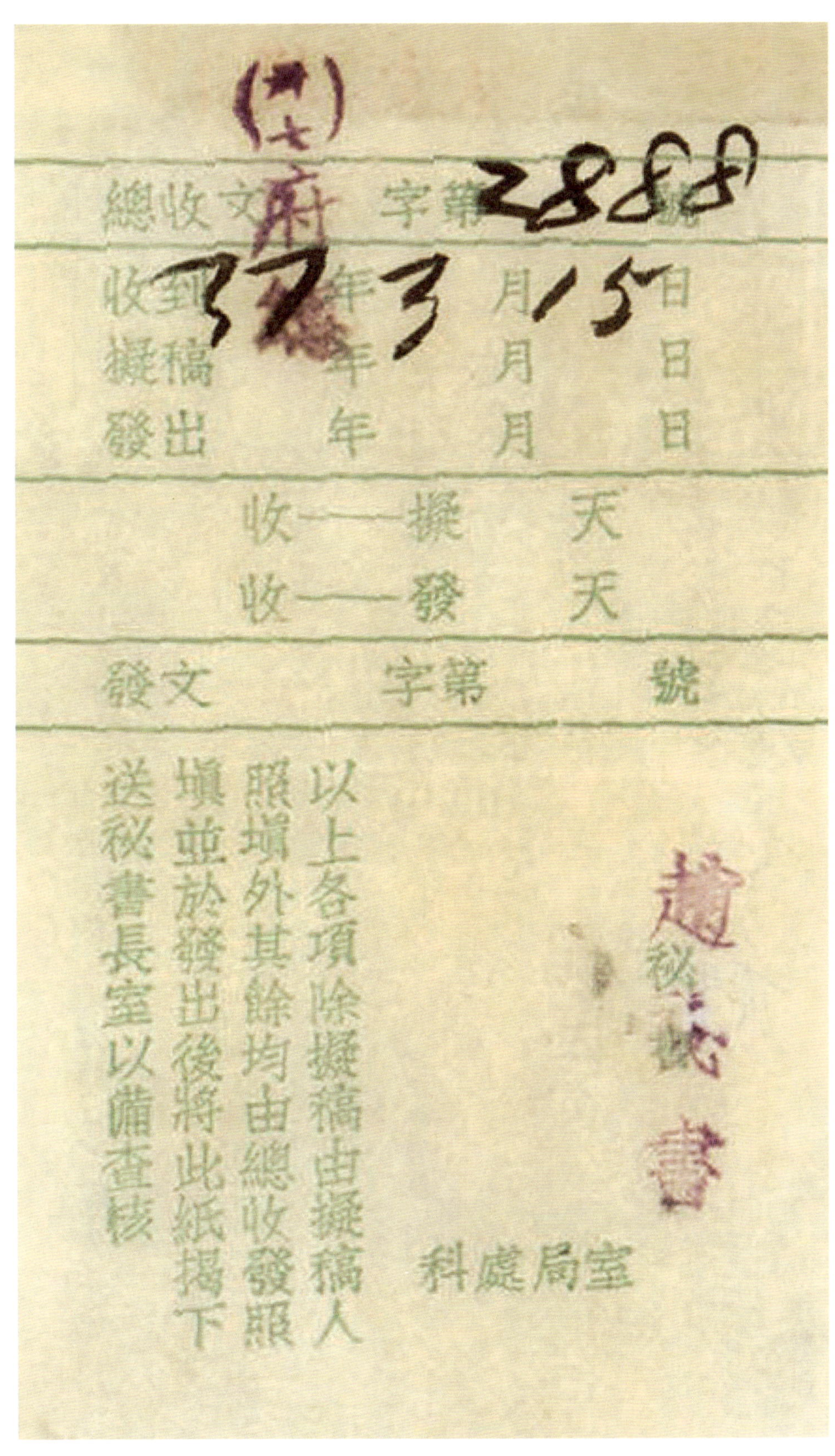

（卅七）府

總收文　字第 2888 號

收到 37 年 3 月 15 日

擬稿　年　月　日

發出　年　月　日

收——擬　天

收——發　天

發文　字第　號

以上各項除擬稿由擬稿人照填外其餘均由總收發照填並於發出後將此紙揭下送秘書長室以備查核

室局處科

趙秘書

（一）首都警察廳爲查勘修復九華山一帶城墻與市工務局的往來公函及修繕計劃圖表（一九四八年三月二十七日至四月二十九日）

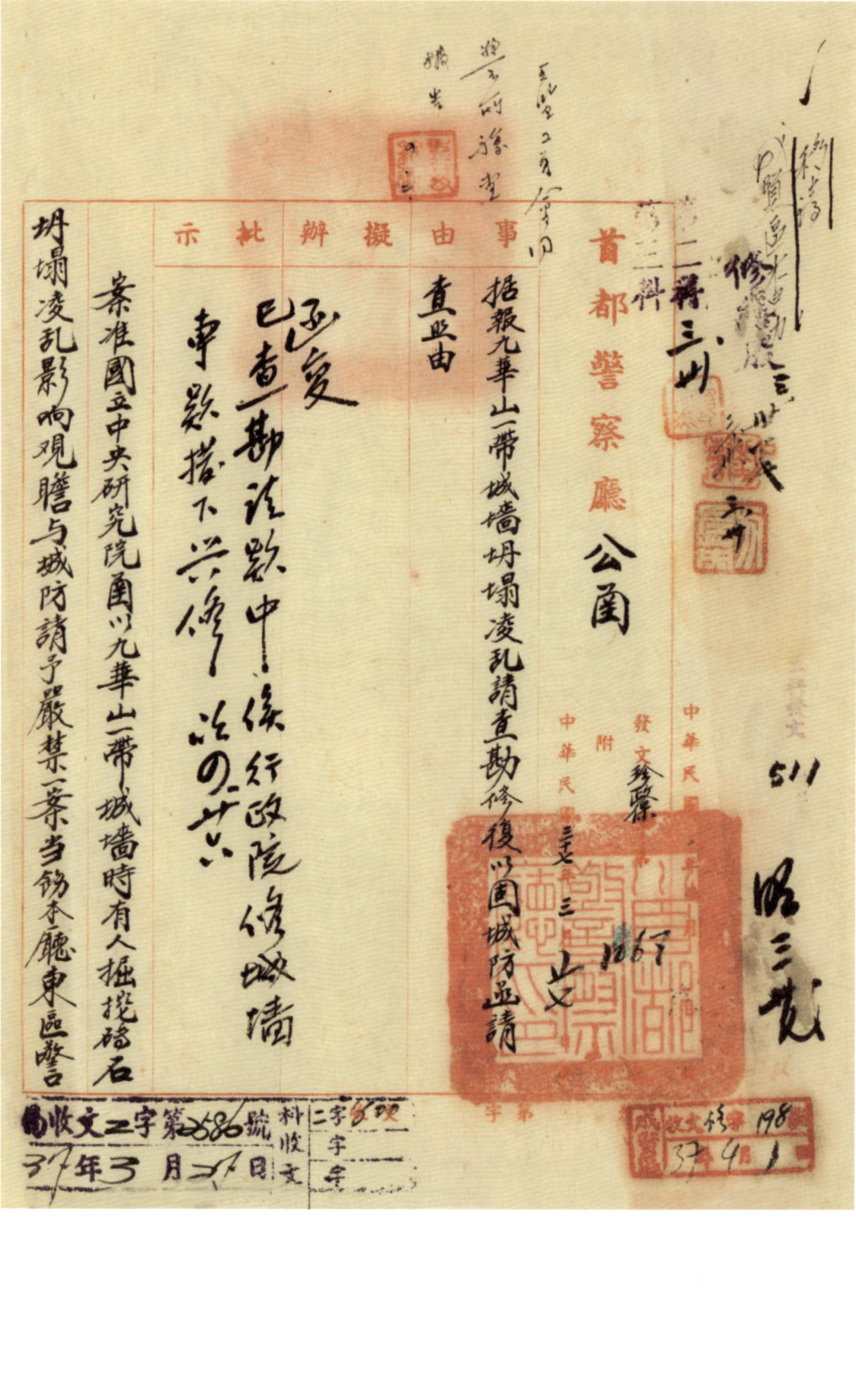
首都警察廳 公函

事由：據報九華山一帶城墻坍塌淩亂請查勘修復以固城防函請查照由

擬辦：已函復 已查勘該段中，係行政院修城墻專款撥下興修

案准國立中央研究院函以九華山一帶城墻時有人掘挖磚石坍塌淩亂影响觀瞻與城防請予嚴禁一案當飭本廳東區警

中華民國三十七年三月 日

收文二字第2586號
37年3月27日

案局查報去後，茲據呈稱：「查本案為明瞭實際情形，爰由該管所長親往勘察，所得情形如次：(一)原函所指被挖城墻缺口靠近九華山右側，位置偏僻，僅羊腸小道可通，且城畔杌閈林立，居民極稀。(二)城墻因年久失修，坍塌缺口深陷，風雨侵蝕，範圍日廣。(三)審視缺口泥土跡象，斷定決非近日所陷。回憶職於三十五年間到所任職時，曾見是處城墻原有缺口，年來既未加修，勢必日漸深沉。(四)城缺處墻脚地面碎磚堆積未動，若果有人常往掘挖，自有顯著形狀可資偵查。(五)本所距離城缺處頗遠，且因缺口位置偏僻，本所對此不免鞭長莫及。(六)中央研究院新近由滬遷京，不明本案沿革，以為城墻缺陷即係偷挖城磚者所挖除將上項情形告知該院并責令所屬各員警隨時注意查禁外，擬請轉知市工務局予以修理，以壯觀瞻而固城防。兹將上六項照繪具略圖，併呈核轉等情前來。查所稱尚屬實情，實有加以修復之必要，擬請派工查勘，將坍塌部份予以修復，以固城防而壯觀瞻。相應抄附略圖乙份，函請查照辦理見復為荷。

此致

南京市工務局

附九華山坍塌城墻略圖乙份

廳長　黃珍吾

監印 吳蓮恒
校對 梓學海

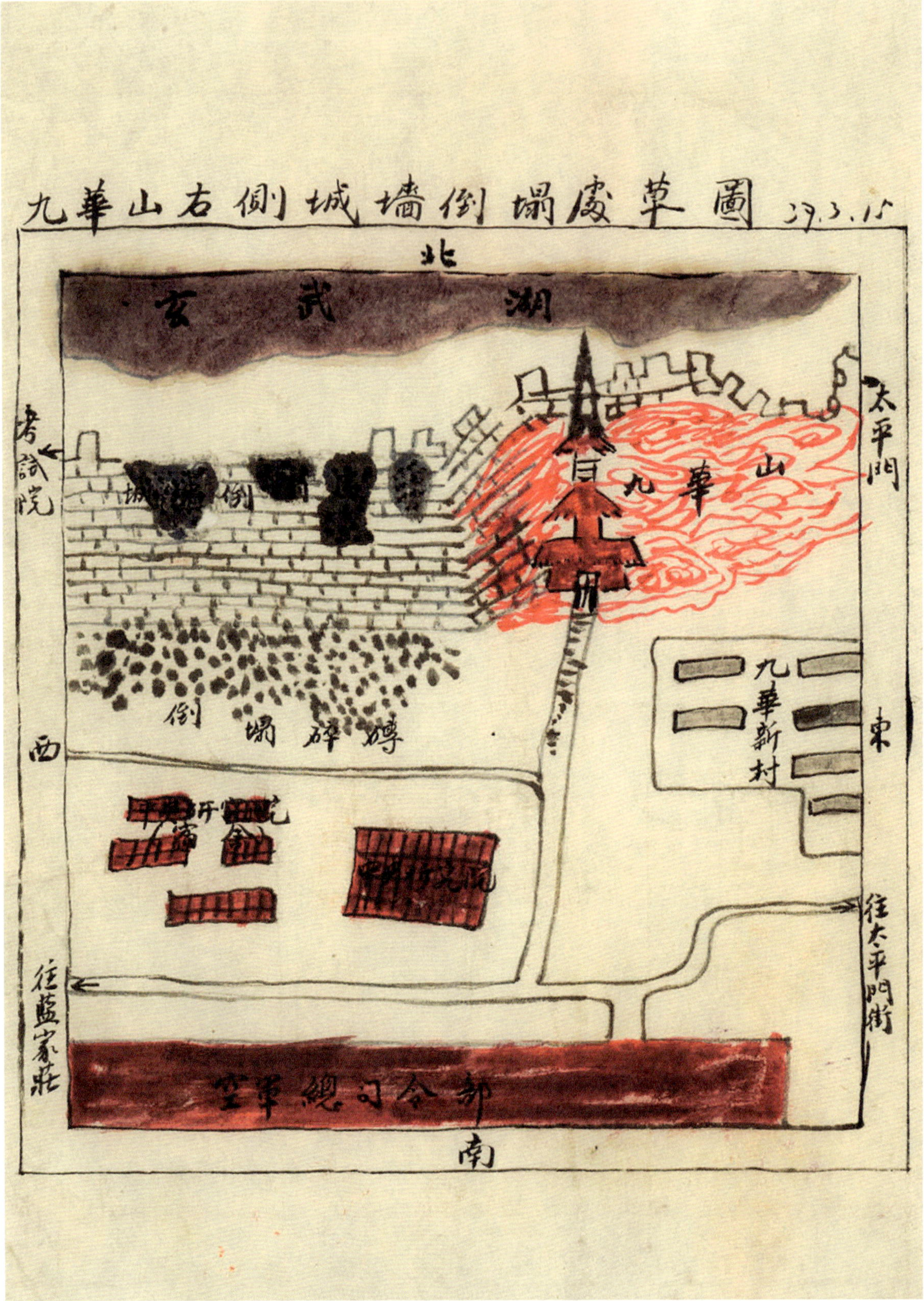
九華山右側城墻倒塌處草圖 29.3.15
北
玄武湖
考試院
太平門
九華山
倒塌碎磚
西
東
九華新村
往太平門街
往藍家莊
空軍總司令部
南

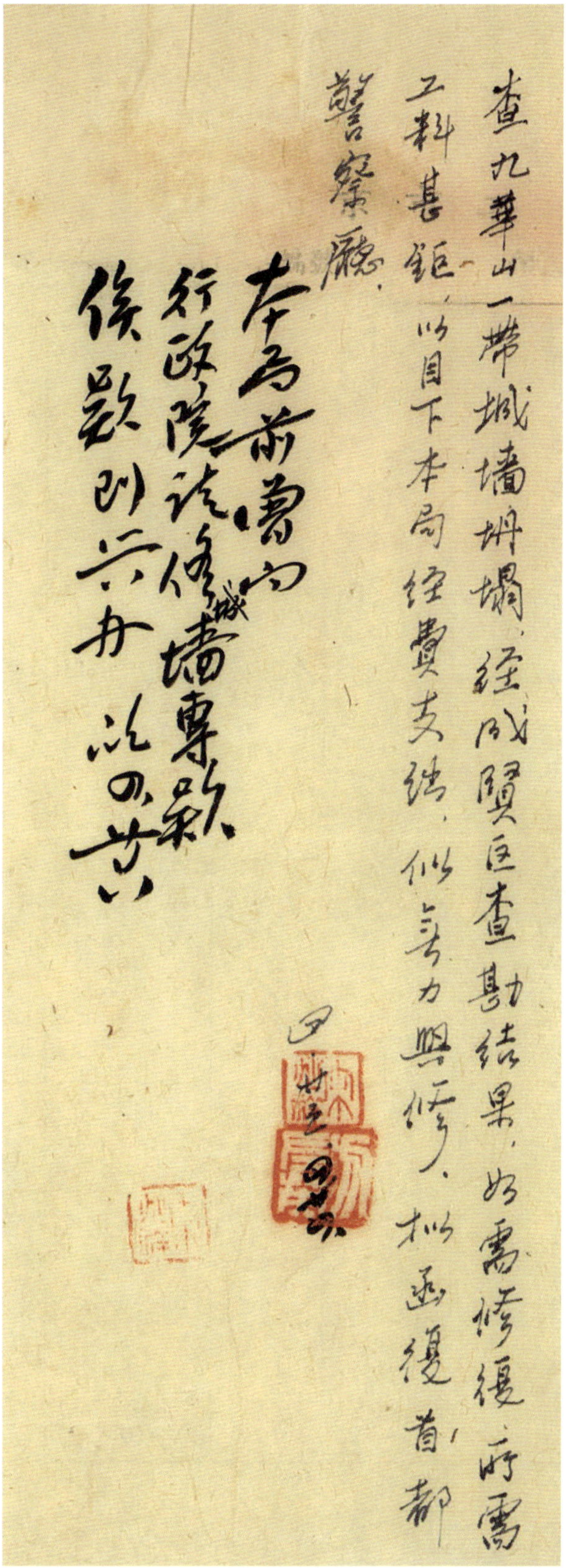

查九華山一帶城牆坍塌，經成賢臣查勘結果，如需修復，所需工料甚鉅，以目下本局經費支絀，似無力興修，擬函復首都警察廳。

四　日

本局前曾向行政院請修城牆專款，候款到再办。沈四、廿六

[illegible]

…務局

請示單編號　　　　預算細目　　　　共　／　頁第　／　頁

項次	項目	單位	數量	單價	共價	備註
	青磚	塊	383,000.	6,000	2,298,000,000.	
	石灰	担	566	500,000.	283,000,000.	
	洋泥	立公	105	1,000,000.	105,000,000.	
	填土	〃	1770	350,000.	619,500,000.	
	大工	工	400	300,000.	120,000,000.	
	小工	〃	816	250,000.	204,000,000.	
共計					3,629,500,000.	

核對　　　　計算

移

修繕股

經派員會同營房前往踏勘詳細繪具圖表呈核。墻腳下現在堆有城磚約25立公方，表列者為一段共計需383,550塊。

附圖二份 表一份
說明一份

簽出一件

（印）芸

（二）800

南京市工務局簽註紙

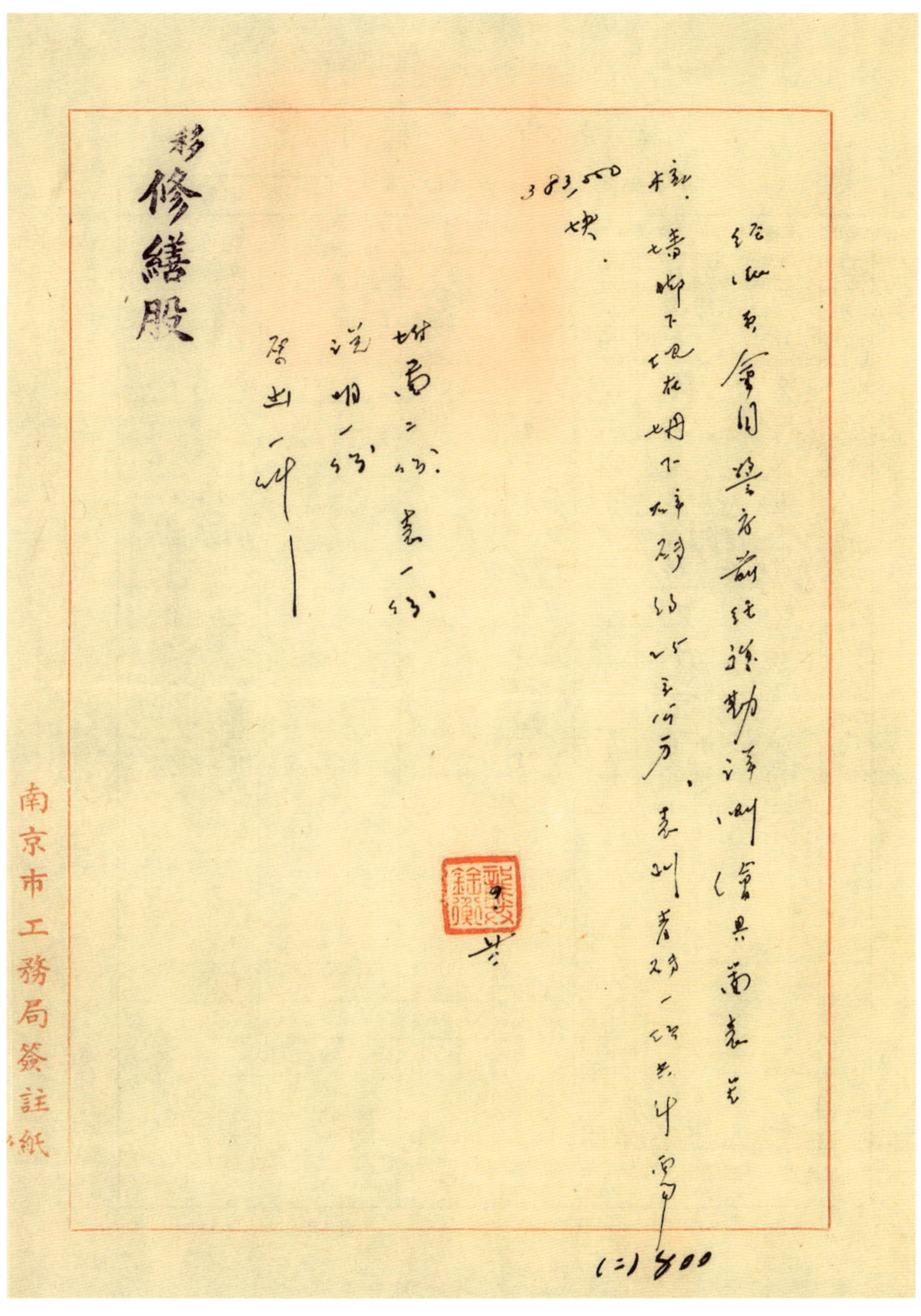

南京市工務局

請示單編號　　　預算細目　　　共 1 頁第 1 頁

項次	項目	單位	數量	單價	共價	備註
1	砌磚墻青磚	块	354,500			內緣圍墻部用
2	舖磚面青磚	〃	12,000			〃〃〃〃〃〃
3	石灰	担	540			〃〃〃〃〃〃
4	沙泥	M^3	100			〃〃〃〃〃〃
5	大工	工	378			〃〃〃〃〃〃
6	小工	工	772			〃〃〃〃〃〃
7	填土	M^3	1,732			〃〃〃〃〃〃
8	砌磚墻青磚	块	16,000			外緣圍墻部用
9	舖磚面青磚	〃	500			〃〃〃〃〃〃
10	石灰	担	26			〃〃〃〃〃〃
11	沙泥	M^3	5			〃〃〃〃〃〃
12	大工	工	22			〃〃〃〃〃〃
13	小工	工	44			〃〃〃〃〃〃
14	填土	M^3	38			〃〃〃〃〃〃
共計						

核對　　　計算

城墻内外緣坍塌部分説明：

如透視圖

内緣坍塌部分為連續相接共五處其尺寸錄下

長×寬×深 ＝34×5.0×4.0　（單位公尺）
＝16×5.5×5.0
＝19×3.5×5.5
＝17×3.5×6.0
＝26×4.5×5.0

外緣坍塌部為間斷坍塌共三處其尺寸錄下

長×寬×深＝6.0×2.0×2.5
＝5.0×1.5×2.0
＝5.0×1.5×3.0

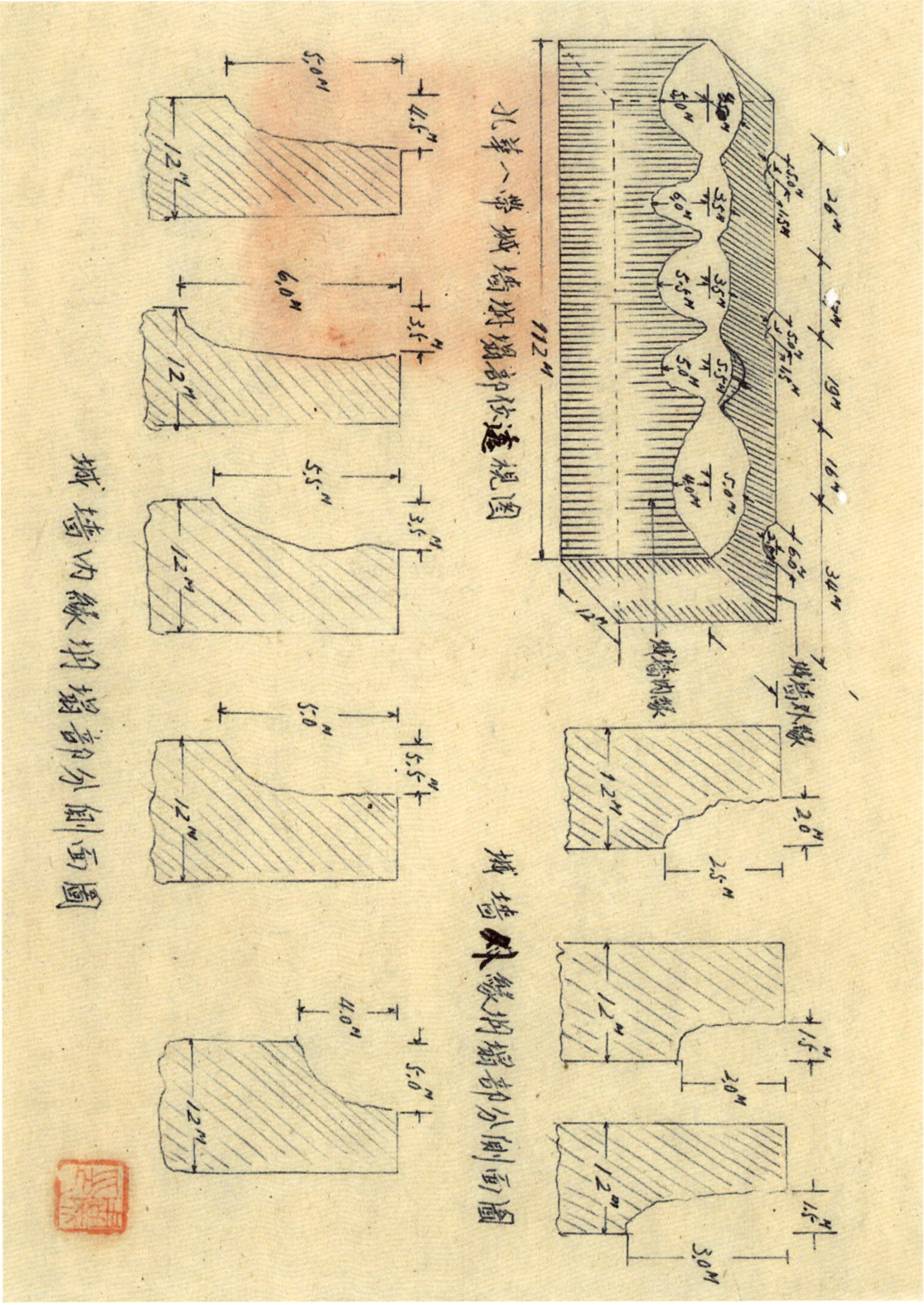
城墻外緣
城墻内緣
北華一帶城墻坍塌部份透視圖
城墻外緣坍塌部分側面圖
城墻内緣坍塌部分側面圖

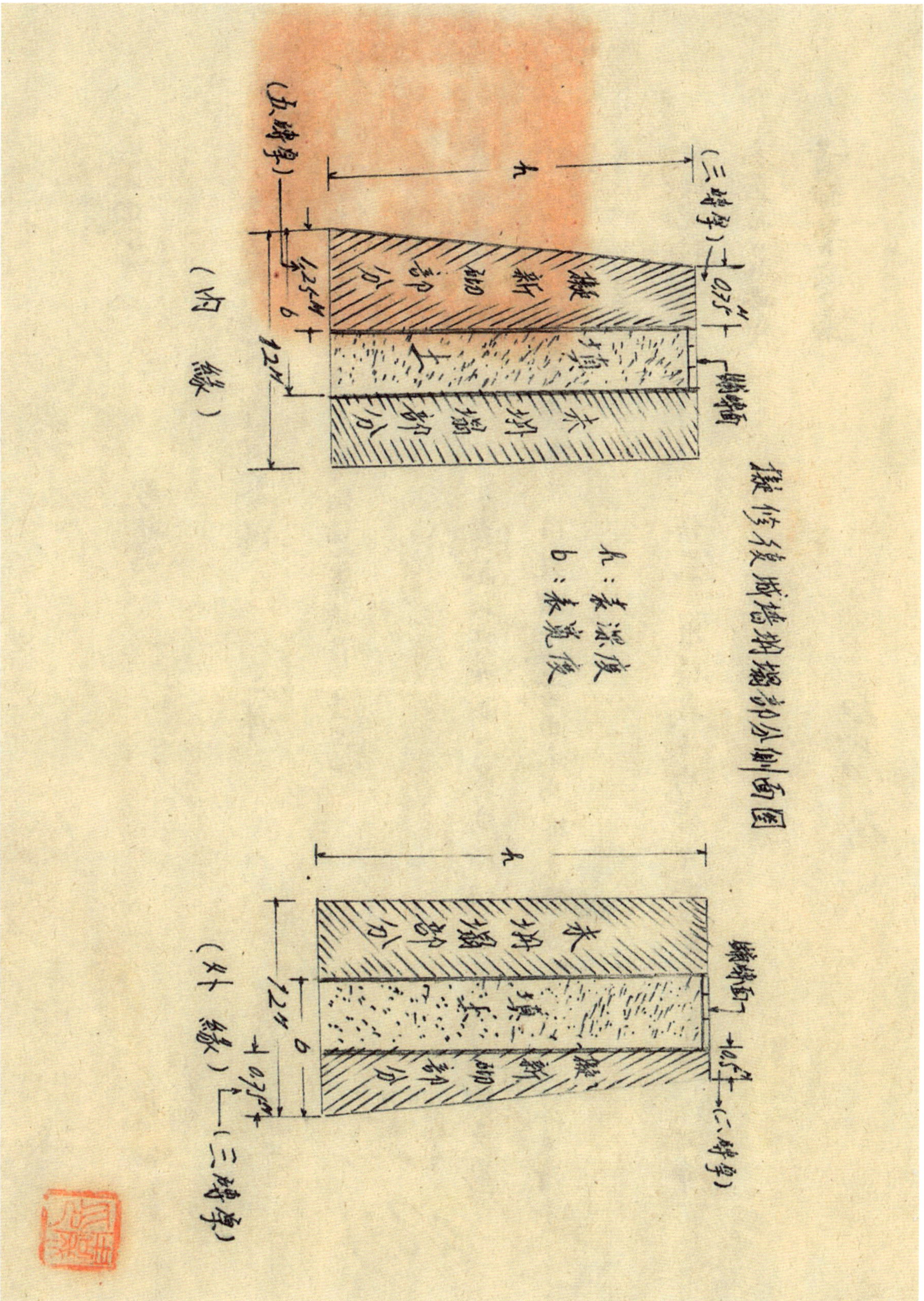
擬修後城牆坍塌部分側面圖
h：未深度
b：未寬度
擬新砌部分
填土
未坍塌部分
斷磚面
（三磚厚）
（五磚厚）
0.75M
1.25M
12M
（內緣）
0.5M
（二磚厚）
（外緣）

南京市工務局稿紙

局長

文別：函

送達機關：首都警察廳

主辦科室：二科

事由：爲准函囑修九華山一帶城墻一案復請查照由

案准

貴廳珍法保字第一二六七號公函，以九華山一帶城墻坍塌淩亂，囑派員勘修，以固城防等由。查本京坍毀城墻，素由本局派員查勘，並造具預算，呈請

市政府轉呈

行政院核撥專款修葺。俟奉准撥款下局，當即興工修築。相應函復，即希

查照爲荷。此致

首都警察廳

局長〇〇

校對 賈文傑

中華民國卅七年四月廿九日

(二)

2801

二科發文 756 號

（二二）總統府侍衛室爲查究掘拆九華山西側城墻案及修復事宜致市政府的代電（一九四八年七月二十日）

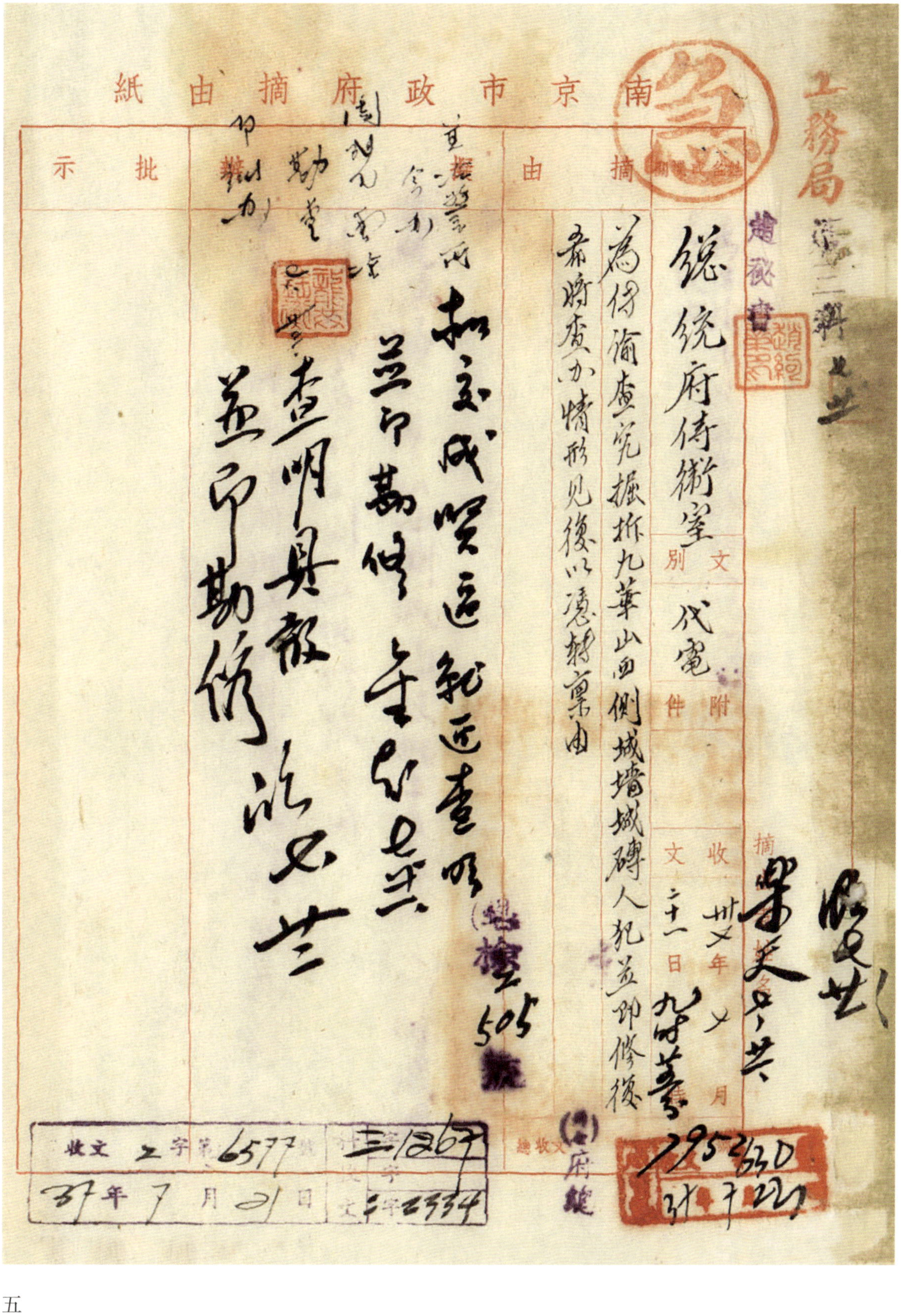

南京市政府摘由紙

批示	擬辦	摘由	
	擬交城墻…	爲侍衛室查究掘拆九華山西側城墻城磚人犯並即修復希將查辦情形見復以憑轉稟由	來文：總統府侍衛室 文别：代電 收文：卅七年七月二十一日

收文 工字第6577號 37年7月21日

總統府侍衛室（代電）

事由：為傳諭查究掘拆城磚人犯并即修復由

附件：

受文者：南京市政府

一、奉
總統蔣諭九華山西側城墻被掘多處係何人抑何機關盱掘即令查明究辦并迅修復等因
二、希即查辦并將辦理情形見復以憑轉稟為荷

侍衛長　石祖德

發文日期：中華民國卅七年七月廿□
字號：府侍業字第0381號
駐地：黃埔路

（三）市工務局爲編制修復九華山城墻預算并請成賢區工務管理處派工修理的訓令（一九四八年七月二十四日至七月三十日）

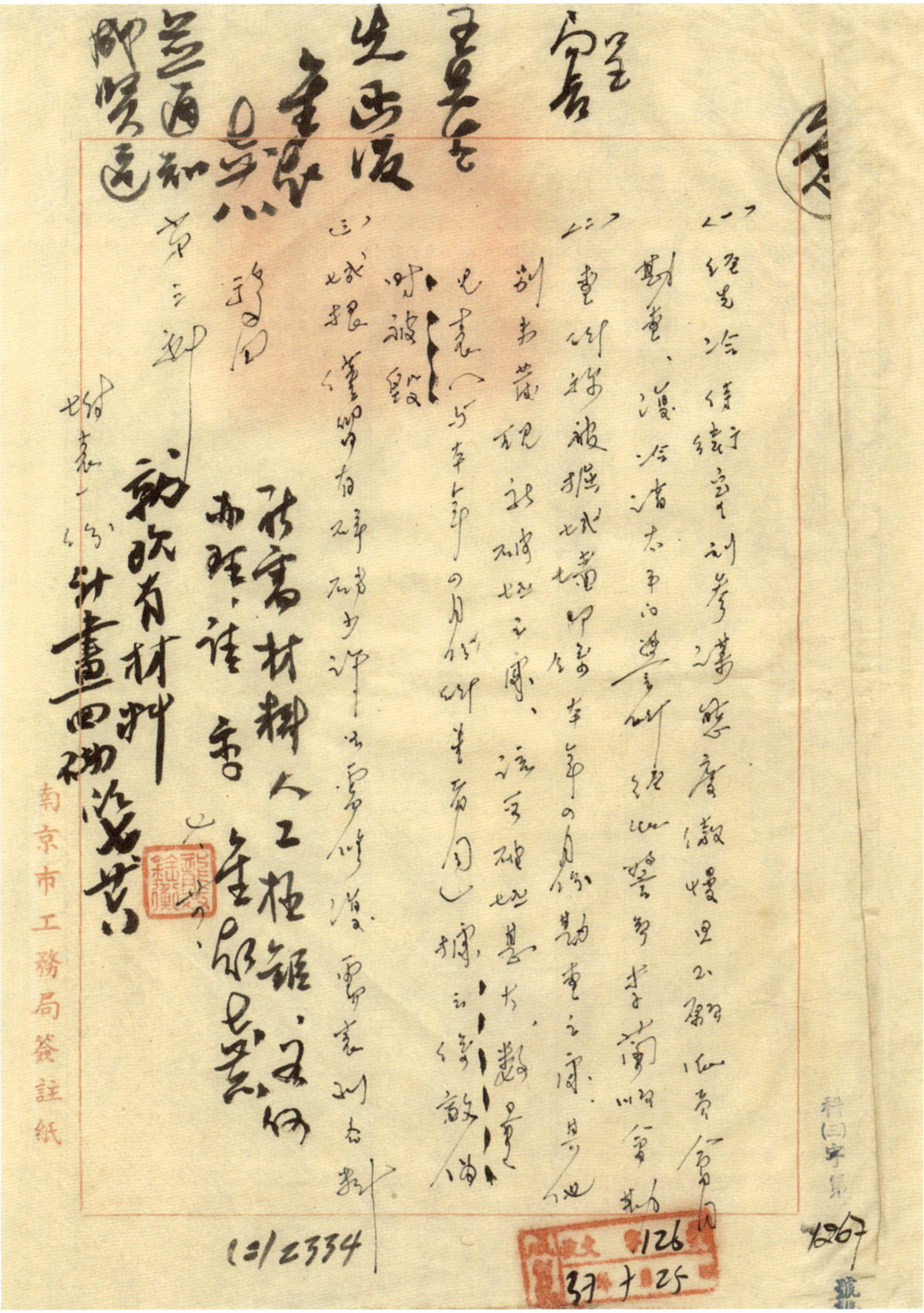
南京市工務局簽註紙

(三)2334

南京市工務局

請示單編號　　　　預算細目　　　　共 / 頁第 / 頁

項次	項目	單位	數量	單價	共價	備註
1	砌磚墻青磚	塊	354,500			內緣牆端部用
2	鋪磚面青磚	〃	12,000			〃〃〃〃〃〃
3	石灰	担	540			〃〃〃〃〃〃
4	沙泥	M^3	100			〃〃〃〃〃〃
5	大工	工	378			〃〃〃〃〃〃
6	小工	工	772			〃〃〃〃〃〃
7	填土	M^3	1,332			〃〃〃〃〃〃
8	砌磚墻青磚	塊	16,000			外緣牆端部用
9	鋪磚面青磚	〃	500			〃〃〃〃〃〃
10	石灰	担	26			〃〃〃〃〃〃
11	沙泥	M^3				〃〃〃〃〃〃
12	大工		22			〃〃〃〃〃〃
13	小工	工	44			〃〃〃〃〃〃
14	填土	M^3	38			〃〃〃〃〃〃
共計						

核對　　　　計算

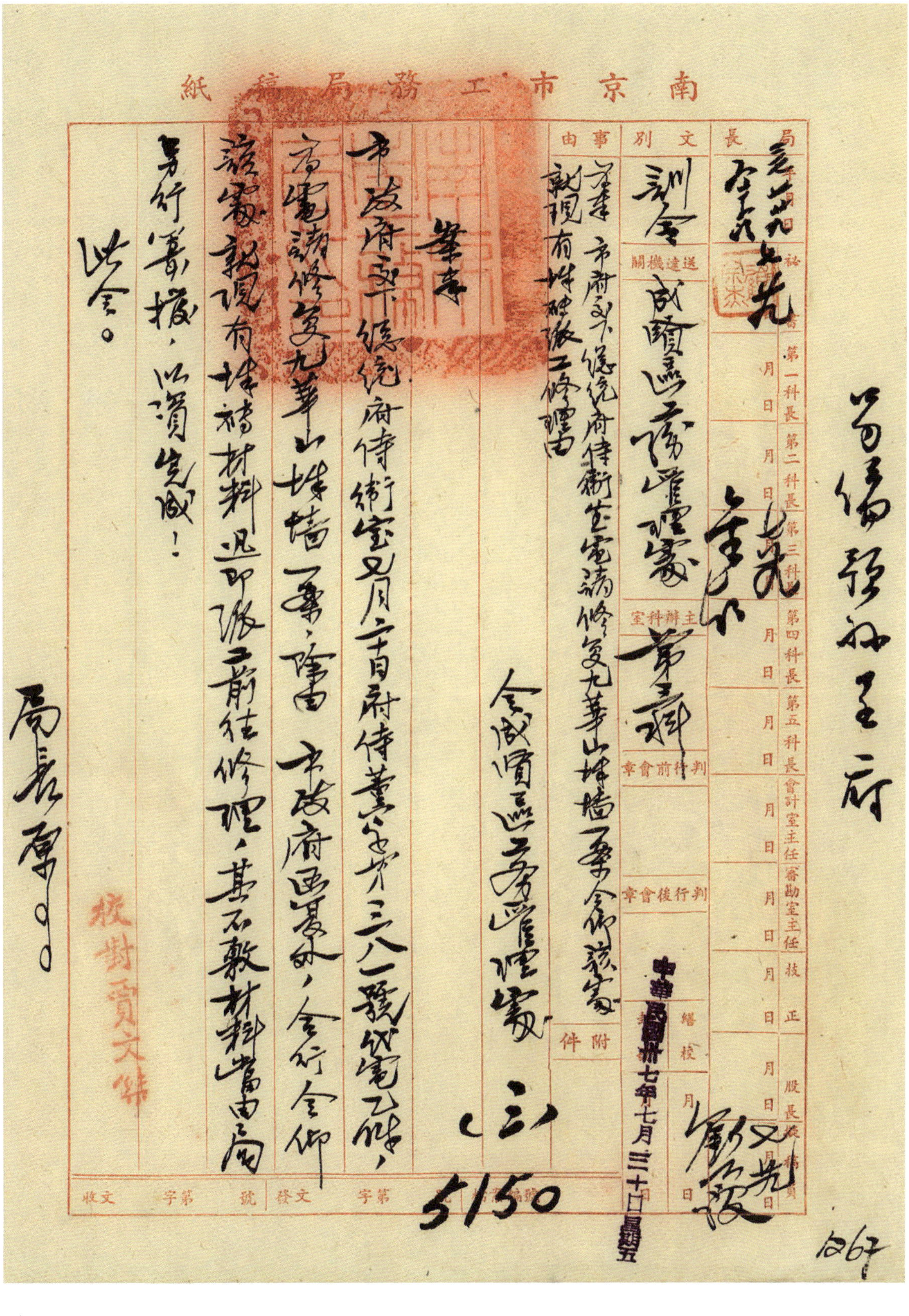

南京市工務局稿紙

局長：（簽）

文別：訓令

送達機關：成賢區工務管理處

主辦科室：第二科

事由：令准市府交下總統府侍衛室電請修築九華山城牆一案令仰該處就現有城磚派工修理由

令成賢區工務管理處

案奉

市政府交下總統府侍衛室七月二十日府侍董字第三八一號代電乙件，以請修築九華山城牆一案，除由

市政府函復外，合行令仰該處就現有城磚材料迅即派工前往修理，其不敷材料當由局另行籌撥，以資完成！

此令。

局長 （簽）

校對 賈文錦

中華民國卅七年七月三十日星期五

（三）

5150

（四）首都警察廳爲查詢九華山城墻挖掘情形并修復一案與市工務局的往來公函及市政府致總統府侍衛室的公函
（一九四八年七月二十六日至七月三十一日）

第三科

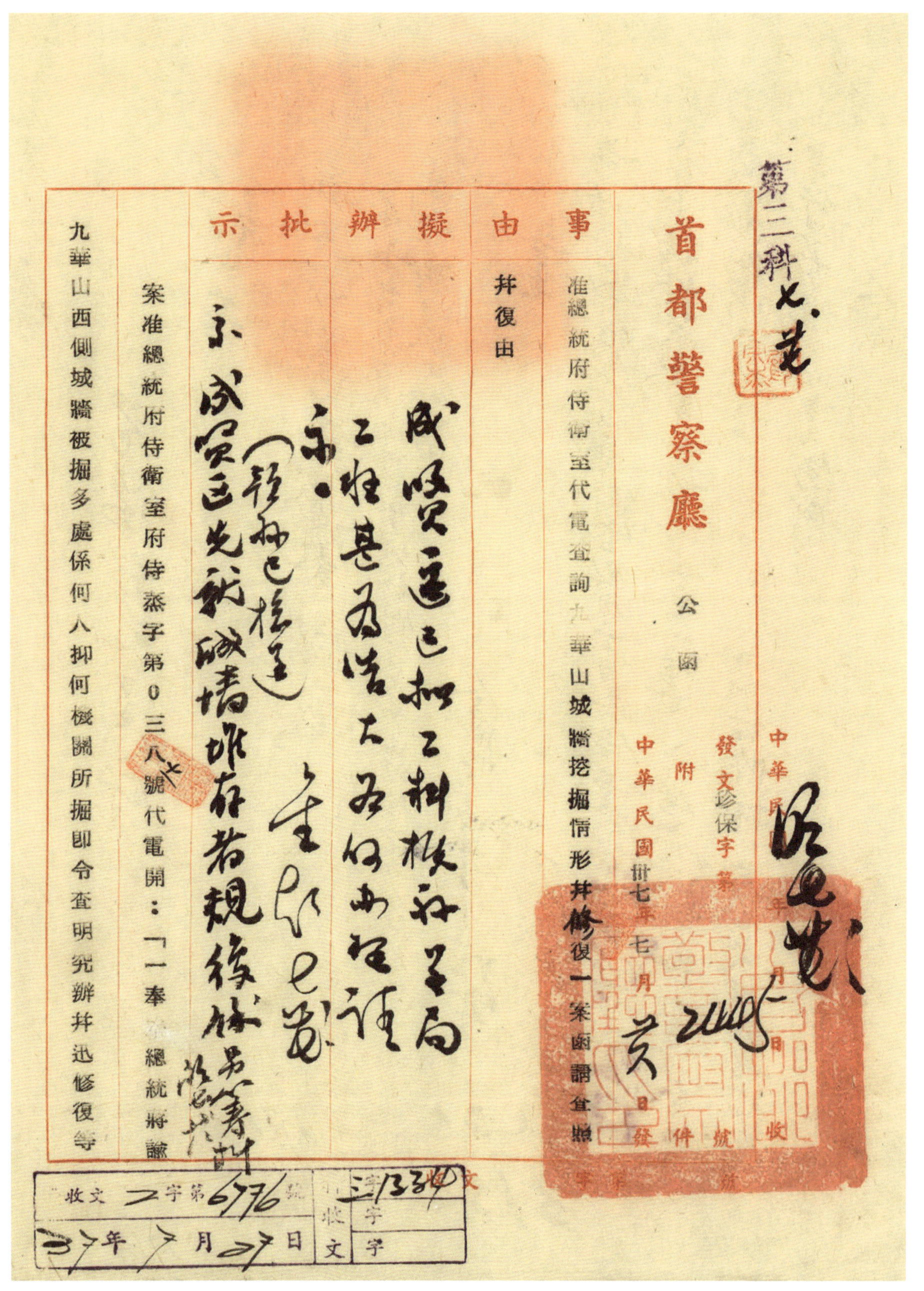

首都警察廳 公函

發文珍保字第　　號

中華民國卅七年七月　日發

附件

事由：准總統府侍衛室代電查詢九華山城牆挖掘情形并修復一案函請查照并復由

擬辦

批示

案准總統府侍衛室府侍恭字第〇三八號代電開：「一奉總統府諭

九華山西側城牆被掘多處係何人抑何機關所掘即令查明究辦并迅修復等

收文　字第6776號

37年7月27日

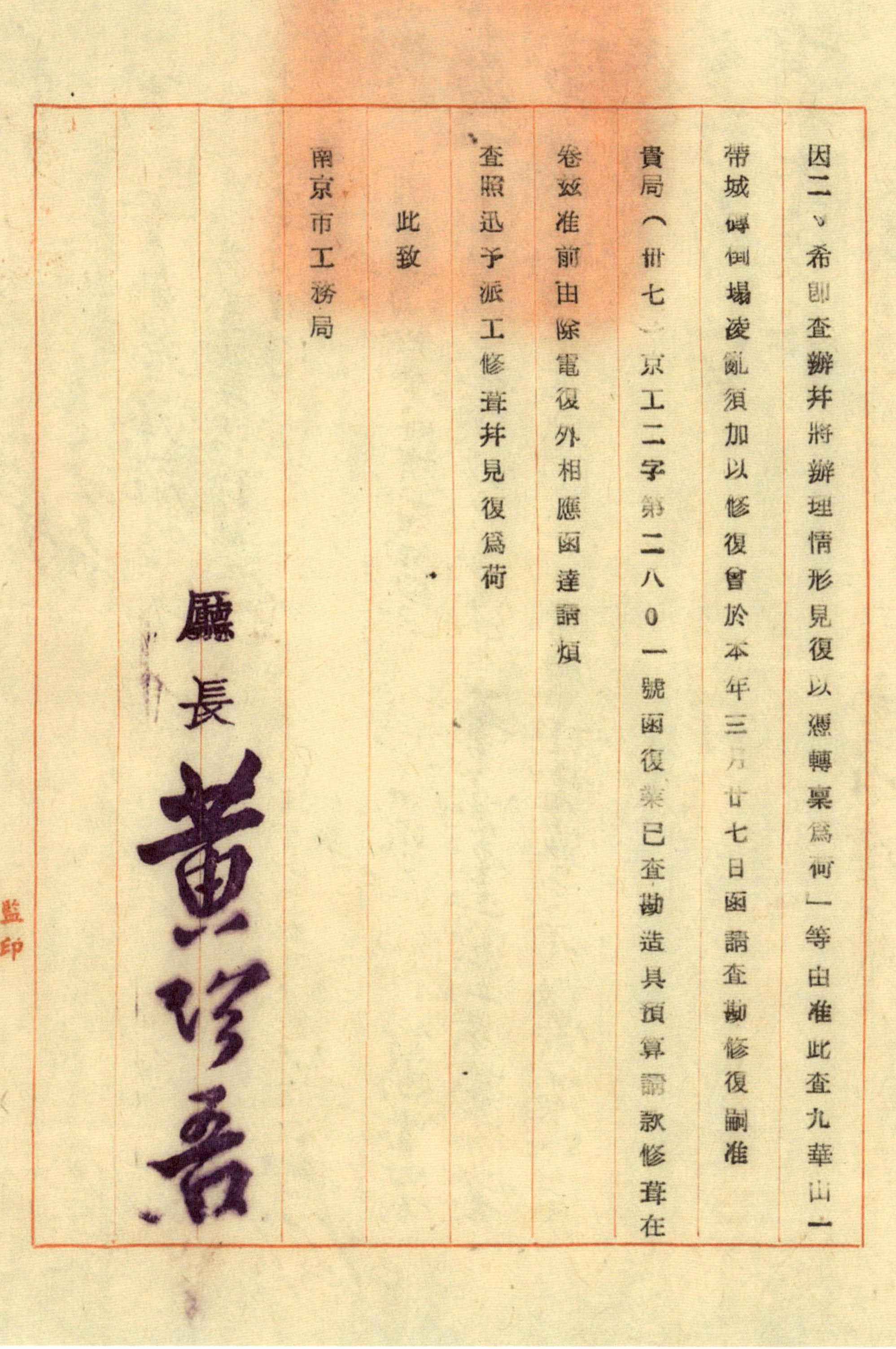

因二、希即查辦并將辦理情形見復以憑轉稟爲荷」等由准此查九華山一
帶城磚倒塌凌亂須加以修復曾於本年三月廿七日函請查勘修復嗣准
貴局（卅七）京工二字第二八〇一號函復業已查勘造具預算請款修葺在
卷茲准前由除電復外相應函達請煩
查照迅予派工修葺并見復爲荷
此致
南京市工務局

廳長 黃珍吾

監印
校對

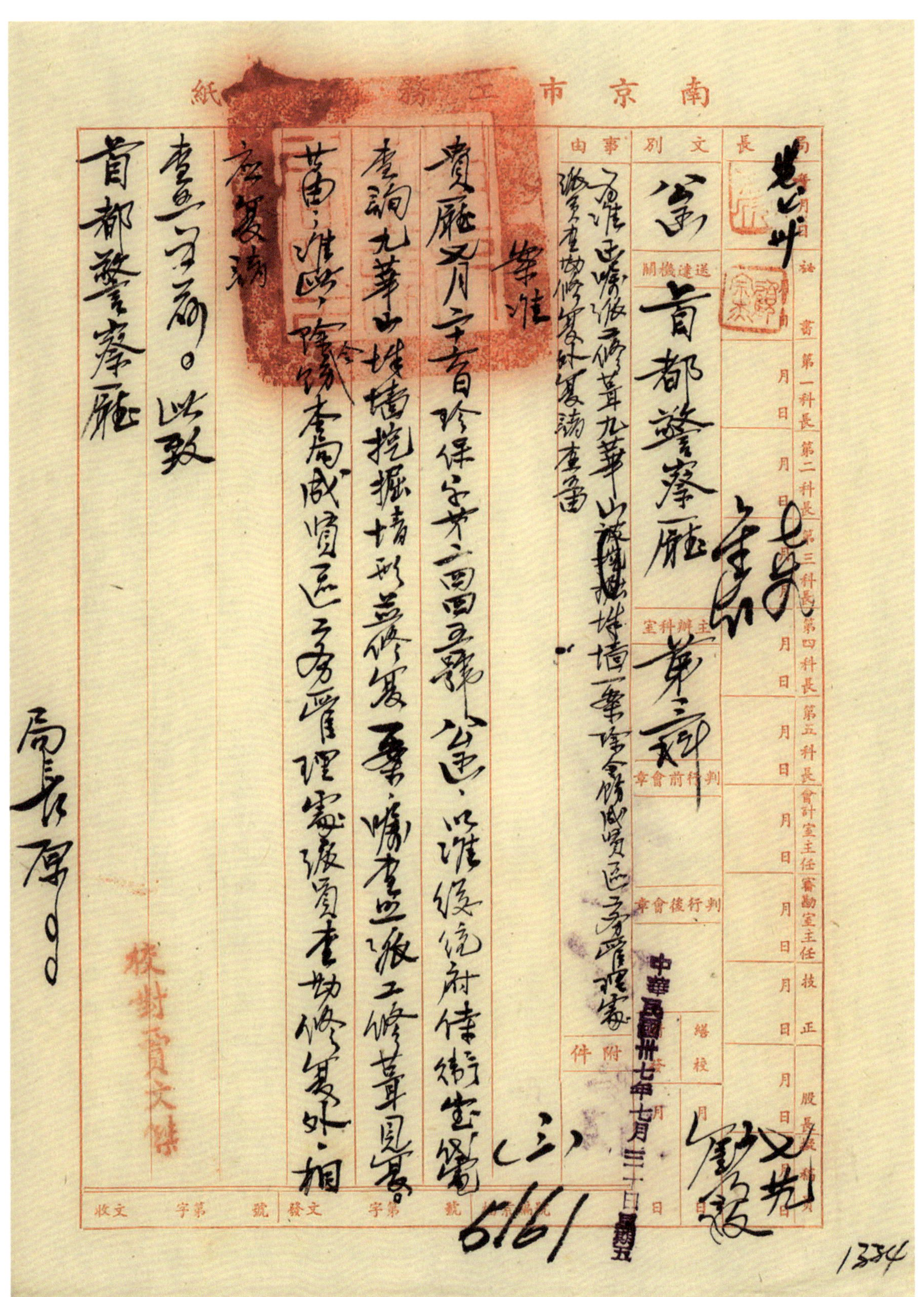

南京市工務局稿紙

文別：公函

送達機關：首都警察廳

事由：函准函囑派員查勘九華山被掘城墻一案，除令飭成賢區工務管理處派員查勘修復外，復請查照由

案准

貴廳五月廿一日首珍保字第二四四五號公函，以准總統府侍衛室箋，查詢九華山城墻挖掘情形並修復，囑查照派工修葺見覆。等由。准此。除令飭本局成賢區工務管理處派員查勘修復外，相應函復，查照為荷。此致

首都警察廳

局長　廖○○

中華民國卅七年七月三十日發

校對

6161

1334

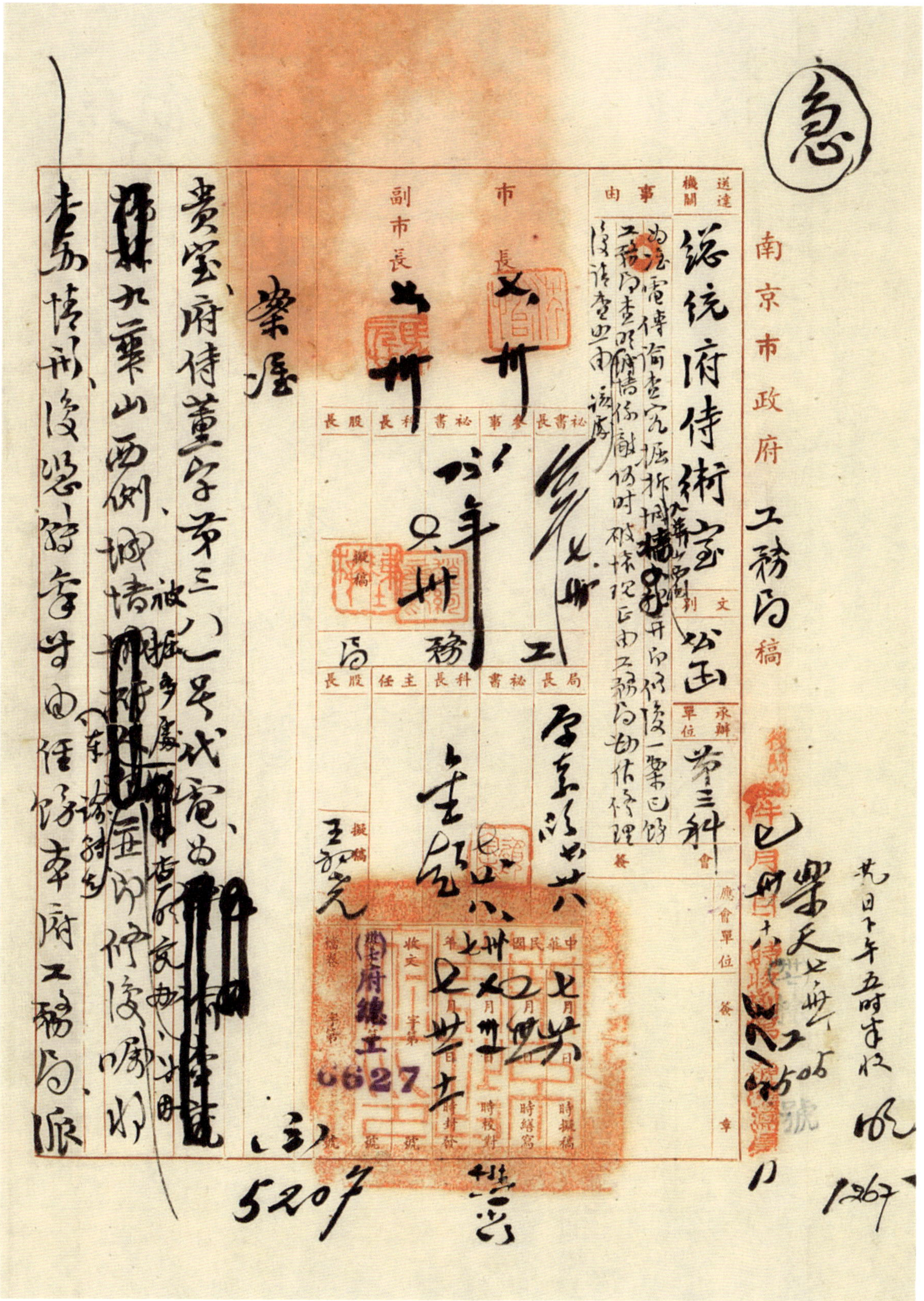
急
南京市政府工務局稿
送達機關
總統府侍衛室
文別
公函
承辦單位
第三科
事由
會簽
應會單位
市長
副市長
祕書長
參事
祕書
科長
股長
局長
主任
擬稿
中華民國 年 月 日
收文 字第 號
府總工
6627
5207
1267

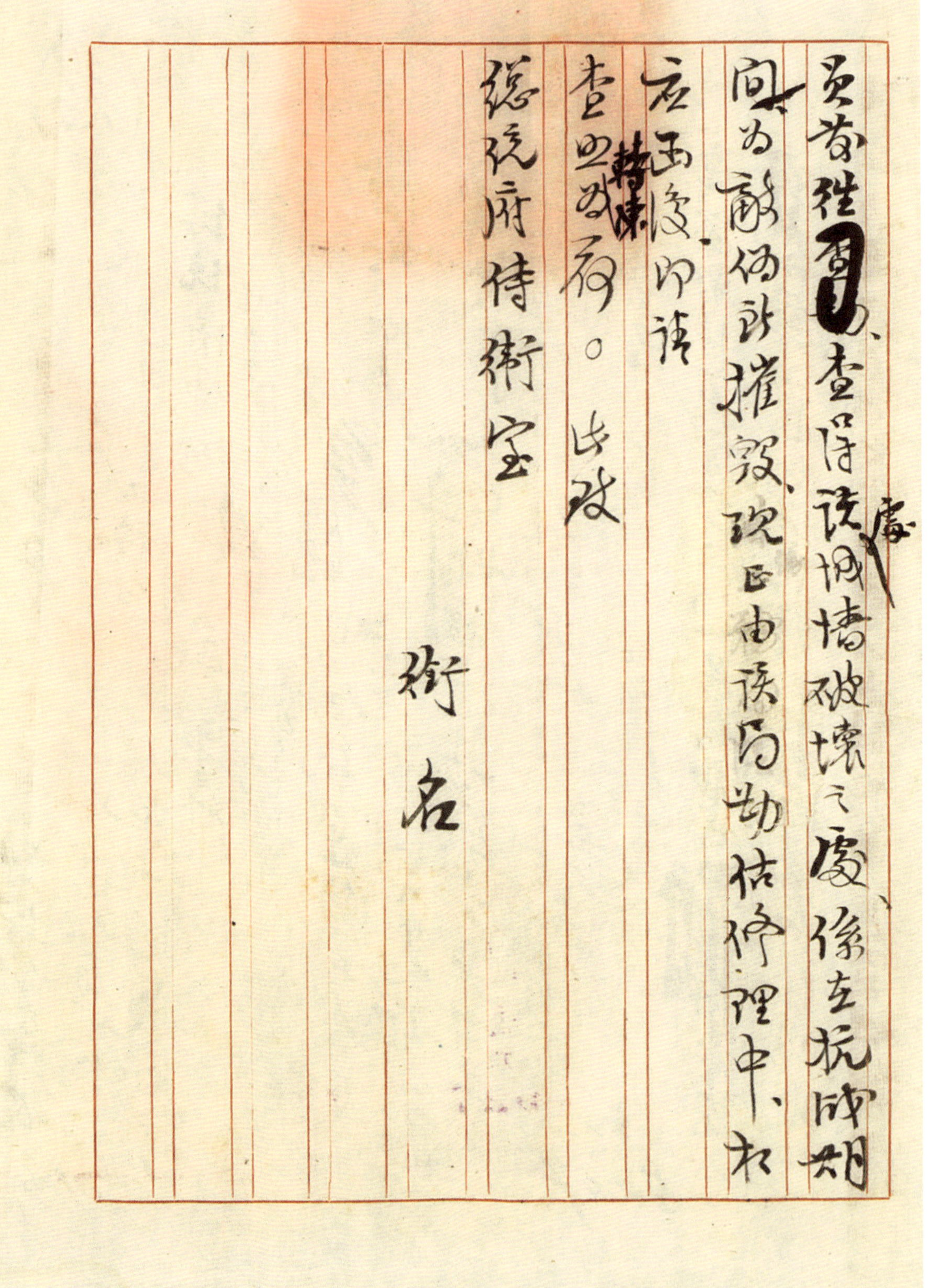

是否往查勘、查得該廣城墻破壞之處、係在抗戰期間為敵偽所摧毀、現正由該局勘估修理中、相應函復、即請查照轉陳為荷。此致

總統府侍衛室

銜名

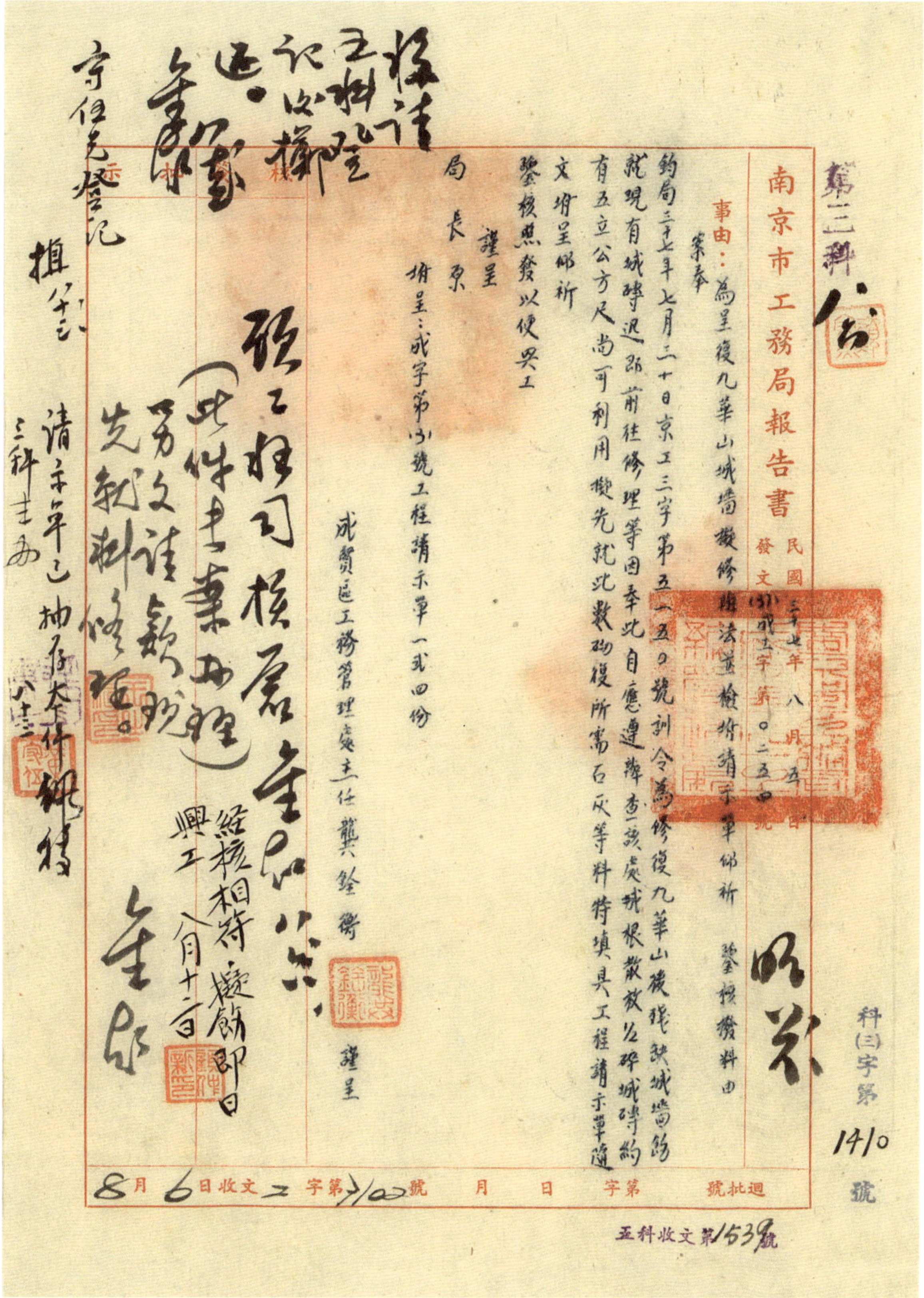

第三科

公

南京市工務局報告書

民國三十七年八月五日

發文(37)成工字第〇二五〇號

事由：爲呈復九華山城墻擬修辦法並檢將請示單繕祈鑒核撥料由

案奉

鈞局三十七年七月三十日京工三字第五一五〇號訓令爲修復九華山後段缺城墻飭就現有城磚迅即前往修理等因奉此自應遵辦查該處城根散放之碎城磚約有五立公方尺尚可利用擬先就此數砌復所需石灰等料特填具工程請示單隨文賫呈鈞祈

鑒核照發以便興工

謹呈

局長 京

賫呈：成字第131號工程請示單一式四份

成賢區工務管理處主任 龔銓衡 謹呈

照發

科(三)字第 1410 號

8月6日收文 工 字第3102號 月 日 字第 號 迴批號

五科收文第1539號

南京市工務局

工程請示單

工程編號	
會計科目	

請示單編號：成字131號

工程名稱	修砌城墻工程	工程地點	九華山

請示原因

為令遵就現有城磚修復九華山城墻事

施工說明

1. 整理擬修部份
2. 搬運城磚
3. 砌築磚墻如附圖，用1:2石灰沙泥漿鑲砌
4. 現有存餘城磚數量5 m³，全為半磚故須購買

核算總價　　預定37年8月　日開工　年　月　日完工

請示部份　成賢區工務管理處　主任（印）　填單37年8月5日

附　件　擬修側面草圖乙份

附　註

局長批示	會計室核	主管科核
照擬發修 此 八、十三	在　內開支　超出預算	石灰由局撥發、餘照辦 金 八、十三
	會計任主　月　日	第　科長　月　日
	股	股
	股	股

年　月　日局收文　字第　號

說明

（一）請示單填寫四聯批准後一聯發還一聯存主管科一聯存會計室一聯存卷

（二）工程編號由主管科編填會計科目由會計室填列請示單編號由請示部份編填

（三）請示單經批准後有關文件表報報銷等應將工程編號及工程名稱幷列

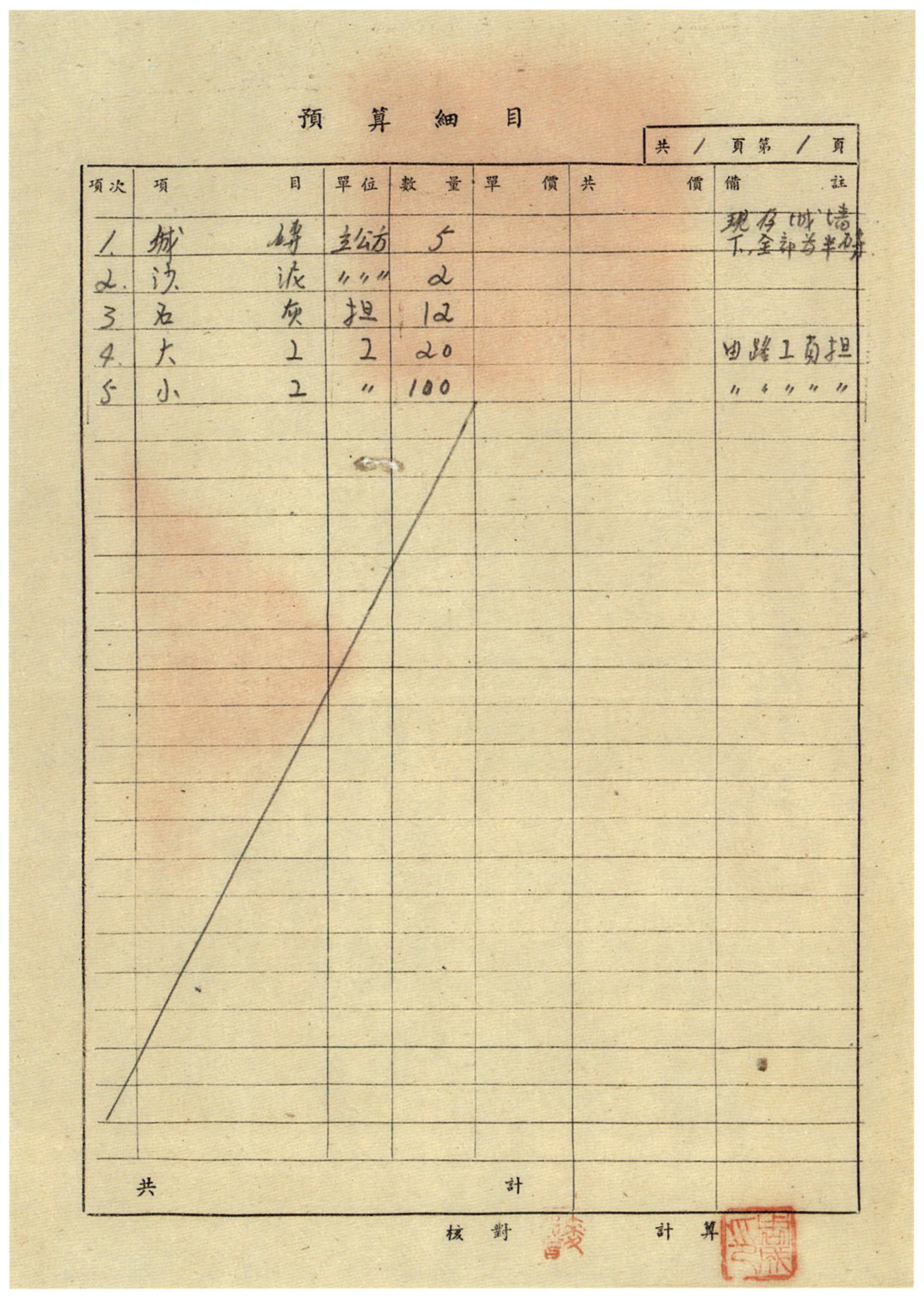

預算細目

共 / 頁第 / 頁

項次	項目	單位	數量	單價	共價	備註
1.	城磚	立公方	5			現存城墻下，全部爲半磚
2.	沙泥	〃〃	2			
3.	石灰	担	12			
4.	大工	工	20			由路工負担
5.	小工	〃	100			〃〃〃〃〃
共計						

核對　　　計算

擬修復九華山城墻一部側面草圖

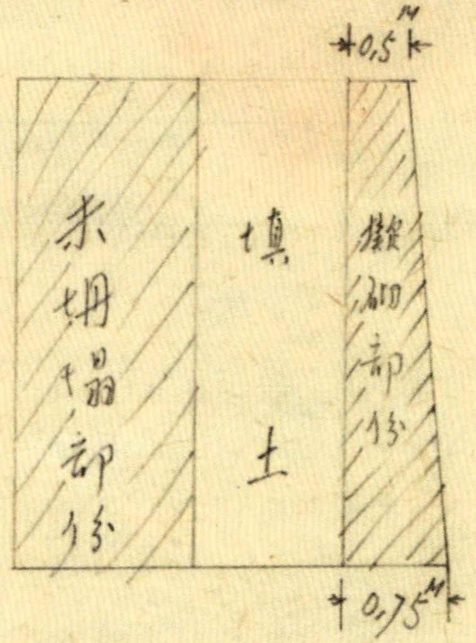

繪圖員 周 成

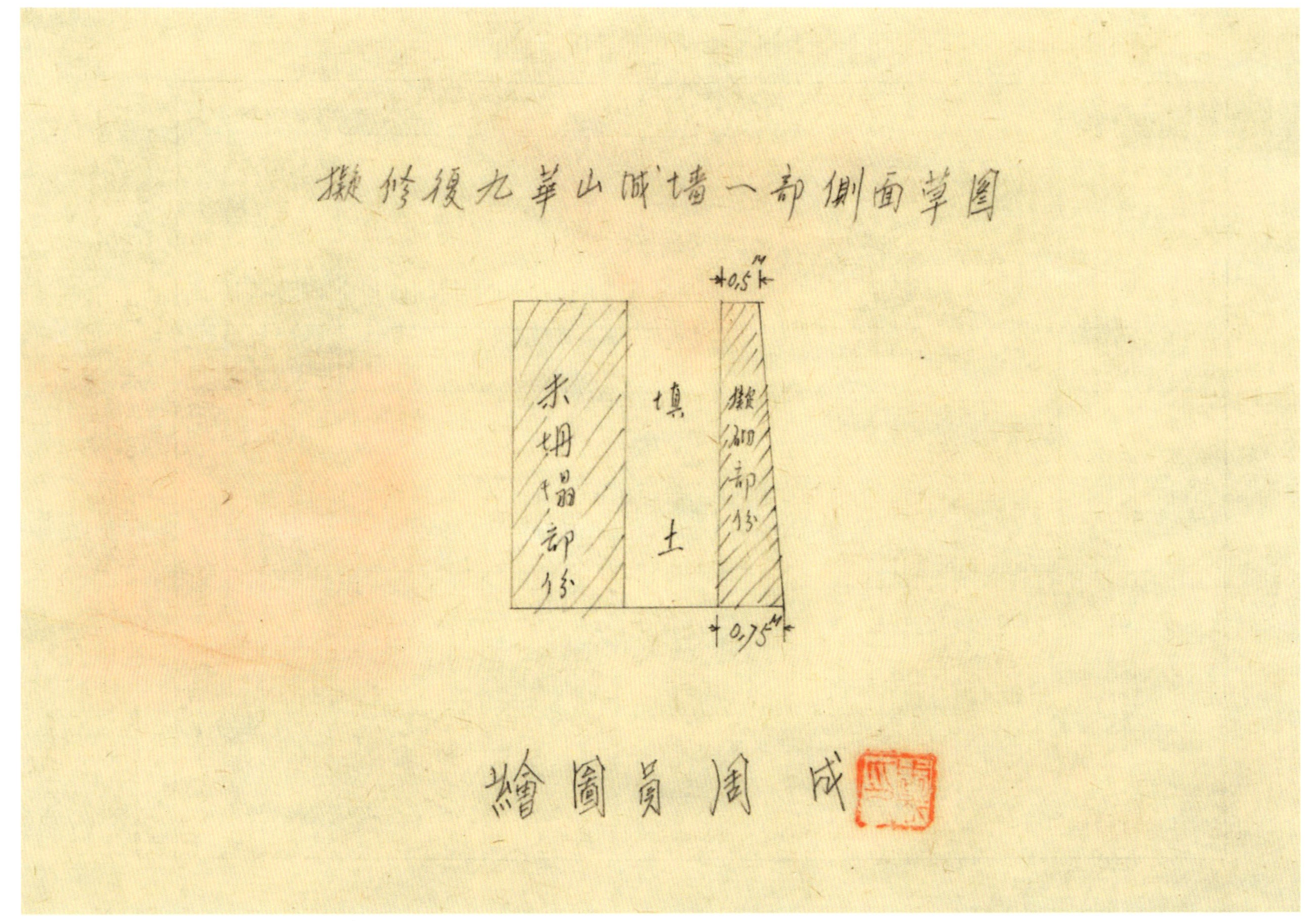

（六）市政府爲候行政院撥款整修九華山城墻與總統府侍衛室的往來公文（一九四八年十月十四日至十一月六日）

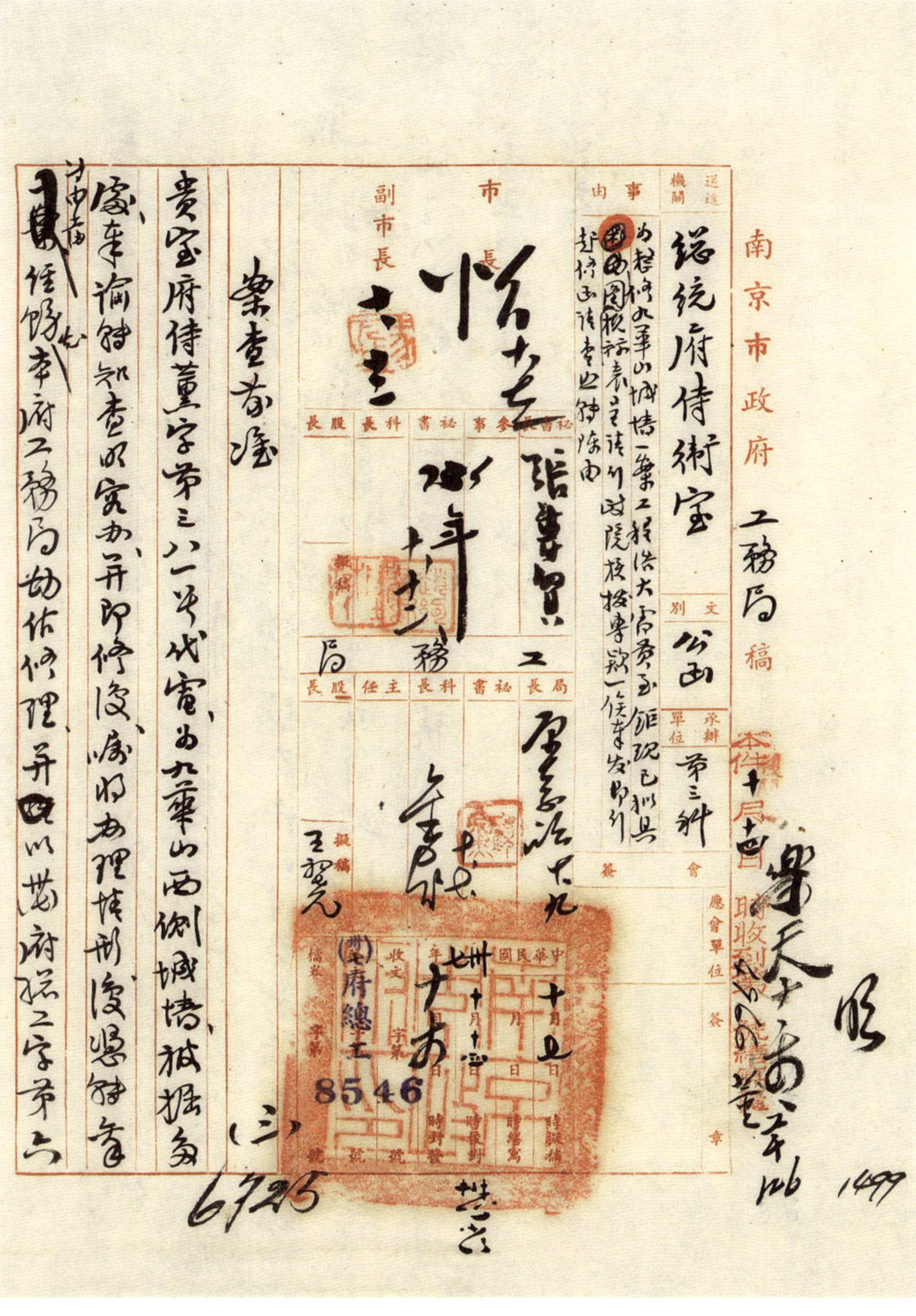
南京市政府工務局稿

送達機關：總統府侍衛室

文別：公函

承辦單位：第三科

事由

市長

副市長

秘書長 參事 秘書 科長 股長

局長 秘書 科長 主任 股長

擬稿

會簽

應會單位

中華民國 年 月 日 時擬稿 時繕寫 時校對 時發

收文 字第 號

檔卷 字第 號

貴室府侍董字第三八一號代電爲九華山西側城墻被

業查奉悉

8546

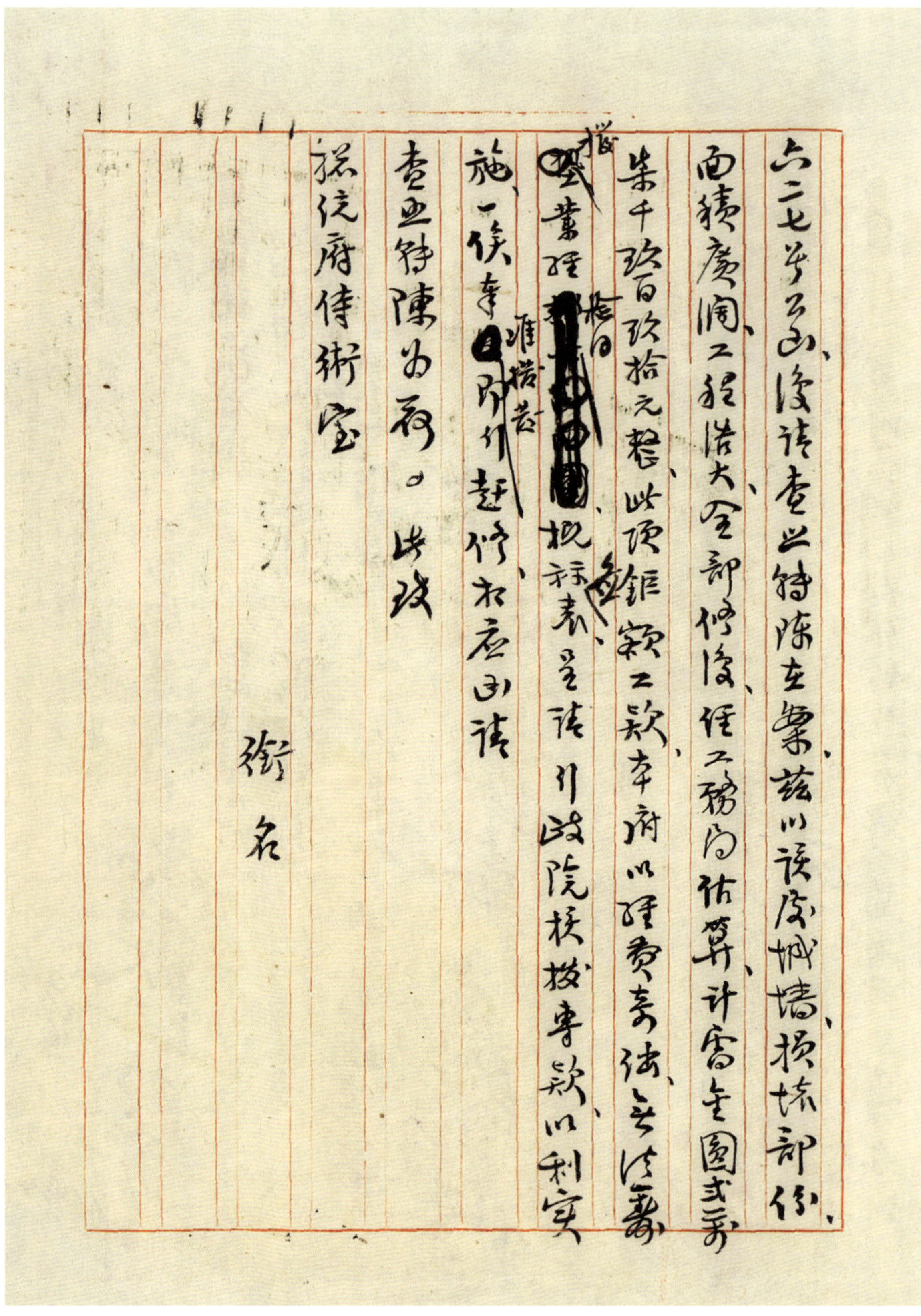

六二七號函，復請查照轉陳在案。茲以該處城牆、損壞部份面積廣闊，工程浩大，全部修復，經工務局估算計需全國幣貳柒千玖百玖拾元整，此項鉅款，本府以經費支絀，無法籌撥，業經[redacted]檢同概算表呈請行政院核撥專款以利實施，一俟奉准撥後即行興修，相應函請查照轉陳為荷。此致

總統府侍衛室

銜名

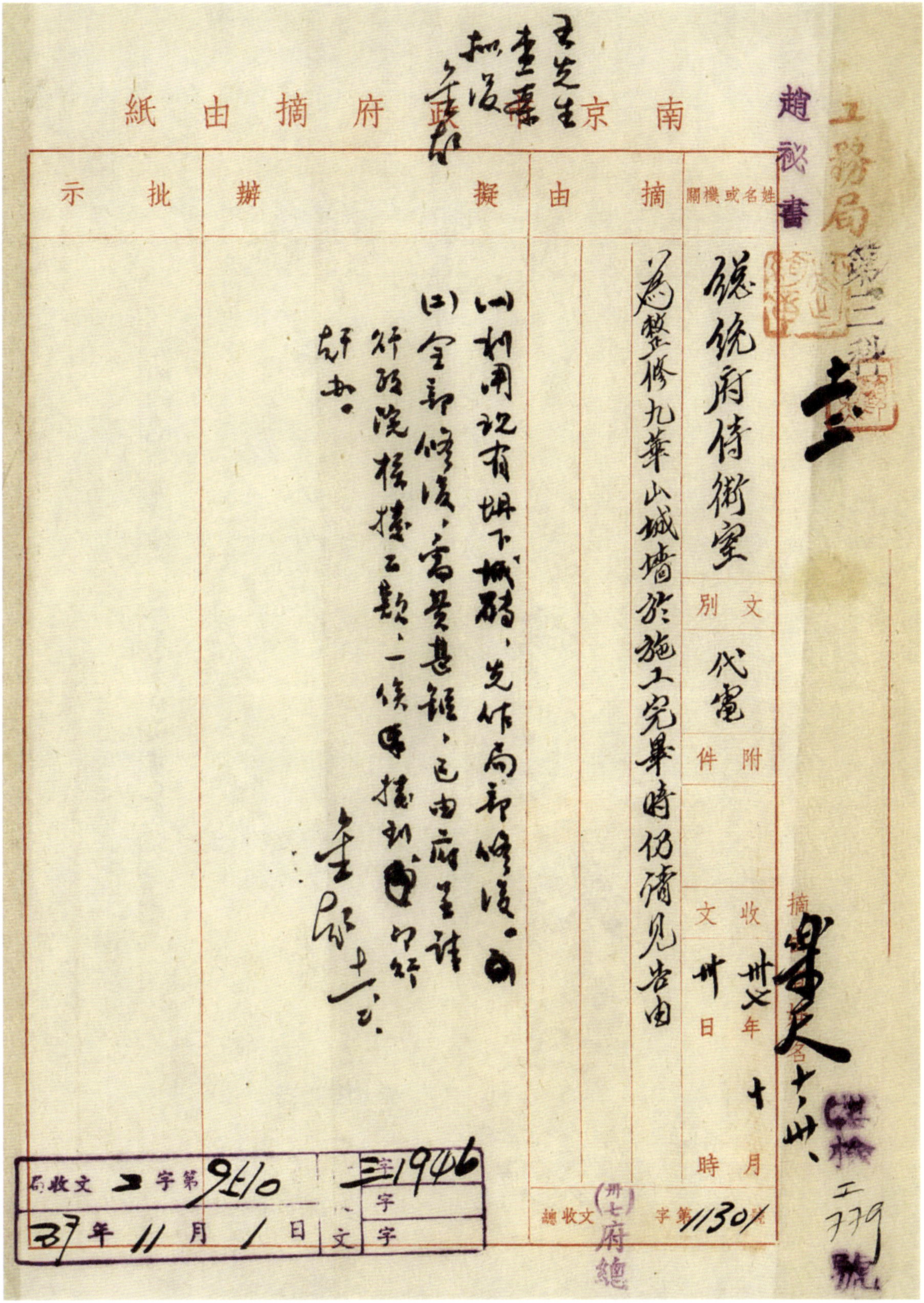
南京市政府摘由紙

王先生查案擬復 金 十一、

姓名或機關	總統府侍衛室
文別	代電
附件	
收文	卅七年十月卅日
摘由	爲整修九華山城墻於施工完畢時仍請見告由
擬辦	(一)利用記有朝下城磚、先作局部修復。(二)全部修復、需費甚鉅、已由府呈請行政院核撥工款、一俟奉撥到日即行辦理。 金 十一、
批示	

趙秘書

工務局第三科

局收文 工 字第9510號 37年11月1日

總收文 字第11301號

工務局 工379號

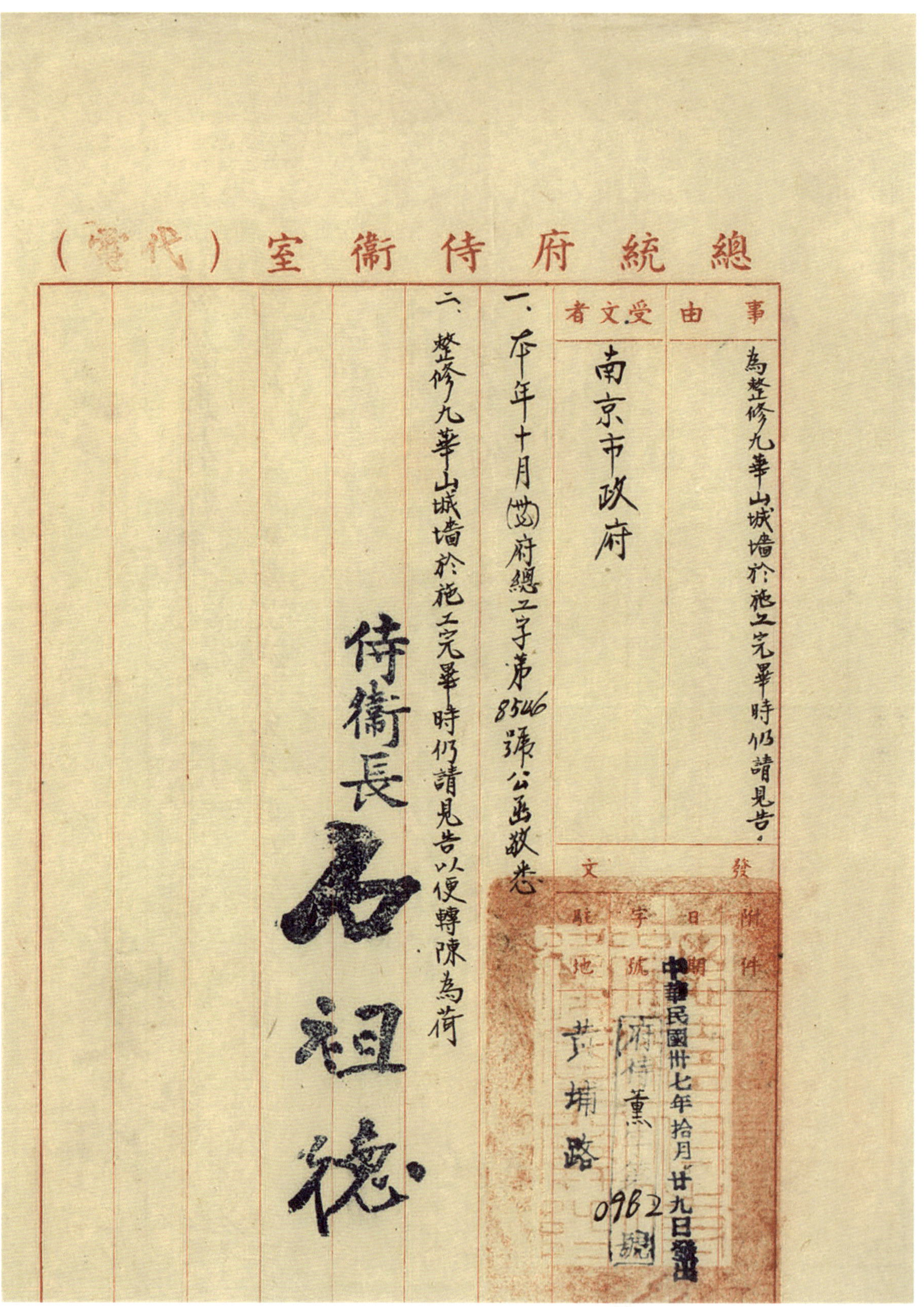

总统府侍卫室（代电）

事由	为整修九华山城墙于施工完毕时仍请见告。
受文者	南京市政府
发文	附件
日期	中华民国卅七年拾月廿九日发出
字号	府侍董0982号
驻地	黄埔路

一、本年十月（卅）府总工字第8546号公函敬悉

二、整修九华山城墙于施工完毕时仍请见告以便转陈为荷

侍卫长石祖德

南京市政府 工務局稿

送達機關	總統府侍衛室
別	函
承辦單位	第三科
事由	為整修九華山城墻一案一俟行政院核准撥款即行興工趕辦請查照由
會簽	
應會單位	

市長 沈五
副市長 馬元放
祕書長 張
參事
祕書
科長 孫
股長
擬稿
局長 工務
祕書
科長
主任
股長
擬稿 王訓之

中華民國卅五年十二月四日 擬稿
十二月六日 核稿
十二月七日 繕寫

案准

貴室府侍董字第九八二號代電，為整修九華山城墻，囑於施工完畢時見告，等由。查此案現已利用拆下城磚，先作局部修復，至全部整修，需費至鉅，經已呈請行政院

（三）下208

1946

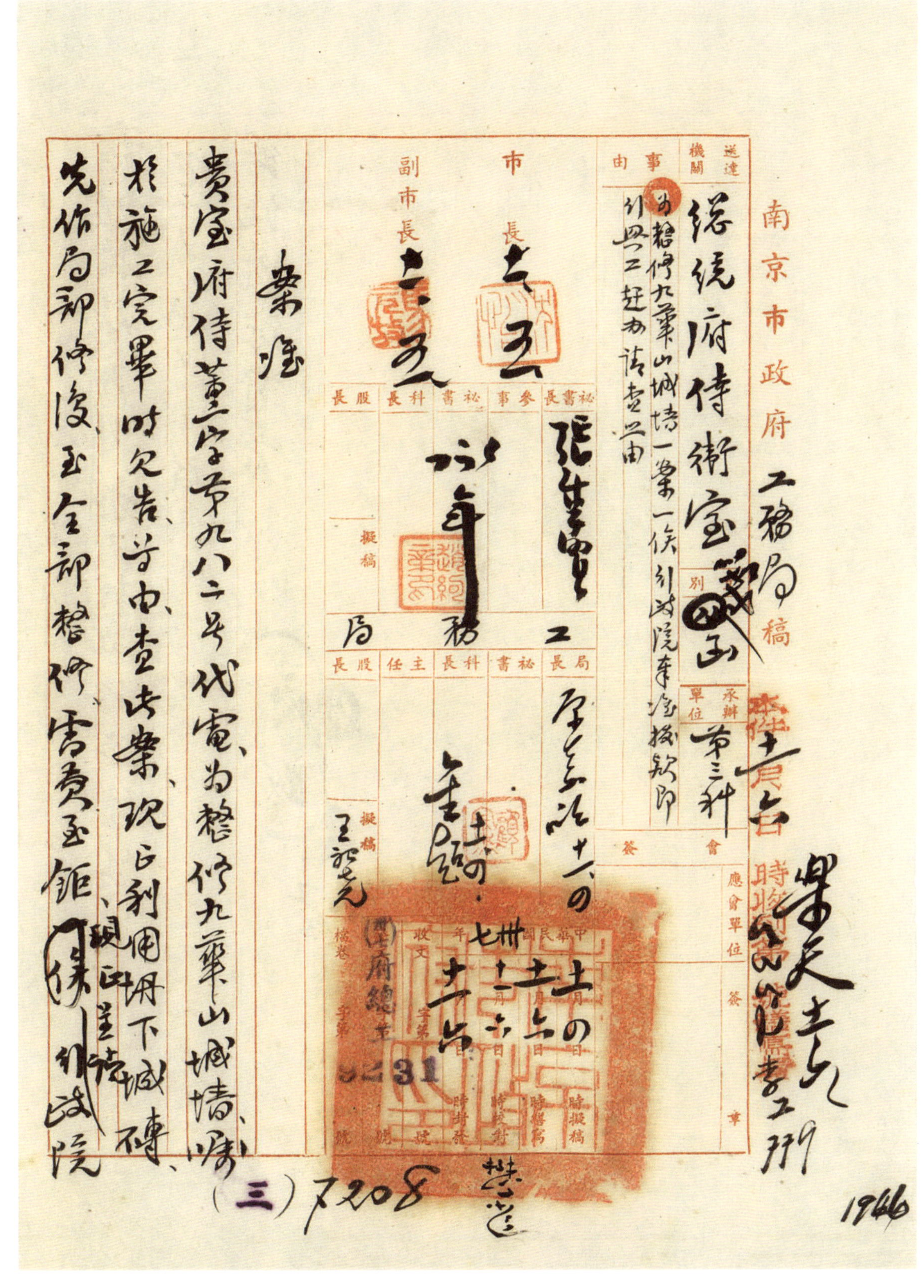

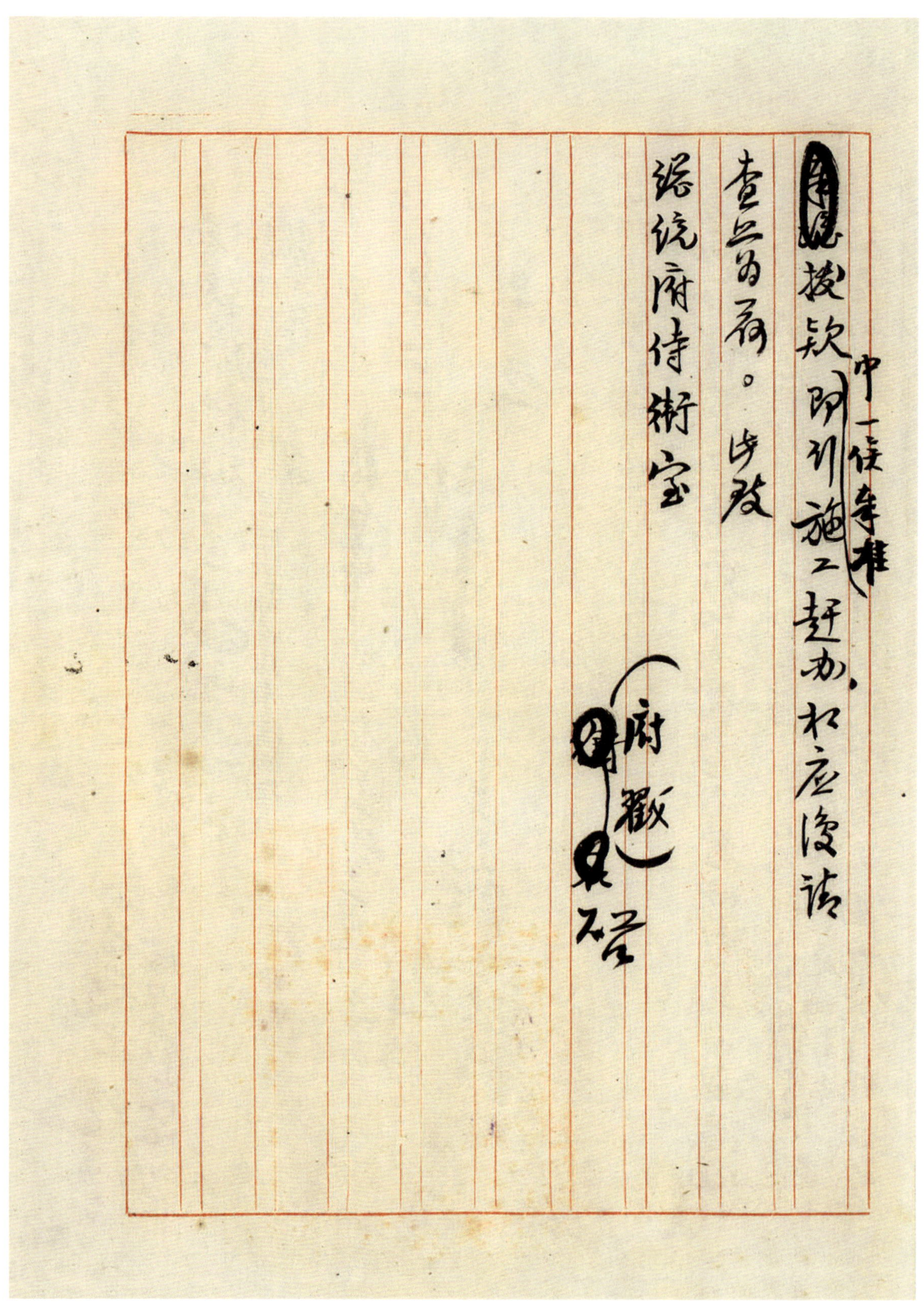

撥款中，一俟奉准即行施工趕办，相應復請查照爲荷。此致
總統府侍衛室

周（府徽）至柔

謹查九華山城墻整飭工程，業已繪具
斷面圖及概算，共計貳萬柒仟玖佰玖拾
圓整，茲檢同原案一件、圖、算各三份謹呈
鑒核

附概算及斷面圖各三份
原案一件

職 顧□中 親呈

擬府稿呈院：
由 敘原案（[抄送府第一函 未函系本]）呈並說明
經費浩大，本府無法籌墊，請核
撥專款，以便興修。
[illegible] 十六

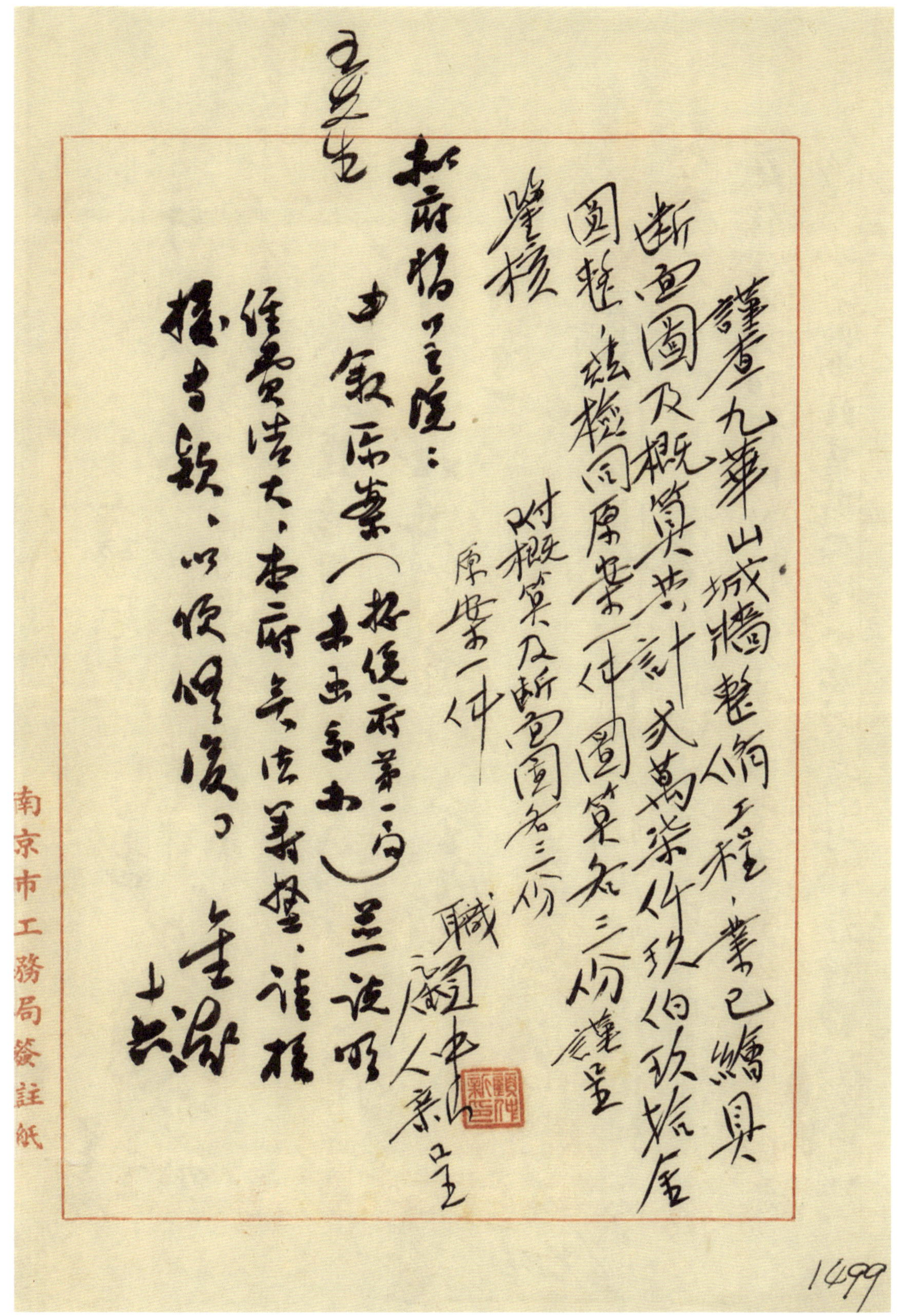

南京市工務局簽註紙

1499

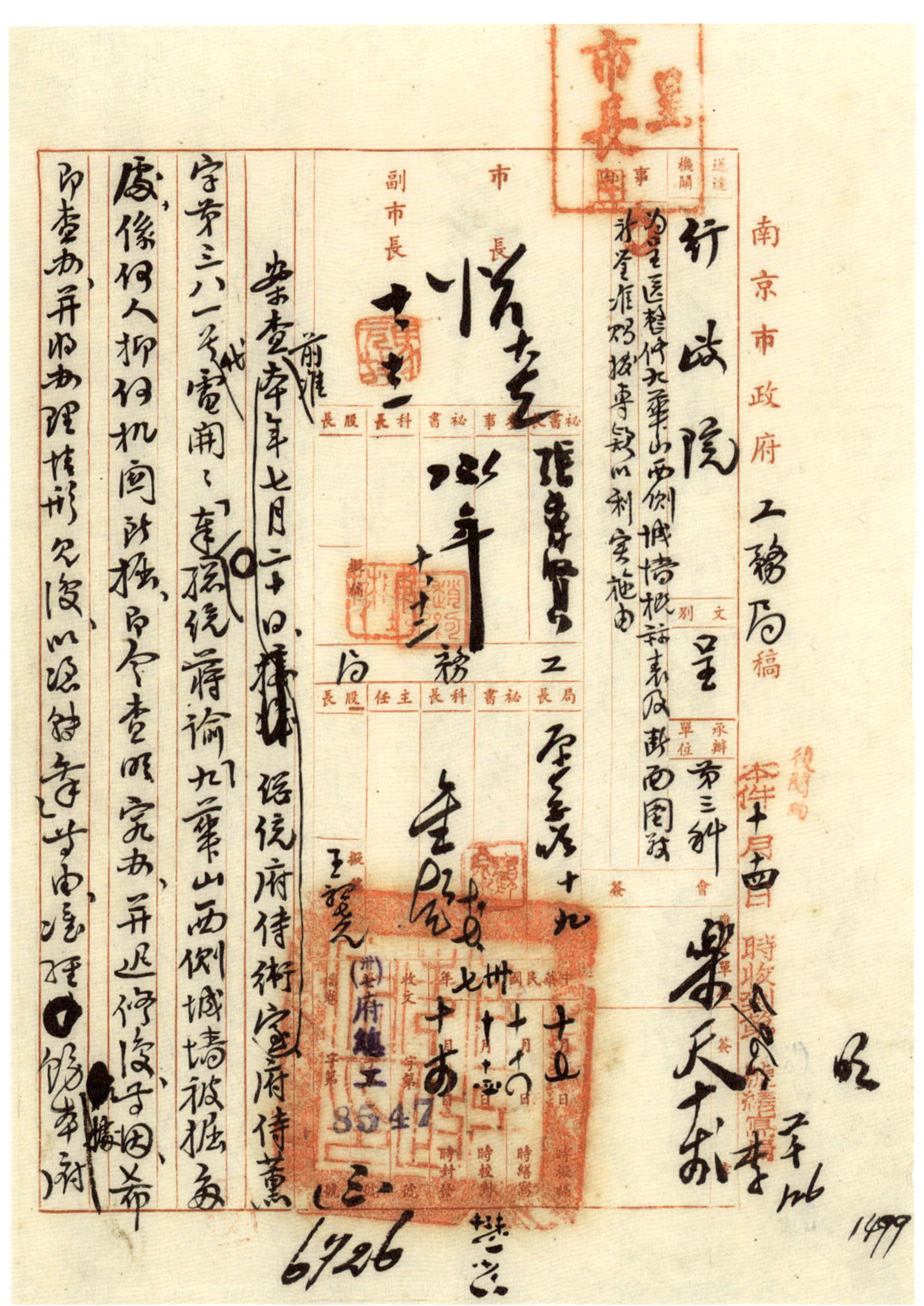

南京市政府工務局稿

送達機關：行政院

事由：為呈送整修九華山西側城墻概算表及斷面圖祈鑒准撥專款以利實施由

文別：呈

承辦單位：第三科

市長：（簽批）

副市長

局長　秘書　科長　主任　股長　擬稿：王□□

會簽

本件十月十四日時收到

案查本年七月二十日（前准）奉 總統府侍衛室府侍薰字第三八一號代電開：「奉 總統蔣諭：『九華山西側城墻被拆毀處，係何人抑何機關所拆，即令查明究辦，并迅修復』等因，希即查辦，并將辦理情形見復，以憑轉陳」等由；遵經飭本府

中華民國卅七年十月十五日

府總工 8547

6726

1499

工務局派員查明該處城牆破損，係在抗戰期間為敵偽所摧毀，當時該局曾飭屬員賡巨工務管理處先就現存磚料予以修補，尚有不敷，另編概算呈核，一面函送綏靖公署衛戍部查案。茲據該局呈以該城牆損毀面積廣闊，工程浩大，全部整修計需全國幣貳萬柒千玖百玖拾元整，檢附圖說概算表，請予撥款等來。查上項工程經費為數至鉅，本府庫帑奇絀，實無法籌措，而該項工事關係首都城防至鉅，為此檢同原概算表各一份，備文呈請鈞院准予將撥專款，以利實施。再九華山整修城牆工程，並不包括在前次本府會同衛戍總司令部修理

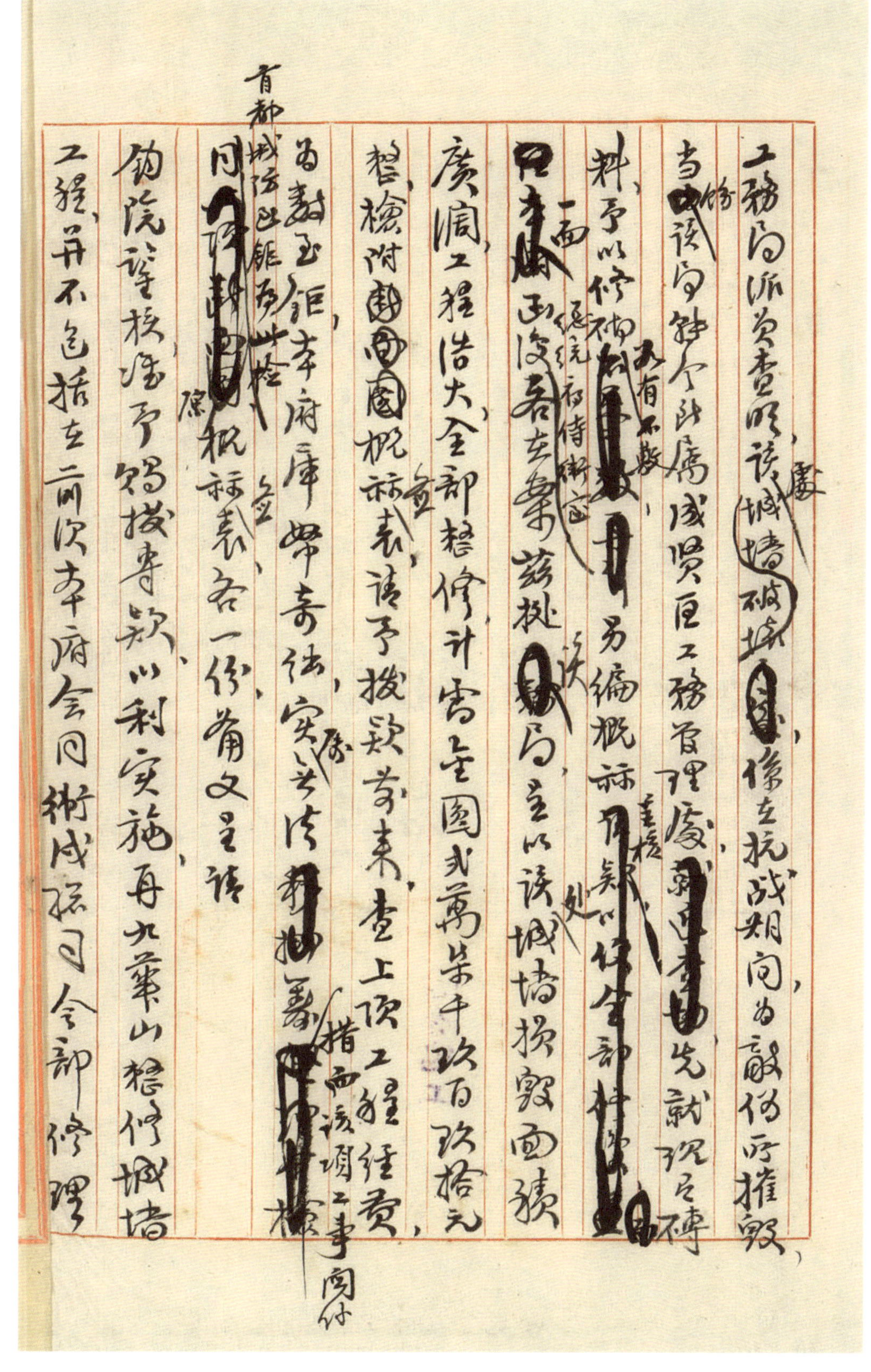

城墙一案之内，合併陳明。

謹呈

行政院院長 翁

附呈督修九華山西側城墙概況及截面圖各一份

銜名

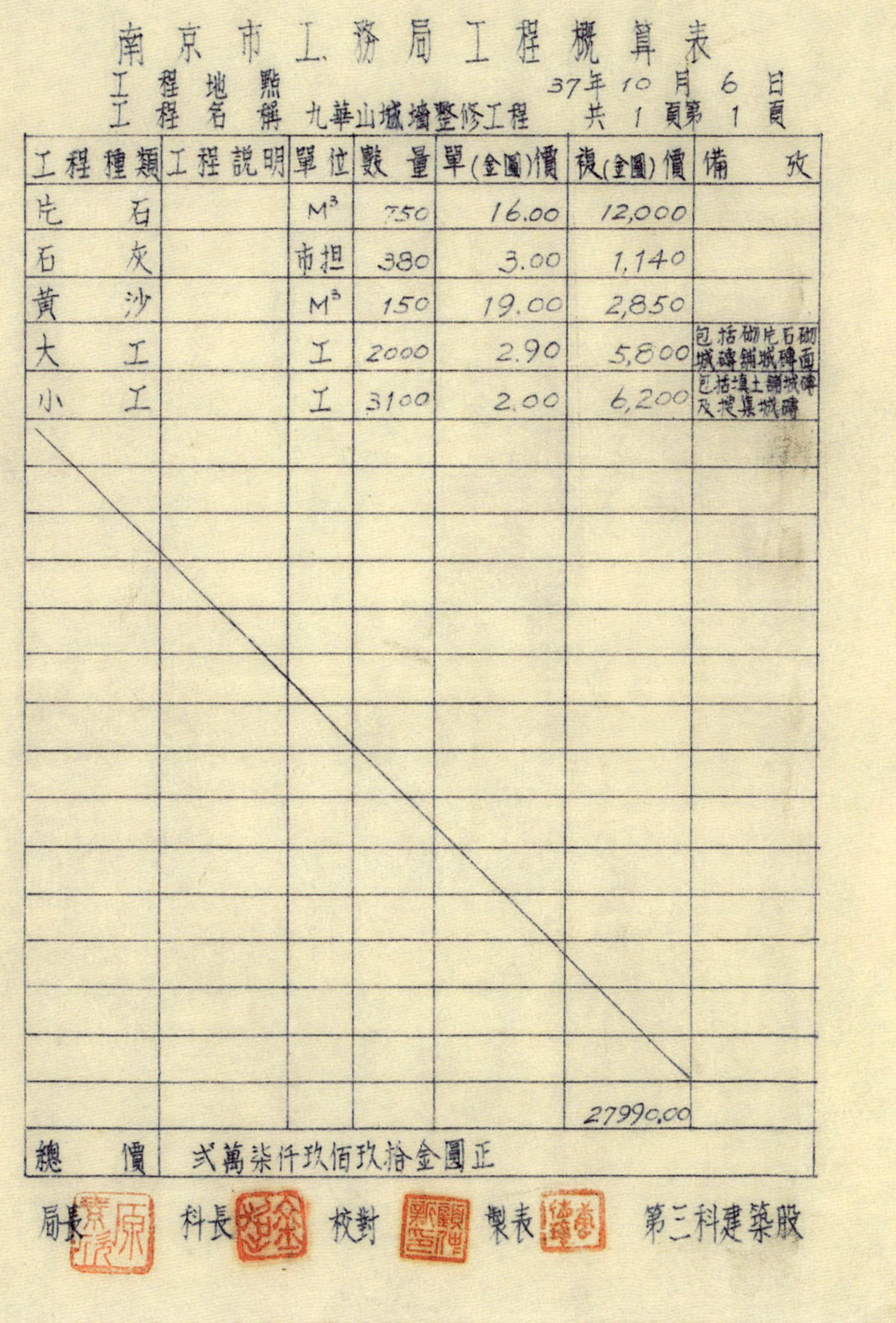

南京市工務局工程概算表

工程地點　　37年10月6日
工程名稱　九華山城墻整修工程　　共1頁第1頁

工程種類	工程說明	單位	數量	單(金圓)價	複(金圓)價	備攷
片石		M^3	750	16.00	12,000	
石灰		市担	380	3.00	1,140	
黃沙		M^3	150	19.00	2,850	
大工		工	2000	2.90	5,800	包括砌片石砌城磚鋪城磚面
小工		工	3100	2.00	6,200	包括填土鋪城磚及搜集城磚
					27990.00	
總價	弍萬柒仟玖佰玖拾金圓正					

局長　科長　校對　製表　第三科建築股

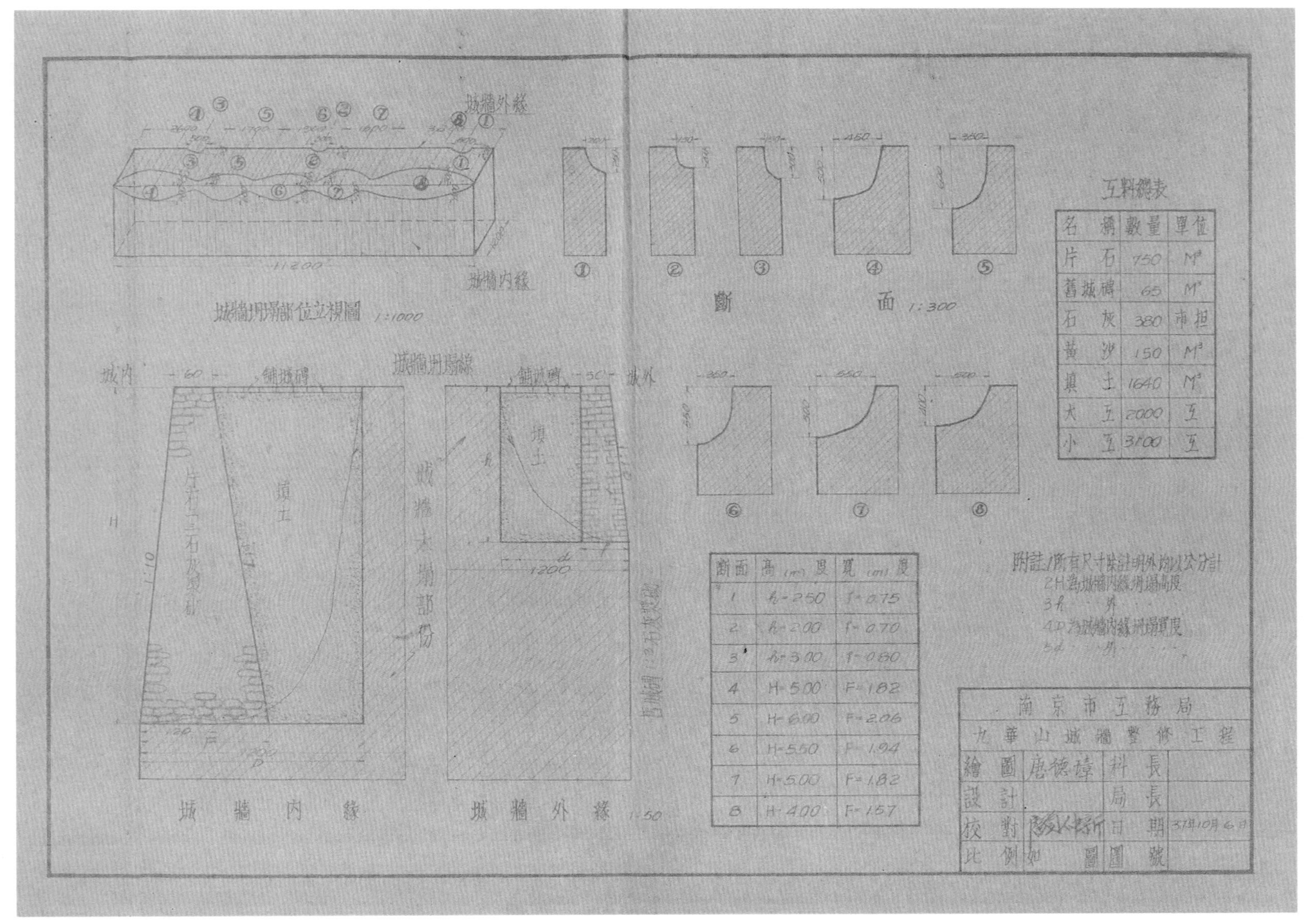

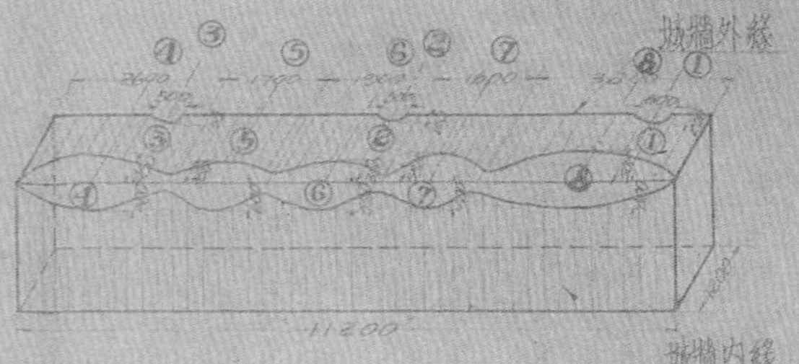

城牆坍塌部位立視圖 1:1000

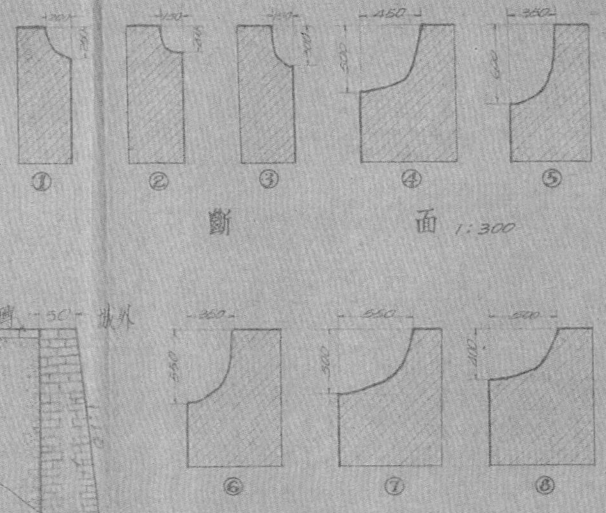

斷 面 1:300

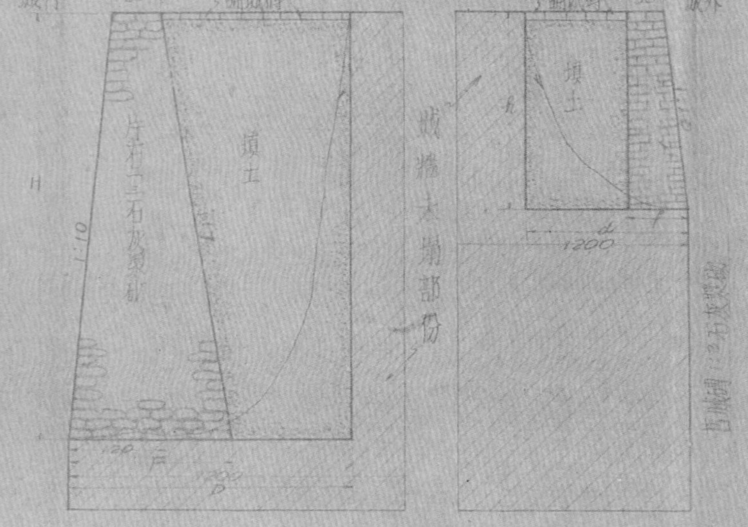

城牆內緣　城牆外緣 1:50

工料總表

名稱	數量	單位
片石	750	M³
舊城磚	65	M³
石灰	380	市担
黃沙	150	M³
填土	1640	M³
大工	2000	工
小工	3100	工

斷面	高(m)度	寬(m)度
1	h=2.50	f=0.75
2	h=2.00	f=0.70
3	h=3.00	f=0.80
4	H=5.00	F=1.82
5	H=6.00	F=2.06
6	H=5.50	F=1.94
7	H=5.00	F=1.82
8	H=4.00	F=1.57

附註 1 所有尺寸除註明外均以公分計
2 H為城牆內緣坍塌高度
3 h 〃 外 〃 〃 〃
4 D為城牆內緣坍塌寬度
5 d 〃 外 〃 〃 〃

南京市工務局			
九華山城牆整修工程			
繪圖	唐德璋	科長	
設計		局長	
校對	殷人鑑行	日期	37年10月6日
比例	如圖	圖號	

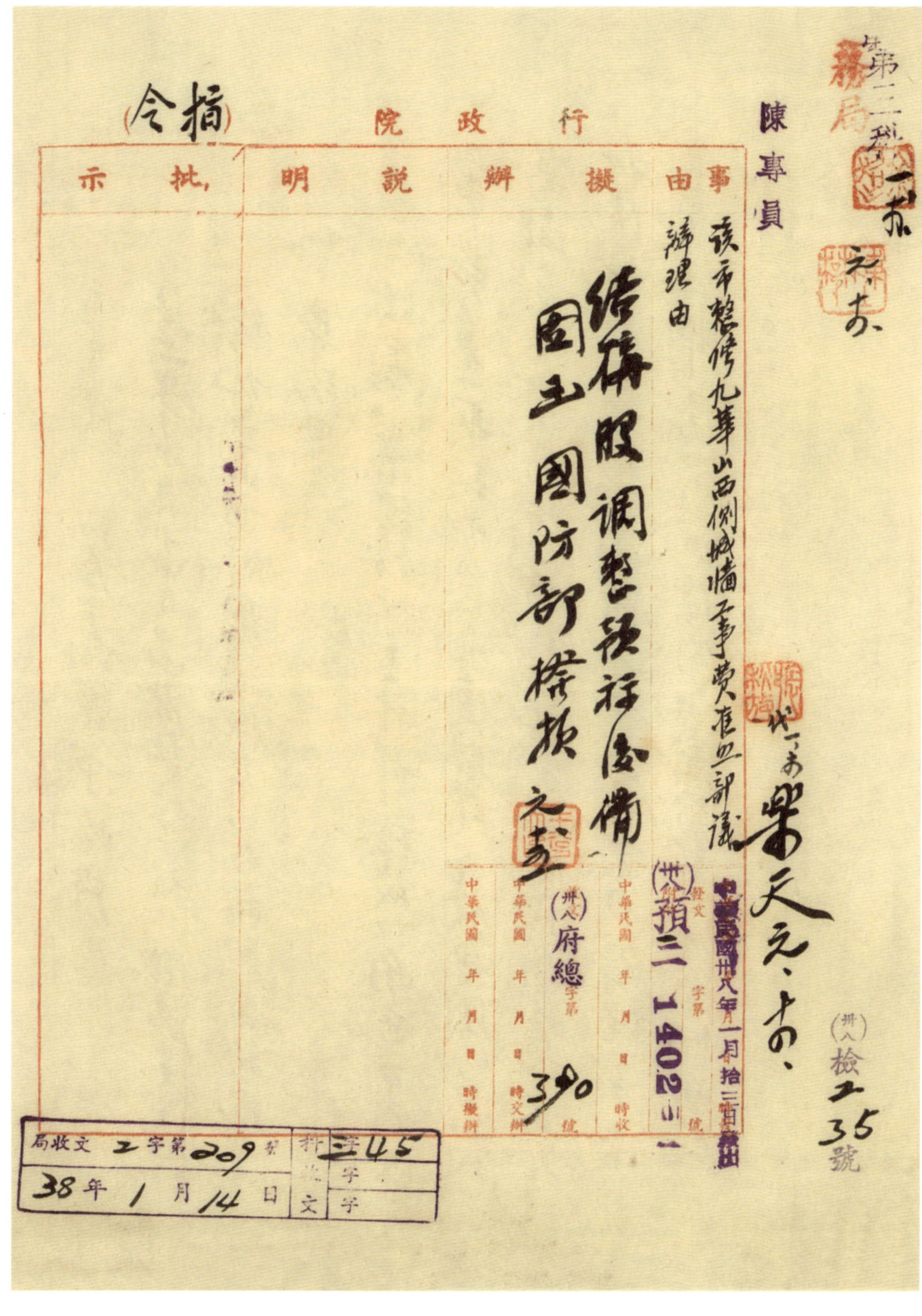

行政院 指令

陳專員

事由	擬辦 說明	批示
該市整修九華山西側城墻工事費准由部議辦理由	[illegible][illegible]服調整發給後備函由國防部撥款之	

發文（卅八）預二字第1402號

中華民國卅八年一月拾三日發出

（卅八）府總字第390號

局收文 工字第209號 辦 三45

38年1月14日

（卅八）檢工35號

令南京市政府

卅七年十月十四日京府總工字第（8541）號呈送請修九華山西側城牆概算及斷面簡圖祈撥

專款由

呈件均悉。案經飭據主計部核復以南京市城防工事費第一期經費已准國防部追加金圓二百卅八萬圓在案。此次所請撥發九華山西側城牆整修費擬請併入前項核定城防工事費案內辦理等語，應准照部議辦理，除分知國防部外，令仰知照。

此令。〇二

監印

校對

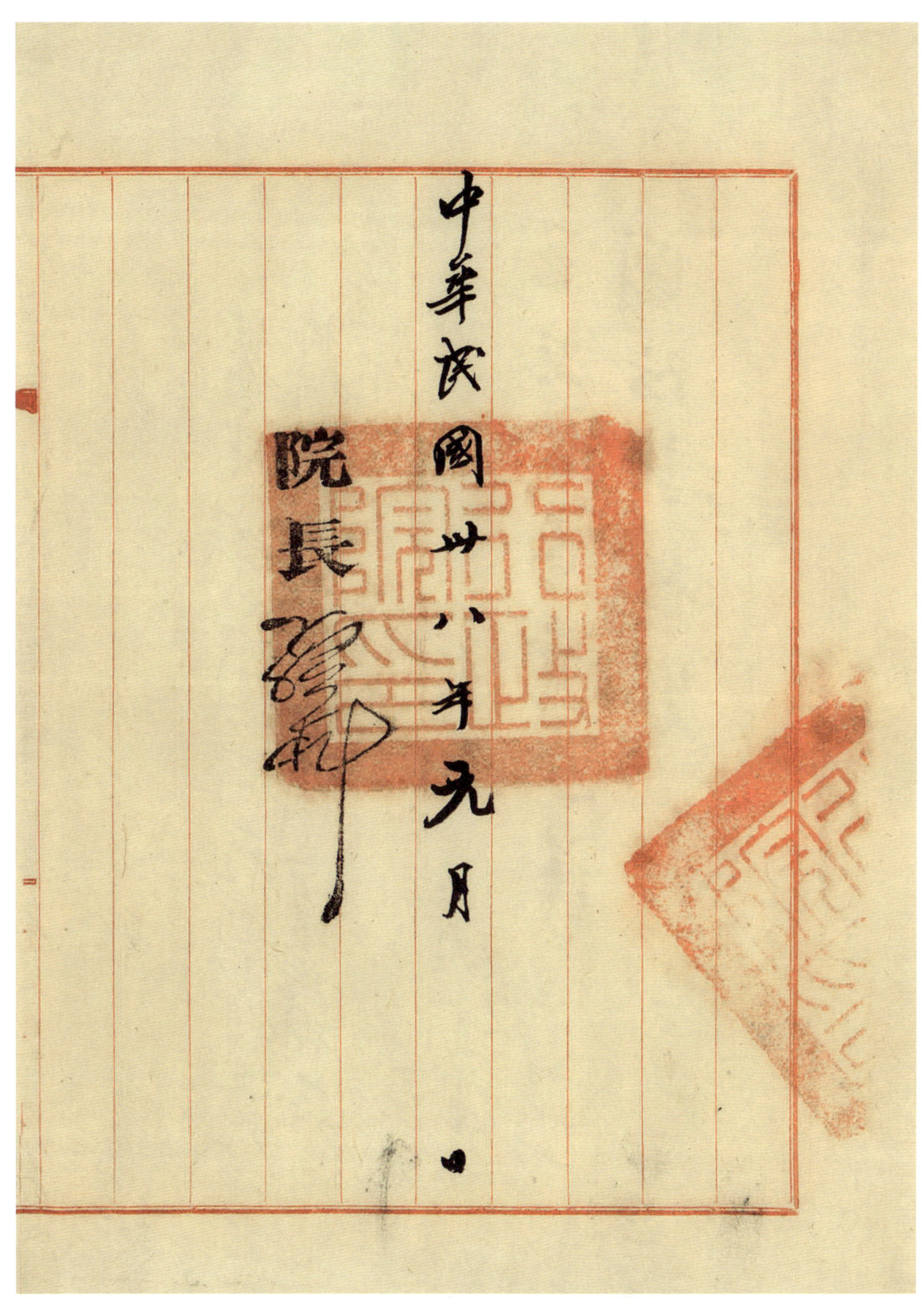

院長 孫科

中華民國廿八年九月　日

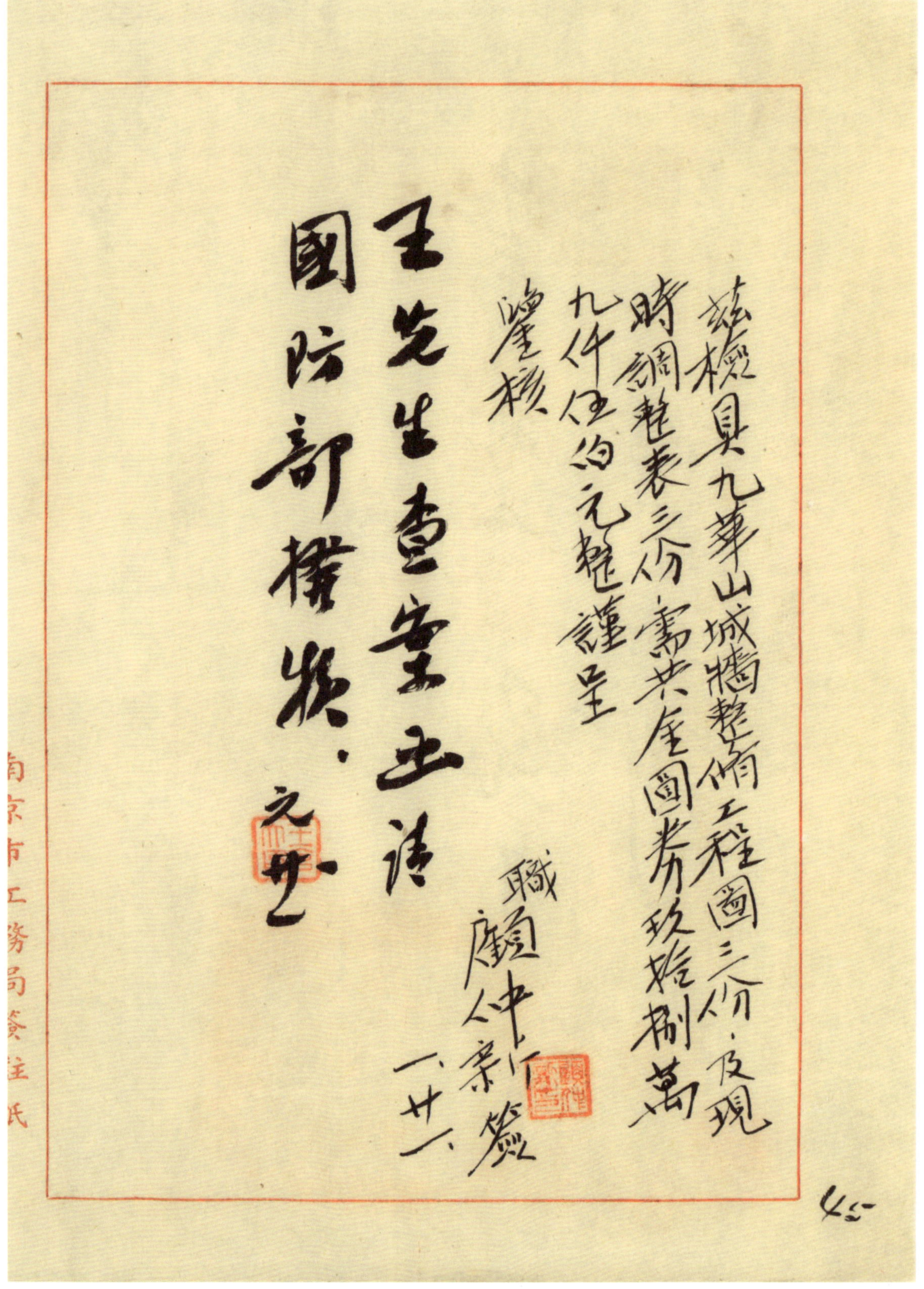

茲檢具九華山城牆整修工程圖三份，及現時調整表三份，需共全圖券玖拾捌萬九仟伍佰元整，謹呈

鑒核

職 龐仲仁親簽
一、廿一

王先生查案出請
國防部撥款。
元廿

南京市工務局簽注紙

45

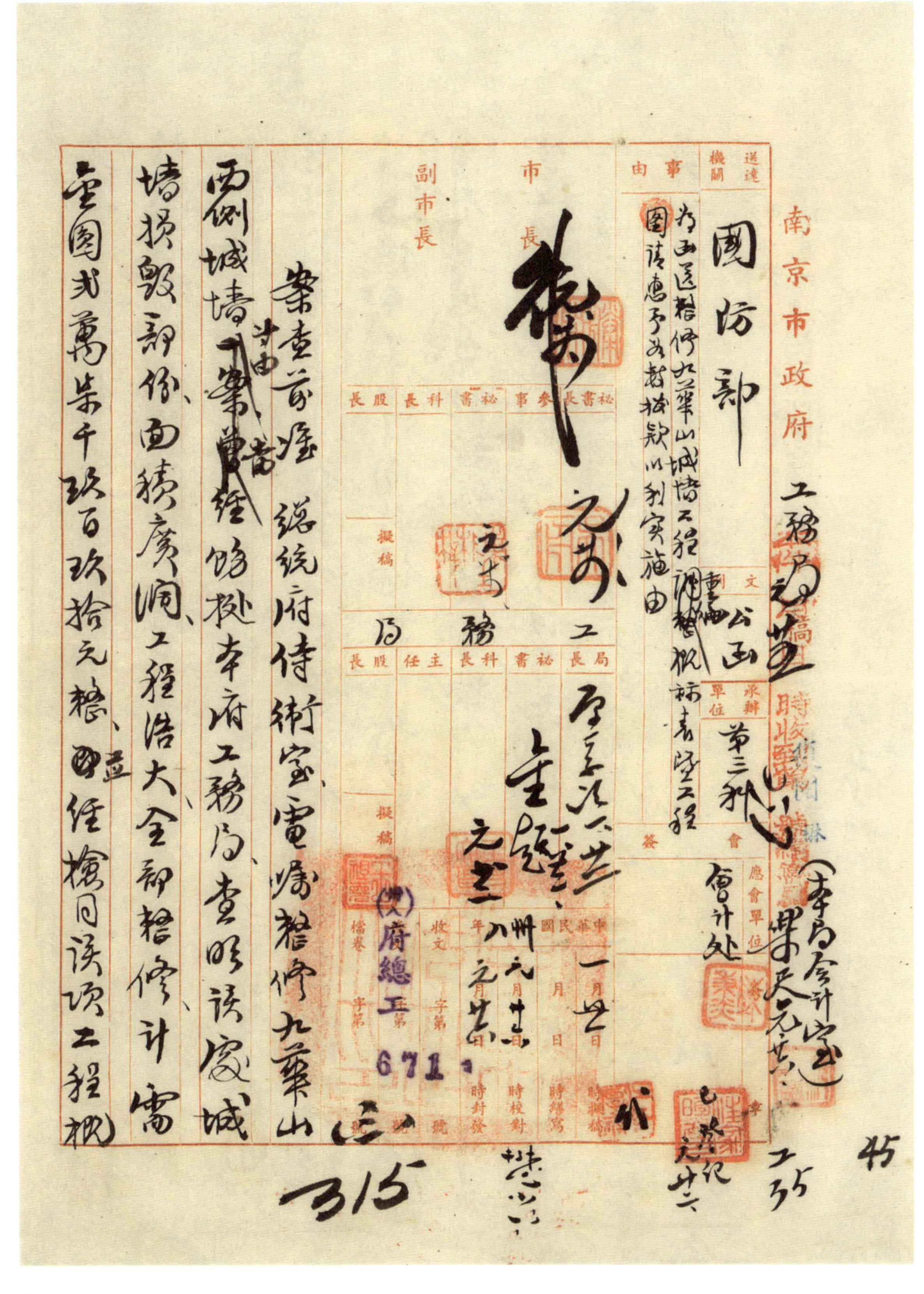

南京市政府

送達機關：國防部

事由：為函送整修九華山城墻工程調整概算表暨工程圖請惠予如數撥款以利實施由

文別：公函

承辦單位：第三科

應會單位：會計處

市長 [illegible]

工務局 元月廿五

中華民國卅八年一月 日

府總工字第671號

案查前准總統府侍衛室電囑整修九華山西側城墻一帶，業經飭據本府工務局查明該處城墻損毀部份面積廣闊、工程浩大，全部整修計需金圓貳萬柒千玖百玖拾元整，並經檢同該項工程概

45

315

算無表、於三十七年十月十四日以蓉府總工字第八五四七号呈請
行政院核撥專款、以利實施在案、茲奉
行政院三十八年一月十三日（卅八）預三字第一〇二号指令內開：
呈件均悉——（照抄全文至）此令等因、查上項工程概
算、尚係上年十月間所編擬、衡諸目前物價、相差懸殊、
業經本府飭據工務局、按照時值、重予嚴實估列、計
需工程費玖拾捌萬玖千伍百金圓、相應檢同搶修九華
山城墻工程重編概預算表暨工程圖各一份、隨函送請
貴部查照、惠予如數撥款、以利實施為荷、此致
國防部
附送搶修九華山城墻工程重編概預算表暨工程圖各乙份
市長 滕 ○

存卷

南京市工務局工程概算表

工程地点　　　　　　　　　　　　　　　　38年1月20日

工程名稱　九華山城墻整修工程　　　　　　共1頁第1頁

工程種類	工程説明	單位	數量	單(金圓)價	複(金圓)價	備考
片石		M^3	750	550	412,500	
石灰		市担	380	200	76,000	
黄沙		M^3	150	500	75,000	
大工		工	2,000	120	240,000	包括砌片石砌城磚舖城磚面
小工		工	3,100	60	186,000	包括填土舖城磚及揀集城磚
					989,500	
總價	玖拾捌萬玖仟伍佰金圓正					

局長　科長　校對　製表　第三科建築股

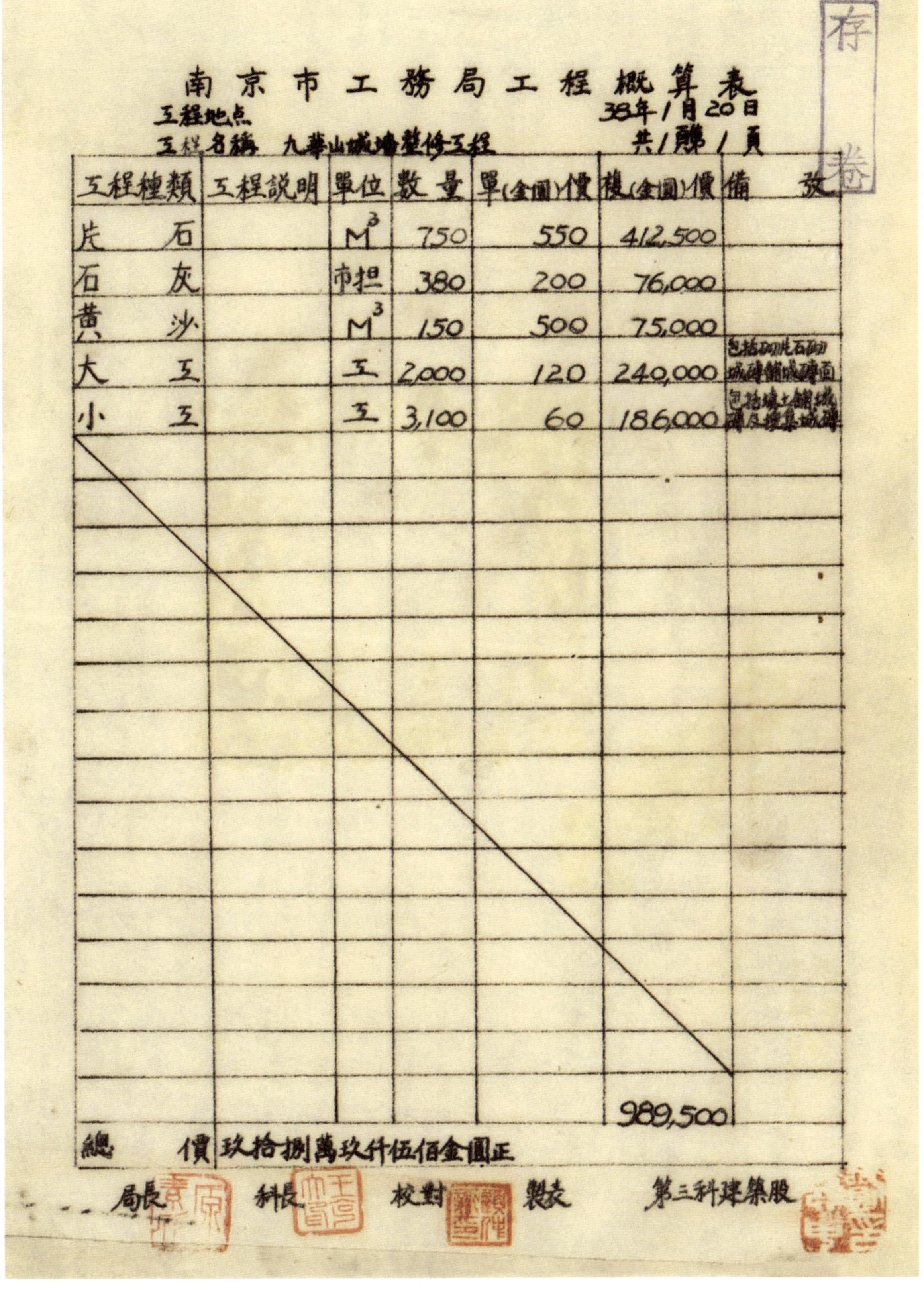

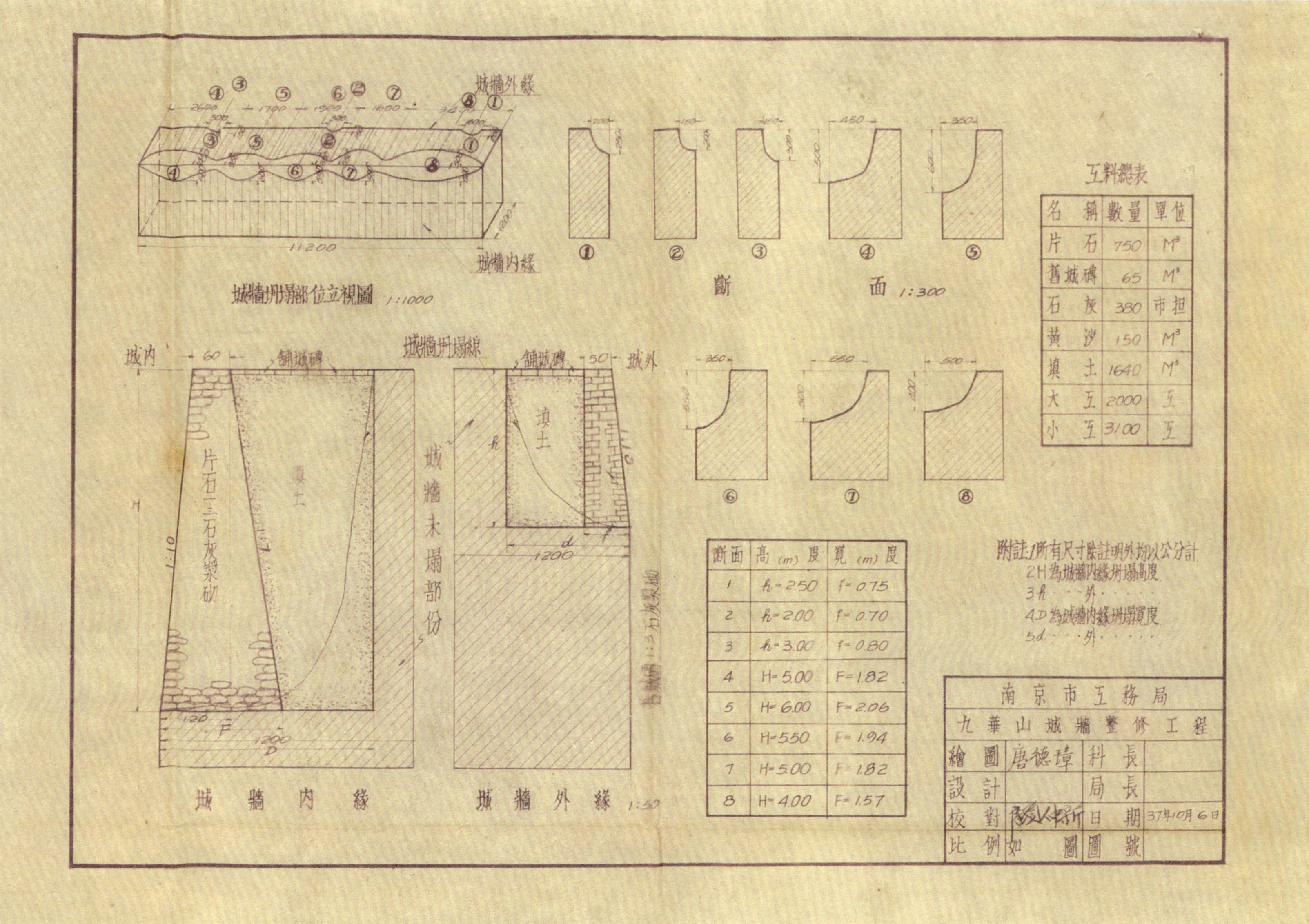

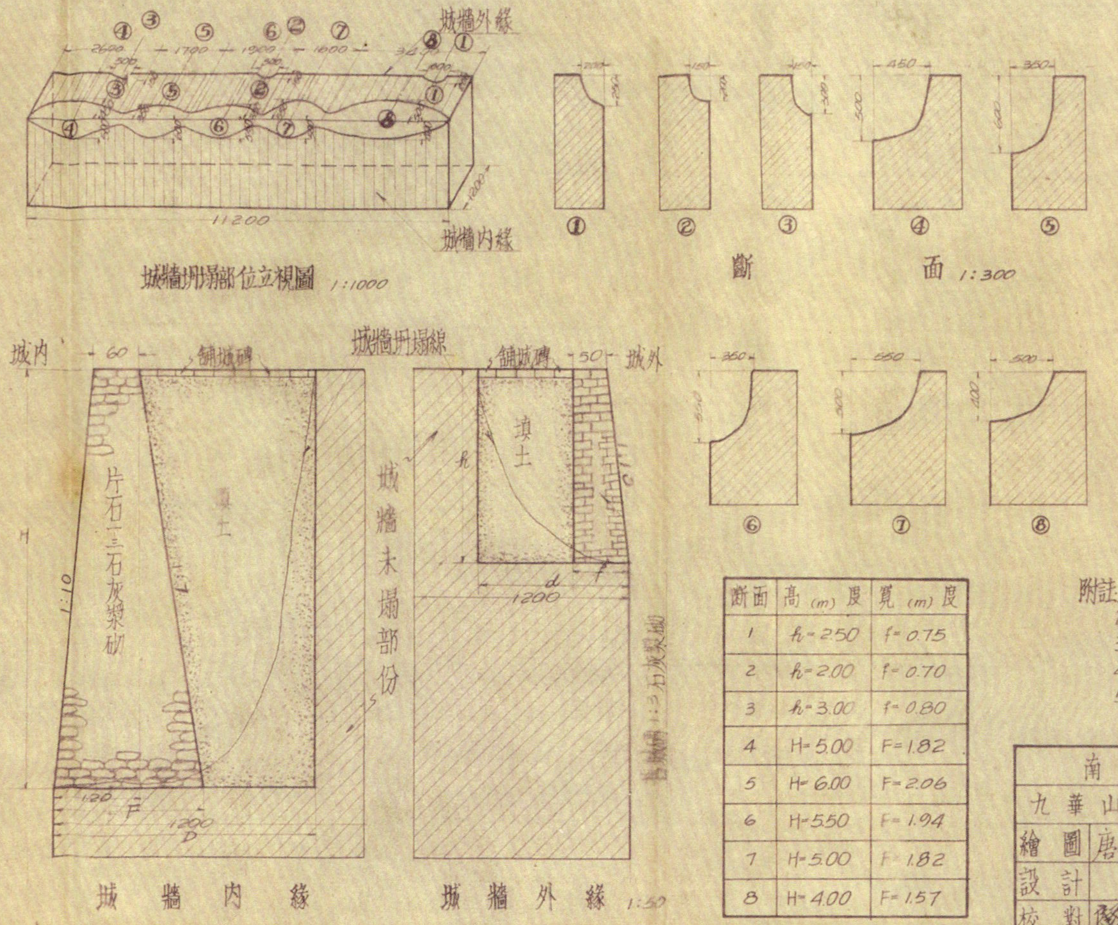

工料總表

名稱	數量	單位
片石	750	M³
舊城磚	65	M³
石灰	380	市担
黃沙	150	M³
填土	1640	M³
大工	2000	工
小工	3100	工

斷面	高(m)度	寬(m)度
1	h=2.50	f=0.75
2	h=2.00	f=0.70
3	h=3.00	f=0.80
4	H=5.00	F=1.82
5	H=6.00	F=2.06
6	H=5.50	F=1.94
7	H=5.00	F=1.82
8	H=4.00	F=1.57

附註：1.所有尺寸除註明外均以公分計
2.H為城牆內緣坍塌高度
3.h……外……
4.D為城牆內緣坍塌寬度
5.d……外……

南京市工務局			
九華山城牆整修工程			
繪圖	唐德璋	科長	
設計		局長	
校對	[illegible]	日期	37年10月6日
比例	如圖	圖號	

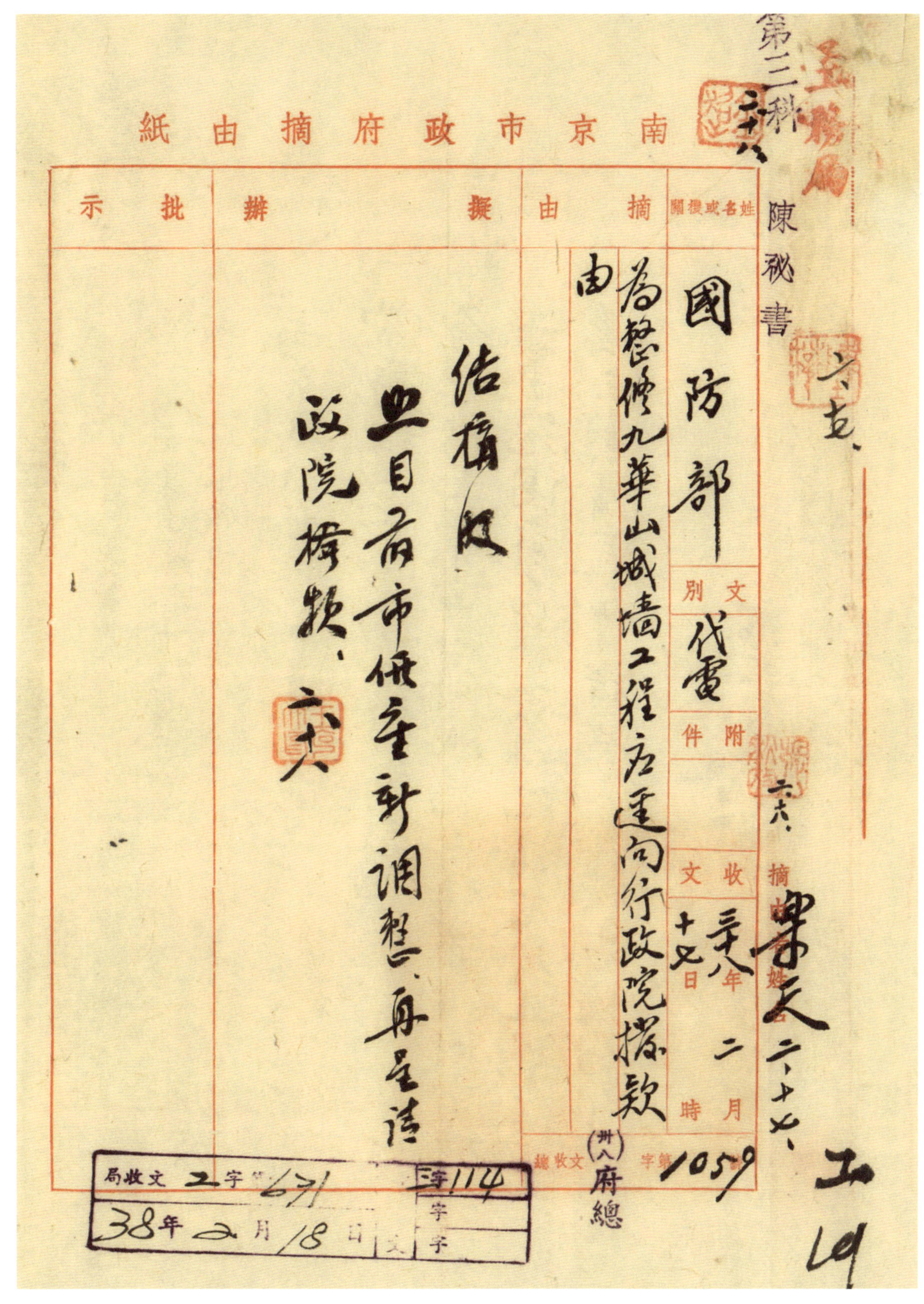

南京市政府摘由紙

姓名或機關	國防部 陳秘書
文別	代電
附件	
收文	卅八年二月十七日 時
摘由	為整修九華山城墻工程應逕向行政院撥款由
擬辦	擬稿復 並目前市府全部調整、再呈請政院撥款、 六、十八
批示	

總收文 府總（卅八）字第1059號

局收文 工字第671號 114 38年2月18日

第三科 六十八

摘由者姓名 二、十七、

收文第 57 號

國防部（代電）

事由	為整修九華山城墻工程，應逕向行政院撥款由
受文者	南京市政府滕市長
發文 附件	
發文 日期	中華民國卅八年一月拾六日發出
發文 字號	計知京一七二號
發文 駐地	南京

一、（卅八）府綫工字第671號公函敬悉。

二、查整修九華山西側城墻工程，并非南京城防工事範圍，前奉 行政院飭移到部，業經呈復在案，請逕報 行政院另撥專款為荷。

部長 徐永昌

檔號　3111

（九）市政府爲整修九華山城墻重編概算請撥款致行政院的呈文（一九四九年二月二十五日）

呈 先生 亦雲

謹查整修九華山城牆工程概算，已照目前市價重新調整，計共需金圓券伍拾陸萬肆仟元整，謹呈
鑒核。
附概算三份

職 顧中□ 二、廿六
廉人景巖

擬照新編概算呈
行政院請撥款 亦雲 廿五

如擬 以二廿六

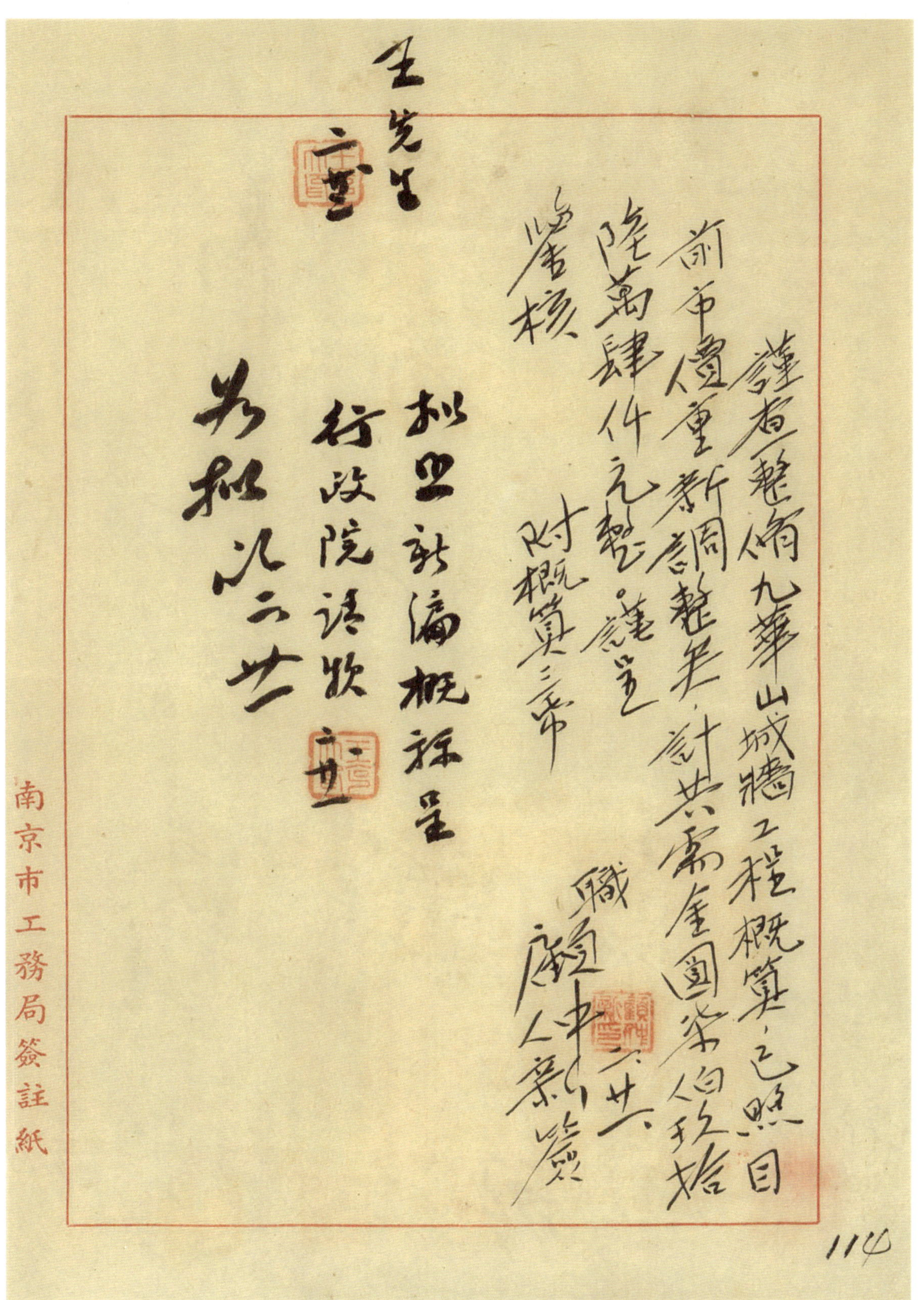

南京市工務局簽註紙

114

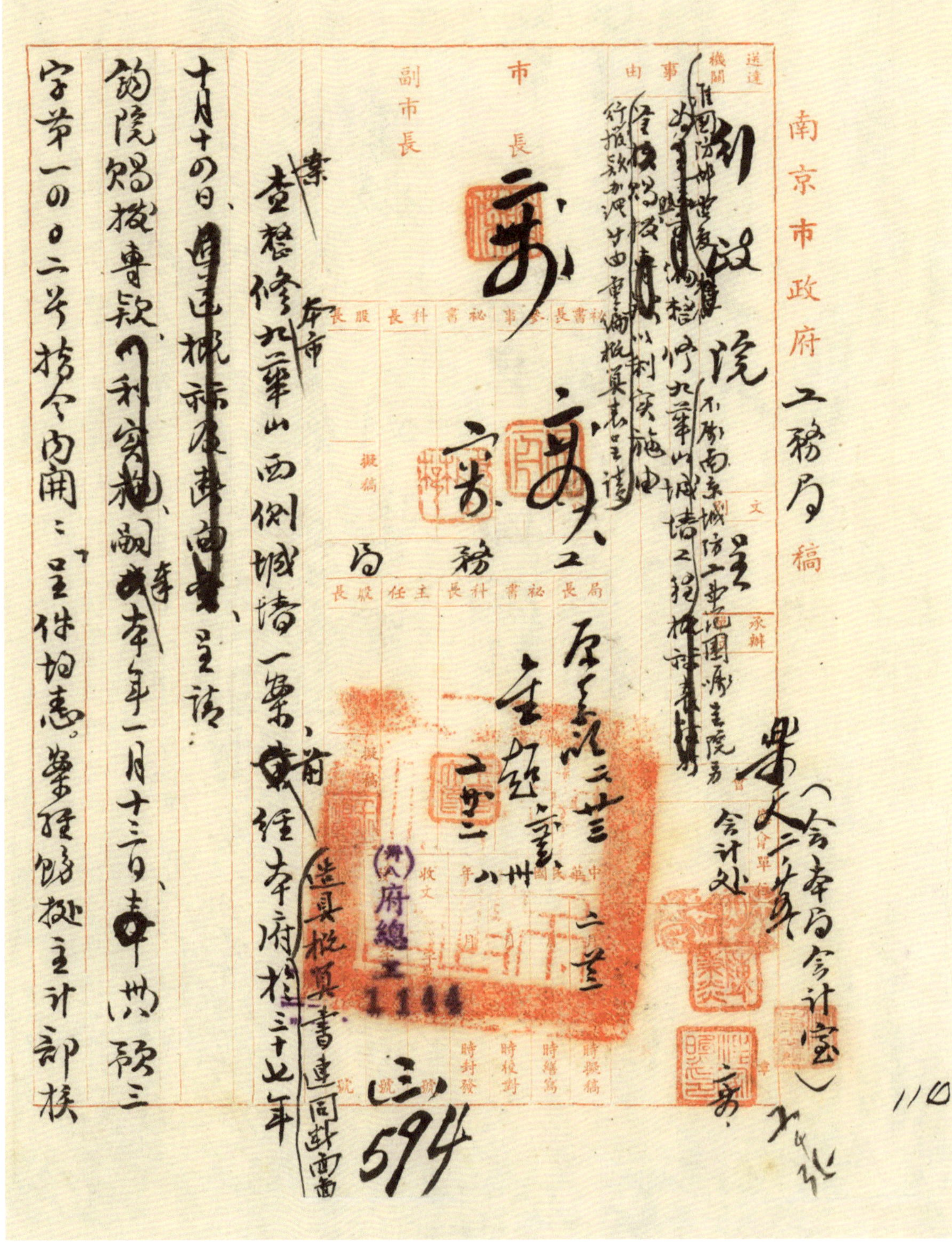

南京市政府工务局稿

送达机关：行政院

文别：呈

事由：为修理九华山城墙工程概算请拨款以利实施由

承办：（会本局会计室）会计处

局长　秘书　科长　主任　股长

市长　副市长

原呈三七、十二、二三

案查整修本市九华山西侧城墙一案，前经造具概算书连同封面，由本府於三十七年十月十四日呈请钧院准拨专款，以利实施。本年一月十三日奉卅八预三字第一〇〇二号指令内开：“呈件均悉。案经饬据主计部核

三 594

110

後、以南京市城防工事費第一期經費、已遵國防部追加金
圓貳百叁拾捌萬元在案、此次該請撥發九華山西側城墻
整修費、擬請併入前項核定城防工事費案內辦理等語、
應遵照部議辦理、除飭知國防部外、令仰知照等因、奉經
轉函國防部查照撥款各在案。嗣准該部本年十月十六日計
知京字第一六二號電開：「查整修九華山西側城墻工程、並
非南京城防工事範圍、前奉行政院飭辦到部、業經呈復
在案、請逕擬行政院另撥專款」等由。查該項工程國防部既認為不屬城防工事範圍、不允撥款、擬請鈞院准予另行撥款、以便迅日施工、惟
尚係去年十月間所編擬、衡諸目前物價相差甚鉅、爰
經修擬工程內容、按照時值、重予覈實估計、共需工程費、

全國柒百玖拾陸萬捌千元整，准電前由，理合檢同整

修九華山城牆工程重編概算表一份，備文呈請鑒核，俯祈

鈞院鑒核，准予迅撥，實爲公便。

謹呈

行政院院長孔

附呈整修九華山城牆工程重編概算表一份

全銜 名

南京市工務局工程概算表

工程地点

工程名稱　九華山城墻整修工程

38年2月21日

共1頁第1頁

工程種類	工程說明	單位	數量	單(金圓)價	複(金圓)價	備考
片石		M^3	750	4,900	3,675,000	
石灰		市担	380	1,800	684,000	
黄沙		M^3	150	5,100	765,000	
大工		工	2,000	800	1,600,000	包括砌切片石砌城磚鋪城磚面
小工		工	3,100	400	1,240,000	包括填土鋪城磚及拆砌城磚
					7,964,000	
總價	金圓柒佰玖拾陸萬肆仟元正					

局長　科長　校對　製表　第三科建築股

存卷

南京市工務局工程概算表

工程地点

38年2月21日

62 工程名稱 九華山城墻整修工程

共1頁第1頁

工程種類	工程說明	單位	数量	單(金圓)價	複(金圓)價	備 考
片石		M^3	750	4,900	3,675,000	
石灰		市担	380	1,800	684,000	
黄沙		M^3	150	5,100	765,000	
大工		工	2,000	800	1,600,000	包括砌片石砌城磚舖城磚面
小工		工	3,100	400	1,240,000	包括填土、舖城磚及搜集城磚
					7,964,000	
總價	金圓柒佰玖拾陸萬肆仟元正					

局長　科長　校對　製表　第三科建築股

修補興中門城墻

（一一）總統府侍衛室爲請市政府修理多倫路和興中門塌倒城墻的代電及市工務局的復電（一九四八年六月十二日至六月十八日）

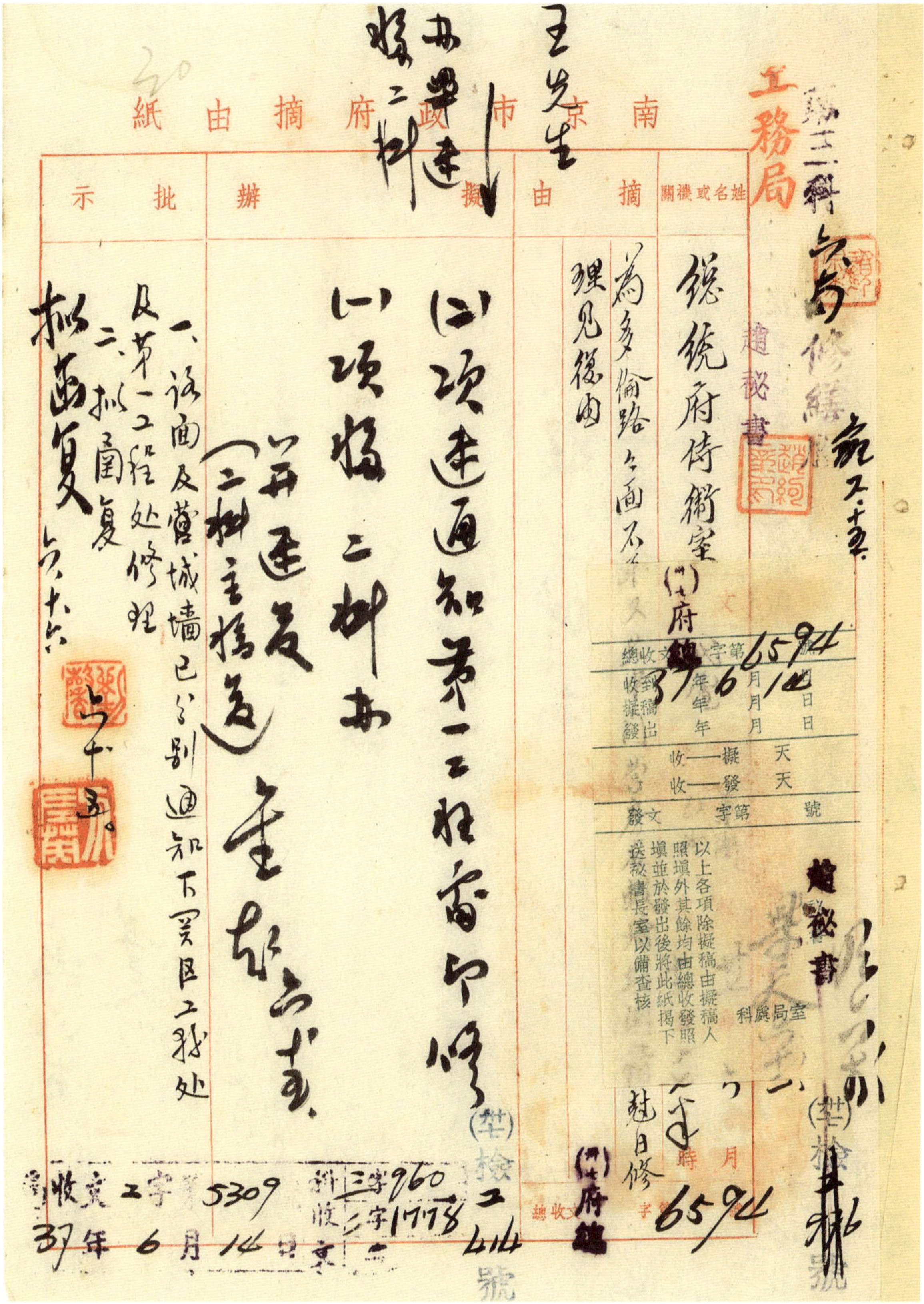

南京市政府摘由紙

姓名或機關	摘由	擬辦	批示
總統府侍衛室	爲多倫路各處…理見復由		

總收文 字第 6594 號
收到 37 年 6 月 14 日
擬稿 年 月 日
發出 年 月 日
收——擬 天
收——發 天
發文 字第 號
以上各項除擬稿由擬稿人照填外其餘均由總收發照填並於發出後將此紙揭下送秘書長室以備查核
科處局室

收文 工字第 5309 號
37 年 6 月 14 日

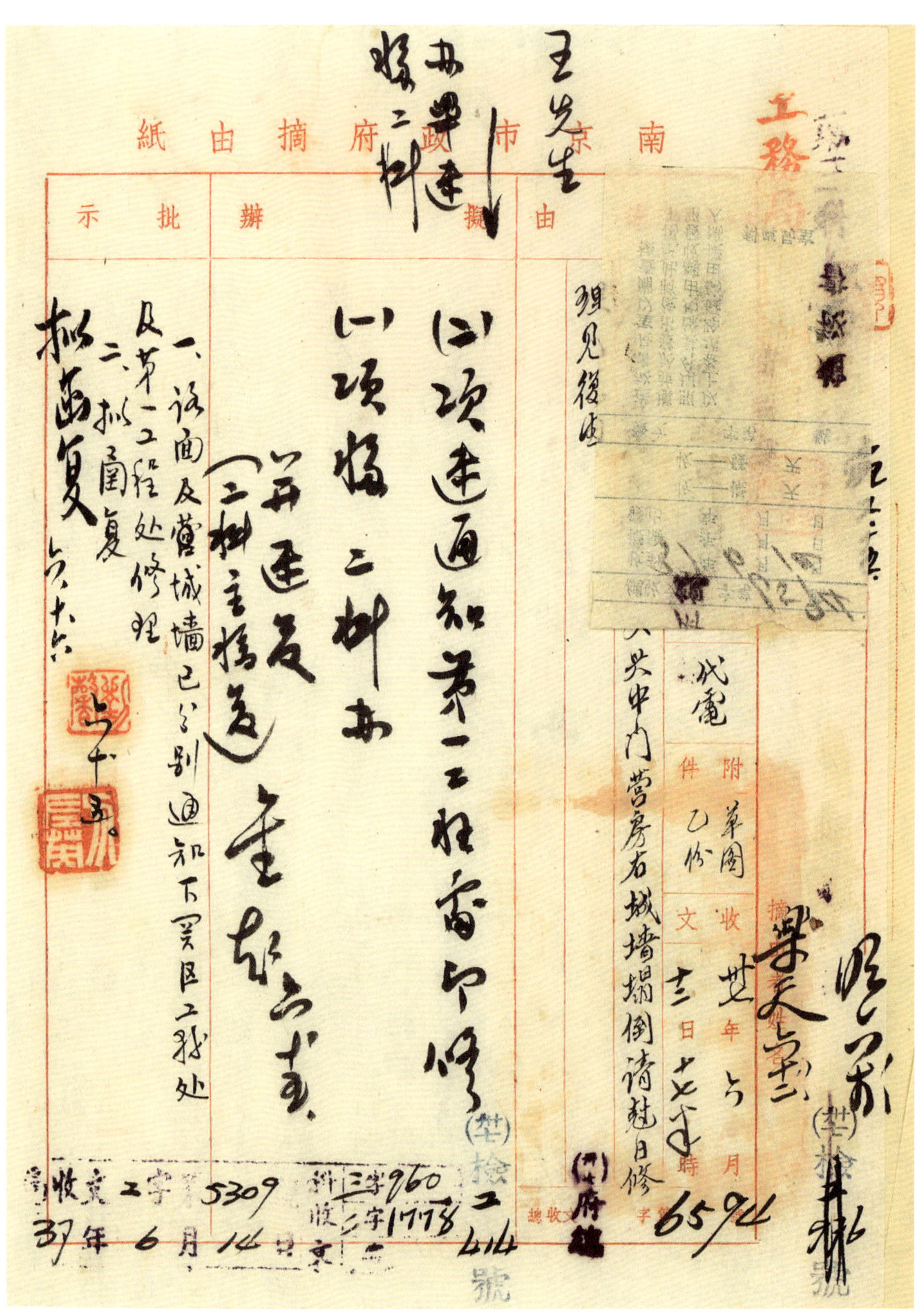

工務局

南京市政府摘由紙

王先生
办畢送
擬二科

由	擬辦	批示
代電 附件：草圖乙份 收文：卅七年六月十三日十七时 大中门营房右城墙塌倒请赶自修 总收文 字第 6594 號	(一)項通知第一工程處即修 (二)項擬二科办 并送（二科主稿簽） 金某 六、十五	擬函復 一、該函及營城墻已分別通知下关区工務处及第一工程处修理 二、擬函復 六、十六

擬見復後

收京工字第5309號
37年6月14日
科收三字960
收字1778
工414號

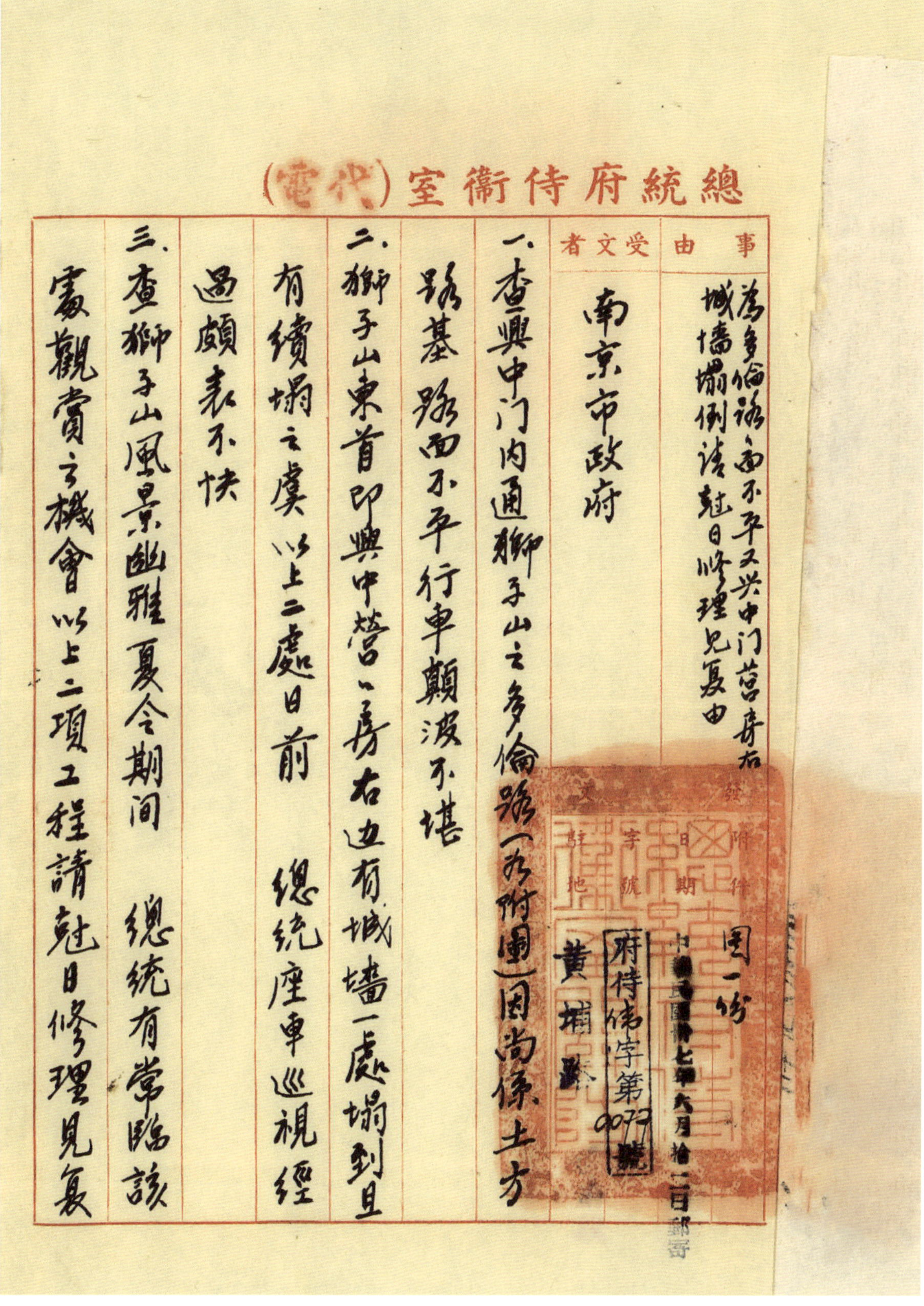

總統府侍衛室（代電）

事由：為多倫路面不平又興中門營房右城墻塌倒請尅日修理見復由

受文者：南京市政府

一、查興中門內通獅子山之多倫路（如附圖）因尚係土方路基，路面不平，行車顛波不堪。

二、獅子山東首即興中營營房右边有城墻一處塌倒，且有續塌之虞。以上二處日前 總統座車巡視經過，頗表不快。

三、查獅子山風景幽雅，夏令期間 總統有常臨該處觀賞之機會。以上二項工程請尅日修理見復。

附件：圖一份

發文日期：中華民國卅七年六月拾二日

字號：府侍衛字第0077號

駐地

黃埔路

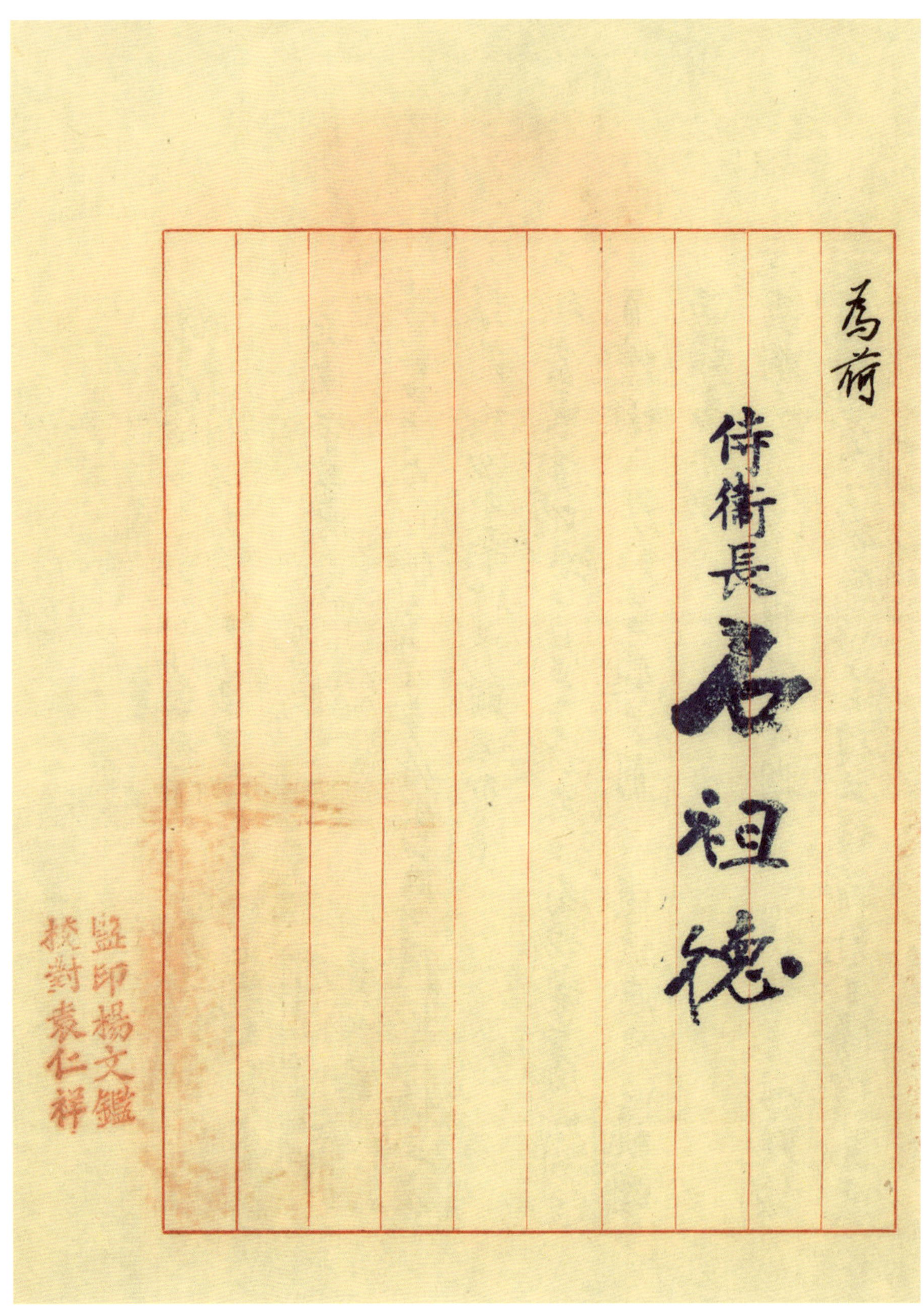

為荷

侍衛長石祖德

監印楊文鑑

校對袁仁祥

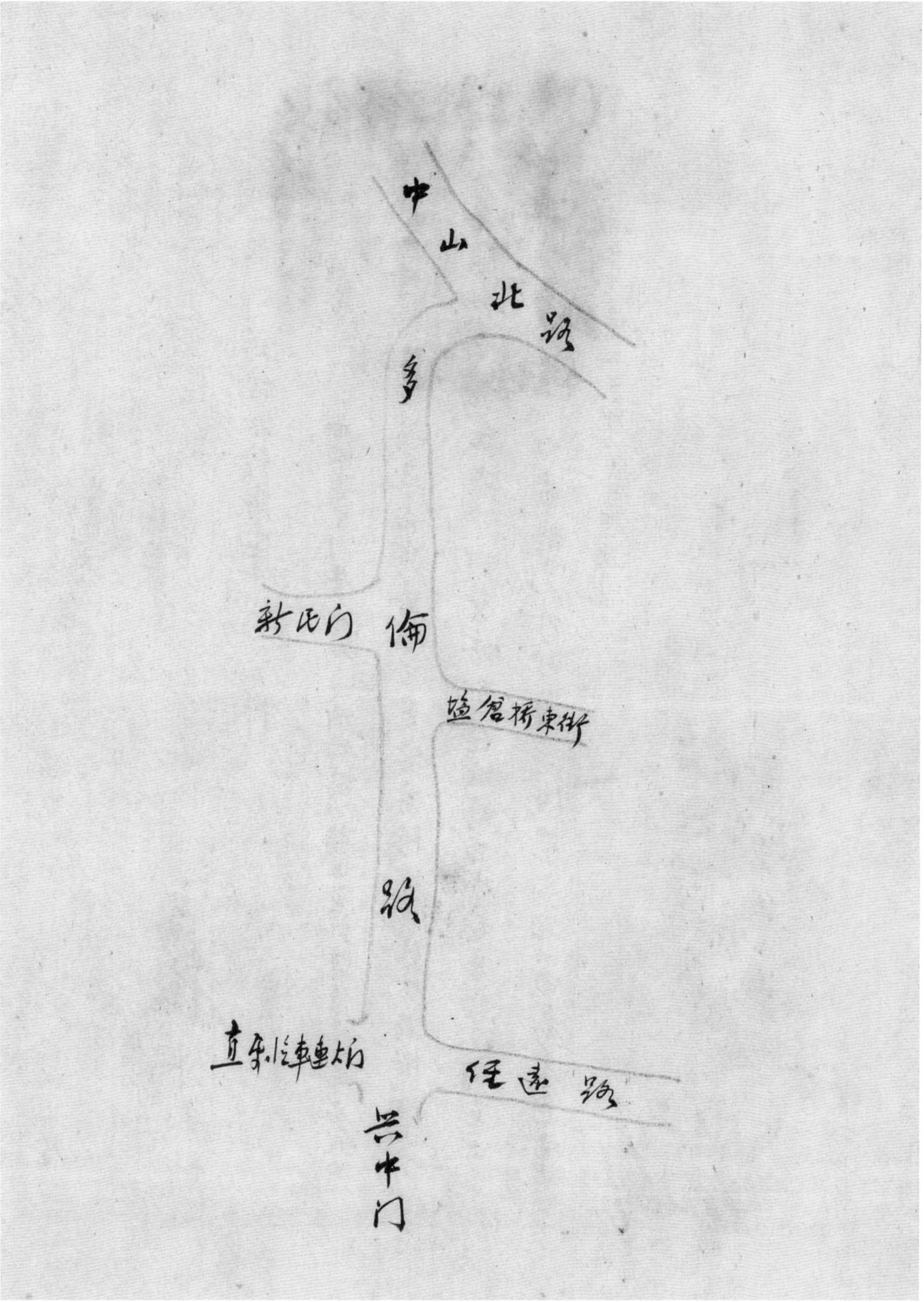
中山北路
新民门
盐仓桥東街
兴中门

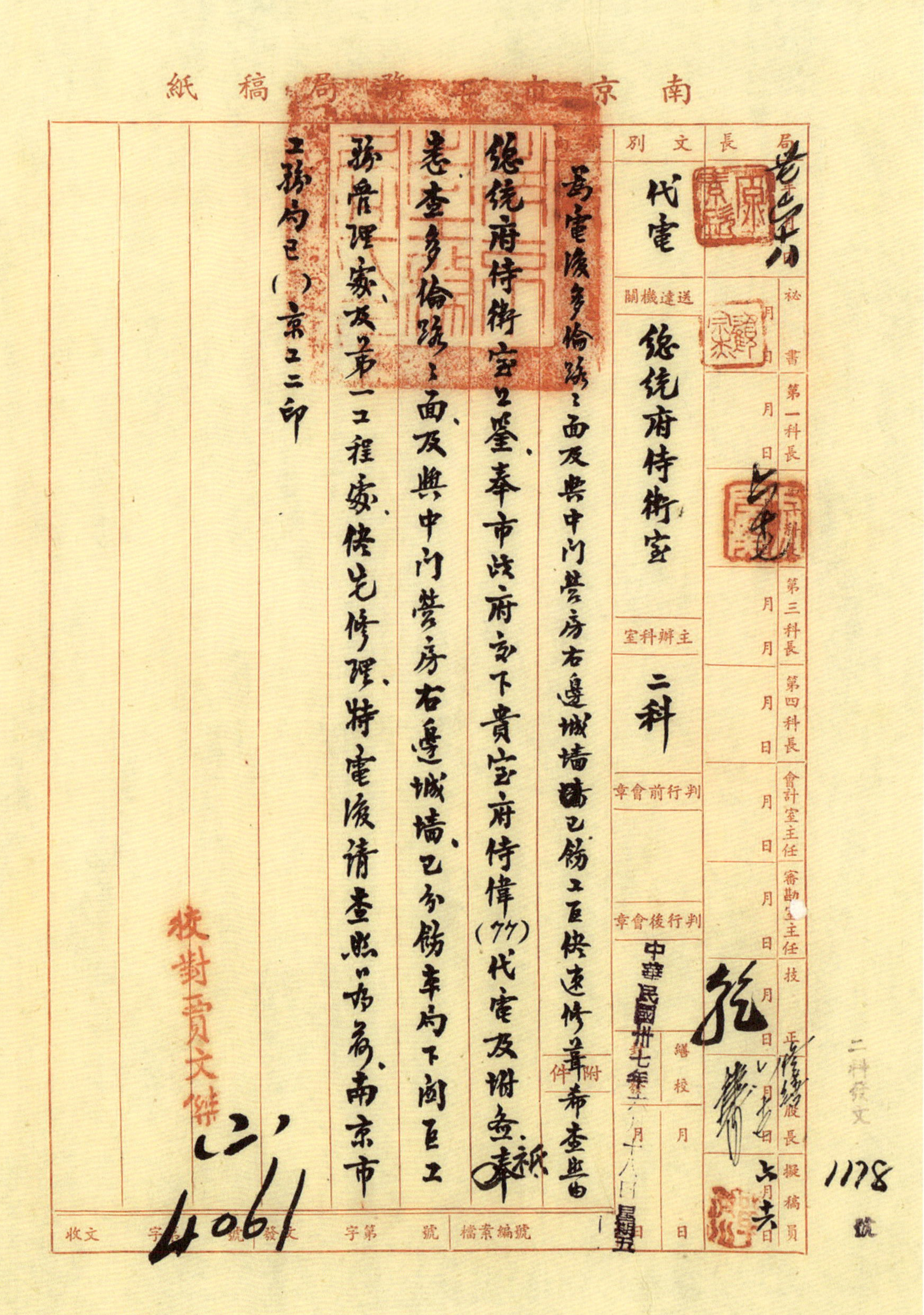

南京市工務局稿紙

局長：（簽）

文別：代電

送達機關：總統府侍衛室

主辦科室：二科

判行前會章

判行後會章

附件

中華民國卅七年六月十八日 星期五

事由：哿電據多倫路之面及興中門營房右邊城牆請已飭工區從速修葺希查照由

總統府侍衛室鑒：奉市政府交下貴室府侍偉（77）代電及附圖祇悉。查多倫路之面及興中門營房右邊城牆，已分飭本局下關區工務管理處及第一工程處儘先修理。特電復，請查照為荷。南京市工務局巳（　）京工二印

校對 賈文傑

（2）

4061

1178

二科發文

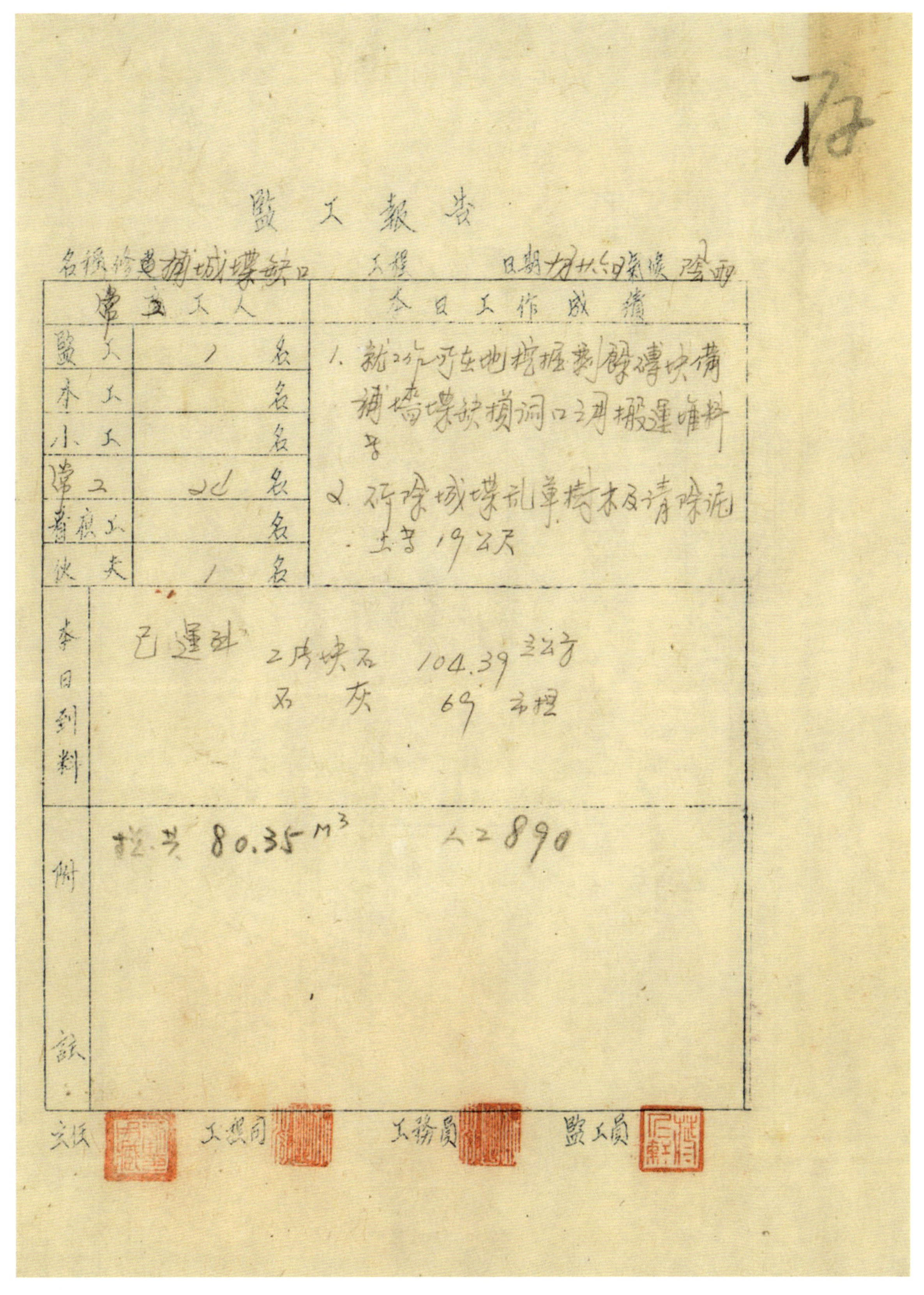

（二一）市工務局關于修補興中門城堞缺口的監工報告（一九四八年十月二十六日至十一月四日）

存

監工報告

工程名稱 修補城堞缺口　　日期 十月廿六日　氣候 陰雨

<table>
<tr><th colspan="3">常雇工人</th><th>今日工作成績</th></tr>
<tr><td>監工</td><td>1</td><td>名</td><td rowspan="6">1. 就工地附近地挖掘舊餘磚塊備補墻堞缺損洞口之用搬運堆料等
2. 砍除城堞亂草樹木及清除泥土等 19公方</td></tr>
<tr><td>木工</td><td></td><td>名</td></tr>
<tr><td>小工</td><td></td><td>名</td></tr>
<tr><td>常工</td><td>26</td><td>名</td></tr>
<tr><td>首領工</td><td></td><td>名</td></tr>
<tr><td>伙夫</td><td>1</td><td>名</td></tr>
<tr><td>本日到料</td><td colspan="3">已運到　二片塊石　104.39 立公方
石灰　69 市担</td></tr>
<tr><td>附註</td><td colspan="3">挖土 80.35 M³　人工 890</td></tr>
</table>

處長　工程司　工務員　監工員

監工報告

名稱 修建補城堞缺口 工程 日期 廿七日 氣候 陰雨

常僱工人			本日工作成績
監工	2	名	①修補整城堞缺口（大一處、小二處）9.60立公 計用城磚382塊（連填補空心）
木工		名	②運輸石灰、子搭、取水、調和黃泥灰漿等
小工		名	③挖掘剝卸磚塊堆運備料
常工	44	名	④斫除清理城堞草木與泥土等 20公尺
看夜人		名	
伙夫	3	名	

本日到料	
附誌	用石灰7担

處長　　工程司　　工務員　　監工員

監工報告

名稱 修補城堞缺口　　工程　　日期 卅日　氣候 陰雨

常工工人		本日工作成績
監工	2名	①修補完整城堞大缺口二處14.80立方公尺 計用城磚550塊（連填空心）
木工	名	②運輸石灰及挑取水調和泥灰漿等
小工	名	③搬挖剩餘磚塊堆置備料
常工	49名	④砍除清理城堞草木與泥土等10公尺
看夜工	名	
伙夫	3名	

本日到料

附註　用石灰 10担

處長　　工程司　　工務員　　監工員

監工報告

名稱 修補城堞缺口 工程　　日期 九月廿九日 氣候 陰

當直工人			本日工作成績
監工	2	名	①修整城堞缺口(大二處·小二處)16.00公方 計用760块城磚(運填砌空心)
木工		名	②運輸石灰及取水調灰漿等
小工		名	③挖掘剩餘磚块堆運備料
常工	47	名	④剷平翻取磚块之餘土
看夜工		名	
伙夫	3	名	

本日到料	
附註	用石灰12担

工長　　工程司　　工務員　　監工員

監工報告

名稱 修建補城堞缺口　工程　日期 十月廿日　氣候 晴

雇用工人			本日工作成績
監工	2	名	1.修補完整城堞缺口 19.52立公方
木工		名	2.運輸石灰及挑水調灰漿等
小工		名	3.挖掘剩餘磚塊补缺口用料
常工	49	名	4.覆蓋剝落翻瓦磚塊之平地填等工
看粮工	1	名	
伙夫	3	名	

本日到料

截至本日止 共修 59.92 M^3（尚差 20.43 M^3）

石灰 42担　乙片 3 M^3

城磚 2371塊

人工 228

附註

本日計用 ~~[illegible]~~

乙片塊石 3 M^3（填空心用）

石灰 13市担

城磚 689塊（就地翻面）

主任　工程司　工務員　監工員

監工報告

名稱 修建補城堞缺口 工程 日期 十月廿一日 氣候 晴

當日工人			本日工作成績
監工	2	名	1. 修补旧塹城堞缺口10.00立公方
木工		名	2. 運輸石灰及掐水与砂泥调灰浆等
小工		名	3. 挖取地面上層之剩余砖块备用料
帶工	一49	名	4. 填築新取砖块之剩下石及整理之
看夜工		名	5. 砌工片块石及搬運等
伙夫	3	名	

本日到料	
附註	本日计用： 石灰 6担 工片 4 M^3 （填空心及修砌补地用） 城砖 483块（就地新取）

主任　工程司　工務員　監工員

監工報告

名稱 修建補城堞缺口 工程　　日期 十一月一日 氣候 晴

常雇工人		本日工作成績
監工	2 名	1. 修补完整城堞缺口 9.52 立方
木工	名	2. 運輸石灰及拈水，砂漿調灰泥等
小工	名	3. 挖取地面上原之剩餘磚塊備补用料
常工	49 名	4. 填塞翻取磚塊之剷平及整理工作
看夜工	名	5. 補碎磚塊石及搬運等
伙夫	3 名	

本日到料	一
附註	本日計用 石灰 8 担 碎砖 2.5 M^3（填空心及修砌补地用） 城砖 567 块（就地翻取）

主任　　工程司　　工務員　　監工員

監工報告

名稱 修補城堞缺口　　工程　　日期 十一月二日　氣候 晴

常雇工人			本日工作成績
監工	2	名	1. 修補完整城堞缺口 4.00立公方 另修整及砌縫等工作 2. 運輸石灰及拾砂土水調灰漿等 3. 填實翻取磚塊之剷除及整理等工作 4. 修砌台坡（之片塊不鋪砌）
木工		名	
小工		名	
常工	49	名	
看夜工		名	
伙夫	3	名	

本日到料

附註

本日計用

石灰 4担

土方 2 M^3（修砌台墻及填空心等）

城磚 144塊（就地翻取）

主任　　工程司　　工務員　　監工員

監工報告

名稱 修補城堞缺口　工程　日期 十月三日　氣候 晴

常僱工人			本日工作成績
監工	1	名	1. 全部修補完整缺口
泥工		名	2. 修砌石砖缝并整理工作
木工		名	3. 運輸石灰及拾砂、水等調灰漿工作
常工	26	名	
看夜工		名	
伙夫	1	名	

本日到料	
附款	

主任　　工程司　　工務員　　監工員

存

監工報告

名稱 修建補城墻缺口 工程　　日期 十一月四日 氣候 晴

常在工人		本日工作成績
監工	1名	城墻缺口全部修補完竣、整理工作及清平地面等
木工	名	
小工	名	
常工	26名	
看廠工	名	
伙夫	1名	
本日到料		
附註		

主任　　工程司　　工務員　　監工員

（三）城北區工務管理處爲修補興中門城墻竣工致市工務局的呈文（一九四八年十一月六日）

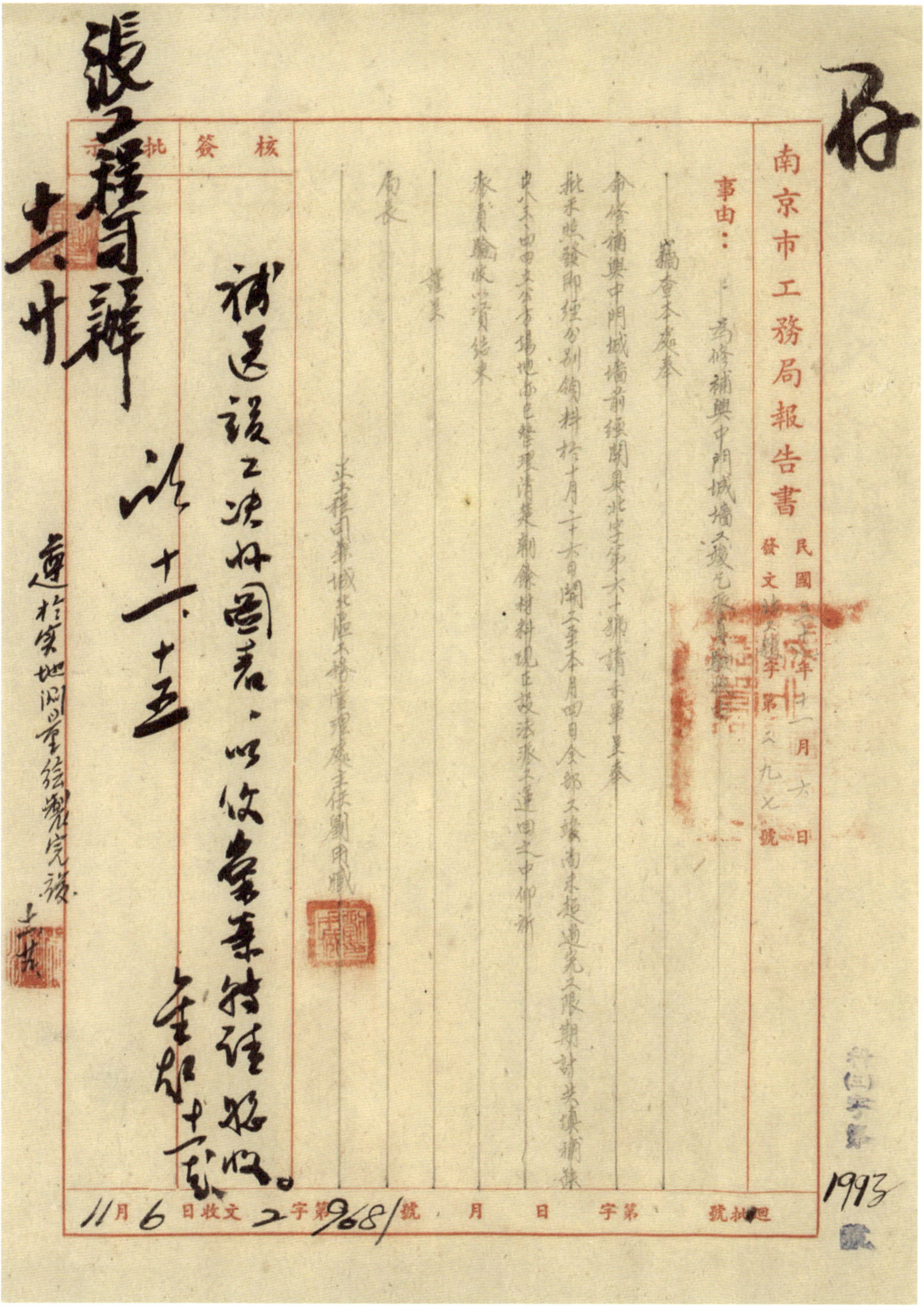

南京市工務局報告書

民國三十七年十一月六日

發文城北字第三九七號

事由：為修補興中門城墻工竣乞派員驗收由

竊查本處奉

鈞命修補興中門城墻前經開具北字第六十號請示單呈奉

批示照發即經分別領料於十月二十六日開工並本月四日全部工竣[illegible]適完工限期計共填補缺

[illegible]場地亦已整理清楚剩餘材料現正設法[illegible]

派員驗收以資結束

謹呈

局長

城北區工務管理處主任劉[illegible]

存

張工程司辦 十一 十五

補送竣工決算圖表，以作[illegible]收。

[illegible]於實地測量結算完後

收文 11月6日 工字第9681號

1993號

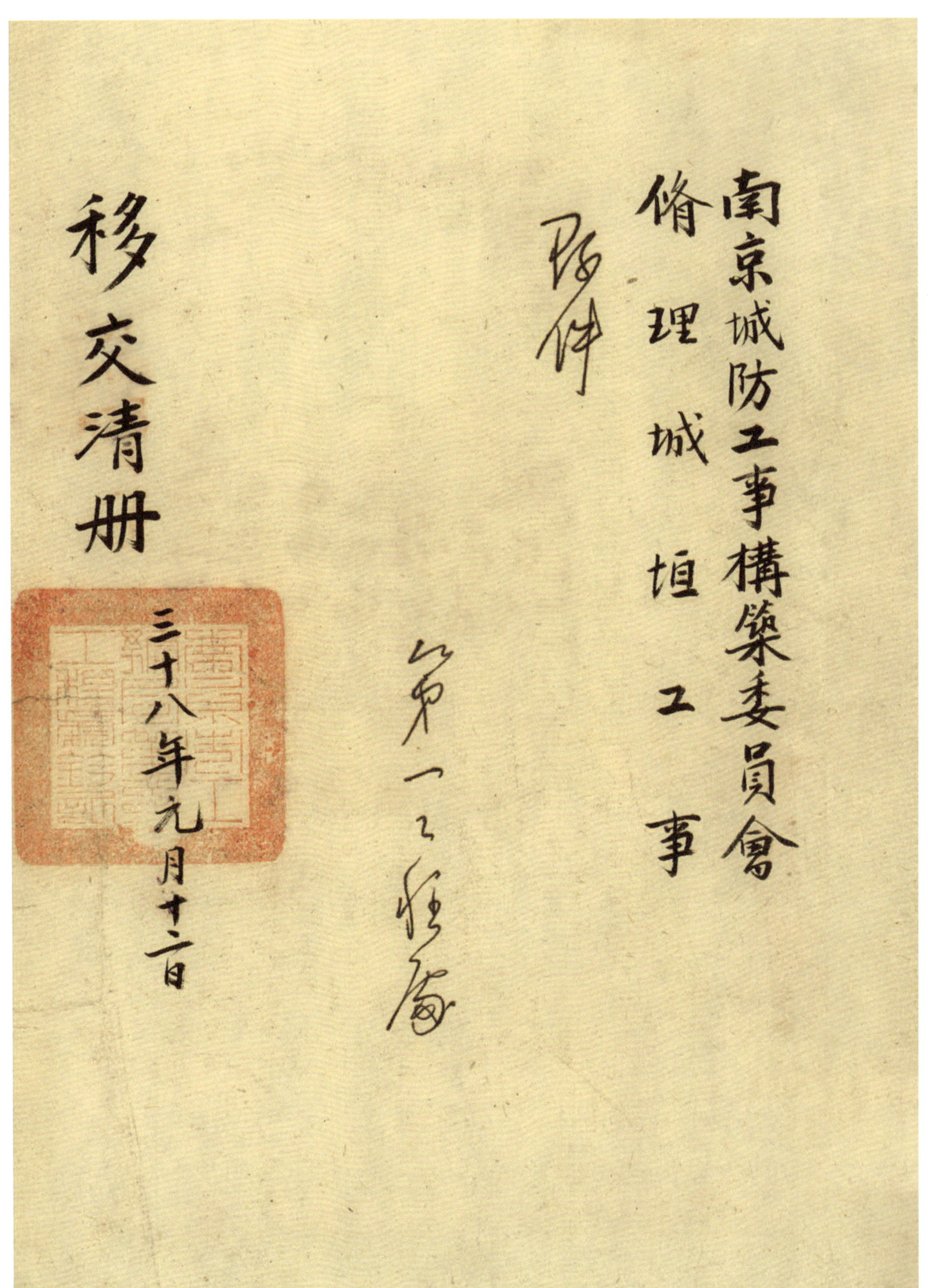

南京城防工事構築委員會
脩理城垣工事
附件
第一工程處
移交清册
三十八年元月十二日

南京城防工事構築委員會修理城垣工事移交清冊

工事號數	2	3	4	5	6	7	8	10	11	12
工事種類	机槍掩体	機槍掩体	〃	〃	〃	〃	〃	〃	〃	〃
工事位置										
附屬設備 鐵公文公鋼櫃										
紗通門										
烟焚場尺										
木櫃門	1	1	1	1	1	1	1	1	1	1
鋼蓋板塊	0	1	1	1	1	1	1	0	1	0
射口板塊	1	1	1	1	1	1	1	1	1	1
双層舖張										
單人床張										
活動桌張										
櫈張										
炉灶台										
鎖個	1	1	1	1	1	1	1	1	1	1
備註										

	24	23	22	21	20	19	18	17	16	15	14	13
賸下頁	〃	〃	〃	〃	〃	〃	〃	〃	〃	〃	〃	〃
1						1						
20	1	1	1	0	1	0	1	1	1	1	1	1
14	0	0	0	1	0	0	1	1	1	1	1	1
23	2	1	1	1	1	1	1	1	1	1	1	1
22	1	1	1	1	1	1	1	1	1	1	1	1

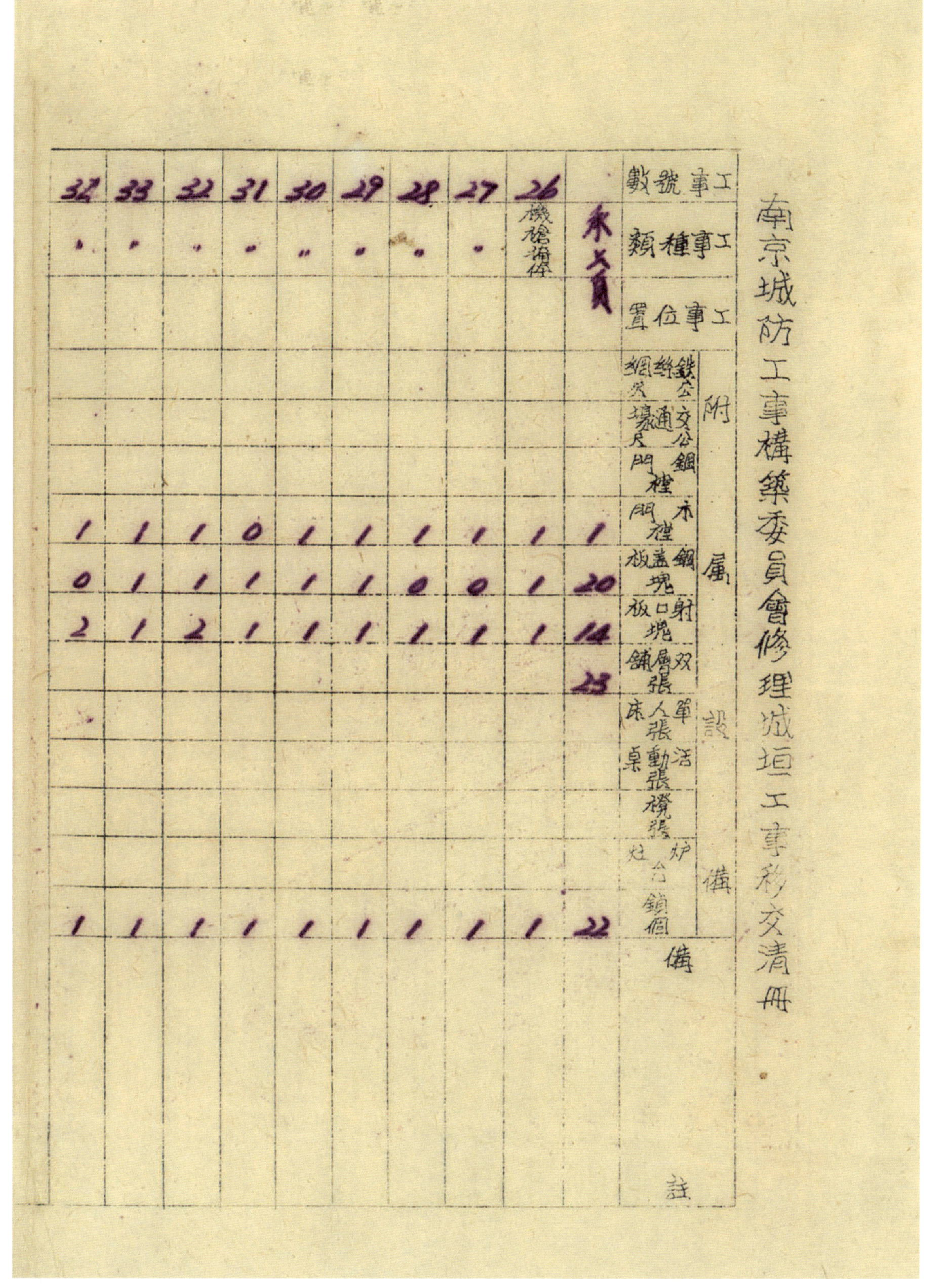

南京城防工事構築委員會修理城垣工事移交清冊

工事號數			26	27	28	29	30	31	32	34
工事種類		承上頁	機槍掩体	〃	〃	〃	〃	〃	〃	〃
工事位置										
附屬設備	鐵絲網 公尺									
	交通壕 公尺									
	鋼門 樘									
	木門 樘	1	1	1	1	1	1	0	1	1
	鋼蓋板 塊	20	1	0	0	1	1	1	1	0
	射口板 塊	14	1	1	1	1	1	1	2	2
	双層舖 張	23								
	單人床 張									
	活動桌 張									
	櫈 張									
	炉灶 台									
	鍋 個	22	1	1	1	1	1	1	1	1
備註										

	48	47	45	44	43	42	41	39	38	37	36	35
轉下頁	"	"	"	"	"	"	"	"	"	"	"	"
2					1							
40	1	1	2	1	0	1	1	1	1	1	1	1
24	0	0	1	1	0	0	0	1	1	0	0	0
51	1	4	1	1	1	2	1	1	1	2	1	1
43	1	1	1	1	1	1	1	1	1	1	1	1

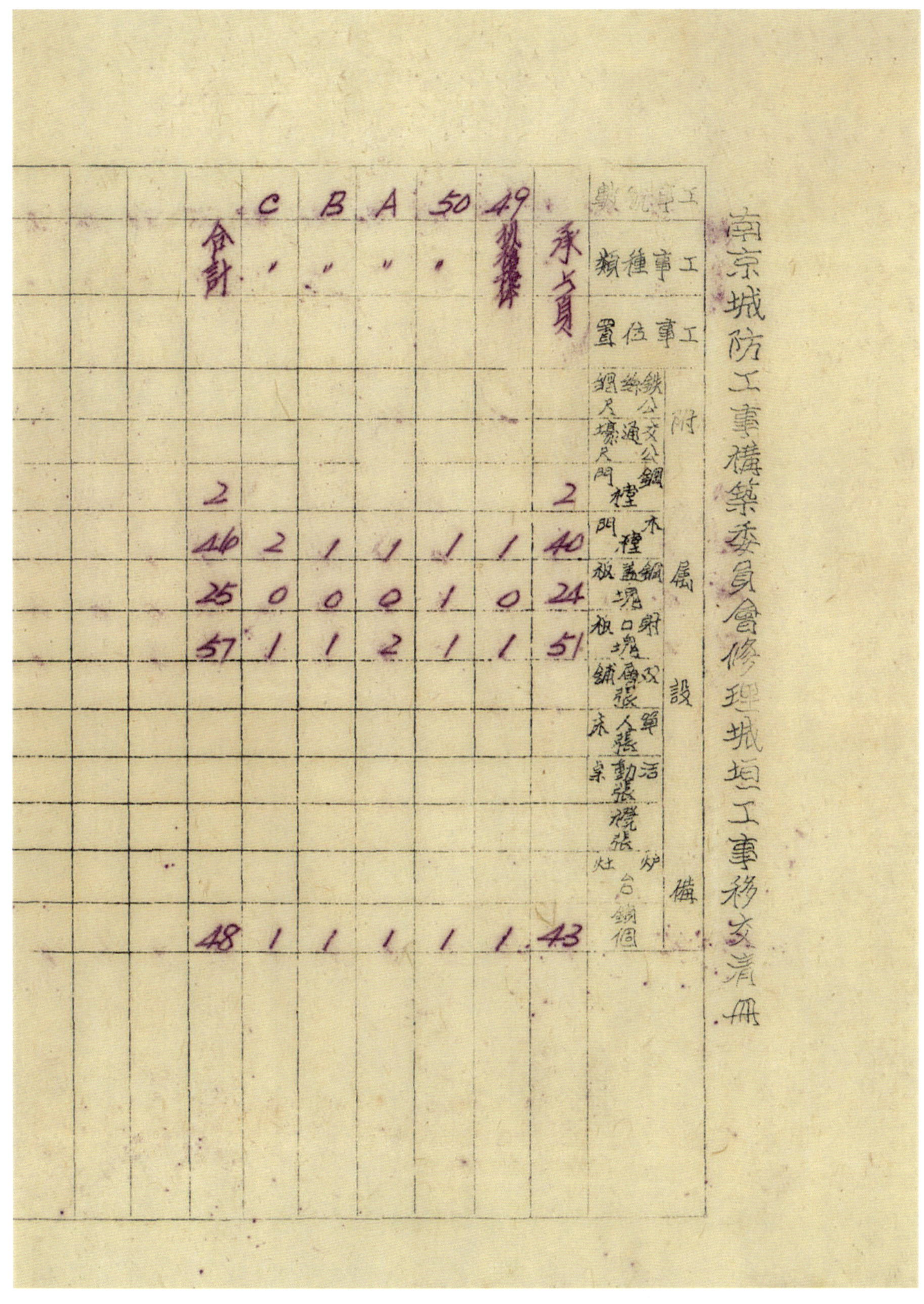

南京城防工事構築委員會修理城垣工事移交清冊

工事號數			49	50	A	B	C	
工事種類		承上頁	机槍掩体	〃	〃	〃	〃	合計
工事位置								
附屬設備	鉄公文公鋼櫃 絲通 鋼尺壕尺門	2						2
	木櫃門	40	1	1	1	1	2	46
	鋼盖塊板	24	0	1	0	0	0	25
	射口塊板	51	1	1	2	1	1	57
	双層張鋪							
	單人張床							
	活動張桌							
	櫈張							
	炉灶 台 鍋 個	43	1.	1	1	1	1	48

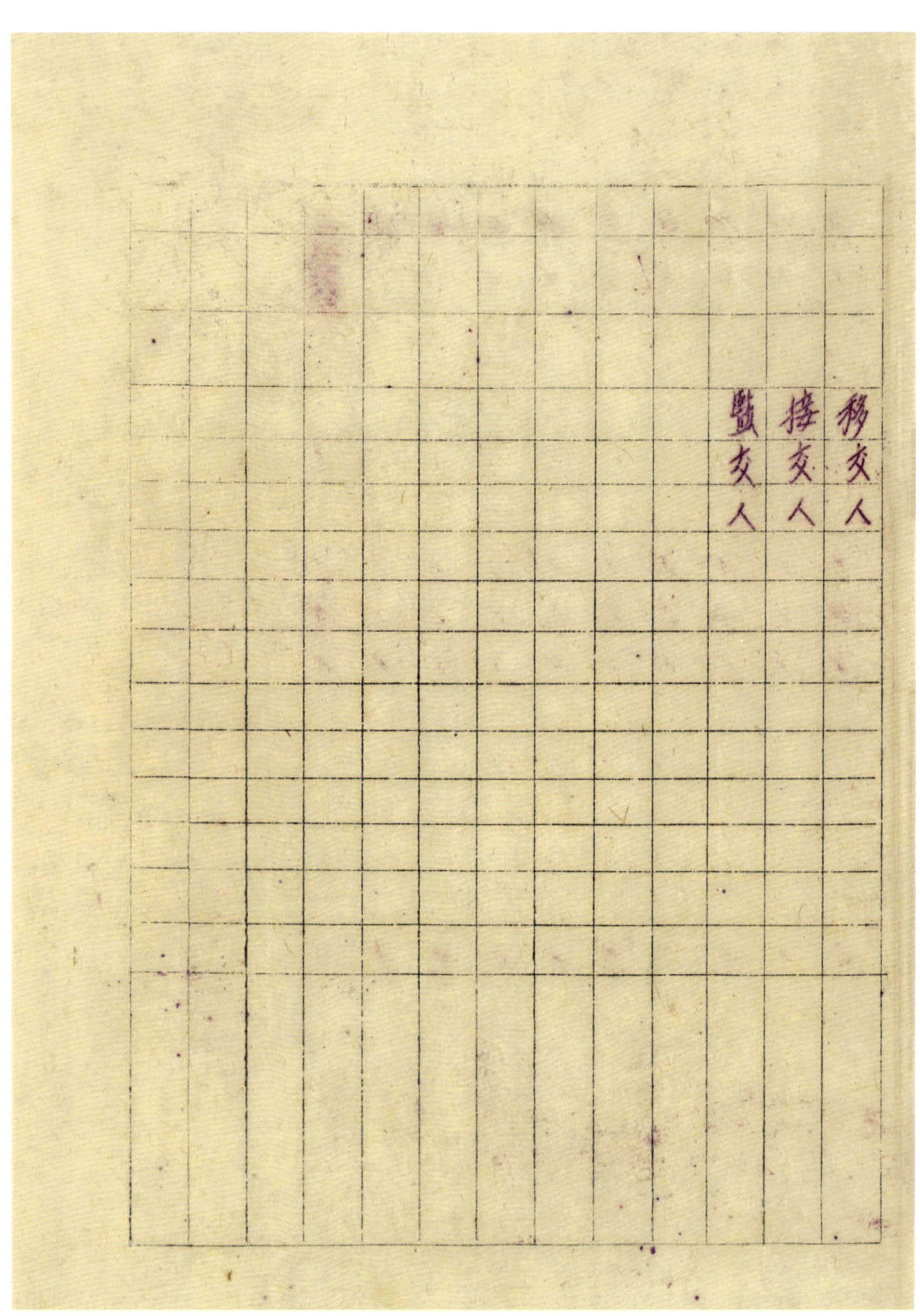

移交人
接交人
监交人

南京城墻第二期整修計劃

（一）第一工程處爲改正修復城墻工程設計另編預算致市工務局的呈文（附件：工程預算）（一九四九年一月二十四日）

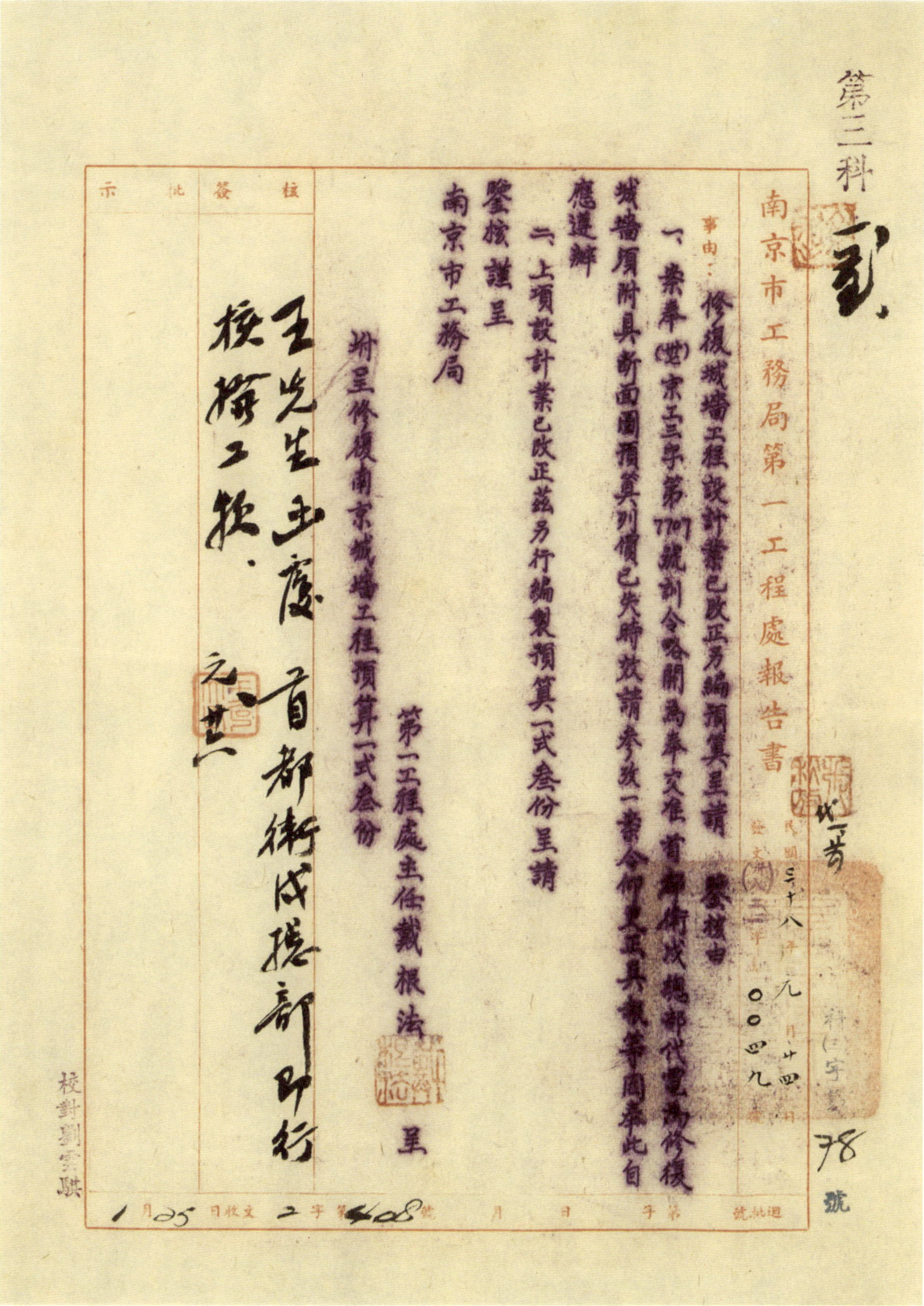

南京市工務局第一工程處報告書

民國三十八年元月廿四日 發文（建）三字第〇〇四九號

事由：修復城墻工程設計業已改正另編預算呈請 鑒核由

一、案奉（卅）京工三字第7707號訓令略開為奉 文准 首都衛戍總部代電為修復城墻須附具斷面圖預算列價已失時效請參考一案令仰更正具報等因奉此自應遵辦

二、上項設計業已改正茲另行編製預算一式叁份呈請

鑒核謹呈

南京市工務局

附呈修復南京城墻工程預算一式叁份

第一工程處主任戴根法 呈

收文 二字第408號 1月25日

校對劉雲騏

存卷

修復南京城牆工程預算

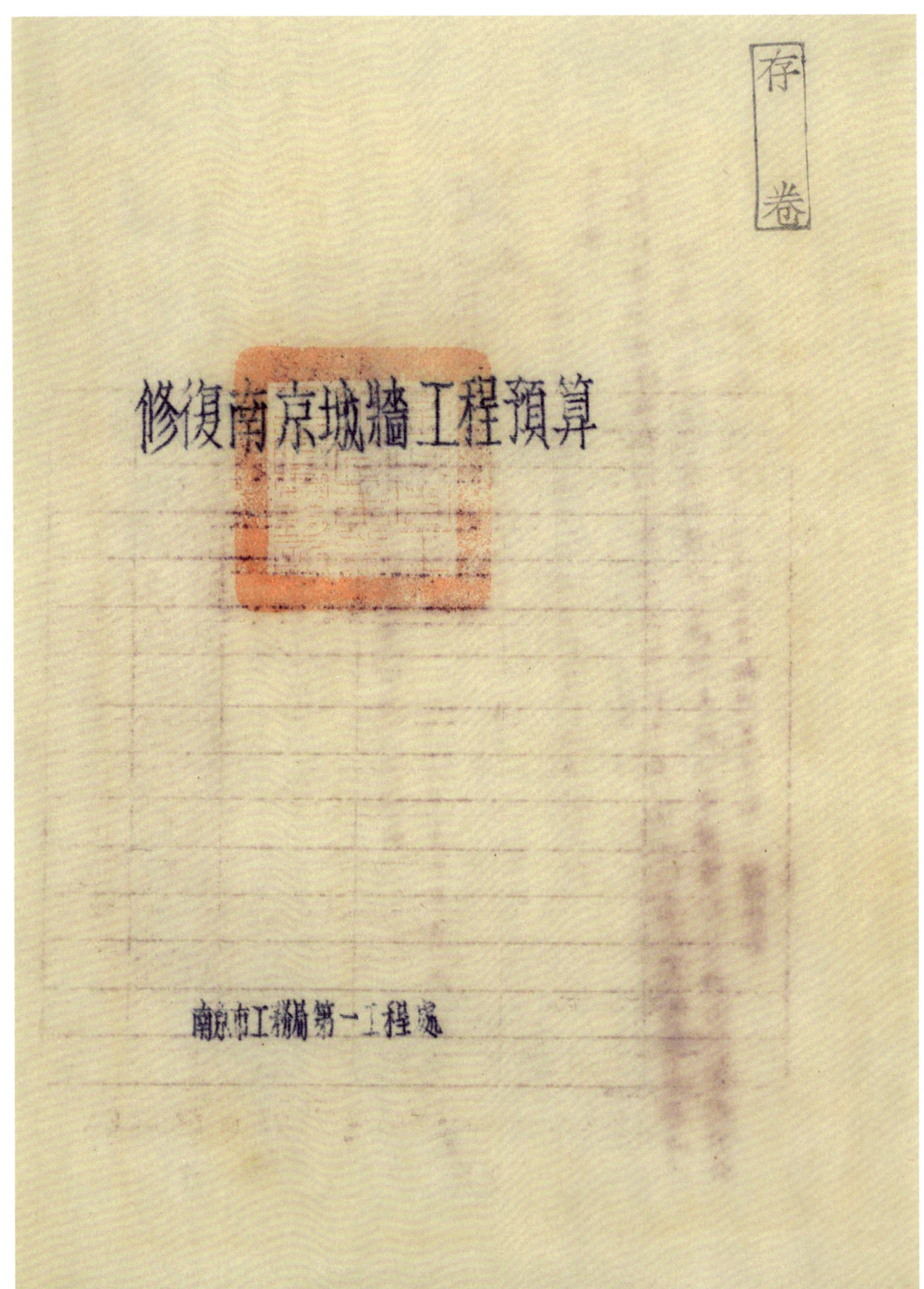

南京市工務局第一工程處

修復南京城牆工程預算

I.待修數量

三十八年一月　日

工事號次	地區	城墻		城梁	
		擋土墻砌磚	填(M³)土	長(M)度	體(M³)積
(一)	中華門西	160	100		
(二)	中華門西	220	300	350	240
(三)	水西門南			570	390
(四)	水西門南			100	70
(五)	定淮門北	10			
(六)	挹江門南			840	580
(七)	太平門東	25			
(八)	富貴山北	15			
(九)	光華門東	230			
(十)	雨化門西	320	220		
	各處零星修補	250		500	340
共計		1,230	620	2,360	1,620

1:3石灰沙漿修砌城磚方數＝1,230+1,620＝2,850立公方.

計算　　　　復核

Ⅱ、材料總表

材料名稱	數量	單位	說明
材料			
城磚	320,000	塊	擬在東華門拆取
洋灰	30	袋	作擋土牆排水管用
石灰	3,200	担	砌城磚用
黃沙	1,300	立公方	砌城磚用
油料			運輸材料約萬噸另加交通救濟等用油
汽油	22,400	加侖	
機油	460	加侖	
黃油	570	磅	
黑油	230	加侖	

計算　　　　複核

Ⅲ. 工料預算總表

項目	説明	數量	單位	單價	合價	備註
材料						
城磚		320,000	塊			拟在東華門拆取不計價
洋灰		30	袋	150.00	4,500	
石灰		3,200	担	100.00	320,000	
黄沙		1,300	公方	300.00	390,000	
	小計				714,500	
油料						
汽油		22,400	加侖	140.00	3,136,000	運雜費在内
機油		460	加侖	310.00	142,600	〃
黄油		570	磅	90.00	51,300	〃
黑油		230	加侖	420.00	96,600	〃
	小計				3,426,500	〃
工資						
技工	司機及技工	1,960	工	80.00	156,800	
大工	砌墻	5,800	工	80.00	464,000	
小工	協助修砌	2,900	工	50.00	145,000	
小工	拆卸城磚	7,300	工	50.00	365,000	
小工	搬運及裝卸材料	21,000	工	50.00	1,050,000	
小工	零星整理	3,200	工	50.00	160,000	
	小計				2,340,800	
雜費	10%				648,180	
工地管理費	20%				1,296,360	
共計					8,426,340	

計算　　　　複核

(一) 中華門西
平面圖
截面圖
(二) 中華門西
(十) 雨花門
(九) 光華門
平面圖
截面圖
平面圖
截面圖
城牆
城磚
南京市工務局
第一工程處
修復南京城牆工程
比例尺　1：200　設計者
繪圖者　王永瑞　核校者　陳和平
製圖者　王永瑞　審定者
日期　　年1月7日　圖號

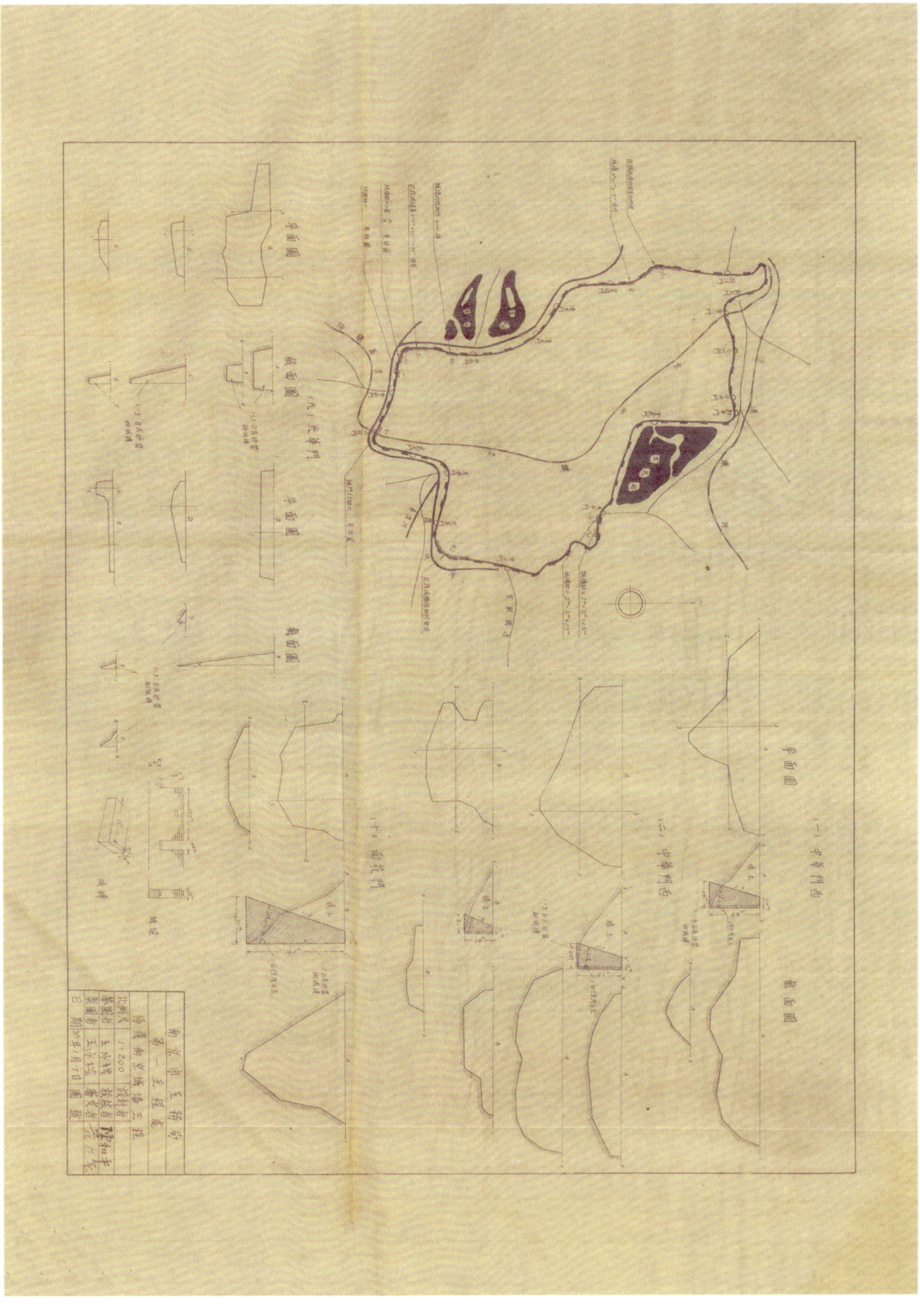

（二二）市政府爲檢送修復城墻工程更正預算及工程圖請撥款致首都衛戍總司令部的公函（一九四九年一月二十八日）

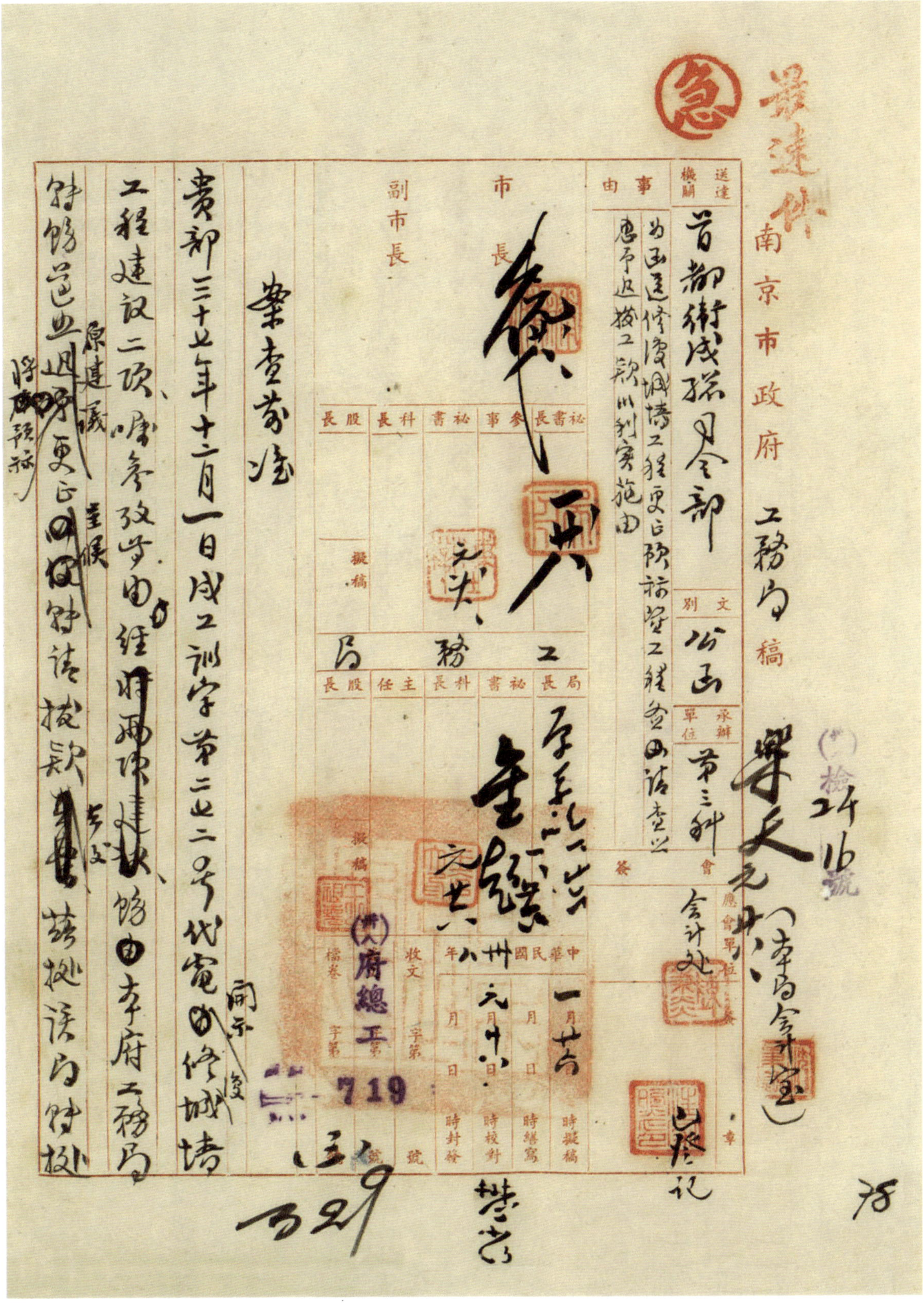

第一工程處、呈送修復南京城牆東區工程預標、暨工程查勘

表、查此項工程計需列數捌百肆拾貳萬陸千叁百肆拾金圓

查核尚合

[illegible]材應撥同上項工程預標暨工程查勘一份、隨函送請

查照惠予迅撥工款、以利實施為荷。此致

首都衛戍總司令部

附送修復南京城牆工程預標暨工程查勘一份

市長 滕 ○